9급/7급 공무원 시험대비 **최신판**

동영상강의 www.pmg.co.kr

브랜드만족 **1위** 박문각

2024

박문각 공무원

유대웅 행정법총론

불동형 모의고사

유대웅 편저

불합격을 불가능하게 하는 15회분 모의고사

박문각

PREFACE

이 책의 머리말

행정법 과목의 필수화로 행정법의 난도 상승이 예상되고 있습니다. 어떤 방식으로 난도를 높일 것인지가 문제인데, 그간 공무원 시험에는 출제되지 않았지만 '타직렬에서는' '출제되었던' '어려운' 지문들을 많이 집어넣는 방식으로 난도를 높일 것으로 보입니다. 이렇게 함으로써 기출위주의 출제경향은 유지를 하되 난도는 난도대로 높일 수 있게 되는 것이지요.

따라서 공무원 시험 이외의 시험에서는 이미 출제가 되었지만, 그간 공무원 시험에서는 출제가 되지 않았던 어려운 기출지문들을 열심히 찾아 학습하는 방식으로 대응해야 합니다. 물론 이것을 수험생이 직접 할 수는 없습니다. 시간도 없고 역량도 되지 않기 때문입니다.

그래서 이 책은 핵심적인 기출지문 2개와 고난도 기출지문 2개를 결합해서 매 문제를 구성하였습니다. 그렇게 함으로써 매 문제마다 핵심적인 기출사항과 어려운 기출사항을 학습할 수 있도록 한 것입니다. 또 경우에 따라서는 아직 출제가 되지 않았으나 최신판례로서 중요성이 있는 것들도 지문화하여 시험대비에 빈틈이 없게 하였습니다. 문제의 난도는 매회, 시험이 가장 어렵게 출제되었을 경우의 난도 입니다.

문제를 실제로 풀어보면 쉽지 않을 것입니다. 그렇지만 좌절하지는 마십시오. 여기에 출제된 것들이 그간 나의 구멍들이었다고 생각하고 그것들만 메꾸면 반드시 합격할 수 있습니다. 빈틈없이 책을 구성하여 불합격을 불가능하게 만들었습니다.

다만, 걱정되는 것은 점수가 안 나온다고, 이 문제집을 '쓸 데 없이 지엽적인 것들을 집어넣어 난도만 높인 책'으로 수험생 스스로가 간주해 버리는 경우입니다. 절대로 아닙니다. 어려운 것이라 하더라도 기출이 된 것들만 집어넣었습니다. 아무리 어렵다 하더라도 기출이 된 것들을 모른다면 그것은 수험생의 잘못입니다. 따라서 이 책에 담긴 문제를 풀었을 때 점수가 나오지 않으면, 틀린 지문들을 붙잡고 씨름해서 그 지문들을 정복하고 암기해야 합니다. 그러면 2024년은 여러분이 공무원 수험생으로서의 생활을 끝낸 해가 될 것입니다. 반복하지만, 이 책에 나와 있는 지문들만 꼼꼼하게 건지셔도 불합격은 불가능합니다. 잔소리가 길었습니다. 수험생 여러분들의 건승을 빕니다!

CONTENTS

이 책의 차례

문제

정답과 해설

유대웅
행정법총론

불🔥동형 모의고사

불합격을 불가능하게 하는 15회분 모의고사

행정법총론

문제편

1회 불 동형 모의고사
2회 불 동형 모의고사
3회 불 동형 모의고사
4회 불 동형 모의고사
5회 불 동형 모의고사
6회 불 동형 모의고사
7회 불 동형 모의고사
8회 불 동형 모의고사
9회 불 동형 모의고사
10회 불 동형 모의고사
11회 불 동형 모의고사
12회 불 동형 모의고사
13회 불 동형 모의고사
14회 불 동형 모의고사
15회 불 동형 모의고사

01회 행정법총론 동형모의고사

빠른 정답 p.96 / 해설 p.96

01

회독 □□□

행정행위의 부관에 대한 설명으로 옳은 것은? (다툼이 있는 경우 판례에 의함)

① 부관 중에서 기한은 독립쟁송의 대상이 되지 못하므로 행정행위에 부가된 허가기간은 그 자체로서 항고소송의 대상이 될 수 없고, 그 기간의 연장신청 거부에 대해서도 항고소송을 제기할 수 없다.

② 공유수면매립준공인가처분 중 매립지 일부에 대하여 한 국가 및 지방자치단체에의 귀속처분은 독립하여 행정소송의 대상이 될 수 있다.

③ 행정청이 행정처분을 하면서 부담을 부가하는 경우 일방적으로 부담을 부가할 수는 있지만, 부담을 부가하기 이전에 상대방과 협약의 형식으로 미리 정한 다음 행정처분을 하면서 이를 부가할 수는 없다.

④ 사정변경으로 인하여 처분에 부가되어 있는 부담의 목적을 달성할 수 없게 되어 부담의 내용을 변경하는 것은 법률의 근거 규정이 없이도 할 수 있다.

02

회독 □□□

「행정절차법」에 대한 설명으로 옳은 것은? (다툼이 있는 경우 판례에 의함)

① 외국인의 출입국에 관한 사항은 「행정절차법」이 적용되지 않으므로, 미국국적을 가진 교민에 대한 사증거부처분에 대해서도 처분의 방식에 관한 「행정절차법」 제24조는 적용되지 않는다.

② 상대방의 귀책사유로 야기된 처분의 하자를 이유로 수익적 행정행위를 취소하는 경우는 특별한 규정이 없는 한 「행정절차법」상 사전통지의 대상이 되지 않는다.

③ 퇴직연금의 환수결정은 당사자에게 의무를 과하는 처분이기는 하나 관련 법령에 따라 당연히 환수금액이 정하여지는 것이므로, 퇴직연금의 환수결정에 앞서 당사자에게 의견진술의 기회를 주지 아니하여도 「행정절차법」에 어긋나지 않는다.

④ 행정청은 법령상 청문실시의 사유가 있는 경우에는 당사자가 의견진술의 기회를 포기한다는 뜻을 명백히 표시한 경우라도 의견청취를 하여야 한다.

03

회독 □□□

「행정대집행법」상 행정대집행에 대한 설명으로 옳지 않은 것은? (다툼이 있는 경우 판례에 의함)

① 행정청이 「행정대집행법」 제3조 제1항에 의한 대집행계고를 함에 있어서는 의무자가 스스로 이행하지 아니하는 경우에 대집행할 행위의 내용 및 범위가 구체적으로 특정되어야 하나, 그 행위의 내용 및 범위는 반드시 대집행계고서에 의하여서만 특정되어야 하는 것이 아니고 계고처분 전후에 송달된 문서나 기타 사정을 종합하여 행위의 내용이 특정되면 족하다.

② 「건축법」에 위반하여 증·개축함으로써 철거의무가 있더라도 그 철거의무를 대집행하기 위한 계고처분을 하려면 다른 방법으로 그 이행의 확보가 어렵고, 그 불이행을 방치함이 심히 공익을 해하는 것으로 인정되는 경우에 한한다.

③ 제1차로 창고건물의 철거 및 하천부지에 대한 원상복구명령을 하였음에도 불구하고 이에 불응하므로 대집행계고를 하면서 다시 자진철거 및 토사를 반출하여 하천부지를 원상복구할 것을 명한 경우, 대집행계고서에 기재된 자진철거 및 원상복구명령은 취소소송의 대상이 되는 독립한 행정처분이라 할 수 없다.

④ 대집행의 대상이 되는 행위는 법률에서 직접 명령된 것이어야 하고, 법률에 의거한 행정청의 명령에 의한 행위는 대집행의 대상이 될 수 없다.

04

회독 □□□

「행정심판법」상 행정심판에 대한 설명으로 옳지 않은 것은? (다툼이 있는 경우 판례에 의함)

① 「행정심판법」상 관계 행정기관의 장이 특별행정심판 또는 「행정심판법」에 따른 행정심판 절차에 대한 특례를 신설하거나 변경하는 법령을 제정・개정할 때에는 미리 중앙행정심판위원회와 협의하여야 한다.

② 거부처분이 취소심판의 대상이 될 수 있으므로, 거부처분의 상대방이 거부처분에 대해 의무이행심판을 청구하는 것은 허용되지 않는다.

③ 행정처분의 직접상대방이 아닌 제3자는 일반적으로 처분이 있다는 것을 바로 알 수 없는 처지에 있으므로, 기간 내에 처분이 있은 것을 알았거나 쉽게 알 수 있어 심판청구를 할 수 있었다고 볼 만한 특별한 사정이 없는 한, 「행정심판법」 제27조 제3항 본문의 적용을 배제할 "정당한 사유"가 있는 경우에 해당한다고 보아 객관적 심판청구기간이 경과한 뒤에도 심판청구를 할 수 있다.

④ 행정심판위원회는 임시처분을 결정한 후에 임시처분이 공공복리에 중대한 영향을 미치는 경우에는 직권으로 또는 당사자의 신청에 의하여 이 결정을 취소할 수 있다.

05

회독 □□□

행정작용의 형식에 대한 설명으로 옳지 않은 것은? (다툼이 있는 경우 판례에 의함)

① 읍・면장에 의한 이장(里長)의 임명 및 면직은 행정처분이 아니라 공법상 계약 및 그 계약을 해지하는 의사표시이다.

② 구 「중소기업 기술혁신 촉진법」상 중소기업 정보화지원사업의 일환으로 중소기업기술정보진흥원장이 甲 주식회사와 중소기업 정보화지원사업에 관한 협약을 체결한 후 甲 주식회사의 협약 불이행으로 인해 사업실패가 초래되자, 중소기업기술진흥원장이 협약에 따라 甲에 대해 행한 협약의 해지 및 지급받은 정부지원금의 환수통보는 행정처분에 해당하지 않는다.

③ 계약직 공무원에 대한 채용계약 해지의 의사표시는 국가 또는 지방자치단체가 대등한 지위에서 행하는 의사표시로 이해된다.

④ 감사원에 의한 징계 요구는 그 자체만으로도 징계 요구 대상 공무원의 권리・의무에 직접적인 변동을 초래하므로 항고소송의 대상이 되는 행정처분에 해당한다.

06

회독 □□□

신뢰보호원칙에 대한 설명으로 옳지 않은 것은? (다툼이 있는 경우 판례에 의함)

① 행정청의 공적견해표명이 있었는지 여부는 담당자의 조직상의 지위와 임무, 당해 언동을 하게 된 구체적인 경위 및 그에 대한 상대방의 신뢰가능성 등을 고려하여 그 실질에 의해 판단하는 것이지, 행정조직상의 형식적인 권한분장에 얽매여 판단하여야 하는 것은 아니다.

② 신뢰보호원칙에서 행정청의 견해표명이 정당하다고 신뢰한 데 대한 개인의 귀책사유의 유무는 상대방뿐만 아니라 그로부터 신청행위를 위임받은 수임인 등 관계자 모두를 기준으로 판단하여야 한다.

③ 운전면허 취소사유에 해당하는 음주운전을 적발한 경찰관 소속의 경찰서장이, 사무착오로 위반자에게 운전면허정지처분을 한 상태에서, 위반자의 주소지 관할 지방경찰청장이 위반자에게 운전면허취소처분을 한 것은 선행처분에 대한 당사자의 신뢰 및 법적 안정성을 저해하지 않는다.

④ 납세자에게 신뢰의 대상이 되는 공적인 견해가 표명되었다는 사실은 신뢰보호의 원칙에 의한 보호를 주장하는 납세자가 주장・입증하여야 한다.

07

회독 □□□

취소소송의 원고적격 및 협의의 소익에 대한 설명으로 옳지 않은 것은? (다툼이 있는 경우 판례에 의함)

① 배출시설에 대한 설치허가가 취소된 후 그 배출시설이 철거되어 다시 가동할 수 없는 상태일지라도, 그 취소처분이 위법하다는 판결을 받아 손해배상청구소송에서 이를 원용할 수 있다면 배출시설의 소유자는 당해 처분의 취소를 구할 법률상 이익이 있다.

② 국민권익위원회가 소방청장에게 인사와 관련하여 부당한 지시를 한 사실이 인정된다며 이를 취소할 것을 요구하기로 의결하고 내용을 통지하자 그 국민권익위원회 조치요구의 취소를 구하는 사안에서의 소방청장은 행정소송의 원고적격을 가지는 자에 해당한다.

③ 구 「도시 및 주거환경정비법」상 조합설립추진위원회 구성승인 처분을 다투는 소송 계속 중에 조합설립인가처분이 이루어졌다면 조합설립추진위원회 구성승인처분에 대한 취소를 구할 법률상 이익은 없다.

④ 구 「도시계획법」상 주거지역 내에 거주하는 인근주민의 거주의 안녕과 건전한 생활환경상 이익은 연탄제조공장 건축허가의 취소를 구할 법률상 이익에 해당한다.

08

회독 □□□

행정행위에 대한 설명으로 옳지 않은 것은? (다툼이 있는 경우 판례에 의함)

① 구 「사립학교법」에 따르면 학교법인의 이사장·이사·감사 등의 임원은 이사회의 선임을 거쳐 관할청의 승인을 받아 취임하도록 규정하고 있는바, 사립학교법에 따른 관할청의 사립학교법인의 이사장 등 임원에 대한 취임승인행위는 학교법인의 임원선임행위의 법률상 효력을 완성케 하는 보충행위이다.

② 한의사면허는 경찰금지를 해제하는 명령적 행위가 아니라 진료행위를 할 수 있는 능력을 설정하는 설권행위에 해당한다.

③ 주류제조면허는 국가의 수입확보를 위하여 설정된 재정허가의 일종이지만, 일단 이 면허를 얻은 자의 이득은 단순한 사실상의 반사적 이득에만 그치는 것이 아니라 주세법의 규정에 따라 보호되는 이득이다.

④ 허가를 받아야만 적법하게 할 수 있는 행위를 허가받지 않고 행한 경우에는, 행정상 강제집행이나 행정벌의 대상이 되는 것은 별론으로 하고 당해 무허가행위의 사법상 효력까지 당연히 부인되는 것은 아니다.

09

회독 □□□

「국가배상법」 제2조에 따른 배상책임에 대한 설명으로 옳은 것은? (다툼이 있는 경우 판례에 의함)

① 공무를 위탁받아 실질적으로 공무에 종사하고 있었더라도, 그 위탁이 일시적이고 한정적인 경우는 국가배상법 제2조의 '공무원'에 해당하지 않는다.

② 일반적으로 공무원이 관계법규를 알지 못하거나 필요한 지식을 갖추지 못하고 법규의 해석을 그르쳐 행정처분을 한 경우, 특별한 사정이 없는 한 그는 법률전문가가 아닌 행정직 공무원에 불과하므로 과실이 없다.

③ 검찰청 담당 공무원이 내부전산망을 통해 공직선거후보자에 대한 범죄경력자료를 조회하여 공직선거법 위반죄로 실형을 선고받는 등 실효된 4건의 금고형 전과가 있음을 확인하고, 후보자의 공직선거 후보자용 범죄경력조회 회보서에 이를 기재하지 않았다고 하더라도 국가배상책임이 인정되는 것은 아니다.

④ 국가의 철도운행사업은 국가가 공권력의 행사로 하는 것이 아니고 사경제적 작용이므로 그로 인한 사고에 공무원이 관여하였다 하더라도 국가배상법을 적용할 것이 아니고, 민법에 따라 배상청구를 하여야 한다.

10

회독 □□□

다음 중 공법관계에 해당하는 것만을 모두 고르면? (다툼이 있는 경우 판례에 의함)

㉠ 한국조폐공사 직원의 근무관계 ㉡ 농지개량조합과 그 직원의 관계 ㉢ 사인(私人)에 대한 별정우체국 지정으로 형성되는 법률관계 ㉣ 국유재산의 대부계약에 따른 대부료 부과 ㉤ 한국마사회가 징계처분으로서 조교사 또는 기수의 면허를 부여하거나 취소하는 행위

① ㉠, ㉣　　② ㉡, ㉢
③ ㉡, ㉣　　④ ㉢, ㉤

11

회독 □□□

「공공기관의 정보공개에 관한 법률」상 정보공개에 대한 설명으로 옳은 것은? (다툼이 있는 경우 판례에 의함)

① 정보공개청구권자의 지나친 권리남용을 방지하기 위하여, 정보공개를 통해 정보공개청구권자가 권리를 구제받을 가능성이 없다면 정보를 공개하지 않아도 적법하다는 것이 판례의 입장이다.

② 정보공개를 청구한 목적이 손해배상소송에 제출할 증거자료를 획득하기 위한 것이었고 그 소송이 이미 종결되었다면, 그러한 정보공개청구는 권리남용에 해당한다.

③ 사법시험 응시자가 자신의 제2차 시험 답안지에 대한 열람청구를 한 경우 그 답안지는 정보공개의 대상이 된다.

④ 정보 비공개결정에 대해 이의신청을 거친 경우에는 행정심판을 제기할 수 없다.

12

회독 □□□

행정소송의 판결의 효력에 대한 설명으로 옳지 않은 것은? (다툼이 있는 경우 판례에 의함)

① 행정처분을 취소한다는 확정판결이 있으면 그 취소판결의 형성력에 의하여 당해 행정처분의 취소나 취소통지 등 별도의 절차를 요하지 아니하고 당연히 취소의 효과가 발생한다.

② 취소판결의 기판력은 소송의 대상이 된 처분의 위법성 존부에 관한 판단에 미치기 때문에, 기각판결의 원고는 당해 소송에서 주장하지 아니한 다른 위법사유를 들어 다시 처분의 효력을 다툴 수 없다.

③ 취소된 처분의 사유와 기본적 사실관계가 동일하다면 종전 처분 당시에 존재하였던 사유일지라도 그를 이유로 하여 동일한 재처분을 할 수 있다.

④ 취소판결의 기속력에 위반하여 한 행정청의 행위는 당연무효이다.

13

회독 □□□

행정벌에 대한 설명으로 옳지 않은 것은? (다툼이 있는 경우 판례에 의함)

① 지방자치단체 소속 공무원이 자치사무를 수행하던 중 법 위반행위를 한 경우 지방자치단체는 같은 법의 양벌규정에 따라 처벌되는 법인에 해당한다.

② 행정형벌은 행정질서벌과 달리 죄형법정주의의 규율 대상에 해당하므로, 통고처분에 따른 범칙금을 납부한 후에 동일한 사건에 대하여 다시 형사처벌을 하더라도 이는 일사부재리의 원칙에 반하지 않는다.

③ 행정청이 질서위반행위에 대하여 과태료를 부과하고자 하는 때에는 미리 당사자(고용주 등을 포함한다)에게 대통령령으로 정하는 사항을 통지하고, 10일 이상의 기간을 정하여 의견을 제출할 기회를 주어야 한다.

④ 과태료는 당사자가 과태료 부과처분에 대하여 이의를 제기하지 아니한 채 「질서위반행위규제법」에 따른 이의제기 기한이 종료한 후 사망한 경우에는, 그 상속재산에 대하여 집행할 수 있다.

14

회독 □□□

법치행정의 원리에 대한 설명으로 옳지 않은 것은? (다툼이 있는 경우 판례에 의함)

① 기본권 제한에 관한 법률유보의 원칙은 '법률에 근거한 규율'을 요청하는 것이 아니라 '법률에 의한 규율'을 요청하는 것이다.

② 법우위의 원칙에서 말하는 '법'은 형식적 법률뿐 아니라 법규명령과 관습법 등을 포함하는 넓은 의미의 법이다.

③ 국회가 형식적 법률로 직접 규율하여야 하는 필요성은, 규율대상이 기본권 및 기본적 의무와 관련된 중요성을 가질수록, 그에 관한 공개적 토론의 필요성 또는 상충하는 이익 사이의 조정의 필요성이 클수록 더 증대된다.

④ 수익적 행정행위의 철회는 반드시 법률적 근거가 필요한 것은 아니다.

15

회독 □□□

행정입법에 대한 설명으로 옳은 것은? (다툼이 있는 경우 판례에 의함)

① 법령상 대통령령으로 규정하도록 되어 있는 사항을 부령으로 정하더라도 그 부령은 유효하다.

② 구 「청소년보호법 시행령」 제40조 [별표 6]의 위반행위의 종별에 따른 과징금처분기준에서 정한 과징금 수액은 상한을 정한 것이 아니라 특정금액을 정한 것으로 해석하여야 한다.

③ 「공공기관의 운영에 관한 법률」에 따라 입찰참가자격 제한기준을 정하고 있는 구 「공기업・준정부기관 계약사무규칙」, 「국가를 당사자로 하는 계약에 관한 법률 시행규칙」은 대외적으로 국민이나 법원을 기속하는 효력이 없다.

④ 헌법에서 인정한 법규명령의 형식을 예시적으로 이해하는 견해에 의하면 감사원규칙은 법규명령이 아니라고 본다.

16

회독 □□□

다음 중 옳지 않은 것은? (다툼이 있는 경우 판례에 의함)

① 부작위위법확인소송은 처분의 신청을 한 자로서 부작위의 위법의 확인을 구할 법률상 이익이 있는 자만이 제기할 수 있다.

② 개인택시운송사업면허가 거부된 경우, 그 거부처분에 대해서는 취소소송과 함께 집행정지 신청을 하더라도 이는 법원에서 인용될 수 없다.

③ 처분의 효력 유무가 민사소송의 선결문제로 되어 당해 소송의 수소법원이 이를 심리・판단하는 경우 수소법원은 필요하다고 인정할 때에는 직권으로 증거조사를 할 수 있고, 당사자가 주장하지 아니한 사실에 대하여도 판단할 수 있다.

④ 사정판결을 하는 경우 법원은 처분의 위법함을 판결의 주문에 표기할 수 없으므로 판결의 내용에서 그 처분 등이 위법함을 명시함으로써 원고에 대한 실질적 구제가 이루어지도록 하여야 한다.

17

회독 □□□

기속행위와 재량행위에 대한 설명으로 옳지 않은 것은? (다툼이 있는 경우 판례에 의함)

① 판례는 재량행위와 기속행위를 불문하고 절차상의 하자가 있는 경우에는 절차상 하자의 독자적 위법성을 인정하고 있다.
② 재량권의 일탈·남용 여부에 대한 입증책임은 처분의 위법을 주장하는 원고에게 있다.
③ 국유재산의 무단점유 등에 대한 변상금 징수의 요건은 구 「국유재산법」 제51조 제1항에 명백히 규정되어 있으므로 변상금을 징수할 것인가는 처분청의 재량을 허용하지 않는 기속행위이고, 여기에 재량권 일탈·남용의 문제는 생길 여지가 없다.
④ 법규정의 일체성으로 인해 요건 판단과 효과 선택의 문제를 구별하기 어렵다고 보는 견해는 재량과 판단여지의 구분을 인정한다.

18

회독 □□□

「공익사업을 위한 토지 등의 취득 및 보상에 관한 법률」 및 행정상 손실보상에 대한 설명으로 옳은 것은? (다툼이 있는 경우 판례에 의함)

① 행정청이 토지를 수용 또는 사용할 수 있는 공익사업을 시행하는 경우, 손실보상금의 증감에 관한 행정소송은 행정청이 속하는 권리의무의 주체인 국가나 지방자치단체를 상대로 제기하여야 하고 그 기관인 행정청을 상대로 제기할 수 없다.
② 공유수면매립면허의 고시가 있는 경우 그 사업이 시행되고 그로 인하여 직접 손실이 발생한다고 할 수 있으므로, 관행어업권자는 공유수면매립면허의 고시를 이유로 손실보상을 청구할 수 있다.
③ 토지수용에 있어서의 사업인정의 고시는 이미 성립한 행정행위의 효력발생요건으로서의 통지에 해당한다.
④ 「공익사업을 위한 토지 등의 취득 및 보상에 관한 법률」상의 이의신청을 거치지 않고 토지수용위원회의 재결에 대해 곧바로 행정소송으로 다투는 것은 불가능하다.

19

회독 □□□

신고에 대한 다음 설명 중 옳지 않은 것은? (다툼이 있는 경우 판례에 의함)

① 허가대상 건축물의 양수인이 구 「건축법」 시행규칙에 규정되어 있는 형식적 요건을 갖추어 건축주 명의변경을 신고한 경우, 허가권자는 양수인에게 '건축할 대지의 소유 또는 사용에 관한 권리'가 없다는 등의 실체적인 이유를 들어 신고의 수리를 거부할 수 없다.
② 무허가 건축물을 실제 생활의 근거지로 삼아 10년 이상 거주해 온 자의 주민등록 전입신고를, 부동산투기나 이주대책 요구 등을 방지할 목적으로 거부하는 것은 주민등록의 입법 목적과 취지 등에 비추어 허용될 수 없다.
③ 「건축법」 제14조 제2항에 의한 인·허가 의제 효과를 수반하는 건축신고에 대한 수리거부는 처분성이 인정되나, 동 규정에 의한 인·허가 의제 효과를 수반하지 않는 건축신고에 대한 수리거부는 처분성이 부정된다.
④ 「국토의 계획 및 이용에 관한 법률」상의 개발행위허가로 의제되는 건축신고가 동법상의 개발행위허가 기준을 갖추지 못한 경우라면, 「건축법」상 적법한 요건을 갖추었다 하더라도 행정청은 그 수리를 거부할 수 있다.

20

회독 □□□

행정조사에 대한 설명으로 옳은 것은? (다툼이 있는 경우 판례에 의함)

① 「행정조사기본법」 제5조 단서에서 정한 '조사대상자의 자발적인 협조를 얻어 실시하는 행정조사'는 개별법령 등에서 행정조사를 규정하고 있는 경우에는 실시할 수 없다.
② 우편물 통관검사절차에서 이루어지는 우편물의 개봉·시료채취·성분분석 등의 검사는 행정조사의 성격을 가지는 것이 아니라 수사기관의 강제처분이므로, 압수·수색영장 없이 진행되었다면 그 자체로서 위법하다.
③ 세무조사가 과세자료의 수집 또는 신고내용의 정확성 검증이라는 본연의 목적이 아니라 부정한 목적을 위하여 행하여진 것이라면 세무조사에 중대한 위법사유가 있는 경우에 해당하고, 이러한 세무조사에 의하여 수집된 과세자료를 기초로 한 과세처분 역시 정당한 세액의 범위 내에 있다 하더라도 위법하다.
④ 세무조사결정은 납세의무자의 권리·의무에 직접 영향을 미치지 않는 사전적·내부적 작용에 불과하므로 항고소송의 대상이 될 수 없고, 과세처분을 다투고자 하는 납세의무자는 세무조사 종료 후의 과세처분을 대상으로 하여 항고소송을 제기해야 한다.

02회 행정법총론 동형모의고사

빠른 정답 p.107 / 해설 p.107

01

회독 □□□

개인적 공권에 대한 설명으로 옳지 않은 것은? (다툼이 있는 경우 판례에 의함)

① 「석탄산업법 시행령」 소정의 재해위로금 청구권은 개인의 공권으로서 그 공익적 성격에 비추어 당사자의 합의에 의하여 이를 미리 포기할 수 없다.

② 상수원보호구역 설정의 근거가 되는 규정으로 보호하려는 이익은 상수원의 확보와 수질보전일 뿐이므로, 그 상수원에서 급수를 받고 있는 지역 주민들이 가지는 이익은 상수원의 확보와 수질보호라는 공공의 이익이 달성됨에 따라 반사적으로 얻게 되는 이익에 불과하다.

③ 「환경정책기본법」 제6조의 규정 내용 등에 비추어 국민에게 구체적인 권리를 부여한 것으로 볼 수 없더라도 환경영향평가 대상지역 밖에 거주하는 주민에게 헌법상의 환경권 또는 「환경정책기본법」에 근거하여 공유수면매립면허처분과 농지개량사업 시행인가처분의 무효확인을 구할 원고적격이 있다.

④ 근로자가 퇴직급여를 청구할 수 있는 권리와 같은 이른바 사회적 기본권은 헌법 규정에 의하여 바로 도출되는 개인적 공권이라 할 수 없다.

02

회독 □□□

행정행위의 하자에 대한 설명으로 옳은 것은? (다툼이 있는 경우 판례에 의함)

① 적법한 권한 위임 없이 세관출장소장이 한 관세부과처분은 권한유월의 행위로서 무권한의 행위이므로 그 하자가 중대・명백하여 당연무효이다.

② 행정처분 자체의 효력이 쟁송기간 경과 후에도 존속 중인 경우, 그 행정처분이 위헌인 법률에 근거하여 내려졌고 그 목적달성을 위해 필요한 후행 행정처분이 아직 이루어지지 않았다면 그 하자가 중대하여 그 구제가 필요한 경우에 대하여서는 쟁송기간 경과 후라도 그 행정처분에 대하여 무효확인을 구할 수 있다.

③ 과세처분 이후에 조세 부과의 근거가 되었던 법률규정에 대하여 위헌결정이 있었으나, 과세처분에 대한 제소기간이 이미 경과하여 조세채권이 확정된 경우, 그 조세채권의 집행을 위한 새로운 체납처분은 당연무효가 아니다.

④ 세액산출근거가 누락된 납세고지서에 의한 과세처분에 대하여 상고심 계류 중 세액산출근거의 통지가 행하여졌다면 이로써 과세처분의 위법성이 치유된다.

03

회독 □□□

「행정심판법」상 재결에 대한 설명으로 옳은 것은? (다툼이 있는 경우 판례에 의함)

① 제3자효를 수반하는 행정행위에 대한 행정심판 청구에 있어서, 그 청구를 인용하는 내용의 재결로 인해 비로소 권리이익을 침해받게 되는 자라도 인용재결에 대해서는 항고소송을 제기하지 못한다.

② 처분청이 처분이행명령재결에 따른 처분을 하지 아니한 경우에도 행정심판위원회는 당사자의 신청이 없으면 직권으로는 직접처분을 할 수 없다.

③ 행정심판의 재결에 대해서는 재결 자체에 고유한 위법이 있음을 이유로 하는 경우에 한하여 다시 행정심판을 청구할 수 있다.

④ 재결은 청구인 또는 위원회가 심판청구를 받은 날부터 90일 이내에 하여야 한다. 다만, 부득이한 사정이 있는 경우에는 위원장이 직권으로 30일을 연장할 수 있다.

04

회독 □□□

행정의 실효성 확보수단에 대한 설명으로 옳지 않은 것은? (다툼이 있는 경우 판례에 의함)

① 「민법」상의 의무를 위반하여 과태료를 부과하는 행위는 「질서위반행위규제법」상 질서위반행위에 해당하지 않는다.
② 과세관청의 체납자 등에 대한 공매통지는 국가의 강제력에 의하여 진행되는 공매절차에서 체납자 등의 권리 내지 재산상 이익을 보호하기 위하여 법률로 규정한 절차적 요건에 해당하지만, 그 통지를 하지 아니한 채 공매처분을 하였다 하여도 그 공매처분이 당연무효로 되는 것은 아니다.
③ 민사소송절차에 따라 「민법」 제750조에 기한 손해배상으로서 대집행비용의 상환을 구하는 청구는 소의 이익이 없어 부적합하다.
④ 「식품위생법」상 영업소 폐쇄명령을 받은 자가 영업을 계속할 경우 강제폐쇄하는 조치는 행정상 즉시강제에 해당한다.

05

회독 □□□

「개인정보 보호법」에 대한 설명으로 옳지 않은 것은? (다툼이 있는 경우 판례에 의함)

① 「개인정보 보호법」상 '개인정보'란 살아 있는 개인에 관한 정보로서 사자(死者)나 법인의 정보는 포함되지 않는다.
② 개인정보처리자가 「개인정보 보호법」을 위반한 행위로 손해를 입힌 경우 정보주체는 손해배상을 청구할 수 있는데, 이때 개인정보처리자가 고의・과실이 없음에 대한 입증책임을 진다.
③ 개인정보처리자는 대통령령으로 정한 규모 이상의 개인정보가 유출되었음을 알게 되었을 때에는 지체 없이 보호위원회 또는 대통령령으로 정하는 전문기관에 신고하여야 한다.
④ 「개인정보 보호법」에 따르면, '개인정보 처리자의 정당한 이익을 달성하기 위하여 필요한 경우로서 명백하게 정보주체의 권리보다 우선하는 경우'라도 그 개인정보의 수집・이용은 위법한 것으로 평가된다.

06

회독 □□□

행정행위의 효력에 대한 설명으로 옳은 것은? (다툼이 있는 경우 판례에 의함)

① 과세처분에 대해 이의신청을 하고 이에 따라 직권취소가 이루어졌다면 특별한 사정이 없는 한 불가변력이 발생한다.
② 취소사유 있는 과세처분에 의하여 세금을 납부한 자는 과세처분취소소송을 제기하지 않은 채 곧바로 부당이득반환청구소송을 제기하더라도 납부한 금액을 반환받을 수 있다.
③ 행정처분이 불복기간의 경과로 확정되는 경우에는 그 처분의 기초가 된 사실관계나 법률적 판단이 확정되므로, 당사자들이나 법원은 이에 기속되어 모순되는 주장이나 판단을 할 수 없게 된다.
④ 민사소송에 있어서 어느 행정처분의 당연무효 여부가 선결문제로 되는 때에는 이를 판단하여 당연무효임을 전제로 판결할 수는 없고, 반드시 행정소송 등의 절차에 의하여 그 취소나 무효확인을 받아야 한다.

07

회독 □□□

행정법의 일반원칙에 대한 설명으로 옳지 않은 것은? (다툼이 있는 경우 판례에 의함)

① 같은 정도의 비위를 저지른 자들이라 하더라도, 그 직무의 특성 및 개전의 정이 있는지 여부에 따라 징계의 종류 및 양정에 있어서 차별적으로 취급하는 것은 합리적 차별로서 평등의 원칙에 반하지 않는다.
② 재량준칙이 공표된 것만으로는 행정의 자기구속의 원칙이 적용될 수 없고, 재량준칙이 되풀이 시행되어 행정관행이 성립한 경우이어야 행정의 자기구속의 원칙이 적용될 수 있다.
③ 근로복지공단의 요양불승인처분의 적법 여부는 사실상 휴업급여청구권 발생의 전제가 되므로, 근로자가 근로복지공단에 휴업급여를 청구하지 않은 것이 요양불승인처분에 대한 취소소송 때문이었다면, 요양불승인 취소소송에서 패소한 근로복지공단이 후에 휴업급여지급청구소송에서 휴업급여청구권의 소멸시효 완성 항변을 하는 것은 신의성실의 원칙에 반하여 허용될 수 없다.
④ 행정청이 조합설립추진위원회의 설립승인 심사에서 위법한 행정처분을 한 선례가 있는 경우에는, 행정청에 대해 자기구속력을 갖게 되어 이후에도 그러한 기준에 따라야 한다.

08

회독 □ □ □

영조물의 설치 · 관리상의 하자로 인한 손해배상책임에 대한 설명으로 옳지 않은 것은? (다툼이 있는 경우 판례에 의함)

① '공공의 영조물'이란 강학상 공물을 뜻하는 것으로서, 국가 또는 지방자치단체가 소유권, 임차권 그 밖의 권한에 기하여 관리하고 있는 경우뿐만 아니라, 그러한 권한 없이 사실상의 관리를 하고 있는 경우도 이에 포함된다.

② 지방자치단체의 장이 기관위임된 국가행정사무를 처리하는 경우, 국가로부터 내부적으로 교부된 금원으로 그 사무에 필요한 경비를 대외적으로 지출하는 지방자치단체는 「국가배상법」 제6조 제1항 소정의 비용부담자로서 손해를 배상할 책임이 있다.

③ 영조물이 공공의 목적에 이용됨에 있어 그 이용상태 및 정도가 일정한 한도를 초과하여 제3자에게 사회통념상 수인할 것이 기대되는 한도를 넘는 피해를 입히는 경우는 손실보상의 대상으로 논의될 수 있을 뿐, 「국가배상법」 제5조 제1항의 '영조물의 설치 또는 관리의 하자'에 해당될 수 없다.

④ 공군에 속한 군인이나 군무원의 경우 일반인에 비하여 공군비행장 주변의 항공기 소음 피해에 관하여 잘 인식하거나 인식할 수 있는 지위에 있다는 이유만으로 가해자가 면책되거나 손해배상액이 감액되지는 않는다.

09

회독 □ □ □

행정행위에 대한 설명으로 옳은 것은? (다툼이 있는 경우 판례에 의함)

① 행정청의 확약에 대해 법률상 이익이 있는 제3자는 확약에 대해 취소소송으로 다툴 수 있다.

② 구 「폐기물관리법」 및 관계법령상의 폐기물처리업허가를 받기 위한 사업계획에 대한 부적정 통보는 허가신청 자체를 제한하는 등 개인의 권리 내지 법률상의 이익을 개별적이고 구체적으로 규제하고 있어 행정처분에 해당한다.

③ 재개발조합설립인가신청에 대하여 행정청의 조합설립인가처분이 있은 이후에 조합설립 동의에 하자가 있음을 이유로 재개발조합설립의 효력을 부정하려면 조합설립동의의 효력을 소의 대상으로 하여야 한다.

④ 재단법인의 정관변경시 정관변경 결의에 하자가 있더라도 주무부장관의 인가가 이루어지면 정관변경 결의는 그때부터 유효하다.

10

회독 □ □ □

「행정절차법」상 행정절차에 대한 설명으로 옳은 것은? (다툼이 있는 경우 판례에 의함)

① 「도로법」상 도로구역의 결정 · 변경고시도 행정처분이므로, 「도로법」에 따른 절차(고시 · 열람)와 별개로, 「행정절차법」 제21조 제1항의 사전통지나 제22조 제3항의 의견청취의 절차를 거쳐야 한다.

② 「국가공무원법」상 직위해제처분의 경우 사후적으로 소청이나 행정소송을 통하여 충분한 의견진술 및 자료제출의 기회를 보장하고 있다고 보기 어려우므로 처분의 사전통지 및 의견청취에 관한 「행정절차법」의 규정이 적용된다고 보아야 한다.

③ 「행정절차법」상 행정청의 관할이 분명하지 아니한 경우에는 해당 행정청을 공통으로 감독하는 상급 행정청이 그 관할을 결정하며, 공통으로 감독하는 상급 행정청이 없을 경우에는 당해 행정청의 협의로 그 관할을 결정한다.

④ 국회 또는 지방의회의 의결을 거치거나 동의 또는 승인을 받아 행하는 사항에 대해서는 「행정절차법」이 적용되지 않는다.

11

회독 □ □ □

사인의 공법행위에 대한 설명으로 옳지 않은 것은? (다툼이 있는 경우 판례에 의함)

① 구 「체육시설의 설치 · 이용에 관한 법률」 제18조에 의한 체육시설의 이용료 또는 관람료 변경신고는 신고서를 행정청에 제출하여 접수된 때에 동 신고가 있었다고 볼 것이고, 행정청의 수리가 있어야만 하는 것은 아니다.

② 사직원 제출자의 내심의 의사가 사직할 뜻이 없었더라도 「민법」상 비진의 의사표시의 무효에 관한 규정이 적용되지 않으므로, 그 사직원을 받아들인 의원면직처분을 당연무효라 볼 수는 없다.

③ 「수산업법」 제44조 소정의 어업의 신고는 자기완결적 신고이므로, 「수산업법」상 어업신고를 적법하게 하였다면 관할행정청이 수리를 거부하더라도 신고의 효과가 발생한다.

④ 신청의 형식적 요건에 하자가 있는 경우에 그 하자의 보완이 가능함에도 보완을 요구하지 않고 바로 거부하였다면 그 거부는 위법하게 된다.

12

회독 □ □ □

금전적 실효성 확보수단에 대한 설명으로 옳지 않은 것은? (다툼이 있는 경우 판례에 의함)

① 공정거래위원회의 「독점규제 및 공정거래에 관한 법률」 위반행위자에 대한 과징금부과처분은 재량행위의 성질을 갖는다.

② 과징금 부과관청이 과징금을 부과하면서 추후 부과금 산정기준인 새로운 자료가 나올 경우 과징금액을 변경할 수 있다고 유보하였고, 그 후에 실제로 새로운 자료가 나왔다 하더라도 이를 이유로 새로운 부과처분을 할 수는 없다.

③ 구 「부가가치세법」상 명의위장등록가산세는 부가가치세 본세 납세의무와 무관하게 타인 명의로 사업자등록을 하고 실제 사업을 한 것에 대한 제재로서 부과되는 별도의 가산세이고, 그 부과제척기간은 5년으로 봄이 타당하다.

④ 「독점규제 및 공정거래에 관한 법률」의 해당 조항에 따른 이행강제금의 경우 이행강제금이 부과되기 전에 시정조치를 이행하거나 부작위 의무를 명하는 시정조치 불이행을 중단한 경우에는 과거의 시정조치 불이행 기간에 대하여 이행강제금을 부과할 수 없다.

13

회독 □ □ □

행정소송에 대한 설명으로 옳은 것은? (다툼이 있는 경우 판례에 의함)

① 장래의 제재적 가중처분 기준을 대통령령이 아닌 부령의 형식으로 정한 경우에는 이미 제재기간이 경과한 제재적 처분의 취소를 구할 법률상 이익이 인정되지 않는다.

② 경원관계에서 허가 등 처분을 받지 못한 사람은 허가 등 처분의 취소를 구하는 소송을 제기할 수는 있으나, 자신에 대한 거부처분의 취소를 직접 소송으로 다툴 수는 없다.

③ 처분이 있음을 안 날부터 90일을 넘겨 청구한 부적법한 행정심판청구에 대한 재결이 있은 후 재결서를 송달받은 날부터 90일 이내에 원래의 처분에 대하여 취소소송을 제기하면 취소소송은 제소기간을 준수한 것으로 본다.

④ 청구취지를 변경하여 종전의 소가 취하되고 새로운 소가 제기된 것으로 변경되었다면 새로운 소에 대한 제소기간 준수여부는 원칙적으로 소의 변경이 있은 때를 기준으로 한다.

14

회독 □ □ □

「행정소송법」상 집행정지에 대한 설명으로 옳지 않은 것은? (다툼이 있는 경우 판례에 의함)

① 처분의 집행정지결정은 처분이나 그 집행 또는 절차의 속행으로 인하여 생길 회복하기 어려운 손해를 예방하기 위하여 긴급한 필요가 있을 때 가능하며, 이 경우 본안청구에 이유가 있는지의 여부는 문제되지 아니한다.

② 집행정지결정이 있으면 당사자인 행정청과 그 밖의 관계행정청에 대하여 법적 구속력이 발생한다.

③ 당사자소송을 본안으로 하는 가처분에 대하여는 「행정소송법」상 집행정지에 관한 규정이 준용되지 않으므로, 「민사집행법」상 가처분에 관한 규정이 준용된다.

④ 집행정지결정을 한 후에라도 행정사건의 본안소송이 취하되어 그 소송이 계속하지 아니한 것으로 되면 이에 따라 집행정지결정은 당연히 그 효력이 소멸되며 별도의 취소조치가 필요한 것은 아니다.

15

회독 □ □ □

법규명령 및 행정규칙에 대한 설명으로 옳지 않은 것은? (다툼이 있는 경우 판례에 의함)

① 항정신병 치료제의 요양급여 인정기준에 관한 보건복지부 고시는 다른 집행행위의 매개 없이 그 자체로서 제약회사, 요양기관, 환자 및 국민건강보험공단 사이의 법률관계를 직접 규율하고 있으므로 항고소송의 대상이 되는 행정처분에 해당한다.

② 법률의 위임에 의하여 효력을 갖는 법규명령은 구법에 위임의 근거가 없어 무효였더라도 사후에 법률개정으로 위임의 근거가 부여되면 그때부터 유효한 법규명령이 된다.

③ 중앙행정기관의 장은 법률에서 위임한 사항이나 법률을 집행하기 위하여 필요한 사항을 규정한 대통령령・총리령・부령・훈령・예규・고시 등이 제정・개정 또는 폐지된 때에는 10일 이내에 이를 국회 소관상임위원회에 제출하여야 한다.

④ 행정관청 내부의 전결규정에 위반하여 원래의 전결권자가 아닌 보조기관 등이 처분권자인 행정관청의 이름으로 행정처분을 한 경우, 그 처분은 권한 없는 자에 의하여 행하여진 것이므로 무효이다.

16

회독 □□□

다음 중 옳지 않은 것은? (다툼이 있는 경우 판례에 의함)

① 재단법인 한국연구재단이 甲 대학교 총장에게 연구개발비의 부당집행을 이유로 두뇌한국(BK)21 사업 협약을 해지하고 연구팀장 乙에 대한 대학 자체징계를 요구한 경우, 연구팀장 乙에 대한 자체징계 요구는 항고소송의 대상인 행정처분에 해당하지 않는다.

② 사립학교 교원의 임용계약은 「사립학교법」이 정한 절차에 따라 이루어지는 것이지만 법적성질은 사법상의 고용계약에 불과하므로 누구를 교원으로 임용할 것인지, 어떠한 기준과 방법으로 보수를 지급할 것인지 여부는 원칙적으로 학교법인의 자유의사 내지 판단에 달려 있다.

③ 납골당 설치장소로부터 500m 내에 20호 이상의 인가가 밀집하는 지역에 거주하는 주민들의 경우, 납골당이 누구에 의하여 설치되는지와 관계없이 납골당 설치에 대하여 환경이익 침해 또는 침해 우려가 있는 것으로 사실상 추정되어 원고적격이 인정된다.

④ 원천징수의무자에 대한 소득금액변동통지는 원천납세의무자의 권리와 법률상 지위를 변동시키므로, 소득처분에 따른 소득의 귀속자는 법인에 대한 소득금액변동통지의 취소를 구할 법률상 이익이 있다.

17

회독 □□□

인·허가 의제에 대한 설명으로 옳은 것은? (다툼이 있는 경우 판례에 의함)

① 인·허가 의제는 법률에 명시적 근거가 없어도 가능하다.

② 주된 인·허가 거부처분을 하면서 의제되는 인·허가 거부사유를 제시한 경우, 의제되는 인·허가 거부를 다투려는 자는 주된 인·허가 거부 외에 별도로 의제되는 인·허가 거부에 대한 쟁송을 제기해야 한다.

③ 주택건설사업계획 승인처분에 따라 의제된 인·허가가 위법함을 다투고자 하는 이해관계인은, 의제된 인·허가의 취소를 구할 것이 아니라 주택건설사업계획 승인처분의 취소를 구해야 한다.

④ 「주택법」상 주택건설사업계획을 승인하여 같은 법에 따라 「국토의 계획 및 이용에 관한 법률」상 도시·군관리 계획결정이 이루어지는 것으로 의제된 경우 도시·군관리계획 입안을 위한 별도의 주민 의견청취 절차를 거칠 필요는 없다.

18

회독 □□□

행정소송의 판결의 효력에 대한 설명으로 옳지 않은 것은? (다툼이 있는 경우 판례에 의함)

① 과세처분의 취소소송에서 청구가 기각된 확정판결의 기판력은 그 과세처분의 무효확인을 구하는 소송에도 미친다.

② 취소소송의 피고는 처분청이므로 행정청을 피고로 하는 취소소송에 있어서의 기판력은 당해 처분이 귀속하는 국가 또는 공공단체에 미친다.

③ 위법판단의 기준시에 관하여 판결시설을 취하면 사실심 변론종결시 이전의 사유를 내세워 다시 거부처분을 할 수 있다.

④ 이유제시에 하자가 있어 당해 처분을 취소하는 판결이 확정된 경우에 처분청이 그 이유제시의 하자를 보완하여 종전의 처분과 동일한 내용의 처분을 하는 것은, 종전의 처분과는 별개의 처분을 하는 것이다.

19

회독 □□□

이행강제금에 대한 설명으로 옳지 않은 것은? (다툼이 있는 경우 판례에 의함)

① 행정벌과 이행강제금은 장래에 의무의 이행을 강제하기 위한 제재로서 직접적으로 행정작용의 실효성을 확보하기 위한 수단이라는 점에서는 동일하다.

② 건축주 등이 장기간 시정명령을 이행하지 아니하였으나 그 기간 중에 시정명령의 이행 기회가 제공되지 아니하였다가 뒤늦게 이행 기회가 제공된 경우, 이행 기회가 제공되지 아니한 과거의 기간에 대한 이행강제금까지 한꺼번에 부과하였다면 그러한 이행강제금 부과처분은 하자가 중대·명백하여 당연무효이다.

③ 이행강제금 납부의무는 상속인 기타의 사람에게 승계될 수 없는 일신전속적인 성질의 것이므로 이미 사망한 사람에게 이행강제금을 부과하는 내용의 처분이나 결정은 당연무효이다.

④ 「건축법」상 이행강제금은 행정상의 간접강제 수단에 해당하므로, 시정명령을 받은 의무자가 이행강제금이 부과되기 전에 그 의무를 이행한 경우에는 비록 시정명령에서 정한 기간을 지나서 이행한 경우라도 이행강제금을 부과할 수 없다.

20

회독 ☐☐☐

행정지도에 대한 설명으로 옳지 않은 것은? (다툼이 있는 경우 판례에 의함)

① 「행정절차법」에는 행정지도에 관한 규정이 존재한다.

② 국가인권회의 성희롱 결정과 이에 따른 시정조치의 권고는 불가분의 일체로 행하여지는 것인데, 이는 비권력적 사실행위인 행정지도에 불과하여 행정소송의 대상이 되는 행정처분이 아니다.

③ 주무부처 장관의 대학총장들에 대한 학칙시정요구는 행정지도이지만 규제적·구속적 성격이 강하기 때문에 헌법소원의 대상이 된다.

④ 적법한 행정지도로 인정되기 위해서는 우선 그 목적이 적법한 것으로 인정될 수 있어야 할 것이므로, 행정청이 행한 주식매각의 종용이 정당한 법률적 근거 없이 자의적으로 주주에게 제재를 가하는 것이라면 행정지도의 영역을 벗어난 것이라고 보아야 할 것이다.

03회 행정법총론 동형모의고사

빠른 정답 p.119 / 해설 p.119

01

회독 □□□

행정소송의 피고적격에 대한 설명으로 옳지 않은 것은? (다툼이 있는 경우 판례에 의함)

① 대리권을 수여받은 데 불과하여 그 자신의 명의로는 행정처분을 할 권한이 없는 행정청의 경우, 대리관계를 밝힘이 없이 그 자신의 명의로 행정처분을 하였다면 그에 대하여는 처분명의자인 당해 행정청이 항고소송의 피고가 되어야 하는 것이 원칙이다.

② 건국훈장 독립장이 수여된 망인에 대하여 사후적으로 친일행적이 확인되었다는 이유로 대통령에 의하여 망인에 대한 독립유공자서훈취소가 결정되고, 그 서훈취소에 따라 훈장 등을 환수조치하여 달라는 당시 행정안전부장관의 요청에 의하여 국가보훈처장이 망인의 유족에게 독립유공자서훈취소결정을 통보한 사안에서, 독립유공자서훈취소결정에 대한 취소소송에서의 피고적격이 있는 자는 국가보훈처장이다.

③ 세무서장이 압류한 재산의 공매를 성업공사(현 한국자산관리공사)로 대행하게 한 경우 항고소송의 피고는 성업공사이다.

④ 구 「저작권법」상 저작권등록처분에 대한 무효확인소송의 경우 저작권심의조정위원회위원장이 아니라, 저작권심의조정위원회가 피고적격을 갖는다.

02

회독 □□□

다음 중 「행정기본법」에 대한 설명으로 옳지 않은 것은?

① 100일간의 운전면허정지처분을 받은 사람의 경우, 100일째 되는 날이 공휴일인 경우에도, 그 면허정지기간은 그날(공휴일 당일)로 만료한다.

② 법령등을 공포한 날부터 일정 기간이 경과한 날부터 법령등을 시행하는 경우 그 기간의 말일이 토요일 또는 공휴일인 때에는 그 말일로 기간이 만료한다.

③ 행정기본법에는 자기구속의 원칙에 대한 명문의 규정이 존재한다.

④ 행정청은 법률로 정하는 바에 따라 완전히 자동화된 시스템(인공지능 기술을 적용한 시스템을 포함)으로 처분을 할 수 있지만, 처분에 재량이 있는 경우는 그러하지 아니하다.

03

회독 □□□

행정상 법률관계의 당사자에 대한 설명으로 옳지 않은 것은? (다툼이 있는 경우 판례에 의함)

① 「도로교통법」상 견인업무를 대행하는 자동차견인업자는 공무수탁사인에 해당한다.

② 공무수탁사인은 「국가배상법」상의 공무원에 해당하므로, 공무수탁사인의 위법한 공무수행으로 사인에게 손해가 발생한 경우, 국가나 지방자치단체에 손해배상을 청구할 수 있다.

③ 도시재개발조합에 대하여 조합원으로서의 자격확인을 구하는 법률관계는 공법상의 관계이고, 아직 처분등이 개입될 여지는 없으므로 공법상의 당사자소송으로 조합원 자격의 확인을 구할 수 있다.

④ 행정청은 독립적인 법인격이 인정되지 않으므로 행정청의 대외적인 권한행사의 법적 효과는 행정주체에게 귀속된다.

04

회독 □□□

「행정절차법」상 처분절차에 대한 설명으로 옳은 것은? (다툼이 있는 경우 판례에 의함)

① 정규공무원으로 임용된 사람에게 시보임용처분 당시 「지방공무원법」에 정한 공무원임용 결격사유가 있어 시보임용처분을 취소하고 그에 따라 정규임용처분을 취소한 경우 정규임용처분을 취소하는 처분에 대해서는 「행정절차법」의 규정이 적용된다.

② 「식품위생법」상 허가영업에 대해 영업자지위승계신고를 수리하는 처분은 종전 영업자의 권익을 다소 침해하는 효과를 갖지만 「행정절차법」상 사전통지를 거쳐야 하는 대상은 아니다.

③ 공정거래위원회의 시정조치 및 과징금납부명령에 「행정절차법」 소정의 의견청취절차 생략사유가 존재하면 공정거래위원회는 「행정절차법」을 적용하여 의견청취절차를 생략할 수 있다.

④ 수익적 행정행위의 신청에 대한 거부처분은 직접 당사자의 권익을 제한하는 처분에 해당하므로, 그 거부처분은 「행정절차법」상 사전통지의 대상이 된다.

05

회독 □ □ □

행정강제에 대한 설명으로 옳지 않은 것은? (다툼이 있는 경우 판례에 의함)

① 국유 일반재산인 대지에 대한 대부계약이 해지되어 국가가 원상회복으로 지상의 시설물을 철거하려는 경우, 「행정대집행법」에 따라 대집행을 하여야 하고 민사소송의 방법으로 시설물의 철거를 구하는 것은 허용되지 않는다.

② 구 「음반 · 비디오물 및 게임물에 관한 법률」상 등급분류를 받지 아니한 게임물을 발견한 경우 영장 없이도 관계행정청이 관계공무원으로 하여금 이를 수거 · 폐기하게 할 수 있도록 한 규정은 헌법상 영장주의에 반하지 않아 헌법에 위반된다고는 볼 수 없다.

③ 공매통지에 하자가 있어 위법하다 하더라도, 특별한 사정이 없는 한 공매통지를 직접 항고소송의 대상으로 삼아 다툴 수는 없고, 통지 후에 이루어진 공매처분에 대하여 다투어야 한다.

④ 「건축법」상 이행강제금의 부과에 대해서는 항고소송을 제기할 수는 없고 「비송사건절차법」에 따라 재판을 청구할 수 있다.

06

회독 □ □ □

「국가배상법」 제2조 책임에 대한 설명으로 옳은 것은? (다툼이 있는 경우 판례에 의함)

① 법관의 재판에 법령의 규정을 따르지 아니한 잘못이 있는 경우에는 이로써 바로 그 재판상 직무행위가 「국가배상법」 제2조 제1항에서 말하는 위법한 행위로 되어 국가의 손해배상책임이 발생한다.

② 산업기술혁신 촉진법령에 따른 중앙행정기관과 지방자치단체 등의 인증신제품 구매의무는 공공 일반의 전체적인 이익을 도모하기 위한 것이 아니라, 신제품 인증을 받은 자의 재산상 이익을 법적으로 보호하기 위한 것이므로, 지방자치단체가 위 법령에서 정한 인증신제품 구매의무를 위반하였다면 신제품 인증을 받은 자에 대하여 국가배상책임을 진다.

③ 국가배상의 요건 중 법령위반의 의미를 판단하는 데 있어서는 형식적 의미의 법령을 위반하였는지뿐만 아니라 인권존중, 권력남용금지, 신의성실과 같이 공무원으로서 당연히 지켜야 할 원칙을 지키지 않은 경우인지도 함께 고려하여야 한다.

④ 공무원의 직무집행이 법령이 정한 요건과 절차에 따라 이루어진 것이라도, 그 과정에서 개인의 권리가 침해되면 법령위반에 해당한다.

07

회독 □ □ □

행정입법에 대한 설명으로 옳은 것(○)과 옳지 않은 것(×)을 바르게 연결한 것은? (다툼이 있는 경우 판례에 의함)

> ㉠ 법률의 시행령이나 시행규칙의 내용이 모법의 해석상 가능한 것을 명시하거나 모법 조항의 취지를 구체화하기 위한 것이라면, 모법이 이에 관하여 직접 위임하는 규정을 두지 않았다고 하더라도 무효라고 할 수 없다.
> ㉡ 성질상 위임이 불가피한 전문적 · 기술적 사항에 관하여 구체적으로 범위를 정하여 법령에서 위임하더라도 고시 등으로는 규제의 세부적인 내용을 정할 수 없다.
> ㉢ 법률이 공법적 단체 등의 정관에 자치법적 사항을 위임할 경우에는 원칙적으로 헌법 제75조가 정하는 포괄위임입법금지원칙이 적용되지 않는다.
> ㉣ 행정규칙의 내용이 상위법령에 반하는 것이라면 법치국가원리에서 파생되는 법질서의 통일성과 모순금지 원칙에 따라 그것은 대외적 효력이 없게 되지만, 행정내부적 효력은 인정된다.

① ㉠(○), ㉡(×), ㉢(○), ㉣(○)
② ㉠(○), ㉡(×), ㉢(○), ㉣(×)
③ ㉠(×), ㉡(○), ㉢(○), ㉣(○)
④ ㉠(×), ㉡(○), ㉢(×), ㉣(×)

08

회독 □ □ □

행정법상 시효제도에 대한 설명으로 옳은 것은? (다툼이 있는 경우 판례에 의함)

① 지방자치단체에 대한 금전채권의 소멸시효를 5년의 단기(短期)로 정하고 있는 「지방재정법」의 규정은 공법상 금전채권에만 적용될 뿐, 사법상의 금전채권에는 적용되지 않는다.

② 「국유재산법」상 일반재산은 취득시효의 대상이 될 수 없다.

③ 납입고지에 의한 소멸시효의 중단은 그 납입고지에 의한 부과처분이 추후 취소되면 그 효력이 상실된다.

④ 「국유재산법」상 변상금부과처분에 대한 취소소송이 진행되는 동안에도 그 부과권의 소멸시효는 진행된다.

09

회독 □□□

「공공기관의 정보공개에 관한 법률」에 따른 정보공개제도에 대한 설명으로 옳지 않은 것은? (다툼이 있는 경우 판례에 의함)

① 정보공개심의회는 위원장 1명을 포함하여 5명 이상 7명 이하의 위원으로 구성한다.

② 정보공개거부처분의 취소를 구하는 소송에서 공공기관이 청구정보를 증거 등으로 법원에 제출하여 법원을 통하여 그 사본을 청구인에게 교부 또는 송달되게 하여 청구인에게 정보를 공개하는 셈이 되었다면, 이러한 우회적인 방법에 의한 공개는 「공공기관의 정보공개에 관한 법률」에 의한 공개라고 볼 수 있다.

③ 공공기관은 정보공개의 청구를 받으면 그 청구를 받은 날부터 10일 이내에 공개 여부를 결정하여야 하나, 부득이한 사유로 이 기간 이내에 공개 여부를 결정할 수 없는 때에는 그 기간이 끝나는 날의 다음 날부터 기산하여 10일의 범위에서 공개 여부 결정기간을 연장할 수 있다.

④ 공공기관이 청구인이 신청한 공개방법 이외의 방법으로 공개하기로 결정하였다면, 이는 정보공개 방법에 관한 부분에 대하여 일부 거부처분을 한 것이고, 청구인은 그에 대하여 항고소송으로 다툴 수 있다.

10

회독 □□□

행정벌에 대한 설명으로 옳지 않은 것은? (다툼이 있는 경우 판례에 의함)

① 행정청의 허가가 있어야 함에도 불구하고 허가를 받지 아니하여 처벌대상이 되는 행위를 한 경우라도, 허가를 담당하는 공무원이 허가를 요하지 아니하는 것으로 잘못 알려주어 이를 믿었기 때문에 허가를 받지 아니한 것이라면, 허가를 받지 않더라도 죄가 되지 않는 것으로 착오를 일으킨 데 대하여 정당한 이유가 있는 경우에 해당하여 처벌할 수 없다.

② 과실범을 처벌한다는 명문의 규정이 없더라도 행정형벌 법규의 해석에 의하여 과실행위도 처벌한다는 뜻이 도출되는 경우에는 과실범도 처벌될 수 있다.

③ 과태료처분을 받고 이를 납부한 일이 있음에도 그 후에 동일한 사유로 형사처벌을 하는 것은 일사부재리의 원칙에 어긋나 위법하다.

④ 질서위반행위를 한 자가 자신의 책임 없는 사유로 위반행위에 이르렀다고 주장하는 경우, 법원으로서는 그 내용을 살펴 행위자에게 고의나 과실이 있는지를 따져 보아야 한다.

11

회독 □□□

행정행위에 대한 설명으로 옳지 않은 것은? (다툼이 있는 경우 판례에 의함)

① 건축허가는 대물적 성질을 갖는 것이어서 행정청으로서는 허가를 할 때에 건축주 또는 토지 소유자가 누구인지 등 인적 요소에 관하여는 형식적 심사만 한다.

② 「출입국관리법」상 체류자격 변경허가는 신청인에게 당초의 체류자격과 다른 체류자격에 해당하는 활동을 할 수 있는 권한을 부여하는 일종의 설권적 처분의 성격을 가진다.

③ 유효한 기본행위를 대상으로 인가가 행해진 후에 기본행위가 취소되거나 실효된 경우에는 인가도 실효된다.

④ 조세과오납에 따른 부당이득반환청구 사안에서 민사법원은 사전통지 및 의견제출 절차를 거치지 않은 하자를 이유로 행정행위의 효력을 부인할 수 있다.

12

회독 □□□

강학상 예외적 승인에 해당하지 않는 것은? (다툼이 있는 경우 판례에 의함)

① 개발제한구역 내의 용도변경허가

② 치료목적의 마약류사용허가

③ 토지거래허가구역 내의 토지거래허가

④ 학교환경위생정화구역의 금지행위해제

13

회독 □□□

「행정소송법」상 사정판결에 대한 설명으로 옳은 것은? (다툼이 있는 경우 판례에 의함)

① 법원이 사정판결을 할 때에는 원고에 대하여 상당한 구제방법을 취하거나 상당한 구제방법을 취할 것을 피고에게 명해야 한다.

② 무효인 행정행위에 대해서도 사정판결이 인정된다.

③ 법원은 당사자의 명백한 주장이 없는 경우에도 일건 기록에 나타난 사실을 기초로 하여 직권으로 사정판결을 할 수 있다.

④ 사정판결을 하는 경우 법원은 원고의 청구를 기각하는 판결을 하게 되므로, 소송비용은 패소한 원고의 부담으로 한다.

14

회독 □□□

항고소송의 대상이 되는 행정처분에 대한 설명으로 옳은 것은? (다툼이 있는 경우 판례에 의함)

① 군의관의 신체등위판정 자체만으로 권리의무가 정하여지는 것이 아니지만 후행하는 병역처분이 전적으로 그에 의거하여 이루어지므로, 군의관의 신체등위판정은 행정처분에 해당한다.

② 국가인권위원회가 진정에 대하여 각하 및 기각결정을 할 경우 피해자인 진정인은 인권침해 등에 대한 구제조치를 받을 권리를 박탈당하게 되므로, 국가인권위원회의 진정에 대한 각하 및 기각결정은 처분에 해당한다.

③ 「국가균형발전 특별법」에 따른 시·도지사의 혁신도시 최종입지 선정행위는, 혁신도시입지 후보지에 관련된 지역주민 등의 권리의무에 직접 영향을 미치므로 행정처분에 해당한다.

④ 공정거래위원회의 고발조치 및 고발의결은 항고소송의 대상이 되는 행정처분에 해당한다.

15

회독 □□□

행정행위의 직권취소 및 철회에 대한 설명으로 옳은 것은? (다툼이 있는 경우 판례에 의함)

① 행정처분을 한 행정청은 원래의 처분을 존속시킬 필요가 없게 된 사정변경이 생겼거나 중대한 공익상의 필요가 생긴 경우, 이를 철회할 별도의 법적 근거가 없다 하더라도 별개의 행정행위로 이를 철회할 수 있다.

② 「국민연금법」상 연금 지급결정을 취소하는 처분과 그 처분에 기초하여 잘못 지급된 급여액에 해당하는 금액을 환수하는 처분이 적법한지를 판단하는 경우, 비교·교량할 사정이 두 처분이 상이하다고는 할 수 없으므로, 연금 지급결정을 취소하는 처분이 적법하다면 환수처분도 적법하다고 판단하여야 한다.

③ 처분에 대한 직권취소와 철회는 사실심 변론종결 후에는 불가능하다.

④ 명문의 규정을 불문하고 처분청과 감독청은 철회권을 가진다.

16

회독 □□□

2021. 2. 1. 행정청 甲은 乙에 대하여 2021. 3. 1.부터 2022. 4. 30.까지의 기간을 정하여 도로점용허가처분을 하면서, 매달 100만원의 점용료를 납부할 의무를 명하는 부관을 부가하였다. 그리고 2021. 5. 1. 乙의 도로점용이 교통혼잡을 초래할 경우 도로점용허가를 취소할 수 있다는 부관을 부가하였다. 이 사례에 관한 설명으로 옳은 것은? (취소소송을 제기하는 경우 제소기간은 준수한 것으로 보며, 다툼이 있는 경우 판례에 의함)

① 매달 100만원의 점용료를 납부하도록 하는 부관이 도로점용허가의 효력과 연동되지 않는다면, 이러한 부관은 조건에 해당한다.

② 매달 100만원의 점용료를 납부하도록 한 부관을 乙이 불이행했다는 이유로 甲이 도로점용허가처분을 철회하는 경우라면 이익형량에 따른 철회의 제한이 적용되지 않는다.

③ 2021. 5. 1. 甲이 부가한 부관은 乙의 동의가 있더라도 법령의 근거가 없으면 위법하다.

④ 매달 100만원의 점용료를 납부하도록 하는 부관이 비례의 원칙에 위배되어 乙이 취소소송을 제기한 경우 법원은 이 부관만을 취소할 수 있다.

17

회독 □□□

「행정심판법」상 재결에 대한 설명으로 옳은 것은?

① 행정심판위원회가 처분을 취소하거나 변경하는 재결을 하면, 행정청은 재결의 기속력에 따라 처분을 취소 또는 변경하는 처분을 하여야 하고, 이를 통하여 당해 처분은 처분시에 소급하여 소멸되거나 변경된다.

② 재결을 한 행정심판위원회는 재결에 위법이 있는 경우 이를 취소·변경할 수 있다.

③ 행정심판위원회는 무효확인심판의 청구가 이유가 있더라도 이를 인용하는 것이 공공복리에 크게 위배된다고 인정하면 그 청구를 기각하는 재결을 할 수 있다.

④ 법령의 규정에 따라 공고하거나 고시한 처분이 재결로써 취소되거나 변경되면, 처분을 한 행정청은 지체 없이 그 처분이 취소 또는 변경되었다는 것을 공고하거나 고시하여야 한다.

18

회독 □ □ □

당사자소송에 대한 설명으로 옳지 않은 것은? (다툼이 있는 경우 판례에 의함)

① 시립무용단원의 해촉에 대해서는 항고소송으로 다투어야 하고 당사자소송으로 다툴 수는 없다.

② 원고가 고의 또는 중대한 과실 없이 당사자소송으로 제기하여야 할 것을 항고소송으로 잘못 제기한 경우에, 당사자소송으로서의 소송요건을 결하고 있음이 명백하여 당사자소송으로 제기되었더라도 어차피 부적법하게 되는 경우가 아닌 이상, 법원으로서는 원고로 하여금 당사자소송으로 소 변경을 하도록 하여 심리·판단하여야 한다.

③ 지방소방공무원이 자신이 소속된 지방자치단체를 상대로 제기한 초과근무수당의 지급을 구하는 청구에 관한 소송은 당사자소송의 절차에 따라야 한다.

④ 「공익사업을 위한 토지 등의 취득 및 보상에 관한 법률」상 토지수용에 따른 권리구제에서 농업손실에 대한 보상청구권은 민사소송이 아니라 「행정소송법」상 당사자소송에 의해야 한다.

19

회독 □ □ □

행정행위와 구체적 사례가 바르게 연결된 것만을 모두 고르면? (다툼이 있는 경우 판례에 의함)

> ㉠ 허가 – 주류판매업 면허
> ㉡ 특허 – 「도시 및 주거환경정비법」상 토지 등 소유자들이 조합을 따로 설립하지 않고 시행하는 도시환경정비사업 시행인가
> ㉢ 특허 – 국립의료원 부설 주차장에 관한 위탁관리용역운영계약
> ㉣ 공증 – 발명특허의 등록

① ㉠, ㉡
② ㉡, ㉢
③ ㉠, ㉢, ㉣
④ ㉠, ㉡, ㉢, ㉣

20

회독 □ □ □

「행정심판법」상 고지제도에 대한 설명으로 옳지 않은 것은? (다툼이 있는 경우 판례에 의함)

① 행정처분시 「행정심판법」상의 고지를 하지 않으면 그 행정처분이 당연무효는 아니더라도, 처분의 절차적 요건을 결하여 위법하게 된다.

② 「행정심판법」상의 고지에는 처분성이 인정되지 않는다.

③ 직권에 의하여 고지하는 경우 처분의 상대방에 대해서만 고지하면 된다.

④ 행정심판 전치주의가 적용되는 경우임에도, 처분을 행한 행정청이 행정심판을 거칠 필요가 없다고 잘못 고지한 경우에는 행정심판을 거치지 않아도 행정소송을 제기할 수 있다.

04회 행정법총론 동형모의고사

빠른 정답 p.130 / 해설 p.130

01

회독 □□□

통치행위에 대한 설명으로 옳은 것(○)과 옳지 않은 것(×)을 바르게 조합한 것은? (다툼이 있는 경우 판례에 의함)

> ㉠ 남북정상회담 개최와 대북송금 행위는 고도의 정치적 행위이므로 사법심사의 대상은 아니다.
> ㉡ 서훈취소는 서훈수여의 경우와는 달리 이미 발생된 서훈대상자 등의 권리 등에 영향을 미치는 행위이지만, 대통령이 국가원수로서 행하는 고도의 정치적 행위이므로 법원이 사법심사를 자제하여야 할 통치행위에 해당한다.
> ㉢ 비상계엄의 선포와 그 확대행위가 국헌문란의 목적을 달성하기 위하여 행하여진 경우에는 법원은 그 자체가 범죄행위에 해당하는지의 여부에 관하여 심사할 수 있다.
> ㉣ 신행정수도건설이나 수도이전문제는 그 자체로 고도의 정치적 결단을 요하므로 사법심사의 대상에서 제외되고, 그것이 국민의 기본권 침해와 관련되는 경우에도 헌법재판소의 심판 대상이 될 수 없다.

① ㉠(○), ㉡(○), ㉢(×), ㉣(○)
② ㉠(○), ㉡(×), ㉢(×), ㉣(×)
③ ㉠(×), ㉡(○), ㉢(○), ㉣(×)
④ ㉠(×), ㉡(×), ㉢(○), ㉣(×)

02

회독 □□□

「공익사업을 위한 토지등의 취득 및 보상에 관한 법률」 및 행정상 손실보상에 대한 설명으로 옳은 것은? (다툼이 있는 경우 판례에 의함)

① 「공익사업을 위한 토지등의 취득 및 보상에 관한 법률」에 의한 협의취득은 사법상의 법률행위이므로 당사자 사이의 자유로운 의사에 따라 채무불이행책임이나 매매대금 과부족금에 대한 지급의무를 약정할 수 있다.
② 우리 헌법재판소는 손실보상규정이 없어 손실보상을 할 수 없으나 수인한도를 넘는 침해가 있는 경우에는 침해를 야기한 행위가 위법하므로 그에 대한 항고소송을 제기할 수 있다고 한다.
③ 공공용물에 대한 행정청의 적법한 개발행위로 당해 공공용물의 일반사용이 제한되어 입게 된 불이익은 원칙적으로 손실보상의 대상이 된다.
④ 잔여지 수용의 청구는 사업시행자가 관할 토지 수용위원회에 하여야 하고, 토지소유자는 사업시행자에게 잔여지 수용을 청구해 줄 것을 요청할 수 있다.

03

회독 □□□

법률유보원칙에 대한 설명으로 옳지 않은 것은? (다툼이 있는 경우 판례에 의함)

① 법률유보의 원칙에 있어서 법률은 형식적 의미의 법률을 의미하므로 관습법은 포함되지 않는다.
② 헌법재판소는 구 「도시 및 주거환경정비법」상 도시환경정비사업의 사업시행인가 신청 시의 동의요건을 '토지등소유자가 자치적으로 정하여 운영하는 규약'으로 정하도록 한 것(동의요건조항)은 법률유보원칙 내지 의회유보원칙에 위배된다고 판단했다.
③ 텔레비전방송수신료의 징수업무를 한국방송공사가 직접 수행할 것인지, 제3자에게 위탁할 것인지, 위탁한다면 누구에게 위탁하도록 할 것인지, 위탁받은 자가 자신의 고유업무와 결합하여 징수업무를 할 수 있는지는 국민의 기본권 제한에 관한 본질적인 사항이다.
④ 텔레비전방송수신료의 금액은 한국방송공사 이사회가 심의·의결한 후 방송통신위원회를 거쳐 국회의 승인을 얻어 확정된다.

04

회독 □□□

공법관계에 해당하는 것만을 모두 고르면? (다툼이 있는 경우 판례에 의함)

> ㉠ 서울특별시지하철공사의 임원과 직원의 근무관계
> ㉡ 「초·중등교육법」상 사립중학교에 대한 중학교 의무교육의 위탁관계
> ㉢ 지방자치단체가 학교법인이 설립한 사립중학교에 의무교육대상자에 대한 교육을 위탁한 때에, 그 학교법인과 해당 사립중학교에 재학 중인 학생의 재학관계
> ㉣ 국유재산의 관리청이 하는 행정재산의 사용·수익에 대한 허가

① ㉠, ㉢　② ㉡, ㉣
③ ㉡, ㉢, ㉣　④ ㉢, ㉣

05

회독 □□□

「질서위반행위규제법」에 대한 설명으로 옳지 않은 것은? (다툼이 있는 경우 판례에 의함)

① 신분에 의하여 성립하는 질서위반행위에 신분이 없는 자가 가담한 때에는 신분이 없는 자에 대하여도 질서위반행위가 성립한다.
② 「질서위반행위규제법」에 따라 행정청이 부과한 과태료처분은 행정소송의 대상인 행정처분에 해당하지 않는다.
③ 행정청에 의해 부과된 과태료는 질서위반행위가 종료된 날(다수인이 질서위반행위에 가담한 경우에는 최종행위가 종료된 날을 말한다)부터 5년간 징수하지 아니하거나 집행하지 아니하면 시효로 인하여 소멸한다.
④ 행정청은 질서위반행위가 발생하였다는 합리적 의심이 있어 그에 대한 조사가 필요하다고 인정하는 경우에 법정조사권을 행사할 수 있다.

06

회독 □□□

「국가배상법」 제2조 책임에 대한 설명으로 옳은 것은? (다툼이 있는 경우 판례에 의함)

① 시·도지사 등의 업무에 속하는 대집행권한을 위탁받은 한국토지공사가 대집행을 실시하는 과정에서 국민에게 손해가 발생할 경우 한국토지공사는 공무수탁사인에 해당하므로, 「국가배상법」 제2조의 공무원과 같은 지위를 갖게 된다.
② 재량권의 행사에 관하여 행정청 내부에 일응의 기준을 정해 둔 경우 그 기준에 따른 행정처분을 하였다면 이에 관여한 공무원에게 그 직무상의 과실이 있다고 할 수 없다.
③ 행위 자체의 외관을 객관적으로 관찰하여 공무원의 직무행위로 보여지더라도 그것이 실질적으로 직무행위에 해당하지 않는다면 그 행위는 '직무를 집행하면서' 행한 것으로 볼 수 없다.
④ 생명·신체의 침해로 인한 국가배상을 받을 권리는 양도할 수 있지만, 압류할 수는 없다.

07

회독 □□□

준법률행위적 행정행위와 구체적 사례가 바르게 연결된 것만을 모두 고르면? (다툼이 있는 경우 판례에 의함)

> ㉠ 확인 – 교과서 검정·인정
> ㉡ 확인 – 특허출원의 공고
> ㉢ 공증 – 상표사용권설정등록행위
> ㉣ 통지 – 국가시험합격자결정
> ㉤ 통지 – 귀화의 고시

① ㉠, ㉢, ㉤　② ㉠, ㉣, ㉤
③ ㉡, ㉢, ㉣　④ ㉡, ㉢, ㉤

08

회독 □□□

기속행위 및 재량행위에 대한 설명으로 옳지 않은 것은? (다툼이 있는 경우 판례에 의함)

① 재량행위에 대한 사법심사는 행정청의 재량에 기한 공익판단의 여지를 감안하여 법원이 독자의 결론을 도출함이 없이 당해 행위에 재량권의 일탈·남용이 있는지 여부를 심사한다.

② 지방공무원의 동의 없는 전출명령은 위법하여 취소되어야 하므로, 전출명령이 적법함을 전제로 내린 당해 지방공무원에 대한 징계처분은 징계양정에 있어 재량권을 일탈하여 위법하다.

③ 「국토의 계획 및 이용에 관한 법률」에 따른 토지의 형질변경허가에는 행정청의 재량권이 부여되어 있다고 하더라도 「건축법」상의 건축허가는 기속행위이므로, 「국토의 계획 및 이용에 관한 법률」에 따른 토지의 형질변경행위를 수반하는 건축허가는 기속행위에 속한다.

④ 「교육법 시행령」 소정의 대학교 특별전형에서 외교관, 공무원의 자녀에 대하여만 획일적으로 과목별 실제 취득점수에 가산점을 부여함으로써, 실제 취득점수에 의하면 충분히 합격할 수 있는 다른 응시생에 대하여 불합격처분을 한 경우, 그 처분에는 재량권 남용이 인정된다.

09

회독 □□□

협의의 소익에 대한 설명으로 옳지 않은 것은? (다툼이 있는 경우 판례에 의함)

① 현역입영대상자로서는 현실적으로 입영을 하였다고 하더라도, 입영 이후의 법률관계에 영향을 미치고 있는 현역병입영통지처분 등을 한 관할지방병무청장을 상대로 위법을 주장하여 그 취소를 구할 소송상의 이익이 있다.

② 환지처분이 일단 공고되어 효력을 발생하게 되면 환지예정지지정처분은 그 효력이 소멸되는 것이므로, 환지처분이 공고된 후에는 환지예정지지정처분에 대하여 그 취소를 구할 법률상 이익은 없다.

③ 건축물에 대한 사용검사처분이 취소되면 사용검사 전의 상태로 돌아가 건축물을 사용할 수 없게 되므로 구 「주택법」 상 입주자나 입주예정자가 사용검사처분의 무효확인 또는 취소를 구할 법률상 이익이 있다.

④ 지방의회 의원에 대한 제명의결 취소소송 계속 중 의원의 임기가 만료된 경우에도 여전히 제명의결의 취소를 구할 법률상 이익이 인정된다.

10

회독 □□□

행정행위의 효력발생요건으로서의 통지에 대한 설명으로 옳지 않은 것은? (다툼이 있는 경우 판례에 의함)

① 병역의무부과통지서인 현역입영통지서는 그 병역의무자에게 이를 송달함이 원칙이고, 이러한 송달은 병역의무자의 현실적인 수령행위를 전제로 하고 있다고 보아야 하므로, 병역의무자가 현역입영통지의 내용을 이미 알고 있는 경우에도 여전히 현역입영통지서의 송달은 필요하다.

② 행정행위의 효력발생요건으로서의 도달은 상대방이 그 내용을 현실적으로 알 필요까지는 없고, 다만 알 수 있는 상태에 놓여짐으로써 충분하다.

③ 정보통신망을 이용하여 전자문서로 송달하는 경우에는 송달받을 자가 지정한 컴퓨터 등에 입력된 때에 도달된 것으로 본다.

④ 납세고지서의 명의인이 다른 곳으로 이사하였지만 주민등록을 옮기지 아니한 채 주민등록지로 배달되는 우편물을 새로운 거주자가 수령하여 자신에게 전달하도록 한 경우, 그 새로운 거주자에게 우편물 수령권한을 위임한 것으로 볼 수는 없으므로 그에게 한 납세고지서의 송달은 위법하다.

11

회독 □□□

「행정절차법」상 사전통지 및 의견청취에 대한 설명으로 옳지 않은 것은? (다툼이 있는 경우 판례에 의함)

① 행정청은 처분을 함에 있어 국민생활에 큰 영향을 미치는 처분으로서 대통령령으로 정하는 처분에 대하여 대통령령으로 정하는 수 이상의 당사자 등이 공청회 개최를 요구하는 경우 공청회를 개최한다.

② 「건축법」상의 공사중지명령에 대한 사전통지를 하고 의견제출의 기회를 준다면 많은 액수의 손실보상금을 기대하여 공사를 강행할 우려가 있다는 사정은, 사전통지 및 의견제출절차의 예외사유에 해당한다.

③ 군인사법령에 의하여 진급예정자명단에 포함된 자에 대하여 수사과정 및 징계과정에서 비위행위에 대한 충분한 해명기회를 가졌더라도 진급선발을 취소하는 처분을 함에 있어서 「행정절차법」상 사전통지·의견진술의 기회를 부여하여야 한다.

④ 청문 주재자는 직권으로 또는 당사자의 신청에 따라 필요한 조사를 할 수 있으며, 당사자등이 주장하지 아니한 사실에 대하여도 조사할 수 있다.

12

회독 □□□

행정소송에 대한 설명으로 옳은 것만을 모두 고르면? (다툼이 있는 경우 판례에 의함)

> ㉠ 신축건물의 준공처분을 하여서는 아니된다는 내용의 부작위를 청구하는 행정소송은 예외적으로 허용된다.
> ㉡ 국가가 국토이용계획과 관련한 지방자치단체의 장의 기관위임 사무의 처리에 관하여 지방자치단체의 장을 상대로 취소소송을 제기하는 것은 허용되지 않는다.
> ㉢ 취소소송에 당해 처분과 관련되는 부당이득반환청구소송이 병합되어 제기된 경우, 부당이득반환청구가 인용되기 위해서는 그 소송절차에서 판결에 의해 당해 처분이 취소되면 충분하고 그 처분의 취소가 확정되어야 하는 것은 아니다.
> ㉣ 취소소송의 소송요건 존부는 사실심 변론종결시를 기준으로 판단하므로, 비록 상고심에서 원고적격이 흠결되었더라도 사실심 변론종결시에 원고적격이 있었다면 그러한 취소소송은 취소소송의 소송요건을 충족한 것으로 보아야 한다.

① ㉠, ㉡　　② ㉠, ㉢
③ ㉡, ㉢　　④ ㉢, ㉣

13

회독 □□□

행정상 강제집행에 대한 설명으로 옳은 것은? (다툼이 있는 경우 판례에 의함)

① 사용자가 이행하여야 할 행정법상 의무의 내용을 초과하는 것을 '불이행 내용'으로 기재한 이행강제금 부과예고서에 의하여 이행강제금 부과예고를 한 다음 이행강제금을 부과한 경우, 초과한 정도가 근소하다는 등의 특별한 사정이 없는 한, 이 이행강제금 부과예고 및 이행강제금부과처분은 위법하다.
② 전통적으로 행정대집행은 대체적 작위의무에 대한 강제집행수단으로, 이행강제금은 부작위의무나 비대체적 작위의무에 대한 강제집행수단으로 이해되어 왔으며, 이는 이행강제금제도의 본질에서 오는 제약이므로, 이행강제금은 대체적 작위의무의 위반에 대하여는 부과될 수 없다.
③ 대집행에 대한 계고는 행정처분이고, 1차 계고 이후 대집행기한을 연기하기 위한 2차 계고, 3차 계고 또한 독립된 행정처분이다.
④ 관계 법령에서 금지규정 및 그 위반에 대한 벌칙규정은 두고 있으나 금지규정 위반행위에 대한 시정명령의 권한에 대해서는 규정하고 있지 않은 경우에, 그 금지규정 및 벌칙규정은 당연히 금지규정 위반행위로 인해 발생한 유형적 결과를 시정하게 하는 것도 예정하고 있다고 할 것이어서 금지규정 위반으로 인한 결과의 시정을 명하는 권한도 인정하고 있는 것으로 해석된다.

14

회독 □□□

행정입법에 대한 설명으로 옳지 않은 것은? (다툼이 있는 경우 판례에 의함)

① 상급기관이 하급 행정기관에 대하여 업무처리지침이나 법령의 해석적용에 관한 기준을 정하여 발하는 행정규칙은 일반적으로 행정조직 내부에서만 효력을 가질 뿐이며 대외적인 구속력을 갖지 않는다.
② 법령의 위임관계는 반드시 하위 법령의 개별조항에서 위임의 근거가 되는 상위 법령의 해당 조항을 구체적으로 명시하고 있어야 하는 것은 아니다.
③ 헌법 제107조 제2항의 규정에 따르면 행정입법의 심사는 일반적인 재판절차에 의하여 구체적 규범통제의 방법에 의하도록 하고 있으므로, 원칙적으로 당사자는 구체적 사건의 심판을 위한 선결문제로서 행정입법의 위법성을 주장하여 법원에 대하여 당해 사건에 대한 적용 여부의 판단을 구할 수 있을 뿐 행정입법 자체의 합법성의 심사를 목적으로 하는 독립한 신청을 제기할 수는 없다.
④ 어떤 법률의 말미에 "이 법의 시행에 필요한 사항은 대통령령으로 정한다."라고 하여 일반적 시행령 위임조항을 두었다면 이것은 위임명령의 일반적 발령 근거로 작용한다.

15

회독 □□□

행정행위에 대한 설명으로 옳지 않은 것은? (다툼이 있는 경우 판례에 의함)

① 배출시설 설치허가의 신청이 구 「대기환경보전법」에서 정한 허가기준에 부합하고 동 법령상 허가제한사유에 해당하지 아니하는 한 환경부장관은 원칙적으로 허가를 하여야 한다.
② 허가와 달리 특허는 불특정다수인에게 행해질 수도 있으며, 오로지 특정인을 대상으로만 행해지는 것은 아니다.
③ 「공유수면 관리 및 매립에 관한 법률」에 따른 공유수면의 점용·사용허가는 특정인에게 공유수면 이용권이라는 독점적 권리를 설정하여 주는 처분으로서 처분 여부 및 내용의 결정은 원칙적으로 행정청의 재량에 속한다.
④ 공익법인의 기본재산에 대한 감독관청의 처분허가는 그 성질상 특정 상대에 대한 처분행위의 허가가 아니고 처분의 상대가 누구이든 이에 대한 처분행위를 보충하여 유효하게 하는 행위라 할 것이므로 그 처분행위에 따른 권리의 양도가 있는 경우에도 처분이 완전히 끝날 때까지는 허가의 효력이 유효하게 존속한다.

16

회독 □□□

행정심판위원회에 대한 설명으로 옳지 않은 것은? (다툼이 있는 경우 판례에 의함)

① 중앙행정심판위원회는 심판청구를 심리·재결할 때에 처분 또는 부작위의 근거가 되는 명령 등이 법령에 근거가 없거나 상위 법령에 위배되거나 국민에게 과도한 부담을 주는 등 크게 불합리하면 관계 행정기관에 그 명령 등의 개정·폐지 등 적절한 시정조치를 요청할 수 있다.
② 중앙행정심판위원회는 위원장 1명을 포함하여 70명 이내의 위원으로 구성하되, 위원 중 상임위원은 4명 이내로 한다.
③ 행정심판위원회의 위원에 대한 기피신청은 그 사유를 소명한 문서로 하여야 한다.
④ 서울특별시장의 처분에 대한 행정심판은 서울특별시 행정심판위원회에서 심리·재결한다.

17

회독 □□□

행정행위의 하자의 승계에 대한 설명으로 옳지 않은 것은? (다툼이 있는 경우 판례에 의함)

① 친일반민족행위자로 결정한 최종발표와 그에 따라 그 유가족에 대하여 한 「독립유공자예우에 관한 법률」 적용배제자 결정은 별개의 법률효과를 목적으로 하는 처분이다.
② 건물철거명령과 후행 대집행계고처분 간에는 하자의 승계가 인정되므로 건물철거명령의 취소사유를 들어 대집행계고처분의 위법을 주장할 수 있다.
③ 적정행정의 유지에 대한 요청에서 나오는 하자의 승계를 인정하면 국민의 권리를 보호하고 구제하는 범위가 더 넓어진다.
④ 단계적으로 진행되는 행정행위에서 선행 행정행위가 당연무효라면 양자가 서로 독립하여 별개의 효과를 목적으로 하는 경우에도 후행 행정행위는 당연무효가 된다.

18

회독 □□□

신고에 대한 설명으로 옳지 않은 것은? (다툼이 있는 경우 판례에 의함)

① 식품접객업 영업신고에 대해서는 「식품위생법」이 「건축법」에 우선 적용되므로, 영업신고가 「식품위생법」상의 신고요건을 갖춘 경우라면 그 영업신고를 한 해당 건축물이 「건축법」상 무허가건축물이라도 적법한 신고에 해당된다.
② 행정청이 구 「식품위생법」상의 영업자지위승계신고 수리처분을 하는 경우, 행정청은 종전의 영업자에 대하여 「행정절차법」 소정의 행정절차를 실시하여야 한다.
③ 숙박업을 하고자 하는 자가 법령이 정하는 시설과 설비를 갖추고 행정청에 신고를 하면 행정청은 공중위생관리법령의 규정에 따라 원칙적으로 이를 수리하여야 하므로, 새로 숙박업을 하려는 자가 기존에 다른 사람이 숙박업 신고를 한 적이 있는 시설 등의 소유권 등 정당한 사용권한을 취득하여 법령에서 정한 요건을 갖추어 신고하였다면, 행정청으로서는 특별한 사정이 없는 한 이를 수리하여야 하고, 기존의 숙박업 신고가 외관상 남아있다는 이유로 이를 거부할 수 없다.
④ 수리란 신고를 유효한 것으로 판단하고 법령에 의하여 처리할 의사로 이를 수령하는 수동적 행위이므로 수리행위에 신고필증 교부 등 행위가 꼭 필요한 것은 아니다.

19

회독 □□□

항고소송의 대상인 처분에 대한 설명으로 옳은 것은? (다툼이 있는 경우 판례에 의함)

① 검사의 불기소결정은 공권력의 행사에 포함되므로, 검사의 자의적인 수사에 의하여 불기소결정이 이루어진 경우 그 불기소결정은 처분에 해당한다.
② 금융감독위원회의 파산신청이 있게 되면 당해 부실금융기관이 파산절차 내에서 여러 가지 법률상 불이익을 입게 되므로, 구 「금융산업의구조개선에관한법률」 및 구 「상호저축은행법」상 금융감독위원회의 파산신청은 항고소송의 대상이 되는 처분에 해당한다.
③ 법무부장관의 입국금지결정이 그 의사가 공식적인 방법으로 외부에 표시된 것이 아니라 단지 그 정보를 내부 전산망인 출입국관리정보시스템에 입력하여 관리한 것에 지나지 않은 경우, 이는 항고소송의 대상에 해당되지 않는다.
④ 지방의회의 의장은 지방의회를 대표하고 의사를 정리하며 회의장 내의 질서를 유지할 의무가 있어 일반 국민과 구제절차를 달리해야 할 필요가 있으므로, 지방의회 의장에 대한 불신임 의결은 항고소송의 대상이 되는 처분에 해당하지 않는다.

20

회독 □ □ □

「공공기관의 정보공개에 관한 법률」에 대한 설명으로 옳은 것은? (다툼이 있는 경우 판례에 의함)

① 외국 기관으로부터 비공개를 전제로 정보를 입수하였다는 이유만으로, 이를 공개할 경우 업무의 공정한 수행에 현저한 지장을 받을 것이라 단정할 수 없다.

② 정보공개청구권은 국민의 알권리에 근거한 헌법상 기본권이므로, 형사재판확정기록의 공개에 관하여는 「형사소송법」의 규정이 적용되더라도 「공공기관의 정보공개에 관한 법률」에 의한 정보공개청구가 허용된다.

③ 사면대상자들의 사면실시건의서와 그와 관련된 국무회의 안건자료는, 그 공개로 얻는 이익보다 그로 인하여 침해되는 당사자들의 사생활의 비밀에 관한 이익이 더욱 크므로 비공개대상정보에 해당한다.

④ 정보공개청구인이 공공기관에 대하여 정보공개를 청구하였다가 거부처분을 받은 것 자체만으로는 법률상 이익의 침해가 있은 것으로 인정되지 않고, 정보공개청구인은 자신에게 해당 정보의 공개를 구할 법률상 이익이 있음을 별도로 입증하여야 한다.

05회 행정법총론 동형모의고사

빠른 정답 p.142 / 해설 p.142

01

회독 □□□

처분사유의 추가·변경에 대한 설명으로 옳은 것(○)과 옳지 않은 것(×)을 바르게 조합한 것은? (다툼이 있는 경우 판례에 의함)

> ㉠ 처분청은 원고의 권리방어가 침해되지 않는 한도 내에서 당해 취소소송의 대법원 확정판결 전까지 처분사유의 추가·변경을 할 수 있다.
> ㉡ 정기간행물 등록신청 거부에 있어서 「정기간행물의등록에관한법률」 및 그 시행령 소정의 첨부서류가 제출되지 아니하였다는 주장과 발행주체가 불법단체라는 당초의 처분사유 사이에는 기본적 사실관계에 있어서 동일성이 인정되지 않는다.
> ㉢ 이동통신요금 원가 관련 정보공개청구에 대해 행정청이 별다른 이유를 제시하지 아니한 채 통신요금과 관련한 총괄원가액수만을 공개한 후, 정보공개거부처분 취소소송에서 원가 관련 정보가 법인의 영업상 비밀에 해당한다는 비공개사유를 주장하는 것은, 그 기본적 사실관계가 동일하다고 볼 수 없는 사유를 추가하는 것이다.
> ㉣ 처분사유의 추가·변경이 인정되기 위한 요건으로서의 기본적 사실관계의 동일성 유무는, 처분사유를 법률적으로 평가하기 이전의 구체적인 사실에 착안하여 그 기초적인 사회적 사실관계가 기본적인 점에서 동일한지 여부에 따라 결정된다.

① ㉠(○), ㉡(○), ㉢(○), ㉣(○)
② ㉠(○), ㉡(×), ㉢(×), ㉣(×)
③ ㉠(×), ㉡(○), ㉢(×), ㉣(○)
④ ㉠(×), ㉡(×), ㉢(○), ㉣(○)

02

회독 □□□

판례에 따를 때, 다음 중 당사자소송에 해당하는 것만을 모두 고르면?

> ㉠ 공무원연금관리공단의 급여결정에 관한 소송
> ㉡ 공무원연금법령 개정으로 퇴직연금 중 일부 금액의 지급이 정지되어서 미지급된 퇴직연금의 지급을 구하는 소송
> ㉢ 법령상 이미 존재와 범위가 확정되어 있는 조세과오납부액의 반환을 구하는 소송
> ㉣ 「도시 및 주거환경정비법」상의 주택재건축정비사업조합을 상대로 관리처분계획안에 대한 조합총회 결의의 효력을 다투는 소송

① ㉠, ㉡, ㉢　　② ㉠, ㉢
③ ㉡, ㉢, ㉣　　④ ㉡, ㉣

03

회독 □□□

甲은 행정청 A가 보유·관리하는 정보 중 乙과 관련이 있는 정보를 사본 교부의 방법으로 공개하여 줄 것을 청구하였다. 이에 대한 설명으로 옳은 것은? (다툼이 있는 경우 판례에 의함)

① A는 甲이 청구한 사본 교부의 방법이 아닌 열람의 방법으로 정보를 공개할 수 있는 재량권을 갖는다.
② A는 공개청구된 공개대상정보의 전부 또는 일부가 乙과 관련이 있다고 인정되는 때에는 그 사실을 乙에게 7일 이내에 통지하여야 한다.
③ A가 정보의 주체인 乙로부터 의견을 들은 결과 乙이 정보의 비공개를 요청한 경우, 乙의 비공개요청에도 불구하고 A가 공개결정을 하는 때에는 공개결정이유와 공개실시일을 분명히 밝혀 지체 없이 문서로 통지하여야 한다.
④ A가 정보공개결정을 한 경우 乙은 행정심판 또는 행정소송을 제기할 수 있으나, 이의신청을 할 수는 없다.

04

회독 □ □ □

무효와 취소에 대한 설명으로 옳은 것은? (다툼이 있는 경우 판례에 의함)

① 위법성의 판단기준에 있어서는 무효인 행정행위와 취소할 수 있는 행정행위를 구별할 실익이 있는 데 반해, 쟁송제기기간 및 불가쟁력의 발생에 있어서는 무효인 행정행위와 취소할 수 있는 행정행위를 구별할 실익이 없다.

② 구 「폐기물처리시설 설치촉진 및 주변지역 지원 등에 관한 법률」상 입지선정위원회가 동법 시행령의 규정에 위배하여 군수와 주민대표가 선정·추천한 전문가를 포함시키지 않은 채 임의로 구성되어 의결을 한 경우에, 이에 터잡아 이루어진 폐기물처리시설 입지결정처분은 당연무효가 된다.

③ 과세대상이 되지 않는 법률관계나 사실관계에 대하여 이를 과세대상이 되는 것으로 오인할 만한 객관적인 사실이 있는 경우에 이것이 과세대상이 되는지 여부가 그 사실관계를 정확히 조사하여야 비로소 밝혀질 수 있는 경우라도 이를 오인한 하자가 중대하고, 외관상 명백하다고 할 것이다.

④ 환경영향평가법령의 규정상 환경영향평가를 거쳐야 할 사업인 경우에, 환경영향평가를 거치지 아니하고 행한 사업승인처분을 당연무효라 볼 수는 없다.

05

회독 □ □ □

행정법의 일반원칙에 대한 설명으로 옳은 것은? (다툼이 있는 경우 판례에 의함)

① 행정의 자기구속의 원칙은 처분청이 아닌 제3자 행정청에 대해서도 적용된다.

② 지방자치단체장이 사업자에게 주택사업계획승인을 하면서 그 주택사업과는 아무런 관련이 없는 토지를 기부채납하도록 하는 부관을 붙인 경우, 그 부관은 부당결부금지의 원칙에 위반되어 위법하고, 부관의 하자가 중대하고 명백하여 당연무효이다.

③ 입법 예고를 통해 법령안의 내용을 국민에게 예고한 적이 있다고 하더라도 그것이 법령으로 확정되지 아니한 이상 국가가 이해관계자들에게 그 법령안에 관련된 사항을 약속하였다고 볼 수 없으며, 이러한 사정만으로 어떠한 신뢰를 부여하였다고 볼 수도 없다.

④ 신뢰보호의 대상은 특정 개인에 대한 행정작용에 한정되며, 법률에 대한 신뢰는 신뢰보호의 대상이 되지 않는다.

06

회독 □ □ □

「행정조사기본법」상 행정조사에 대한 설명으로 옳지 않은 것은? (다툼이 있는 경우 판례에 의함)

① 행정조사는 법령등 또는 행정조사운영계획으로 정하는 바에 따라 정기적으로 실시함을 원칙으로 하되, 법령등의 위반에 대한 신고를 받거나 민원이 접수된 때에는 수시조사를 할 수 있다.

② 정기조사 또는 수시조사를 실시한 행정기관의 장은 조사대상자의 자발적인 협조를 얻어 실시하는 경우가 아닌 한, 동일한 사안에 대하여 동일한 조사대상자를 재조사하여서는 아니 된다.

③ 행정기관의 장은 당해 행정기관 내의 2 이상의 부서가 동일하거나 유사한 업무분야에 대하여 동일한 조사대상자에게 행정조사를 실시하는 경우에는 공동조사를 하여야 한다.

④ 위법한 행정조사로 손해를 입은 국민은 「국가배상법」에 따른 손해배상을 청구할 수 있다.

07

회독 □ □ □

협의의 소익에 대한 설명으로 옳지 않은 것은? (다툼이 있는 경우 판례에 의함)

① 기존의 고속형 시외버스운송사업자 A는 경업관계에 있는 직행형 시외버스운송사업자에 대한 사업계획변경인가처분의 취소를 구할 법률상 이익이 있다.

② 대집행계고처분 취소소송의 변론이 종결되기 전에 대집행영장에 의한 통지절차를 거쳐 사실행위로서 대집행의 실행이 완료된 경우에는 계고처분의 취소를 구할 법률상의 이익이 없다.

③ 행정청이 공무원에 대하여 새로운 직위해제 사유에 의한 직위해제처분을 한 경우 그 이전에 한 직위해제처분의 취소를 구하는 것은 소의 이익이 없어 부적법하다.

④ 사증 발급의 법적 성질과 「출입국관리법」의 입법 목적을 고려할 때 외국인은 사증발급 거부처분의 취소를 구할 법률상 이익이 있다.

08

회독 □□□

사업양도 · 양수에 대한 판례의 입장으로 옳은 것은?

① 양도인이 자신의 의사에 따라 양수인에게 영업을 양도하면서 양수인으로 하여금 영업을 하도록 허락하였다면 영업승계신고 및 수리처분이 있기 전에 발생한 양수인의 위반행위에 대한 행정적 책임은 양도인에게 귀속된다.

② 구 「여객자동차 운수사업법」상의 개인택시 운송사업의 양수인에 대하여 양도·양수 이전에 있었던 양도인에 대한 운송사업면허 취소사유를 들어 면허를 취소하려면, 양도·양수 당시에 취소사유가 현실적으로 발생하여야 하며 그 원인이 되는 사실이 존재하는 것만으로는 부족하다.

③ 공중위생관리법령에 따라 공중위생영업이 양도·양수된 후 양수인이 그 후 행정청에 새로운 영업소개설통보를 하였다면 양도인에 관한 사유로 양수인에 대하여 영업정지처분을 할 수 없다.

④ 공매 등의 절차로 영업시설의 전부를 인수함으로써 영업자의 지위를 승계한 자가 관계행정청에 이를 신고하여 관계행정청이 그 신고를 수리하는 처분에 대해 종전 영업자는 제3자로서 그 처분의 취소를 구할 법률상 이익이 인정되지 않는다.

09

회독 □□□

다음 「행정기본법」 규정에 대한 설명으로 옳지 않은 것은?

① 「행정기본법」에 따르면, 이의신청에 대한 결과를 통지받은 후 행정심판을 제기하려는 자는 그 결과를 통지받은 날부터 90일 이내에 행정심판을 제기할 수 있다.

② 「행정기본법」에 따르면, 당사자는 제재처분을 행정심판, 행정소송 및 그 밖의 쟁송을 통하여 다툴 수 없게 된 경우에 해당 처분을 한 행정청에 처분을 취소 또는 철회하여 줄 것을 신청할 수 없다.

③ 행정기관의 내부 업무 처리 절차로서 수리를 규정한 경우는 법률에 신고의 수리가 필요하다고 명시되어 있는 경우라 하더라도 수리를 요하는 신고에 해당하지 않는다.

④ 「행정기본법」에 따르면, 당사자는 「국가인권위원회법」에 따른 진정에 대한 국가인권위원회의 결정을 행정심판, 행정소송 및 그 밖의 쟁송을 통하여 다툴 수 없게 된 경우에 해당 결정을 한 국가인권위원회에 결정을 취소 또는 철회하여 줄 것을 신청할 수 없다.

10

회독 □□□

행정지도에 대한 설명으로 옳지 않은 것은? (다툼이 있는 경우 판례에 의함)

① 기업의 도산과 같이 국민경제에 심대한 영향을 미치는 중요한 사안에 대하여 재무부장관(현 기획재정부장관)이 부실채권의 정리에 관하여 금융기관을 행정지도함에 있어 사전에 대통령에게 보고하여 지시를 받는다면 이는 위법하다.

② 세무당국이 주류제조회사에 대하여 특정 업체와의 주류거래를 일정기간 중지하여 줄 것을 요청한 행위는 권고적 성격의 행위로서 행정처분이라고 볼 수 없다.

③ 행정지도는 당해 행정기관의 소관사무의 범위 내에서 행해져야 한다.

④ 행정지도가 단순한 행정지도로서의 한계를 넘어 규제적·구속적 성격을 상당히 강하게 갖는 것이라면 헌법소원의 대상이 되는 공권력의 행사로 볼 수 있다.

11

회독 □□□

개인적 공권에 대한 설명으로 옳지 않은 것은? (다툼이 있는 경우 판례에 의함)

① 법규가 일정한 행위의 발령에 대해 행정청에게 재량권을 부여한 경우, 재량의 일탈·남용 등 재량행사에 하자가 있다는 사정만으로 사인(私人)이 바로 행정청에 대하여 하자 없는 재량행사를 청구할 수 있는 권리가 인정되는 것은 아니다.

② 반사적 이익의 공권화 경향에 따라 행정개입청구권의 성립요건이 그만큼 완화되고 있다.

③ 행정청이 특정 개발사업의 시행자를 지정하는 처분을 하면서 상대방에게 지정처분의 취소에 대한 소권을 포기하도록 하는 내용의 부관을 붙이는 것은 단지 부제소특약만을 덧붙이는 것이어서 허용된다.

④ 임용지원자가 특별채용 대상자로서 자격을 갖추고 있고 유사한 지위에 있는 자에 대하여 정규교사로 특별채용한 전례가 있다 하더라도, 교사로의 특별채용을 요구할 법규상 또는 조리상의 권리가 있다고 할 수 없다.

12

회독 □□□

「행정절차법」상 행정절차에 대한 설명으로 옳은 것(○)과 옳지 않은 것(×)을 바르게 조합한 것은? (다툼이 있는 경우 판례에 의함)

> ㉠ 「행정절차법」은 당사자에게 의무를 부과하거나 당사자의 권익을 제한하는 처분을 하는 경우에 대해서만 그 근거와 이유를 제시하도록 규정하고 있다.
> ㉡ 인·허가 등의 거부처분을 함에 있어서 당사자가 그 처분의 근거를 알 수 있을 정도로 상당한 이유를 제시한 경우라도 그 구체적 조항이나 내용을 명시하지 않았다면 해당 거부처분은 위법하다.
> ㉢ 공무원직위해제처분에 대해서는 사전통지 및 의견청취 등에 관한 「행정절차법」 규정이 적용되지 않는다.
> ㉣ 행정청은 행정처분의 상대방에 대한 청문통지서가 반송되었거나, 행정처분의 상대방이 청문일시에 불출석하였다는 이유로 청문절차를 생략하고 침해적 행정처분을 할 수 있다.

① ㉠(○), ㉡(○), ㉢(×), ㉣(○)
② ㉠(×), ㉡(○), ㉢(×), ㉣(×)
③ ㉠(×), ㉡(×), ㉢(○), ㉣(○)
④ ㉠(×), ㉡(×), ㉢(○), ㉣(×)

13

회독 □□□

행정벌에 대한 설명으로 옳지 않은 것은? (다툼이 있는 경우 판례에 의함)

① 지방자치단체 소속 공무원이 지정항만순찰 등의 업무를 위해 관할관청의 승인 없이 개조한 승합차를 운행함으로써 구 「자동차관리법」을 위반한 경우, 해당 지방자치단체는 구 「자동차관리법」 제83조의 양벌규정에 따른 처벌 대상이 될 수 없다.
② 「질서위반행위규제법」상 행정청은 당사자가 납부기한까지 과태료를 납부하지 아니한 때에는 납부기한을 경과한 날부터 체납된 과태료에 대하여 100분의 3에 상당하는 가산금을 징수한다.
③ 「질서위반행위규제법」에 따르면 고의 또는 과실이 없는 질서위반행위에는 과태료를 부과하지 아니한다.
④ 지방국세청장이 조세범칙행위에 대하여 고발을 한 후에 동일한 조세범칙행위에 대하여 통고처분을 하여 조세범칙행위자가 이를 이행하였다면 고발에 따른 형사절차의 이행은 일사부재리의 원칙에 반하여 위법하다.

14

회독 □□□

부작위위법확인소송에 대한 설명으로 옳지 않은 것은? (다툼이 있는 경우 판례에 의함)

① 당사자가 적법한 제소기간 내에 부작위위법확인의 소를 제기한 후 동일한 신청에 대하여 소극적 처분이 있다고 보아 처분취소소송으로 소를 교환적으로 변경한 후 부작위위법확인의 소를 추가적으로 병합한 경우 제소기간을 준수한 것으로 볼 수 있다.
② 법원은 단순히 행정청의 방치행위의 적부에 관한 절차적 심리만 하는 게 아니라, 신청의 실체적 내용이 이유 있는지도 심리하며 그에 대한 적정한 처리방향에 관한 법률적 판단을 해야 한다.
③ 부작위위법확인소송에서 예외적으로 행정심판전치가 인정될 경우 그 전치되는 행정심판은 의무이행심판이다.
④ 소 제기 이후에 행정청이 상대방의 신청에 대하여 적극 또는 소극의 처분을 함으로써 부작위상태가 해소된 때에는 소의 이익을 상실하게 된다.

15

회독 □□□

행정입법에 대한 설명으로 옳지 않은 것은? (다툼이 있는 경우 판례에 의함)

① 행정입법이 대법원에 의하여 위법하다는 판정이 있더라도 일반적으로 그 효력이 상실되는 것은 아니다.
② 행정부가 위임입법에 따른 시행령을 제정하지 않거나 개정하지 않은 것에 대한 정당한 이유가 있음을 주장하기 위해서는 그 위임입법 자체가 헌법에 위반된다는 것이 누가 보아도 명백하거나, 위임입법에 따른 행정입법의 제정이나 개정이 당시 실시되고 있는 전체적인 법질서 체계와 조화되지 아니하여 그 위임입법에 따른 행정입법 의무의 이행이 오히려 헌법질서를 파괴하는 결과를 가져옴이 명백할 정도는 되어야 한다.
③ 상위법령의 시행을 위하여 법규명령을 제정하여야 할 의무가 인정됨에도 불구하고 법규명령을 제정하고 있지 않은 경우, 그러한 부작위는 부작위위법확인소송을 통하여 다툴 수 있다.
④ 법령의 규정이 특정 행정기관에 그 법령 내용의 구체적 사항을 정할 수 있는 권한을 부여하면서 그 권한 행사의 절차나 방법을 특정하고 있지 아니한 관계로 수임행정기관이 행정규칙의 형식으로 그 법령의 내용이 될 사항을 구체적으로 정하고 있다면, 그와 같은 행정규칙은 행정기관에 법령의 구체적 내용을 보충할 권한을 부여한 법령 규정의 효력에 의하여 그 내용을 보충하는 기능을 갖게 된다.

16

회독 □ □ □

항고소송의 대상인 처분에 대한 설명으로 옳지 않은 것은? (다툼이 있는 경우 판례에 의함)

① 교도소장이 수형자를 '접견내용 녹음·녹화 및 접견 시 교도관 참여대상자'로 지정한 행위는 수형자의 구체적 권리의무에 직접적 변동을 가져오는 행정청의 공법상 행위로서 항고소송의 대상이 되는 처분에 해당한다.

② 「공무원범죄에 관한 몰수 특례법」에 따라 추징의 집행을 받은 제3자가 「형사소송법」에 따라 집행에 관한 검사의 처분에 대하여 이의신청을 할 수 있다면 그와 별도로 「행정소송법」상 항고소송을 제기하여 처분의 위법성 여부를 다툴 수는 없다.

③ 구 「체육시설의 설치·이용에 관한 법률」의 규정에 따라 체육시설의 회원을 모집하고자 하는 자의 '회원모집계획서 제출'은 수리를 요하는 신고이며, 이에 대하여 회원모집계획을 승인하는 시·도지사 등의 검토결과 통보는 수리행위로서 행정처분에 해당한다.

④ 지방경찰청장이 횡단보도를 설치하여 보행자 통행방법 등을 규제하는 것은 행정처분이다.

17

회독 □ □ □

행정행위의 효력에 대한 설명으로 옳은 것은? (다툼이 있는 경우 판례에 의함)

① 민사소송에 있어서 어느 행정처분의 당연무효 여부가 선결문제로 되는 때에는 당해 소송의 수소법원은 이를 판단하여 그 행정처분의 무효확인판결을 할 수 있다.

② 공정력은 어떤 행위에 사소한 하자가 있다 하더라도 그것만으로는 곧바로 무효로 취급되는 것을 막기 위한 힘이므로, 행정행위뿐 아니라 비권력적 행위, 사실행위, 사법행위에도 널리 인정된다.

③ 위법한 하천점용허가를 다투지 않고 있다가 제소기간이 도과한 경우에는 처분청이라도 그 점용허가를 취소할 수 없다.

④ 연령미달의 결격자 甲이 타인(자신의 형)의 이름으로 운전면허시험에 응시·합격하여 교부받은 운전면허라 하더라도 당연무효는 아니고, 당해 면허가 취소되지 않는 한 유효하므로, 甲의 운전행위는 무면허운전에 해당하지 않는다.

18

회독 □ □ □

법치행정원리에 대한 설명으로 옳은 것은? (다툼이 있는 경우 판례에 의함)

① 조합의 사업시행인가 신청시의 토지 등 소유자의 동의요건은, 토지 등 소유자의 재산상 권리·의무에 관한 기본적이고 본질적인 사항이라고 볼 수 없으므로, 법률유보 내지 의회유보의 원칙이 반드시 지켜져야 하는 영역이라고 할 수 없다.

② 법률우위의 원칙에 위반한 행정행위는 무효이다.

③ 법률유보의 원칙에서 요구되는 법적 근거는 작용법적 근거가 아니라 조직법적 근거를 의미한다.

④ 급부행정유보설에 따르면 국민의 자유와 재산에 대한 침해행정에 대해서는 법률의 근거가 필요하지 않다고 한다.

19

회독 □ □ □

「국가배상법」상 국가배상에 대한 설명으로 옳지 않은 것은? (다툼이 있는 경우 판례에 의함)

① 「의용소방대 설치 및 운영에 관한 법률」에 따라 소방서장이 임명한 의용소방대원은 「국가배상법」상 공무원에 해당한다.

② 「국가배상법」상 상호보증을 위해 반드시 당사국과의 조약이 체결되어 있을 필요는 없다.

③ 인사업무담당 공무원이 다른 공무원의 공무원증 등을 위조한 행위는 실질적으로 직무행위에 속하지 아니한다 할지라도 외관상으로는 「국가배상법」상의 직무집행에 해당하므로, 그 행위는 공무원이 '직무를 집행함에 당하여' 한 것으로 보아야 한다.

④ 담당공무원이 주택구입대부제도와 관련하여 지급보증서제도에 관해 알려주지 않은 조치는 법령위반에 해당하지 않는다.

20

회독 □ □ □

「행정대집행법」상 행정대집행에 대한 설명으로 옳은 것만을 모두 고르면? (다툼이 있는 경우 판례에 의함)

> ㉠ 위법건축물 철거명령과 대집행한다는 계고처분은 각각 별도의 처분서에 의하여야만 한다.
> ㉡ 구 「토지수용법」상 피수용자 등이 기업자에 대하여 부담하는 수용대상 토지의 인도의무는 특별한 사정이 없는 한 「행정대집행법」에 의한 대집행의 대상이 될 수 없다.
> ㉢ 무허가증축부분으로 인하여 건물의 미관이 나아지고 증축 부분을 철거하는 데 비용이 많이 소요된다고 하더라도 건물철거 대집행계고처분을 할 요건에 해당된다.
> ㉣ 위법한 행정대집행이 완료되면 그 처분의 무효확인 또는 취소를 구할 소의 이익은 없다 하더라도 미리 그 행정처분의 취소판결이 있어야만 그 행정처분의 위법임을 이유로 한 손해배상청구를 할 수 있다.

① ㉠, ㉡　　② ㉠, ㉣
③ ㉡, ㉢　　④ ㉡, ㉣

06회 행정법총론 동형모의고사

빠른 정답 p.154 / 해설 p.154

01

회독 □□□

행정상 손실보상에 대한 설명으로 옳지 않은 것은? (다툼이 있는 경우 판례에 의함)

① 헌법 제23조 제3항에서 규정한 '정당한 보상'이란 완전보상을 뜻하므로, 공익사업의 시행으로 지가가 상승하여 발생한 개발이익을 손실보상금액에 포함시키지 않았다면 헌법이 규정한 정당보상의 원리에 어긋난다.

② 개발제한구역 지정으로 인하여 토지를 종래의 목적으로도 사용할 수 없거나 또는 더 이상 법적으로 허용된 토지이용의 방법이 없기 때문에 실질적으로 토지의 사용·수익의 길이 없는 경우에는 토지소유자가 수인해야 하는 사회적 제약의 한계를 넘는 것으로 보아야 한다.

③ 토지수용으로 인한 손실보상액을 공시지가를 기준으로 산정하되 개별공시지가가 아닌 표준지공시지가를 기준으로 하는 것은 헌법 제23조 제3항이 규정한 정당보상의 원칙에 위배되지 않는다.

④ 「공익사업을 위한 토지 등의 취득 및 보상에 관한 법률」상 토지소유자가 사업시행자로부터 잔여지 가격감소로 인한 손실보상을 받고자 하는 경우, 토지수용위원회의 재결절차를 거치지 않은 채 곧바로 사업시행자를 상대로 손실보상을 청구하는 것은 허용되지 않는다.

02

회독 □□□

취소소송의 소송요건에 대한 설명으로 옳지 않은 것은? (다툼이 있는 경우 판례에 의함)

① 행정소송의 대상이 되는 행정처분의 존부는 소송요건으로서 직권조사사항이고, 자백의 대상이 될 수 없는 것이므로, 설사 그 존재를 당사자들이 다투지 아니한다 하더라도 그 존부에 관하여 의심이 있는 경우에는 이를 직권으로 밝혀 보아야 할 것이다.

② 「국세기본법」에 따르면 국세부과처분 취소소송에는 필요적 행정심판전치주의가 적용된다.

③ 甲이 적법한 약종상허가를 받아 허가지역 내에서 약종상영업을 경영하고 있었음에도 불구하고, 행정관청이 같은 약종상인 乙에게 乙의 영업허가지역이 아닌 甲의 영업허가지역 내로 영업소를 이전하도록 허가하였다면, 甲으로서는 이로 인하여 기존업자로서의 법률상 이익을 침해받았음이 분명하므로 甲에게는 영업소이전허가처분의 취소를 구할 법률상 이익이 있다.

④ 조합설립추진위원회의 구성에 동의하지 아니한 정비구역 내의 토지 등 소유자는, 조합설립추진위원회 설립승인처분에 대하여 「도시 및 주거환경정비법」에 의하여 보호되는 직접적이고 구체적인 이익을 향유하는 것은 아니므로, 그 설립승인처분의 취소소송을 제기할 원고적격이 없다.

03

회독 □□□

자동차운전면허 및 운송사업면허에 대한 설명으로 옳은 것만을 모두 고르면? (다툼이 있는 경우 판례에 의함)

> ㉠ 개인택시기사가 음주운전사고로 사망한 경우 음주운전이 운전면허취소사유로만 규정되어 있으므로, 관할 관청은 당해 음주운전사고를 이유로 개인택시운송사업면허를 바로 취소할 수는 없다.
> ㉡ 택시운전기사가 운전면허정지 기간 중에 운전행위를 하다가 적발되어, 형사처벌을 받았으나 행정청으로부터 아무런 행정조치가 없어 안심하고 계속 운전업무에 종사하고 있던 중, 행정청이 위 위반행위가 있은 이후에 장기간에 걸쳐 아무런 행정조치를 취하지 않은 채 방치하고 있다가 3년여가 지난 후에 이를 이유로 운전면허를 취소하는 행정처분을 하였다면, 이는 신뢰보호의 원칙에 위배된다.
> ㉢ 운전면허를 받은 사람이 음주운전을 한 경우에 운전면허를 취소하는 것은 기속행위가 아니라 행정청의 재량에 달려 있으므로, 운전면허의 취소에서는 일반의 수익적 행정행위의 취소와는 달리, 공익상의 필요보다는 취소로 인하여 입게 될 당사자의 불이익이 더욱 강조되어야 한다.
> ㉣ 혈중알코올농도 0.13%의 주취상태에서 차량을 운전하다가 적발된 甲에게 A광역시 지방경찰청장이 「도로교통법」에 의거하여 운전면허 취소처분을 하였다고 할 때, 甲이 이 처분을 다투기 위해 행정심판을 청구하는 경우 국민권익위원회에 소속된 중앙행정심판위원회가 심리·재결한다.

① ㉠, ㉡, ㉢ ② ㉠, ㉡, ㉣
③ ㉠, ㉣ ④ ㉢, ㉣

04

회독 □□□

행정법의 법원(法源)에 대한 설명으로 옳지 않은 것은? (다툼이 있는 경우 판례에 의함)

① 학교급식을 위해 국내 우수농산물을 사용하는 자에게 식재료나 구입비의 일부를 지원하는 것 등을 내용으로 하는 지방자치단체의 조례안이 '1994년 관세 및 무역에 관한 일반협정'을 위반하여 위법한 이상, 그 조례안은 효력이 없다.
② 처분청이 단순히 착오로 어떠한 처분을 계속하다가 추후 오류를 발견하여 합리적인 방법으로 변경하는 경우에는 신뢰보호 원칙에 위배되지 않는다.
③ 어느 특정한 장애가 「장애인복지법 시행령」 제2조 제1항 [별표 1]에 명시적으로 규정되어 있지 않다고 하더라도, 그 장애를 가진 사람이 「장애인복지법」 제2조에서 정한 '장애인'에 해당함이 분명할 뿐 아니라, 모법과 위 시행령 조항의 내용과 체계에 비추어 볼 때 위 시행령 조항이 그 장애를 「장애인복지법」 적용대상에서 배제하려는 전제에 서 있다고 새길 수 없고 단순한 행정입법의 미비가 있을 뿐이라고 보이는 경우에는, 행정청은 그 장애가 시행령에 규정되어 있지 않다는 이유만으로 장애인등록신청을 거부할 수 없다.
④ 행정법의 일반원칙은 다른 법원(法源)과의 관계에서 보충적 역할에 그칠 뿐이고, 헌법적 효력을 가질 수는 없다.

05

회독 □□□

행정입법에 대한 설명으로 옳지 않은 것은? (다툼이 있는 경우 판례에 의함)

① 서울특별시의 '철거민에 대한 시영아파트 특별분양개선지침'은 법규명령으로서의 효력을 가지므로, 지침 소정의 사람에게는 공법상의 분양신청권이 부여되고 따라서 서울특별시의 시영아파트에 대한 분양불허의 의사표시는 처분에 해당한다.
② '학교장·교사 초빙제 실시'는 행정조직 내부에서만 효력을 가지는 행정상의 운영지침을 정한 것으로서 국민이나 법원을 구속하는 효력이 없는 행정규칙에 해당한다.
③ 산업자원부장관이 「공업배치 및 공장설립에 관한 법률」 제8조의 위임에 따라 공장입지의 기준을 구체적으로 정한 고시는 법규명령으로서 효력을 가진다.
④ 법원이 법률 하위의 법규명령이 위헌·위법인지를 심사하려면 그것이 재판의 전제가 되어야 하는데, 여기에서 재판의 전제란 구체적 사건이 법원에 계속 중이어야 하고, 위헌·위법인지가 문제 된 경우에는 그 법규명령의 특정 조항이 해당 소송사건의 재판에 적용되는 것이어야 하며, 그 조항이 위헌·위법인지에 따라 그 사건을 담당하는 법원이 다른 판단을 하게 되는 경우를 말한다.

06

회독 □□□

행정상 강제집행에 대한 설명으로 옳은 것은? (다툼이 있는 경우 판례에 의함)

① 상당한 의무이행기간을 부여하지 아니한 채 「행정대집행법」상 대집행계고처분을 한 경우, 대집행영장으로써 대집행의 시기를 늦춰 주었다면 그 계고처분은 적법하다.

② 시정명령을 받은 의무자가 그 시정명령의 취지에 부합하는 의무를 이행하기 위한 정당한 방법으로 행정청에 신청 또는 신고를 하였으나, 행정청이 위법하게 이를 거부 또는 반려함으로써 결국 그 처분이 취소되기에 이르렀다면, 특별한 사정이 없는 한 그 시정명령의 불이행을 이유로 이행강제금을 부과할 수는 없다.

③ 체납자가 사망한 후 체납자명의의 재산에 대하여 한 압류를, 그 재산을 상속한 상속인에 대하여 한 것으로 볼 수는 없다.

④ 행정강제는 행정상 즉시강제를 원칙으로 하고, 행정상 강제집행은 예외적으로 인정되는 강제수단이다.

07

회독 □□□

사인의 공법행위인 신고에 대한 설명으로 옳지 않은 것은? (다툼이 있는 경우 판례에 의함)

① 납골당설치 신고는 이른바 자기완결적 신고이므로, 납골당설치 신고가 관련 법령 규정의 모든 요건을 충족하는 신고라면, 행정청의 수리처분이 있기 전에도 신고인은 곧바로 납골당을 설치할 수 있다.

② 「부가가치세법」상 사업자등록은 단순한 사업사실의 신고에 해당하므로, 과세관청이 직권으로 등록을 말소한 행위는 폐업사실을 기재한 행위일 뿐, 그에 의하여 사업자로서의 지위에 변동을 가져 오는 것이 아니기 때문에 항고소송의 대상인 행정처분에 해당하지 않는다.

③ 신문을 발행하려는 자는 신문의 명칭 등을 주사무소 소재지를 관할하는 시·도지사(등록관청)에게 등록하여야 하는데, 등록관청이 하는 신문의 등록은 신문을 적법하게 발행할 수 있도록 하는 행정처분에 해당한다.

④ 정보통신매체를 이용하여 원격평생교육을 불특정 다수인에게 학습비를 받고 실시하기 위해 인터넷 침·뜸 학습센터를 평생교육시설로 신고한 경우, 관할 행정청은 신고서 기재사항에 흠결이 없고 형식적 요건을 모두 갖추었다면, 신고대상이 된 교육이나 학습이 공익적 기준에 적합하지 않는다는 등의 실체적 사유를 들어 신고수리를 거부할 수 없다.

08

회독 □□□

다음 중 「행정절차법」이 적용되는 경우만을 모두 고르면? (다툼이 있는 경우 판례에 의함)

> ㉠ 「군인사법」상 보직해임처분
> ㉡ 육군3사관학교의 사관생도에 대한 퇴학처분
> ㉢ 형사, 행형 및 보안처분 관계 법령에 따라 행하는 사항
> ㉣ 별정직 공무원에 대한 직권면직처분

① ㉠, ㉡　　② ㉠, ㉢
③ ㉡, ㉢　　④ ㉡, ㉣

09

회독 □□□

甲은 관할 A행정청으로부터 2021년 10월 1일 500만원의 과징금부과처분을 받았고, 동년 10월 15일 300만원으로 감액되었다. 이후 동년 10월 20일 甲에 대한 과징금부과권한이 A행정청에서 B행정청으로 승계가 되었고, 甲은 과징금부과처분에 대하여 동년 10월 30일에 취소소송을 제기하려 한다. 판례에 의할 때, 취소소송의 대상과 피고는? (다툼이 있는 경우 판례에 의함)

① 10월 1일 자 과징금 500만원 처분에 대하여 A행정청을 피고로

② 10월 1일 자 과징금 300만원 처분에 대하여 B행정청을 피고로

③ 10월 15일 자 200만원 감액처분에 대하여 A행정청을 피고로

④ 10월 15일 자 과징금 300만원 처분에 대하여 B행정청을 피고로

10

회독 □□□

「개인정보 보호법」에 대한 설명으로 옳지 않은 것은? (다툼이 있는 경우 판례에 의함)

① 개인정보자기결정권의 보호대상이 되는 개인정보는 공적 생활에서 형성되었거나 이미 공개된 개인정보까지도 포함한다.

② 개인정보처리자는 개인정보 처리방침 등 개인정보의 처리에 관한 사항을 공개하여야 하며, 열람청구권 등 정보주체의 권리를 보장하여야 한다.

③ 개인정보처리자는 정보주체와 체결한 계약을 이행하거나 계약을 체결하는 과정에서 정보주체의 요청에 따른 조치를 이행하기 위하여 필요한 경우에도, 정보주체의 동의가 없다면 개인정보를 수집하거나 그 수집 목적의 범위에서 이용할 수 없다.

④ 개인정보처리자의 고의 또는 중대한 과실로 인하여 개인정보가 유출된 경우로서 정보주체에게 손해가 발생한 때에는 법원은 그 손해액의 5배를 넘지 아니하는 범위에서 손해배상액을 정할 수 있다.

11

회독 □□□

행정형벌에 대한 설명으로 옳은 것(○)과 옳지 않은 것(×)을 바르게 조합한 것은? (다툼이 있는 경우 판례에 의함)

> ㉠ 종업원의 위반행위에 대해 사업주도 처벌하는 경우, 사업주가 지는 책임은 무과실책임이다.
> ㉡ 통고처분의 처분성을 부정함으로써 행정소송의 대상이 되지 못하게 한다 하더라도, 통고처분에 대하여 이의가 있으면 통고내용을 이행하지 않음으로써 고발되어 형사재판절차에서 통고처분의 위법·부당함을 얼마든지 다툴 수 있기 때문에 그것이 법관에 의한 재판받을 권리를 침해한다든가 적법절차의 원칙에 저촉된다고 볼 수 없다.
> ㉢ 「조세범 처벌절차법」상 지방국세청장 또는 세무서장은 통고처분을 받은 자가 통고서를 송달받은 날부터 15일 이내에 통고대로 이행하지 아니한 경우에는 고발하여야 한다.
> ㉣ 죄형법정주의의 원칙 등 형벌법규의 해석 원리는 행정형벌에 관한 규정을 해석할 때에도 적용되어야 한다.

① ㉠(○), ㉡(○), ㉢(○), ㉣(○)
② ㉠(○), ㉡(×), ㉢(×), ㉣(×)
③ ㉠(×), ㉡(○), ㉢(○), ㉣(○)
④ ㉠(×), ㉡(×), ㉢(×), ㉣(○)

12

회독 □□□

인·허가 의제에 대한 설명으로 옳은 것은? (다툼이 있는 경우 판례에 의함)

① 인·허가 의제 제도와 관련하여 판례는 절차집중효설의 입장을 취하고 있으므로, 계획확정기관은 의제되는 인·허가의 실체적 요건에는 기속되지 않지만 절차적 요건에는 기속된다.

② 어떠한 허가처분에 대하여 타법상의 인·허가가 의제된 경우, 의제된 인·허가는 통상적인 인·허가와 동일한 효력을 갖는 것은 아니므로 '부분 인·허가 의제'가 허용되는 경우에도 의제된 인·허가에 대한 쟁송취소는 허용되지 않는다.

③ 인·허가 의제대상이 되는 처분의 공시방법에 관한 하자가 있다면, 그로써 해당 인·허가 등 의제의 효과가 발생하지 않을 여지가 있게 되고, 나아가 그러한 사정은 주된 처분인 주택건설사업계획 승인처분 자체의 위법사유가 된다.

④ 주된 인·허가에 의해 의제되는 인·허가는 원칙적으로 주된 인·허가로 인한 사업을 시행하는 데 필요한 범위 내에서만 그 효력이 유지되는 것이므로. 주된 인·허가로 인한 사업이 완료된 이후에는 그 효력이 없어진다.

13

회독 □□□

재량행위에 대한 설명으로 옳지 않은 것은? (다툼이 있는 경우 판례에 의함)

① 재단법인의 임원취임을 인가 또는 거부할 것인지 여부가 주무관청의 권한에 속하는 사항이라고는 할 수 없고, 재단법인의 임원취임승인 신청이 있으면 주무관청은 이에 기속되어 이를 당연히 승인(인가)하여야 한다.

② 법무부장관은 귀화신청인이 법률이 정한 귀화요건을 갖추었다고 하더라도 귀화를 허가할 것인지 여부에 관하여 재량권을 가진다.

③ 「관세법」 소정의 보세구역 설영(설치 및 운영)특허는 공기업의 특허로서 그 특허의 부여 여부는 행정청의 자유재량에 속하고, 설영특허에 특허기간이 부가된 경우 그 기간의 갱신 여부도 행정청의 자유재량에 속한다.

④ 구 「수도권 대기환경개선에 관한 특별법」 제14조제1항에서 정한 대기오염물질 총량관리사업장 설치의 허가 또는 변경허가는, 특정인에게 인구가 밀집되고 대기오염이 심각하다고 인정되는 수도권 대기관리권역에서 총량관리대상 오염물질을 일정량을 초과하여 배출할 수 있는 특정한 권리를 설정하여 주는 행위로서 그 처분의 여부 및 내용의 결정은 행정청의 재량에 속한다.

14

회독 □□□

「행정심판법」상 행정심판에 대한 설명으로 옳지 않은 것은? (다툼이 있는 경우 판례에 의함)

① 「행정소송법」이 집행정지의 요건 중 하나로 '회복하기 어려운 손해'를 예방할 필요성에 관하여 규정하고 있는 반면, 「행정심판법」은 집행정지의 요건 중 하나로 '중대한 손해'가 생기는 것을 예방할 필요성에 관하여 규정하고 있다.
② 「난민법」상 난민불인정결정에 대해 법무부장관에게 이의신청을 한 경우는 「행정심판법」에 따른 행정심판을 제기할 수 없다.
③ 행정청이 처분을 할 때 행정심판 청구기간 등을 고지하지 아니한 경우, 처분의 상대방이 처분이 있었다는 사실을 알았다 하더라도 처분이 있은 날로부터 180일 이내에 취소심판이나 의무이행심판 청구를 할 수 있다.
④ 행정심판위원회는 피청구인이 처분명령재결의 취지에 따라 이전의 신청에 대한 처분을 하지 않는 경우에 직접 처분이라는 유효적절한 수단을 활용할 수 있으므로, 처분명령재결의 기속력을 확보하는 수단으로 간접강제는 허용되지 않는다.

15

회독 □□□

행정소송의 판결의 효력에 대한 설명으로 옳지 않은 것은? (다툼이 있는 경우 판례에 의함)

① 거부처분취소판결에 따른 행정청의 재처분의무와 관련하여 행정청의 재처분내용은 판결의 취지를 존중하는 것이면 되고, 반드시 원고가 신청한 내용대로 처분해야 하는 것은 아니다.
② 甲시장이 A주식회사의 공동주택 건립을 위한 주택건설사업계획승인 신청에 대하여 미디어밸리 조성을 위한 시가화예정 지역이라는 이유로 거부하자, A주식회사가 거부처분취소소송을 제기하여 승소확정판결을 받았고, 이후 甲시장이 해당 토지 일대가 개발행위허가 제한지역으로 지정되었다는 이유로 다시 거부하는 처분을 한 사안에서, 재거부처분은 종전 거부처분을 취소한 확정판결의 기속력에 반하는 것은 아니다.
③ 법규 위반을 이유로 내린 영업허가취소처분이 법원에서 비례의 원칙 위반으로 취소된 경우에, 동일한 법규 위반을 이유로 영업정지처분을 내리는 것은 기속력에 반한다.
④ 처분 등의 무효를 확인하는 확정판결은 소송당사자 이외의 제3자에 대해서도 효력이 미친다.

16

회독 □□□

공법관계와 사법관계에 대한 설명으로 옳지 않은 것은? (다툼이 있는 경우 판례에 의함)

① 행정의 편의를 위해 사법상의 금전급부의무의 불이행에 대하여 「국세징수법」 중 체납처분에 관한 규정이 준용되는 경우, 위 금전급부의무의 성질은 공법상의 의무로 전환된다.
② 공립유치원 전임강사에 대한 해임처분의 시정 및 수령 지체된 보수의 지급을 구하는 소송은 행정소송에 의하여야 한다.
③ 공공하수도의 이용관계 및 공공하수도 사용료 부과징수관계는 공법관계이다.
④ 「국유재산법」상 일반재산의 대부는 행정처분이 아니며 그 계약은 사법상 계약이다.

17

회독 □□□

행정행위의 하자의 치유에 대한 설명으로 옳은 것은? (다툼이 있는 경우 판례에 의함)

① 하자 있는 행정행위의 치유는 원칙적으로 허용되나, 국민의 권리나 이익을 침해하지 않는 범위 내에서 인정된다.
② 인근주민의 동의를 받아야 하는 요건을 결여하였다는 이유로 경원관계에 있는 자가 제기한 허가처분의 취소소송에서, 허가처분을 받은 자가 사후 동의를 받은 경우에 하자의 치유를 인정하는 것은 원고에게 불이익하게 되므로 이를 허용할 수 없다.
③ 행정행위의 내용상의 하자는 치유의 대상이 될 수 있으나, 형식이나 절차상의 하자에 대해서는 치유가 인정되지 않는다.
④ 과세처분을 하면서 장기간 세액산출근거를 부기하지 아니하였더라도 납세자가 이를 자진납부하였다면 처분의 위법성은 치유된다.

18

회독 □□□

다음 중 옳지 않은 것은? (다툼이 있는 경우 판례에 의함)

① 환지계획 인가 후에 당초의 환지계획에 대한 공람과정에서 토지소유자 등 이해관계인이 제시한 의견에 따라, 수정하고자 하는 내용에 대하여 다시 공람절차 등을 밟지 아니한 채 수정된 내용에 따라 한 환지예정지 지정처분은, 환지계획에 따르지 아니한 것이거나 환지계획을 적법하게 변경하지 아니한 채 이루어진 것이어서 당연무효라고 할 것이다.

② 처분의 근거가 된 법률에 대한 위헌결정이 있었다고 해서, 위헌결정이 있기 전에 그 법률을 적용해서 처분을 한 공무원에게, 국가배상청구권의 성립요건인 고의나 과실이 있었다고 단정할 수 없다.

③ 행정청이 권한을 유월하여 공무원에 대한 의원면직처분을 하였다면 그러한 처분은 다른 일반적인 행정행위에서의 그것과 같이 보아 당연무효로 보아야 한다.

④ 임용당시 공무원임용결격사유가 있었다면 비록 국가의 과실에 의하여 임용결격자임을 밝혀내지 못하였다 하더라도 그 임용행위는 당연무효이다.

19

회독 □□□

「공공기관의 정보공개에 관한 법률」에 따른 정보공개제도에 대한 설명으로 옳은 것만을 모두 고르면? (다툼이 있는 경우 판례에 의함)

ㄱ 어떤 법인이 '특별법에 의하여 설립된 특수법인'이라면 바로 그 점만으로 정보공개의무가 있는 '특별법에 의하여 설립된 특수법인'에 해당하게 되며, 해당 법인의 역할 및 기능은 정보공개의무를 지는 공공기관에 해당하는지 여부에 영향을 미치지 않는다.

ㄴ 정보를 취득 또는 활용할 의사가 전혀 없이 사회통념상 용인될 수 없는 부당이득을 얻으려는 목적의 정보공개청구는 권리남용행위로서 허용되지 않는다.

ㄷ 한·일 군사정보보호협정 및 한·일 상호군수지원협정과 관련된 각종 회의자료 및 회의록 등의 정보는, 「공공기관의 정보공개에 관한 법률」상 공개가 가능한 부분과 공개가 불가능한 부분을 쉽게 분리하는 것이 불가능한 경우에 해당하므로, 부분공개가 불가능하다.

ㄹ 국·공립대학교와 달리 사립대학교에 대해서는 국비 지원이 한정적·일시적이므로, 「공공기관의 정보공개에 관한 법률 시행령」 제2조 제1호가 정보공개의무기관으로 사립대학교를 들고 있는 것은 모법의 위임범위를 벗어나 위법하다.

① ㄱ, ㄴ　　② ㄱ, ㄴ, ㄹ
③ ㄴ, ㄷ　　④ ㄷ, ㄹ

20

회독 □□□

행정작용에 대한 설명으로 옳지 않은 것은? (다툼이 있는 경우 판례에 의함)

① 확약이 있은 이후에 사실적·법률적 상태가 변경되었다면 그와 같은 확약은 행정청의 별다른 의사표시 없이도 실효된다.

② 행정청이 내인가를 한 후 이를 취소하는 행위는 별다른 사정이 없는 한 인가신청을 거부하는 처분으로 보아야 한다.

③ 원자로 및 관계시설의 부지사전승인처분은 그 자체로서 독립한 행정처분은 아니므로 이의 위법성을 직접 항고소송으로 다툴 수는 없고 후에 발령되는 건설허가처분에 대한 항고소송에서 다투어야 한다.

④ 가행정행위는 그 효력발생이 시간적으로 잠정적이라는 것 외에는 보통의 행정행위와 같은 것이므로 가행정행위로 인한 권리침해에 대한 구제도 보통의 행정행위와 다르지 않다.

07회 행정법총론 동형모의고사

빠른 정답 p.166 / 해설 p.166

01

회독 □□□

행정상 강제집행에 대한 설명으로 옳은 것은? (다툼이 있는 경우 판례에 의함)

① 제3자가 아무런 권원 없이 국유재산에 설치한 시설물에 대하여, 해당 국유재산에 대한 사용청구권을 가진 사인은 민사소송으로 해당 시설물의 철거를 구할 수는 없으나, 국가를 대위(代位)하여 대집행으로써 해당 시설물을 직접 철거할 수 있다.
② 국세징수법에 의한 체납처분의 집행으로서 한 압류처분은, 행정청이 한 공법상의 처분이고, 따라서 그 처분이 위법이라고 하여 그 취소를 구하는 소송은 행정소송이다.
③ 대집행을 결정하고 이를 실행할 수 있는 권한을 가진 대집행주체는 의무를 부과한 당해 행정청이다. 이때 대집행을 현실로 수행하는 자도 반드시 당해 행정청이어야 한다.
④ 「개발제한구역의 지정 및 관리에 관한 특별조치법」에 따르면, 이행강제금을 부과·징수할 때마다 그에 앞서 시정명령 절차를 다시 거쳐야 한다.

02

회독 □□□

「행정소송법」상 필요적 전치주의가 적용되는 사안에서, 행정심판을 청구하여야 하나 당해 처분에 대한 행정심판의 재결을 거치지 아니하고 취소소송을 제기할 수 있는 경우에 해당하는 것만을 모두 고르면?

> ㉠ 처분의 집행 또는 절차의 속행으로 생길 중대한 손해를 예방하여야 할 긴급한 필요가 있는 때
> ㉡ 동종사건에 관하여 이미 행정심판의 기각재결이 있은 때
> ㉢ 서로 내용상 관련되는 처분 또는 같은 목적을 위하여 단계적으로 진행되는 처분 중 어느 하나가 이미 행정심판의 재결을 거친 때
> ㉣ 법령의 규정에 의한 행정심판기관이 의결 또는 재결을 하지 못할 사유가 있는 때

① ㉠, ㉢　　② ㉠, ㉣
③ ㉡, ㉢　　④ ㉡, ㉣

03

회독 □□□

신고에 대한 설명으로 옳은 것은? (다툼이 있는 경우 판례에 의함)

① 인·허가가 의제되는 건축신고의 범위 등을 합리적인 내용으로 개정하는 입법적 해결책을 통하여 건축신고 제도의 문제점 및 부작용을 해소하는 것은 별론으로 하더라도, 「건축법」상 인·허가의제 효과를 수반하는 건축신고도 일반적인 건축신고와 마찬가지로 건축을 하고자 하는 자가 적법한 요건을 갖춘 신고만 하면 건축을 할 수 있고, 행정청의 수리 등 별단의 조처를 기다릴 필요는 없다.
② 본래적 의미의 신고인 자기완결적 신고에는 신고필증의 교부가 필수적이지 않지만, 수리를 요하는 신고에는 신고필증의 교부가 요구되며, 신고서가 행정청에 도달했더라도 신고필증 교부가 없는 경우에는 신고의 효력이 발생하지 않는다.
③ 유료노인복지주택의 설치신고를 받은 행정관청은 그 유료노인복지주택의 시설 및 운영기준이 법령에 부합하는지와 설치신고 당시 부적격자들이 입소하고 있는지 여부를 심사할 수 있다.
④ 「주민등록법」상 전입신고를 적법하게 하였다면, 관할 행정청이 수리를 거부한 경우에도 신고의 효과가 발생한다.

04

회독 □□□

법규명령에 대한 설명으로 옳은 것은? (다툼이 있는 경우 판례에 의함)

① 위임입법이 대법원규칙인 경우에도 수권법률에서 헌법 제75조에 근거한 포괄위임금지원칙을 준수하여야 하는 것은 마찬가지이나, 위임의 구체성·명확성의 정도는 다른 규율 영역에 비해 완화될 수 있다.
② 집행명령은 상위법령의 개정에 의하여 당연히 실효된다.
③ 위법한 법규명령의 경우, 그 하자가 중대·명백하지 않은 하자라면 곧바로 무효라 할 수는 없고, 취소할 수 있는 법규명령이 된다.
④ 대통령령의 경우 모법의 시행에 관한 전반적 사항을 정하는 경우에는 ○○규정, ○○령으로 하고, 모법의 일부규정의 시행에 필요한 개별적 사항을 정하거나 대통령령의 권한 범위 내의 사항을 정하는 경우에는 ○○법(법률)시행령으로 한다.

05

회독 □□□

다음 중 「행정절차법」에 규정이 존재하는 것들의 가짓수는?

> ㉠ 행정요건적 신고
> ㉡ 행정상 입법예고
> ㉢ 확약
> ㉣ 행정지도에 대한 사전통지
> ㉤ 처분시 그 처분에 관하여 행정심판 및 행정소송을 제기할 수 있는지 여부에 대한 고지

① 2개　② 3개
③ 4개　④ 5개

06

회독 □□□

다음 중 판례에 의하여 재량권의 일탈·남용이라고 인정된 처분은?

① 허위의 무사고증명을 제출하여 개인택시면허를 받은 자에 대하여 신뢰이익을 고려하지 아니하고 면허를 취소한 경우
② 행정청이 개인택시운송사업의 면허를 발급함에 있어 '개인택시운송사업면허사무처리지침'에 따라 택시운전경력자를 일정 부분 우대하는 처분을 함으로써 택시 이외의 운전경력자에게 반사적 불이익이 초래된 경우
③ 공정한 업무처리에 대한 사의(謝意)로 두고 간 돈 30만원이 든 봉투를 소지함으로써 피동적으로 금품을 수수하였다가 돌려준 20여 년 근속의 경찰공무원에 대하여 해임처분을 한 경우
④ 대학의 신규교원 채용에 서류심사위원으로 관여하면서 소지하게 된 인사서류를 학교 운영과 관련한 진정서의 자료로 활용한 사립학교의 교원에 대하여 해임처분을 한 경우

07

회독 □□□

「행정절차법」상 행정절차에 대한 설명으로 옳지 않은 것은? (다툼이 있는 경우 판례에 의함)

① 구 「유통발전법」상 대형마트 영업시간 제한 등 처분의 대상인 대규모점포 중 개설자의 직영매장 이외에 개설자에게 임차하여 운영하는 임대매장이 병존하는 경우에도, 처분의 사전통지 및 의견청취절차는 대규모점포 개설자를 상대로 거치면 충분하고, 임차인들을 상대로 별도의 사전통지 등 절차를 거칠 필요는 없다.
② 행정청은 공공의 안전 또는 복리를 위하여 긴급히 처분을 할 필요가 있는 경우, 당사자에게 의무를 부과하거나 권익을 제한하는 처분의 사전통지를 하지 아니할 수 있다.
③ 행정청이 당사자에게 의무를 부과하거나 권익을 제한하는 처분을 함에 있어 청문이나 공청회를 거치지 않은 경우에는 당사자에게 의견제출의 기회를 주어야 한다.
④ 어떤 처분이 그 처분의 직접상대방에게는 이익이 되더라도 제3자의 권익을 침해한다면, 그러한 이중효과적 행정행위는 원칙적으로 「행정절차법」상 사전통지·의견청취의 대상이 된다.

08

회독 □□□

행정행위 및 처분에 대한 설명으로 옳지 않은 것은? (다툼이 있는 경우 판례에 의함)

① 신청에 의한 처분의 경우에는 신청에 대하여 일단 거부처분이 행해지면, 그 거부처분이 적법한 절차에 의하여 취소 또는 철회되지 않는 한, 사유를 추가하여 거부처분을 반복하는 것은 존재하지도 않는 신청에 대한 거부처분으로서 당연무효이다.
② 「행정소송법」상 처분의 개념과 강학상 행정행위의 개념이 다르다고 보는 견해는 처분의 개념을 강학상 행정행위의 개념보다 넓은 것으로 파악한다.
③ 교육인적자원부장관(현 교육부장관)이 시·도교육감에 통보한 대학입시기본계획 내의 내신성적산정지침은 항고소송의 대상이 되는 행정처분이 아니다.
④ 친일반민족행위자재산조사위원회의 재산조사의 경우, 조사 종료 후의 국가귀속결정이 있어야 비로소 조사대상자의 권리·의무가 변동되는 것이지, 그에 앞선 재산조사개시결정만으로는 조사대상자의 권리·의무가 변동된다고 할 수 없으므로, 친일반민족행위자재산조사위원회의 재산조사개시결정은 독립한 행정처분이 아니다.

09

회독 □□□

영조물의 설치 · 관리 하자에 의한 국가배상책임에 대한 설명으로 옳은 것은? (다툼이 있는 경우 판례에 의함)

① '영조물의 설치 또는 관리상의 하자로 인한 사고'라 함은 오직 영조물의 설치 또는 관리상의 하자만이 손해발생의 원인이 되는 경우만을 의미할 뿐이고, 다른 자연적 사실이나 제3자의 행위 또는 피해자의 행위와 경합하여 손해가 발생한 경우 영조물의 설치 또는 관리상의 하자는 공동원인의 하나에 불과하므로, 그러한 손해는 영조물의 설치 또는 관리상의 하자에 의하여 발생한 것이라고 할 수 없다.
② 하천의 제방이 계획홍수위를 넘고 있더라도, 하천이 그 후 새로운 하천시설을 설치할 때 '하천시설기준'으로 정한 여유고(餘裕高)를 확보하지 못하고 있다면 그 사정만으로 안정성이 결여된 하자가 존재한다고 보아야 한다.
③ 소음 등을 포함한 공해 등의 위험지역으로 이주하여 거주하는 것이 피해자가 위험의 존재를 인식하고 그로 인한 피해를 용인하면서 접근한 것이라고 볼 수 있는 경우 가해자의 면책이 인정될 수 있다.
④ 운전자가 자동차를 운전하여 가던 중 가변차로에 설치된 두 개의 신호기에서 서로 모순되는 신호가 들어오는 바람에 반대방향에서 오던 승용차와 충돌하여 부상을 입은 경우에, 위 신호기는 적정전압보다 낮은 저전압이 원인이 되어 위와 같은 오작동이 발생하였던 것인데, 그 고장은 현재의 기술수준상 예방할 방법이 없었던 것이므로 국가배상책임이 인정되지 않는다.

10

회독 □□□

행정행위의 부관에 대한 설명으로 옳지 않은 것은? (다툼이 있는 경우 판례에 의함)

① 행정청은 처분을 발함에 있어 국민의 신뢰를 보호할 필요가 있으므로, 행정처분이 발해진 후 새로운 부담을 부가하거나 이미 부가되어 있는 부담의 범위를 변경하는 것은 처분상대방의 동의가 없다면 불가능하다.
② 시장 甲이 건설회사 乙에 대하여 아파트 건설을 위한 「주택법」상 사업계획승인을 하면서, 아파트단지 인근에 개설되는 자동차전용도로의 부지로 사용할 목적으로 乙소유 토지의 일부를 기부채납하도록 하는 부담을 부가하였는데, 이를 불이행한 경우 행정대집행을 할 수 없다.
③ 공유재산의 관리청이 기부채납된 행정재산인 공원시설에 대하여 행하는 사용 · 수익 허가의 경우, 부관인 사용 · 수익 허가의 기간에 위법사유가 있다면 이로써 공원시설의 사용 · 수익 허가 전부가 위법하게 된다.
④ 행정처분과 부관 사이에 실제적 관련성이 있다고 볼 수 없는 경우, 공무원이 위와 같은 공법상의 제한을 회피할 목적으로 행정처분의 상대방과 사이에 사법상 계약을 체결하는 형식을 취하였다 하더라도 그 계약은 위법하여 무효이다.

11

회독 □□□

「공익사업을 위한 토지 등의 취득 및 보상에 관한 법률(구 「공익사업법」)」 및 생활보상에 대한 설명으로 옳지 않은 것은? (다툼이 있는 경우 판례에 의함)

① 사업시행자의 이주대책 수립 · 실시의무를 정하고 있는 구 「공익사업법」 제78조 제1항은 물론 이주대책의 내용에 관하여 규정하고 있는 같은 조 제4항 본문 역시 당사자의 합의 또는 사업시행자의 재량에 의하여 적용을 배제할 수 없는 강행법규이다.
② 이주대책의 내용으로서 사업시행자가 이주정착지에 대한 도로 · 급수시설 · 배수시설 그 밖의 공공시설 등 통상적인 수준의 생활기본시설을 설치하고 비용을 부담하도록 강제한 구 「공익사업법」 규정은, 법이 정한 이주대책대상자에 적용될 뿐만 아니라 시혜적 이주대책대상자에까지 적용된다.
③ 도시개발사업의 사업시행자가 이주대책기준을 정하여 이주대책 대상자 가운데 이주대책을 수립 · 실시하여야 할 자를 선정하여 그들에게 공급할 택지 등을 정할 때는 재량권을 갖는다.
④ 토지수용재결시 대상토지의 평가는 재결에서 정한 수용시기(수용개시일)가 아닌 수용재결일을 기준으로 한다.

12

회독 □□□

「질서위반행위규제법」 및 과태료에 대한 설명으로 옳지 않은 것은? (다툼이 있는 경우 판례에 의함)

① 심신장애로 인하여 행위의 옳고 그름을 판단할 능력이 미약하거나 그 판단에 따른 행위를 할 능력이 미약한 자의 질서위반행위는 과태료를 부과하지 아니한다.

② 신분에 의하여 과태료를 감경 또는 가중하거나 과태료를 부과하지 아니하는 때에는 그 신분의 효과는 신분이 없는 자에게는 미치지 아니한다.

③ 지방자치단체는 조례를 위반한 행위에 대하여 조례로써 1천만원 이하의 과태료를 정할 수 있다.

④ 당사자와 검사는 과태료 재판에 대하여 즉시항고를 할 수 있고 이 경우의 항고는 집행정지의 효력이 있다.

13

회독 □□□

다음 설명 중 옳지 않은 것은? (다툼이 있는 경우 판례에 의함)

① 임시이사를 선임하면서 그 임기를 '후임 정식이사가 선임될 때까지'로 기재한 것은 근거 법률의 해석상 당연히 도출되는 사항을 주의적·확인적으로 기재한 이른바 '법정부관'일 뿐, 행정청의 의사에 따라 붙이는 본래 의미의 행정처분 부관이라고 볼 수 없다.

② 「행정절차법」 시행령 제13조제2호에서 정한 "법원의 재판 또는 준사법적 절차를 거치는 행정기관의 결정 등에 따라 처분의 전제가 되는 사실이 객관적으로 증명되어 처분에 따른 의견청취가 불필요하다고 인정되는 경우"는 법원의 재판 등에 따라 처분의 전제가 되는 사실이 객관적으로 증명되면 행정청이 반드시 일정한 처분을 해야 하는 경우 등 의견청취가 행정청의 처분 여부나 그 수위 결정에 영향을 미치지 못하는 경우를 의미하고, 처분의 전제가 되는 일부 사실만 증명된 경우이거나 의견청취에 따라 행정청의 처분 여부나 처분 수위가 달라질 수 있는 경우라면 위 예외 사유에 해당하지 않는다.

③ 행정청의 허가를 목적으로 하는 신청행위를 대상으로 하는 위임계약은 특별한 사정이 없는 한 그 자체가 반사회질서적 성질을 띠고 있어서 「민법」 제103조에 따라 무효이다.

④ 국가나 지방자치단체가 공익사업을 시행하는 과정에서 주민들이 일시적으로 행정절차에 참여할 권리를 침해받았다는 사정만으로 곧바로 국가나 지방자치단체가 주민들에게 정신적 손해에 대한 배상의무를 부담한다고 단정할 수 없다.

14

회독 □□□

「도시 및 주거환경정비법(구 「도시정비법」)」상의 조합설립과 동법상의 정비사업 추진에 대한 설명으로 옳지 않은 것은? (다툼이 있는 경우 판례에 의함)

① 조합설립추진위원회 구성승인처분은 조합의 설립을 위한 주체인 추진위원회의 구성행위를 보충하여 그 효력을 부여하는 처분으로 인가에 해당한다.

② 관리처분계획의 무효확인이나 취소를 구하는 소송이 적법하게 제기되어 계속 중인 상태에서 이전고시가 효력을 발생하였다고 하더라도, 여전히 관리처분계획의 취소 또는 무효확인을 구할 법률상 이익이 있다.

③ 구 도시정비법령이 정한 동의요건을 갖추고 창립총회를 거쳐 주택재개발조합이 성립한 이상, 이미 소멸한 추진위원회구성승인처분의 하자를 들어 조합설립인가처분이 위법하다고 볼 수 없다.

④ 조합이 사업시행계획을 재건축결의에서 결정된 내용과 달리 작성한 경우 이러한 하자는 기본행위인 사업시행계획 작성행위의 하자이고, 이에 대한 보충행위인 행정청의 인가처분이 적법요건을 갖추고 있는 이상은 그 인가처분 자체에 하자가 있는 것이라 할 수 없다.

15

회독 □□□

행정쟁송에 대한 설명으로 옳은 것은? (다툼이 있는 경우 판례에 의함)

① 「행정소송법」은 집행정지결정에 대한 즉시항고에 관하여 규정하고 있는 반면, 「행정심판법」에는 집행정지결정에 대한 즉시항고에 관하여 규정하고 있지 않다.

② 행정소송은 대심주의를 원칙으로 하는 반면, 행정심판은 직권탐지주의를 원칙으로 한다.

③ 취소소송의 제기는 처분의 효력이나 그 집행 또는 절차의 속행에 영향을 주지 않는 반면, 행정심판청구는 처분의 효력이나 그 집행 또는 절차의 속행을 정지시킨다.

④ 「행정심판법」상 행정청이 심판청구기간을 긴 기간으로 잘못 알린 경우 잘못 알린 기간 내 심판청구가 있으면 적법한 청구로 보며, 이 같은 규정은 「행정소송법」에 명문으로 규정되어 있지는 않지만 행정소송 제기에도 당연히 적용되는 규정이다.

16

회독 □□□

영업자 지위 승계에 대한 설명으로 옳지 않은 것은? (다툼이 있는 경우 판례에 의함)

① 관할관청이 개인택시운송사업의 양도·양수에 대한 인가를 하였을 경우 거기에는 양도인과 양수인 간의 양도행위를 보충하여 그 법률효과를 완성시키는 의미에서의 인가처분뿐만 아니라 양도인이 가지고 있던 면허와 동일한 내용의 면허를 양수인에게 부여하는 처분이 포함되어 있다.

② 주택건설사업이 양도되었으나 그 변경승인을 받기 이전에 행정청이 양수인에 대하여 양도인에 대한 사업계획승인을 취소하였다는 사실을 통지한 경우, 이러한 통지는 양수인의 법률상 지위에 변동을 일으키지 못하므로 항고소송의 대상이 되는 행정처분이 아니다.

③ 대물적 허가의 성질을 갖는 석유판매업이 양도된 경우, 양도인에게 허가를 취소할 위법사유가 있다면 이를 이유로 양수인에게 제재조치를 할 수 있다.

④ 관할 행정청이 영업 양수인 乙의 영업자 지위승계신고를 수리하기 전에 양도인 甲의 영업허가가 취소되었을 경우, 양수인 乙에게는 양도인 甲에 대한 영업허가 취소에 대하여 취소소송을 제기할 수 있는 원고적격이 없다.

17

회독 □□□

「민원처리에 관한 법률(구 「민원사무 처리에 관한 법률」)」에 대한 설명으로 옳은 것은? (다툼이 있는 경우 판례에 의함)

① 민원인은 법정민원 중 신청에 경제적으로 많은 비용이 수반되는 민원 등 대통령령으로 정하는 민원에 대하여는 행정기관의 장에게 정식으로 민원을 신청하기 전에 반드시 미리 약식의 사전심사를 청구하여야 한다.

② 구 「민원사무 처리에 관한 법률」에서 정한 사전심사결과 통보는 항고소송의 대상이 되는 행정처분에 해당한다.

③ 법정민원에 대한 행정기관의 장의 거부처분에 불복하는 민원인은 그 거부처분을 받은 날부터 90일 이내에 그 행정기관의 장에게 문서 또는 구두로 이의신청을 할 수 있다.

④ 복합민원이란 하나의 민원 목적을 실현하기 위하여 관계법령 등에 따라 여러 관계기관(민원과 관련된 단체·협회 등을 포함) 또는 관계부서의 인가·허가·승인·추천·협의 또는 확인 등을 거쳐 처리되는 법정민원을 말한다.

18

회독 □□□

「행정소송법」상 소의 변경에 대한 설명으로 옳지 않은 것은? (다툼이 있는 경우 판례에 의함)

① 법원은 행정청이 소송의 대상인 처분을 소가 제기된 후 변경한 때라도 원고의 신청이 없다면 청구의 취지 또는 원인을 변경할 수 없다.

② 취소소송을 당사자소송으로 변경하는 것은 가능하지만, 이미 당사자소송을 제기하여 소송이 계속 중이라면, 사실심 변론종결시 이전이라 할지라도 이를 취소소송으로 변경하는 것은 불가능하다.

③ 소의 종류 변경을 허가하는 법원의 결정이 있게 되면 새로운 소는 구소를 제기한 때에 제기된 것으로 본다.

④ 법원이 소의 종류의 변경을 허가함으로써 피고를 달리하게 될 때에는 새로이 피고가 될 자의 의견을 들어야 한다.

19

회독 □□□

법률유보에 대한 설명으로 옳지 않은 것은? (다툼이 있는 경우 판례에 의함)

① 지방의회의원에 대하여 유급보좌인력을 두는 것은 지방의회의원의 지위·처우에 변경을 초래하는 사항이기는 하나, 국민의 기본권제한에 관한 본질적 사항에 해당하지는 않으므로, 이는 반드시 국회의 법률로써 규정할 필요는 없고 개별 지방의회의 조례로써 규정하는 것도 허용된다.

② 헌법재판소는 구 「토지초과이득세법」상의 기준시가는 국민의 납세의무의 성부(成否) 및 범위와 직접적인 관계를 가지고 있는 중요한 사항임에도 불구하고, 해당 내용을 법률에 규정하지 않고 하위법령에 위임한 것은 헌법 제75조에 반한다고 판단한 바 있다.

③ 집회나 시위 해산을 위한 살수차 사용은 집회의 자유 및 신체의 자유에 대한 중대한 제한을 초래하므로 살수차 사용요건이나 기준은 법률에 근거를 두어야 하고, 살수차와 같은 위해성 경찰장비는 본래의 사용방법에 따라 지정된 용도로 사용되어야 하며, 다른 용도나 방법으로 사용하기 위해서는 반드시 법령에 근거가 있어야 한다.

④ 법률유보원칙의 적용범위에 대해서는 학설의 대립이 존재하는데, 전부유보설에 따를 경우 법률의 수권이 없는 한, 국민에게 필요한 급부를 할 수 없게 된다는 문제점이 있다.

20

회독 □□□

다음 중 옳지 않은 것은? (다툼이 있는 경우 판례에 의함)

① 거부처분이 재결에서 취소된 경우 재결에 따른 후속처분이 아니라 그 재결의 취소를 구하는 것은 실효적이고 직접적인 권리구제수단이 될 수 없어 분쟁해결의 유효적절한 수단이라고 할 수 없으므로 소의 이익이 없다.

② 행정소송에서 판결의 기속력은 그 사건의 당사자인 행정청과 그 밖의 관계행정청에게 확정판결의 취지에 따라 행동하여야 할 의무를 지우는 것으로 이는 인용판결에 한하여 인정될 뿐, 기각판결에까지 인정되는 것은 아니다.

③ 하천점용허가 취소처분을 취소하는 확정판결의 기속력은 판결의 주문에 미치는 것으로 그 전제가 되는 처분 등의 구체적 위법사유에 관한 이유 중의 판단에 대해서는 인정되지 않는다.

④ 소송참가를 하였지만 패소한 제3자는 「행정소송법」 제31조에 따른 재심청구를 할 수 없다.

08회 행정법총론 동형모의고사

빠른 정답 p.178 / 해설 p.178

01

회독 □□□

행정상 손실보상에 대한 설명으로 옳은 것은? (다툼이 있는 경우 판례에 의함)

① 영업손실에 관한 보상에 있어서 영업의 휴업과 폐지를 구별하는 기준은, 당해 영업을 다른 장소로 이전하는 것이 가능한지의 여부가 아니라, 실제로 이전하였는지의 여부에 달려 있다.

② 「하천법」 제50조에 의한 하천수 사용권은 「공익사업을 위한 토지 등의 취득 및 보상에 관한 법률」 제76조 제1항에서 손실보상의 대상으로 규정하고 있는 '물의 사용에 관한 권리'에 해당한다.

③ 간접적 영업손실은 특별한 희생이 될 수 없다.

④ 이주대책의 종류가 달라 각 그 보장하는 내용에 차등이 있는 경우, 이주자의 희망에도 불구하고 사업시행자가 요건미달 등을 이유로 그중 더 이익이 되는 내용의 이주대책대상자로 선정하지 않았다 하더라도, 이는 이주자의 권리의무에 직접적 변동을 초래하지 않으므로 항고소송의 대상이 되는 처분이 아니다.

02

회독 □□□

행정소송에 대한 설명으로 옳은 것(○)과 옳지 않은 것(×)이 바르게 조합된 것은? (다툼이 있는 경우 판례에 의함)

㉠ 현행 「행정소송법」은 행정소송사항에 관하여 개괄주의를 채택하고 있으므로 모든 위법한 행정작용에 대하여 소송상 권리보호가 이루어지고 있다. ㉡ 국가 또는 공공단체의 기관이 법률에 위반되는 행위를 한 때에 직접 자기의 법률상 이익과 관계없이 그 시정을 구하기 위하여 제기하는 소송은 기관소송이다. ㉢ 구체적인 사건에서 당사자소송을 인정하기 위해서는 개별법의 근거가 별도로 필요하다. ㉣ 「행정소송법」상 취소소송의 제소기간에 관한 규정은 무효등확인소송과 부작위위법확인소송에서는 준용되지 않는다.

① ㉠(○), ㉡(○), ㉢(○), ㉣(○)
② ㉠(○), ㉡(×), ㉢(×), ㉣(○)
③ ㉠(×), ㉡(○), ㉢(○), ㉣(×)
④ ㉠(×), ㉡(×), ㉢(×), ㉣(×)

03

회독 □□□

제3자효 행정행위 또는 복효적 행정행위에 대한 설명으로 옳지 않은 것은? (다툼이 있는 경우 판례에 의함)

① 행정행위는 상대방에 대한 통지(도달)로서 효력이 발생하며, 행정청은 개별법에서 달리 정하지 않는 한 처분의 직접 상대방뿐만 아니라 제3자인 이해관계인에 대해서도 행정행위 통지의무를 부담한다.

② 제3자효 행정행위에 있어서도 가구제로서 집행정지가 인정된다.

③ 제3자효 행정행위 중 상대방에 대한 수익적 행정행위의 직권취소와 철회는, 행위의 상대방의 신뢰보호뿐만 아니라 필요시 제3자의 이익도 함께 고려되어야 한다.

④ 「행정심판법」 제27조 제3항에 의하면 행정처분의 상대방이 아닌 제3자라도 처분이 있은 날로부터 180일을 경과하면 행정심판청구를 하지 못하는 것이 원칙이다.

04

회독 □□□

법치행정원리에 대한 설명으로 옳은 것(○)과 옳지 않은 것(×)이 바르게 조합된 것은? (다툼이 있는 경우 판례에 의함)

> ㉠ 법률유보원칙은 행정의 법률에의 구속성을 의미하는 소극적인 성격의 것인 반면에, 법률우위원칙은 행정은 법률의 수권에 의하여 행해져야 한다는 적극적 성격의 것이다.
> ㉡ 교통안전기금의 재원의 하나로 운송사업자들 및 교통수단 제조업자들에 대하여 부과되는 분담금의 분담방법 및 분담비율에 관한 기본사항은 국민의 재산권과 관련된 중요한 사항 내지 본질적인 요소에 해당한다.
> ㉢ 「공공기관의 운영에 관한 법률」에서 제재처분의 본질적인 사항인 입찰참가자격 제한처분의 주체, 사유, 대상, 기간 및 내용 등은 이미 직접 규정하고 있었다면, '입찰참가자격의 제한기준 등에 관하여 필요한 사항은 기획재정부령으로 정한다'는 동법 제39조 제3항은 의회유보원칙에 위배되지 않는다.
> ㉣ 헌법재판소는 국민의 헌법상 기본권 및 기본의무와 관련된 중요한 사항 내지 본질적인 내용에 대한 정책형성기능은 원칙적으로 주권자인 국민에 의하여 선출된 대표자들로 구성되는 입법부가 담당하여 법률의 형식으로 이를 수행하는 것이 필요하다는 입장이다.

① ㉠(○), ㉡(○), ㉢(×), ㉣(×)
② ㉠(○), ㉡(×), ㉢(×), ㉣(○)
③ ㉠(×), ㉡(○), ㉢(○), ㉣(○)
④ ㉠(×), ㉡(×), ㉢(○), ㉣(×)

05

회독 □□□

다음 중 옳지 않은 것은? (다툼이 있는 경우 판례에 의함)

① 회사분할 시 분할 전 회사에 대한 제재사유는 신설회사에 대하여 승계되지 않으므로 회사의 분할 전 법 위반행위를 이유로 과징금을 부과하는 것은 허용되지 않는다.
② 법인의 주주가 법인에 대한 운송사업양도·양수신고 수리처분 이후의 주식 양수인인 경우에는 특별한 사정이 없는 한 그 처분에 대하여 법률상 직접적·구체적 이익을 가지지 않는다.
③ 영업이 양도·양수되었지만 아직 지위승계신고가 있기 이전에는 여전히 종전의 영업자인 양도인이 영업허가자이고 양수인은 영업허가자가 아니므로, 행정제재처분의 사유가 있는지 여부는 양도인을 기준으로 판단하여야 한다.
④ 甲이 개인택시운송사업면허를 받았다가 이를 乙에게 양도한 경우, 운송사업의 양도·양수에 대한 인가를 받은 이후에는 양도·양수 이전에 있었던 양도인 甲의 운송사업면허 취소사유를 이유로 양수인 乙의 운송사업면허를 취소할 수 없다.

06

회독 □□□

영조물의 설치·관리 하자에 의한 국가배상책임에 대한 설명으로 옳지 않은 것은? (다툼이 있는 경우 판례에 의함)

① 영조물의 설치·관리상의 하자로 인한 배상책임은 무과실책임이고, 국가는 영조물의 설치·관리상의 하자로 인하여 타인에게 손해를 가한 경우에 그 손해방지에 필요한 주의를 해태하지 아니하였다 하더라도 면책을 주장할 수 없다.
② 영조물의 설치·관리상의 하자로 인한 국가배상책임이 인정되는 경우에도, 손해의 원인에 대하여 책임을 질 자가 따로 있을 때에는 국가 또는 지방자치단체는 그 자에 대하여 구상할 수 있다.
③ 지방자치단체의 장인 시장이 위임에 따라 국도의 관리청이 되었다면 지방자치단체가 손해배상책임을 지고 국가는 도로관리상 하자로 인한 손해배상책임을 면한다.
④ 사실상 군민(郡民)의 통행에 제공되고 있던 도로라고 하여도, 군(郡)에 의하여 노선인정 기타 공용개시가 없었던 이상, 이 도로를 '공공의 영조물'이라 할 수 없다.

07

회독 □□□

「공공기관의 정보공개에 관한 법률」(이하 '정보공개법'이라 함) **에 따른 정보공개에 대한 설명으로 옳은 것은?** (다툼이 있는 경우 판례에 의함)

① 정보공개 관련 결정에 대하여 행정소송이 제기된 경우에 재판장은 필요하다고 인정 시 당사자를 참여시키지 않고 비공개로 해당 정보를 열람할 수 있다.
② 정보공개법상 비공개대상인 '법인 등의 경영·영업상 비밀'은 '타인에게 알려지지 아니함이 유리한 사업활동에 관한 일체의 정보' 또는 '사업활동에 관한 일체의 비밀사항'을 의미하는 것이 아니라, 「부정경쟁방지 및 영업비밀보호에 관한 법률」 제2조 제2호에 규정된 '영업비밀'에 한한다.
③ 법인 등이 거래하는 금융기관의 계좌번호에 관한 정보는 영업상 비밀에 관한 사항이지만, 공개될 경우 법인 등의 정당한 이익을 현저히 해할 우려가 있다고 인정되는 정보라고는 할 수 없으므로 정보공개법상 비공개대상정보에 해당하지 않는다.
④ 지방자치단체는 법인격을 가지므로 지방자치단체도 정보공개법 제5조에서 정한 정보공개청구권자인 '국민'에 해당한다.

08

회독 □□□

「대기환경보전법」상 개선명령에 관한 다음 조문에 대한 설명으로 옳지 않은 것은? (다툼이 있는 경우 판례에 의함)

> 제1조(목적) 이 법은 대기오염으로 인한 국민건강이나 환경에 관한 위해를 예방하고 대기환경을 적정하고 지속가능하게 관리·보전하여 모든 국민이 건강하고 쾌적한 환경에서 생활할 수 있게 하는 것을 목적으로 한다.
> 제33조(개선명령) 환경부장관은 제30조에 따른 신고를 한 후 조업 중인 배출시설에서 나오는 오염물질의 정도가 제16조나 제29조제3항에 따른 배출허용기준을 초과한다고 인정하면 대통령령으로 정하는 바에 따라 기간을 정하여 사업자(제29조제2항에 따른 공동 방지시설의 대표자를 포함한다)에게 그 오염물질의 정도가 배출허용 기준 이하로 내려가도록 필요한 조치를 취할 것(이하 "개선명령"이라 한다)을 명할 수 있다.

① 환경부장관은 위 법률 제33조에서 위임한 사항을 규정한 대통령령을 입법예고를 할 때와 개정하였을 때에는 10일 이내에 이를 국회 소관 상임위원회에 제출하여야 한다.
② 환경부장관이 인근 주민의 개선명령 신청에 대해 거부한 행위가 항고소송의 대상이 되는 처분이 되기 위해서는 인근 주민에게 개선명령을 발할 것을 요구할 수 있는 신청권이 있어야 한다.
③ 인근 주민이 배출시설에서 나오는 대기오염물질로 인하여 생명과 건강에 심각한 위협을 받고 있다면, 환경부장관의 개선명령에 대한 재량권은 축소될 수 있다.
④ 환경부장관에게는 하자 없는 재량행사를 할 의무가 인정되므로, 위 개선명령의 근거 및 관련 조항의 사익보호성 여부를 따질 필요 없이 인근 주민에게는 소위 무하자재량행사청구권이 인정된다.

09

회독 □□□

다음 사례 상황에 대한 설명으로 옳은 것은? (다툼이 있는 경우 판례에 의함)

> 甲은 「식품위생법」상 유흥주점 영업허가를 받아 영업을 하던 중 경기부진을 이유로 2021. 8. 3. 자진폐업하고 관련 법령에 따라 폐업신고를 하였다. 이에 관할 시장은 자진폐업을 이유로 2021. 9. 10. 甲에 대한 위 영업허가를 취소하는 처분을 하였으나 이를 甲에게 통지하지 아니하였다. 이후 甲은 경기가 활성화되자 유흥주점 영업을 재개하려고 관할 시장에 2022. 2. 3. 재개업신고를 하였으나, 영업허가가 이미 취소되었다는 회신을 받았다. 허가취소 사실을 비로소 알게 된 甲은 2022. 3. 10.에 위 2021. 9. 10.자 영업허가취소처분의 취소를 구하는 소송을 제기하였다.

① 甲에 대한 유흥주점 영업허가의 효력은 2021. 9. 10.자 영업허가취소처분에 의해서 소멸된다.
② 위 2021. 9. 10.자 영업허가취소처분은 甲에게 통지되지 않아 효력이 발생하지 아니하였으므로 甲의 영업허가는 여전히 유효하다.
③ 甲에 대한 유흥주점 영업허가는 2022. 2. 3. 행한 甲의 재개업신고를 통하여 다시 효력을 회복한다.
④ 甲이 2021. 9. 10.자 영업허가취소처분에 대하여 제기한 위 취소소송은 부적법한 소송으로서 각하된다.

10

회독 □□□

행정대집행에 대한 설명으로 옳은 것만을 모두 고르면? (다툼이 있는 경우 판례에 의함)

> ㉠ 「행정대집행법」 제2조에 따른 대집행의 실시여부는 행정청의 재량에 속한다.
> ㉡ 구 「공공용지의 취득 및 손실보상에 관한 특례법」에 의한 협의취득시 건물소유자가 협의취득대상 건물에 대하여 약정한 철거의무는, 별도의 규정이 없는 한 「행정대집행법」에 의한 대집행의 대상이 되지 않는다.
> ㉢ 도시공원시설인 매점에 대해서 관리청이 점유자에게 매점으로부터 퇴거하고 이에 부수하여 그 판매 시설물 및 상품을 반출하라고 명한 경우에 행정대집행을 할 수 있다.
> ㉣ 철거명령에서 주어진 일정기간이 자진철거에 필요한 상당한 기간이라고 하여도 그 기간 속에는 계고시에 필요한 '상당한 이행기간'이 포함되어 있다고 볼 수 없다.

① ㉠　　② ㉠, ㉡
③ ㉠, ㉡, ㉢　　④ ㉠, ㉡, ㉢, ㉣

11

회독 □□□

행정입법에 대한 설명으로 옳지 않은 것은? (다툼이 있는 경우 판례에 의함)

① 국립대학교 학칙의 별표 [2] 모집단위별 입학정원을 개정한 학칙개정행위는 항고소송의 대상이 되는 처분에 해당한다.
② 현행 헌법상 법규명령에 대한 구체적인 규범통제만을 인정하고 추상적인 규범통제는 허용하고 있지 않으며, 법원이 구체적 규범통제를 통해 위헌·위법으로 선언할 심판대상은, 해당 규정의 전부가 불가분적으로 결합되어 있어 일부를 무효로 하는 경우 나머지 부분이 유지될 수 없는 결과를 가져오는 특별한 사정이 없는 한, 원칙적으로 해당 규정 중 재판의 전제성이 인정되는 조항에 한정된다.
③ 건강보험심사평가원이 보건복지가족부 고시인 '요양급여비용 심사·지급업무 처리기준'에 근거하여 제정한 심사지침인 '방광내압 및 요누출압 측정시 검사방법'은 내부적 업무처리 기준으로서 행정규칙에 불과하다.
④ 「독점규제 및 공정거래에 관한 법률」 제23조 제3항에 근거한 불공정거래행위의 지정고시 또는 「대외무역법」 제19조 제2항에 근거한 물품수출입공고 등은 대외적인 구속력이 없는 행정규칙에 해당한다.

12

회독 □□□

「개인정보 보호법」에 대한 설명으로 옳은 것만을 모두 고르면? (다툼이 있는 경우 판례에 의함)

> ㉠ 「개인정보 보호법」의 대상정보의 범위에는 공공기관·법인·단체에 의하여 처리되는 정보가 포함될 뿐이고, 개인에 의해서 처리되는 정보는 포함되지 않는다.
> ㉡ 개인정보처리자는 「개인정보 보호법」에 따라 개인정보의 처리에 대하여 정보주체의 동의를 받을 때에는, 정보주체와의 계약 체결 등을 위하여 정보주체의 동의 없이 처리할 수 있는 개인정보와 정보주체의 동의가 필요한 개인정보를 구분하여야 한다. 이 경우 동의 없이 처리할 수 있는 개인정보라는 점에 대한 입증책임은 개인정보처리자가 부담한다.
> ㉢ 정보주체가 직접 또는 제3자를 통하여 이미 공개한 개인정보는 공개 당시 정보주체가 자신의 개인정보에 대한 수집이나 제3자 제공 등의 처리에 대하여 일정한 범위 내에서 동의를 한 것으로 보아야 한다.
> ㉣ 「소비자기본법」에 따라 공정거래위원회에 등록한 소비자단체가 개인정보 단체소송을 제기하려면 그 단체의 정회원수가 1천명 이상이어야 한다.

① ㉠　　② ㉠, ㉢
③ ㉡, ㉢, ㉣　　④ ㉡, ㉣

13

회독 □□□

행정의 실효성 확보수단에 대한 설명으로 옳지 않은 것은? (다툼이 있는 경우 판례에 의함)

① 권력적 성격을 가지는 행정조사의 경우에는 근거된 법규의 범위 내에서만 가능하다.
② 압류 후 부과처분의 근거법률이 위헌으로 결정된 경우에는 압류처분에는 취소사유가 있는 것이 되고, 압류도 해제하여야 한다.
③ 재범의 위험성이 현저한 자를 상대로 긴급히 보호할 필요가 있는 경우에 단기간의 동행보호를 허용한 구 「사회안전법」상 동행보호규정은 사전영장주의를 규정한 헌법규정에 반하여 위법하다.
④ 세무서장은 한국자산관리공사로 하여금 공매를 대행하게 할 수 있으며, 이 경우 공매는 세무서장이 한 것으로 본다.

14

회독 □□□

항고소송의 대상적격에 대한 설명으로 옳지 않은 것은? (다툼이 있는 경우 판례에 의함)

① 인용재결의 당부를 그 심판대상으로 하고 있는 인용재결의 취소를 구하는 당해 소송에서, 법원은 행정심판위원회가 원처분 취소의 근거로 내세운 판단사유의 당부뿐만 아니라, 심판청구인의 심판청구원인 사유를 배척한 판단부분이 정당한가도 심리·판단하여야 한다.
② 변상 판정에 대한 감사원의 재심의 판정은 행정소송의 대상이 된다.
③ 행정처분에 대한 재결에 이유모순의 위법이 있다는 사유는 재결 자체에 고유한 하자로서 재결 처분의 취소를 구하는 소송에서 이를 주장할 수 있고, 원처분의 취소를 구하는 소송에서도 그 취소를 구할 위법사유로서 이를 주장할 수 있다.
④ 사립학교 교원에 대한 학교법인의 징계는 항고소송의 대상이 되는 처분이 아니므로, 이에 대한 소청심사위원회의 결정이 원처분이 된다.

15

회독 □□□

행정행위의 하자에 대한 설명으로 옳지 않은 것은? (다툼이 있는 경우 판례에 의함)

① 구 「학교보건법」의 규정에 의하면 학교환경위생정화구역 내에서 금지된 행위 및 시설의 해제 여부에 관한 행정처분을 함에 있어 학교환경위생정화위원회의 심의를 거치도록 되어 있는바, 위 심의절차를 누락하였다면 특별한 사정이 없는 한 이는 행정처분을 위법하게 하는 취소사유가 된다.
② 과세예고 통지 후 과세전적부심사 청구나 그에 대한 결정이 있기도 전에 이루어진 과세처분은 그 하자가 중대하기는 하지만 객관적으로 명백하다고 할 수 없어 취소사유에 해당한다.
③ 정당한 권한 없는 구 환경관리청장의 폐기물처리시설 설치승인 처분은 권한 없는 기관에 의한 행정처분으로서 그 하자는 무효사유에 해당한다.
④ 행정청이 사전에 교통영향평가를 거치지 아니한 채, '건축허가 전까지 교통영향평가 심의필증을 교부받을 것'을 부관으로 붙여서 한 실시계획변경승인 및 공사시행변경 인가처분에는 중대하고 명백한 흠이 있다고 할 수 없으므로 이를 무효로 보기는 어렵다.

16

회독 □□□

행정절차상 하자 및 「행정절차법」에 대한 설명으로 옳지 않은 것은? (다툼이 있는 경우 판례에 의함)

① 「행정절차법」에는 절차상 하자 있는 행정행위의 효력에 관한 별도의 규정을 두고 있지 않다.
② 「독점규제 및 공정거래에 관한 법률」 규정에 의한 처분의 상대방에게 부여된 절차적 권리의 범위와 한계를 확정하려면 「행정절차법」이 당사자에게 부여한 절차적 권리의 범위와 한계 수준을 고려하여야 한다.
③ 고시의 방법으로 불특정 다수인을 상대로 권익을 제한하는 처분을 할 경우 당사자는 물론 제3자에게도 의견제출의 기회를 주어야 한다.
④ 「국가공무원법」상 소청심사위원회가 소청심사를 하면서 대통령령등으로 정하는 바에 따라 소청인 또는 대리인에게 진술의 기회를 부여하지 아니하고 한 결정은 무효이다.

17

회독 □□□

공법관계와 사법관계에 대한 설명으로 옳지 않은 것은? (다툼이 있는 경우 판례에 의함)

① 행정편의를 위하여 사법상의 금전급부의무의 불이행에 대하여 「국세징수법」상 체납처분에 관한 규정을 준용하는 경우, 그에 따라 이루어진 체납처분에 대해 다투는 소송은, 일반적인 공법상의 금전급부 징수에 대해 다투는 경우와 마찬가지로 행정소송에 의할 것이 아니라, 민사소송으로 이를 다투어야 한다.
② 납세의무자에 대한 국가의 부가가치세 환급세액 지급의무에 대응하는 국가에 대한 납세의무자의 부가가치세 환급세액 지급청구는 민사소송이 아니라 「행정소송법」 제3조 제2호에 규정된 당사자소송의 절차에 따라야 한다.
③ 대법원은 석탄가격안정지원금 지급청구권은 석탄산업법령에 의하여 정책적으로 당연히 부여되는 공법상 권리이므로, 지원금의 지급을 구하는 소송은 공법상 당사자소송의 대상이 된다고 본다.
④ 국토의 계획 및 이용에 관한 법률 제130조 제3항에서 정한 토지의 소유자·점유자 또는 관리인이 사업시행자의 일시 사용에 대하여 동의의 의사표시를 할 의무는 공법상의 의무이므로, 그 의무의 존부를 다투는 소송은 당사자소송이다.

18

회독 □□□

행정심판에 대한 설명으로 옳지 않은 것은? (다툼이 있는 경우 판례에 의함)

① 자기완결적 신고의 수리에 해당하는 골프장 사업시설 착공계획서 수리에 대하여 인근주민이 취소심판을 제기하였는데 인용재결이 내려지자, 해당 착공계획서를 제출한 사업자가 취소소송을 제기하는 경우 행정심판의 재결이 취소소송의 대상이 된다.
② 청구인이 천재지변, 전쟁, 사변, 그 밖의 불가항력으로 인하여 처분이 있음을 알게 된 날부터 90일 이내에 심판청구를 할 수 없었을 때에는, 그 사유가 소멸한 날부터 14일 이내에 행정심판을 청구할 수 있다. 다만, 국외에서 행정심판을 청구하는 경우에는 그 기간을 30일로 한다.
③ 행정심판을 청구하려는 자는 「행정심판법」 제28조에 따라 심판청구서를 작성하여 피청구인이나 행정심판위원회에 제출하여야 하며 이 경우 피청구인의 수만큼 심판청구서 부본을 함께 제출하여야 한다.
④ 기간경과 등의 부적법한 심판청구가 있었고, 행정심판위원회가 각하하지 않고 기각재결을 한 경우는 심판전치의 요건이 구비된 것으로 볼 수 있다.

19

회독 □ □ □

행정행위에 대한 설명으로 옳은 것은? (다툼이 있는 경우 판례에 의함)

① 토지거래허가지역 내의 토지거래계약은 그에 대한 허가가 있기 전에는 효력이 발생하지 않은 상태에 있다가 허가가 있으면 소급하여 유효하게 된다.
② 행정행위는 국민에 대하여 법적 효과를 발생시키는 행위이므로, 행정청이 귀화신청인에게 귀화를 허가하는 행위는 행정행위가 아니다.
③ 특허기업의 사업양도허가의 법적 성질에 관하여 논쟁이 있는데, 통설과 대법원은 특허기업의 사업양도허가를 강학상 특허로 보고 있다.
④ 인가는 사실행위와 법률행위를 모두 대상으로 하지만, 허가는 법률행위만을 대상으로 한다.

20

회독 □ □ □

행정소송의 판결의 효력에 대한 설명으로 옳은 것만을 모두 고르면? (다툼이 있는 경우 판례에 의함)

> ㉠ 취소확정판결의 기판력은 판결에 적시된 위법사유에 한하여 미치므로 행정청이 그 확정판결에 적시된 위법사유를 보완하여 행한 새로운 행정처분은 확정판결에 의하여 취소된 종전 처분과는 별개의 처분으로서 확정판결의 기판력에 저촉되지 않는다.
> ㉡ 주민의 도시관리계획 입안 제안을 거부한 처분을 이익형량에 하자가 있어 위법하다고 판단하여 취소하는 판결이 확정된 경우에도 행정청에 그 입안 제안을 그대로 수용하는 내용의 도시관리계획을 수립할 의무가 있는 것은 아니다.
> ㉢ 종전 확정판결의 행정소송 과정에서 한 주장 중 처분사유가 되지 아니하여 판결의 판단대상에서 제외된 부분을, 행정청이 그 후 새로이 행한 처분의 적법성과 관련하여 새로운 소송에서 다시 주장하는 것은 위 확정판결의 기판력에 저촉된다.
> ㉣ 세무서장을 피고로 하는 과세처분 취소소송에서 패소하여 그 판결이 확정된 자가, 국가를 피고로 하여 과세처분의 무효를 주장하여 과오납금반환청구소송을 제기하더라도 취소소송의 기판력에 반하는 것은 아니다.

① ㉠ ② ㉠, ㉡
③ ㉠, ㉡, ㉢ ④ ㉢, ㉣

09회 행정법총론 동형모의고사

빠른 정답 p.191 / 해설 p.191

01

회독 □□□

A장관을 주무부장관으로 하는 국가사무인 X사무가 법령에 의해 B지방자치단체의 장에게 위임되었다. 기관위임사무인 X사무의 처리에 대한 설명으로 옳은 것은? (다툼이 있는 경우 판례에 의함)

① B지방자치단체 소속 공무원이 X사무를 수행하던 중 법 위반행위를 한 경우, B지방자치단체는 같은 법의 양벌규정에 따라 처벌되는 법인에 해당한다.

② 법령이 X사무에 대해 조례에 위임하는 경우 그러한 조례는 자치조례에 해당하여 포괄적 위임이 가능하다.

③ 법령이 X사무에 대한 사항을 조례에 위임하였는데, 그러한 조례가 집행행위의 개입 없이 직접 국민의 구체적 권리·의무에 영향을 미친다면 조례의 처분성이 인정된다. 이 경우 항고소송의 피고는 조례를 제정한 B지방자치단체의 지방의회가 된다.

④ B지방자치단체의 장이 X사무를 처리하면서 불법행위를 하여 국가배상책임이 성립하는 경우 B지방자치단체도 배상책임이 있다.

02

회독 □□□

행정행위의 성립 및 효력발생요건에 대한 설명으로 옳지 않은 것은? (다툼이 있는 경우 판례에 의함)

① 보통우편에 의한 송달과 달리, 우편물이 등기취급의 방법으로 발송된 경우 그것이 도중에 유실되었거나 반송되었다는 등의 특별한 사정에 대한 반증이 없는 한 그 무렵 수취인에게 배달되었다고 추정할 수 있다.

② 구 「청소년 보호법」에 따라 정보통신윤리위원회가 특정 웹사이트를 청소년유해매체물로 결정하고 청소년보호위원회가 효력발생시기를 명시하여 고시하였다 하더라도, 정보통신윤리위원회와 청소년보호위원회가 웹사이트 운영자에게 위 처분이 있었음을 개별적으로 통지하지 않았다면 그 효력이 발생하지 않는다.

③ 송달받을 자의 주소 등을 통상적인 방법으로 확인할 수 없는 경우에는 관보, 공보, 게시판, 일간신문 중 하나 이상에 공고하고 인터넷에도 공고하여야 하며, 이 경우 특별한 규정이 있는 경우를 제외하고는 공고일부터 14일이 지난 때에 그 효력이 발생한다.

④ 과세처분에 관한 납세고지서의 송달이 「국세기본법」의 규정에 위배되는 부적법한 것으로서 송달의 효력이 발생하지 아니하는 이상, 그 과세처분은 무효이다.

03

회독 □ □ □

행정행위의 하자에 대한 설명으로 옳은 것은? (다툼이 있는 경우 판례에 의함)

① 직권취소나 쟁송취소에서 인정되는 소급효가 하자의 치유에서까지 인정된다고는 할 수 없으므로, 행정행위의 하자가 치유되면 그 행정행위는 치유된 때부터 하자가 없는 적법한 행정행위로 효력을 발생한다.

② 「도시 및 주거환경정비법」상 주택재건축사업의 추진위원회가 조합을 설립하고자 하는 때에는 토지소유자 등이 일정 수 이상 동의하여야 하는데, 주택재건축조합설립인가처분 당시에 토지소유자 등의 동의율을 충족하지 못하였던 하자는, 후에 토지소유자 등의 추가 동의서가 제출되어 법정요건을 갖추게 되었다면 곧바로 치유된다고 보아야 한다.

③ 명백성 보충요건설은 행정행위의 무효의 기준으로서 원칙적으로 중대성 요건만을 요구하지만 제3자나 공공의 신뢰보호의 필요가 있는 경우에는 보충적으로 명백성 요건도 요구하는 것으로, 명백성 보충요건설에 의하면 중대·명백설보다 무효 인정의 범위가 더 넓어질 수 있다.

④ 납세고지서에 증여세의 과세표준과 세액의 산출근거가 기재되어 있지 않았다면, 과세처분에 앞서 납세의무자에게 보낸 과세관청의 과세예고통지서에 과세표준과 세액의 산출근거 등 납세고지서의 필요적 기재사항이 모두 기재되어 있어 납세의무자가 불복 여부의 결정 및 불복신청에 전혀 지장을 받지 않았다는 것이 명백하다고 하더라도, 납세고지의 하자는 치유될 수 없다.

04

회독 □ □ □

다음에 제시된 행정법의 일반원칙에 대한 설명으로 옳지 않은 것은? (다툼이 있는 경우 판례에 의함)

(가) 어떤 행정목적을 달성하기 위한 수단은 그 목적달성에 유효·적절하고 또한 가능한 한 최소침해를 가져오는 것이어야 하며 아울러 그 수단의 도입으로 인한 침해가 의도하는 공익을 능가하여서는 아니 된다.
(나) 행정기관은 행정결정에 있어서 동종의 사안에 대하여 이전에 제3자에게 행한 결정과 동일한 결정을 상대방에게 하도록 스스로 구속당한다.
(다) 개별국민이 행정기관의 어떤 언동의 정당성 또는 존속성을 신뢰한 경우 그 신뢰가 보호받을 가치가 있는 한 그러한 귀책사유 없는 신뢰는 보호되어야 한다.
(라) 행정주체가 행정작용을 함에 있어서 상대방에게 이와 실질적인 관련이 없는 의무를 부과하거나 그 이행을 강제하여서는 아니 된다.

① (가)원칙은 급부행정의 영역에서는 과잉급부 금지원칙으로 나타난다.

② 반복적으로 행하여진 행정처분이 위법한 것일 경우 행정청은 (나)원칙에 구속되지 않는다.

③ 병무청 담당부서의 담당공무원에게 공적 견해의 표명을 구하는 정식의 서면질의 등을 하지 아니한 채 총무과 민원팀장에 불과한 공무원이 민원봉사차원에서 상담에 응하여 안내한 것을 신뢰한 경우, (다)원칙이 적용되지 않는다.

④ 고속국도 관리청이 고속도로 부지와 접도구역에 송유관 매설을 허가하면서 상대방과 체결한 협약에 따라 송유관 시설을 이전하게 될 경우 그 비용을 상대방에게 부담하도록 한 부관은 (라)원칙에 반한다.

05

회독 □□□

「행정절차법」에 대한 설명으로 옳지 않은 것은? (다툼이 있는 경우 판례에 의함)

① 행정절차에 드는 비용은 행정청이 부담한다. 다만, 당사자등이 자기를 위하여 스스로 지출한 비용은 그러하지 아니하다.

② 이해관계가 있는 제3자는 자신의 신청 또는 행정청의 직권에 의하여 행정절차에 참여하여 처분 전에 그 처분의 관할 행정청에 서면이나 말 또는 정보통신망을 이용하여 의견을 제출할 수 있다.

③ 다수의 당사자등이 공동으로 행정절차에 관한 행위를 할 때에는 대표자를 선정할 수 있는데, 대표자가 있는 경우에는 당사자등은 그 대표자를 통하여서만 행정절차에 관한 행위를 할 수 있다.

④ 당사자등이 사망하였을 때의 상속인은 행정청의 승인이 없이도 당연히 「행정절차법」상 당사자등의 지위를 승계하므로, 당사자등의 지위를 승계한 경우에도 행정청에 그 사실을 통지할 필요는 없다.

06

회독 □□□

행정행위의 직권취소와 철회에 대한 설명으로 옳은 것만을 모두 고르면? (다툼이 있는 경우 판례에 의함)

> ㉠ 직권취소는 처분의 성격을 가지므로, 개별법에 특별한 규정이 없다 하더라도 이유제시 절차 등 「행정절차법」상 처분절차에 따라야 하며, 특히 수익적 행위의 직권취소는 상대방에게 침해적 효과를 발생시키므로 「행정절차법」에 따른 사전통지, 의견청취의 절차를 거쳐야 한다.
> ㉡ 직권취소의 효과는 부당한 처분의 전부나 일부에 소급하여 미치는 것이 원칙이지만, 당사자의 신뢰를 보호할 가치가 있는 등 정당한 사유가 있는 경우에는 장래를 향하여 취소할 수 있다.
> ㉢ 「국세기본법」상 상속세부과처분의 취소에 하자가 있는 경우, 부과의 취소의 취소에 대하여는 법률이 명문으로 그 취소요건이나 그에 대한 불복절차에 대하여 따로 규정을 두고 있지 않다면, 과세관청은 부과의 취소를 다시 취소함으로써 원부과처분을 소생시킬 수 있다.
> ㉣ 과세처분에 대한 쟁송이 진행 중에 과세관청이 그 과세처분의 납부고지 절차상의 하자를 발견한 경우에는 위 과세처분을 취소하고 절차상의 하자를 보완하여 다시 동일한 내용의 과세처분을 할 수 있고, 이와 같은 새로운 처분이 행정행위의 불가쟁력이나 불가변력에 저촉되는 것은 아니다.

① ㉠　　② ㉠, ㉡, ㉣
③ ㉠, ㉢　　④ ㉡, ㉢, ㉣

07

회독 □□□

이행강제금에 대한 설명으로 옳은 것은? (다툼이 있는 경우 판례에 의함)

① 이행강제금은 일정한 기한까지 의무를 이행하지 않았을 때에는 일정한 금전적 부담을 과하는 것으로서, 헌법 제13조 제1항이 규정하고 있는 이중처벌금지의 원칙의 적용대상이 된다.

② 대집행이 가능한 경우에까지 이행강제금을 부과하는 것은 필요성 원칙에 어긋나므로, 「건축법」에 위반된 건축물의 철거를 명하였으나 불응하자 이행강제금을 부과·징수한 후 이후에도 철거를 하지 아니하자 다시 행정대집행계고처분을 한 경우 그 계고처분은 위법하다.

③ 「농지법」 제62조 제1항에 따른 이행강제금 부과처분에 불복하는 경우에는 「비송사건절차법」에 따른 재판절차가 적용되어야 하고, 「행정소송법」상 항고소송의 대상은 될 수 없다.

④ 이행강제금은 법령으로 정하는 바에 따라 계고나 시정명령 없이 부과할 수 있으며 법령으로 정하는 바에 따라 반복적으로 이행할 때까지 부과할 수 있다.

08

회독 □□□

「공공기관의 정보공개에 관한 법률」상 정보공개에 대한 설명으로 옳은 것만을 모두 고르면? (다툼이 있는 경우 판례에 의함)

> ㉠ 판례는 「공공기관의 정보공개에 관한 법률」과 같은 실정법의 근거가 없는 경우에는 정보공개청구권이 인정되기 어렵다고 보고 있다.
> ㉡ 국내에 일정한 주소를 두고 거주하거나 학술·연구를 위하여 일시적으로 체류하는 외국인은 정보공개청구를 할 수 있다.
> ㉢ 정보공개에 관한 정책 수립 및 제도 개선에 관한 사항을 심의·조정하기 위하여 행정안전부장관 소속으로 정보공개심의회를 둔다.
> ㉣ 「공공기관의 정보공개에 관한 법률」상 공개청구대상이 되는 정보는 공공기관이 직무상 작성 또는 취득하여 현재 보유·관리하고 있는 것에 한정되며 반드시 원본이어야 한다.

① ㉠　　② ㉡
③ ㉡, ㉢　　④ ㉠, ㉢, ㉣

09

회독 □□□

허가에 대한 설명으로 옳지 않은 것은? (다툼이 있는 경우 판례에 의함)

① 허가에 붙은 기한이 그 허가된 사업의 성질상 부당하게 짧은 경우에는 이를 그 허가 자체의 존속기간이 아니라 그 허가조건의 존속기간으로 보아 그 기한이 도래함으로써 그 조건의 개정을 고려한다는 뜻으로 해석할 수는 있지만, 그와 같은 경우라 하더라도 그 허가기간이 연장되기 위하여는 그 종기가 도래하기 전에 그 허가기간의 연장에 관한 신청이 있어야 한다.

② 허가의 갱신은 허가취득자에게 종전의 지위를 계속 유지시키는 효과를 갖게 하는 것으로 갱신 후라도 갱신 전 법위반 사실을 근거로 허가를 취소할 수 있다.

③ 구 「학원의설립·운영에관한법률」제5조 제2항에 의한 학원의 설립인가는 이른바 강학상의 허가의 성질을 지니는 것으로서 그 인가를 받는 자에게 특별한 권리를 부여하는 것은 아니고 일반적인 금지를 특정한 경우에 해제하여 학원을 설립할 수 있는 자유를 회복시켜 주는 것이다.

④ 장의자동차 운송사업구역면허는 예외적 허가의 일종이므로 장의자동차 운송사업구역면허에 따른 영업이 보호되는 사업구역의 이익은 법률상 이익에 해당한다.

10

회독 □□□

행정상 권리구제에 대한 설명으로 옳지 않은 것은? (다툼이 있는 경우 판례에 의함)

① 「공익사업을 위한 토지 등의 취득 및 보상에 관한 법률」상 환매권의 존부에 관한 확인 및 환매금액의 증감을 구하는 소송은 당사자소송의 일종이다.

② 국유재산의 관리청이 행정재산의 사용·수익을 허가한 다음 그 사용·수익하는 자에 대하여 하는 사용료 부과는, 순전히 사경제주체로서 행하는 사법상의 이행청구라 할 수 없고, 이는 관리청이 공권력을 가진 우월적 지위에서 행한 것으로서 항고소송의 대상이 되는 행정처분이다.

③ 기관소송이란 국가 또는 공공단체의 기관 상호 간에 있어서의 권한의 존부 또는 그 행사에 관한 다툼이 있을 때에 이에 대하여 제기하는 소송을 말한다. 다만, 「헌법재판소법」 제2조의 규정에 의하여 헌법재판소의 관장사항으로 되는 소송은 제외한다.

④ 행정소송에 관하여 「행정소송법」에 특별한 규정이 없는 사항에 대하여는 「법원조직법」과 「민사소송법」 및 「민사집행법」의 규정을 준용한다.

11

회독 □□□

재판관할에 대한 설명으로 옳지 않은 것은? (다툼이 있는 경우 판례에 의함)

① 취소소송의 제1심 관할법원은 피고의 소재지를 관할하는 행정법원으로 한다.

② 중앙행정기관 또는 그 장이 피고인 취소소송을 제기하는 경우에는 대법원 소재지의 행정법원에 제기하여야 한다.

③ 원고가 고의 또는 중대한 과실 없이 행정소송으로 제기하여야 할 사건을 민사소송으로 잘못 제기한 경우, 수소법원으로서는 만약 그 행정소송에 대한 관할도 동시에 가지고 있다면 당해 법원에서 사건을 재배당하거나, 소의 변경을 하게 하여 이를 행정소송으로 심리·판단하여야 한다.

④ 토지의 수용 및 기타 부동산 또는 특정의 장소에 관계되는 처분 등에 대한 취소소송은 그 부동산 또는 장소의 소재지를 관할하는 행정법원에 제기할 수 있고, 이 관할은 임의관할이기 때문에 「민사소송법」상의 합의관할 및 변론관할에 관한 규정이 적용된다.

12

회독 □□□

행정법의 법원(法源)에 대한 설명으로 옳지 않은 것은? (다툼이 있는 경우 판례에 의함)

① 콩고민주화운동의 주동자라는 이유로 강제징집을 당하게 된 콩고 국민 갑(甲)이 대한민국정부에 난민인정을 신청하였으나 거부당하자 이에 대해 제기한 취소소송에서 법원은 「난민의 지위에 관한 협약」, 「난민의 지위에 관한 의정서」 등의 국제법을 직접 원용할 수 없다는 이유로 갑(甲)의 난민 지위를 인정하지 않았다.

② 법원(法院)은 보충적 법원(法源)으로서의 조리에 따라 재판할 수 있다.

③ 판례는 국세행정상 비과세의 관행도 행정선례법의 일종으로 인정하고 있다.

④ 헌법에 의하여 체결·공포된 조약과, 일반적으로 승인된 국제법규는 국내법과 같은 효력을 가진다.

13

회독 □□□

A교도소장은 그 교도소에 복역 중인 甲에게 송달되어 온 티셔츠에 대하여 이를 甲에게 교부하지 아니한 채 휴대를 불허하였다. 다음 중 옳은 것은? (다툼이 있는 경우 판례에 의함)

① A교도소장의 휴대불허행위는 이른바 특별권력관계 내부에서의 행위이므로 그에 대한 사법심사는 불가능하다.
② A교도소장의 휴대불허행위는 권력적 사실행위이자 항고소송의 대상이 되는 행정처분에 해당하므로, 그에 대한 집행정지도 허용된다.
③ A교도소장의 휴대불허행위를 통해 甲의 기본권이 제한되는 경우에는 법률에 근거가 있어야 한다.
④ A교도소장의 휴대불허행위가 있은 후 甲이 다른 교도소로 이송됨으로써 A교도소장의 관리하에 있지 않게 된 경우라면, 위 휴대불허행위의 취소를 구할 법률상 이익은 소멸된다.

14

회독 □□□

다음 중 옳지 않은 것은? (다툼이 있는 경우 판례에 의함)

① 교육부장관이 대통령에게 임용제청을 하면서 대학에서 추천한 복수의 국립대학교 총장 후보자들 전부 또는 일부를 임용제청에서 제외한 행위는, 내부적 행위에 불과하여 후보자들의 임용 기회를 박탈하는 효과를 불러일으키는 것은 아니므로, 대통령의 임용행위가 아직 이루어지지 않았다면 교육부장관의 임용제청 제외행위에 대하여 항고소송을 제기할 수는 없다.
② 다수의 검사 임용신청자 중 일부만을 검사로 임용하는 결정을 함에 있어, 검사의 임용 여부는 임용권자의 자유재량에 속하는 사항이지만, 임용신청자들에게 전형의 결과인 임용여부의 응답을 할 것인지는 임용권자의 편의재량사항이라고 할 수 없다.
③ 장래 일정한 기간 내에 관계 법령이 규정하는 시설 등을 갖추어 일정한 행정처분을 구하는 신청을 할 수 있는 법률상 지위에 있는 자의 국토이용계획변경신청을 거부하는 것이 실질적으로 당해 행정처분 자체를 거부하는 결과가 되는 경우에는 예외적으로 그 신청인에게 국토이용계획의 변경을 신청할 권리가 인정된다.
④ 기간제로 임용되어 임용기간이 만료된 국립대학 조교수는 심사기준에 부합되면 특별한 사정이 없는 한 재임용되리라는 기대를 가지고 재임용 여부에 관하여 합리적인 기준에 의한 공정한 심사를 요구할 법규상 또는 조리상 신청권을 가진다.

15

회독 □□□

국가배상책임에 대한 판례의 입장으로 옳지 않은 것은?

① 전투・훈련 등 직무집행과 관련하여 공상을 입은 군인이 「국가배상법」에 따라 손해배상금을 지급받은 다음에 「국가유공자 등 예우 및 지원에 관한 법률」이 정한 보훈급여금의 지급을 청구하는 경우, 국가는 「국가배상법」에 따라 손해배상을 받았다는 사정을 들어 보훈급여금의 지급을 거부할 수 있다.
② 주민자치센터에 근무하는 사회복무요원(구 공익근무요원)은 「국가배상법」상 손해배상청구가 제한되는 군인・군무원・경찰공무원 또는 향토예비군대원 등에 해당하지 않는다.
③ 경찰공무원이 전투・훈련 또는 이에 준하는 직무집행과 관련하여 순직을 한 경우뿐만 아니라 일반 직무집행과 관련하여 순직을 한 경우에도 국가나 지방자치단체의 배상책임이 제한된다.
④ 경찰공무원인 피해자가 구 「공무원연금법」의 규정에 따라 공무상 요양비를 지급받는 것은 「국가배상법」 제2조 제1항 단서에서 정한 '다른 법령'에 따라 보상을 지급받는 것에 해당하지 않는다.

16

회독 □□□

다음 중 법률행위적 행정행위에 해당하지 않는 것은? (다툼이 있는 경우 판례에 의함)

① 토지수용의 재결
② 행려병자 또는 사자(死者)의 유류품 매각
③ 체납처분절차의 압류재산 공매처분
④ 건물준공처분

17

회독 □□□

「공익사업을 위한 토지 등의 취득 및 보상에 관한 법률」 및 손실보상에 대한 설명으로 옳지 않은 것은? (다툼이 있는 경우 판례에 의함)

① 사업시행자가 토지를 수용하려면 국토교통부장관의 사업인정을 받아야 하고, 국토교통부장관은 사업인정을 하려면 중앙토지수용위원회와 협의하여야 한다.

② 수용재결에 불복하여 이의신청을 거쳐 취소소송을 제기하는 때에는 재결주의가 적용되므로, 특별한 사정이 없는 한 이의재결을 한 중앙토지수용위원회를 피고로 하여야 한다.

③ 손실보상금에 관한 당사자 간의 합의가 성립하면, 그 합의 내용이 「공익사업을 위한 토지 등의 취득 및 보상에 관한 법률」에서 정하는 손실보상기준에 맞지 않는다고 하더라도, 합의가 적법하게 취소되는 등의 특별한 사정이 없는 한 추가로 「공익사업을 위한 토지 등의 취득 및 보상에 관한 법률」상 기준에 따른 손실보상금을 청구할 수 없다.

④ 문화재보호구역의 확대 지정이 당해 공공사업인 택지개발사업의 시행을 직접 목적으로 하여 가하여진 것이 아님이 명백한 경우 토지의 수용보상액은 그러한 공법상 제한을 받는 상태대로 평가하여야 한다.

18

회독 □□□

행정심판에 대한 설명으로 옳지 않은 것은? (다툼이 있는 경우 판례에 의함)

① 행정심판위원회는 피청구인이 거부처분의 취소재결에도 불구하고 처분을 하지 아니하는 경우에는 당사자가 신청하면 기간을 정하여 서면으로 시정을 명하고, 그 기간에 이행하지 아니하면 직접 처분을 할 수 있다.

② 행정심판위원회는 심판청구의 대상이 되는 처분보다 청구인에게 불리한 재결을 하지 못한다.

③ 행정처분의 취소를 구하는 항고소송에서 처분청은 당초 처분의 근거로 삼은 사유와 기본적 사실관계가 동일성이 있다고 인정되는 한도 내에서만 다른 사유를 추가 또는 변경할 수 있고, 이러한 법리는 행정심판 단계에서도 그대로 적용된다.

④ 법인이 아닌 사단 또는 재단으로서 대표자나 관리인이 정하여져 있는 경우에는 그 사단이나 재단의 이름으로 심판청구를 할 수 있다.

19

회독 □□□

법규명령과 행정규칙에 대한 설명으로 옳지 않은 것은? (다툼이 있는 경우 판례에 의함)

① 댐 건설로 손실을 받은 주민들은 「특정다목적댐법 시행령」이 손실보상 청구절차 및 방법을 정하지 아니한 것을 부작위위법확인소송으로 다툴 수 있다.

② 해제조건의 성취는 법규명령과 행정규칙의 공통적 소멸사유이다.

③ 법규명령의 위임의 근거가 되는 법률에 대하여 위헌결정이 선고되면 그 위임규정에 근거하여 제정된 법규명령도 원칙적으로 효력을 상실한다.

④ 법령보충적 행정규칙은 상위법령과 결합하여 법규성을 가지지만 그 자체가 법규명령은 아니고 행정규칙에 지나지 않으므로, 적당한 방법으로 일반인 또는 관계인에게 표시 또는 통보함으로써 효력이 발생한다.

20

회독 □□□

「행정조사기본법」에 대한 설명으로 옳은 것은? (다툼이 있는 경우 판례에 의함)

① 행정조사에 관하여는 「행정조사기본법」이 일반법으로 존재하고 있으므로, 행정기관은 다른 법령 등에서 따로 행정조사를 규정하고 있지 않더라도 「행정조사기본법」을 근거로 행정조사를 실시할 수 있다.

② 자발적인 협조에 따라 실시하는 행정조사에 대하여 조사대상자가 조사에 응할 것인지에 대한 응답을 하지 아니하는 경우에는 법령 등에 특별한 규정이 없는 한 그 조사에 동의한 것으로 본다.

③ 구 「국세기본법」 제81조의4 제2항에 따라 금지되는 재조사에 기하여 과세처분을 하는 것은 단순히 당초 과세처분의 오류를 경정하는 경우에 불과하다는 등의 특별한 사정이 없는 한 그 자체로 위법하고, 이는 과세관청이 그러한 재조사로 얻은 과세자료를 과세처분의 근거로 삼지 않았다거나 이를 배제하고서도 동일한 과세처분이 가능한 경우라고 하여 달리 볼 것은 아니다.

④ 행정조사를 실시할 행정기관의 장은 행정조사를 실시하기 전에 다른 행정기관에서 동일한 조사대상자에게 동일하거나 유사한 사안에 대하여 행정조사를 실시하였는지 여부를 확인하여야 한다.

10회 행정법총론 동형모의고사

빠른 정답 p.204 / 해설 p.204

01

회독 □□□

「개인정보 보호법」에 대한 설명으로 옳지 않은 것은? (다툼이 있는 경우 판례에 의함)

① 개인정보 보호법상 정보주체는 개인정보처리자의 가명정보 처리에 동의할 권리를 갖는다.

② 개인정보처리자란 업무를 목적으로 개인정보파일을 운용하기 위하여 스스로 또는 다른 사람을 통하여 개인정보를 처리하는 공공기관, 법인, 단체 및 개인을 말한다.

③ 공공기관의 장이 개인정보파일을 운용하는 경우에는 개인정보파일의 명칭, 운용목적, 처리방법, 보유기간 등을 보호위원회에 등록하여야 한다.

④ 개인정보 분쟁조정위원회 위원장은 위원 중에서 공무원이 아닌 사람으로 개인정보 보호위원회의 위원장이 위촉한다.

02

회독 □□□

항고소송의 소송요건에 대한 설명으로 옳지 않은 것은? (다툼이 있는 경우 판례에 의함)

① 행정심판 전치주의가 적용되는 경우에 행정심판을 거치지 않고 소제기를 하였더라도 사실심 변론종결 전까지 행정심판을 거친 경우 하자는 치유된 것으로 볼 수 있다.

② 허가처분 신청에 대한 부작위를 다투는 부작위위법확인소송을 제기하여 제1심에서 승소판결을 받았는데 제2심 단계에서 피고 행정청이 허가처분을 한 경우, 제2심 수소법원은 각하판결을 하여야 한다.

③ 고시에 의한 행정처분의 상대방이 불특정 다수인인 경우, 그 행정처분에 이해관계를 갖는 자는 고시가 있었다는 사실을 현실적으로 알았는지 여부에 관계없이 고시가 효력을 발생하는 날부터 90일 이내에 취소소송을 제기하여야 한다.

④ 처분의 상대방이 아닌 제3자가 취소소송을 제기하는 경우에는 제소기간의 제한이 적용되지 않는다.

03

회독 □□□

행정쟁송에 있어 가구제에 대한 설명으로 옳지 않은 것은? (다툼이 있는 경우 판례에 의함)

① 취소소송에서는 「민사집행법」상의 가처분이 인정되지 않는다.

② 보조금 교부결정 취소처분에 대하여 법원이 효력정지 결정을 하면서, 주문에서 그 법원에 계속 중인 본안소송의 판결 선고시까지 처분의 효력을 정지한다고 선언하였을 경우, 본안소송의 판결 선고에 의하여 정지결정의 효력은 소멸하고 이와 동시에 당초의 보조금 교부결정 취소처분의 효력이 당연히 되살아난다.

③ 집행정지의 소극적 요건으로서 '공공복리에 중대한 영향을 미칠 우려'에 대한 주장·소명책임은 행정청에게 있다.

④ 유흥접객영업허가의 취소처분으로 5,000여만 원의 시설비를 회수하지 못하게 된다면 생계까지 위협받을 수 있다는 등의 사정은 집행정지를 인정하기 위한 '회복하기 어려운 손해'가 생길 우려가 있는 경우에 해당한다.

04

회독 □□□

행정법관계에 대한 설명으로 옳지 않은 것은? (다툼이 있는 경우 판례에 의함)

① 특별한 규정이 없는 경우, 「민법」의 법률행위에 관한 규정 중 의사표시의 효력발생시기, 대리행위의 효력, 조건과 기한의 효력 등의 규정은 행정행위에도 적용된다.

② 공법상 부당이득반환청구권에 관한 소멸시효에 대하여 특별한 규정이 없으면, 그 기간은 원칙적으로 10년이다.

③ 기간의 계산에 있어서 기간의 초일(初日)은 원칙적으로 산입하여 계산하지 않는다.

④ 일정한 연령에 도달함으로써 선거권을 취득하는 것은 공법상 사건에 해당한다.

05

회독 □□□

행정행위의 하자에 대한 설명으로 옳지 않은 것은? (다툼이 있는 경우 판례에 의함)

① 도지사의 인사교류안 작성과 그에 따른 인사교류의 권고가 전혀 이루어지지 않은 상태에서, 관할구역 내 A시의 시장이 인사교류로서 소속 지방공무원인 甲에게 B시 지방공무원으로 전출을 명한 처분은 당연무효이다.

② 위헌인 법률에 근거한 행정처분이 당연무효인지 여부는 위헌결정의 소급효와는 별개의 문제로서, 사후적으로 위헌결정된 법률에 근거한 행정처분이 이미 취소소송의 제기 기간을 경과하여 확정력이 발생하였다면 그러한 행정처분에는 위헌결정의 소급효가 미치지 않는다.

③ 행정청이 사전환경성검토협의를 거쳐야 할 대상사업에 관하여 법의 해석을 잘못한 나머지 세부용도지역이 지정되지 않은 개발사업 부지에 대하여 사전환경성검토협의를 할지 여부를 결정하는 절차를 생략한 채 승인 등의 처분을 하였다면, 그 행정처분은 당연무효이다.

④ 환경영향평가를 거쳤다면, 비록 그 환경영향평가의 내용이 다소 부실하다 하더라도, 그 부실의 정도가 환경영향평가제도를 둔 입법 취지를 달성할 수 없을 정도여서 환경영향평가를 하지 아니한 것과 다를 바 없는 정도의 것이 아닌 이상, 그 부실로 인하여 당연히 당해 승인 등 처분이 위법하게 되는 것은 아니다.

06

회독 □□□

행정소송의 판결의 효력에 대한 설명으로 옳지 않은 것은? (다툼이 있는 경우 판례에 의함)

① 국가배상청구소송에서의 위법성을 취소소송에서의 위법성보다 넓은 것으로 보게 되면, 취소소송의 인용판결의 기판력은 국가배상소송에 미치지만, 기각판결의 기판력은 국가배상소송에 미치지 않는다.

② 형사법원이 판결을 내리기 전에 영업허가취소처분이 행정쟁송절차에 의하여 취소되었다면, 그 영업허가취소처분이 있는 때로부터 그에 대한 취소가 확정되기 이전까지의 영업행위도 무허가행위가 아닌 것이 되므로, 형사법원은 그 영업허가취소처분 후의 영업행위에 대해 무죄를 선고하여야 한다.

③ 취소소송이 기각되어 처분의 적법성이 확정된 이후라면 처분청은 당해 처분이 위법함을 이유로 직권취소할 수 없다.

④ 취소소송에서 소송의 대상이 된 거부처분을 실체법상의 위법사유에 기하여 취소하는 판결이 확정된 경우에는 당해 거부처분을 한 행정청은 원칙적으로 신청을 인용하는 처분을 하여야 한다.

07

회독 □□□

법률행위적 행정행위에 대한 설명으로 옳지 않은 것은? (다툼이 있는 경우 판례에 의함)

① 개발촉진지구 안에서 시행되는 지역개발사업에 관한 지정권자의 실시계획승인처분은 시행자에게 구 「지역균형개발법」상 지구개발사업을 시행할 수 있는 지위를 부여하는 일종의 설권적 처분의 성격을 가진다.

② 「도로법」상 도로점용허가는 특정인에게 일정한 내용의 공물사용권을 설정하는 설권행위로서, 공물관리자가 신청인의 적격성, 사용목적 및 공익상의 영향 등을 참작하여 허가를 할 것인지의 여부를 결정하는 재량행위이다.

③ 사설법인묘지의 설치에 대한 행정청의 허가는, 일반적 금지를 해제하는 행위가 아니라 다른 법률행위를 보충하여 그 효력을 완성시키는 행위이므로, 강학상 인가에 해당한다.

④ 甲이 강학상 허가에 해당하는 「식품위생법」상 영업허가를 신청한 이후 관계법령이 개정되어 허가요건을 충족하지 못하게 된 경우, 행정청이 허가신청을 수리하고도 정당한 이유 없이 그 처리를 늦추어 그 사이에 허가기준이 변경된 것이 아닌 이상 甲에게는 불허가처분을 하여야 한다.

08

회독 □□□

「행정대집행법」상 행정대집행에 대한 설명으로 옳지 않은 것은? (다툼이 있는 경우 판례에 의함)

① 대체적 작위의무가 법률의 위임을 받은 조례에 의해 직접 부과된 경우에도 대집행의 대상이 된다.

② 부작위의무 위반행위에 대하여 법률에 부작위의무를 대체적 작위의무로 전환하는 규정이 있으면 부작위의무를 대체적 작위의무로 전환시켜 대집행 할 수 있다.

③ 위법한 건물의 공유자 1인에 대한 계고처분은 다른 공유자에 대하여는 그 효력이 없다.

④ 불법건축물에 대한 철거명령을 받은 자가 건물의 점유자이기도 한 경우에, 대체적 의무인 건물철거의무에 비대체적 의무인 퇴거의무가 포함되어 있다고는 할 수 없으므로, 별도로 퇴거를 명하는 집행권원이 없다면 철거대집행 과정에서 부수적으로 건물 점유자들에 대한 퇴거조치를 할 수는 없다.

09

회독 □□□

부관에 대한 설명으로 옳은 것은? (다툼이 있는 경우 판례에 의함)

① 토지소유자가 토지형질변경행위허가에 붙은 기부채납의 부관에 따라 토지를 기부채납(증여)한 경우, 기부채납의 부관이 당연무효이거나 취소되지 아니한 이상 토지소유자는 위 부관으로 인하여 증여계약의 중요부분에 착오가 있음을 이유로 증여계약을 취소할 수 없다.
② 행정처분에 부가한 부담이 제소기간의 도과로 불가쟁력이 생긴 경우에는 그 부담의 이행으로 한 사법상 법률행위의 효력을 다툴 수 없다.
③ 철회권이 유보된 경우일지라도 행정행위의 상대방은 당해 행정행위 철회시 신뢰보호의 원칙을 원용하여 손실보상을 청구할 수 있다.
④ 조건과 부담의 구분이 명확하지 않을 경우, 조건이 부담보다 상대방에게 유리하기 때문에 원칙적으로 조건으로 추정해야 한다.

10

회독 □□□

다음 중 옳지 않은 것은? (다툼이 있는 경우 판례에 의함)

① 국유 일반재산의 대부료 등의 징수에 관하여 「국세징수법」 규정을 준용한 간이하고 경제적인 특별구제절차가 마련되어 있으므로, 특별한 사정이 없는 한 민사소송의 방법으로 대부료 등의 지급을 구하는 것은 허용되지 아니한다.
② 무효인 파면처분에 대하여 제기하는 공무원지위확인소송은 현재의 행정소송법제하에서 허용된다.
③ 공무원연금관리공단이 퇴직연금의 수급자에 대하여 공무원연금법령의 개정으로 퇴직연금 중 일부금액의 지급정지대상자가 되었음을 통보하는 행위는 항고소송의 대상인 처분에 해당한다.
④ 행정청이 공무원에게 국가공무원법령상 연가보상비를 지급하지 아니한 행위는 항고소송의 대상이 되는 처분이라고 볼 수 없다.

11

회독 □□□

통치행위에 대한 설명으로 옳은 것(○)과 옳지 않은 것(×)이 바르게 조합된 것은? (다툼이 있는 경우 판례에 의함)

> ㉠ 일반사병 이라크파병에 대한 헌법소원사건에서 외국에의 국군의 파견결정은 국제사회에서의 우리나라의 지위와 역할, 동맹국과의 관계 등 궁극적으로 국민 내지 국익에 영향을 미치는 복잡하고도 중요한 문제로서 고도의 정치적 결단이 요구되는 사안이라고 보았다.
> ㉡ 국회의원의 자격심사나 징계처분 또는 제명처분에 대해서는 사법심사가 불가능하다는 명문의 헌법규정이 존재한다.
> ㉢ 대통령의 특별사면은 통치행위에 해당한다.
> ㉣ 대통령이 한미연합 군사훈련의 일종인 2007년 전시증원연습을 하기로 한 결정은, 국방에 관련되는 고도의 정치적 결단에 해당하여 사법심사를 자제하여야 하는 통치행위에 해당한다.

① ㉠(○), ㉡(○), ㉢(○), ㉣(×)
② ㉠(○), ㉡(×), ㉢(×), ㉣(○)
③ ㉠(×), ㉡(○), ㉢(○), ㉣(○)
④ ㉠(×), ㉡(×), ㉢(×), ㉣(×)

12

회독 □□□

행정입법에 대한 설명으로 옳은 것만을 모두 고르면? (다툼이 있는 경우 판례에 의함)

㉠ 제재적 행정처분의 가중사유나 전제요건에 관한 규정이 법령이 아닌 행정규칙의 형식으로 되어 있다면 관할 행정청이나 담당공무원은 이를 준수할 의무를 부담하지 않고, 이를 어겨도 징계의 대상이 되지 않는다. ㉡ 한국표준산업분류는 우리나라의 산업구조를 가장 잘 반영하고 있고, 업종의 분류에 관하여 가장 공신력 있는 자료로 평가받고 있는 점 등을 고려하면, 업종의 분류에 관하여 판단자료와 전문성의 한계가 있는 대통령이나 행정각부의 장에게 위임하기보다는 통계청장이 고시하는 한국표준산업분류에 위임할 필요성이 인정된다. ㉢ 의료기관의 명칭표시판에 진료과목을 함께 표시하는 경우 진료과목의 글자크기를 제한하고 있는 구 「의료법 시행규칙」 제31조는 그 자체로서 국민의 구체적인 권리·의무나 법률관계에 직접적인 변동을 초래하므로 항고소송의 대상이 되는 행정처분이다. ㉣ 다른 집행행위의 매개 없이 그 자체로서 요양기관, 국민건강보험공단, 국민건강보험 가입자 등의 법률관계를 직접 규율하고 있는 보건복지부 고시인 '약제급여·비급여목록 및 급여상한금액표'에는 처분성이 인정된다.

① ㉠, ㉡　　② ㉠, ㉢, ㉣
③ ㉡, ㉢　　④ ㉡, ㉣

13

회독 □□□

행정상 실효성 확보수단에 대한 설명으로 옳지 않은 것은? (다툼이 있는 경우 판례에 의함)

① 「국세징수법」은 고액체납자의 명단공개제도에 대하여 규정하고 있다.
② 관할 지방병무청장이 병역의무 기피를 이유로 그 인적사항 등을 공개할 대상자를 1차로 결정하였으나, 그에 이어 병무청장이 같은 내용으로 최종적 공개결정을 하였다면, 관할 지방병무청장의 공개 대상자 결정을 별도로 다툴 소의 이익은 없어진다.
③ 법인 대표자의 법규위반행위에 대한 법인의 책임은 법인 자신의 법규위반행위에 대한 책임이 아니라 대표자의 책임을 대신하는 것이다.
④ 행정청은 시정명령으로 과거의 위반행위에 대한 중지는 물론, 가까운 장래에 반복될 우려가 있는 동일한 유형의 행위의 반복금지까지 명할 수 있다.

14

회독 □□□

「행정절차법」상 행정절차에 대한 설명으로 옳은 것은? (다툼이 있는 경우 판례에 의함)

① 처분을 신청할 때 전자문서로 하는 경우에는 신청인의 컴퓨터 등에 입력된 때에 신청한 것으로 본다.
② 신청에 대한 거부처분을 하는 경우는 「행정절차법」상 이유제시를 하지 않아도 된다.
③ 행정청이 신청 내용을 모두 그대로 인정하는 처분을 하는 경우에는 당사자에게 그 근거와 이유를 제시하지 않아도 되지만, 이때 처분 후에 당사자의 요청이 있는 경우에는 그 근거와 이유를 반드시 제시하여야 한다.
④ 청문주재자는 당사자등의 전부 또는 일부가 정당한 사유로 청문기일에 출석하지 못하거나 의견서를 제출하지 못한 경우에는 10일 이상의 기간을 정하여 이들에게 의견진술 및 증거제출을 요구하여야 하며, 해당 기간이 지났을 때에 청문을 마칠 수 있다.

15

회독 □□□

국가배상책임에 대한 설명으로 옳은 것은? (다툼이 있는 경우 판례에 의함)

① 공무원의 가해행위에 대해 형사상 무죄판결이 있었다면 그 가해행위를 이유로 국가배상책임이 인정될 수 없다.
② 인감증명사무를 처리하는 공무원은 인감증명이 타인과의 권리·의무에 관계되는 일에 사용되는 것을 예상하여 그 발급된 인감증명으로 인한 부정행위의 발생을 방지할 직무상의 의무가 있다.
③ 구청 세무과 소속 공무원 甲이 乙에게 무허가 건물 세입자들에 대한 시영아파트 입주권 매매행위를 한 경우 이는 외형상 직무범위 내의 행위라고 보아야 한다.
④ 공무원의 불법행위책임을 국가 자신의 책임으로 보는 입장에서는 일반적으로 공무원의 피해자에 대한 책임을 부인한다.

16

회독 □□□

행정계획에 대한 설명으로 옳지 않은 것은? (다툼이 있는 경우 판례에 의함)

① 구 「토지구획정리사업법」상 환지계획은, 환지예정지 지정이나 환지처분의 근거가 될 뿐 고유한 법률효과를 수반하는 것이 아니어서, 항고소송의 대상이 되는 행정처분에 해당하지 않는다.
② 행정청이 폐기물처리업 사업계획에 대하여 적정통보를 한 것만으로 그 사업부지 토지에 대한 국토이용계획변경신청을 승인하여 주겠다는 취지의 공적인 견해표명을 한 것으로 볼 수 있다.
③ 도시기본계획이 위법하다 하더라도 그에 대하여 제기되는 취소소송은 법원에 의하여 허용되지 않는다.
④ 구 「국토이용관리법」상 국토이용계획은, 그 계획이 일단 확정된 후에는 어떤 사정의 변동이 있다고 하여 지역주민이나 일반이해관계인에게 일일이 그 계획의 변경 또는 폐지를 신청할 권리를 인정하여 줄 수 없는 것이 원칙이다.

17

회독 □□□

행정소송과 행정심판에 대한 설명으로 옳은 것은? (다툼이 있는 경우 판례에 의함)

① 개별 법률에 이의신청제도를 두면서 행정심판에 대한 명시적인 규정을 두고 있지 않은 경우, 특별한 사정이 없는 한 이의신청과 별도로 행정심판을 제기할 수 없는 것으로 본다.
② 피청구인이나 피고를 잘못 지정한 경우에, 「행정심판법」상 피청구인의 경정은 청구인의 신청에 의해서만 가능하나, 「행정소송법」상 피고의 경정은 직권에 의해서도 가능하다.
③ 행정소송의 제기요건은 법원의 직권조사사항이지만, 행정소송에 있어서 처분청의 처분권한 유무는 직권조사사항이 아니다.
④ 현행법상 허가 신청에 대한 거부처분에 불복할 때에는 의무이행심판보다는 취소심판으로 하는 것이 권리구제에 더 효과적이다.

18

회독 □□□

「공공기관의 정보공개에 관한 법률」상 정보공개에 대한 설명으로 옳은 것만을 모두 고르면? (다툼이 있는 경우 판례에 의함)

> ㉠ 알권리에서 파생되는 정보공개의무는 특별한 사정이 없는 한 특정의 정보에 대한 공개청구가 있는 경우에야 비로소 존재한다.
> ㉡ 정보공개 청구 후 20일이 경과하도록 정보공개 결정이 없는 때에는 정보공개 청구 후 20일이 경과한 날부터 7일 이내에 해당 공공기관에 문서로 이의신청을 할 수 있다.
> ㉢ 학교환경위생구역 내 금지행위(숙박시설) 해제결정에 관한 학교환경위생정화위원회의 회의록에 기재된 발언내용에 대한 해당 발언자의 인적사항 부분에 관한 정보는 「공공기관의 정보공개에 관한 법률」상 비공개대상에 해당한다.
> ㉣ 정보공개청구를 거부하는 처분이 있은 후 대상정보가 폐기되었다든가 하여 공공기관이 그 정보를 보유·관리하지 아니하게 된 경우에는, 특별한 사정이 없는 한 정보공개를 구하는 자에게 정보공개거부처분의 취소를 구할 법률상의 이익이 없게 된다.

① ㉠, ㉡, ㉣　　② ㉠, ㉢, ㉣
③ ㉡, ㉣　　④ ㉢

19

회독 □□□

甲은 「식품위생법」 제37조제1항에 따라 허가를 받아 식품조사처리업 영업을 하고 있던 중 乙과 영업양도계약을 체결하였다. 당해 계약은 하자 있는 계약이었음에도 불구하고, 乙은 같은 법 제39조에 따라 식품의약품안전처장에게 영업자지위승계신고를 하였다. 이 사례에 대한 설명으로 옳은 것만을 모두 고르면? (다툼이 있는 경우 판례에 의함)

> ㉠ 식품의약품안전처장이 乙의 신고를 수리하는 경우에 甲과 乙의 영업양도계약이 무효라면 위 신고수리처분도 무효이다.
> ㉡ 식품의약품안전처장이 乙의 신고를 수리하기 전에 甲의 영업허가처분이 취소된 경우, 乙은 甲에 대한 영업허가처분의 취소를 구하는 소송을 제기할 법률상 이익이 있다.
> ㉢ 甲은 민사쟁송으로 양도·양수행위의 무효를 구함이 없이 막바로 식품의약품안전처장을 상대로 한 행정소송으로 위 신고수리처분의 무효확인을 구할 법률상 이익이 없다.

① ㉠, ㉡　　② ㉠, ㉢
③ ㉡, ㉢　　④ ㉠, ㉡, ㉢

20

회독 □□□

준법률행위적 행정행위에 대한 설명으로 옳지 않은 것은? (다툼이 있는 경우 판례에 의함)

① 구 「농지법」상 농지처분의무의 통지는 그 통지를 전제로 농지처분명령 및 이행강제금 부과 등의 일련의 절차가 진행되게 한다는 점에서 독립한 행정처분이다.

② 친일반민족행위자 재산조사위원회의 친일재산 국가귀속결정과, 「공익사업을 위한 토지 등의 취득 및 보상에 관한 법률」상 사업인정은, 모두 강학상 확인에 해당한다.

③ 「국가공무원법」상 당연퇴직의 인사발령은 법률상 당연히 발생하는 퇴직사유를 공적으로 확인하여 알려주는 관념의 통지에 불과하여 새로운 형성적 행위가 아니므로 행정처분이 아니다.

④ 건축허가관청은 특단의 사정이 없는 한 건축허가 내용대로 완공된 건축물의 준공을 거부할 수 없다.

11회 행정법총론 동형모의고사

빠른 정답 p.216 / 해설 p.216

01

회독 □□□

행정법의 시간적 효력에 대한 설명으로 옳지 않은 것은? (다툼이 있는 경우 판례에 의함)

① 건설업면허수첩을 대여한 것이 그 당시 시행된 「건설업법」 소정의 건설업면허 취소사유에 해당된다 하더라도, 그 후 동법 시행령이 개정되어 건설업면허 취소사유에 해당하지 아니하게 되었다면, 건설부장관은 동 면허수첩 대여행위 당시 시행된 「건설업법」을 적용할 것이 아니라 개정된 법령을 적용하여야 하므로, 이를 고려하지 않은 채 건설업면허를 취소하였다면 위법하다.

② 「국민연금법」상 장애연금지급을 위한 장애등급결정을 하는 경우에는, 장애연금지급을 결정할 당시의 법령이 아니라, 장애연금지급청구권을 취득할 당시, 즉 치료종결 후 신체 등에 장애가 있게 된 당시의 법령에 따르는 것이 원칙이다.

③ 소급적용금지의 원칙 혹은 법령불소급의 원칙은, 새 법령의 효력발생 전에 완성된 요건 사실에 대하여 당해 법령을 적용할 수 없다는 의미일 뿐, 새 법령의 효력발생 시점 당시에도 계속 중인 사실이나 그 이후에 발생한 사실에 대한 법령적용까지 제한하는 것은 아니다.

④ 대통령령, 총리령 및 부령은 특별한 규정이 없으면 공포한 날부터 20일이 경과함으로써 효력을 발생한다.

02

회독 □□□

신뢰보호의 원칙에 대한 설명으로 옳지 않은 것은? (다툼이 있는 경우 판례에 의함)

① 신뢰보호의 원칙은 단순히 판례에 의해서만 인정되고 있는 것이 아니라 실정법상의 근거도 가지고 있다.

② 선행조치는 반드시 관세관청이 납세자에 대하여 비과세를 시사하는 명시적 언동이 있어야만 하는 것은 아니고, 묵시적인 언동 다시 말하면 비과세의 사실상태가 장기간에 걸쳐 계속되는 경우에 그것이 그 사항에 대하여 과세의 대상으로 삼지 아니하는 뜻의 과세관청의 묵시적인 의향표시로 볼 수 있는 경우에도 이를 인정할 수 있다.

③ 보건사회부(현 보건복지부)장관이 중앙일간지에 "의료취약지 병원설립운용자에게 5년간 지방세 중 재산세를 면제한다"는 취지의 공고를 하였고, 이에 甲은 의료취약지인 강원도 B군(郡)에서 병원을 설립·운용하였으나, B군수가 「지방세법」 규정에 근거하여 甲에 대해 군세(郡稅)인 재산세를 부과한 사안에서, 판례는 보건사회부장관에게는 권한 분장관계상 재산세를 부과할 권한이 없으므로 보건복지부장관의 공고는 신뢰보호원칙의 요건인 행정청의 공적견해 표명에 해당하지 않는다고 하였다.

④ 甲은 시장에게 토석채취허가 여부에 대한 문의를 하였고, 평소 개발에 대한 소신을 가지고 있던 시장이 '법적인 장애만 없으면 허가를 해주겠다'는 답변을 하자, 甲은 토지를 매입하고 설계에 착수하고 건설회사와 토석채취 및 운반계약을 체결하는 등 준비행위를 마치고 토석채취허가신청을 하였으나, 신임시장이 토석채취 작업을 할 경우 주변의 환경·풍치·미관 등이 크게 손상될 우려가 있다는 이유로 이를 불허가하는 처분을 하였다 하더라도 당해 처분은 신뢰보호원칙에 반하여 위법하다고 할 수 없다.

03

회독 □□□

다음 중 옳지 않은 것은? (다툼이 있는 경우 판례에 의함)

① 마을버스 운수업자가 유류사용량을 실제보다 부풀려 유가보조금을 과다 지급받은 데 대하여 관할 행정청이 부정수급기간 동안 지급된 유가보조금 전액을 회수하는 내용의 처분을 한 것은, '거짓이나 부정한 방법으로 지급받은 보조금'에 대하여 반환할 것을 명하는 것일 뿐만 아니라 '정상적으로 지급받은 보조금'까지 반환하도록 명할 수 있는 것이어서 위법하다.

② 도로점용허가에 특별사용의 필요가 없는 부분을 점용장소 및 점용면적으로 포함한 흠이 있고 그로 인하여 점용료 부과처분에도 흠이 있게 된 경우, 그와 같은 도로점용료를 감액하는 것은 하자의 치유에 해당하므로, 이미 그에 대한 취소소송이 제기된 이후라면 도로관리청은 도로점용료를 감액하는 처분을 할 수 없다.

③ 한 사람이 여러 종류의 자동차 운전면허를 취득하는 경우뿐 아니라 이를 취소 또는 정지함에 있어서도 서로 별개의 것으로 취급하는 것이 원칙이다.

④ 행정청은 종전 처분과 양립할 수 없는 처분을 함으로써 묵시적으로 종전 처분을 취소할 수도 있다.

04

회독 □□□

하자의 승계에 대한 설명으로 옳은 것(○)과 옳지 않은 것(×)이 바르게 조합된 것은? (다툼이 있는 경우 판례에 의함)

> ㉠ 하자의 승계가 인정되기 위해서는 선행행위와 후행행위에 모두 불가쟁력이 발생한 경우이어야 한다.
> ㉡ 조세부과처분에 존재하는 취소사유인 하자는 후행 강제징수절차인 독촉·압류·매각·청산 절차에 승계된다.
> ㉢ 개별공시지가결정과 양도소득세부과처분은 서로 결합하여 하나의 법률효과를 완성하는 경우에 해당한다는 이유로 인해 하자승계가 인정된다.
> ㉣ 행정행위의 하자승계론에서 구속력설(규준력설)의 입장에 따르면, 선행행위의 구속력의 법적 결과를 예측할 수 없거나 수인이 불가능한 경우에 선행행위의 구속력은 차단된다.

① ㉠(○), ㉡(○), ㉢(○), ㉣(×)
② ㉠(○), ㉡(×), ㉢(×), ㉣(○)
③ ㉠(×), ㉡(○), ㉢(○), ㉣(×)
④ ㉠(×), ㉡(×), ㉢(×), ㉣(○)

05

회독 □□□

국가배상에 대한 설명으로 옳은 것? (다툼이 있는 경우 판례에 의함)

① 국가배상청구권은 피해자나 그 법정대리인이 그 손해 및 가해자를 안 날로부터 3년 또는 불법행위가 종료한 날로부터 10년간 이를 행사하지 아니하면 시효로 인하여 소멸한다.

② 피해자에게 손해를 직접 배상한 경과실이 있는 공무원은 특별한 사정이 없는 한, 국가의 피해자에 대한 손해배상책임의 범위 내에서 자신이 변제한 금액에 관하여 국가에 대한 구상권을 취득하지 못한다.

③ 「국가배상법」상의 배상기준(제3조)은 배상심의회가 배상액을 결정함에 있어 단순히 하나의 기준이 되는 일응의 표준을 제시한 것에 불과하다고는 할 수 없고, 배상액의 상한을 정한 제한규정에 해당하므로, 법원은 「국가배상법」에 의한 손해배상액을 산정함에 있어서 그 기준에 구속된다고 본다.

④ 개별공시지가 산정업무 담당공무원 등이 그 직무상 의무에 위반하여 현저하게 불합리한 개별공시지가가 결정되도록 함으로써 甲의 재산권을 침해한 경우 상당인과관계가 인정되는 범위에서 그 손해에 대하여 그 담당공무원 등이 속한 지방자치단체가 배상책임을 지게 된다.

06

회독 □□□

공법상 계약에 대한 설명으로 옳은 것은? (다툼이 있는 경우 판례에 의함)

① 「공공기관의 운영에 관한 법률」의 적용 대상인 공기업이 일방 당사자가 되는 계약은 기본적으로 공법상의 계약에 해당하므로, 사적 자치와 계약자유의 원칙을 비롯한 사법의 원리가 적용되지 않는다.

② 한국환경산업기술원장이 甲주식회사와 연구개발사업협약을 체결한 후에, 수행과제에 대한 연차평가결과(절대평가 60점 미만)를 근거로 연구개발 중단 조치 및 연구비 집행중지 조치를 한 사안에서, 연구개발 중단 조치 및 연구비 집행중지 조치는 항고소송의 대상이 되는 행정처분에 해당한다.

③ 「산업집적활성화 및 공장설립에 관한 법률」에 따른 산업단지 입주계약의 해지통보는 행정청인 관리권한자로부터 관리업무를 위탁받은 한국산업단지공단이 공법상 계약관계의 일방 당사자로서 대등한 지위에서 행하는 의사표시에 해당한다.

④ 지방계약직공무원의 보수삭감행위는 대등한 당사자 간의 계약관계와 관련된 것으로서 처분성이 인정되지 않으므로, 「지방공무원법」, 「지방공무원 징계 및 소청규정」상의 징계절차를 거치지 않고서도 보수를 삭감할 수 있다.

07

회독 □ □ □

「행정절차법」상 행정절차에 대한 설명으로 옳지 않은 것은? (다툼이 있는 경우 판례에 의함)

① 당사자등은 배우자 및 형제자매를 대리인으로 선임할 수 있으며, 당사자등이 법인등인 경우에는 그 임원 또는 직원을 대리인으로 선임할 수도 있다.

② 행정청에 처분을 구하는 신청은 문서로 함이 원칙이며, 행정청은 신청에 필요한 구비서류, 접수기관, 처리기간, 그 밖에 필요한 사항을 게시하거나 이에 대한 편람을 갖추어 두고 누구나 열람할 수 있도록 하여야 한다.

③ 외국인의 사증발급 신청에 대하여 거부처분을 하는 경우, 사전에 통지하여 의견제출기회를 주어야 한다.

④ 다수의 당사자등이 공동으로 행정절차에 관한 행위를 할 때에는 대표자를 선정할 수 있다. 다수의 대표자가 있는 경우 그중 1인에 대한 행정청의 행위는 모든 당사자등에게 효력이 있지만, 행정청의 통지는 대표자 모두에게 하여야 그 효력이 있다.

08

회독 □ □ □

항고소송의 소송요건에 대한 설명으로 옳지 않은 것은? (다툼이 있는 경우 판례에 의함)

① 납세자의 이의신청에 의한 재조사결정에 따른 행정소송의 제소기간은 이의신청인 등이 후속 처분의 통지를 받은 날부터 기산된다.

② 취소소송의 행정심판전치에 관한 규정은, 부작위위법확인소송에는 준용되지만 당사자소송에는 준용되지 않는다.

③ 법률에 당해 처분에 대한 행정심판의 재결을 거치지 아니하면 취소소송을 제기할 수 없다는 규정이 있는 경우에도, 행정청이 사실심의 변론종결 후 소송의 대상인 처분을 변경하여 당해 변경된 처분에 관하여 소를 제기하는 때에는 「행정소송법」 제18조 제3항에서 규정하고 있는 '행정심판을 거칠 필요가 없는 경우'에 해당하므로 행정심판을 제기함이 없이 취소소송을 제기할 수 있다.

④ 하천구역의 무단 점용을 이유로 부당이득금 부과처분과 그 부당이득금 미납으로 인한 가산금 징수처분을 받은 사람이 가산금 징수처분에 대하여 행정청이 안내한 전심절차를 밟지 않았다면, 부당이득금 부과처분에 대하여 전심절차를 거쳤다 하더라도, 가산금 징수처분에 대하여 별도의 행정심판을 거치지 않고 부당이득금 부과처분과 함께 행정소송으로 다툴 수는 없다.

09

회독 □ □ □

A시 시장은 식품접객업주 甲에게 청소년고용금지업소에 청소년을 고용하였다는 사유로 식품위생법령에 근거하여 영업정지 2개월 처분에 갈음하는 과징금부과처분을 하였고, 甲은 부과된 과징금을 납부하였다. 그러나 甲은 이후 과징금 부과처분에 하자가 있음을 알게 되었다. 이에 대한 다음 설명 중 옳은 것은? (다툼이 있는 경우 판례에 의함)

① 甲은 납부한 과징금을 돌려받기 위해 관할 행정법원에 과징금반환을 구하는 당사자소송을 제기할 수 있다.

② A시 시장이 과징금부과처분을 함에 있어 과징금부과통지서의 일부 기재가 누락되어 이를 이유로 甲이 관할 행정법원에 과징금부과처분의 취소를 구하는 소를 제기한 경우, A시 시장은 취소소송 절차가 종결되기 전까지 보정된 과징금부과처분 통지서를 송달하면 일부 기재 누락의 하자는 치유된다.

③ 「식품위생법」이 청소년을 고용한 행위에 대하여 영업허가를 취소하거나 6개월 이내의 기간을 정하여 그 영업의 전부 또는 일부를 정지하거나 영업소 폐쇄를 명할 수 있다고 하면서 행정처분의 세부기준은 총리령으로 위임한다고 정하고 있는 경우에, 총리령에서 정하고 있는 행정처분의 기준은 재판규범이 되지 못한다.

④ 甲이 자신은 청소년을 고용한 적이 없다고 주장하면서 제기한 과징금부과처분의 취소소송 계속 중에 A시 시장은 甲이 유통기한이 경과한 식품을 판매한 사실을 처분사유로 추가 변경할 수 있다.

10

회독 □□□

「공익사업을 위한 토지 등의 취득 및 보상에 관한 법률」상 손실보상에 대한 설명으로 옳지 않은 것은? (다툼이 있는 경우 판례에 의함)

① 잔여지에 현실적 이용상황 변경 또는 사용가치 및 교환가치의 하락 등이 발생하였더라도 그 손실이 토지가 공익사업에 취득·사용됨으로써 발생한 것이 아닌 경우에는 손실보상의 대상이 되지 않는다.

② 동일한 토지소유자에 속하는 일단의 토지의 일부가 취득됨으로써 잔여지의 가격이 감소한 때에는 잔여지를 종래의 목적으로 사용하는 것이 가능한 경우라도 그 잔여지는 손실보상의 대상이 된다.

③ 공공사업의 시행으로 사업시행지 밖에서 발생한 간접손실은, 손실발생을 쉽게 예견할 수 있고 손실 범위도 구체적으로 특정할 수 있다면, 사업시행자와 협의가 이루어지지 않고 그 보상에 관한 명문의 근거법령이 없는 경우에도 보상의 대상이 된다.

④ 잔여지수용청구를 받아들이지 않은 토지수용위원회의 재결에 대해 토지소유자가 불복하여 제기하는 소송은 항고소송에 해당하여 재결을 한 토지수용위원회를 피고로 하여야 한다.

11

회독 □□□

행정조사에 대한 설명으로 옳은 것(○)과 옳지 않은 것(×)이 바르게 조합된 것은? (다툼이 있는 경우 판례에 의함)

> ㉠ 「행정조사기본법」에 따르면, 행정조사를 실시하고자 하는 행정기관의 장은 조사 개시 7일 전까지 조사대상자에게 출석요구서, 보고요구서·자료제출요구서, 현장출입조사서를 서면으로 통지하여야 한다.
> ㉡ 「행정조사기본법」상의 조사의 주기, 조사대상의 선정에 관한 규정은 권력적 행정조사뿐만 아니라, 비권력적 행정조사에도 적용된다.
> ㉢ 행정기관의 장은 법령 등에 특별한 규정이 있는 경우를 제외하고는 행정조사의 결과를 확정한 날부터 10일 이내에 그 결과를 조사대상자에게 통지하여야 한다.
> ㉣ 조사대상자는 조사대상 선정기준에 대한 열람을 행정기관의 장에게 신청할 수 있는데, 행정기관의 장이 열람신청을 받은 때에는 행정기관이 당해 행정조사업무를 수행할 수 없을 정도로 조사활동에 지장을 초래하는 경우나 내부고발자 등 제3자에 대한 보호가 필요한 경우 외에는 신청인이 조사대상 선정기준을 열람할 수 있도록 하여야 한다.

① ㉠(○), ㉡(○), ㉢(×), ㉣(○)
② ㉠(○), ㉡(×), ㉢(○), ㉣(×)
③ ㉠(○), ㉡(×), ㉢(×), ㉣(×)
④ ㉠(×), ㉡(○), ㉢(○), ㉣(○)

12

회독 □□□

원고적격 및 협의의 소익에 대한 설명으로 옳은 것은? (다툼이 있는 경우 판례에 의함)

① 숙박업구조변경 허가처분을 받은 건물의 인근에서 여관을 경영하는 자들은 그 처분의 무효확인 또는 취소를 구할 소익이 있다.

② 甲이 몰디브 직항 항공노선에 관하여 이미 노선면허를 가지고 있었는데, 乙이 국토교통부장관에게 몰디브 직항 항공노선면허를 신청하였고 이에 대해 국토교통부장관이 乙에게도 신규로 노선면허를 발급한 경우, 乙에 대한 노선면허발급처분으로 인하여 경업 관계에 있는 甲의 영업상 이익이 감소되었다고 하더라도 이러한 이익은 반사적 이익에 불과하므로 甲은 乙에 대한 노선면허발급처분에 대해 취소소송을 제기할 원고적격이 없다.

③ 법인세 과세표준과 관련하여 과세관청이 법인의 소득처분 상대방에 대한 소득처분을 경정하면서 증액과 감액을 동시에 한 결과 전체로서 소득처분금액이 감소된 경우, 법인이 소득금액변동통지의 취소를 구할 소의 이익이 없다.

④ 미얀마 국적의 甲이 위명(僞名)인 乙 명의의 여권으로 대한민국에 입국한 뒤 乙 명의로 난민 신청을 하였으나, 법무부장관이 乙 명의를 사용한 甲을 직접 면담하여 조사한 후 甲에 대하여 난민불인정 처분을 한 경우, 甲에게는 처분의 취소를 구할 법률상 이익이 없다.

13

회독 □□□

「공공기관의 정보공개에 관한 법률」상 정보공개에 대한 설명으로 옳지 않은 것은? (다툼이 있는 경우 판례에 의함)

① 법원이 행정기관의 정보공개거부처분의 위법 여부를 심리한 결과 공개를 거부한 정보에 비공개대상정보에 해당하는 부분과 그렇지 아니한 부분이 혼합되어 있고, 공개청구의 취지에 어긋나지 않는 범위 안에서 두 부분을 분리할 수 있음을 인정할 수 있을 때에는, 위 정보 중 공개가 가능한 부분을 특정하고 판결의 주문에 행정청의 위 거부처분 중 공개가 가능한 정보에 관한 부분만을 취소한다고 표시하여야 한다.

② 대검찰청 과학수사담당 심리분석실의 '심리생리검사에서 질문한 질문내용문서'는 「공공기관의 정보공개에 관한 법률」상 비공개대상정보에 해당하지 않는다.

③ 정보의 공개를 청구하는 자는 해당 정보를 보유하거나 관리하고 있는 공공기관에 정보공개 청구서를 제출하거나 말로써 정보의 공개를 청구할 수 있다.

④ 공무원이 직무와 관련 없이 개인적인 자격으로 간담회, 연찬회 등 행사에 참석하고 금품을 수령한 정보는 「공공기관의 정보공개에 관한 법률」상 비공개대상정보에 해당한다.

14

회독 □□□

과태료에 대한 설명으로 옳은 것은? (다툼이 있는 경우 판례에 의함)

① 행정질서벌인 과태료에 관해서는 특별한 규정이 있는 경우를 제외하고는 형법총칙이 적용된다.
② 「질서위반행위규제법」상 개인의 대리인이 업무에 관하여 그 개인에게 부과된 법률상의 의무를 위반한 때에는 행위자인 대리인에게 과태료를 부과한다.
③ 「질서위반행위규제법」상 '질서위반행위'란 법률상의 의무를 위반하여 과태료를 부과하는 행위를 말하고, 이에는 조례상의 의무를 위반하여 과태료를 부과하는 행위가 포함될 뿐만 아니라, 대통령령으로 정하는 법률에 따른 징계사유에 해당하여 과태료를 부과하는 행위도 포함된다.
④ 과태료재판은 검사의 명령으로써 집행하며, 이 경우 그 명령은 집행력 있는 집행권원과 동일한 효력이 있다.

15

회독 □□□

「행정심판법」상 행정심판에 대한 설명으로 옳지 않은 것은? (다툼이 있는 경우 판례에 의함)

① 피청구인을 경정하는 결정이 있으면 종전의 피청구인에 대한 심판청구는 취하되고 종전의 피청구인에 대한 행정심판이 청구된 때에 새로운 피청구인에 대한 행정심판이 청구된 것으로 본다.
② 행정심판위원회는 심판청구의 대상이 되는 처분 외의 다른 처분 또는 부작위에 대하여도 재결할 수 있다.
③ 「공익사업을 위한 토지 등의 취득 및 보상에 관한 법률」상 토지수용위원회의 수용재결에 대한 이의절차는 실질적으로 행정심판의 성질을 갖는 것이므로 동법에 특별한 규정이 있는 것을 제외하고는 「행정심판법」의 규정이 적용된다.
④ 당사자의 신청에 대한 행정청의 부당한 거부처분에 대하여 일정한 처분을 하도록 하는 행정심판의 청구는 현행법상 허용된다.

16

회독 □□□

행정입법에 대한 설명으로 옳은 것(○)과 옳지 않은 것(×)을 바르게 조합한 것은? (다툼이 있는 경우 판례에 의함)

> ㉠ 사후 법률개정으로 법규명령의 근거가 부여된 경우라 하더라도, 그 법규명령이 개정된 법률에 규정된 내용을 함부로 유추·확장하는 내용의 해석규정인 경우에는, 위임의 한계를 벗어난 것으로서 그 법규명령은 유효한 것으로 되지 못하고 계속해서 무효이다.
> ㉡ 현행법은 국회의 행정규칙에 관한 심사라는 직접적 통제수단을 가지고 있다.
> ㉢ 소득금액조정합계표 작성요령과 같이 행정적 편의를 도모하기 위한 절차적 규정의 경우 이는 단순히 행정규칙의 성질을 가지는 데 불과하여 과세관청이나 일반국민을 기속하는 것이 아니다.
> ㉣ 「도로교통법 시행규칙」이 정한 운전면허행정처분기준은 행정청 내부의 사무처리준칙을 규정한 것에 지나지 아니하여, 대외적으로 국민이나 법원을 기속하는 효력이 없으므로, 자동차운전면허취소처분의 적법 여부는 그 운전면허행정처분기준만에 의하여 판단할 것이 아니라 「도로교통법」의 규정 내용과 취지에 따라 판단되어야 한다.

① ㉠(○), ㉡(○), ㉢(×), ㉣(○)
② ㉠(○), ㉡(×), ㉢(○), ㉣(○)
③ ㉠(×), ㉡(○), ㉢(×), ㉣(×)
④ ㉠(×), ㉡(×), ㉢(○), ㉣(×)

17

회독 □□□

행정소송에 있어 처분사유의 추가·변경에 대한 설명으로 옳지 않은 것은? (다툼이 있는 경우 판례에 의함)

① 당초 행정처분의 근거로 제시한 이유가 실질적인 내용이 없는 경우에, 그와 기본적 사실관계가 동일한지 여부를 판단할 대상조차 없다 하더라도, 행정소송의 단계에서 다른 처분사유를 추가하거나 다른 처분사유로 변경할 수 있다.

② 처분사유의 추가·변경이 재량행위에 대해서도 허용되는지에 관하여 논쟁이 있는데, 판례는 기속행위와 재량행위 모두에 있어서 처분사유의 추가·변경이 가능하다는 입장이다.

③ 추가 또는 변경된 사유가 처분 당시에 그 사유를 명기하지 않았을 뿐 이미 존재하고 있었고 당사자도 그 사실을 알고 있었다고 하여 당초 처분사유와 동일성이 있는 것이라고 할 수는 없다.

④ 외국인 甲이 법무부장관에게 귀화신청을 하였으나 법무부장관이 '품행 미단정'을 불허사유로 「국적법」상의 요건을 갖추지 못하였다며 신청을 받아들이지 않는 처분을 하였는데, 법무부장관이 甲을 '품행 미단정'이라고 판단한 이유에 대하여 제1심 변론절차에서 「자동차 관리법」 위반죄로 기소유예를 받은 전력 등을 고려하였다고 주장한 후, 제2심 변론절차에서 불법 체류전력 등의 제반사정을 추가로 주장할 수 있다.

18

회독 □□□

불확정개념과 판단여지 및 기속행위와 재량행위에 대한 설명으로 옳은 것은? (다툼이 있는 경우 판례에 의함)

① 판단여지와 재량을 구별하는 입장에서는 재량행위와 기속행위의 구분은 법규의 규정양식에 따라 개별적으로 판단되는 것이라고 본다.

② 판단여지를 긍정하는 학설은 판단여지는 법률효과 선택의 문제이고 재량은 법률요건에 대한 인식의 문제라는 점, 양자는 그 인정근거와 내용 등을 달리하는 점에서 구별하는 것이 타당하다고 한다.

③ 대법원은 교육부(구 문교부)장관의 교과서검정에 관한 처분과 관련하여 법원이 교과서의 저술내용이 교육에 적합한지의 여부를 심사할 수 있다고 보았다.

④ 공무원인사를 위한 인력수급계획의 결정은 판단여지 중 행정정책적 결정을 하는 경우가 아니라, 구속적 가치평가를 하는 경우에 해당한다.

19

회독 □□□

다음 중 행정주체에 해당하는 것으로서 그에 대한 법적 성격에 대한 설명이 옳은 것만을 모두 고르면? (다툼이 있는 경우 판례에 의함)

> ㉠ 국립대학법인 서울대학교 – 영조물법인
> ㉡ 한국도로공사 – 공법상의 사단법인
> ㉢ 한국농어촌공사(구 농지개량조합) – 공공조합
> ㉣ 부산광역시장 – 지방자치단체
> ㉤ 「항공안전 및 보안에 관한 법률」상 경찰임무를 수행하는 항공기의 기장 – 영조물법인

① ㉠, ㉢　　② ㉠, ㉤
③ ㉡, ㉢　　④ ㉣, ㉤

20

회독 □□□

행정소송의 판결의 효력에 대한 설명으로 옳지 않은 것은? (다툼이 있는 경우 판례에 의함)

① 행정처분을 취소하는 확정판결이 제3자에 대하여도 효력이 있다고 하더라도, 그 취소판결 자체의 효력으로써 그 행정처분을 기초로 하여 새로 형성된 제3자의 권리까지 당연히 그 행정처분 전의 상태로 환원되는 것이라고는 할 수 없다.

② 취소판결 후에 취소된 처분을 대상으로 하는 처분은 당연히 무효이다.

③ 거부처분 후에 법령이 개정·시행된 경우, 거부처분 취소의 확정판결을 받은 행정청이 개정된 신법령에서 정한 사유를 들어 새로운 거부처분을 한 경우는, 「행정소송법」 제30조 제2항 소정의 '확정판결의 취지에 따라 이전의 신청에 대한 처분을 한 경우'에 해당하지 않아 취소확정판결의 기속력에 반한다.

④ 신청에 따른 처분이 절차의 위법을 이유로 취소되는 경우에는 판결의 취지에 따라 다시 이전의 신청에 대한 처분을 하여야 한다.

12회 행정법총론 동형모의고사

빠른 정답 p.229 / 해설 p.229

01

회독 □□□

행정쟁송에 있어 가구제에 대한 설명으로 옳은 것은? (다툼이 있는 경우 판례에 의함)

① 집행정지결정에 의하여 효력이 정지되는 처분이 당사자의 신청을 거부하는 것을 내용으로 하는 경우에는 그 처분을 행한 행정청은 집행정지결정의 취지에 따라 다시 이전의 신청에 대한 처분을 하여야 한다.
② 행정심판위원회는 처분 또는 부작위 때문에 당사자에게 생길 급박한 위험을 막기 위하여 필요한 경우 직권으로 집행정지나 임시처분을 선택적으로 결정할 수 있다.
③ 「행정소송법」은 처분의 일부에 대한 집행정지도 가능하다고 규정하고 있다.
④ 「행정심판법」상 집행정지 신청은 행정심판을 청구한 후에는 할 수 없다.

02

회독 □□□

사인의 공법행위로서의 신고에 대한 설명으로 옳은 것만을 모두 고르면? (다툼이 있는 경우 판례에 의함)

> ㉠ 구 「유통산업발전법」은 기존의 대규모점포의 등록된 유형 구분을 전제로 '대형마트로 등록된 대규모점포' 일체를 규제 대상으로 삼고자 하는 것이 그 입법 취지이므로, 대규모점포의 개설 등록은 이른바 '수리를 요하는 신고'로서 행정처분에 해당한다.
> ㉡ 수리를 요하지 아니하는 신고의 경우에 신고에 하자가 있다면 보정되기까지는 신고의 효과가 발생하지 않는다.
> ㉢ 주민등록 전입신고를 받은 시장, 군수 또는 구청장의 심사대상은 전입신고자가 30일 이상 생활의 근거로 거주할 목적으로 거주지를 옮기는지 여부만으로 제한된다고 보아야 한다.
> ㉣ 수산제조업 신고는 자기완결적 신고에 해당하므로, 수산제조업 신고에 있어서 담당 공무원이 관계법령에 규정되지 아니한 서류를 요구하여 신고서를 제출하지 못하였다면 그 사정만으로 신고가 있었던 것으로 보아야 한다.

① ㉠　② ㉠, ㉡
③ ㉠, ㉡, ㉢　④ ㉠, ㉡, ㉢, ㉣

03

회독 □□□

행정입법에 대한 설명으로 옳지 않은 것은? (다툼이 있는 경우 판례에 의함)

① 집행명령은 상위법령의 집행에 필요한 세칙을 정하는 범위 내에서만 가능하고, 새로운 국민의 권리·의무를 정할 수 없다.
② 「국토의 계획 및 이용에 관한 법률」 및 같은 법 시행령이 정한 이행강제금의 부과기준은 단지 상한을 정한 것에 불과하다고 볼 수 없으므로 행정청에 이와 다른 이행강제금액을 결정할 재량권이 없다고 보아야 한다.
③ 포괄적 위임금지의 원칙을 규정한 헌법 제75조에서 말하는 위임의 구체성·명확성의 요구 정도는 각종 법률이 규제하고자 하는 대상의 종류와 성질에 따라 달라지는데, 특히 규율 대상이 지극히 다양하거나 수시로 변화하는 성질의 것일 때에는 위임의 구체성·명확성의 요건이 완화된다.
④ 대법원은 재량준칙이 되풀이 시행되어 행정관행이 성립된 경우에는 당해 재량준칙에 자기구속력을 인정한다. 따라서 당해 재량준칙에 반하는 처분은 법규범인 당해 재량준칙을 직접 위반한 것으로서 위법한 처분이 된다고 한다.

04

회독 □□□

기속행위와 재량행위에 대한 설명으로 옳지 않은 것은? (다툼이 있는 경우 판례에 의함)

① 실권리자명의 등기의무를 위반한 명의신탁자에 대한 과징금 부과와 관련하여 임의적 감경규정이 존재하는 경우, 그 감경규정에 따른 감경사유가 존재하여 이를 고려하고도 과징금을 감경하지 않은 것을 위법하다고 단정할 수는 없으나, 위 감경사유를 전혀 고려하지 않았거나 감경사유에 해당하지 않는다고 오인한 나머지 과징금을 감경하지 않았다면 그 과징금 부과처분은 재량권을 일탈·남용한 위법한 처분이라고 할 수밖에 없다.

② 재량행위에는 별도의 법령근거가 없어도 법효과를 제한하는 부관을 붙일 수 있다.

③ 개발제한구역 안에서의 건축허가는 재량행위이므로 「건축법」 등 관계 법규에서 정한 요건을 갖추었다 하더라도 공익상의 이유를 들어 거부할 수 있다.

④ 행정청의 난민 인정은 재량행위이므로 난민 인정에 관한 신청을 받은 행정청으로서는 신청인이 법령이 정한 난민 요건을 갖추었더라도 이와 무관한 다른 사유를 들어 난민 인정을 거부할 수 있다고 보아야 한다.

05

회독 □□□

「행정절차법」상 행정절차에 대한 설명으로 옳지 않은 것은? (다툼이 있는 경우 판례에 의함)

① 묘지공원과 화장장의 후보지를 선정하는 과정에서 추모공원건립추진협의회가 후보지 주민들의 의견을 청취하기 위하여 그 명의로 개최한 공청회는, 공청회의 개최에 관하여 「행정절차법」에서 정한 절차를 준수하여야 한다.

② 공청회가 행정청이 책임질 수 없는 사유로 개최되지 못하거나 개최는 되었으나 정상적으로 진행되지 못하고 무산된 횟수가 3회 이상인 경우에는 온라인공청회를 단독으로 개최할 수 있다.

③ 행정청은 직권으로 또는 당사자의 신청에 따라 여러 개의 사안을 병합하거나 분리하여 청문을 할 수 있다.

④ 자격의 박탈을 내용으로 하는 처분은 그 근거법률에 청문을 하도록 규정되어 있지 않고, 당사자의 신청이 없는 경우에도 청문을 하여야 한다.

06

회독 □□□

「행정소송법」상 관련청구소송의 이송 및 병합에 대한 설명으로 옳지 않은 것은? (다툼이 있는 경우 판례에 의함)

① 소송의 병합이나 이송에서 관련청구소송의 피고와 취소소송의 피고가 반드시 동일할 필요는 없다.

② 국가배상청구소송을 제기한 이후에 영업허가취소처분에 대한 취소소송을 제기한 경우 그 취소소송을 국가배상청구소송에 병합할 수 있다.

③ 관련청구소송의 병합을 하려면 주된 청구가 사실심의 변론종결 전이어야 한다.

④ 관련청구소송의 병합은 본래의 항고소송이 적법할 것을 요건으로 하는 것이어서, 본래의 항고소송이 부적법하여 각하되면 그에 병합된 관련청구도 소송요건을 흠결한 부적합한 것으로 각하되어야 한다.

07

회독 □□□

인·허가 의제에 대한 설명으로 옳은 것(○)과 옳지 않은 것(×)이 바르게 조합된 것을 고르면? (다툼이 있는 경우 판례에 의함)

㉠ 주된 인·허가에 관한 사항을 규정하고 있는 A법률에서 주된 인·허가가 있으면 B법률에 의한 인·허가를 받은 것으로 의제한다는 규정을 두었다 하더라도, B법률에 의하여 인·허가를 받았음을 전제로 하는 B법률의 모든 규정이 적용되는 것은 아니다. ㉡ 인·허가 의제에 관계기관의 장과 협의가 요구되는 경우, 주된 인·허가를 하기 전에 의제되는 모든 인·허가 사항에 관하여 관계기관의 장과 사전협의를 거쳐야 한다. ㉢ 도시계획시설인 주차장에 대한 건축허가신청을 받은 행정청으로서는 「건축법」상 허가 요건뿐 아니라 국토의 계획 및 이용에 관한 법령이 정한 도시계획시설사업에 관한 실시계획인가요건도 충족하는 경우에 한하여 이를 허가해야 한다. ㉣ 사업계획승인 후 의제된 인·허가 사항을 변경할 수 있다면 의제된 인·허가 사항과 관련하여 취소 또는 철회 사유가 발생한 경우 해당 의제된 인·허가의 효력만을 소멸시키는 취소 또는 철회도 할 수 있다고 보아야 하며, 이와 같이 사업계획승인으로 의제된 인·허가 중 일부를 취소 또는 철회하면, 취소 또는 철회된 인·허가를 제외한 나머지 인·허가만 의제된 상태가 된다.

① ㉠(○), ㉡(○), ㉢(×), ㉣(×)
② ㉠(○), ㉡(×), ㉢(○), ㉣(○)
③ ㉠(○), ㉡(×), ㉢(×), ㉣(○)
④ ㉠(×), ㉡(○), ㉢(○), ㉣(×)

08

회독 □□□

취소소송의 소송요건으로서 소의 이익에 대한 설명으로 옳지 않은 것은? (다툼이 있는 경우 판례에 의함)

① 도시개발사업의 공사 등이 완료되고 원상회복이 사회통념상 불가능하게 되었더라도, 도시개발사업의 시행에 따른 도시계획변경결정처분과 도시개발구역지정처분 및 도시개발사업실시계획인가처분의 취소를 구할 법률상 이익은 소멸한다고 할 수 없다.

② 행정처분에 그 효력기간이 부관으로 정하여져 있는 경우, 그 처분의 효력 또는 집행이 정지된 바 없다면 위 기간의 경과로 그 행정처분의 효력은 상실되므로, 그 기간 경과 후에는 그 처분이 외형상 잔존함으로 인하여 어떠한 법률상 이익이 침해되고 있다고 볼 만한 별다른 사정이 없는 한 그 처분의 취소를 구할 법률상의 이익이 없다.

③ 공장등록이 취소된 후 그 공장시설물이 철거되었고 다시 복구를 통하여 그 공장을 운영할 수 없는 상태라면, 대도시 안의 공장을 지방으로 이전할 경우 조세감면 및 우선입주 등의 혜택이 관계법률에 보장되어 있다고 하더라도 공장등록취소 처분의 취소를 구할 법률상 이익이 없다.

④ 원자로건설허가 처분이 있은 후에 원자로부지 사전승인처분의 취소를 구하는 경우에는 그 취소를 구할 법률상의 이익이 없다.

09

회독 □□□

행정상 강제집행에 대한 설명으로 옳지 않은 것은? (다툼이 있는 경우 판례에 의함)

① 설령 관할청이 「농지법」 제62조 제1항의 이행강제금 부과처분을 하면서 행정심판을 청구하거나 행정소송을 할 수 있다고 잘못 안내하거나, 관할 행정심판위원회가 각하재결이 아닌 기각재결을 하면서 관할 법원에 행정소송을 할 수 있다고 잘못 안내하였다고 하더라도, 그러한 잘못된 안내로 행정법원의 항고소송 재판관할이 생긴다고 볼 수는 없다.

② 대집행을 함에 있어 '의무의 불이행을 방치하는 것이 심히 공익을 해하는 것으로 인정되는 경우'의 요건은 원칙적으로 계고를 할 때에 충족되어 있어야 한다.

③ 행정상 강제징수에 있어 독촉의 처분성은 인정되나 최초 독촉 후에 동일한 내용에 대해 반복한 독촉은 처분성이 인정되지 않는다.

④ 「건축법」상 이행강제금의 부과는 의무불이행에 대한 집행벌로 가하는 것이기 때문에 행정절차상 의견청취를 거치지 않아도 된다.

10

회독 □□□

행정법의 일반원칙에 대한 설명으로 옳은 것은? (다툼이 있는 경우 판례에 의함)

① 연구단지 내 녹지구역에 위험물지정시설인 주유소와 LPG충전소 중, 주유소는 허용하면서 LPG충전소를 금지하는 시행령 규정은, LPG충전소 영업을 하려는 국민을 합리적 이유 없이 자의적으로 차별함으로써 평등의 원칙에 반하는 것이라 볼 수 없다.

② 처분청이 착오로 행정서사업 허가처분을 한 후 20년이 다 되어서야 취소사유를 알고 행정서사업 허가를 취소한 경우, 그 허가취소처분은 실권의 법리에 저촉되는 것으로 보아야 한다.

③ 수익적 행정처분의 하자가 당사자의 사실은폐나 기타 사위(詐僞)의 방법에 의한 신청행위에 기인한 것인 경우, 당사자가 처분에 의한 이익을 위법하게 취득하였음을 알아 취소가능성을 예상했더라도 그 자신이 처분에 관한 신뢰이익을 원용할 수 있다.

④ '공익을 해할 우려가 있는 경우가 아니어야 함'은 신뢰보호원칙의 성립요건이지만, '제3자의 정당한 이익을 해할 우려가 있는 경우가 아니어야 함'은 신뢰보호원칙의 성립요건이 아니다.

11

회독 □□□

다른 법률행위를 보충하여 그 법적 효력을 완성시키는 행위에 해당하는 것만을 모두 고르면? (다툼이 있는 경우 판례에 의함)

> ㉠ 「도시 및 주거환경정비법」상 재건축조합이 수립하는 관리처분계획에 대한 행정청의 인가
> ㉡ 「도시 및 주거환경정비법」상 정비조합 정관변경에 대한 인가
> ㉢ 「자동차관리법」상 자동차관리 사업자단체 조합의 설립인가
> ㉣ 「도시 및 주거환경정비법」상 조합설립인가

① ㉠　　② ㉠, ㉡
③ ㉠, ㉡, ㉢　　④ ㉠, ㉡, ㉢, ㉣

12

회독 □□□

「국가배상법」 제2조 책임에 대한 설명으로 옳지 않은 것은? (다툼이 있는 경우 판례에 의함)

① 시청 소속 공무원이 시장을 (구)부패방지위원회에 부패혐의자로 신고한 후 동사무소로 전보되었다면, 그 인사전보조치는 사회통념상 용인될 수 없을 정도로 객관적 상당성을 결여한 것으로서 위법하다.

② 국민의 생명·신체·재산 등에 대하여 절박하고 중대한 위험상태가 발생하였거나 발생할 상당한 우려가 있는 경우가 아닌 한, 원칙적으로 공무원이 관련 법령대로만 직무를 수행하였다면 그와 같은 공무원의 부작위를 가지고 '고의 또는 과실로 법령에 위반'하였다고 할 수는 없다.

③ 과실의 기준은 당해 공무원이 아니라 당해 직무를 담당하는 평균적 공무원을 기준으로 한다는 견해는 과실의 객관화(과실 개념을 객관적으로 접근)를 위한 시도라 할 수 있다.

④ 행정청이 대법원의 법령해석과 어긋나는 견해를 고집하여 계속 위법한 행정처분을 해서 처분 상대방에게 불이익을 주었다면 국가배상책임이 인정된다.

13

회독 □□□

행정행위의 효력에 대한 설명으로 옳은 것은? (다툼이 있는 경우 판례에 의함)

① 과·오납세금반환청구소송에서 민사법원은 그 선결문제로서 과세처분의 무효 여부를 판단할 수 있다.

② 구성요건적 효력은 당해 행정행위의 하자가 중대하고 명백한 경우에도 인정된다.

③ 행정행위에 불가변력이 발생한 경우 특별한 사정이 없는 한 행정청은 당해 행정행위를 직권취소할 수는 없지만 철회는 자유로이 할 수 있다.

④ 과세관청이 과세처분에 대한 이의신청절차에서 납세자의 이의신청 사유가 옳다고 인정하여 과세처분을 직권으로 취소한 경우, 특별한 사유 없이 이를 번복하고 종전 처분을 되풀이하여 과세처분을 하였더라도 적법하다.

14

회독 □□□

행정벌에 대한 설명으로 옳은 것은? (다툼이 있는 경우 판례에 의함)

① 헌법재판소는 행정형벌과 행정질서벌은 서로 다른 성질의 행정벌이므로 동일 법규위반행위에 대하여 형벌을 부과하면서 행정질서벌인 과태료까지 부과하였다 하더라도 이중처벌금지의 기본정신에 배치되는 것은 아니라고 보고 있다.

② 「도로교통법」에 의한 경찰서장의 통고처분에 대하여 이의가 있는 경우에는 통고처분에 따른 범칙금을 이행하지 아니함으로써 경찰서장의 즉결심판청구에 의하여 법원의 심판을 받을 수 있게 된다.

③ 과태료의 부과는 서면으로 하여야 하며, 당사자가 동의하는 경우에도 전자문서로는 과태료 부과를 할 수 없다.

④ 관세청장 또는 세관장이 관세범에 대하여 통고처분을 하지 않은 채 고발하였다면 그 고발 및 이에 기한 공소의 제기는 부적법한 것이라고 보아야 한다.

15

회독 □□□

「공익사업을 위한 토지 등의 취득 및 보상에 관한 법률」에 따른 공용수용의 절차에 대한 설명으로 옳지 않은 것은? (다툼이 있는 경우 판례에 의함)

① 일단 토지수용위원회의 수용재결이 있고 나면 그 이후에는 토지소유자와 사업시행자가 다시 협의하여 토지 등의 취득·사용 및 그에 대한 보상에 관하여 임의로 계약을 체결할 수는 없다.

② 사업인정은 사업인정의 고시를 한 날부터 그 효력이 발생한다.

③ 토지소유자 및 이해관계인과 협의가 성립되지 아니한 경우에 사업시행자가 사업인정의 고시가 된 날부터 1년 이내에 수용재결을 신청하지 아니하면, 그 사업인정고시가 된 날부터 1년이 되는 날의 다음 날에 그 사업인정은 효력을 상실한다.

④ 토지수용위원회는 사업인정 후 그 사업이 공익성을 상실하였다고 판단할 경우에 수용재결을 하지 않을 수 있다.

16

회독 □ □ □

「공공기관의 정보공개에 관한 법률」(이하 '정보공개법'이라 함) 상 정보공개에 대한 설명으로 옳지 않은 것은? (다툼이 있는 경우 판례에 의함)

① 예산집행의 내용과 사업평가 결과 등 행정감시를 위하여 필요한 정보는 정기적으로 공개하여야 한다.

② 법령 등에 따라 공개를 목적으로 작성된 정보로서 즉시 또는 말로 처리가 가능한 정보는 정보공개법 제11조에 따른 공개 여부 결정 절차를 거치지 아니하고 공개하여야 한다.

③ 교도소에 복역 중인 甲이 지방검찰청 검사장에게 자신에 대한 불기소사건 수사기록 중 타인의 개인정보를 제외한 부분의 공개를 청구하였으나, 위 정보에 접근하는 것을 목적으로 정보공개를 청구한 것이 아니라, 그 청구가 금전적 이득을 취하거나 수감 중 변론기일에 출정하여 강제노역을 회피하는 것 등을 목적으로 하는 것이었다면, 甲의 정보공개청구는 권리를 남용하는 행위로서 허용되지 않는다.

④ '정보공개에 관하여 다른 법률에 특별한 규정이 있는 경우'에 해당한다고 하여 정보공개법의 적용을 배제하기 위해서는, 특별한 규정이 '법률'이어야 하지만, 그 내용이 정보공개의 대상 및 범위, 정보공개의 절차, 비공개대상정보 등에 관하여 정보공개법과 달리 규정하고 있을 필요는 없다.

17

회독 □ □ □

금전적 실효성 확보수단에 대한 설명으로 옳지 않은 것은? (다툼이 있는 경우 판례에 의함)

① 세법상 가산세는 과세권 행사 및 조세채권 실현을 용이하게 하기 위하여 납세자가 정당한 이유 없이 법에 규정된 신고, 납세 등의 의무를 위반한 경우에 개별세법에 따라 부과하는 행정상 제재로서, 납세자의 고의·과실은 고려되지 아니하고 법령의 부지·착오 등은 그 의무위반을 탓할 수 없는 정당한 사유에 해당하지 아니한다.

② 전형적 과징금의 경우 실정법에서 통상 '위반행위의 내용·정도, 위반행위의 기간·횟수 이외에 위반행위로 인해 취득한 이익의 규모 등'을 고려요소로 규정하기 때문에 법령위반으로 취득한 이익이 없는 경우에는 부과할 수 없다.

③ 「국세기본법」상 가산세는 세법에서 규정하는 의무의 성실한 이행을 확보하기 위하여 세법에 따라 산출한 본세액에 가산하여 징수하는 독립된 조세로서, 본세에 감면사유가 인정된다고 하여 가산세도 감면대상에 포함되는 것이 아니고, 반면에 그 의무를 이행하지 아니한 데 대한 정당한 사유가 있는 경우에는 본세 납세의무가 있더라도 가산세는 부과하지 않는다.

④ 공정거래위원회의 과징금 납부명령이 재량권 일탈·남용으로 위법한지는 다른 특별한 사정이 없는 한 과징금 납부명령이 행하여진 '의결일' 당시의 사실상태를 기준으로 판단하여야 한다.

18

회독 □□□

권력적 사실행위에 대한 설명으로 옳지 않은 것은? (다툼이 있는 경우 판례에 의함)

① 헌법재판소는 "수형자의 서신을 교도소장이 검열하는 행위는 이른바 권력적 사실행위로서 행정심판이나 행정소송의 대상이 되는 행정처분으로 볼 수 있다."라고 하여 명시적으로 권력적 사실행위의 처분성을 긍정하였다.

② 지방자치단체장이 수도요금체납자에 대하여 행한 수도의 공급거부(단수)는 사실행위이지만 권력적 사실행위로서 처분성이 인정된다.

③ 공립학교당국이 미납 공납금을 완납하지 아니할 경우 졸업증의 교부와 증명서를 발급하지 않겠다고 통고한 경우, 이로써 미납 공납금을 완납하지 않은 재학생은 졸업증과 증명서를 교부받을 권리를 제한받게 되므로, 그와 같은 공립학교당국의 통고행위는 권력적 사실행위로서 처분성이 인정된다.

④ 헌법재판소는 권력적 사실행위가 단기간에 종료된 경우라 하더라도, 동일한 기본권침해가 장차 반복될 위험이 있거나 헌법질서의 수호·유지를 위하여 헌법적 해명이 필요한 경우에는 심판청구의 이익을 인정하고 있고, 헌법소원의 청구요건인 보충성의 예외도 인정하여 권력적 사실행위에 대한 헌법소원을 허용하고 있다.

19

회독 □□□

공법관계와 사법관계에 대한 설명으로 옳지 않은 것은? (다툼이 있는 경우 판례에 의함)

① 대륙법계는 공법과 사법(私法)의 구별을 강조하면서 행정사건은 사법(司法)법원이 아닌 별도의 법원(재판소)의 관할에 속하도록 하고 있다.

② 국가나 지방자치단체에 근무하는 청원경찰은 「국가공무원법」이나 「지방공무원법」상의 공무원이라 할 수 없으므로 지방자체단체에 근무하는 청원경찰에 대한 징계처분에 대하여 시정을 구하기 위해서는 행정소송이 아니라 민사소송을 제기하여야 한다.

③ 「국가를 당사자로 하는 계약에 관한 법률」에 의하여 국가기관이 특정기업의 입찰참가자격을 제한하는 경우 이것은 공법관계이므로 이에 대해 다투기 위해서는 항고소송을 제기하여야 한다.

④ 「예산회계법」 또는 「지방재정법」에 따라 지방자치단체가 당사자가 되어 체결하는 계약은 사법상의 계약일 뿐, 공권력을 행사하는 것이거나 공권력 작용과 일체성을 가진 것은 아니라고 할 것이므로 이에 관한 분쟁은 행정소송의 대상이 될 수 없다.

20

회독 □□□

「행정심판법」 및 행정심판에 대한 설명으로 옳지 않은 것은? (다툼이 있는 경우 판례에 의함)

① 중앙행정심판위원회의 위원장은 국민권익위원회의 부위원장 중 1명이 되며, 상임위원은 위원장의 제청으로 국무총리를 거쳐 대통령이 임명하고 그 임기는 3년이며 1차에 한하여 연임할 수 있다.

② 다른 법률에서 특별행정심판이나 「행정심판법」에 따른 행정심판 절차에 대한 특례를 정한 경우에도 그 법률에서 규정하지 아니한 사항에 관해서는 「행정심판법」에서 정하는 바에 따른다.

③ 이의신청이 「민원처리에 관한 법률」의 민원 이의신청과 같이, 별도의 행정심판절차가 존재하고 행정심판과는 성질을 달리하는 경우에는 그 이의신청은 행정심판과는 다른 것으로 본다.

④ 「감염병의 예방 및 관리에 관한 법률」상 예방접종 피해보상 거부처분에 대하여 법령의 규정 없이 제기한 이의신청은 행정심판으로 보아야 하므로, 그 거부처분에 대해 甲이 이의신청을 하였고 피고가 원고 甲의 이의신청에 대하여 스스로 다시 심사하였다면, 행정심판을 거친 경우에 대한 제소기간의 특례가 적용된다.

13회 행정법총론 동형모의고사

빠른 정답 p.241 / 해설 p.241

01

회독 □□□

공법관계와 사법관계에 대한 설명으로 옳은 것은? (다툼이 있는 경우 판례에 의함)

① 행정관청이 국유재산을 매각하는 것은 사법상의 매매계약일 수 있으나, 「귀속재산처리법」에 의하여 귀속재산을 매각하는 것은 행정처분이지 사법상의 매매가 아니다.

② 국유 행정재산의 무단점유에 대한 변상금부과는 공법관계에 해당하지만, 국유 일반재산의 무단점유에 대한 변상금부과는 사법관계에 해당한다.

③ 「국유재산법」상 변상금 부과·징수권은 민사상 부당이득반환청구권과 법적 성질을 달리하므로, 국가는 무단점유자를 상대로 변상금 부과·징수권을 행사할 수는 있지만 국유재산의 소유자로서 민사상 부당이득반환청구의 소를 제기할 수는 없다.

④ 사무처리의 긴급성으로 인하여 해양경찰의 직접적인 지휘를 받아 보조로 방제작업을 한 경우, 사인은 그 사무를 처리하며 지출한 필요비 내지 유익비의 상환을 국가에 대하여 행정소송으로 청구할 수 있다.

02

회독 □□□

행정법의 일반원칙에 대한 설명으로 옳지 않은 것은? (다툼이 있는 경우 판례에 의함)

① 위험한 건물에 대하여 개수명령으로써 목적을 달성할 수 있음에도 불구하고 철거명령을 발령하는 것은 비례원칙의 내용 중 필요성 원칙에 반한다.

② 행정의 자기구속의 원칙은 평등원칙 및 신뢰보호의 원칙과 밀접한 관련을 지니고 있다.

③ 위법한 행정관행에 대해서는 신뢰보호의 원칙이 적용될 수 없다.

④ 65세대의 주택건설사업에 대한 사업계획승인을 하면서 '입주민이 이용하는 진입도로 설치 후 기부채납'과 '기존 통행로 폐쇄에 따른 대체 통행로 설치 후 그 부지 일부 기부채납'을 부담으로 부과하는 것은 부당결부금지원칙에 반하지 않는다.

03

회독 □□□

행정입법에 대한 설명으로 옳은 것은? (다툼이 있는 경우 판례에 의함)

① 위임입법에 관한 헌법 제75조가 처벌법규에는 적용되지 않으므로 특히 긴급한 필요가 있거나 미리 법률로 자세히 정할 수 없는 부득이한 사정이 있어 법률에 형벌의 종류·상한·폭을 명확히 규정하더라도 행정형벌에 대한 위임입법은 허용되지 않는다.

② 구 「주택건설촉진법」 제33조의6 제6항의 위임에 의하여 건설교통부장관의 '고시' 형식으로 되어 있는 '주택건설공사 감리비 지급기준'은 이를 건설교통부령으로 정하도록 한 구 「주택법」이 시행된 이후에도 대외적인 구속력이 있는 법규명령으로서 효력을 가진다.

③ 법률에서 하위 법령에 위임을 한 경우에 하위 법령이 위임의 한계를 준수하고 있는지 여부의 판단은 일반적으로 의회유보의 원칙과 무관하다.

④ 제재적 처분기준이 부령의 형식으로 규정되어 있는 경우, 그 처분기준이 그 자체로 헌법 또는 법률에 합치되지 아니하거나 그 처분기준에 따른 제재적 행정처분이 현저히 부당하다고 인정할 만한 합리적인 이유가 없는 한 섣불리 그 처분이 재량권의 범위를 일탈하였거나 재량권을 남용한 것이라고 판단해서는 안 된다.

04

회독 □□□

과징금에 대한 설명으로 옳은 것은? (다툼이 있는 경우 판례에 의함)

① 구 「독점규제 및 공정거래에 관한 법률」 제24조의2에 의한 부당내부거래행위에 대한 과징금은 부당내부거래억지라는 행정목적을 실현하기 위하여 그 위반행위에 대한 행정상의 제재금으로서의 성격을 가질 뿐, 그에 더하여 부당이득환수적 요소가 부가되어 있다고 볼 수는 없다.

② 공정거래위원회가 과징금 산정 시 위반 횟수 가중의 근거로 삼은 위반행위에 대해 시정조치가 내려진 후, '위반행위 자체가 존재하지 않는다'는 이유로 그 시정조치에 대한 취소판결이 확정되었다 하더라도, 위 시정조치를 위반 횟수 가중을 위한 횟수 산정에서 제외하더라도 그 사유가 과징금 부과처분에 영향을 미치지 아니하여 처분의 정당성이 인정되는 경우에는 그 부과처분은 위법하지 않다.

③ 영업정지에 갈음하는 과징금을 변형된 과징금이라 하며 변형된 과징금의 1차적 목적은 영업정지처분을 받는 자에 대한 최소침해의 수단을 찾는 것이다.

④ 과징금 부과에 대해서는 일반적으로 「독점규제 및 공정거래에 관한 법률」이 적용되므로 그 부과처분에 대해 불복이 있을 때에는 법원에서 이 법을 준용하여 그에 대해 재판하고, 과징금부과처분에 대해 항고소송을 제기하는 것은 원칙적으로 허용되지 않는다.

05

회독 □□□

행정행위에 대한 설명으로 옳은 것(○)과 옳지 않은 것(×)을 바르게 조합한 것은? (다툼이 있는 경우 판례에 의함)

> ㉠ 부분허가는 독자적인 행정행위이므로, 부분허가를 하려면 본허가에 대한 법적근거와 별도로 법적 근거가 반드시 있어야 한다.
> ㉡ 甲이 「폐기물관리법」에 따라 폐기물처리업의 허가를 받기 전에 미리 행정청 乙에게 폐기물처리사업계획에 대한 적합통보를 받았다면, 甲은 폐기물처리업의 허가를 받기 전 부분적으로라도 폐기물처리를 적법하게 할 수 있다.
> ㉢ 제3자효 행정행위에 의해 법률상 이익을 침해받은 제3자는 취소소송의 제기와 동시에 행정행위의 집행정지를 신청할 수 있다.
> ㉣ 행정행위를 '행정청이 법 아래에서 구체적 사실에 대한 법집행으로서 행하는 공법행위'로 정의하면, 행정행위 개념에 공법상 계약과 공법상 합동행위는 포함되지 않는다.

① ㉠(○), ㉡(○), ㉢(○), ㉣(○)
② ㉠(○), ㉡(×), ㉢(×), ㉣(×)
③ ㉠(×), ㉡(○), ㉢(×), ㉣(○)
④ ㉠(×), ㉡(×), ㉢(○), ㉣(×)

06

회독 □□□

사인의 공법행위에 대한 설명으로 옳지 않은 것은? (다툼이 있는 경우 판례에 의함)

① 사직서의 제출이 감사기관이나 상급관청 등의 강박에 의한 경우에는 그 정도가 의사결정의 자유를 박탈할 정도에 이른 것이라면 그 의사표시가 무효로 될 것이고, 그렇지 않고 의사결정의 자유를 제한하는 정도에 그친 경우라면 그 성질에 반하지 아니하는 한 의사표시에 관한 「민법」 제110조의 규정을 준용하여 그 효력을 따져보아야 할 것이다.

② 사인의 공법상 행위는 명문으로 금지되거나 성질상 불가능한 경우가 아닌 한, 그에 의거한 행정행위가 행하여질 때까지는 자유로이 철회나 보정이 가능하다.

③ 행정법관계의 안정성과 정형성을 위해 사인의 공법행위에는 원칙적으로 부관을 붙일 수 없다고 본다.

④ 행정처분을 한 처분청은 그 처분에 하자가 있는 경우에는 원칙적으로 별도의 법적 근거가 없더라도 스스로 이를 직권취소할 수 있으므로, 이해관계인에게는 처분청에 대하여 그 취소를 요구할 신청권이 부여된다고 보아야 하고, 따라서 처분청이 취소신청을 거부했다면 그러한 거부행위는 항고소송의 대상인 처분에 해당한다.

07

회독 □ □ □

무효등확인소송에 대한 설명으로 옳지 않은 것은? (다툼이 있는 경우 판례에 의함)

① 무효인 과세처분에 의해 조세를 납부한 자가 납부한 금액을 반환받기 위하여 부당이득반환청구소송을 제기할 수 있는 경우, 부당이득반환청구소송을 제기하지 않고 곧바로 과세처분에 대한 무효확인소송을 제기하는 것은 허용되지 않는다.

② 동일한 처분에 대하여 무효확인청구를 주위적 청구로 하면서 취소청구를 예비적으로 병합할 수 있다.

③ 무효등확인소송에도 「행정소송법」상 집행정지가 준용된다.

④ 어느 행정처분에 대하여 그 행정처분의 근거가 된 법률이 위헌이라는 이유로 무효확인청구의 소가 제기된 경우, 다른 특별한 사정이 없는 한 법원으로서는 그 법률이 위헌인지 여부에 대하여는 판단할 필요 없이 그 무효확인청구를 기각하여야 한다.

08

회독 □ □ □

「공공기관의 정보공개에 관한 법률」상 정보공개에 대한 설명으로 옳지 않은 것은? (다툼이 있는 경우 판례에 의함)

① 법무부령으로 제정된 「검찰보존사무규칙」상의 기록의 열람·등사의 제한규정은 구 「공공기관의 정보공개에 관한 법률」 제9조 제1항 제1호의 '다른 법률 또는 법률에 의한 명령에 의하여 비공개사항으로 규정된 경우'에 해당하지 않는다.

② '진행 중인 재판에 관련된 정보'에 해당한다는 사유로 정보공개를 거부하기 위해서는 반드시 그 정보가 진행 중인 재판의 소송기록 그 자체에 포함된 내용의 정보일 필요는 없으나, 재판에 관련된 일체의 정보가 그에 해당하는 것은 아니고 진행 중인 재판의 심리 또는 재판 결과에 구체적으로 영향을 미칠 위험이 있는 정보에 한정된다.

③ 교도소에 수용 중이던 재소자가 담당 교도관들을 상대로 가혹행위를 이유로 형사고소 및 민사소송을 제기하면서, 그 증명자료의 확보를 위해 정보공개를 요청한 징벌위원회 회의록 중 재소자의 진술, 위원장 및 위원들과 재소자 사이의 문답 등 징벌절차 진행부분은 비공개대상에 해당한다.

④ 행정청에 정보공개청구를 하였으나 행정청이 이에 대해 거부처분을 한 경우, 부작위위법확인소송을 제기할 수는 없지만 의무이행심판을 청구할 수는 있다.

09

회독 □ □ □

취소소송의 심리에 대한 설명으로 옳은 것은? (다툼이 있는 경우 판례에 의함)

① 항고소송에서 행정처분의 위법 여부를 판단하는 기준 시점은 처분시이므로 법원은 처분 당시 존재하였던 자료만으로 위법 여부를 판단하여야 하고, 처분 후 행정청에 제출된 자료를 활용하여 위법 여부를 판단할 수는 없다.

② 일반적으로 혼인파탄의 귀책사유에 관한 사정들이 혼인관계 당사자의 지배영역에 있는 것이어서 피고 행정청이 구체적으로 파악하기 곤란한 반면, 혼인관계의 당사자인 원고는 상대적으로 쉽게 증명할 수 있으므로, 결혼이민[F-6 (다)목] 체류자격 거부처분 취소소송에서 그 처분사유에 관한 증명책임은 원고에게 있다.

③ 사실심에서 변론종결시까지 당사자가 주장하지 않던 직권조사사항에 해당하는 사항을 상고심에서 비로소 주장하는 경우, 그 직권조사사항에 해당하는 사항은 상고심의 심판 범위에 해당한다.

④ "법원은 필요하다고 인정할 때에는 직권으로 증거조사를 할 수 있고, 당사자가 주장하지 아니한 사실에 대하여도 판단할 수 있다."라고 규정하고 있는 「행정소송법」 제26조는 당사자소송에 준용되지 않는다.

10

회독 □□□

「국가배상법」 제2조 책임에 대한 설명으로 옳은 것은? (다툼이 있는 경우 판례에 의함)

① 국가배상은 국가 또는 지방자치단체가 부담하는 배상책임으로서 공행정 작용을 대상으로 하므로, 국가배상청구소송은 국가·공공단체 그 밖의 권리주체를 피고로 하는 당사자소송이라는 것이 판례의 입장이다.

② 구청장이 에스에이치공사의 직원들을 대집행의 책임자로 지정한 경우, 에스에이치공사 직원들과 마찬가지로 에스에이치공사 자체도 공무원에 해당하므로, 대집행과정에서 발생한 손해에 대하여 에스에이치공사에 고의·중과실 없이 경과실만 존재한다면 에스에이치공사가 손해배상책임을 진다고 할 수 없다.

③ 도로개설 등 공사로 인한 무허가건물의 강제철거와 관련하여 이루어지는 지방자치단체의 그 철거건물 소유자에 대한 시영아파트 분양권 부여 등의 업무는, 사경제주체로서의 활동으로 볼 것이지 지방자치단체의 공권력 행사로 보기는 어렵다.

④ 규제권한을 행사하지 않은 것이 직무상 의무를 위반하여 위법한 것으로 되는 경우에는 특별한 사정이 없는 한 과실도 인정되나, 식품의약품안전청장이 구 「식품위생법」상의 규제권한을 행사하지 않아 미니컵 젤리가 수입·유통되어 이를 먹던 아동이 질식사하였다는 사정만으로 그 권한 불행사에 과실이 있다고 할 수는 없다.

11

회독 □□□

행정상 손실보상에 대한 설명으로 옳지 않은 것은? (다툼이 있는 경우 판례에 의함)

① 헌법 제23조 제1항의 규정은 재산권의 존속을 보호하는 규정인데, 제23조 제3항의 수용제도를 통해 이 존속보장은 가치보장으로 변하게 된다.

② 분리이론과 경계이론은 재산권의 내용·한계설정과 공용침해를 보다 합리적으로 구분하려는 이론인데, 그중 분리이론은 재산권의 존속보장보다는 가치보장을 강화하려는 입장에서 접근하는 견해이다.

③ 헌법 제23조 제3항을 입법자에 대한 구속규정으로 보는 위헌무효설은 헌법 제23조 제3항이 결부조항임을 전제로 보상규정이 없는 공용침해법률은 위헌법률이라고 본다.

④ 지장물인 건물은 그 건물이 적법한 건축허가를 받아 건축된 것인지 여부에 관계없이 「토지수용법」상의 사업인정의 고시 이전에 건축된 건물이기만 하면 손실보상의 대상이 된다.

12

회독 □□□

「개인정보 보호법」에 대한 설명으로 옳은 것만을 모두 고르면? (다툼이 있는 경우 판례에 의함)

> ㉠ 범죄의 예방 및 수사를 위하여 필요한 경우에는 공개된 장소에 고정형 영상정보처리기기를 설치·운영할 수 있다. 이때 고정형 영상정보처리기기를 설치·운영하는 자는 정보주체가 쉽게 인식할 수 있도록 설치 목적 및 장소 등의 사항이 포함된 안내판을 설치하는 등 필요한 조치를 하여야 한다.
>
> ㉡ 다른 정보와 결합하여 특정 개인을 알아볼 수 있는 정보일지라도 해당 정보만으로는 특정 개인을 식별할 수 없다면 이는 「개인정보 보호법」의 보호대상이 되는 개인정보라 할 수 없다.
>
> ㉢ 개인정보처리자는 다른 개인정보의 처리에 대한 동의와 별도로 동의를 받은 경우라 하더라도 주민등록번호는 법에서 정한 예외적 인정사유에 해당하지 않는 한 처리할 수 없다.
>
> ㉣ 정보주체는 개인정보처리자의 고의 또는 과실로 인하여 개인정보가 유출된 경우에는 300만원 이하의 범위에서 상당한 금액을 손해액으로 하여 배상을 청구할 수 있다. 이 경우 해당 개인정보처리자는 고의 또는 과실이 없음을 입증하지 아니하면 책임을 면할 수 없다.

① ㉠, ㉡　　② ㉠, ㉢

③ ㉠, ㉢, ㉣　　④ ㉡, ㉣

13

회독 □□□

재량행위와 기속행위에 대한 설명으로 옳지 않은 것은? (다툼이 있는 경우 판례에 의함)

① 「국토의 계획 및 이용에 관한 법률」상 개발행위허가는 허가기준 및 금지요건이 불확정개념으로 규정된 부분이 많아 그 요건에 해당하는지 여부는 행정청의 재량판단의 영역에 속한다.

② 건축허가를 하면서 일정 토지의 기부채납을 허가조건으로 하는 부관은 기속행위 내지 기속적 재량행위에 붙인 부담이거나 또는 법령상 근거가 없는 부관이어서 무효이다.

③ 구 「전염병예방법」 제54조의2 제2항에 따른 예방접종으로 인한 질병, 장애 또는 사망의 인정 여부 결정은 보건복지가족부장관(현 보건복지부장관)의 재량에 속한다.

④ 산림훼손은 국토 및 자연의 유지 등 환경보전에 영향을 미치는 행위이기는 하나, 산림훼손허가를 거부함으로써 그 상대방이 입게 되는 사익상의 손해보다 공익이 더 중하다 할 수 없으므로, 환경보전을 이유로 산림훼손허가 신청을 거부할 수 있다는 명문의 법적 근거규정 없이 산림훼손허가를 거부하는 것은 비례의 원칙에 반하여 위법하다.

14

회독 □□□

「행정대집행법」상 행정대집행에 대한 설명으로 옳은 것은? (다툼이 있는 경우 판례에 의함)

① 해가 지기 전에 대집행을 착수한 경우에는 의무자의 동의를 얻지 않았더라도 야간에 대집행을 실행할 수 있다.
② 행정청이 건물 철거의무를 행정대집행의 방법으로 실현하는 과정에서, 건물을 점유하고 있는 철거의무자들에 대하여 제기한 건물퇴거를 구하는 소송은 적법하다.
③ 대집행이 단기간에 종료되면 소의 이익이 흠결되어 소송으로는 구제받기가 어려우므로, 대집행이 완료되어 취소소송을 제기할 수 없는 경우 국가배상청구소송을 제기하는 것도 허용되지 않는다.
④ 대집행의 계고는 행정지도에 해당하므로 반드시 문서로 하여야 하는 것은 아니다.

15

회독 □□□

판례상 공증행위의 처분성이 인정된 경우만을 모두 고르면?

> ㉠ 무허가건물을 무허가건물관리대장에서 삭제하는 행위
> ㉡ 사업시행자인 한국도로공사가 구 「지적법」에 따라 행한 토지면적등록 정정신청을 반려한 행위
> ㉢ 상표권자인 법인에 대한 청산종결등기가 되었음을 이유로 특허청장이 행한 상표권의 말소등록행위
> ㉣ 지적 공부 소관청이 토지대장상의 소유자명의변경신청을 거부한 행위
> ㉤ 건축물대장 소관 행정청이 건축물에 관한 건축물대장을 직권 말소한 행위

① ㉠, ㉢　　② ㉠, ㉢, ㉣
③ ㉡, ㉣, ㉤　　④ ㉡, ㉤

16

회독 □□□

행정행위의 효력에 대한 설명으로 옳은 것은? (다툼이 있는 경우 판례에 의함)

① 「건축법」상 위법건축물에 내려진 시정명령을 이행하지 않아 명령위반죄로 기소된 경우 선결문제는 시정명령의 위법여부가 아니라 시정명령의 효력유무이므로, 시정명령이 당연무효가 아닌 한 형사법원은 처벌의 가부(可否)를 판단할 수 없다.
② 공정력이란 행정행위의 위법이 중대·명백하여 당연무효가 아닌 한 권한 있는 기관에 의해 취소되기까지는 행정의 상대방이나 이해관계자에게 적법하게 통용되는 힘을 말한다.
③ 행정행위의 불가변력은 당해 행정행위에 대해서만 인정되는 것이고, 동종의 행정행위라 하더라도 그 대상을 달리할 때에는 이를 인정할 수 없다.
④ 행정행위의 실질적 존속력은 행정행위의 상대방 및 이해관계인에 대한 구속력이고, 형식적 존속력은 처분청 등 행정기관에 대한 구속력이다.

17

회독 □□□

행정상 강제징수에 대한 설명으로 옳지 않은 것은? (다툼이 있는 경우 판례에 의함)

① 「국세징수법」은 행정상 강제징수에 관한 사실상 일반법의 지위를 가지며, 대집행에 요한 비용은 「국세징수법」의 예에 의하여 징수할 수 있다.
② 공매에 의하여 재산을 매수한 자는 그 공매처분이 취소된 경우에 그 취소처분의 위법을 주장하여 행정소송을 제기할 법률상 이익이 있다.
③ 체납자에 대한 공매통지는 공매에서 체납자의 권리 내지 재산상의 이익을 보호하기 위하여 법률로 규정한 절차적 요건이므로, 체납자는 자신에 대한 공매통지의 하자뿐만 아니라 다른 권리자에 대한 공매통지의 하자를 공매처분의 위법사유로 주장할 수 있다.
④ 한국자산관리공사가 인터넷을 통하여 재공매(입찰)하기로 한 결정 자체는 내부적인 의사결정에 불과하여 항고소송의 대상이 되는 처분이라고 볼 수 없다.

18

회독 □□□

「행정절차법」상 행정절차에 대한 설명으로 옳지 않은 것은? (다툼이 있는 경우 판례에 의함)

① 「행정절차법 시행령」 제2조 제1항에 의하여 「병역법」에 의한 소집에 관한 사항에는 「행정절차법」이 적용되지 않으므로, 「병역법」에 따라 지방병무청장이 산업기능요원 편입취소처분을 함에 있어 사전통지·의견청취 절차를 거치지 않더라도 적법하다.

② 대통령에 의한 한국방송공사 사장의 해임에도 「행정절차법」이 적용된다.

③ 외국인의 난민인정에 대하여는 「행정절차법」 제23조(처분의 이유제시)의 적용은 배제된다.

④ 「행정절차법」의 적용이 제외되는 "공무원 인사관계 법령에 의한 처분에 관한 사항"이란, 공무원 인사관계 법령에 의한 처분에 관한 사항 전부가 아니라, 성질상 행정절차를 거치기 곤란하거나 불필요하다고 인정되는 처분이나 행정절차에 준하는 절차를 거치도록 하고 있는 처분의 경우만을 의미한다.

19

회독 □□□

행정쟁송에 대한 설명으로 옳지 않은 것은? (다툼이 있는 경우 판례에 의함)

① 무효선언을 구하는 의미의 취소소송을 제기하는 경우에도 취소소송으로서의 제소요건을 구비하여야 한다.

② 행정심판과 행정소송이 동시에 제기되어 진행 중 행정심판의 인용재결이 행해지면 동일한 처분 등을 다투는 행정소송에 영향이 없지만, 기각재결이 행해지면 소의 이익이 상실되므로 계속해서 행정소송으로 다툴 수는 없다.

③ 원처분주의에서 재결에 대하여 취소소송이 제기되었으나, 재결 고유의 하자가 인정되지 않는 경우 법원은 기각판결을 한다.

④ 취소심판청구에 대한 기각재결이 있는 경우에도 처분청은 당해 처분을 직권으로 취소 또는 변경할 수 있다.

20

회독 □□□

「행정소송법」상 간접강제에 대한 설명으로 옳지 않은 것은? (다툼이 있는 경우 판례에 의함)

① 간접강제결정에 기한 배상금은 확정판결에 따른 재처분의 지연에 대한 제재 또는 손해배상의 성격을 지니고 있으므로, 간접강제결정에서 정한 의무이행기간이 경과하고 나서야 비로소 처분청이 확정판결의 취지에 따른 재처분을 이행한 경우 처분상대방은 배상금을 추심할 수 있다.

② 현행법상 거부처분에 대한 무효확인판결에 대하여서는 간접강제가 인정되지 않는다.

③ 주택건설사업 승인신청 거부처분에 대한 취소의 확정판결이 있은 후 행정청이 재처분을 하였다 하더라도 그 재처분이 종전 거부처분에 대한 취소의 확정판결의 기속력에 반하는 경우, 「행정소송법」상 간접강제신청에 필요한 요건을 갖춘 것으로 보아야 한다.

④ 간접강제결정은 처분청이 '판결의 취지'에 따라 재처분을 하지 않은 경우에 할 수 있는 것인데, 원심판결의 이유는 위법하지만 결론이 정당하다는 이유로 상고기각판결이 선고되어 원심판결이 확정된 경우, 「행정소송법」 제30조 제2항에서 규정하고 있는 '판결의 취지'는 상고심판결의 이유와 원심판결의 결론을 의미한다.

14회 행정법총론 동형모의고사

빠른 정답 p.254 / 해설 p.254

01

회독 □□□

신뢰보호의 원칙에 대한 설명으로 옳은 것은? (다툼이 있는 경우 판례에 의함)

① 행정청의 선행조치에 대하여 상대방인 사인의 아무런 처리행위가 없었던 경우라도 정신적 신뢰를 이유로 신뢰보호를 요구할 수 있다.

② 선행조치의 상대방에 대한 신뢰보호의 이익과 제3자의 이익이 충돌하는 경우에는 신뢰보호의 원칙이 우선한다.

③ 법령이나 비권력적 사실행위인 행정지도 등은 신뢰의 대상이 되는 선행조치에 포함되지 않는다.

④ 과세관청이 납세의무자에게 부가가치세 면세사업자용 사업자등록증을 교부하거나 고유번호를 부여하였다고 하더라도 그가 영위하는 사업에 관하여 부가가치세를 과세하지 않겠다는 언동이나 공적 견해를 표명한 것으로 볼 수 없다.

02

회독 □□□

신고에 대한 설명으로 옳은 것만을 모두 고르면? (다툼이 있는 경우 판례에 의함)

> ㉠ 수리를 요하는 신고의 경우에는, 신고가 적법하게 이루어졌다고 하더라도 관할 행정청은 신고의 수리 여부에 대하여 재량을 가지는 것이 원칙이다.
> ㉡ 적법한 요건을 갖추어 당구장업 영업신고를 한 경우 행정청이 그 신고에 대한 수리를 거부하였음에도 영업을 하면 무신고 영업이 된다.
> ㉢ 자기완결적 신고를 규정한 법률상의 요건 외에 타법상의 요건도 충족하여야 하는 경우, 타법상의 요건을 충족시키지 못하는 한 적법한 신고를 할 수 없다.
> ㉣ 상위 법령의 위임 없이 구 「노동조합 및 노동관계조정법 시행규칙」이 노동조합의 설립신고서에 첨부하여 제출할 서류를 규정하고 있었다면, 행정청이 그 서류에 관한 보완이 이루어지지 않았음을 이유로 설립신고의 수리를 거부할 수 없다.

① ㉠, ㉡ ② ㉡, ㉢
③ ㉡, ㉣ ④ ㉢, ㉣

03

회독 □□□

「행정절차법」상 행정절차에 대한 설명으로 옳은 것은? (다툼이 있는 경우 판례에 의함)

① 처분의 전제가 되는 사실이 법원의 재판 등에 의하여 객관적으로 증명된 경우에도, 행정청이 당사자에게 의무를 부과하거나 권익을 제한하는 처분을 하는 경우에는 사전통지를 하여야 한다.

② 행정청이 온천지구임을 간과하여 지하수 개발·이용신고를 수리하였다가 의견제출기회를 주지 아니한 채 그 신고수리처분을 취소하고 원상복구명령의 처분을 한 경우, 행정지도방식에 의한 사전 고지나 그에 따른 당사자의 자진폐공의 약속 등 사유가 있으면 의견청취절차에 해당하여 위법하지 않다.

③ 무단으로 용도변경된 건물에 대해, 건물주에게 시정명령이 있을 것과 불이행시 이행강제금이 부과될 것이라는 점을 설명한 후 다음날 시정명령을 하는 경우라 하더라도, 사전통지를 하거나 의견제출의 기회를 부여하여야 한다.

④ 사전통지시 의견제출에 필요한 기간은 14일 이상으로 고려하여 정하여야 한다.

04

회독 □□□

행정행위 및 처분에 대한 설명으로 옳지 않은 것은? (다툼이 있는 경우 판례에 의함)

① 행정청이 관리처분계획에 대한 인가처분을 할 때에는 그 관리처분계획의 내용이 구 「도시 및 주거환경정비법」 기준에 부합하는지 여부 등을 심사·확인하여 그 인가 여부를 결정할 수 있고, 기부채납과 같은 다른 조건도 붙일 수 있다.

② 행정행위가 공법상의 행위라는 것은 그 행위의 근거가 공법적이라는 것이지, 행위의 효과까지 공법적이어야 한다는 것을 의미하는 것은 아니다.

③ 상급행정기관의 하급행정기관에 대한 승인·동의·지시 등은 행정기관 상호 간의 내부행위로서 항고소송의 대상이 되는 행정처분이라 볼 수 없다.

④ 「사회기반시설에 대한 민간투자법」상 민간투자사업의 사업시행자 지정은 공법상 계약이 아니라 행정처분에 해당한다.

05

회독 □□□

행정행위의 효력에 대한 설명으로 옳은 것(○)과 옳지 않은 것(×)을 바르게 조합한 것은? (다툼이 있는 경우 판례에 의함)

> ㉠ 사법(私法)상 적법한 임대차계약 관계에 의해 국유지상에 건물을 소유하는 자에 대하여 건물철거계고처분을 하였다면, 그러한 건물철거계고처분에 대해서는 처분이 있은 후 1년이 도과한 경우라도 불가쟁력이 발생하지 않는다.
> ㉡ 구속력이란 행정행위가 적법요건을 구비하면 법률행위적 행정행위의 경우 법령이 정하는 바에 의해, 준법률행위적 행정행위의 경우 행정청이 표시한 의사의 내용에 따라 일정한 법적 효과가 발생하여 당사자를 구속하는 실체법상 효력이다.
> ㉢ 「공익사업을 위한 토지 등의 취득 및 보상에 관한 법률」상의 수용재결은 행정심판 재결의 일종으로서, 「행정심판법」상 재결의 기속력 규정이 준용된다.
> ㉣ 취소사유 있는 영업정지처분에 대한 취소소송의 제소기간이 도과한 경우라도 처분의 상대방은 국가배상청구소송을 제기하여 재산상 손해의 배상을 구할 수 있다.

① ㉠(○), ㉡(○), ㉢(×), ㉣(○)
② ㉠(○), ㉡(×), ㉢(×), ㉣(○)
③ ㉠(×), ㉡(○), ㉢(○), ㉣(×)
④ ㉠(×), ㉡(×), ㉢(○), ㉣(×)

06

회독 □□□

행정상 손실보상에 대한 설명으로 옳지 않은 것은? (다툼이 있는 경우 판례에 의함)

① 공익사업에 필요한 토지 등의 취득 또는 사용으로 인하여 토지소유자나 관계인이 입은 손실은 사업시행자가 보상하여야 한다.
② 사업시행자는 동일한 소유자에게 속하는 일단의 토지의 일부를 취득하거나 사용하는 경우, 해당 공익사업의 시행으로 인하여 잔여지의 가격이 증가하거나 그 밖의 이익이 발생한 경우에도 그 이익을 취득 또는 사용으로 인한 손실과 상계할 수 없다.
③ 구 「토지수용법」(2002. 2. 4. 법률 제6656호 공익사업을 위한 토지 등의 취득 및 보상에 관한 법률 부칙 제2조로 폐지) 제51조가 규정하고 있는 '영업상의 손실'이란 수용의 대상이 된 토지·건물 등을 이용하여 영업을 하다가 그 토지·건물 등이 수용됨으로 인하여 영업을 할 수 없거나 제한을 받게 됨으로 인하여 생기는 직접적인 손실을 말한다.
④ 농지개량사업 시행지역 내의 토지 등 소유자가 토지사용에 관한 승낙을 한 경우, 그에 대한 정당한 보상을 받지 않았더라도 농지개량사업 시행자는 토지소유자 및 그 승계인에 대하여 보상할 의무가 없다.

07

회독 □□□

국가배상에 대한 설명으로 옳지 않은 것은? (다툼이 있는 경우 판례에 의함)

① 유흥주점의 화재로 여종업원들이 사망한 경우, 담당 공무원의 유흥주점의 용도변경, 무허가 영업 및 시설기준에 위배된 개축에 대하여 시정명령 등 「식품위생법」상 취하여야 할 조치를 게을리한 직무상 의무위반행위와 여종업원들의 사망 사이에는 상당인과관계가 존재하지 않는다.
② 「국가배상법」 제7조가 정하는 상호보증은 반드시 당사국과의 조약이 체결되어 있을 필요는 없지만, 당해 외국에서 구체적으로 우리나라 국민에게 국가배상청구를 인정한 사례가 있어 실제로 국가배상이 상호 인정될 수 있는 상태가 인정되어야 한다.
③ 사인이 받은 손해에는 생명·신체·재산상의 손해뿐만 아니라, 정신상의 손해도 포함된다.
④ 국가배상소송은 배상심의회에 배상신청을 하지 않고도 제기할 수 있으며, 판례는 배상심의회의 결정의 처분성을 부정한다.

08

회독 □□□

「질서위반행위규제법」 및 과태료에 대한 설명으로 옳지 않은 것은? (다툼이 있는 경우 판례에 의함)

① 자신의 행위가 위법하지 아니한 것으로 오인하고 행한 질서위반행위는 그 오인에 정당한 이유가 있는 때에 한하여 과태료를 부과하지 아니한다.
② 「질서위반행위규제법」에 의한 과태료부과처분은 처분의 상대방이 이의제기하지 않은 채 납부기간까지 과태료를 납부하지 않으면 「도로교통법」상 통고처분과 마찬가지로 그 효력을 상실한다.
③ 하나의 행위가 2이상의 질서위반행위에 해당하는 경우에는 각 질서위반행위에 대하여 정한 과태료 중 가장 중한 과태료를 부과한다.
④ 과태료의 부과·징수, 재판 및 집행 등의 절차에 관하여 「질서위반행위규제법」의 규정에 저촉되는 다른 법률의 규정이 있는 경우에는 「질서위반행위규제법」이 정하는 바에 따른다.

09

회독 □□□

「공공기관의 정보공개에 관한 법률」(이하 '정보공개법'이라 함) 에 대한 설명으로 옳은 것(○)과 옳지 않은 것(×)을 바르게 조합한 것은? (다툼이 있는 경우 판례에 의함)

> ㉠ 정보공개법은 자신과 이해관계가 없는 정보에 대한 공개청구까지 허용하는 일반적 정보공개청구권을 인정하고 있다.
> ㉡ 국내에 일정한 주소를 두고 있는 외국인은 오로지 상대방을 괴롭힐 목적으로 정보공개를 구하고 있다는 등의 특별한 사정이 없는 한 한국방송공사(KBS)에 대하여 정보공개를 청구할 수 있다.
> ㉢ 정보공개청구가 있는 경우, 청구권자가 정보공개방법을 특정하였더라도 공공기관이 이에 따라야 하는 것은 아니고, 공공기관 스스로 정보공개방법을 선택할 재량권을 갖는다.
> ㉣ 공공기관은 정보공개청구를 거부할 경우에도, 대상이 된 정보의 내용을 구체적으로 확인·검토하여 어느 부분이 어떠한 법익 또는 기본권과 충돌되어 정보공개법 제9조 제1항 몇 호에서 정하고 있는 비공개사유에 해당하는지를 주장·입증하여야 하며, 그에 이르지 아니한 채 개괄적인 사유만 들어 공개를 거부하는 것은 허용되지 아니한다.

① ㉠(○), ㉡(○), ㉢(×), ㉣(○)
② ㉠(○), ㉡(×), ㉢(○), ㉣(×)
③ ㉠(×), ㉡(○), ㉢(×), ㉣(×)
④ ㉠(×), ㉡(×), ㉢(○), ㉣(○)

10

회독 □□□

재량권의 일탈·남용에 대한 설명으로 옳은 것은? (다툼이 있는 경우 판례에 의함)

① 재량권의 일탈이란 재량권의 내적 한계를 벗어난 것을 말하고, 재량권의 남용이란 재량권의 외적 한계를 벗어난 것을 말한다.
② 학교법인의 임원취임승인취소처분에 대한 취소소송에서, 교비회계자금을 법인회계로 부당전출한 위법성의 정도와 임원들의 이에 대한 가공의 정도가 가볍지 아니하고, 학교법인이 행정청의 대부분의 시정 요구 사항을 이행하지 아니하였던 사정 등을 참작하더라도, 위 취소처분은 재량권의 일탈·남용에 해당한다.
③ 전역지원의 시기를 상실하였을 뿐 아니라 의무장교의 인력운영 수준이 매우 저조하여 장기활용가능 자원인 군의관을 의무복무기간 중 군에서 계속하여 활용할 필요가 있다는 등의 이유로 해당 군의관을 전역대상자에서 제외한 처분은 재량권의 일탈·남용에 해당한다.
④ 경찰공무원에 대한 징계위원회 심의과정에서 감경사유에 해당하는 공적(功績) 사항이 제시되지 아니한 경우에는 징계양정 결과가 적정한지 여부와 무관하게 징계처분은 위법하다.

11

회독 □□□

공법상 계약 및 당사자소송에 대한 설명으로 옳지 않은 것은? (다툼이 있는 경우 판례에 의함)

① 「사회기반시설에 대한 민간투자법」에 따라 지방자치단체와 유한회사 간 체결한 터널 민간투자사업 실시협약은 사법상 계약에 해당한다.
② 전문직 공무원인 공중보건의사의 채용계약 해지의 의사표시는 일정한 사유가 있을 때에 관할 도지사가 채용계약 관계의 한쪽 당사자로서 대등한 지위에서 행하는 의사표시이므로, 그에 대해서는 항고소송이 아니라 공법상의 당사자소송으로 그 의사표시의 무효확인을 청구하여야 한다.
③ 「행정소송법」 제8조 제2항에 의하면 행정소송에도 「민사소송법」의 규정이 일반적으로 준용되므로, 법원으로서는 공법상 당사자소송에서 재산권의 청구를 인용하는 판결을 하는 경우 가집행선고를 할 수 있다.
④ 당사자소송에는 취소소송의 피고적격에 관한 규정이 준용되지 않는다.

12

회독 □□□

원고적격 및 협의의 소익에 대한 설명으로 옳은 것만을 모두 고르면? (다툼이 있는 경우 판례에 의함)

㉠ 건축허가처분의 취소를 구하는 소를 제기하기 전에 건축공사가 완료된 경우에는 소의 이익이 없으나, 소를 제기한 후 사실심 변론종결일 전에 건축공사가 완료된 경우에는 소의 이익이 있다.
㉡ 공정거래위원회가 부당한 공동행위를 한 사업자에게 과징금 부과처분(선행처분)을 한 뒤, 다시 자진신고 등을 이유로 과징금 감면처분(후행처분)을 한 경우, 선행처분의 취소를 구하는 소는 효력을 잃은 처분의 취소를 구하는 것으로서 소의 이익이 없어 부적법하다.
㉢ 일반적으로 면허나 인·허가 등의 수익적 행정처분의 근거가 되는 법률이 해당 업자들 사이의 과당경쟁으로 인한 경영의 불합리를 방지하는 것도 그 목적으로 하고 있는 경우, 기존의 업자는 경업자에 대하여 이루어진 면허나 인·허가 등 행정처분의 상대방이 아니라 하더라도 당해 행정처분의 취소를 구할 당사자적격이 있다.
㉣ 학교법인 임원취임승인의 취소처분 후 그 임원의 임기가 만료되고 구「사립학교법」 소정의 임원결격사유기간마저 경과한 경우에 취임승인이 취소된 임원은 취임승인취소처분의 취소를 구할 소의 이익이 없다.

① ㉠, ㉡ ② ㉠, ㉣
③ ㉡, ㉢ ④ ㉢, ㉣

13

회독 □□□

「행정조사기본법」상 행정조사에 대한 설명으로 옳은 것은? (다툼이 있는 경우 판례에 의함)

① 조사대상자가 행정조사의 실시를 거부하거나 방해하는 경우 조사원은 「행정조사기본법」상의 명문규정에 의하여 조사대상자의 신체와 재산에 대해 실력을 행사할 수 있다.
② 행정기관의 장은 법령 등에서 규정하고 있는 조사사항을 조사대상자로 하여금 스스로 신고하도록 하는 자율신고제도를 운영하여야 한다.
③ 같은 세목 및 과세기간에 대한 거듭된 세무조사는 조세공평의 원칙에 현저히 반하는 예외적인 경우를 제외하고는 금지될 필요가 있으나, 납세자가 대답하거나 수인할 의무가 없고 납세자의 영업의 자유 등을 침해하거나 세무조사권이 남용될 염려가 없는 조사행위까지 재조사가 금지되는 세무조사에 해당하는 것은 아니다.
④ 행정조사는 사실행위의 형식으로만 가능하다.

14

회독 □□□

행정입법에 대한 설명으로 옳지 않은 것은? (다툼이 있는 경우 판례에 의함)

① 「산업재해보상보험법 시행령」 [별표3] '업무상 질병에 대한 구체적인 인정 기준'이 예시적 규정에 불과하다 하더라도, 그 위임에 따른 고용노동부 고시가 대외적으로 국민과 법원을 구속하는 효력이 있는 규범이라고 보아야 한다.
② 헌법재판소는 법률이 일정한 사항을 행정규칙으로 위임하더라도 그 위임은 전문적·기술적 사항이나 경미한 사항으로서 업무의 성질상 위임이 불가피한 사항에 한정되어야 한다고 한다.
③ 한국수력원자력 주식회사가 조달하는 기자재, 용역 및 정비공사기기수리의 공급자에 대한 관리업무 절차를 규정함을 목적으로 제정 운용하고 있는 '공급자관리지침' 중 등록취소 및 그에 따른 일정 기간의 거래제한조치에 관한 규정들은 상위 법령의 구체적 위임 없이 정한 것이어서 대외적 구속력이 없는 행정규칙이다.
④ 법령의 위임이 없음에도 법령에 규정된 처분요건에 해당하는 사항을 부령에서 변경하여 규정한 경우에는 그 부령의 규정은 행정청 내부의 사무처리 기준 등을 정한 것으로서 행정조직 내에서 적용되는 행정명령의 성격을 지닐 뿐 국민에 대한 대외적 구속력은 없다고 보아야 한다.

15

회독 □□□

항고소송의 대상적격에 대한 설명으로 옳지 않은 것은? (다툼이 있는 경우 판례에 의함)

① 후속처분의 내용이 종전처분의 유효를 전제로 내용 중 일부만을 철회하는 것이고 철회된 부분이 내용과 성질상 나머지 부분과 불가분적인 것이 아닌 경우, 특별한 사정이 없는 한 종전처분은 효력을 상실하고 후속처분만이 항고소송의 대상이 된다.
② 영업허가를 취소하는 처분에 대해 불가쟁력이 발생하였다면 이후 사정변경을 이유로 그 허가취소의 변경을 요구하였다가 행정청이 이를 거부한 경우, 그 거부는 원칙적으로 항고소송의 대상이 되는 처분에 해당하지 않는다.
③ 서면에 의하지 않은 재결의 경우 형식상 하자가 있으므로 재결에 대해서 항고소송을 제기할 수 있다.
④ 영업자에 대한 행정제재처분에 대하여 행정심판위원회가 영업자에게 유리한 적극적 변경명령재결을 하고 이에 따라 처분청이 변경처분을 한 경우, 그 변경처분에 의해 유리하게 변경된 행정제재가 위법하다는 이유로 그 취소를 구하려면 변경된 내용의 당초처분을 취소소송의 대상으로 하여야 한다.

16

회독 □□□

법률유보원칙에 대한 설명으로 옳지 않은 것은? (다툼이 있는 경우 판례에 의함)

① 헌법재판소는 국회의 의결을 거쳐 확정되는 예산은 일종의 법규범이지만, 법률과 달리 국가기관만 구속할 뿐 국민은 구속하지 못한다고 본다.
② 텔레비전방송수신료의 금액은 납부의무자의 범위 등과 함께 수신료에 관한 본질적인 중요한 사항이므로 국회가 스스로 결정·관여하여야 한다.
③ 중학교 의무교육의 실시 여부 자체가 의회입법사항에 해당하므로 대통령령에 위임할 수 없는 것은 별론으로 하고, 법률인 「교육법」 제8조 제3항에 의하여 이미 실시가 강제되고 있는 중학교 의무교육에 관하여 그 실시의 시기, 범위만을 대통령령으로 정할 수 있도록 위임하는 것도 의회유보의 원칙에 반한다고 할 것이다.
④ 법률유보원칙에서의 '법률'에는 국회가 제정하는 형식적 의미의 법률뿐만 아니라 법률의 위임에 따라 제정된 법규명령도 포함된다.

17

회독 □□□

행정의 실효성 확보수단에 대한 설명으로 옳은 것(○)과 옳지 않은 것(×)을 바르게 조합한 것은? (다툼이 있는 경우 판례에 의함)

> ㉠ 국유재산의 무단점유자에 대한 변상금 부과·징수권과 민사상 부당이득반환청구권은 동일한 금액 범위 내에서 경합하여 병존하게 되고, 민사상 부당이득반환청구권이 만족을 얻어 소멸하면 그 범위 내에서 변상금 부과·징수권도 소멸하는 관계에 있다.
> ㉡ 행정상 강제집행을 위해서는 의무부과의 근거법규 외에 별도의 법적근거를 요한다.
> ㉢ 노동위원회가 「근로기준법」 제33조에 따라 이행강제금을 부과하는 경우 그 30일 전까지 하여야 하는 이행강제금 부과 예고는 이행강제금 부과에 선행하는 '계고'에 해당한다.
> ㉣ 대집행 행위 자체는 행정처분으로서 공법상 행위에 해당하지만, 행정대집행의 대상이 되는 의무가 공법상 의무일 필요는 없다.

① ㉠(○), ㉡(○), ㉢(○), ㉣(×)
② ㉠(○), ㉡(○), ㉢(×), ㉣(○)
③ ㉠(×), ㉡(○), ㉢(×), ㉣(×)
④ ㉠(×), ㉡(×), ㉢(○), ㉣(○)

18

회독 □□□

「행정소송법」상 소송참가와 재심에 대한 설명으로 옳지 않은 것은? (다툼이 있는 경우 판례에 의함)

① 법원은 다른 행정청을 소송에 참가시킬 필요가 있다고 인정할 때에는 당사자 또는 당해 행정청의 신청 또는 직권에 의하여 결정으로써 그 행정청을 소송에 참가시킬 수 있다.
② 소송참가할 수 있는 행정청이 자기에게 책임 없는 사유로 소송에 참가하지 못함으로써 판결의 결과에 영향을 미칠 공격방어방법을 제출하지 못한 때에는 이를 이유로 확정된 종국판결에 대하여 재심을 청구할 수 있다.
③ 소송에 참가한 제3자는 피참가인의 소송행위에 어긋나는 행위를 할 수 있다.
④ 취소소송의 제3자 소송참가에 관한 규정은 무효등확인소송, 부작위위법확인소송에 준용될 뿐만 아니라, 당사자소송에도 준용된다.

19

회독 □□□

강학상 허가·특허·인가 등에 대한 설명으로 옳은 것은? (다툼이 있는 경우 판례에 의함)

① 구 「외자도입법」에 따른 기술도입계약에 대한 인가는 기본행위인 기술도입계약을 보충하여 그 법률상 효력을 완성시키는 보충적 행정행위에 해당한다.
② 귀화허가는 재량행위에 속하므로 귀화신청인이 귀화요건을 갖추지 못한 경우에도, 법무부장관의 재량에 의해 귀화허가를 발급할 수 있다.
③ 허가의 경우, 특별한 규정이 없는 한 허가를 받으면 관계법상의 금지가 해제될 뿐만 아니라 타법상의 제한까지 해제되는 효과가 있다.
④ 유기장 영업허가는 유기장 영업권을 설정하는 설권행위에 해당한다.

20

회독 □□□

행정심판에 대한 설명으로 옳은 것만을 모두 고르면? (다툼이 있는 경우 판례에 의함)

㉠ 「행정심판법」은 당사자심판을 청구할 수 있는 자는 행정소송의 경우와 동일하게 행정처분의 법률관계에 대한 법률상의 이익이 있어야 한다고 규정하고 있다. ㉡ 행정청의 부당한 처분을 변경하는 행정심판은 현행법상 허용되지 않는다. ㉢ 「행정심판법」상 행정심판위원회는 의무이행심판의 청구가 이유가 있다고 인정하면 지체 없이 신청에 따른 처분을 하거나 처분을 할 것을 피청구인에게 명한다. ㉣ 행정심판의 재결이 확정된 경우 처분의 기초가 된 사실관계나 법률적 판단이 확정되고 당사자들이나 법원은 이에 기속되어 모순되는 주장이나 판단을 할 수 없다.

① ㉠, ㉡ ② ㉠, ㉢
③ ㉡, ㉣ ④ ㉢

15회 행정법총론 동형모의고사

빠른 정답 p.265 / 해설 p.265

01

회독 □□□

행정법의 일반원칙에 대한 설명으로 옳지 않은 것은? (다툼이 있는 경우 판례에 의함)

① 행정청이 수입 녹용 중 전지 3대를 측정한 회분함량이 기준치를 0.5% 초과하였다는 이유로 수입 녹용 전부에 대하여 전량 폐기 또는 반송 처리를 지시한 처분은 비례원칙에 위반한 재량권을 일탈·남용한 경우에 해당한다.

② 구 「국유재산법」 제5조 제2항이 잡종재산에 대하여까지 시효취득을 배제하고 있는 것은 국가만을 우대하여 합리적 사유 없이 국가와 사인을 차별하는 것이므로 평등원칙에 위반된다.

③ 조세법률관계에서의 과세관청의 행위에 대하여 신의성실의 원칙이 적용되기 위하여는, 과세관청이 납세자에게 신뢰의 대상이 되는 공적인 견해를 표명하여야 하고, 납세자가 과세관청의 견해표명이 정당하다고 신뢰한 데 대하여 납세자에게 귀책사유가 없어야 하며, 납세자가 그 견해표명을 신뢰하고 이에 따라 무엇인가 행위를 하여야 하고, 과세관청이 위 견해표명에 반하는 처분을 함으로써 납세자의 이익이 침해되는 결과가 초래되어야 한다.

④ 도시계획구역 내 생산녹지로 답(畓)인 토지에 대하여 종교회관 건립을 이용목적으로 하는 토지거래계약의 허가를 받으면서, 담당공무원이 관련 법규상 허용된다고 하여 이를 신뢰하고 건축준비를 하였으나, 그 후 토지형질변경허가신청을 불허가한 것은 신뢰보호의 원칙에 위반된다.

02

회독 □□□

행정법률관계에 대한 설명으로 옳은 것만을 모두 고르면? (다툼이 있는 경우 판례에 의함)

> ㉠ 주택재개발정비사업 재개발조합과 조합장 또는 조합임원 사이의 선임·해임 등을 둘러싼 법률관계는 사법상의 법률관계로서 그 조합장 또는 조합임원의 지위를 다투는 소송은 민사소송에 의하여야 할 것이다.
> ㉡ 행정임무를 자기 책임 하에 수행함이 없이 단순한 기술적 집행만을 행하는 사인을 공무수탁사인이라 한다.
> ㉢ 법률관계의 한쪽 당사자가 행정주체인 경우에는 공법관계로 보는 것이 판례의 일관된 입장이다.
> ㉣ 관리관계는 공법관계에 속하지만 원칙적으로 사법규정이 적용된다.

① ㉠, ㉡　　② ㉠, ㉣
③ ㉡, ㉢　　④ ㉢, ㉣

03

회독 □□□

행정행위에 대한 설명으로 옳은 것은? (다툼이 있는 경우 판례에 의함)

① 운전면허취소처분을 받은 자가 그 처분 이후 쟁송기간 중에 자동차를 운전하였다면, 이후 항고소송에 의하여 운전면허취소처분이 취소되었더라도 취소처분의 공정력으로 인해 그 운전행위는 무면허운전에 해당한다.

② 공무원 임용을 위한 면접전형에 있어서 임용신청자의 능력이나 적격성 등에 관한 판단은 면접위원의 고도의 교양과 학식, 경험에 기초한 자율적 판단에 의존하는 것으로서 오로지 면접위원의 자유재량에 속한다.

③ 구 「주택건설촉진법」에 의한 주택건설사업계획 사전결정이 있는 경우 주택건설계획 승인 처분은 사전결정에 기속되므로 다시 승인 여부를 결정할 수 없다.

④ 「건축법」상 건축허가신청의 경우 심사 결과 그 신청이 법정요건에 합치하는 경우라 할지라도 소음공해, 먼지 발생, 주변인 집단 민원 등의 사유가 있는 경우 이를 불허가사유로 삼을 수 있고, 그러한 불허가처분이 비례원칙 등을 준수하였다면 처분 자체의 위법성은 인정될 수 없다.

04

회독 □□□

행정입법에 대한 설명으로 옳은 것만을 모두 고르면? (다툼이 있는 경우 판례에 의함)

> ㉠ 훈령, 지시, 예규, 일일명령 등 행정기관이 그 하급기관이나 소속 공무원에 대하여 일정한 사항을 지시하는 문서는 지시문서이다.
> ㉡ 상급행정청의 감독권의 대상에는 하급행정청의 행정입법권 행사도 포함되므로, 상급행정청이 하급행정청의 법규명령을 직접 폐지할 수도 있다.
> ㉢ 법률에서 위임받은 사항을 전혀 규정하지 아니하고 그대로 재위임하는 것은 허용되지 않으며, 위임받은 사항에 관하여 대강(大綱)을 정하고 그중의 특정사항을 범위를 정하여 하위법령에 다시 위임하는 경우에만 재위임이 허용된다.
> ㉣ 국무총리 또는 행정각부의 장이 소관사무에 관하여 법률이나 대통령령의 위임 또는 직권으로 총리령 또는 부령을 발할 수 있는 것은 별론으로 하고, 행정 각부가 아닌 국무총리 소속의 독립기관도 독립하여 법규명령을 발할 수 있다.
> ㉤ 법률조항의 위임에 따라 대통령령으로 규정한 내용이 헌법에 위반되는 경우라고 해서, 모법인 해당 수권 법률조항까지 그로 인하여 위헌으로 되는 것은 아니다.

① ㉠, ㉡, ㉢　　② ㉠, ㉢, ㉤
③ ㉡, ㉣　　④ ㉢, ㉣, ㉤

05

회독 □□□

신고와 수리에 대한 설명으로 옳지 않은 것은? (다툼이 있는 경우 판례에 의함)

① 대물적 허가를 받아 영업을 하는 甲이 자신의 영업을 乙에게 양도하고자 乙과 영업의 양도·양수계약을 체결하고 관련 법에 따라 관할 A행정청에 지위 승계 신고를 한 경우, 적법한 지위승계신고를 하였다 하더라도 A행정청이 수리를 거부하면 乙에게 영업양수의 효과가 발생하지 아니한다.
② 건축물의 소유권을 둘러싸고 소송이 계속 중인 경우, 판결로 그 소유권 귀속이 확정될 때까지 행정청이 건축주명의 변경신고의 수리를 거부할 수 있다.
③ 「행정절차법」은 '법령등에서 행정청에 일정한 사항을 통지함으로써 의무가 끝나는 신고'에 대하여 '그 밖에 법령등에 규정된 형식상의 요건에 적합할 것'을 그 신고의무 이행요건의 하나로 정하고 있다.
④ 법령 등에서 행정청에 일정한 사항을 통지함으로써 의무가 끝나는 신고를 규정하고 있는 경우에, 신고의 내용이 현저히 공익을 해친다고 판단된다는 이유로 행정청이 신고인에게 보완을 요구하고 그럼에도 불구하고 그 상당한 기간 내에도 보완을 하지 않았을 경우에는 이를 되돌려 보낼 수 있다.

06

회독 □□□

「공익사업을 위한 토지 등의 취득 및 보상에 관한 법률」상 손실보상에 대한 설명으로 옳지 않은 것은? (다툼이 있는 경우 판례에 의함)

① 잔여지수용의 청구는 잔여지매수에 관한 협의가 성립되지 않은 경우에 한하되, 해당 사업의 공사완료일까지 하여야 하며, 토지소유자가 그 기간 내에 잔여지 수용청구권을 행사하지 않았다면 그 권리는 소멸한다.
② 잔여지 수용청구의 의사표시는 토지소유자가 관할 토지수용위원회에 하여야 하는 것으로서, 원칙적으로 사업시행자에게 한 잔여지 매수청구의 의사표시를 관할 토지수용위원회에 한 잔여지 수용청구의 의사표시로 볼 수는 없다.
③ 수용재결에 대한 이의의 신청은 사업의 진행 및 토지의 수용 또는 사용을 정지시키지 않는다.
④ 수용재결의 대상이 된 토지의 소유자가 손실보상금의 증액을 쟁송상 구하는 경우, 전심절차로서 이의신청에 대한 재결을 거치지 않고 곧바로 사업시행자를 피고로 하여 보상금증액청구소송을 제기하는 것은 재결전치주의에 반하여 허용되지 않는다.

07

회독 □□□

항고소송의 대상적격 및 소의 이익에 대한 설명으로 옳지 않은 것은? (다툼이 있는 경우 판례에 의함)

① 헌법재판소에 의하면, 도시계획사업의 시행으로 토지를 수용당하여 토지에 대한 소유권을 상실한 사람에게도 도시계획결정과 토지수용이 당연무효가 아닌 한 그 토지에 대한 도시계획결정 자체의 취소를 청구할 법률상의 이익이 인정된다.
② 처분청이 당초의 운전면허 취소처분을 철회하고 새로이 운전면허 정지처분을 하였다면, 운전면허 취소처분은 철회로 인하여 그 효력이 상실되어 더 이상 존재하지 않는 것이므로, 운전면허 취소처분이 유효하게 존재함을 전제로 위 취소처분을 소송의 대상으로 보고 위 취소처분의 위법 여부에 대한 본안판단을 한 판결에는 취소소송의 대상 또는 소의 이익에 관한 법리를 오해한 위법이 있다.
③ 「도시 및 주거환경정비법」상 주택재건축정비사업조합을 상대로 관리처분계획안에 대한 조합 총회결의의 효력 등을 다투는 소송은 관리처분계획의 인가·고시가 있은 이후라면 특별한 사정이 없는 한 허용되지 않는다.
④ 고등학교 졸업학력 검정고시에 합격하였다 하더라도, 고등학교졸업이 대학입학자격이나 학력인정으로서의 의미밖에 없다고 할 수는 없으므로, 고등학교에서 퇴학처분을 받은 자는 퇴학처분의 취소를 구할 협의의 소익이 있다.

08

회독 □ □ □

행정상 강제집행에 대한 설명으로 옳은 것(○)과 옳지 않은 것(×)을 바르게 조합한 것은? (다툼이 있는 경우 판례에 의함)

> ㉠ 법령상 부작위의무 위반에 대해 작위의무를 부과할 수 있는 법령의 근거가 없음에도, 행정청이 작위의무를 명한 후 그 의무불이행을 이유로 대집행계고처분을 한 경우 그 계고처분은 무효이다.
> ㉡ 관계법령에 위반하여 장례식장 영업을 하고 있는 자의 장례식장 사용중지의무는 「행정대집행법」에 의한 대집행의 대상이 된다.
> ㉢ 이행강제금은 심리적 압박을 통하여 간접적으로 의무이행을 확보하는 수단인 행정벌과는 달리 의무이행의 강제를 직접적인 목적으로 하므로, 강학상 직접강제에 해당한다.
> ㉣ 행정법상 의무를 이행하지 않는다는 사유로 이행강제금을 부과한 뒤 다시 같은 사유로 반복하여 이행강제금을 부과할 수 있다.

① ㉠(○), ㉡(○), ㉢(○), ㉣(×)
② ㉠(○), ㉡(×), ㉢(×), ㉣(○)
③ ㉠(×), ㉡(○), ㉢(×), ㉣(×)
④ ㉠(×), ㉡(×), ㉢(○), ㉣(○)

09

회독 □ □ □

다음 사례에 대한 설명으로 옳지 않은 것을 고르시오. (다툼이 있는 경우 판례에 의함)

> 건축주 甲은 토지소유자 乙과 매매계약을 체결하고 乙로부터 토지사용승낙서를 받아 乙의 토지 위에 건축물을 건축하는 건축허가를 관할 행정청인 A시장으로부터 받았다. 매매계약서에 의하면 甲이 잔금을 기일 내에 지급하지 못하면 즉시 매매계약이 해제될 수 있고 이 경우 토지사용승낙서는 효력을 잃으며 甲은 건축허가를 포기·철회하기로 甲과 乙이 약정하였다. 乙은 甲이 잔금을 기일 내에 지급하지 않자 甲과의 매매계약을 해제하였다.

① 착공에 앞서 甲의 귀책사유로 해당 토지를 사용할 권리를 상실한 경우, 乙은 A시장에 대하여 건축허가의 철회를 신청할 수 있다.
② 건축허가는 대물적 성질을 갖는 것이어서 행정청으로서는 그 허가를 할 때에 건축주 또는 토지소유자가 누구인지 등 인적 요소에 관하여는 형식적 심사만 한다.
③ A시장은 건축허가 당시 별다른 하자가 없었고 철회의 법적근거가 없으므로 건축허가를 철회할 수 없다.
④ 철회권의 행사는 기득권의 침해를 정당화할 만한 중대한 공익상의 필요 또는 제3자의 이익을 보호할 필요가 있고, 공익상의 필요 등이 상대방이 입을 불이익을 정당화할 만큼 강한 경우에 한해 허용될 수 있다.

10

회독 □ □ □

국가배상책임에 대한 설명으로 옳지 않은 것은? (다툼이 있는 경우 판례에 의함)

① 「자동차손해배상 보장법」은 배상책임의 성립요건에 관하여 「국가배상법」에 우선하여 적용된다.
② 국회의원의 입법행위는 그 입법내용이 헌법의 문언에 명백히 위배됨에도 불구하고 국회가 굳이 당해 입법을 한 것과 같은 특수한 경우가 아닌 한, 「국가배상법」 제2조 제1항 소정의 위법행위에 해당된다고 볼 수 없다.
③ 「국가배상법」은 생명·신체의 침해에 대한 위자료의 지급만을 규정하고 있으므로, 재산권의 침해에 대해서는 위자료를 청구할 수 없다.
④ 공무원에게 고의나 중과실이 있어 그에 대한 구상권의 행사가 가능한 경우라 하더라도, 그 구상권의 행사에는 신의칙상의 제한이 있다.

11

회독 □□□

행정의 실효성 확보수단에 대한 설명으로 옳지 않은 것은? (다툼이 있는 경우 판례에 의함)

① 행정법규 위반에 대하여 가하는 각종 제재조치들은 행정법규 위반이라는 객관적 사실에 착안하여 가해지는 것이기 때문에, 별도의 규정이 없다면, 반드시 현실적인 행위자가 아니라도 법령상 책임자로 규정된 자에게 부과되고, 특별한 사정이 없는 한 위반자에게 고의나 과실이 없더라도 부과할 수 있다.

② 피고인이 「행형법」에 의한 징벌을 받아 그 집행을 종료한 뒤에 형사처벌을 한다고 하여 일사부재리의 원칙에 반하는 것은 아니다.

③ 양벌규정에 의한 법인의 처벌은 어디까지나 행정적 제재처분일 뿐 형벌과는 성격을 달리한다.

④ 양벌규정에 의한 영업주의 처벌에 있어서 종업원의 범죄성립이나 처벌은 업주 처벌의 전제조건이 되지 않는다.

12

회독 □□□

「공공기관의 정보공개에 관한 법률」에 따른 정보공개에 대한 설명으로 옳지 않은 것은? (다툼이 있는 경우 판례에 의함)

① 다른 법률 또는 법률에서 위임한 대통령령 및 총리령에 따라 비밀이나 비공개사항으로 규정된 정보는 비공개의 대상이 된다.

② 「교육공무원승진규정」 제26조에서 근무성적평정의 결과를 공개하지 아니한다고 규정하고 있다고 하더라도, 이를 근거로 정보공개청구를 거부하는 것은 위법하다.

③ 학교폭력대책자치위원회가 피해학생의 보호를 위한 조치, 가해학생에 대한 조치, 학교폭력과 관련된 분쟁의 조정 등에 관하여 심의한 결과를 기재한 회의록은 「공공기관의 정보공개에 관한 법률」 소정의 비공개대상 정보에 해당한다.

④ 공개될 경우 부동산 투기 등으로 특정인에게 이익 또는 불이익을 줄 우려가 있다고 인정되는 정보는 공개하지 아니할 수 있다.

13

회독 □□□

형성적 행정행위에 대한 설명으로 옳지 않은 것은? (다툼이 있는 경우 판례에 의함)

① 주택재개발정비사업조합의 설립인가신청에 대하여 행정청의 인가처분이 있은 이후에 조합설립결의에 하자가 있음을 이유로 조합설립의 효력을 부정하기 위해서는 인가처분의 효력을 다툴 것이 아니라, 조합설립결의를 대상으로 소를 제기하여야 한다.

② 기본행위가 성립하지 않거나 무효인 경우에는 인가가 있어도 당해 인가는 무효가 된다.

③ 구 도시정비법령이 정한 동의요건을 갖추고 창립총회를 거쳐 주택재개발조합이 성립한 이상, 이미 소멸한 추진위원회구성승인처분의 하자를 들어 조합설립인가처분이 위법하다고 볼 수 없지만, 추진위원회 구성승인처분의 위법으로 그 추진위원회의 조합설립인가 신청행위가 무효라고 평가될 수 있는 특별한 사정이 있는 경우라면, 그 신청행위에 기초한 조합설립인가처분이 위법하다고 볼 수 있다.

④ 토지 등 소유자들이 도시환경정비사업을 위한 조합을 따로 설립하지 아니하고 직접 그 사업을 시행하고자 하는 경우, 사업시행계획인가처분은 일종의 설권적 처분의 성격을 가지므로 토지 등 소유자들이 작성한 사업시행계획은 독립된 행정처분이 아니다.

14

회독 □□□

취소소송의 제소기간에 대한 설명으로 옳지 않은 것은? (다툼이 있는 경우 판례에 의함)

① 처분이 있음을 안 날부터 90일이 경과하였으나, 아직 처분이 있은 날부터 1년이 경과되지 않은 시점에서 제기된 취소소송은 취소소송의 요건을 충족하지 않은 경우에 해당한다.

② 처분 당시에는 취소소송의 제기가 법제상 허용되지 않아 소송을 제기할 수 없다가 위헌결정으로 인하여 비로소 취소소송을 제기할 수 있게 된 경우, 객관적으로는 위헌결정이 있은 날, 주관적으로는 위헌결정이 있음을 안 날을 취소소송 제소기간의 기산점으로 삼아야 한다.

③ 특정인에 대한 행정처분을 송달할 수 없어 관보 등에 공고한 경우에는, 상대방이 당해 처분이 있었다는 사실을 현실적으로 알았는지 여부와 관계없이, 공고가 효력을 발생하는 날로부터 90일 이내에 취소소송을 제기하여야 한다.

④ 제소기간의 적용에 있어 '처분이 있음을 안 날'이란 당해 처분이 있었다는 사실을 현실적으로 안 날을 의미하는 것이지, 구체적으로 그 처분의 위법 여부를 판단한 날을 의미하는 것은 아니다.

15

회독 □□□

「개인정보 보호법」에 대한 설명으로 옳지 않은 것은? (다툼이 있는 경우 판례에 의함)

① 개인정보 처리위탁에 있어 수탁자는 정보제공자의 관리·감독 아래 위탁받은 범위 내에서만 개인정보를 처리하게 되므로, 위탁자로부터 위탁사무 처리에 따른 대가를 지급받는다 하더라도 개인정보 처리에 관하여 독자적인 이익을 가진다고 할 수 없어, 그러한 수탁자는 「개인정보 보호법」 제17조에 의해 개인정보처리자가 정보주체의 개인정보를 제공할 수 있는 '제3자'에 해당하지 않는다.

② 개인정보 단체소송은 개인정보처리자가 「개인정보 보호법」 상의 집단분쟁조정을 거부하거나 집단분쟁조정의 결과를 수락하지 아니한 경우에 법원의 허가를 받아 제기할 수 있다.

③ 헌법재판소는 개인정보자기결정권을 사생활의 비밀과 자유, 일반적 인격권 등을 이념적 기초로 하는 독자적 기본권으로서 헌법에 명시되지 않은 기본권으로 보고 있다.

④ 시장·군수 또는 구청장이 개인의 지문정보를 수집하고, 경찰청장이 이를 보관·전산화하여 범죄수사목적에 이용하는 것은 개인정보자기결정권을 제한하는 것이 아니다.

16

회독 □□□

행정행위의 하자에 대한 설명으로 옳은 것은? (다툼이 있는 경우 판례에 의함)

① A시 시장은 학교용지 확보 등에 관한 특례법 관계 조항에 따라 공동주택을 분양받은 甲, 乙에게 학교용지 부담금을 부과하였는데, 이후 해당 조항에 대하여 甲이 소송으로 다투어 법원의 위헌법률심판제청에 따라 헌법재판소가 위헌결정을 한 경우, 乙이 부담금을 납부한 후 부담금부과처분에 대해 행정소송을 제기하여 현재 그 소가 계속 중인 경우에도 乙이 위헌법률심판제청신청을 하지 않았다면 乙에게는 위헌결정의 소급효가 미치지 않는다.

② 법령상 지방자치단체장이 제정하는 행정입법인 '규칙'으로써 위임해야 함에도 불구하고 '조례'인 서울특별시행정권한위임 조례로써 위임함에 따라 조례에 의해 건설영업정지처분 권한이 구청장에게 위임되었고, 그에 근거하여 구청장이 건설영업정지처분을 하였다면, 그 건설영업정지처분은 당연무효이다.

③ 민원사무를 처리하는 행정기관이, 민원 1회방문 처리제를 시행하는 절차의 일환으로 민원사항의 심의·조정 등을 위한 민원조정위원회를 개최하면서, 민원인에게 회의일정 등을 사전에 통지하지 아니하였다 하더라도, 이러한 사정만으로 곧바로 민원사항에 대한 행정기관의 장의 거부처분에 취소사유에 이를 정도의 흠이 존재한다고 보기는 어렵다.

④ 학교법인의 이사장이 학교법인의 기본재산 교환허가신청을 함에 있어서 이사회의 승인의결을 받음이 없이 이사회 회의록 사본을 위조하여 교환허가신청서에 첨부하였고, 학교법인의 감독청인 부산시교육위원회가 이를 토대로 학교법인 기본재산 교환허가처분을 한 경우, 이 사건 허가처분의 하자는 취소사유에 해당한다.

17

회독 □□□

행정행위의 직권취소와 철회에 대한 설명으로 옳지 않은 것은? (다툼이 있는 경우 판례에 의함)

① 권한 없는 행정기관이 한 당연무효인 행정처분을 취소할 수 있는 권한은 당해 행정처분을 한 처분청에게 속하고, 당해 행정처분을 할 수 있는 적법한 권한을 가지는 행정청에게 그 취소권이 귀속되는 것이 아니다.

② 지방병무청장이 재신체검사 등을 거쳐 현역병입영대상편입처분을 보충역편입처분이나 제2국민역편입처분으로 변경하거나, 보충역편입처분을 제2국민역편입처분으로 변경한 경우, 그 후 새로운 병역처분의 성립에 하자가 있었음을 이유로 하여 이를 취소하였다면, 그와 같은 취소처분으로 인하여 종전의 병역처분의 효력이 되살아난다.

③ 광업권 허가에 대한 취소처분을 한 후 적법한 광업권 설정의 선출원이 있었던 경우에는, 취소처분을 취소하여 광업권을 복구시키는 조처는 위법하다.

④ 행정청이 의료법인의 이사에 대한 이사취임승인취소처분을 직권으로 취소하면 이사의 지위가 소급하여 회복된다.

18

회독 □□□

행정절차에 대한 설명으로 옳은 것은? (다툼이 있는 경우 판례에 의함)

① 행정청은 대통령령·총리령·부령을 입법예고하는 경우 그 입법예고안을 10일 이내에 국회 소관 상임위원회에 제출하여야 한다.

② 행정청은 국민생활에 매우 큰 영향을 주는 사항, 많은 국민의 이해가 상충되는 사항, 많은 국민에게 불편이나 부담을 주는 사항, 그 밖에 널리 국민의 의견을 수렴할 필요가 있는 사항에 대한 정책, 제도 및 계획을 수립·시행하거나 변경하려는 경우에 한하여 이를 예고할 의무가 있다.

③ 행정청은 국민에게 영향을 미치는 주요 정책 등에 대하여 국민의 다양하고 창의적인 의견을 널리 수렴하기 위하여 정보통신망을 이용한 전자적 정책토론을 실시하여야 한다.

④ 입법예고기간은 예고할 때 정하되, 특별한 사정이 없으면 40일(자치법규는 20일) 이상으로 한다.

19

회독 □□□

다음 중 옳지 않은 것은? (다툼이 있는 경우 판례에 의함)

① 확정된 청구기각판결의 형성력은 소송당사자인 원고와 피고행정청 사이에 발생할 뿐 아니라 제3자에게도 미친다.

② 법관 甲이 이미 수령한 명예퇴직수당액이 구 「법관 및 법원공무원 명예퇴직수당 등 지급규칙」에서 정한 정당한 명예퇴직수당액에 미치지 못한다고 주장하여 차액의 지급을 신청하였으나 법원행정처장이 이를 거부한 경우, 미지급명예퇴직수당액지급을 구하는 당사자소송으로 다투어야 한다.

③ 국세환급금결정 신청에 대한 환급거부결정은 항고소송의 대상이 되는 처분에 해당하지 않는다.

④ 개발부담금부과처분에 대한 취소소송에서 당사자가 제출한 자료에 의하여 정당한 부과금액을 산출할 수 없는 경우에는, 법원은 정당한 부과금액을 초과하는 부분만을 취소할 수는 없고 부과처분 전부를 취소할 수밖에 없다.

20

회독 □□□

행정지도에 대한 설명으로 옳은 것은? (다툼이 있는 경우 판례에 의함)

① 행정지도는 법적 효과의 발생을 목적으로 하는 의사표시이다.

② 「국가배상법」이 정한 배상청구의 요건인 '공무원의 직무행위'에는 권력적 작용만이 아니라 행정지도와 같은 비권력적 작용도 포함된다.

③ 강제성을 띠지 아니한 행정지도로 인하여 국민에게 손해가 발생한 경우에는, 그러한 손해가 있다는 사정만으로 행정청은 손해배상책임이 있다.

④ 구 재무부(현 기획재정부)의 주거래은행에 대한 행정지도(매각권유의 지시)가 위헌이라면, 주거래은행의 권유로 매각조건에 관한 오랜 협상을 통해 주식 매매계약이 성립되었다고 하더라도 구 재무부(현 기획재정부)의 행정지도는 강박이 되고 당해 주식 매매계약은 무효이다.

유대웅

행정법총론

불🔥동형
모의고사

불합격을 불가능하게 하늘 15회분 모의고사

행정법총론

정답과 해설

ADMINISTRATIVE LAW

01회 정답과 해설

문제 p.6

Answer

01	④	06	③	11	③	16	④
02	③	07	①	12	③	17	④
03	④	08	②	13	②	18	①
04	②	09	④	14	①	19	③
05	④	10	②	15	③	20	③

01

행정행위의 부관에 대한 설명으로 옳은 것은? (다툼이 있는 경우 판례에 의함)

① 부관 중에서 기한은 독립쟁송의 대상이 되지 못하므로 행정행위에 부가된 허가기간은 그 자체로서 항고소송의 대상이 될 수 없고, 그 기간의 연장신청 거부에 대해서도 항고소송을 제기할 수 없다.

② 공유수면매립준공인가처분 중 매립지 일부에 대하여 한 국가 및 지방자치단체에의 귀속처분은 독립하여 행정소송의 대상이 될 수 있다.

③ 행정청이 행정처분을 하면서 부담을 부가하는 경우 일방적으로 부담을 부가할 수는 있지만, 부담을 부가하기 이전에 상대방과 협약의 형식으로 미리 정한 다음 행정처분을 하면서 이를 부가할 수는 없다.

④ 사정변경으로 인하여 처분에 부가되어 있는 부담의 목적을 달성할 수 없게 되어 부담의 내용을 변경하는 것은 법률의 근거 규정이 없이도 할 수 있다.

해설 정답 ❹

① (×) "행정행위에 부가된 허가기간은 그 자체로서 항고소송의 대상이 될 수는 없지만, 그 기간의 연장신청 거부에 대해서는 항고소송을 제기할 수 있다."(대법원 1991. 8. 27. 90누7920)

② (×) "행정행위의 부관은 부담의 경우를 제외하고는 독립하여 행정소송의 대상이 될 수 없는 것인바, 행정청이 한 공유수면매립준공인가 중 매립지 일부에 대하여 한 국가귀속처분은 매립준공인가를 함에 있어서 매립의 면허를 받은 자의 매립지에 대한 소유권취득을 규정한 공유수면매립법 제14조의 효과 일부를 배제하는 부관을 붙인 것이므로 이러한 행정행위의 부관에 대하여는 독립하여 행정소송의 대상으로 삼을 수 없다."(대법원 1991. 12. 13. 90누8503)

③ (×) "수익적 행정처분에 있어서는 법령에 특별한 근거규정이 없다고 하더라도 그 부관으로서 부담을 붙일 수 있고, 그와 같은 부담은 행정청이 행정처분을 하면서 일방적으로 부가할 수도 있지만 부담을 부가하기 이전에 상대방과 협의하여 부담의 내용을 협약의 형식으로 미리 정한 다음 행정처분을 하면서 이를 부가할 수도 있다"(대법원 2009. 2. 12. 2005다65500).

④ (○) "행정처분에 이미 부담이 부가되어 있는 상태에서 그 의무의 범위 또는 내용 등을 변경하는 부관의 사후변경은, 법률에 명문의 규정이 있거나 그 변경이 미리 유보되어 있는 경우 또는 상대방의 동의가 있는 경우에 한하여 허용되는 것이 원칙이지만, 사정변경으로 인하여 당초에 부담을 부가한 목적을 달성할 수 없게 된 경우에도 그 목적 달성에 필요한 범위 내에서 예외적으로 허용된다."(대법원 1997. 5. 30. 97누2627)

02

「행정절차법」에 대한 설명으로 옳은 것은? (다툼이 있는 경우 판례에 의함)

① 외국인의 출입국에 관한 사항은 「행정절차법」이 적용되지 않으므로, 미국국적을 가진 교민에 대한 사증거부처분에 대해서도 처분의 방식에 관한 「행정절차법」 제24조는 적용되지 않는다.

② 상대방의 귀책사유로 야기된 처분의 하자를 이유로 수익적 행정행위를 취소하는 경우는 특별한 규정이 없는 한 「행정절차법」상 사전통지의 대상이 되지 않는다.

③ 퇴직연금의 환수결정은 당사자에게 의무를 과하는 처분이기는 하나 관련 법령에 따라 당연히 환수금액이 정하여지는 것이므로, 퇴직연금의 환수결정에 앞서 당사자에게 의견진술의 기회를 주지 아니하여도 「행정절차법」에 어긋나지 않는다.

④ 행정청은 법령상 청문실시의 사유가 있는 경우에는 당사자가 의견진술의 기회를 포기한다는 뜻을 명백히 표시한 경우라도 의견청취를 하여야 한다.

해설 정답 ❸

① (×) "외국인의 사증발급 신청에 대한 거부처분은 당사자에게 의무를 부과하거나 적극적으로 권익을 제한하는 처분이 아니므로, 행정절차법 제21조 제1항에서 정한 '처분의 사전통지'와 제22조 제3항에서 정한 '의견제출 기회 부여'의 대상은 아니다. 그러나 사증발급 신청에 대한 거부처분이 성질상 행정절차법 제24조에서 정한 '처분서 작성·교부'를 할 필요가 없거나 곤란하다고 일률적으로 단정하기 어렵다. 또한 출입국관리법령에 사증발급 거부처분서 작성에 관한 규정을 따로 두고 있지 않으므로, 외국인의 사증발급 신청에 대한 거부처분을 하면서 행정절차법 제24조에 정한 절차를 따르지 않고 '행정절차에 준하는 절차'로 대체할 수도 없다."(대법원 2019. 7. 11. 2017두38874)

② (×) 수익적 행정행위를 취소하는 것은 침익적 행정행위이므로 사전통지와 의견청취의 대상이 된다. 상대방에게 귀책사유가 있었다는 점은 사전통지 면제사유가 아니다.

③ (○) "퇴직연금의 환수결정은 당사자에게 의무를 과하는 처분이기는 하나, 관련 법령에 따라 당연히 환수금액이 정하여지는 것이므로, 퇴직연금의 환수결정에 앞서 당사자에게 의견진술의 기회를 주지 아니하여도 행정절차법 제22조 제3항이나 신의칙에 어긋나지 아니한다."(대법원 2000. 11. 28. 99두5443)

④ (×) 행정청은 법령상 청문실시의 사유가 있는 경우에도 당사자가 의견진술의 기회를 포기한다는 뜻을 명백히 표시한 경우에는 의견청취를 하지 않을 수 있다(행정절차법 제22조 제4항).

행정절차법 제22조(의견청취) ④ 제1항부터 제3항까지의 규정에도 불구하고 제21조 제4항 각 호의 어느 하나에 해당하는 경우와 당사자가 의견진술의 기회를 포기한다는 뜻을 명백히 표시한 경우에는 의견청취를 하지 아니할 수 있다.

03

「행정대집행법」상 행정대집행에 대한 설명으로 옳지 않은 것은? (다툼이 있는 경우 판례에 의함)

① 행정청이 「행정대집행법」 제3조 제1항에 의한 대집행계고를 함에 있어서는 의무자가 스스로 이행하지 아니하는 경우에 대집행할 행위의 내용 및 범위가 구체적으로 특정되어야 하나, 그 행위의 내용 및 범위는 반드시 대집행계고서에 의하여서만 특정되어야 하는 것이 아니고 계고처분 전후에 송달된 문서나 기타 사정을 종합하여 행위의 내용이 특정되면 족하다.

② 「건축법」에 위반하여 증·개축함으로써 철거의무가 있더라도 그 철거의무를 대집행하기 위한 계고처분을 하려면 다른 방법으로 그 이행의 확보가 어렵고, 그 불이행을 방치함이 심히 공익을 해하는 것으로 인정되는 경우에 한한다.

③ 제1차로 창고건물의 철거 및 하천부지에 대한 원상복구명령을 하였음에도 불구하고 이에 불응하므로 대집행계고를 하면서 다시 자진철거 및 토사를 반출하여 하천부지를 원상복구할 것을 명한 경우, 대집행계고서에 기재된 자진철거 및 원상복구명령은 취소소송의 대상이 되는 독립한 행정처분이라 할 수 없다.

④ 대집행의 대상이 되는 행위는 법률에서 직접 명령된 것이어야 하고, 법률에 의거한 행정청의 명령에 의한 행위는 대집행의 대상이 될 수 없다.

해설 정답 ④

① (○) "행정청이 행정대집행법 제3조 제1항에 의한 대집행계고를 함에 있어서는 의무자가 스스로 이행하지 아니하는 경우에 대집행할 행위의 내용 및 범위가 구체적으로 특정되어야 하나, 그 행위의 내용 및 범위는 반드시 대집행계고서에 의하여서만 특정되어야 하는 것이 아니고 계고처분 전후에 송달된 문서나 기타 사정을 종합하여 행위의 내용이 특정되면 족하다."(대법원 1994. 10. 28. 94누5144)

② (○) "건축법에 위반하여 증, 개축함으로써 철거의무가 있더라도 행정대집행법 제2조에 의하여 그 철거의무를 대집행하기 위한 계고처분을 하려면 다른 방법으로는 그 이행의 확보가 어렵고, 그 불이행을 방치함이 심히 공익을 해하는 것으로 인정되는 경우에 한한다."(대법원 1989. 7. 11. 88누11193)

③ (○) 대집행계고가 처분이 아니라는 것이 아니다. 그와 함께 이루어진 철거 및 원상복구명령이 처분이 아니라는 말이다. **판례** "제1차로 창고건물의 철거 및 하천부지에 대한 원상복구명령을 하였음에도 이에 불응하므로 대집행계고를 하면서 다시 자진철거 및 토사를 반출하여 하천부지를 원상복구할 것을 명한 경우, 행정대집행법상의 철거 및 원상복구의무는 제1차 철거 및 원상복구명령에 의하여 이미 발생하였다 할 것이어서, 대집행계고서에 기재된 자진철거 및 원상복구명령은 새로운 의무를 부과하는 것이라고 볼 수 없으며, 단지 종전의 철거 및 원상복구를 독촉하는 통지에 불과하므로 취소소송의 대상이 되는 독립한 행정처분이라고 할 수 없고(대법원 2000. 2. 22. 선고 98두4665 판결 참조), 대집행계고서에 기재된 철거 및 원상복구의무의 이행기한은 행정대집행법 제3조 제1항에 따른 이행기한을 정한 것에 불과하다고 할 것이다."(대법원 2004. 6. 10. 2002두12618)

④ (×) 법률에 의하여 직접명령된 것뿐만 아니라, 법률에 의거한 행정청의 명령에 의한 행위도 대집행의 대상이 될 수 있다(행정대집행법 제2조).

> **행정대집행법 제2조(대집행과 그 비용징수)** 법률(법률의 위임에 의한 명령, 지방자치단체의 조례를 포함한다. 이하 같다)에 의하여 직접명령되었거나 또는 법률에 의거한 행정청의 명령에 의한 행위로서 타인이 대신하여 행할 수 있는 행위를 의무자가 이행하지 아니하는 경우 다른 수단으로써 그 이행을 확보하기 곤란하고 또한 그 불이행을 방치함이 심히 공익을 해할 것으로 인정될 때에는 당해 행정청은 스스로 의무자가 하여야 할 행위를 하거나 또는 제삼자로 하여금 이를 하게 하여 그 비용을 의무자로부터 징수할 수 있다.

04

「행정심판법」상 행정심판에 대한 설명으로 옳지 않은 것은? (다툼이 있는 경우 판례에 의함)

① 「행정심판법」상 관계 행정기관의 장이 특별행정심판 또는 「행정심판법」에 따른 행정심판 절차에 대한 특례를 신설하거나 변경하는 법령을 제정·개정할 때에는 미리 중앙행정심판위원회와 협의하여야 한다.

② 거부처분이 취소심판의 대상이 될 수 있으므로, 거부처분의 상대방이 거부처분에 대해 의무이행심판을 청구하는 것은 허용되지 않는다.

③ 행정처분의 직접상대방이 아닌 제3자는 일반적으로 처분이 있다는 것을 바로 알 수 없는 처지에 있으므로, 기간 내에 처분이 있은 것을 알았거나 쉽게 알 수 있어 심판청구를 할 수 있었다고 볼 만한 특별한 사정이 없는 한, 「행정심판법」 제27조 제3항 본문의 적용을 배제할 "정당한 사유"가 있는 경우에 해당한다고 보아 객관적 심판청구기간이 경과한 뒤에도 심판청구를 할 수 있다.

④ 행정심판위원회는 임시처분을 결정한 후에 임시처분이 공공복리에 중대한 영향을 미치는 경우에는 직권으로 또는 당사자의 신청에 의하여 이 결정을 취소할 수 있다.

해설 정답 ②

① (○) 행정심판법 제4조 제3항

> **행정심판법 제4조(특별행정심판 등)** ③ 관계 행정기관의 장이 특별행정심판 또는 이 법에 따른 행정심판 절차에 대한 특례를 신설하거나 변경하는 법령을 제정·개정할 때에는 미리 중앙행정심판위원회와 협의하여야 한다.

② (×) 거부처분에 대하여서는 의무이행심판을 제기할 수도 있고, 취소심판을 제기할 수도 있다.

③ (○) "행정심판법 제18조 제3항에 의하면 행정처분의 상대방이 아닌 제3자라도 처분이 있은 날로부터 180일을 경과하면 행정심판청구를 제기하지 못하는 것이 원칙이지만, 다만 정당한 사유가 있는 경우에는 그러하지 아니하도록 규정되어 있는바, 행정처분의 직접 상대방이 아닌 제3자는 일반적으로 처분이 있는 것을 바로 알 수 없는 처지에 있으므로, 위와 같은 심판청구기간 내에 심판청구를 제기하지 아니하였다고 하더라도, 그 기간 내에 처분이 있은 것을 알았거나 쉽게 알 수 있었기 때문에 심판청구를 제기할 수 있었다고 볼 만한 특별한 사정이 없는 한, 위 법조항 본문의 적용을 배제할 "정당한 사유"가 있는 경우에 해당한다고 보아 위와 같은 심판청구기간이 경과한 뒤에도 심판청구를 제기할 수 있다."(대법원 1992. 7. 28. 91누12844)

④ (○) 행정심판위원회는 임시처분을 결정한 후에, 임시처분이 공공복리에 중대한 영향을 미치는 경우에는, 직권으로 또는 당사자의 신청에 의하여 이 결정을 취소할 수 있다(행정심판법 제31조 제2항, 제30조 제4항).

행정심판법 제31조(임시처분) ② 제1항에 따른 임시처분에 관하여는 제30조 제3항부터 제7항까지를 준용한다. 이 경우 같은 조 제6항 전단 중 "중대한 손해가 생길 우려"는 "중대한 불이익이나 급박한 위험이 생길 우려"로 본다.

제30조(집행정지) ④ 위원회는 집행정지를 결정한 후에 집행정지가 공공복리에 중대한 영향을 미치거나 그 정지사유가 없어진 경우에는 직권으로 또는 당사자의 신청에 의하여 집행정지 결정을 취소할 수 있다.

05

행정작용의 형식에 대한 설명으로 옳지 않은 것은? (다툼이 있는 경우 판례에 의함)

① 읍·면장에 의한 이장(里長)의 임명 및 면직은 행정처분이 아니라 공법상 계약 및 그 계약을 해지하는 의사표시이다.
② 구 「중소기업 기술혁신 촉진법」상 중소기업 정보화지원사업의 일환으로 중소기업기술정보진흥원장이 甲 주식회사와 중소기업 정보화지원사업에 관한 협약을 체결한 후 甲 주식회사의 협약 불이행으로 인해 사업실패가 초래되자, 중소기업기술진흥원장이 협약에 따라 甲에 대해 행한 협약의 해지 및 지급받은 정부지원금의 환수통보는 행정처분에 해당하지 않는다.
③ 계약직 공무원에 대한 채용계약 해지의 의사표시는 국가 또는 지방자치단체가 대등한 지위에서 행하는 의사표시로 이해된다.
④ 감사원에 의한 징계 요구는 그 자체만으로도 징계 요구 대상 공무원의 권리·의무에 직접적인 변동을 초래하므로 항고소송의 대상이 되는 행정처분에 해당한다.

해설 정답 ❹

① (○) "읍·면장에 의한 이장(里長)의 임명 및 면직은 행정처분이 아니라 공법상 계약 및 그 계약을 해지하는 의사표시이다."(대법원 2012. 10. 25. 2010두18963)
② (○) "중소기업기술정보진흥원장이 갑 주식회사와 중소기업 정보화지원사업 지원대상인 사업의 지원에 관한 협약을 체결하였는데, 협약이 갑 회사에 책임이 있는 사업실패로 해지되었다는 이유로 협약에서 정한 대로 지급받은 정부지원금을 반환할 것을 통보한 사안에서, 중소기업 정보화지원사업에 따른 지원금 출연을 위하여 중소기업청장이 체결하는 협약은 공법상 대등한 당사자 사이의 의사표시의 합치로 성립하는 공법상 계약에 해당하는 점, 구 중소기업 기술혁신 촉진법(2010. 3. 31. 법률 제10220호로 개정되기 전의 것) 제32조 제1항은 제10조가 정한 기술혁신사업과 제11조가 정한 산학협력 지원사업에 관하여 출연한 사업비의 환수에 적용될 수 있을 뿐 이와 근거 규정을 달리하는 중소기업 정보화지원사업에 관하여 출연한 지원금에 대하여는 적용될 수 없고 달리 지원금 환수에 관한 구체적인 법령상 근거가 없는 점 등을 종합하면, 협약의 해지 및 그에 따른 환수통보는 공법상 계약에 따라 행정청이 대등한 당사자의 지위에서 하는 의사표시로 보아야 하고, 이를 행정청이 우월한 지위에서 행하는 공권력의 행사로서 행정처분에 해당한다고 볼 수는 없다고 한 사례."(대법원 2015. 8. 27. 2015두41449)
③ (○) "계약직공무원에 관한 현행 법령의 규정에 비추어 볼 때, 계약직공무원 채용계약해지의 의사표시는 일반공무원에 대한 징계처분과는 달라서 항고소송의 대상이 되는 처분 등의 성격을 가진 것으로 인정되지 아니하고, 일정한 사유가 있을 때에 국가 또는 지방자치단체가 채용계약 관계의 한쪽 당사자로서 대등한 지위에서 행하는 의사표시로 취급되는 것으로 이해되므로, 이를 징계해고 등에서와 같이 그 징계사유에 한하여 효력 유무를 판단하여야 하거나, 행정처분과 같이 행정절차법에 의하여 근거와 이유를 제시하여야 하는 것은 아니다."(대법원 2002. 11. 26. 2002두5948)
④ (×) "갑 시장이 감사원으로부터 감사원법 제32조에 따라 을에 대하여 징계의 종류를 정직으로 정한 징계 요구를 받게 되자 감사원법 제36조 제2항에 따라 감사원에 징계 요구에 대한 재심의를 청구하였고, 감사원이 재심의청구를 기각하자 을이 감사원의 징계 요구와 그에 대한 재심의결정의 취소를 구하고 갑 시장이 감사원의 재심의 결정 취소를 구하는 소를 제기한 사안에서, 징계 요구는 징계 요구를 받은 기관의 장이 요구받은 내용대로 처분하지 않더라도 불이익을 받는 규정도 없고, 징계 요구 내용대로 효과가 발생하는 것도 아니며, 징계 요구에 의하여 행정청이 일정한 행정처분을 하였을 때 비로소 이해관계인의 권리관계에 영향을 미칠 뿐, 징계 요구 자체만으로는 징계 요구 대상 공무원의 권리·의무에 직접적인 변동을 초래하지도 아니하므로, 행정청 사이의 내부적인 의사결정의 경로로서 '징계 요구, 징계 절차 회부, 징계'로 이어지는 과정에서의 중간처분에 불과하여, 감사원의 징계 요구와 재심의결정이 항고소송의 대상이 되는 행정처분이라고 할 수 없고, 감사원법 제40조 제2항을 갑 시장에게 감사원을 상대로 한 기관소송을 허용하는 규정으로 볼 수는 없고 그 밖에 행정소송법을 비롯한 어떠한 법률에도 갑 시장에게 '감사원의 재심의 판결'에 대하여 기관소송을 허용하는 규정을 두고 있지 않으므로, 갑 시장이 제기한 소송이 기관소송으로서 감사원법 제40조 제2항에 따라 허용된다고 볼 수 없다고 한 사례."(대법원 2016. 12. 27. 2014두5637)

06

신뢰보호원칙에 대한 설명으로 옳지 않은 것은? (다툼이 있는 경우 판례에 의함)

① 행정청의 공적견해표명이 있었는지 여부는 담당자의 조직상의 지위와 임무, 당해 언동을 하게 된 구체적인 경위 및 그에 대한 상대방의 신뢰가능성 등을 고려하여 그 실질에 의해 판단하는 것이지, 행정조직상의 형식적인 권한분장에 얽매여 판단하여야 하는 것은 아니다.
② 신뢰보호원칙에서 행정청의 견해표명이 정당하다고 신뢰한 데 대한 개인의 귀책사유의 유무는 상대방뿐만 아니라 그로부터 신청행위를 위임받은 수임인 등 관계자 모두를 기준으로 판단하여야 한다.
③ 운전면허 취소사유에 해당하는 음주운전을 적발한 경찰관 소속의 경찰서장이, 사무착오로 위반자에게 운전면허정지처분을 한 상태에서, 위반자의 주소지 관할 지방경찰청장이 위반자에게 운전면허취소처분을 한 것은 선행처분에 대한 당사자의 신뢰 및 법적 안정성을 저해하지 않는다.
④ 납세자에게 신뢰의 대상이 되는 공적인 견해가 표명되었다는 사실은 신뢰보호의 원칙에 의한 보호를 주장하는 납세자가 주장·입증하여야 한다.

해설 정답 ❸

① (○) "신의성실의 원칙 내지 금반언의 원칙은 합법성을 희생하여서라도 납세자의 신뢰를 보호함이 정의, 형평에 부합하는 것으로 인정되는 특별한 사정이 있는 경우에 적용되는 것으로서 납세자의 신뢰보호라는 점에 그 법리의 핵심적 요소가 있는 것이므로, 위 요건의 하나인 과세관청의 공적 견해표명이 있었는지의 여부를 판단하는 데 있어 반드시 행정조직상의 형식적인 권한분장에 구애될 것은 아니고 담당자의 조직상의 지위와 임무, 당해 언동을 하게 된 구체적인 경위 및 그에 대한 납세자의 신뢰가능성에 비추어 실질에 의하여 판단하여야 한다."(대법원 1996. 1. 23. 95누13746)

② (○) "일반적으로 행정상의 법률관계에 있어서 행정청의 행위에 대하여 신뢰보호의 원칙이 적용되기 위하여는, 첫째 행정청이 개인에 대하여 신뢰의 대상이 되는 공적인 견해표명을 하여야 하고, 둘째 행정청의 견해표명이 정당하다고 신뢰한 데에 대하여 그 개인에게 귀책사유가 없어야 하며, 셋째 그 개인이 그 견해표명을 신뢰하고 이에 상응하는 어떠한 행위를 하였어야 하고, 넷째 행정청이 그 견해표명에 반하는 처분을 함으로써 그 견해표명을 신뢰한 개인의 이익이 침해되는 결과가 초래되어야 하며, 마지막으로 위 견해표명에 따른 행정처분을 할 경우 이로 인하여 공익 또는 제3자의 정당한 이익을 현저히 해할 우려가 있는 경우가 아니어야 하는바, 둘째 요건에서 말하는 귀책사유라 함은 행정청의 견해표명의 하자가 상대방 등 관계자의 사실은폐나 기타 사위의 방법에 의한 신청행위 등 부정행위에 기인한 것이거나 그러한 부정행위가 없다고 하더라도 하자가 있음을 알았거나 중대한 과실로 알지 못한 경우 등을 의미한다고 해석함이 상당하고, 귀책사유의 유무는 상대방과 그로부터 신청행위를 위임받은 수임인 등 관계자 모두를 기준으로 판단하여야 한다." (대법원 2002. 11. 8. 2001두1512)

③ (×) "운전면허 취소사유에 해당하는 음주운전을 적발한 경찰관의 소속 경찰서장이 사무착오로 위반자에게 운전면허정지처분을 한 상태에서 위반자의 주소지 관할 지방경찰청장이 위반자에게 운전면허취소처분을 한 것은 선행처분에 대한 당사자의 신뢰 및 법적 안정성을 저해하는 것으로서 허용될 수 없다."(대법원 2000. 2. 25. 99두10520)

④ (○) "국세기본법 제15조, 제18조 제3항의 규정이 정하는 신의칙 또는 비과세관행이 성립되었다고 하려면 장기간에 걸쳐 어떤 사항에 대하여 과세하지 아니하였다는 객관적인 사실이 존재할 뿐만 아니라, 과세관청 자신이 그 사항에 대하여 과세할 수 있음을 알면서 어떤 특별한 사정에 의하여 과세하지 않는다는 의사가 있고 이와 같은 의사가 대외적으로 명시적 또는 묵시적으로 표시될 것임을 요한다고 해석되며, 이는 납세자가 주장·입증하여야 한다."(대법원 1995. 4. 21. 선고 94누6574)

07

취소소송의 원고적격 및 협의의 소익에 대한 설명으로 옳지 않은 것은? (다툼이 있는 경우 판례에 의함)

① 배출시설에 대한 설치허가가 취소된 후 그 배출시설이 철거되어 다시 가동할 수 없는 상태일지라도, 그 취소처분이 위법하다는 판결을 받아 손해배상청구소송에서 이를 원용할 수 있다면 배출시설의 소유자는 당해 처분의 취소를 구할 법률상 이익이 있다.

② 국민권익위원회가 소방청장에게 인사와 관련하여 부당한 지시를 한 사실이 인정된다며 이를 취소할 것을 요구하기로 의결하고 내용을 통지하자 그 국민권익위원회 조치요구의 취소를 구하는 사안에서의 소방청장은 행정소송의 원고적격을 가지는 자에 해당한다.

③ 구 「도시 및 주거환경정비법」상 조합설립추진위원회 구성승인 처분을 다투는 소송 계속 중에 조합설립인가처분이 이루어졌다면 조합설립추진위원회 구성승인처분에 대한 취소를 구할 법률상 이익은 없다.

④ 구 「도시계획법」상 주거지역 내에 거주하는 인근주민의 거주의 안녕과 건전한 생활환경상 이익은 연탄제조공장 건축허가의 취소를 구할 법률상 이익에 해당한다.

해설 정답 ❶

① (×) "소음·진동배출시설에 대한 설치허가가 취소된 후 그 배출시설이 어떠한 경위로든 철거되어 다시 복구 등을 통하여 배출시설을 가동할 수 없는 상태라면 이는 배출시설 설치허가의 대상이 되지 아니하므로 외형상 설치허가취소행위가 잔존하고 있다고 하여도 특단의 사정이 없는 한 이제 와서 굳이 위 처분의 취소를 구할 법률상의 이익이 없다."(대법원 2002. 1. 11. 2000두2457)

② (○) "국민권익위원회가 소방청장에게 인사와 관련하여 부당한 지시를 한 사실이 인정된다며 이를 취소할 것을 요구하기로 의결하고 그 내용을 통지하자 소방청장이 국민권익위원회 조치요구의 취소를 구하는 소송을 제기한 사안에서, 처분성이 인정되는 국민권익위원회의 조치요구에 불복하고자 하는 소방청장으로서는 조치요구의 취소를 구하는 항고소송을 제기하는 것이 유효·적절한 수단으로 볼 수 있으므로 소방청장이 예외적으로 당사자능력과 원고적격을 가진다."(대법원 2018. 8. 1. 2014두35379)

③ (○) "구 도시 및 주거환경정비법(2009. 2. 6. 법률 제9444호로 개정되기 전의 것, 이하 '구 도시정비법'이라고 한다) 제13조 제1항, 제2항, 제14조 제1항, 제15조 제4항, 제5항 등 관계 법령의 내용, 형식, 체제 등에 비추어 보면, 조합설립추진위원회(이하 '추진위원회'라고 한다) 구성승인처분은 조합의 설립을 위한 주체인 추진위원회의 구성행위를 보충하여 그 효력을 부여하는 처분으로서 조합설립이라는 종국적 목적을 달성하기 위한 중간단계의 처분에 해당하지만, 그 법률요건이나 효과가 조합설립인가처분의 그것과는 다른 독립적인 처분이기 때문에, 추진위원회 구성승인처분에 대한 취소 또는 무효확인 판결의 확정만으로는 이미 조합설립인가를 받은 조합에 의한 정비사업의 진행을 저지할 수 없다. 따라서 추진위원회 구성승인처분을 다투는 소송 계속 중에 조합설립인가처분이 이루어진 경우에는, 추진위원회 구성승인처분에 위법이 존재하여 조합설립인가 신청행위가 무효라는 점 등을 들어 직접 조합설립인가처분을 다툼으로써 정비사업의 진행을 저지하여야 하고, 이와는 별도로 추진위원회 구성승인처분에 대하여 취소 또는 무효확인을 구할 법률상의 이익은 없다고 보아야 한다."(대법원 2013. 1. 31. 2011두11112)

④ (○) "주거지역안에서는 도시계획법 19조 1항과 개정전 건축법 32조 1항에 의하여 공익상 부득이 하다고 인정될 경우를 제외하고는 거주의 안녕과 건전한 생활환경의 보호를 해치는 모든 건축이 금지되고 있을 뿐 아니라 주거지역내에 거주하는 사람이 받는 위와 같은 보호이익은 법률에 의하여 보호되는 이익이라고 할 것이므로 주거지역내에 위 법조 소정 제한면적을 초과한 연탄공장 건축허가처분으로 불이익을 받고 있는 제3거주자는 비록 당해 행정처분의 상대자가 아니라 하더라도 그 행정처분으로 말미암아 위와 같은 법률에 의하여 보호되는 이익을 침해받고 있다면 당해행정 처분의 취소를 소구하여 그 당부의 판단을 받을 법률상의 자격이 있다."(대법원 1975. 5. 13. 73누96)

08

행정행위에 대한 설명으로 옳지 않은 것은? (다툼이 있는 경우 판례에 의함)

① 구 「사립학교법」에 따르면 학교법인의 이사장·이사·감사 등의 임원은 이사회의 선임을 거쳐 관할청의 승인을 받아 취임하도록 규정하고 있는바, 사립학교법에 따른 관할청의 사립학교법인의 이사장 등 임원에 대한 취임승인행위는 학교법인의 임원선임행위의 법률상 효력을 완성케 하는 보충행위이다.

② 한의사면허는 경찰금지를 해제하는 명령적 행위가 아니라 진료행위를 할 수 있는 능력을 설정하는 설권행위에 해당한다.

③ 주류제조면허는 국가의 수입확보를 위하여 설정된 재정허가의 일종이지만, 일단 이 면허를 얻은 자의 이득은 단순한 사실상의 반사적 이득에만 그치는 것이 아니라 주세법의 규정에 따라 보호되는 이득이다.

④ 허가를 받아야만 적법하게 할 수 있는 행위를 허가받지 않고 행한 경우에는, 행정상 강제집행이나 행정벌의 대상이 되는 것은 별론으로 하고 당해 무허가행위의 사법상 효력까지 당연히 부인되는 것은 아니다.

해설 정답 ❷

① (○) "구 사립학교법(2005. 12. 29. 법률 제7802호로 개정되기 전의 것) 제20조 제1항, 제2항은 학교법인의 이사장·이사·감사 등의 임원은 이사회의 선임을 거쳐 관할청의 승인을 받아 취임하도록 규정하고 있는바, 관할청의 임원취임승인행위는 학교법인의 임원선임행위의 법률상 효력을 완성케 하는 보충적 법률행위이다. 따라서 관할청이 학교법인의 임원취임승인신청에 대하여 이를 반려하거나 거부하는 경우 학교법인에 의하여 임원으로 선임된 사람은 학교법인의 임원으로 취임할 수 없게 되는 불이익을 입게 되는바, 이와 같은 불이익은 간접적이거나 사실상의 불이익이 아니라 직접적이고도 구체적인 법률상의 불이익이라 할 것이므로 학교법인에 의하여 임원으로 선임된 사람에게는 관할청의 임원취임승인신청 반려처분을 다툴 수 있는 원고적격이 있다."(대법원 2007. 12. 27. 2005두9651)

② (×) "한의사 면허는 경찰금지를 해제하는 명령적 행위(강학상 허가)에 해당하고, 한약조 제시험을 통하여 약사에게 한약조 제권을 인정함으로써 한의사들의 영업상 이익이 감소되었다고 하더라도 이러한 이익은 사실상의 이익에 불과하고 약사법이나 의료법 등의 법률에 의하여 보호되는 이익이라고는 볼 수 없으므로, 한의사들이 한약조제시험을 통하여 한약조 제권을 인정받은 약사들에 대한 합격처분의 무효확인을 구하는 당해 소는 원고적격이 없는 자들이 제기한 소로서 부적법하다."(대법원 1998. 3. 10. 97누4289)

③ (○) "주류제조면허는 국가의 수입확보를 위하여 설정된 재정허가의 일종이지만 일단 이 면허를 얻은 자의 이득은 단순한 사실상의 반사적 이득에만 그치는 것이 아니라 주세법의 규정에 따라 보호되는 이득이고, 주세법상 주류제조면허의 양도가 인정되지 않고 있으나, 국세청훈령으로 보충면허제도를 두어 기존면허업자가 그 면허를 자진취소함과 동시에 그에 대체하여 동일제조장에 동일면허종목을 신청하는 경우에는 그 면허를 부여함으로써 당사자간의 면허의 양도를 간접적으로 허용하고 있으며, 주류제조의 신규면허는 주세당국의 억제책으로 사실상 그 취득이 거의 불가능하여 위와 같은 보충면허를 받는 방법으로 면허권의 양도가 이루어지고 있는 이상, 위 면허권이 가지는 재산적 가치는 현실적으로 부인할 수 없을 것이므로 주류제조회사의 순자산가액을 평가함에 있어서 주류제조면허를 포함시키지 아니한 것은 잘못이다."(대법원 1989. 12. 22. 89누46 판결)

④ (○) 허가는 그에 의한 행위의 유효요건은 아니므로, 허가를 받아야만 적법하게 할 수 있는 행위를 허가받지 않고 행한 경우에 당해 무허가행위의 사법상 효력까지 당연히 부인되는 것은 아니다. 다만, 허가를 받아야만 적법하게 할 수 있는 행위를 허가받지 않고 행한 경우에는 행정상 강제집행이나 행정벌의 대상이 될 수 있다.

09

「국가배상법」 제2조에 따른 배상책임에 대한 설명으로 옳은 것은? (다툼이 있는 경우 판례에 의함)

① 공무를 위탁받아 실질적으로 공무에 종사하고 있었더라도, 그 위탁이 일시적이고 한정적인 경우는 국가배상법 제2조의 '공무원'에 해당하지 않는다.

② 일반적으로 공무원이 관계법규를 알지 못하거나 필요한 지식을 갖추지 못하고 법규의 해석을 그르쳐 행정처분을 한 경우, 특별한 사정이 없는 한 그는 법률전문가가 아닌 행정직 공무원에 불과하므로 과실이 없다.

③ 검찰청 담당 공무원이 내부전산망을 통해 공직선거후보자에 대한 범죄경력자료를 조회하여 공직선거법 위반죄로 실형을 선고받는 등 실효된 4건의 금고형 전과가 있음을 확인하고, 후보자의 공직선거 후보자용 범죄경력조회 회보서에 이를 기재하지 않았다고 하더라도 국가배상책임이 인정되는 것은 아니다.

④ 국가의 철도운행사업은 국가가 공권력의 행사로 하는 것이 아니고 사경제적 작용이므로 그로 인한 사고에 공무원이 관여하였다 하더라도 국가배상법을 적용할 것이 아니고, 민법에 따라 배상청구를 하여야 한다.

해설 정답 ❹

① (×) "국가배상법 제2조 소정의 '공무원'이라 함은 국가공무원법이나 지방공무원법에 의하여 공무원으로서의 신분을 가진 자에 국한하지 않고, 널리 공무를 위탁받아 실질적으로 공무에 종사하고 있는 일체의 자를 가리키는 것으로서, 공무의 위탁이 일시적이고 한정적인 사항에 관한 활동을 위한 것이어도 달리 볼 것은 아니다."(대법원 2001. 1. 5. 98다39060)

② (×) "법령에 대한 해석이 복잡, 미묘하여 워낙 어렵고, 이에 대한 학설, 판례조차 귀일되어 있지 않는 등의 특별한 사정이 없는 한 일반적으로 공무원이 관계 법규를 알지 못하거나 필요한 지식을 갖추지 못하고 법규의 해석을 그르쳐 행정처분을 하였다면 그가 법률전문가가 아닌 행정직 공무원이라고 하여 과실이 없다고는 할 수 없다." (대법원 2001. 2. 9. 98다52988)

③ (×) "공무원 甲이 내부전산망을 통해 乙에 대한 범죄경력자료를 조회하여 공직선거 및 선거부정방지법 위반죄로 실형을 선고받는 등 실효된 4건의 금고형 이상의 전과가 있음을 확인하고도 乙의 공직선거 후보자용 범죄경력조회 회보서에 이를 기재하지 않은 사안에서, 甲의 중과실을 인정하여 국가배상책임 외에 공무원 개인의 배상책임까지 인정한 원심판단을 수긍한 사례."(대법원 2011. 9. 8. 2011다34521)

④ (○) "국가 또는 지방자치단체라 할지라도 공권력의 행사가 아니고 단순한 사경제의 주체로 활동하였을 경우에는 그 손해배상책임에 국가배상법이 적용될 수 없고 민법상의 사용자책임 등이 인정되는 것이고 국가의 철도운행사업은 국가가 공권력의 행사로서 하는 것이 아니고 사경제적 작용이라 할 것이므로, 이로 인한 사고에 공무원이 간여하였다고 하더라도 국가배상법을 적용할 것이 아니고 일반 민법의 규정에 따라야 하므로, 국가배상법상의 배상전치절차를 거칠 필요가 없으나, 공공의 영조물인 철도시설물의 설치 또는 관리의 하자로 인한 불법행위를 원인으로 하여 국가에 대하여 손해배상청구를 하는 경우에는 국가배상법이 적용되므로 배상전치절차를 거쳐야 한다."(대법원 1999. 6. 22. 99다7008)

10

다음 중 공법관계에 해당하는 것만을 모두 고르면? (다툼이 있는 경우 판례에 의함)

㉠ 한국조폐공사 직원의 근무관계
㉡ 농지개량조합과 그 직원의 관계
㉢ 사인(私人)에 대한 별정우체국 지정으로 형성되는 법률관계
㉣ 국유재산의 대부계약에 따른 대부료 부과
㉤ 한국마사회가 징계처분으로서 조교사 또는 기수의 면허를 부여하거나 취소하는 행위

① ㉠, ㉣　② ㉡, ㉢
③ ㉡, ㉣　④ ㉢, ㉤

해설 정답 ❷

㉠ (×) "한국조폐공사 직원의 근무관계는 사법관계에 속하고 그 직원의 파면행위도 사법상의 행위라고 보아야 한다."(대법원 1978. 4. 25. 78다414)

㉡ (○) "농지개량조합과 그 직원과의 관계는 사법상의 근로계약관계가 아닌 공법상의 특별권력관계이고, 그 조합의 직원에 대한 징계처분의 취소를 구하는 소송은 행정소송사항에 속한다."(대법원 1995. 6. 9. 94누10870)

㉢ (○) 사인에 대한 별정우체국 지정행위는, 행정주체인 공무수탁사인으로서의 지위를 부여하는 행위이기 때문에 통설은 공법상의 행위로 본다.

㉣ (×) "산림청장이나 그로부터 권한을 위임받은 행정청이 산림법 등이 정하는 바에 따라 국유임야를 대부하거나 매각하는 행위는 사경제적 주체로서 상대방과 대등한 입장에서 하는 사법상 계약이지 행정청이 공권력의 주체로서 상대방의 의사 여하에 불구하고 일방적으로 행하는 행정처분이라고 볼 수 없으며 이 대부계약에 의한 대부료부과 조치 역시 사법상 채무이행을 구하는 것으로 보아야지 이를 행정처분이라고 할 수 없다."(대법원 1993. 12. 7. 91누11612)

㉤ (×) "한국마사회가 조교사 또는 기수의 면허를 부여하거나 취소하는 것은 경마를 독점적으로 개최할 수 있는 지위에서 우수한 능력을 갖추었다고 인정되는 사람에게 경마에서의 일정한 기능과 역할을 수행할 수 있는 자격을 부여하거나 이를 박탈하는 것에 지나지 아니하므로, 이는 국가 기타 행정기관으로부터 위탁받은 행정권한의 행사가 아니라 일반 사법상의 법률관계에서 이루어지는 단체 내부에서의 징계 내지 제재처분이다."(대법원 2008. 1. 31. 2005두8269)

11

｢공공기관의 정보공개에 관한 법률｣상 정보공개에 대한 설명으로 옳은 것은? (다툼이 있는 경우 판례에 의함)

① 정보공개청구권자의 지나친 권리남용을 방지하기 위하여, 정보공개를 통해 정보공개청구권자가 권리를 구제받을 가능성이 없다면 정보를 공개하지 않아도 적법하다는 것이 판례의 입장이다.
② 정보공개를 청구한 목적이 손해배상소송에 제출할 증거자료를 획득하기 위한 것이었고 그 소송이 이미 종결되었다면, 그러한 정보공개청구는 권리남용에 해당한다.
③ 사법시험 응시자가 자신의 제2차 시험 답안지에 대한 열람청구를 한 경우 그 답안지는 정보공개의 대상이 된다.
④ 정보 비공개결정에 대해 이의신청을 거친 경우에는 행정심판을 제기할 수 없다.

해설 정답 ❸

① (×) "공공기관의 정보공개에 관한 법률은 국민의 알권리를 보장하고 국정에 대한 국민의 참여와 국정 운영의 투명성을 확보함을 목적으로 하고(제1조), 공공기관이 보유·관리하는 정보는 국민의 알권리 보장 등을 위하여 적극적으로 공개하여야 한다는 정보공개의 원칙을 선언하고 있으며(제3조), 모든 국민은 정보의 공개를 청구할 권리를 가진다고 하면서(제5조 제1항) 비공개대상정보에 해당하지 않는 한 공공기관이 보유·관리하는 정보는 공개 대상이 된다고 규정하고 있을 뿐(제9조 제1항) 정보공개 청구권자가 공개를 청구하는 정보와 어떤 관련성을 가질 것을 요구하거나 정보공개청구의 목적에 특별한 제한을 두고 있지 아니하므로 정보공개 청구권자의 권리구제 가능성 등은 정보의 공개 여부 결정에 아무런 영향을 미치지 못한다."(대법원 2017. 9. 7. 2017두44558)

② (×) "구 정보공개법의 목적, 규정 내용 및 취지 등에 비추어 보면, 정보공개청구의 목적에 특별한 제한이 있다고 할 수 없으므로, 피고의 주장과 같이 원고가 이 사건 정보공개를 청구한 목적이 이 사건 손해배상소송에 제출할 증거자료를 획득하기 위한 것이었고 위 소송이 이미 종결되었다고 하더라도, 원고가 오로지 피고를 괴롭힐 목적으로 정보공개를 구하고 있다는 등의 특별한 사정이 없는 한, 위와 같은 사정만으로는 원고가 이 사건 소송을 계속하고 있는 것이 권리남용에 해당한다고 볼 수 없다."(대법원 2004. 9. 23. 2003두1370)

③ (○) "응시자가 자신의 답안지를 열람한다고 하더라도 시험문항에 대한 채점위원별 채점 결과가 열람되는 경우와 달리 평가자가 시험에 대한 평가업무를 수행함에 있어서 지장을 초래할 가능성이 적은 점(중략) 등을 종합적으로 고려하면, 답안지의 열람으로 인하여 시험업무의 수행에 현저한 지장을 초래한다고 볼 수 없다. 그럼에도 불구하고, 원심이 위에서 본 바와 같은 이유로, 답안지를 열람하도록 하면, 시험업무의 공정한 수행에 현저한 지장을 초래한다고 판단한 것은, 법 제7조 제1항 제5호 소정의 비공개정보의 법리를 오해하여 판결 결과에 영향을 미친 위법이 있다 할 것이고, 따라서 이 점을 지적하는 원고들의 상고이유의 주장은 이유 있다."(대법원 2003. 3. 14. 2000두6114)

④ (×) 이의신청을 거쳤다 하더라도 그와 무관하게 행정심판을 제기할 수 있다. 이때의 이의신청은 진정한 의미의 이의신청이지, 행정심판의 일종이 아니기 때문이다.

12

행정소송의 판결의 효력에 대한 설명으로 옳지 않은 것은? (다툼이 있는 경우 판례에 의함)

① 행정처분을 취소한다는 확정판결이 있으면 그 취소판결의 형성력에 의하여 당해 행정처분의 취소나 취소통지 등 별도의 절차를 요하지 아니하고 당연히 취소의 효과가 발생한다.
② 취소판결의 기판력은 소송의 대상이 된 처분의 위법성 존부에 관한 판단에 미치기 때문에, 기각판결의 원고는 당해 소송에서 주장하지 아니한 다른 위법사유를 들어 다시 처분의 효력을 다툴 수 없다.
③ 취소된 처분의 사유와 기본적 사실관계가 동일하다면 종전 처분 당시에 존재하였던 사유일지라도 그를 이유로 하여 동일한 재처분을 할 수 있다.
④ 취소판결의 기속력에 위반하여 한 행정청의 행위는 당연무효이다.

해설 정답 ❸

① (○) "행정처분을 취소한다는 확정판결이 있으면 그 취소판결의 형성력에 의하여 당해 행정처분의 취소나 취소통지 등의 별도의 절차를 요하지 아니하고 당연히 취소의 효과가 발생한다."(대법원 1991. 10. 11. 90누5443)
② (○) 이미 전소에서 계정처분이 적법하다는 점에 대해 기판력이 발생하였으므로 어떤 이유로든 그와 모순되는 주장 즉, 처분이 위법하다는 주장을 할 수 없게 된다.
③ (×) "취소된 처분의 사유와 기본적 사실관계가 동일하지 않으면 종전 처분 당시에 존재하였던 사유일지라도 그를 이유로 하여 동일한 재처분을 할 수 있다."(대법원 2016. 3. 24. 2015두48235)
④ (○) "확정판결의 당사자인 처분행정청이 그 행정소송의 사실심 변론종결 이전의 사유를 내세워 다시 확정판결과 저촉되는 행정처분을 하는 것은 허용되지 않는 것으로서 이러한 행정처분은 그 하자가 중대하고도 명백한 것이어서 당연무효라 할 것이다."(대법원 1990. 12. 11. 90누3560)

13

행정벌에 대한 설명으로 옳지 않은 것은? (다툼이 있는 경우 판례에 의함)

① 지방자치단체 소속 공무원이 자치사무를 수행하던 중 법 위반행위를 한 경우 지방자치단체는 같은 법의 양벌규정에 따라 처벌되는 법인에 해당한다.
② 행정형벌은 행정질서벌과 달리 죄형법정주의의 규율 대상에 해당하므로, 통고처분에 따른 범칙금을 납부한 후에 동일한 사건에 대하여 다시 형사처벌을 하더라도 이는 일사부재리의 원칙에 반하지 않는다.
③ 행정청이 질서위반행위에 대하여 과태료를 부과하고자 하는 때에는 미리 당사자(고용주 등을 포함한다)에게 대통령령으로 정하는 사항을 통지하고, 10일 이상의 기간을 정하여 의견을 제출할 기회를 주어야 한다.
④ 과태료는 당사자가 과태료 부과처분에 대하여 이의를 제기하지 아니한 채 「질서위반행위규제법」에 따른 이의제기 기한이 종료한 후 사망한 경우에는, 그 상속재산에 대하여 집행할 수 있다.

해설 정답 ❷

① (○) "헌법 제117조, 지방자치법 제3조 제1항, 제9조, 제93조, 도로법 제54조, 제83조, 제86조의 각 규정을 종합하여 보면, 국가가 본래 그의 사무의 일부를 지방자치단체의 장에게 위임하여 그 사무를 처리하게 하는 기관위임사무의 경우에는 지방자치단체는 국가기관의 일부로 볼 수 있는 것이지만, 지방자치단체가 그 고유의 자치사무를 처리하는 경우에는 지방자치단체는 국가기관의 일부가 아니라 국가기관과는 별도의 독립한 공법인이므로, 지방자치단체 소속 공무원이 지방자치단체 고유의 자치사무를 수행하던 중 도로법 제81조 내지 제85조의 규정에 의한 위반행위를 한 경우에는 지방자치단체는 도로법 제86조의 양벌규정에 따라 처벌대상이 되는 법인에 해당한다."(대법원 2005. 11. 10. 2004도2657)
② (×) 행정형벌은 행정질서벌과 달리 죄형법정주의의 규율 대상에 해당한다는 말은 옳다. 그러나 통고처분에 따른 범칙금을 납부한 후에 동일한 사건에 대하여 다시 형사처벌을 하는 것은 일사부재리의 원칙에 반한다. 전문과 후문은 별개의 이야기이다. **판례** "한편 경범죄처벌법상 범칙금제도는 형사절차에 앞서 경찰서장 등의 통고처분에 의하여 일정액의 범칙금을 납부하는 기회를 부여하여 그 범칙금을 납부하는 사람에 대하여는 기소를 하지 아니하고 사건을 간이하고 신속, 적정하게 처리하기 위하여 처벌의 특례를 마련해 둔 것이라는 점에서 법원의 재판절차와는 제도적 취지 및 법적 성질에서 차이가 있다."(대법원 2011. 4. 28. 2009도12249)
③ (○) 질서위반행위규제법 제16조 제1항

> **질서위반행위규제법 제16조(사전통지 및 의견 제출 등)** ① 행정청이 질서위반행위에 대하여 과태료를 부과하고자 하는 때에는 미리 당사자(제11조 제2항에 따른 고용주등을 포함한다. 이하 같다)에게 대통령령으로 정하는 사항을 통지하고, 10일 이상의 기간을 정하여 의견을 제출할 기회를 주어야 한다. 이 경우 지정된 기일까지 의견 제출이 없는 경우에는 의견이 없는 것으로 본다.

④ (○) 질서위반행위규제법 제24조의2 제1항

> **질서위반행위규제법 제24조의2(상속재산 등에 대한 집행)** ① 과태료는 당사자가 과태료 부과처분에 대하여 이의를 제기하지 아니한 채 제20조 제1항에 따른 기한이 종료한 후 사망한 경우에는 그 상속재산에 대하여 집행할 수 있다.

14

법치행정의 원리에 대한 설명으로 옳지 않은 것은? (다툼이 있는 경우 판례에 의함)

① 기본권 제한에 관한 법률유보의 원칙은 '법률에 근거한 규율'을 요청하는 것이 아니라 '법률에 의한 규율'을 요청하는 것이다.
② 법우위의 원칙에서 말하는 '법'은 형식적 법률뿐 아니라 법규명령과 관습법 등을 포함하는 넓은 의미의 법이다.
③ 국회가 형식적 법률로 직접 규율하여야 하는 필요성은, 규율대상이 기본권 및 기본적 의무와 관련된 중요성을 가질수록, 그에 관한 공개적 토론의 필요성 또는 상충하는 이익 사이의 조정의 필요성이 클수록 더 증대된다.
④ 수익적 행정행위의 철회는 반드시 법률적 근거가 필요한 것은 아니다.

해설 정답 ❶

① (×) "기본권제한에 관한 법률유보의 원칙은 '법률에 의한 규율'을 요청하는 것이 아니라 '법률에 근거한 규율'을 요청하는 것이므로, 기본권의 제한에는 법률의 근거가 필요할 뿐이고 기본권 제한의 형식이 반드시 법률의 형식일 필요는 없다."(헌법재판소 2005. 5. 26. 99헌마513)

② (○) 법률 우위의 원칙에서 말하는 '법률'은 헌법, 형식적 의미의 법률뿐만 아니라 법규명령이나 행정법의 일반원칙 등 불문법까지 포함하는 모든 법규범을 뜻한다. 다만 행정부 내부에서만 구속력을 갖는 행정규칙은 여기서 제외된다고 보는 것이 다수의 견해이다. 법률우위의 원칙에서 말하는 법률은 넓은 의미의 법률이기 때문에, '법률' 우위의 원칙이 아니라 정확하게 '법'우위의 원칙이라 부르자는 학자도 존재한다.

③ (○) "어떠한 사안이 국회가 형식적 법률로 스스로 규정하여야 하는 본질적 사항에 해당되는지는, 구체적 사례에서 관련된 이익 내지 가치의 중요성, 규제 또는 침해의 정도와 방법 등을 고려하여 개별적으로 결정하여야 하지만, 규율대상이 국민의 기본권 및 기본적 의무와 관련한 중요성을 가질수록 그리고 그에 관한 공개적 토론의 필요성 또는 상충하는 이익 사이의 조정 필요성이 클수록, 그것이 국회의 법률에 의해 직접 규율될 필요성은 더 증대된다."(대법원 2015. 8. 20. 2012두23808)

④ (○) 철회는 법적 근거가 없이도 가능하다. 판례 "행정행위를 한 처분청은 그 처분 당시에 그 행정처분에 별다른 하자가 없었고 또 그 처분 후에 이를 취소할 별도의 법적 근거가 없다 하더라도 원래의 처분을 그대로 존속시킬 필요가 없게 된 사정변경이 생겼거나 또는 중대한 공익상의 필요가 발생한 경우에는 별개의 행정행위로 이를 철회하거나 변경할 수 있다."(대법원 1992. 1. 17. 91누3130)

15

행정입법에 대한 설명으로 옳은 것은? (다툼이 있는 경우 판례에 의함)

① 법령상 대통령령으로 규정하도록 되어 있는 사항을 부령으로 정하더라도 그 부령은 유효하다.
② 구 「청소년보호법 시행령」 제40조 [별표 6]의 위반행위의 종별에 따른 과징금처분기준에서 정한 과징금 수액은 상한을 정한 것이 아니라 특정금액을 정한 것으로 해석하여야 한다.
③ 「공공기관의 운영에 관한 법률」에 따라 입찰참가자격 제한기준을 정하고 있는 구 「공기업·준정부기관 계약사무규칙」, 「국가를 당사자로 하는 계약에 관한 법률 시행규칙」은 대외적으로 국민이나 법원을 기속하는 효력이 없다.
④ 헌법에서 인정한 법규명령의 형식을 예시적으로 이해하는 견해에 의하면 감사원규칙은 법규명령이 아니라고 본다.

해설 정답 ❸

① (×) 법령상 대통령령으로 규정하도록 되어 있는 사항을 부령으로 정하면 그 부령은 효력이 없다. 관련판례 "법령의 규정이 특정 행정기관에게 법령 내용의 구체적 사항을 정할 수 있는 권한을 부여하면서 권한행사의 절차나 방법을 특정하지 아니한 경우에는 수임 행정기관은 행정규칙이나 규정 형식으로 법령 내용이 될 사항을 구체적으로 정할 수 있다. 이 경우 행정규칙 등은 당해 법령의 위임한계를 벗어나지 않는 한 대외적 구속력이 있는 법규명령으로서 효력을 가지게 되지만, 이는 행정규칙이 갖는 일반적 효력이 아니라 행정기관에 법령의 구체적 내용을 보충할 권한을 부여한 법령 규정의 효력에 근거하여 예외적으로 인정되는 것이다. 따라서 그 행정규칙이나 규정이 상위법령의 위임범위를 벗어난 경우에는 법규명령으로서 대외적 구속력을 인정할 여지는 없다. 이는 행정규칙이나 규정 '내용'이 위임범위를 벗어난 경우뿐 아니라 상위법령의 위임규정에서 특정하여 정한 권한행사의 '절차'나 '방식'에 위배되는 경우도 마찬가지이므로, 상위법령에서 세부사항 등을 시행규칙으로 정하도록 위임하였음에도 이를 고시 등 행정규칙으로 정하였다면 그 역시 대외적 구속력을 가지는 법규명령으로서 효력이 인정될 수 없다."(대법원 2012. 7. 5. 2010다72076)

② (×) "구 청소년보호법(1999. 2. 5. 법률 제5817호로 개정되기 전의 것) 제49조 제1항, 제2항에 따른 같은법시행령(1999. 6. 30. 대통령령 제16461호로 개정되기 전의 것) 제40조 [별표 6]의 위반행위의종별에따른과징금처분기준은 법규명령이기는 하나 모법의 위임규정의 내용과 취지 및 헌법상의 과잉금지의 원칙과 평등의 원칙 등에 비추어 같은 유형의 위반행위라 하더라도 그 규모나 기간·사회적 비난 정도·위반행위로 인하여 다른 법률에 의하여 처벌받은 다른 사정·행위자의 개인적 사정 및 위반행위로 얻은 불법이익의 규모 등 여러 요소를 종합적으로 고려하여 사안에 따라 적정한 과징금의 액수를 정하여야 할 것이므로 그 수액은 정액이 아니라 최고한도액이다."(대법원 2001. 3. 9. 99두5207)

③ (○) "공공기관의 운영에 관한 법률 제39조 제2항, 제3항에 따라 입찰참가자격 제한기준을 정하고 있는 구 공기업·준정부기관 계약사무규칙(2013. 11. 18. 기획재정부령 제375호로 개정되기 전의 것) 제15조 제2항, 국가를 당사자로 하는 계약에 관한 법률 시행규칙 제76조 제1항 [별표 2], 제3항 등은 비록 부령의 형식으로 되어 있으나 규정의 성질과 내용이 공기업·준정부기관(이하 '행정청'이라 한다)이 행하는 입찰참가자격 제한처분에 관한 행정청 내부의 재량준칙을 정한 것에 지나지 아니하여 대외적으로 국민이나 법원을 기속하는 효력이 없으므로, 입찰참가자격 제한처분이 적법한지 여부는 이러한 규칙에서 정한 기준에 적합한지 여부만에 따라 판단할 것이 아니라 공공기관의 운영에 관한 법률상 입찰참가자격 제한처분에 관한 규정과 그 취지에 적합한지 여부에 따라 판단하여야 한다."(대법원 2014. 11. 27. 2013두18964)

④ (×) 헌법재판소가 명시적으로 감사원규칙을 법규명령으로 인정한 것은 아니지만, 헌법적으로 가능한 위임입법의 형식을 예시적인 것이라 보고 있으므로, 그에 따르면 감사원규칙도 경우에 따라 법규명령이 될 수 있다. 관련판례 "오늘날 의회의 입법독점주의에서 입법중심주의로 전환하여 일정한 범위 내에서 행정입법을 허용하게 된 동기가 사회적 변화에 대응한 입법수요의 급증과 종래의 형식적 권력분립주의로는 현대사회에 대응할 수 없다는 기능적 권력분립론에 있다는 점 등을 감안하여 헌법 제40조와 헌법 제75조, 제95조의 의미를 살펴보면, 국회입법에 의한 수권이 입법기관이 아닌 행정기관에 법률 등으로 구체적인 범위를 정하여 위임한 사항에 관하여는 당해 행정기관이 법정립의 권한을 갖게 되고, 입법자가 규율의 형식도 선택할 수도 있다 할 것이므로, 헌법이 인정하고 있는 위임입법의 형식은 예시적인 것으로 보아야 할 것이고, 그것은 법률이 행정규칙에 위임하더라도 그 행정규칙은 위임된 사항만을 규율할 수 있으므로, 국회입법의 원칙과 상치되지도 않는다. 다만, 형식의 선택에 있어서 규율의 밀도와 규율영역의 특성이 개별적으로 고찰되어야 할 것이고, 그에 따라 입법자에게 상세한 규율이 불가능한 것으로 보이는 영역이라면 행정부에게 필요한 보충을 할 책임이 인정되고 극히 전문적인 식견에 좌우되는 영역에서는 행정기관에 의한 구체화의 우위가 불가피하게 있을 수 있다. 그러한 영역에서 행정규칙에 대한 위임입법이 제한적으로 인정될 수 있다."(헌법재판소 2004. 10. 28. 99헌바91)

16

다음 중 옳지 않은 것은? (다툼이 있는 경우 판례에 의함)

① 부작위위법확인소송은 처분의 신청을 한 자로서 부작위의 위법의 확인을 구할 법률상 이익이 있는 자만이 제기할 수 있다.
② 개인택시운송사업면허가 거부된 경우, 그 거부처분에 대해서는 취소소송과 함께 집행정지 신청을 하더라도 이는 법원에서 인용될 수 없다.
③ 처분의 효력 유무가 민사소송의 선결문제로 되어 당해 소송의 수소법원이 이를 심리·판단하는 경우 수소법원은 필요하다고 인정할 때에는 직권으로 증거조사를 할 수 있고, 당사자가 주장하지 아니한 사실에 대하여도 판단할 수 있다.
④ 사정판결을 하는 경우 법원은 처분의 위법함을 판결의 주문에 표기할 수 없으므로 판결의 내용에서 그 처분 등이 위법함을 명시함으로써 원고에 대한 실질적 구제가 이루어지도록 하여야 한다.

해설 정답 ❹

① (○) 행정소송법 제36조

> **행정소송법 제36조(부작위위법확인소송의 원고적격)** 부작위위법확인소송은 처분의 신청을 한 자로서 부작위의 위법의 확인을 구할 법률상 이익이 있는 자만이 제기할 수 있다.

② (○) "신청에 대한 거부처분의 효력을 정지하더라도 거부처분이 없었던 것과 같은 상태, 즉 거부처분이 있기 전의 신청시의 상태로 되돌아가는 데에 불과하고 행정청에게 신청에 따른 처분을 하여야 할 의무가 생기는 것이 아니므로, 거부처분의 효력정지는 그 거부처분으로 인하여 신청인에게 생길 손해를 방지하는 데 아무런 보탬이 되지 아니하여 그 효력정지를 구할 이익이 없다."(대법원 1995. 6. 21. 95두26)

③ (○) 행정소송법 제11조 제1항, 제26조

> **행정소송법 제11조(선결문제)** ① 처분등의 효력 유무 또는 존재 여부가 민사소송의 선결문제로 되어 당해 민사소송의 수소법원이 이를 심리·판단하는 경우에는 제17조, 제25조, 제26조 및 제33조의 규정을 준용한다.
> **제26조(직권심리)** 법원은 필요하다고 인정할 때에는 직권으로 증거조사를 할 수 있고, 당사자가 주장하지 아니한 사실에 대하여도 판단할 수 있다.

④ (×) 사정판결을 함에 있어서는 그 판결의 주문에서 그 처분 등이 위법함을 명시하여야 한다.

17

기속행위와 재량행위에 대한 설명으로 옳지 않은 것은? (다툼이 있는 경우 판례에 의함)

① 판례는 재량행위와 기속행위를 불문하고 절차상의 하자가 있는 경우에는 절차상 하자의 독자적 위법성을 인정하고 있다.
② 재량권의 일탈·남용 여부에 대한 입증책임은 처분의 위법을 주장하는 원고에게 있다.
③ 국유재산의 무단점유 등에 대한 변상금 징수의 요건은 구 「국유재산법」 제51조 제1항에 명백히 규정되어 있으므로 변상금을 징수할 것인가는 처분청의 재량을 허용하지 않는 기속행위이고, 여기에 재량권 일탈·남용의 문제는 생길 여지가 없다.
④ 법규정의 일체성으로 인해 요건 판단과 효과 선택의 문제를 구별하기 어렵다고 보는 견해는 재량과 판단여지의 구분을 인정한다.

해설 정답 ❹

① (○) "과세처분시 납세고지서에 과세표준, 세율, 세액의 계산명세서 등을 첨부하여 고지하도록 한 것은 조세법률주의의 원칙에 따라 처분청으로 하여금 자의를 배제하고 신중하고도 합리적인 처분을 행하게 함으로써 조세행정의 공정성을 기함과 동시에 납세의무자에게 부과처분의 내용을 상세히 알려서 불복여부의 결정 및 그 불복신청에 편의를 주려는 취지에서 나온 것이므로 이러한 규정은 강행규정으로서 납세고지서에 위와 같은 기재가 누락되면 과세처분 자체가 위법하여 취소대상이 된다."(대법원 1983. 7. 26. 82누420)

② (○) "자유재량에 의한 행정처분이 그 재량권의 한계를 벗어난 것이어서 위법하다는 점은 그 행정처분의 효력을 다투는 자(원고)가 이를 주장·입증하여야 하고 처분청이 그 재량권의 행사가 정당한 것이었다는 점까지 주장·입증할 필요는 없다."(대법원 1987. 12. 8. 87누861)

③ (○) "국유재산의 무단점유 등에 대한 변상금 징수의 요건은 국유재산법(1994. 1. 5. 법률 제4968호로 개정된 것) 제51조 제1항에 명백히 규정되어 있으므로 변상금을 징수할 것인가는 처분청의 재량을 허용하지 않는 기속행위이고, 여기에 재량권 일탈·남용의 문제는 생길 여지가 없다."(대법원 1998. 9. 22. 98두7602)

④ (×) '법규정의 일체성으로 인해 요건 판단과 효과 선택의 문제를 구별하기 어렵다고 보는 견해'는 요건재량설을 가리키는 표현이다. 요건재량설은 판단여지 개념을 별도로 설정하는 것에 대해 반대한다.

18

「공익사업을 위한 토지 등의 취득 및 보상에 관한 법률」 및 행정상 손실보상에 대한 설명으로 옳은 것은? (다툼이 있는 경우 판례에 의함)

① 행정청이 토지를 수용 또는 사용할 수 있는 공익사업을 시행하는 경우, 손실보상금의 증감에 관한 행정소송은 행정청이 속하는 권리의무의 주체인 국가나 지방자치단체를 상대로 제기하여야 하고 그 기관인 행정청을 상대로 제기할 수 없다.

② 공유수면매립면허의 고시가 있는 경우 그 사업이 시행되고 그로 인하여 직접 손실이 발생한다고 할 수 있으므로, 관행어업권자는 공유수면매립면허의 고시를 이유로 손실보상을 청구할 수 있다.

③ 토지수용에 있어서의 사업인정의 고시는 이미 성립한 행정행위의 효력발생요건으로서의 통지에 해당한다.

④ 「공익사업을 위한 토지 등의 취득 및 보상에 관한 법률」상의 이의신청을 거치지 않고 토지수용위원회의 재결에 대해 곧바로 행정소송으로 다투는 것은 불가능하다.

해설 정답 ❶

① (○) 보상금증감청구소송은 당사자소송이기 때문이다. 행정주체가 사업시행자인 경우 의무자인 행정주체 자체를 피고로 삼아야 하지, 행정청을 피고로 삼아야 하는 것이 아니다.

② (×) "공유수면 매립면허의 고시가 있는 경우라 하더라도, 아직 그 사업이 시행된 것도 아니고 반드시 그 사업이 시행되는 것도 아니어서, 아직 손실이 발생한 경우가 아니기 때문에, 매립면허 고시가 있는 것만으로는 손실보상청구권이 발생하는 것이 아니고, 매립면허 고시 이후 매립공사가 실행되어 관행어업권자에게 실질적이고 현실적인 피해가 발생한 경우에만 공유수면매립법에서 정하는 손실보상청구권이 발생하였다고 할 것이다."(대법원 2010. 12. 9. 2007두6571)

③ (×) 사업인정의 효력발생요건인 사업인정의 고시는 (행정행위의 효력발생요건으로서의 통지가 아니라) 준법률행위적 행정행위인 통지에 해당한다.

④ (×) 토지보상법상의 이의신청을 거치지 않고도 토지수용위원회의 재결에 대해 곧바로 행정소송으로 다툴 수 있다.

19

신고에 대한 다음 설명 중 옳지 않은 것은? (다툼이 있는 경우 판례에 의함)

① 허가대상 건축물의 양수인이 구 「건축법」 시행규칙에 규정되어 있는 형식적 요건을 갖추어 건축주 명의변경을 신고한 경우, 허가권자는 양수인에게 '건축할 대지의 소유 또는 사용에 관한 권리'가 없다는 등의 실체적인 이유를 들어 신고의 수리를 거부할 수 없다.

② 무허가 건축물을 실제 생활의 근거지로 삼아 10년 이상 거주해 온 자의 주민등록 전입신고를, 부동산투기나 이주대책 요구 등을 방지할 목적으로 거부하는 것은 주민등록의 입법목적과 취지 등에 비추어 허용될 수 없다.

③ 「건축법」 제14조 제2항에 의한 인·허가 의제 효과를 수반하는 건축신고에 대한 수리거부는 처분성이 인정되나, 동 규정에 의한 인·허가 의제 효과를 수반하지 않는 건축신고에 대한 수리거부는 처분성이 부정된다.

④ 「국토의 계획 및 이용에 관한 법률」상의 개발행위허가로 의제되는 건축신고가 동법상의 개발행위허가 기준을 갖추지 못한 경우라면, 「건축법」상 적법한 요건을 갖추었다 하더라도 행정청은 그 수리를 거부할 수 있다.

해설 정답 ❸

① (○) "건축에 관한 허가·신고 및 변경에 관한 구 건축법(2011. 5. 30. 법률 제10755호로 개정되기 전의 것) 제16조 제1항, 구 건축법 시행령(2012. 12. 12. 대통령령 제24229호로 개정되기 전의 것) 제12조 제1항 제3호, 제4항, 구 건축법 시행규칙(2012. 12. 12. 국토해양부령 제552호로 개정되기 전의 것, 이하 같다) 제11조 제1항 제1호, 제3항의 문언 내용 및 체계 등과 아울러 관련 법리들을 종합하면, 건축허가를 받은 건축물의 양수인이 건축주 명의변경을 위하여 건축관계자 변경신고서에 첨부하여야 하는 구 건축법 시행규칙 제11조 제1항에서 정한 '권리관계의 변경사실을 증명할 수 있는 서류'란 건축할 대지가 아니라 허가대상 건축물에 관한 권리관계의 변경사실을 증명할 수 있는 서류를 의미하고, 그 서류를 첨부하였다면 이로써 구 건축법 시행규칙에 규정된 건축주 명의변경신고의 형식적 요건을 갖추었으며, 허가권자는 양수인에 대하여 구 건축법 시행규칙 제11조 제1항에서 정한 서류에 포함되지 아니하는 '건축할 대지의 소유 또는 사용에 관한 권리를 증명하는 서류'의 제출을 요구하거나, 양수인에게 이러한 권리가 없다는 실체적인 이유를 들어 신고의 수리를 거부하여서는 아니 된다."(대법원 2015. 10. 29. 2013두11475)

② (○) "무허가 건축물을 실제 생활의 근거지로 삼아 10년 이상 거주해 온 사람의 주민등록전입신고를 거부한 사안에서, 투기나 이주대책 요구 등을 방지할 목적으로 주민등록전입신고를 거부하는 것은 주민등록법의 입법 목적과 취지 등에 비추어 허용될 수 없다."(대법원 2009. 6. 18. 2008두10997)

③ (×) 판례가 인·허가 의제 효과를 수반하는지 여부에 따라 이를 달리 취급하고 있는 것은 아니다. "건축법상 건축신고에 대한 수리거부행위는 항고소송의 대상이 된다."(대법원 2010. 11. 18. 2008두167)

④ (○) "일정한 건축물에 관한 건축신고는 건축법 제14조 제2항, 제11조 제5항 제3호에 의하여 국토의 계획 및 이용에 관한 법률 제56조에 따른 개발행위허가를 받은 것으로 의제되는데, 국토의 계획 및 이용에 관한 법률 제58조 제1항 제4호에서는 개발행위허가의 기준으로 주변 지역의 토지이용실태 또는 토지이용계획, 건축물의 높이, 토지의 경사도, 수목의 상태, 물의 배수, 하천·호소·습지의 배수 등

주변 환경이나 경관과 조화를 이룰 것을 규정하고 있으므로, 국토의 계획 및 이용에 관한 법률상의 개발행위허가로 의제되는 건축신고가 위와 같은 기준을 갖추지 못한 경우 행정청으로서는 이를 이유로 그 수리를 거부할 수 있다고 보아야 한다."(대법원 2011. 1. 20. 2010두14954)

20

행정조사에 대한 설명으로 옳은 것은? (다툼이 있는 경우 판례에 의함)

① 「행정조사기본법」 제5조 단서에서 정한 '조사대상자의 자발적인 협조를 얻어 실시하는 행정조사'는 개별법령 등에서 행정조사를 규정하고 있는 경우에는 실시할 수 없다.
② 우편물 통관검사절차에서 이루어지는 우편물의 개봉 · 시료채취 · 성분분석 등의 검사는 행정조사의 성격을 가지는 것이 아니라 수사기관의 강제처분이므로, 압수 · 수색영장 없이 진행되었다면 그 자체로서 위법하다.
③ 세무조사가 과세자료의 수집 또는 신고내용의 정확성 검증이라는 본연의 목적이 아니라 부정한 목적을 위하여 행하여진 것이라면 세무조사에 중대한 위법사유가 있는 경우에 해당하고, 이러한 세무조사에 의하여 수집된 과세자료를 기초로 한 과세처분 역시 정당한 세액의 범위 내에 있다 하더라도 위법하다.
④ 세무조사결정은 납세의무자의 권리 · 의무에 직접 영향을 미치지 않는 사전적 · 내부적 작용에 불과하므로 항고소송의 대상이 될 수 없고, 과세처분을 다투고자 하는 납세의무자는 세무조사 종료 후의 과세처분을 대상으로 하여 항고소송을 제기해야 한다.

해설 정답 ❸

① (×) 이 경우에도 실시할 수 있다. 개별법령의 근거규정을 두고 실시되는 행정조사라 하더라도, 자발적 협조를 얻어 실시되는 경우에는 7일 전 서면에 의한 사전통지를 하지 않고 행정조사를 할 수 있다는 말이다. "행정조사기본법 제5조에 의하면 행정기관은 법령 등에서 행정조사를 규정하고 있는 경우에 한하여 행정조사를 실시할 수 있으나(본문), 한편 '조사대상자의 자발적인 협조를 얻어 실시하는 행정조사'의 경우에는 그러한 제한이 없이 실시가 허용된다(단서). 행정조사기본법 제5조는 행정기관이 정책을 결정하거나 직무를 수행하는 데에 필요한 정보나 자료를 수집하기 위하여 행정조사를 실시할 수 있는 근거에 관하여 정한 것으로서, 이러한 규정의 취지와 아울러 문언에 비추어 보면, 단서에서 정한 '조사대상자의 자발적인 협조를 얻어 실시하는 행정조사'는 개별 법령 등에서 행정조사를 규정하고 있는 경우에도 실시할 수 있다."(대법원 2016. 10. 27. 선고 2016두41811)

② (×) "관세법 제246조 제1항, 제2항, 제257조, '국제우편물 수입통관 사무처리'(2011. 9. 30. 관세청고시 제2011-40호) 제1-2조 제2항, 제1-3조, 제3-6조, 구 '수출입물품 등의 분석사무 처리에 관한 시행세칙'(2013. 1. 4. 관세청훈령 제1507호로 개정되기 전의 것) 등과 관세법이 관세의 부과 · 징수와 아울러 수출입물품의 통관을 적정하게 함을 목적으로 한다는 점(관세법 제1조)에 비추어 보면, 우편물 통관검사절차에서 이루어지는 우편물의 개봉, 시료채취, 성분분석 등의 검사는 수출입물품에 대한 적정한 통관 등을 목적으로 한 행정조사의 성격을 가지는 것으로서 수사기관의 강제처분이라고 할 수 없으므로, 압수 · 수색영장 없이 우편물의 개봉, 시료채취, 성분분석 등 검사가 진행되었다 하더라도 특별한 사정이 없는 한 위법하다고 볼 수 없다."(대법원 2013. 9. 26. 2013도7718)

③ (○) "국세기본법은 제81조의4 제1항에서 '세무공무원은 적정하고 공평한 과세를 실현하기 위하여 필요한 최소한의 범위에서 세무조사를 하여야 하며, 다른 목적 등을 위하여 조사권을 남용해서는 아니 된다.'라고 규정하고 있다. 이 조항은 세무조사의 적법 요건으로 객관적 필요성, 최소성, 권한 남용의 금지 등을 규정하고 있는데, 이는 법치국가원리를 조세절차법의 영역에서도 관철하기 위한 것으로서 그 자체로서 구체적인 법규적 효력을 가진다. 따라서 세무조사가 과세자료의 수집 또는 신고내용의 정확성 검증이라는 본연의 목적이 아니라 부정한 목적을 위하여 행하여진 것이라면 이는 세무조사에 중대한 위법사유가 있는 경우에 해당하고 이러한 세무조사에 의하여 수집된 과세자료를 기초로 한 과세처분 역시 위법하다. 세무조사가 국가의 과세권을 실현하기 위한 행정조사의 일종으로서 과세자료의 수집 또는 신고내용의 정확성 검증 등을 위하여 필요불가결하며, 종국적으로는 조세의 탈루를 막고 납세자의 성실한 신고를 담보하는 중요한 기능을 수행하더라도 만약 남용이나 오용을 막지 못한다면 납세자의 영업활동 및 사생활의 평온이나 재산권을 침해하고 나아가 과세권의 중립성과 공공성 및 윤리성을 의심받는 결과가 발생할 것이기 때문이다."(대법원 2016. 12. 15. 2016두47659)

④ (×) "부과처분을 위한 과세관청의 질문조사권이 행해지는 세무조사결정이 있는 경우 납세의무자는 세무공무원의 과세자료 수집을 위한 질문에 대답하고 검사를 수인하여야 할 법적 의무를 부담하게 되는 점, 세무조사는 기본적으로 적정하고 공평한 과세의 실현을 위하여 필요한 최소한의 범위 안에서 행하여져야 하고, 더욱이 동일한 세목 및 과세기간에 대한 재조사는 납세자의 영업의 자유 등 권익을 심각하게 침해할 뿐만 아니라 과세관청에 의한 자의적인 세무조사의 위험마저 있으므로 조세공평의 원칙에 현저히 반하는 예외적인 경우를 제외하고는 금지될 필요가 있는 점, 납세의무자로 하여금 개개의 과태료 처분에 대하여 불복하거나 조사 종료 후의 과세처분에 대하여만 다툴 수 있도록 하는 것보다는 그에 앞서 세무조사결정에 대하여 다툼으로써 분쟁을 조기에 근본적으로 해결할 수 있는 점 등을 종합하면, 세무조사결정은 납세의무자의 권리 · 의무에 직접 영향을 미치는 공권력의 행사에 따른 행정작용으로서 항고소송의 대상이 된다."(대법원 2011. 3. 10. 2009두23617)

ADMINISTRATIVE LAW

02회 정답과 해설

문제 p.11

Answer

01	③	06	①	11	③	16	④
02	②	07	④	12	④	17	④
03	②	08	③	13	④	18	③
04	④	09	②	14	①	19	①
05	④	10	④	15	④	20	②

01

개인적 공권에 대한 설명으로 옳지 않은 것은? (다툼이 있는 경우 판례에 의함)

① 「석탄산업법 시행령」 소정의 재해위로금 청구권은 개인의 공권으로서 그 공익적 성격에 비추어 당사자의 합의에 의하여 이를 미리 포기할 수 없다.
② 상수원보호구역 설정의 근거가 되는 규정으로 보호하려는 이익은 상수원의 확보와 수질보전일 뿐이므로, 그 상수원에서 급수를 받고 있는 지역 주민들이 가지는 이익은 상수원의 확보와 수질보호라는 공공의 이익이 달성됨에 따라 반사적으로 얻게 되는 이익에 불과하다.
③ 「환경정책기본법」 제6조의 규정 내용 등에 비추어 국민에게 구체적인 권리를 부여한 것으로 볼 수 없더라도 환경영향평가 대상지역 밖에 거주하는 주민에게 헌법상의 환경권 또는 「환경정책기본법」에 근거하여 공유수면매립면허처분과 농지개량사업 시행인가처분의 무효확인을 구할 원고적격이 있다.
④ 근로자가 퇴직급여를 청구할 수 있는 권리와 같은 이른바 사회적 기본권은 헌법 규정에 의하여 바로 도출되는 개인적 공권이라 할 수 없다.

해설 정답 ❸

① (○) "석탄산업법시행령 제41조 제4항 제5호 소정의 재해위로금 청구권은 개인의 공권으로서 그 공익적 성격에 비추어 당사자의 합의에 의하여 이를 미리 포기할 수 없다."(대법원 1998. 12. 23. 97누5046)
② (○) "상수원보호구역 설정의 근거가 되는 수도법 제5조 제1항 및 동 시행령 제7조 제1항이 보호하고자 하는 것은 상수원의 확보와 수질보전일 뿐이고, 그 상수원에서 급수를 받고 있는 지역주민들이 가지는 상수원의 오염을 막아 양질의 급수를 받을 이익은 직접적이고 구체적으로는 보호하고 있지 않음이 명백하여 위 지역주민들이 가지는 이익은 상수원의 확보와 수질보호라는 공공의 이익이 달성됨에 따라 반사적으로 얻게 되는 이익에 불과하므로 지역주민들에 불과한 원고들에게는 위 상수원보호구역변경처분의 취소를 구할 법률상의 이익이 없다."(대법원 1995. 9. 26. 94누14544)
③ (×) "헌법 제35조 제1항에서 정하고 있는 환경권에 관한 규정만으로는 그 권리의 주체·대상·내용·행사방법 등이 구체적으로 정립되어 있다고 볼 수 없고, 환경정책기본법 제6조도 그 규정 내용 등에 비추어 국민에게 구체적인 권리를 부여한 것으로 볼 수 없다는 이유로, 환경영향평가 대상지역 밖에 거주하는 주민에게 헌법상의 환경권 또는 환경정책기본법에 근거하여 공유수면매립면허처분과 농지개량사업 시행인가처분의 무효확인을 구할 원고적격이 없다고 한 사례."(대법원 2006. 3. 16. 2006두330)
④ (○) "헌법 제32조 제1항이 규정하는 근로의 권리는 사회적 기본권으로서 국가에 대하여 직접 일자리를 청구하거나 일자리에 갈음하는 생계비의 지급청구권을 의미하는 것이 아니라 고용증진을 위한 사회적·경제적 정책을 요구할 수 있는 권리에 그치며, 근로의 권리로부터 국가에 대한 직접적인 직장존속청구권이 도출되는 것도 아니다. 나아가 근로자가 퇴직급여를 청구할 수 있는 권리도 헌법상 바로 도출되는 것이 아니라 퇴직급여법 등 관련 법률이 구체적으로 정하는 바에 따라 비로소 인정될 수 있는 것이므로 계속근로기간 1년 미만인 근로자가 퇴직급여를 청구할 수 있는 권리가 헌법 제32조 제1항에 의하여 보장된다고 보기는 어렵다."(헌법재판소 2011. 7. 28. 2009헌마408)

02

행정행위의 하자에 대한 설명으로 옳은 것은? (다툼이 있는 경우 판례에 의함)

① 적법한 권한 위임 없이 세관출장소장이 한 관세부과처분은 권한유월의 행위로서 무권한의 행위이므로 그 하자가 중대·명백하여 당연무효이다.
② 행정처분 자체의 효력이 쟁송기간 경과 후에도 존속 중인 경우, 그 행정처분이 위헌인 법률에 근거하여 내려졌고 그 목적달성을 위해 필요한 후행 행정처분이 아직 이루어지지 않았다면 그 하자가 중대하여 그 구제가 필요한 경우에 대하여서는 쟁송기간 경과 후라도 그 행정처분에 대하여 무효확인을 구할 수 있다.
③ 과세처분 이후에 조세 부과의 근거가 되었던 법률규정에 대하여 위헌결정이 있었으나, 과세처분에 대한 제소기간이 이미 경과하여 조세채권이 확정된 경우, 그 조세채권의 집행을 위한 새로운 체납처분은 당연무효가 아니다.
④ 세액산출근거가 누락된 납세고지서에 의한 과세처분에 대하여 상고심 계류 중 세액산출근거의 통지가 행하여졌다면 이로써 과세처분의 위법성이 치유된다.

해설 정답 ❷

① (×) "적법한 권한 위임 없이 세관출장소장에 의하여 행하여진 관세부과처분이 그 하자가 중대하기는 하지만 객관적으로 명백하다고 할 수 없어 당연무효는 아니라고 본 사례."(대법원 2004. 11. 26. 2003두2403)
② (○) "행정처분의 집행이 이미 종료되었고 그것이 번복될 경우 법적 안정성을 크게 해치게 되는 경우에는 후에 행정처분의 근거가 된 법규가 헌법재판소에서 위헌으로 선고된다고 하더라도 그 행정처분이 당연무효가 되지는 않음이 원칙이라고 할 것이나, 행정처분 자체의 효력이 쟁송기간 경과 후에도 존속 중인 경우, 특히 그 처분이 위헌법률에 근거하여 내려진 것이고 그 행정처분의 목적달성을 위하여서는 후행 행정처분이 필요한데 후행 행정처분은 아직 이루어지지 않은 경우와 같이 그 행정처분을 무효로 하더라도 법적 안정성을 크게 해치지 않는 반면에 그 하자가 중대하여 그 구제가 필요

한 경우에 대하여서는 그 예외를 인정하여 이를 당연무효사유로 보아서 쟁송기간 경과 후에라도 무효확인을 구할 수 있는 것이라고 봐야 할 것이다."(헌법재판소 1994. 6. 30. 92헌바23)

③ (×) "조세 부과의 근거가 되었던 법률규정이 위헌으로 선언된 경우, 비록 그에 기한 과세처분이 위헌결정 전에 이루어졌고, 과세처분에 대한 제소기간이 이미 경과하여 조세채권이 확정되었으며, 조세채권의 집행을 위한 체납처분의 근거규정 자체에 대하여는 따로 위헌결정이 내려진 바 없다고 하더라도, 위와 같은 위헌결정 이후에 조세채권의 집행을 위한 새로운 체납처분에 착수하거나 이를 속행하는 것은 더 이상 허용되지 않고, 나아가 이러한 위헌결정의 효력에 위배하여 이루어진 체납처분은 그 사유만으로 하자가 중대하고 객관적으로 명백하여 당연무효라고 보아야 한다."(대법원 2012. 2. 16. 2010두10907)

④ (×) "세액산출근거가 누락된 납세고지서에 의한 과세처분의 하자의 치유를 허용하려면 늦어도 과세처분에 대한 불복여부의 결정 및 불복신청에 편의를 줄 수 있는 상당한 기간내에 하여야 한다고 할 것이므로 위 과세처분에 대한 전심절차가 모두 끝나고 상고심의 계류중에 세액산출근거의 통지가 있었다고 하여 이로써 위 과세처분의 하자가 치유되었다고는 볼 수 없다."(대법원 1984. 4. 10. 83누393)

03

「행정심판법」상 재결에 대한 설명으로 옳은 것은? (다툼이 있는 경우 판례에 의함)

① 제3자효를 수반하는 행정행위에 대한 행정심판 청구에 있어서, 그 청구를 인용하는 내용의 재결로 인해 비로소 권리이익을 침해받게 되는 자라도 인용재결에 대해서는 항고소송을 제기하지 못한다.
② 처분청이 처분이행명령재결에 따른 처분을 하지 아니한 경우에도 행정심판위원회는 당사자의 신청이 없으면 직권으로는 직접처분을 할 수 없다.
③ 행정심판의 재결에 대해서는 재결 자체에 고유한 위법이 있음을 이유로 하는 경우에 한하여 다시 행정심판을 청구할 수 있다.
④ 재결은 청구인 또는 위원회가 심판청구를 받은 날부터 90일 이내에 하여야 한다. 다만, 부득이한 사정이 있는 경우에는 위원장이 직권으로 30일을 연장할 수 있다.

해설 정답 ❷

① (×) "이른바 복효적 행정행위, 특히 제3자효를 수반하는 행정행위에 대한 행정심판청구에 있어서 그 청구를 인용하는 내용의 재결로 인하여 비로소 권리이익을 침해받게 되는 자는 그 인용재결에 대하여 다툴 필요가 있고, 그 인용재결은 원처분과 내용을 달리하는 것이므로 그 인용재결의 취소를 구하는 것은 원처분에는 없는 재결에 고유한 하자를 주장하는 셈이어서 당연히 항고소송의 대상이 된다."(대법원 2001. 5. 29. 99두10292)

② (○) 행정심판법 제50조 제1항

> **행정심판법 제50조(위원회의 직접 처분)** ① 위원회는 피청구인이 제49조 제3항에도 불구하고 처분을 하지 아니하는 경우에는 당사자가 신청하면 기간을 정하여 서면으로 시정을 명하고 그 기간에 이행하지 아니하면 직접 처분을 할 수 있다. 다만, 그 처분의 성질이나 그 밖의 불가피한 사유로 위원회가 직접 처분을 할 수 없는 경우에는 그러하지 아니하다.

③ (×) 행정심판법 제51조 참조. 원처분주의를 따른다면 재결 고유의 위법이 있는 경우 재결을 취소소송의 대상으로 삼을 수 있는 것이지, 행정심판의 대상으로 삼을 수 있는 것이 아니다.

> **행정심판법 제51조(행정심판 재청구의 금지)** 심판청구에 대한 재결이 있으면 그 재결 및 같은 처분 또는 부작위에 대하여 다시 행정심판을 청구할 수 없다.

④ (×) 행정심판법 제45조 제1항

> **행정심판법 제45조(재결 기간)** ① 재결은 제23조에 따라 피청구인 또는 위원회가 심판청구서를 받은 날부터 60일 이내에 하여야 한다. 다만, 부득이한 사정이 있는 경우에는 위원장이 직권으로 30일을 연장할 수 있다.

04

행정의 실효성 확보수단에 대한 설명으로 옳지 않은 것은? (다툼이 있는 경우 판례에 의함)

① 「민법」상의 의무를 위반하여 과태료를 부과하는 행위는 「질서위반행위규제법」상 질서위반행위에 해당하지 않는다.
② 과세관청의 체납자 등에 대한 공매통지는 국가의 강제력에 의하여 진행되는 공매절차에서 체납자 등의 권리 내지 재산상 이익을 보호하기 위하여 법률로 규정한 절차적 요건에 해당하지만, 그 통지를 하지 아니한 채 공매처분을 하였다 하여도 그 공매처분이 당연무효로 되는 것은 아니다.
③ 민사소송절차에 따라 「민법」 제750조에 기한 손해배상으로서 대집행비용의 상환을 구하는 청구는 소의 이익이 없어 부적합하다.
④ 「식품위생법」상 영업소 폐쇄명령을 받은 자가 영업을 계속할 경우 강제폐쇄하는 조치는 행정상 즉시강제에 해당한다.

해설 정답 ❹

① (○) 질서위반행위규제법 제2조 제1호 가목, 질서위반행위규제법 시행령 제2조 제1항 참조

> **질서위반행위규제법 제2조(정의)** 이 법에서 사용하는 용어의 뜻은 다음과 같다.
> 1. "질서위반행위"란 법률(지방자치단체의 조례를 포함한다. 이하 같다)상의 의무를 위반하여 과태료를 부과하는 행위를 말한다. 다만, 다음 각 목의 어느 하나에 해당하는 행위를 제외한다.
> 가. 대통령령으로 정하는 사법(私法)상·소송법상 의무를 위반하여 과태료를 부과하는 행위
> 나. 대통령령으로 정하는 법률에 따른 징계사유에 해당하여 과태료를 부과하는 행위
> 2. "행정청"이란 행정에 관한 의사를 결정하여 표시하는 국가 또는 지방자치단체의 기관, 그 밖의 법령 또는 자치법규에 따라 행정권한을 가지고 있거나 위임 또는 위탁받은 공공단체나 그 기관 또는 사인(私人)을 말한다.
> 3. "당사자"란 질서위반행위를 한 자연인 또는 법인(법인이 아닌 사단 또는 재단으로서 대표자 또는 관리인이 있는 것을 포함한다. 이하 같다)을 말한다.

질서위반행위규제법 시행령 제2조(질서위반행위에서 제외되는 행위) ① 질서위반행위규제법」(이하 "법"이라 한다) 제2조 제1호가목에서 "대통령령으로 정하는 사법(私法)상 · 소송법상 의무를 위반하여 과태료를 부과하는 행위"란 「민법」, 「상법」 등 사인(私人) 간의 법률관계를 규율하는 법 또는 「민사소송법」, 「가사소송법」, 「민사집행법」, 「형사소송법」, 「민사조정법」 등 분쟁 해결에 관한 절차를 규율하는 법률상의 의무를 위반하여 과태료를 부과하는 행위를 말한다.

② (○) "구 국세징수법(2011. 4. 4. 법률 제10527호로 개정되기 전의 것) 제68조는 세무서장이 압류된 재산의 공매를 공고한 때에는 즉시 그 내용을 체납자 등에게 통지하도록 정하고 있다. 이러한 체납자 등에 대한 공매통지는 국가의 강제력에 의하여 진행되는 공매절차에서 체납자 등의 권리 내지 재산상 이익을 보호하기 위하여 법률로 규정한 절차적 요건에 해당하지만, 그 통지를 하지 아니한 채 공매처분을 하였다 하여도 그 공매처분이 당연무효로 되는 것은 아니다."(대법원 2012. 7. 26. 2010다50625)

③ (○) "대한주택공사가 구 대한주택공사법(2009. 5. 22. 법률 제9706호 한국토지주택공사법 부칙 제2조로 폐지) 및 구 대한주택공사법 시행령(2009. 9. 21. 대통령령 제21744호 한국토지주택공사법 시행령 부칙 제2조로 폐지)에 의하여 대집행권한을 위탁받아 공무인 대집행을 실시하기 위하여 지출한 비용을 행정대집행법 절차에 따라 국세징수법의 예에 의하여 징수할 수 있음에도 민사소송절차에 의하여 그 비용의 상환을 청구한 사안에서, 행정대집행법이 대집행비용의 징수에 관하여 민사소송절차에 의한 소송이 아닌 간이하고 경제적인 특별구제절차를 마련해 놓고 있으므로, 위 청구는 소의 이익이 없어 부적법하다고 본 원심판단을 수긍한 사례."(대법원 2011. 9. 8. 2010다48240)

④ (×) 식품위생법상 영업소 폐쇄명령을 받은 후에도 계속하여 영업을 하는 경우 해당 영업소를 폐쇄하는 조치는, 즉시강제가 아니라, 행정상 직접강제의 수단에 해당한다.

05

「개인정보 보호법」에 대한 설명으로 옳지 않은 것은? (다툼이 있는 경우 판례에 의함)

① 「개인정보 보호법」상 '개인정보'란 살아 있는 개인에 관한 정보로서 사자(死者)나 법인의 정보는 포함되지 않는다.
② 개인정보처리자가 「개인정보 보호법」을 위반한 행위로 손해를 입힌 경우 정보주체는 손해배상을 청구할 수 있는데, 이때 개인정보처리자가 고의·과실이 없음에 대한 입증책임을 진다.
③ 개인정보처리자는 대통령령으로 정한 규모 이상의 개인정보가 유출되었음을 알게 되었을 때에는 지체 없이 보호위원회 또는 대통령령으로 정하는 전문기관에 신고하여야 한다.
④ 「개인정보 보호법」에 따르면, '개인정보 처리자의 정당한 이익을 달성하기 위하여 필요한 경우로서 명백하게 정보주체의 권리보다 우선하는 경우'라도 그 개인정보의 수집·이용은 위법한 것으로 평가된다.

해설 정답 ④

① (○) 개인정보 보호법상 '개인정보'란 살아 있는 개인에 관한 정보로서 사자(死者)나 법인의 정보는 포함되지 않는다. 개인정보 보호법 제2조 제1호 참조.

개인정보 보호법 제2조(정의) 이 법에서 사용하는 용어의 뜻은 다음과 같다.
1. "개인정보"란 살아 있는 개인에 관한 정보로서 다음 각 목의 어느 하나에 해당하는 정보를 말한다.

② (○) 개인정보 보호법 제39조 제1항

개인정보 보호법 제39조(손해배상책임) ① 정보주체는 개인정보처리자가 이 법을 위반한 행위로 손해를 입으면 개인정보처리자에게 손해배상을 청구할 수 있다. 이 경우 그 개인정보처리자는 고의 또는 과실이 없음을 입증하지 아니하면 책임을 면할 수 없다.

③ (○) 개인정보 보호법 제34조 제3항

개인정보 보호법 제34조(개인정보 유출 통지 등) ③ 개인정보처리자는 대통령령으로 정한 규모 이상의 개인정보가 유출된 경우에는 제1항에 따른 통지 및 제2항에 따른 조치 결과를 지체 없이 보호위원회 또는 대통령령으로 정하는 전문기관에 신고하여야 한다. 이 경우 보호위원회 또는 대통령령으로 정하는 전문기관은 피해 확산방지, 피해 복구 등을 위한 기술을 지원할 수 있다.

④ (×) 개인정보 보호법 제15조 제1항 제6호

개인정보 보호법 제15조(개인정보의 수집 · 이용) ① 개인정보처리자는 다음 각 호의 어느 하나에 해당하는 경우에는 개인정보를 수집할 수 있으며 그 수집 목적의 범위에서 이용할 수 있다.
6. 개인정보처리자의 정당한 이익을 달성하기 위하여 필요한 경우로서 명백하게 정보주체의 권리보다 우선하는 경우. 이 경우 개인정보처리자의 정당한 이익과 상당한 관련이 있고 합리적인 범위를 초과하지 아니하는 경우에 한한다.

06

행정행위의 효력에 대한 설명으로 옳은 것은? (다툼이 있는 경우 판례에 의함)

① 과세처분에 대해 이의신청을 하고 이에 따라 직권취소가 이루어졌다면 특별한 사정이 없는 한 불가변력이 발생한다.
② 취소사유 있는 과세처분에 의하여 세금을 납부한 자는 과세처분취소소송을 제기하지 않은 채 곧바로 부당이득반환청구소송을 제기하더라도 납부한 금액을 반환받을 수 있다.
③ 행정처분이 불복기간의 경과로 확정되는 경우에는 그 처분의 기초가 된 사실관계나 법률적 판단이 확정되므로, 당사자들이나 법원은 이에 기속되어 모순되는 주장이나 판단을 할 수 없게 된다.
④ 민사소송에 있어서 어느 행정처분의 당연무효 여부가 선결문제로 되는 때에는 이를 판단하여 당연무효임을 전제로 판결할 수는 없고, 반드시 행정소송 등의 절차에 의하여 그 취소나 무효확인을 받아야 한다.

해설 정답 ❶

① (○) "과세처분에 관한 불복절차과정에서 과세관청이 그 불복사유가 옳다고 인정하고 이에 따라 필요한 처분을 하였을 경우에는, 불복제도와 이에 따른 시정방법을 인정하고 있는 구 국세기본법(2007. 12. 31. 법률 제8830호로 개정되기 전의 것) 제55조 제1항, 제3항 등 규정들의 취지에 비추어 동일 사항에 관하여 특별한 사유 없이 이를 번복하고 다시 종전의 처분을 되풀이할 수는 없는 것이므로, 과세처분에 관한 이의신청절차에서 과세관청이 이의신청 사유가 옳다고 인정하여 과세처분을 직권으로 취소한 이상 그 후 특별한 사유 없이 이를 번복하고 종전 처분을 되풀이하는 것은 허용되지 않는다."(대법원 2010. 9. 30. 2009두1020)

② (×) "원래 행정처분이 아무리 위법하다고 하여도 그 하자가 중대하고 명백하여 당연무효라고 보아야 할 사유가 있는 경우를 제외하고는 아무도 그 하자를 이유로 무단히 그 효과를 부정하지 못하는 것으로, 이러한 행정행위의 공정력은 판결의 기판력과 같은 효력은 아니지만 그 공정력의 객관적 범위에 속하는 행정행위의 하자가 취소사유에 불과한 때에는 그 처분이 취소되지 않는 한 처분의 효력을 부정하여 그로 인한 이득을 법률상 원인 없는 이득이라고 말할 수 없게 하는 것이다. 따라서 국세의 과오납이 취소할 수 있는 위법한 과세처분에 의한 것이라도 그 처분이 취소되지 않는 한 그로 인한 납세액을 곧바로 부당이득이라고 하여 반환을 구할 수 있는 것이 아니므로 이와 반대되는 견해 아래 전개하는 상고이유는 받아들일 수 없고, 원심판결에 이 점에 관한 판단이 없다고 하여도 이상에서 판단한 바와 같이 이유 없음이 분명하므로 그 잘못이 판결에 영향을 미친 위법이라고 할 수 없을 것이니, 상고 이유 중 이 점을 지적하는 부분도 이유 없다."(대법원 1994. 11. 11. 94다28000)

③ (×) 행정행위에 불가쟁력이 발생했다고 해서 행정행위의 효력으로서 기판력은 인정되지 않는다는 말이다. 판례 "산업재해보상보험법(2003. 12. 31. 법률 제7049호로 개정되기 전의 것) 및 고용보험 및 산업재해보상보험의 보험료징수 등에 관한 법률의 관계 규정을 종합하면, 산업재해보상보험법의 적용을 받은 사업장의 사업주가 당해 근로자와 사이에 산재보험관계가 성립하였음에도 산재보험관계 성립신고를 게을리 한 기간 중에 그 근로자에게 재해가 발생하여 근로복지공단이 보험급여를 지급한 경우, 근로복지공단은 대통령령이 정하는 바에 따라 그 보험급여액 중 전부 또는 일부를 사업주로부터 징수할 수 있도록 하고 있다. 한편, 일반적으로 행정처분이나 행정심판 재결이 불복기간의 경과로 확정될 경우 그 확정력은, 처분으로 법률상 이익을 침해받은 자가 당해 처분이나 재결의 효력을 더 이상 다툴 수 없다는 의미일 뿐, 더 나아가 판결과 같은 기판력이 인정되는 것은 아니어서 그 처분의 기초가 된 사실관계나 법률적 판단이 확정되고 당사자들이나 법원이 이에 기속되어 모순되는 주장이나 판단을 할 수 없게 되는 것은 아니다."(대법원 2008. 7. 24. 2006두20808)

④ (×) "민사소송에 있어서 어느 행정처분의 당연무효 여부가 선결문제로 되는 때에는 이를 판단하여 당연무효임을 전제로 판결할 수 있고 반드시 행정소송 등의 절차에 의하여 그 취소나 무효확인을 받아야 하는 것은 아니며(대법원 1972. 10. 10. 선고 71다2279 판결 등 참조), 한편, 원고 조합의 조합설립결의나 관리처분계획에 대한 결의가 당연무효라는 위 피고들의 주장 속에는 조합설립 인가처분이나 관리처분계획에 당연무효사유가 있다는 주장도 포함되어 있다고 봄이 상당하다고 할 것이므로, 원심으로서는 더 나아가 위 조합설립 인가처분이나 관리처분계획에 당연무효사유가 있는지를 심리하여 위 피고들 주장의 당부를 판단하였어야 할 것임에도, 원심이 그에 대해서는 아무런 판단도 하지 아니한 채, 단지 위 피고들이 항고소송의 방법으로 원고 조합의 조합설립 인가처분이나 관리처분계획에 대하여 취소 또는 무효확인을 받았음을 인정할 증거가 없다는 이유만으로 위 피고들의 주장을 모두 배척한 데에는 필요한 심리를 다하지 아니하고 판단을 유탈하여 판결에 영향을 미친 위법이 있다."(대법원 2010. 4. 8. 2009다90092)

07

행정법의 일반원칙에 대한 설명으로 옳지 않은 것은? (다툼이 있는 경우 판례에 의함)

① 같은 정도의 비위를 저지른 자들이라 하더라도, 그 직무의 특성 및 개전의 정이 있는지 여부에 따라 징계의 종류 및 양정에 있어서 차별적으로 취급하는 것은 합리적 차별로서 평등의 원칙에 반하지 않는다.
② 재량준칙이 공표된 것만으로는 행정의 자기구속의 원칙이 적용될 수 없고, 재량준칙이 되풀이 시행되어 행정관행이 성립한 경우이어야 행정의 자기구속의 원칙이 적용될 수 있다.
③ 근로복지공단의 요양불승인처분의 적법 여부는 사실상 휴업급여청구권 발생의 전제가 되므로, 근로자가 근로복지공단에 휴업급여를 청구하지 않은 것이 요양불승인처분에 대한 취소소송 때문이었다면, 요양불승인 취소소송에서 패소한 근로복지공단이 후에 휴업급여지급청구소송에서 휴업급여청구권의 소멸시효 완성 항변을 하는 것은 신의성실의 원칙에 반하여 허용될 수 없다.
④ 행정청이 조합설립추진위원회의 설립승인 심사에서 위법한 행정처분을 한 선례가 있는 경우에는, 행정청에 대해 자기구속력을 갖게 되어 이후에도 그러한 기준에 따라야 한다.

해설 정답 ❹

① (○) "같은 정도의 비위를 저지른 자들 사이에 있어서도 그 직무의 특성 등에 비추어, 개전의 정이 있는지 여부에 따라 징계의 종류의 선택과 양정에 있어서 차별적으로 취급하는 것은, 사안의 성질에 따른 합리적 차별로서 이를 자의적 취급이라고 할 수 없는 것이어서 평등원칙 내지 형평에 반하지 아니한다."(대법원 1999. 8. 20. 99두2611)

② (○) 행정의 자기구속의 법리를 적용함에 있어서 행정선례가 필요한지 여부에 대한 학설의 대립이 있는데, 판례에 따르면 재량준칙이 일단 공표되었다 하더라도 재량준칙이 실제로 되풀이 시행되지 않은 경우에는 행정의 자기구속원칙이 적용되지 않는다. 판례 "상급행정기관이 하급행정기관에 대하여 업무처리지침이나 법령의 해석적용에 관한 기준을 정하여 발하는 이른바 '행정규칙이나 내부지침'은 일반적으로 행정조직 내부에서만 효력을 가질 뿐 대외적인 구속력을 갖는 것은 아니므로 행정처분이 그에 위반하였다고 하여 그러한 사정만으로 곧바로 위법하게 되는 것은 아니다. 다만, 재량권 행사의 준칙인 행정규칙이 그 정한 바에 따라 되풀이 시행되어 행정관행이 이루어지게 되면 평등의 원칙이나 신뢰보호의 원칙에 따라 행정기관은 그 상대방에 대한 관계에서 그 규칙에 따라야 할 자기구속을 받게 되므로, 이러한 경우에는 특별한 사정이 없는 한 그를 위반하는 처분은 평등의 원칙이나 신뢰보호의 원칙에 위배되어 재량권을 일탈·남용한 위법한 처분이 된다."(대법원 2009. 12. 24. 2009두7967)

③ (○) "근로자가 입은 부상이나 질병이 업무상 재해에 해당하는지 여부에 따라 요양급여 신청의 승인, 휴업급여청구권의 발생 여부가 차례로 결정되고, 따라서 근로복지공단의 요양불승인처분의 적법 여부는 사실상 근로자의 휴업급여청구권 발생의 전제가 된다고 볼 수 있는 점 등에 비추어, 근로자가 요양불승인에 대한 취소소송의 판결확정 시까지 근로복지공단에 휴업급여를 청구하지 않았던 것은 이를 행사할 수 없는 사실상의 장애사유가 있었기 때문이라고 보아야 하므로, 근로복지공단의 소멸시효 항변은 신의성실의 원칙에 반하여 허용될 수 없다."(대법원 2008. 9. 18. 2007두2173)

④ (×) "행정청이 조합설립추진위원회의 설립승인 심사에서 위법한 행정처분을 한 선례가 있다고 하여 그러한 기준을 따라야 할 의무가 없는 점 등에 비추어, 평등의 원칙이나 신뢰보호의 원칙 또는 자기구속의 원칙 등에 위배되고 재량권을 일탈·남용하여 자의적으로 조합설립추진위원회 승인처분을 한 것으로 볼 수 없다"(대법원 2009. 6. 25. 선고 2008두13132)

08

영조물의 설치·관리상의 하자로 인한 손해배상책임에 대한 설명으로 옳지 않은 것은? (다툼이 있는 경우 판례에 의함)

① '공공의 영조물'이란 강학상 공물을 뜻하는 것으로서, 국가 또는 지방자치단체가 소유권, 임차권 그 밖의 권한에 기하여 관리하고 있는 경우뿐만 아니라, 그러한 권한 없이 사실상의 관리를 하고 있는 경우도 이에 포함된다.

② 지방자치단체의 장이 기관위임된 국가행정사무를 처리하는 경우, 국가로부터 내부적으로 교부된 금원으로 그 사무에 필요한 경비를 대외적으로 지출하는 지방자치단체는 「국가배상법」 제6조 제1항 소정의 비용부담자로서 손해를 배상할 책임이 있다.

③ 영조물이 공공의 목적에 이용됨에 있어 그 이용상태 및 정도가 일정한 한도를 초과하여 제3자에게 사회통념상 수인할 것이 기대되는 한도를 넘는 피해를 입히는 경우는 손실보상의 대상으로 논의될 수 있을 뿐, 「국가배상법」 제5조 제1항의 '영조물의 설치 또는 관리의 하자'에 해당될 수 없다.

④ 공군에 속한 군인이나 군무원의 경우 일반인에 비하여 공군비행장 주변의 항공기 소음 피해에 관하여 잘 인식하거나 인식할 수 있는 지위에 있다는 이유만으로 가해자가 면책되거나 손해배상액이 감액되지는 않는다.

해설 정답 ❸

① (○) "국가배상법 제5조 제1항 소정의 '공공의 영조물'이라 함은 국가 또는 지방자치단체에 의하여 특정 공공의 목적에 공여된 유체물 내지 물적 설비를 말하며, 국가 또는 지방자치단체가 소유권, 임차권 그 밖의 권한에 기하여 관리하고 있는 경우뿐만 아니라 사실상의 관리를 하고 있는 경우도 포함된다."(대법원 1998. 10. 23. 98다17381)

② (○) "구 지방자치법(1988. 4. 6. 법률 제4004호로 전문 개정되기 전의 것) 제131조(현행 제132조), 구 지방재정법(1988. 4. 6. 법률 제4006호로 전문 개정되기 전의 것) 제16조 제2항(현행 제18조 제2항)의 규정상, 지방자치단체의 장이 기관위임된 국가행정사무를 처리하는 경우 그에 소요되는 경비의 실질적·궁극적 부담자는 국가라고 하더라도 당해 지방자치단체는 국가로부터 내부적으로 교부된 금원으로 그 사무에 필요한 경비를 대외적으로 지출하는 자이므로, 이러한 경우 지방자치단체는 국가배상법 제6조 제1항 소정의 비용부담자로서 공무원의 불법행위로 인한 같은 법에 의한 손해를 배상할 책임이 있다."(대법원 1994. 12. 9. 94다38137)

③ (×) "국가배상법 제5조 제1항에 정하여진 '영조물의 설치 또는 관리의 하자'라 함은 공공의 목적에 공여된 영조물이 그 용도에 따라 갖추어야 할 안전성을 갖추지 못한 상태에 있음을 말하고, 안전성을 갖추지 못한 상태, 즉 타인에게 위해를 끼칠 위험성이 있는 상태라 함은 당해 영조물을 구성하는 물적 시설 그 자체에 있는 물리적·외형적 흠결이나 불비로 인하여 그 이용자에게 위해를 끼칠 위험성이 있는 경우뿐만 아니라, 그 영조물이 공공의 목적에 이용됨에 있어 그 이용상태 및 정도가 일정한 한도를 초과하여 제3자에게 사회통념상 수인할 것이 기대되는 한도를 넘는 피해를 입히는 경우까지 포함된다고 보아야 한다."(대법원 2005. 1. 27. 2003다49566)

④ (○) "공군비행장 주변의 항공기 소음 피해로 인한 손해배상 사건에서 공군에 속한 군인이나 군무원의 경우 일반인에 비하여 그 피해에 관하여 잘 인식하거나 인식할 수 있는 지위에 있다는 이유만으로 가해자의 면책이나 손해배상액의 감액에 있어 달리 볼 수는 없다." (대법원 2015. 10. 15. 선고 2013다23914)

09

행정행위에 대한 설명으로 옳은 것은? (다툼이 있는 경우 판례에 의함)

① 행정청의 확약에 대해 법률상 이익이 있는 제3자는 확약에 대해 취소소송으로 다툴 수 있다.

② 구 「폐기물관리법」 및 관계법령상의 폐기물처리업허가를 받기 위한 사업계획에 대한 부적정 통보는 허가신청 자체를 제한하는 등 개인의 권리 내지 법률상의 이익을 개별적이고 구체적으로 규제하고 있어 행정처분에 해당한다.

③ 재개발조합설립인가신청에 대하여 행정청의 조합설립인가처분이 있은 이후에 조합설립 동의에 하자가 있음을 이유로 재개발조합설립의 효력을 부정하려면 조합설립동의의 효력을 소의 대상으로 하여야 한다.

④ 재단법인의 정관변경시 정관변경 결의에 하자가 있더라도 주무부장관의 인가가 이루어지면 정관변경 결의는 그때부터 유효하다.

해설 정답 ❷

① (×) 판례는 확약의 처분성을 부정한다. 따라서 확약은 취소소송의 대상이 되지 않는다.

② (○) "폐기물관리법 관계 법령의 규정에 의하면 폐기물처리업의 허가를 받기 위하여는 먼저 사업계획서를 제출하여 허가권자로부터 사업계획에 대한 적정통보를 받아야 하고, 그 적정통보를 받은 자만이 일정기간 내에 시설, 장비, 기술능력, 자본금을 갖추어 허가신청을 할 수 있으므로, 결국 부적정통보는 허가신청 자체를 제한하는 등 개인의 권리 내지 법률상의 이익을 개별적이고 구체적으로 규제하고 있어 행정처분에 해당한다."(대법원 1998. 4. 28. 97누21086)

③ (×) "행정청이 도시 및 주거환경정비법 등 관련 법령에 근거하여 행하는 조합설립인가처분은 단순히 사인들의 조합설립행위에 대한 보충행위로서의 성질을 갖는 것에 그치는 것이 아니라 법령상 요건을 갖출 경우 도시 및 주거환경정비법상 주택재건축사업을 시행할 수 있는 권한을 갖는 행정주체(공법인)로서의 지위를 부여하는 일종의 설권적 처분의 성격을 갖는다고 보아야 한다. 그리고 그와 같이 보는 이상 조합설립결의는 조합설립인가처분이라는 행정처분을 하는 데 필요한 요건 중 하나에 불과한 것이어서, 조합설립결의에 하자가 있다면 그 하자를 이유로 직접 항고소송의 방법으로 조합설립인가처분의 취소 또는 무효확인을 구하여야 하고, 이와는 별도로 조합설립결의 부분만을 따로 떼어내어 그 효력 유무를 다투는 확인의 소를 제기하는 것은 원고의 권리 또는 법률상의 지위에 현존하는 불안·위험을 제거하는 데 가장 유효·적절한 수단이라 할 수 없어 특별한 사정이 없는 한 확인의 이익은 인정되지 아니한다."(대법원 2009. 9. 24. 2008다60568)

④ (×) "인가는 기본행위인 재단법인의 정관변경에 대한 법률상의 효력을 완성시키는 보충행위로서, 그 기본이 되는 정관변경 결의에 하자가 있을 때에는 그에 대한 인가가 있었다 하여도 기본행위인 정관변경 결의가 유효한 것으로 될 수 없으므로 기본행위인 정관변경 결의가 적법 유효하고 보충행위인 인가처분 자체에만 하자가 있다면 그 인가처분의 무효나 취소를 주장할 수 있지만, 인가처분에 하자가 없다면 기본행위에 하자가 있다 하더라도 따로 그 기본행위의 하자를 다투는 것은 별론으로 하고 기본행위의 무효를 내세워 바로 그에 대한 행정청의 인가처분의 취소 또는 무효확인을 소구할 법률상의 이익이 없다 할 것인바(대법원 1993. 4. 23. 선고 92누15482 판결, 1994. 10. 14. 선고 93누22753 판결 등 참조), 피고의 이 사건 정관변경 허가가 민법 제45조 제2항 및 제46조의 규정을 어긴 위법한 처분이라는 주장은 결국 그 기본행위인 정관변경 결의 자체의 하자를 주장하는 것에 다름 아니므로, 원심이 원고가 기본행위인 재단법인 이사회의 정관변경 결의의 무효를 내세워 피고의 이 사건 허가(인가)처분의 무효확인을 구하는 이 사건 소는 소의 이익이 없다고 판시한 것은 위 법리에 비추어 정당하고 거기에 소론이 지적하는 법리오해 등의 위법이 있다고 할 수 없다."(대법원 1996. 5. 16. 95누4810)

10

「행정절차법」상 행정절차에 대한 설명으로 옳은 것은? (다툼이 있는 경우 판례에 의함)

① 「도로법」상 도로구역의 결정·변경고시도 행정처분이므로, 「도로법」에 따른 절차(고시·열람)와 별개로, 「행정절차법」 제21조 제1항의 사전통지나 제22조 제3항의 의견청취의 절차를 거쳐야 한다.

② 「국가공무원법」상 직위해제처분의 경우 사후적으로 소청이나 행정소송을 통하여 충분한 의견진술 및 자료제출의 기회를 보장하고 있다고 보기 어려우므로 처분의 사전통지 및 의견청취에 관한 「행정절차법」의 규정이 적용된다고 보아야 한다.

③ 「행정절차법」상 행정청의 관할이 분명하지 아니한 경우에는 해당 행정청을 공통으로 감독하는 상급 행정청이 그 관할을 결정하며, 공통으로 감독하는 상급 행정청이 없을 경우에는 당해 행정청의 협의로 그 관할을 결정한다.

④ 국회 또는 지방의회의 의결을 거치거나 동의 또는 승인을 받아 행하는 사항에 대해서는 「행정절차법」이 적용되지 않는다.

해설 정답 ❹

① (×) "행정절차법 제2조 제4호가 행정절차법의 당사자를 행정청의 처분에 대하여 직접 그 상대가 되는 당사자로 규정하고, 도로법 제25조 제3항이 도로구역을 결정하거나 변경할 경우 이를 고시에 의하도록 하면서, 그 도면을 일반인이 열람할 수 있도록 한 점 등을 종합하여 보면, 도로구역을 변경한 이 사건 처분은 행정절차법 제21조 제1항의 사전통지나 제22조 제3항의 의견청취의 대상이 되는 처분은 아니라고 할 것이다."(대법원 2008. 6. 12. 2007두1767)

② (×) "국가공무원법상 직위해제처분은 구 행정절차법(2012. 10. 22. 법률 제11498호로 개정되기 전의 것) 제3조 제2항 제9호, 구 행정절차법 시행령(2011. 12. 21. 대통령령 제23383호로 개정되기 전의 것) 제2조 제3호에 의하여 당해 행정작용의 성질상 행정절차를 거치기 곤란하거나 불필요하다고 인정되는 사항 또는 행정절차에 준하는 절차를 거친 사항에 해당하므로, 처분의 사전통지 및 의견청취 등에 관한 행정절차법의 규정이 별도로 적용되지 않는다."(대법원 2014. 5. 16. 2012두26180)

③ (×) 당해 행정청의 협의가 아니라 각 상급 행정청의 협의로 결정한다. 행정절차법 제6조 제2항 참조.

> **행정절차법 제6조(관할)** ② 행정청의 관할이 분명하지 아니한 경우에는 해당 행정청을 공통으로 감독하는 상급 행정청이 그 관할을 결정하며, 공통으로 감독하는 상급 행정청이 없는 경우에는 각 상급 행정청이 협의하여 그 관할을 결정한다.

④ (○) 행정절차법 제3조 제2항 제1호

> **행정절차법 제3조(적용 범위)** ② 이 법은 다음 각 호의 어느 하나에 해당하는 사항에 대하여는 적용하지 아니한다.
> 1. 국회 또는 지방의회의 의결을 거치거나 동의 또는 승인을 받아 행하는 사항

11

사인의 공법행위에 대한 설명으로 옳지 않은 것은? (다툼이 있는 경우 판례에 의함)

① 구 「체육시설의 설치·이용에 관한 법률」 제18조에 의한 체육시설의 이용료 또는 관람료 변경신고는 신고서를 행정청에 제출하여 접수된 때에 동 신고가 있었다고 볼 것이고, 행정청의 수리가 있어야만 하는 것은 아니다.

② 사직원 제출자의 내심의 의사가 사직할 뜻이 없었더라도 「민법」상 비진의 의사표시의 무효에 관한 규정이 적용되지 않으므로, 그 사직원을 받아들인 의원면직처분을 당연무효라 볼 수는 없다.

③ 「수산업법」 제44조 소정의 어업의 신고는 자기완결적 신고이므로, 「수산업법」상 어업신고를 적법하게 하였다면 관할 행정청이 수리를 거부하더라도 신고의 효과가 발생한다.

④ 신청의 형식적 요건에 하자가 있는 경우에 그 하자의 보완이 가능함에도 보완을 요구하지 않고 바로 거부하였다면 그 거부는 위법하게 된다.

해설 정답 ❸

① (○) "행정청에 대한 신고는 일정한 법률사실 또는 법률관계에 관하여 관계행정청에 일방적으로 통고를 하는 것을 뜻하는 것으로서 법에 별도의 규정이 있거나 다른 특별한 사정이 없는 한 행정청에 대한 통고로서 그치는 것이고 그에 대한 행정청의 반사적 결정을 기다릴 필요가 없는 것이므로, 체육시설의설치·이용에관한법률 제18조에 의한 변경신고서는 그 신고 자체가 위법하거나 그 신고에 무효사유가 없는 한 이것이 도지사에게 제출하여 접수된 때에 신고가 있었다고 볼 것이고, 도지사의 수리행위가 있어야만 신고가 있었다고 볼 것은 아니다."(대법원 1993. 7. 6. 93마635)

② (○) "군인사정책상 필요에 의하여 복무연장지원서와 전역(여군의 경우 면역임)지원서를 동시에 제출하게 한 피고측의 방침에 따라 위 양 지원서를 함께 제출한 이상, 그 취지는 복무연장지원의 의사표시를 우선으로 하되, 그것이 받아들여지지 아니하는 경우에 대비하여 원에 의하여 전역하겠다는 조건부 의사표시를 한 것이므로 그 전역지원의 의사표시도 유효한 것으로 보아야 하고, 가사 전역지원의 의사표시가 신의 아닌 의사표시라고 하더라도 그 무효에 관한 법리를

선언한 민법 제107조 제1항 단서의 규정은 그 성질상 사인의 공법행위에는 적용되지 않는다 할 것이므로 그 표시된 대로 유효한 것으로 보아야 할 것이다."(대법원 1994. 1. 11. 93누10057)

③ (×) 「수산업법」 제44조 소정의 어업의 신고는 행정청의 수리에 의하여 비로소 그 효과가 발생하는 수리를 요하는 신고이다. 따라서 수산업법상 어업신고를 적법하게 하였으나, 관할행정청이 수리를 거부한 경우에는 신고의 효과가 발생하지 않는다. 판례 "어업의 신고에 관하여 유효기간을 설정하면서 그 기산점을 '수리한 날'로 규정하고, 나아가 필요한 경우에는 그 유효기간을 단축할 수 있도록 하고 있는 수산업법 제44조 제2항의 규정 취지 및 어업의 신고를 한 자가 공익상 필요에 의하여 한 행정청의 조치에 위반한 경우에 어업의 신고를 수리한 때에 교부한 어업신고필증을 회수하도록 하고 있는 구 수산업법시행령(1996. 12. 31. 대통령령 제15241호로 개정되기 전의 것) 제33조 제1항의 규정 취지에 비추어 보면, 수산업법 제44조 소정의 어업의 신고는 행정청의 수리에 의하여 비로소 그 효과가 발생하는 이른바 '수리를 요하는 신고'라고 할 것이고, 따라서 설사 관할관청이 어업신고를 수리하면서 공유수면매립구역을 조업구역에서 제외한 것이 위법하다고 하더라도, 그 제외된 구역에 관하여 관할관청의 적법한 수리가 없었던 것이 분명한 이상 그 구역에 관하여는 같은 법 제44조 소정의 적법한 어업신고가 있는 것으로 볼 수 없다."(대법원 2000. 5. 26. 99다37382)

④ (○) "기록에 의하면, 원고의 이 사건 건축허가신청 당시 피고가 소방법령상의 저촉 여부에 대하여 관할 동래소방서장에게 의견조회를 한 결과, 동래소방서장은 옥내소화전과 3층 피난기구가 누락되어 있고, 전력구 규모가 명시되지 않아 법정 소방시설의 검토가 불가능하다는 이유로 건축부동의 의견을 제시하였고, 피고가 이 사건 처분 당시 이를 처분사유의 하나로 삼은 사실을 알 수 있는바, 이 사건에서 소방서장이 건축부동의로 삼은 위와 같은 사유들은 그 내용에 비추어 볼 때 보완이 가능한 것으로서 피고로서는 원고에게 위와 같은 사유들에 대하여 보완요청을 한 다음 그 허가 여부를 판단함이 상당하고 그 보완을 요구하지도 않은 채 곧바로 이 사건 신청을 거부한 것은 재량권의 범위를 벗어난 것이어서 위법하다고 할 것이다."(대법원 2004. 10. 15. 2003두6573)

12

금전적 실효성 확보수단에 대한 설명으로 옳지 않은 것은? (다툼이 있는 경우 판례에 의함)

① 공정거래위원회의 「독점규제 및 공정거래에 관한 법률」 위반행위자에 대한 과징금부과처분은 재량행위의 성질을 갖는다.

② 과징금 부과관청이 과징금을 부과하면서 추후 부과금 산정 기준인 새로운 자료가 나올 경우 과징금액을 변경할 수 있다고 유보하였고, 그 후에 실제로 새로운 자료가 나왔다 하더라도 이를 이유로 새로운 부과처분을 할 수는 없다.

③ 구 「부가가치세법」상 명의위장등록가산세는 부가가치세 본세 납세의무와 무관하게 타인 명의로 사업자등록을 하고 실제 사업을 한 것에 대한 제재로서 부과되는 별도의 가산세이고, 그 부과제척기간은 5년으로 봄이 타당하다.

④ 「독점규제 및 공정거래에 관한 법률」의 해당 조항에 따른 이행강제금의 경우 이행강제금이 부과되기 전에 시정조치를 이행하거나 부작위 의무를 명하는 시정조치 불이행을 중단한 경우에는 과거의 시정조치 불이행 기간에 대하여 이행강제금을 부과할 수 없다.

해설 정답 ❹

① (○) "구 독점규제및공정거래에관한법률(1999. 2. 5. 법률 제5813호로 개정되기 전의 것) 제6조, 제17조, 제22조, 제24조의2, 제28조, 제31조의2, 제34조의2 등 각 규정을 종합하여 보면, 공정거래위원회는 법 위반행위에 대하여 과징금을 부과할 것인지 여부와 만일 과징금을 부과한다면 일정한 범위 안에서 과징금의 부과액수를 얼마로 정할 것인지에 관하여 재량을 가지고 있다 할 것이므로 공정거래위원회의 법 위반행위자에 대한 과징금 부과처분은 재량행위라 할 것이나, 이러한 과징금 부과의 재량행사에 있어서 사실오인, 비례·평등의 원칙 위배 등의 사유가 있다면 이는 재량권의 일탈·남용으로서 위법하다."(대법원 2002. 5. 28. 2000두6121)

② (○) "구 독점규제및공정거래에관한법률(1996. 12. 30. 법률 제5235호로 개정되기 전의 것) 제23조 제1항의 규정에 위반하여 불공정거래행위를 한 사업자에 대하여 같은 법 제24조의2 제1항의 규정에 의하여 부과되는 과징금은 행정법상의 의무를 위반한 자에 대하여 당해 위반행위로 얻게 된 경제적 이익을 박탈하기 위한 목적으로 부과하는 금전적인 제재로서, 같은 법이 규정한 범위 내에서 그 부과처분 당시까지 부과관청이 확인한 사실을 기초로 일의적으로 확정되어야 할 것이고, 그렇지 아니하고 부과관청이 과징금을 부과하면서 추후에 부과금 산정 기준이 되는 새로운 자료가 나올 경우에는 과징금액이 변경될 수도 있다고 유보한다든지, 실제로 추후에 새로운 자료가 나왔다고 하여 새로운 부과처분을 할 수는 없다 할 것인바, 왜냐하면 과징금의 부과와 같이 재산권의 직접적인 침해를 가져오는 처분을 변경하려면 법령에 그 요건 및 절차가 명백히 규정되어 있어야 할 것인데, 위와 같은 변경처분에 대한 법령상의 근거규정이 없고, 이를 인정하여야 할 합리적인 이유 또한 찾아 볼 수 없기 때문이다."(대법원 1999. 5. 28. 99두1571)

③ (○) "구 부가가치세법(2013. 6. 7. 법률 제11873호로 전부 개정되기 전의 것) 제22조 제1항 제2호는 '사업자가 대통령령으로 정하는 타인의 명의로 제5조에 따른 등록을 하고 실제 사업을 하는 것으로 확인되는 경우 사업 개시일부터 실제 사업을 하는 것으로 확인되는 날의 직전일까지의 공급가액에 대하여 100분의 1에 해당하는 금액을 납부세액에 더하거나 환급세액에서 뺀다'고 규정하고 있다(이하 위 규정에 의한 가산세를 '명의위장등록가산세'라고 한다). 이러한 명의위장등록가산세는 부가가치세 본세 납세의무와 무관하게 타인 명의로 사업자등록을 하고 실제 사업을 한 것에 대한 제재로서 부과되는 별도의 가산세이고, 구 국세기본법(2014. 12. 23. 법률 제12848호로 개정되기 전의 것) 제26조의2 제1항 제1호의2에 따라 납세자의 부정행위로 부과대상이 되는 경우 10년의 부과제척기간이 적용되는 별도의 가산세에도 포함되어 있지 않으며, 이에 대한 신고의무에 대하여도 별도의 규정이 없으므로, 부과제척기간은 5년으로 봄이 타당하다."(대법원 2019. 8. 30. 2016두62726)

④ (×) "독점규제 및 공정거래에 관한 법률(이하 '공정거래법'이라 한다)상 기업결합 제한 위반행위자에 대한 시정조치 및 이행강제금 부과 등에 관한 구 공정거래법 제17조 제3항, 공정거래법 제7조 제1항 제1호, 제16조 제1항 제7호, 제17조의3 제1항 제1호, 제2항, 독점규제 및 공정거래에 관한 법률 시행령 제23조의4 제1항, 제3항을 종합적·체계적으로 살펴보면, 공정거래법 제17조의3은 같은 법 제16조에 따른 시정조치를 그 정한 기간 내에 이행하지 아니하는 자에 대하여 이행강제금을 부과할 수 있는 근거 규정이고, 시정조치가 공정거래법 제16조 제1항 제7호에 따른 부작위 의무를 명하는 내용이더라도 마찬가지로 보아야 한다. 나아가 이러한 이행강제금이 부과되기 전에 시정조치를 이행하거나 부작위 의무를 명하는 시정조치 불이행을 중단한 경우 과거의 시정조치 불이행기간에 대하여 이행강제금을 부과할 수 있다고 봄이 타당하다."(대법원 2019. 12. 12. 선고 2018두63563)

13

행정소송에 대한 설명으로 옳은 것은? (다툼이 있는 경우 판례에 의함)

① 장래의 제재적 가중처분 기준을 대통령령이 아닌 부령의 형식으로 정한 경우에는 이미 제재기간이 경과한 제재적 처분의 취소를 구할 법률상 이익이 인정되지 않는다.
② 경원관계에서 허가 등 처분을 받지 못한 사람은 허가 등 처분의 취소를 구하는 소송을 제기할 수는 있으나, 자신에 대한 거부처분의 취소를 직접 소송으로 다툴 수는 없다.
③ 처분이 있음을 안 날부터 90일을 넘겨 청구한 부적법한 행정심판청구에 대한 재결이 있은 후 재결서를 송달받은 날부터 90일 이내에 원래의 처분에 대하여 취소소송을 제기하면 취소소송은 제소기간을 준수한 것으로 본다.
④ 청구취지를 변경하여 종전의 소가 취하되고 새로운 소가 제기된 것으로 변경되었다면 새로운 소에 대한 제소기간 준수 여부는 원칙적으로 소의 변경이 있은 때를 기준으로 한다.

해설 정답 ❹

① (×) "제재적 행정처분이 그 처분에서 정한 제재기간의 경과로 인하여 그 효과가 소멸되었으나, 부령인 시행규칙 또는 지방자치단체의 규칙(이하 이들을 '규칙'이라고 한다)의 형식으로 정한 처분기준에서 제재적 행정처분(이하 '선행처분'이라고 한다)을 받은 것을 가중사유나 전제요건으로 삼아 장래의 제재적 행정처분(이하 '후행처분'이라고 한다)을 하도록 정하고 있는 경우, 제재적 행정처분의 가중사유나 전제요건에 관한 규정이 법령이 아니라 규칙의 형식으로 되어 있다고 하더라도, 그러한 규칙이 법령에 근거를 두고 있는 이상 그 법적 성질이 대외적·일반적 구속력을 갖는 법규명령인지 여부와는 상관없이, 관할 행정청이나 담당공무원은 이를 준수할 의무가 있으므로 이들이 그 규칙에 정해진 바에 따라 행정작용을 할 것이 당연히 예견되고, 그 결과 행정작용의 상대방인 국민으로서는 그 규칙의 영향을 받을 수밖에 없다. 따라서 그러한 규칙이 정한 바에 따라 선행처분을 받은 상대방이 그 처분의 존재로 인하여 장래에 받을 불이익, 즉 후행처분의 위험은 구체적이고 현실적인 것이므로, 상대방에게는 선행처분의 취소소송을 통하여 그 불이익을 제거할 필요가 있다. (중략) 규칙이 정한 바에 따라 선행처분을 가중사유 또는 전제요건으로 하는 후행처분을 받을 우려가 현실적으로 존재하는 경우에는, 선행처분을 받은 상대방은 비록 그 처분에서 정한 제재기간이 경과하였다 하더라도 그 처분의 취소소송을 통하여 그러한 불이익을 제거할 권리보호의 필요성이 충분히 인정된다고 할 것이므로, 선행처분의 취소를 구할 법률상 이익이 있다고 보아야 한다."(대법원 2006. 6. 22. 2003두1684)

② (×) "인가·허가 등 수익적 행정처분을 신청한 여러 사람이 서로 경원관계에 있어서 한 사람에 대한 허가 등 처분이 다른 사람에 대한 불허가 등으로 귀결될 수밖에 없을 때 허가 등 처분을 받지 못한 사람은 신청에 대한 거부처분의 직접 상대방으로서 원칙적으로 자신에 대한 거부처분의 취소를 구할 원고적격이 있고, 취소판결이 확정되는 경우 판결의 직접적인 효과로 경원자에 대한 허가 등 처분이 취소되거나 효력이 소멸되는 것은 아니더라도 행정청은 취소판결의 기속력에 따라 판결에서 확인된 위법사유를 배제한 상태에서 취소판결의 원고와 경원자의 각 신청에 관하여 처분요건의 구비 여부와 우열을 다시 심사하여야 할 의무가 있으며, 재심사 결과 경원자에 대한 수익적 처분이 직권취소되고 취소판결의 원고에게 수익적 처분이 이루어질 가능성을 완전히 배제할 수는 없으므로, 특별한 사정이 없는 한 경원관계에서 허가 등 처분을 받지 못한 사람은 자신에 대한 거부처분의 취소를 구할 소의 이익이 있다."(대법원 2015. 10. 29. 2013두27517)

③ (×) "행정처분이 있음을 알고 처분에 대하여 곧바로 취소소송을 제기하는 방법을 선택한 때에는 처분이 있음을 안 날부터 90일 이내에 취소소송을 제기하여야 하고, 행정심판을 청구하는 방법을 선택한 때에는 처분이 있음을 안 날부터 90일 이내에 행정심판을 청구하고 행정심판의 재결서를 송달받은 날부터 90일 이내에 취소소송을 제기하여야 한다. 따라서 처분이 있음을 안 날부터 90일 이내에 행정심판을 청구하지도 않고 취소소송을 제기하지도 않은 경우에는 그 후 제기된 취소소송은 제소기간을 경과한 것으로서 부적법하고, 처분이 있음을 안 날부터 90일을 넘겨 청구한 부적법한 행정심판청구에 대한 재결이 있은 후 재결서를 송달받은 날부터 90일 이내에 원래의 처분에 대하여 취소소송을 제기하였다고 하여 취소소송이 다시 제소기간을 준수한 것으로 되는 것은 아니다."(대법원 2011. 11. 24. 2011두18786)

④ (○) 청구취지의 변경이란 소의 변경을 말한다. 소의 변경 중 소의 종류의 변경의 경우에만 예외적으로 제소기간 소급간주 규정이 존재한다. **판례** "행정소송법상 취소소송은 처분 등이 있음을 안 날부터 90일 이내에 제기하여야 하고, 처분 등이 있은 날부터 1년을 경과하면 제기하지 못한다(행정소송법 제20조 제1항, 제2항). 한편 청구취지를 교환적으로 변경하여 종전의 소가 취하되고 새로운 소가 제기된 것으로 보게 되는 경우에 새로운 소에 대한 제소기간의 준수 등은 원칙적으로 소의 변경이 있은 때를 기준으로 하여 판단된다. 그러나 선행처분의 취소를 구하는 소가 그 후속처분의 취소를 구하는 소로 교환적으로 변경되었다가 다시 선행처분의 취소를 구하는 소로 변경된 경우 후속처분의 취소를 구하는 소에 선행처분의 취소를 구하는 취지가 그대로 남아 있었던 것으로 볼 수 있다면 선행처분의 취소를 구하는 소의 제소기간은 최초의 소가 제기된 때를 기준으로 정하여야 한다."(대법원 2013. 7. 11. 2011두27544)

14

「행정소송법」상 집행정지에 대한 설명으로 옳지 않은 것은? (다툼이 있는 경우 판례에 의함)

① 처분의 집행정지결정은 처분이나 그 집행 또는 절차의 속행으로 인하여 생길 회복하기 어려운 손해를 예방하기 위하여 긴급한 필요가 있을 때 가능하며, 이 경우 본안청구에 이유가 있는지의 여부는 문제되지 아니한다.
② 집행정지결정이 있으면 당사자인 행정청과 그 밖의 관계행정청에 대하여 법적 구속력이 발생한다.
③ 당사자소송을 본안으로 하는 가처분에 대하여는 「행정소송법」상 집행정지에 관한 규정이 준용되지 않으므로, 「민사집행법」상 가처분에 관한 규정이 준용된다.
④ 집행정지결정을 한 후에라도 행정사건의 본안소송이 취하되어 그 소송이 계속하지 아니한 것으로 되면 이에 따라 집행정지결정은 당연히 그 효력이 소멸되며 별도의 취소조치가 필요한 것은 아니다.

해설 정답 ❶

① (×) "행정처분의 효력정지를 구하는 신청사건에 있어서는 행정처분 자체의 적법 여부는 궁극적으로 본안판결에서 심리를 거쳐 판단할 성질의 것이므로 원칙적으로는 판단할 것이 아니고, 그 행정처분의 효력을 정지할 것인가에 대한 행정소송법 제23조 제2항 소정의 요건의 존부만이 판단의 대상이 되나, 본안소송에서의 처분의 취소가능성이 없음에도 불구하고 처분의 효력정지를 인정한다는 것은 제도의 취지에 반하므로, 효력정지사건 자체에 의하여도 신청인의 본안청구가 이유 없음이 명백할 때에는 행정처분의 효력정지를 명할 수 없다."(대법원 1994. 10. 11. 94두23)

② (○) 행정소송법 제23조 제6항, 제30조 제1항

> **행정소송법 제23조(집행정지)** ⑥ 제30조 제1항의 규정은 제2항의 규정에 의한 집행정지의 결정에 이를 준용한다.
>
> **동법 제30조(취소판결등의 기속력)** ① 처분등을 취소하는 확정판결은 그 사건에 관하여 당사자인 행정청과 그 밖의 관계행정청을 기속한다.

③ (○) "도시 및 주거환경정비법(이하 '도시정비법'이라 한다)상 행정주체인 주택재건축정비사업조합을 상대로 관리처분계획안에 대한 조합 총회결의의 효력을 다투는 소송은 행정처분에 이르는 절차적 요건의 존부나 효력 유무에 관한 소송으로서 소송결과에 따라 행정처분의 위법 여부에 직접 영향을 미치는 공법상 법률관계에 관한 것이므로, 이는 행정소송법상 당사자소송에 해당한다. 그리고 이러한 당사자소송에 대하여는 행정소송법 제23조 제2항의 집행정지에 관한 규정이 준용되지 아니하므로(행정소송법 제44조 제1항 참조), 이를 본안으로 하는 가처분에 대하여는 행정소송법 제8조 제2항에 따라 민사집행법상 가처분에 관한 규정이 준용되어야 한다."(대법원 2015. 8. 21. 2015무26)

④ (○) "행정처분의 집행정지는 행정처분집행 부정지의 원칙에 대한 예외로서 인정되는 일시적인 응급처분이라 할 것이므로 집행정지결정을 하려면 이에 대한 본안소송이 법원에 제기되어 계속중임을 요건으로 하는 것이므로 집행정지결정을 한 후에라도 본안소송이 취하되어 소송이 계속하지 아니한 것으로 되면 집행정지결정은 당연히 그 효력이 소멸되는 것이고 별도의 취소조치를 필요로 하는 것이 아니다."(대법원 1975. 11. 11. 75누97)

15

법규명령 및 행정규칙에 대한 설명으로 옳지 않은 것은? (다툼이 있는 경우 판례에 의함)

① 항정신병 치료제의 요양급여 인정기준에 관한 보건복지부 고시는 다른 집행행위의 매개 없이 그 자체로서 제약회사, 요양기관, 환자 및 국민건강보험공단 사이의 법률관계를 직접 규율하고 있으므로 항고소송의 대상이 되는 행정처분에 해당한다.
② 법률의 위임에 의하여 효력을 갖는 법규명령은 구법에 위임의 근거가 없어 무효였더라도 사후에 법률개정으로 위임의 근거가 부여되면 그때부터 유효한 법규명령이 된다.
③ 중앙행정기관의 장은 법률에서 위임한 사항이나 법률을 집행하기 위하여 필요한 사항을 규정한 대통령령·총리령·부령·훈령·예규·고시 등이 제정·개정 또는 폐지된 때에는 10일 이내에 이를 국회 소관상임위원회에 제출하여야 한다.
④ 행정관청 내부의 전결규정에 위반하여 원래의 전결권자가 아닌 보조기관 등이 처분권자인 행정관청의 이름으로 행정처분을 한 경우, 그 처분은 권한 없는 자에 의하여 행하여진 것이므로 무효이다.

해설 정답 ❹

① (○) "항정신병 치료제의 요양급여 인정기준에 관한 보건복지부 고시가 다른 집행행위의 매개 없이 그 자체로서 제약회사, 요양기관, 환자 및 국민건강보험공단 사이의 법률관계를 직접 규율한다는 이유로 항고소송의 대상이 되는 행정처분에 해당한다."(대법원 2003. 10. 9. 2003무23)

② (○) "일반적으로 법률의 위임에 의하여 효력을 갖는 법규명령의 경우, 구법에 위임의 근거가 없어 무효였더라도 사후에 법개정으로 위임의 근거가 부여되면 그 때부터는 유효한 법규명령이 되나, 반대로 구법의 위임에 의한 유효한 법규명령이 법개정으로 위임의 근거가 없어지게 되면 그 때부터 무효인 법규명령이 되므로, 어떤 법령의 위임 근거 유무에 따른 유효 여부를 심사하려면 법개정의 전·후에 걸쳐 모두 심사하여야만 그 법규명령의 시기에 따른 유효·무효를 판단할 수 있다."(대법원 1995. 6. 30. 93추83)

③ (○) 국회법 제98조의2 제1항 본문

> **국회법 제98조의2(대통령령 등의 제출 등)** ① 중앙행정기관의 장은 법률에서 위임한 사항이나 법률을 집행하기 위하여 필요한 사항을 규정한 대통령령·총리령·부령·훈령·예규·고시 등이 제정·개정 또는 폐지되었을 때에는 10일 이내에 이를 국회 소관 상임위원회에 제출하여야 한다. 다만, 대통령령의 경우에는 입법예고를 할 때(입법예고를 생략하는 경우에는 법제처장에게 심사를 요청할 때를 말한다)에도 그 입법예고안을 10일 이내에 제출하여야 한다.

④ (×) "전결과 같은 행정권한의 내부위임은 법령상 처분권자인 행정관청이 내부적인 사무처리의 편의를 도모하기 위하여 그의 보조기관 또는 하급 행정관청으로 하여금 그의 권한을 사실상 행사하게 하는 것으로서 법률이 위임을 허용하지 않는 경우에도 인정되는 것이므로, 설사 행정관청 내부의 사무처리규정에 불과한 전결규정에 위반하여 원래의 전결권자 아닌 보조기관 등이 처분권자인 행정관청의 이름으로 행정처분을 하였다고 하더라도 그 처분이 권한 없는 자에 의하여 행하여진 무효의 처분이라고는 할 수 없다."(대법원 1998. 2. 27. 97누1105)

16

다음 중 옳지 않은 것은? (다툼이 있는 경우 판례에 의함)

① 재단법인 한국연구재단이 甲 대학교 총장에게 연구개발비의 부당집행을 이유로 두뇌한국(BK)21 사업 협약을 해지하고 연구팀장 乙에 대한 대학 자체징계를 요구한 경우, 연구팀장 乙에 대한 자체징계 요구는 항고소송의 대상인 행정처분에 해당하지 않는다.
② 사립학교 교원의 임용계약은 「사립학교법」이 정한 절차에 따라 이루어지는 것이지만 법적성질은 사법상의 고용계약에 불과하므로 누구를 교원으로 임용할 것인지, 어떠한 기준과 방법으로 보수를 지급할 것인지 여부는 원칙적으로 학교법인의 자유의사 내지 판단에 달려 있다.
③ 납골당 설치장소로부터 500m 내에 20호 이상의 인가가 밀집하는 지역에 거주하는 주민들의 경우, 납골당이 누구에 의하여 설치되는지와 관계없이 납골당 설치에 대하여 환경 이익 침해 또는 침해 우려가 있는 것으로 사실상 추정되어 원고적격이 인정된다.
④ 원천징수의무자에 대한 소득금액변동통지는 원천납세의무자의 권리와 법률상 지위를 변동시키므로, 소득처분에 따른 소득의 귀속자는 법인에 대한 소득금액변동통지의 취소를 구할 법률상 이익이 있다.

해설 정답 ❹

① (○) "재단법인 한국연구재단이 갑 대학교 총장에게 연구개발비의 부당 집행을 이유로 '해양생물유래 고부가식품·향장·한약 기초소재 개발 인력양성사업에 대한 2단계 두뇌한국(BK)21 사업' 협약을 해지하고 연구팀장 을에 대한 대학자체 징계 요구 등을 통보한 사안에서, 재단법인 한국연구재단이 갑 대학교 총장에게 을에 대한 대학 자체징계를 요구한 것은 법률상 구속력이 없는 권유 또는 사실상의 통지로서 을의 권리, 의무 등 법률상 지위에 직접적인 법률적 변동을 일으키지 않는 행위에 해당하므로, 항고소송의 대상인 행정처분에 해당하지 않는다고 본 원심판단은 정당하다고 한 사례."(대법원 2014. 12. 11. 2012두28704)

② (○) "학교법인은 대학교육기관의 교원을 임용함에 있어 정관이 정하는 바에 따라 근무기간, 급여, 근무조건, 업적 및 성과약정 등을 계약의 조건으로 정할 수 있으므로(사립학교법 제53조의2 제3항 전문), 학교법인이 정관 또는 정관의 위임을 받은 교원보수규정 등을 통해 교원의 교육·연구·봉사 등의 업적을 일정 주기로 평가하여 연간 보수총액을 결정하는 제도인 성과급적 연봉제를 시행하는 것도 가능하다. 그리고 사립학교 교원의 임용계약은 사립학교법이 정한 절차에 따라 이루어지는 것이지만 법적 성질은 사법상의 고용계약에 불과하므로 누구를 교원으로 임용할 것인지, 어떠한 기준과 방법으로 보수를 지급할 것인지 여부는 원칙적으로 학교법인의 자유의사 내지 판단에 달려 있다."(대법원 2018. 11. 29. 2018다207854)

③ (○) "구 장사 등에 관한 법률(2007. 5. 25. 법률 제8489호로 전부 개정되기 전의 것) 제14조 제3항, 구 장사 등에 관한 법률 시행령(2008. 5. 26. 대통령령 제20791호로 전부 개정되기 전의 것) 제13조 제1항 [별표 3]에서 납골묘, 납골탑, 가족 또는 종중·문중 납골당 등 사설납골시설의 설치장소에 제한을 둔 것은, 이러한 사설납골시설을 인가가 밀집한 지역 인근에 설치하지 못하게 함으로써 주민들의 쾌적한 주거, 경관, 보건위생 등 생활환경상의 개별적 이익을 직접적·구체적으로 보호하려는 데 취지가 있으므로, 이러한 납골시설 설치장소에서 500m 내에 20호 이상의 인가가 밀집한 지역에 거주하는 주민들은 납골당 설치에 대하여 환경상 이익 침해를 받거나 받을 우려가 있는 것으로 사실상 추정된다. 다만 사설납골시설 중 종교단체 및 재단법인이 설치하는 납골당에 대하여는 그와 같은 설치장소를 제한하는 규정을 명시적으로 두고 있지 않지만, 종교단체나 재단법인이 설치한 납골당이라 하여 납골당으로서 성질이 가족 또는 종중, 문중 납골당과 다르다고 할 수 없고, 인근 주민들이 납골당에 대하여 가지는 쾌적한 주거, 경관, 보건위생 등 생활환경상의 이익에 차이가 난다고 볼 수 없다. 따라서 납골당 설치장소에서 500m 내에 20호 이상의 인가가 밀집한 지역에 거주하는 주민들에게는 납골당이 누구에 의하여 설치되는지를 따질 필요 없이 납골당 설치에 대하여 환경 이익 침해 또는 침해 우려가 있는 것으로 사실상 추정되어 원고적격이 인정된다고 보는 것이 타당하다."(대법원 2011. 9. 8. 2009두6766)

④ (×) "원천징수의무자에 대한 소득금액변동통지는 원천납세의무의 존부나 범위와 같은 원천납세의무자의 권리나 법률상 지위에 어떠한 영향을 준다고 할 수 없으므로 소득처분에 따른 소득의 귀속자는 법인에 대한 소득금액변동통지의 취소를 구할 법률상 이익이 없다." (대법원 2015. 3. 26. 2013두9267)

17

인·허가 의제에 대한 설명으로 옳은 것은? (다툼이 있는 경우 판례에 의함)

① 인·허가 의제는 법률에 명시적 근거가 없어도 가능하다.
② 주된 인·허가 거부처분을 하면서 의제되는 인·허가 거부사유를 제시한 경우, 의제되는 인·허가 거부를 다투려는 자는 주된 인·허가 거부 외에 별도로 의제되는 인·허가 거부에 대한 쟁송을 제기해야 한다.
③ 주택건설사업계획 승인처분에 따라 의제된 인·허가가 위법함을 다투고자 하는 이해관계인은, 의제된 인·허가의 취소를 구할 것이 아니라 주택건설사업계획 승인처분의 취소를 구해야 한다.
④ 「주택법」상 주택건설사업계획을 승인하여 같은 법에 따라 「국토의 계획 및 이용에 관한 법률」상 도시·군관리 계획결정이 이루어지는 것으로 의제된 경우 도시·군관리계획 입안을 위한 별도의 주민 의견청취 절차를 거칠 필요는 없다.

해설 정답 ❹

① (×) 인·허가 의제는 관계기관의 권한행사에 제약을 가할 수 있으므로 인·허가 의제가 허용되려면 반드시 법률에 명시적인 근거가 있어야 한다.

② (×) 행정청이 주된 인·허가 거부처분을 하면서 의제되는 인·허가 거부사유를 제시한 경우, 의제되는 인·허가 거부는 실제로 존재하는 처분이 아니어서 ① 의제되는 인·허가 거부에 대하여 쟁송을 제기하는 것은 허용되지 않고, ② 이 경우에는 주된 인·허가 거부에 대한 쟁송을 제기하면서, 그 쟁송에서 의제되는 인·허가 거부에 문제가 있음을 주장하는 방법으로 다투어야 한다. 판례 "구 건축법(1999. 2. 8. 법률 제5895호로 개정되기 전의 것) 제8조 제1항, 제3항, 제5항에 의하면, 건축허가를 받은 경우에는 구 도시계획법(2000. 1. 28. 법률 제6243호로 전문 개정되기 전의 것) 제4조에 의한 토지의 형질변경허가나 농지법 제36조에 의한 농지전용허가 등을 받은 것으로 보며, 한편 건축허가권자가 건축허가를 하고자 하는 경우 당해 용도·규모 또는 형태의 건축물을 그 건축하고자 하는 대지에 건축하는 것이 건축법 관련 규정이나 같은 도시계획법 제4조, 농지법 제36조 등 관계 법령의 규정에 적합한지의 여부를 검토하여야 하는 것일 뿐, 건축불허가처분을 하면서 그 처분사유로 건축불허가 사유뿐만 아니라 형질변경불허가 사유나 농지전용불허가 사유를 들고 있다고 하여 그 건축불허가처분 외에 별개로 형질변경불허가처분이나 농지전용불허가처분이 존재하는 것이 아니므로, 그 건축불허가처분을 받은 사람은 그 건축불허가처분에 관한 쟁송에서 건축법상의 건축불허가 사유뿐만 아니라 같은 도시계획법상의 형질변경불허가 사유나 농지법상의 농지전용불허가 사유에 관하여도 다툴 수 있는 것이지, 그 건축불허가처분에 관한 쟁송과는 별개로 형질변경불허가처분이나 농지전용불허가처분에 관한 쟁송을 제기하여 이를 다투어야 하는 것은 아니며, 그러한 쟁송을 제기하지 아니하였어도 형질변경불허가 사유나 농지전용불허가 사유에 관하여 불가쟁력이 생기지 아니한다."(대법원 2001. 1. 16. 99두10988)

③ (×) "구 주택법(2016. 1. 19. 법률 제13805호로 전부 개정되기 전의 것) 제17조 제1항에 따르면, 주택건설사업계획 승인권자가 관계 행정청의 장과 미리 협의한 사항에 한하여 승인처분을 할 때에 인허가 등이 의제될 뿐이고, 각호에 열거된 모든 인허가 등에 관하여 일괄하여 사전협의를 거칠 것을 주택건설사업계획 승인처분의 요건으로 규정하고 있지 않다. 따라서 인허가 의제 대상이 되는 처분에 어떤 하자가 있더라도, 그로써 해당 인허가 의제의 효과가 발생하지 않

을 여지가 있게 될 뿐이고, 그러한 사정이 주택건설사업계획 승인처분 자체의 위법사유가 될 수는 없다. 또한 의제된 인허가는 통상적인 인허가와 동일한 효력을 가지므로, 적어도 '부분 인허가 의제'가 허용되는 경우에는 그 효력을 제거하기 위한 법적 수단으로 의제된 인허가의 취소나 철회가 허용될 수 있고, 이러한 직권 취소·철회가 가능한 이상 그 의제된 인허가에 대한 쟁송취소 역시 허용된다. 따라서 주택건설사업계획 승인처분에 따라 의제된 인허가가 위법함을 다투고자 하는 이해관계인은, 주택건설사업계획 승인처분의 취소를 구할 것이 아니라 의제된 인허가의 취소를 구하여야 하며, 의제된 인허가는 주택건설사업계획 승인처분과 별도로 항고소송의 대상이 되는 처분에 해당한다."(대법원 2018. 11. 29. 선고 2016두38792)

④ (○) "구 주택법(2016. 1. 19. 법률 제13805호로 전부 개정되기 전의 것, 이하 '구 주택법'이라 한다) 제17조 제1항에 인허가 의제 규정을 둔 입법 취지는, 주택건설사업을 시행하는 데 필요한 각종 인허가 사항과 관련하여 주택건설사업계획 승인권자로 그 창구를 단일화하고 절차를 간소화함으로써 각종 인허가에 드는 비용과 시간을 절감하여 주택의 건설·공급을 활성화하려는 데에 있다. 이러한 인허가 의제 규정의 입법 취지를 고려하면, 주택건설사업계획 승인권자가 구 주택법 제17조 제3항에 따라 도시·군관리계획 결정권자와 협의를 거쳐 관계 주택건설사업계획을 승인하면 같은 조 제1항 제5호에 따라 도시·군관리계획결정이 이루어진 것으로 의제되고, 이러한 협의 절차와 별도로 국토의 계획 및 이용에 관한 법률 제28조 등에서 정한 도시·군관리계획 입안을 위한 주민 의견청취 절차를 거칠 필요는 없다."(대법원 2018. 11. 29. 2016두38792)

18

행정소송의 판결의 효력에 대한 설명으로 옳지 않은 것은? (다툼이 있는 경우 판례에 의함)

① 과세처분의 취소소송에서 청구가 기각된 확정판결의 기판력은 그 과세처분의 무효확인을 구하는 소송에도 미친다.
② 취소소송의 피고는 처분청이므로 행정청을 피고로 하는 취소소송에 있어서의 기판력은 당해 처분이 귀속하는 국가 또는 공공단체에 미친다.
③ 위법판단의 기준시에 관하여 판결시설을 취하면 사실심 변론종결시 이전의 사유를 내세워 다시 거부처분을 할 수 있다.
④ 이유제시에 하자가 있어 당해 처분을 취소하는 판결이 확정된 경우에 처분청이 그 이유제시의 하자를 보완하여 종전의 처분과 동일한 내용의 처분을 하는 것은, 종전의 처분과는 별개의 처분을 하는 것이다.

해설 정답 ❸

① (○) "과세처분의 취소소송은 과세처분의 실체적, 절차적 위법을 그 취소원인으로 하는 것으로서 그 심리의 대상은 과세관청의 과세처분에 의하여 인정된 조세채무인 과세표준 및 세액의 객관적 존부, 즉 당해 과세처분의 적부가 심리의 대상이 되는 것이며, 과세처분 취소청구를 기각하는 판결이 확정되면 그 처분이 적법하다는 점에 관하여 기판력이 생기고 그 후 원고가 이를 무효라 하여 무효확인을 소구할 수 없는 것이어서 과세처분의 취소소송에서 청구가 기각된 확정판결의 기판력은 그 과세처분의 무효확인을 구하는 소송에도 미친다."(대법원 1998. 7. 24. 98다10854)

② (○) "과세처분 취소소송의 피고는 처분청이므로 행정청을 피고로 하는 취소소송에 있어서의 기판력은 당해 처분이 귀속하는 국가 또는 공공단체에 미친다."(대법원 1998. 7. 24. 98다10854)

③ (×) 위법판단의 기준시에 관하여 판결시설을 취하면 사실심 변론종결시 이전의 사유를 내세워 다시 거부처분을 할 수 없다.

④ (○) "과세처분시 납세고지서에 과세표준, 세율, 세액의 산출근거등이 누락되어 있어 이러한 절차 내지 형식의 위법을 이유로 과세처분을 취소하는 판결이 확정된 경우에 그 확정판결의 기판력은 확정판결에 적시된 절차 내지 형식의 위법사유에 한하여 미친다고 할 것이므로 과세처분권자가 그 확정판결에 적시된 위법사유를 보완하여 행한 새로운 과세처분은 확정판결에 의하여 취소된 종전의 과세처분과는 별개의 처분으로서 확정판결의 기판력에 저촉되는 것은 아니다."(대법원 1986. 11. 11. 85누231)

19

이행강제금에 대한 설명으로 옳지 않은 것은? (다툼이 있는 경우 판례에 의함)

① 행정벌과 이행강제금은 장래에 의무의 이행을 강제하기 위한 제재로서 직접적으로 행정작용의 실효성을 확보하기 위한 수단이라는 점에서는 동일하다.
② 건축주 등이 장기간 시정명령을 이행하지 아니하였으나 그 기간 중에 시정명령의 이행 기회가 제공되지 아니하였다가 뒤늦게 이행 기회가 제공된 경우, 이행 기회가 제공되지 아니한 과거의 기간에 대한 이행강제금까지 한꺼번에 부과하였다면 그러한 이행강제금 부과처분은 하자가 중대·명백하여 당연무효이다.
③ 이행강제금 납부의무는 상속인 기타의 사람에게 승계될 수 없는 일신전속적인 성질의 것이므로 이미 사망한 사람에게 이행강제금을 부과하는 내용의 처분이나 결정은 당연무효이다.
④ 「건축법」상 이행강제금은 행정상의 간접강제 수단에 해당하므로, 시정명령을 받은 의무자가 이행강제금이 부과되기 전에 그 의무를 이행한 경우에는 비록 시정명령에서 정한 기간을 지나서 이행한 경우라도 이행강제금을 부과할 수 없다.

해설 정답 ❶

① (×) 이행강제금은 의무위반에 대한 제재가 아니라, 의무자의 심리를 압박하여 장래에 행정법상의 의무를 이행하게 만드는 데 주안점이 있는 간접적 강제(집행)수단으로서 행정강제의 일종이다. 이 점에서 과거의 의무위반 행위에 대한 제재에 1차적 목적이 있는 행정벌과 구별된다.

② (○) "비록 건축주 등이 장기간 시정명령을 이행하지 아니하였더라도, 그 기간 중에는 시정명령의 이행 기회가 제공되지 아니하였다가 뒤늦게 시정명령의 이행 기회가 제공된 경우라면, 시정명령의 이행 기회 제공을 전제로 한 1회분의 이행강제금만을 부과할 수 있고, 시정명령의 이행 기회가 제공되지 아니한 과거의 기간에 대한 이행강제금까지 한꺼번에 부과할 수는 없다. 그리고 이를 위반하여 이루어진 이행강제금 부과처분은 과거의 위반행위에 대한 제재가 아니라 행정상의 간접강제 수단이라는 이행강제금의 본질에 반하여 구 건축법 제80조 제1항, 제4항 등 법규의 중요한 부분을 위반한 것으로서, 그러한 하자는 중대할 뿐만 아니라 객관적으로도 명백하다." (대법원 2016. 7. 14. 2015두46598)

③ (○) "구 건축법(2005. 11. 8. 법률 제7696호로 개정되기 전의 것)상의 이행강제금은 구 건축법의 위반행위에 대하여 시정명령을 받은 후 시정기간 내에 당해 시정명령을 이행하지 아니한 건축주 등에 대하여 부과되는 간접강제의 일종으로서 그 이행강제금 납부의무는 상속인 기타의 사람에게 승계될 수 없는 일신전속적인 성질의 것이므로 이미 사망한 사람에게 이행강제금을 부과하는 내용의 처분이나 결정은 당연무효이고, 이행강제금을 부과받은 사람의 이의에 의하여 비송사건절차법에 의한 재판절차가 개시된 후에 그 이의한 사람이 사망한 때에는 사건 자체가 목적을 잃고 절차가 종료한다."(대법원 2006. 12. 8. 2006마470)

④ (○) "건축법상의 이행강제금은 시정명령의 불이행이라는 과거의 위반행위에 대한 제재가 아니라, 의무자에게 시정명령을 받은 의무의 이행을 명하고 그 이행기간 안에 의무를 이행하지 않으면 이행강제금이 부과된다는 사실을 고지함으로써 의무자에게 심리적 압박을 주어 의무의 이행을 간접적으로 강제하는 행정상의 간접강제 수단에 해당한다. 이러한 이행강제금의 본질상 시정명령을 받은 의무자가 이행강제금이 부과되기 전에 그 의무를 이행한 경우에는 비록 시정명령에서 정한 기간을 지나서 이행한 경우라도 이행강제금을 부과할 수 없다."(대법원 2018. 1. 25. 2015두35116)

20

행정지도에 대한 설명으로 옳지 않은 것은? (다툼이 있는 경우 판례에 의함)

① 「행정절차법」에는 행정지도에 관한 규정이 존재한다.
② 국가인권회의 성희롱 결정과 이에 따른 시정조치의 권고는 불가분의 일체로 행하여지는 것인데, 이는 비권력적 사실행위인 행정지도에 불과하여 행정소송의 대상이 되는 행정처분이 아니다.
③ 주무부처 장관의 대학총장들에 대한 학칙시정요구는 행정지도이지만 규제적·구속적 성격이 강하기 때문에 헌법소원의 대상이 된다.
④ 적법한 행정지도로 인정되기 위해서는 우선 그 목적이 적법한 것으로 인정될 수 있어야 할 것이므로, 행정청이 행한 주식매각의 종용이 정당한 법률적 근거 없이 자의적으로 주주에게 제재를 가하는 것이라면 행정지도의 영역을 벗어난 것이라고 보아야 할 것이다.

해설 정답 ❷

① (○) 행정절차법에는 행정지도에 관한 규정이 존재한다. 행정절차법 제48조 참조.

> **행정절차법 제48조(행정지도의 원칙)** ① 행정지도는 그 목적 달성에 필요한 최소한도에 그쳐야 하며, 행정지도의 상대방의 의사에 반하여 부당하게 강요하여서는 아니 된다.
> ② 행정기관은 행정지도의 상대방이 행정지도에 따르지 아니하였다는 것을 이유로 불이익한 조치를 하여서는 아니 된다.

② (×) "구 남녀차별금지및구제에관한법률(2003. 5. 29. 법률 제6915호로 개정되기 전의 것) 제28조에 의하면, 국가인권위원회의 성희롱결정과 이에 따른 시정조치의 권고는 불가분의 일체로 행하여지는 것인데 국가인권위원회의 이러한 결정과 시정조치의 권고는 성희롱 행위자로 결정된 자의 인격권에 영향을 미침과 동시에 공공기관의 장 또는 사용자에게 일정한 법률상의 의무를 부담시키는 것이므로 국가인권위원회의 성희롱결정 및 시정조치권고는 행정소송의 대상이 되는 행정처분에 해당한다고 보지 않을 수 없다."(대법원 2005. 7. 8. 2005두487)

③ (○) "교육인적자원부장관의 대학총장들에 대한 이 사건 학칙시정요구는 고등교육법 제6조 제2항, 동법시행령 제4조 제3항에 따른 것으로서 그 법적 성격은 대학총장의 임의적인 협력을 통하여 사실상의 효과를 발생시키는 행정지도의 일종이지만, 그에 따르지 않을 경우 일정한 불이익조치를 예정하고 있어 사실상 상대방에게 그에 따를 의무를 부과하는 것과 다를 바 없으므로 단순한 행정지도로서의 한계를 넘어 규제적·구속적 성격을 상당히 강하게 갖는 것으로서 헌법소원의 대상이 되는 공권력의 행사라고 볼 수 있다."(헌법재판소 2003. 6. 26. 2002헌마337 등)

④ (○) "이른바 행정지도라 함은 행정주체가 일정한 행정목적을 실현하기 위하여 권고 등과 같은 비강제적인 수단을 사용하여 상대방의 자발적 협력 내지 동의를 얻어내어 행정상 바람직한 결과를 이끌어내는 행정활동으로 이해되고, 따라서 적법한 행정지도로 인정되기 위하여는 우선 그 목적이 적법한 것으로 인정될 수 있어야 할 것이므로, 주식매각의 종용이 정당한 법률적 근거 없이 자의적으로 주주에게 제재를 가하는 것이라면 이 점에서 벌써 행정지도의 영역을 벗어난 것이라고 보아야 할 것이고 만일 이러한 행위도 행정지도에 해당된다고 한다면 이는 행정지도라는 미명하에 법치주의의 원칙을 파괴하는 것이라고 하지 않을 수 없으며, 더구나 그 주주가 주식매각의 종용을 거부한다는 의사를 명백하게 표시하였음에도 불구하고, 집요하게 위협적인 언동을 함으로써 그 매각을 강요하였다면 이는 위법한 강박행위에 해당한다고 하지 않을 수 없다 하여, 정부의 재무부 이재국장 등이 ○○그룹 정리방안에 따라 신한투자금융주식회사의 주식을 주식회사 제일은행에게 매각하도록 종용한 행위가 행정지도에 해당되어 위법성이 조각된다는 주장을 배척한 사례."(대법원 1994. 12. 13. 93다49482)

ADMINISTRATIVE LAW

03회 정답과 해설

문제 p.17

Answer

01 ②	06 ③	11 ④	16 ④
02 ③	07 ②	12 ③	17 ④
03 ①	08 ④	13 ③	18 ①
04 ①	09 ②	14 ②	19 ④
05 ④	10 ③	15 ①	20 ①

01

행정소송의 피고적격에 대한 설명으로 옳지 않은 것은? (다툼이 있는 경우 판례에 의함)

① 대리권을 수여받은 데 불과하여 그 자신의 명의로는 행정처분을 할 권한이 없는 행정청의 경우, 대리관계를 밝힘이 없이 그 자신의 명의로 행정처분을 하였다면 그에 대하여는 처분명의자인 당해 행정청이 항고소송의 피고가 되어야 하는 것이 원칙이다.

② 건국훈장 독립장이 수여된 망인에 대하여 사후적으로 친일 행적이 확인되었다는 이유로 대통령에 의하여 망인에 대한 독립유공자서훈취소가 결정되고, 그 서훈취소에 따라 훈장 등을 환수조치하여 달라는 당시 행정안전부장관의 요청에 의하여 국가보훈처장이 망인의 유족에게 독립유공자서훈취소결정을 통보한 사안에서, 독립유공자서훈취소결정에 대한 취소소송에서의 피고적격이 있는 자는 국가보훈처장이다.

③ 세무서장이 압류한 재산의 공매를 성업공사(현 한국자산관리공사)로 대행하게 한 경우 항고소송의 피고는 성업공사이다.

④ 구 「저작권법」상 저작권등록처분에 대한 무효확인소송의 경우 저작권심의조정위원회위원장이 아니라, 저작권심의조정위원회가 피고적격을 갖는다.

해설 정답 ❷

① (○) "대리권을 수여받은 데 불과하여 그 자신의 명의로는 행정처분을 할 권한이 없는 행정청의 경우 대리관계를 밝힘이 없이 그 자신의 명의로 행정처분을 하였다면 그에 대하여는 처분명의자인 당해 행정청이 항고소송의 피고가 되어야 하는 것이 원칙이지만, 비록 대리관계를 명시적으로 밝히지는 아니하였다 하더라도 처분명의자가 피대리 행정청 산하의 행정기관으로서 실제로 피대리 행정청으로부터 대리권한을 수여받아 피대리 행정청을 대리한다는 의사로 행정처분을 하였고 처분명의자는 물론 그 상대방도 그 행정처분이 피대리 행정청을 대리하여 한 것임을 알고서 이를 받아들인 예외적인 경우에는 피대리 행정청이 피고가 되어야 한다."(대법원 2006. 2. 23. 자 2005부4)

② (×) "국무회의에서 건국훈장 독립장이 수여된 망인에 대한 서훈취소를 의결하고 대통령이 결재함으로써 서훈취소가 결정된 후 국가보훈처장이 망인의 유족 갑에게 '독립유공자 서훈취소결정 통보'를 하자 갑이 국가보훈처장을 상대로 서훈취소결정의 무효 확인 등의 소를 제기한 사안에서, 갑이 서훈취소 처분을 행한 행정청(대통령)이 아니라 국가보훈처장을 상대로 제기한 위 소는 피고를 잘못 지정한 경우에 해당하므로, 법원으로서는 석명권을 행사하여 정당한 피고로 경정하게 하여 소송을 진행해야 함에도 국가보훈처장이 서훈취소 처분을 한 것을 전제로 처분의 적법 여부를 판단한 원심판결에 법리오해 등의 잘못이 있다고 한 사례."(대법원 2014. 9. 26. 선고 2013두2518)

③ (○) "성업공사가 체납압류된 재산을 공매하는 것은 세무서장의 공매권한 위임에 의한 것으로 보아야 할 것이므로, 성업공사가 한 그 공매처분에 대한 취소 등의 항고소송을 제기함에 있어서는 수임청으로서 실제로 공매를 행한 성업공사를 피고로 하여야 하고, 위임청인 세무서장은 피고적격이 없다."(대법원 1997. 2. 28. 선고 96누1757 판결)

④ (○) "구 저작권법(2006. 12. 28. 법률 제8101호로 전문 개정되기 전의 것) 제97조의3 제2호는 '문화관광부장관은 대통령령이 정하는 바에 의하여 법 제53조에 규정한 저작권 등록업무에 관한 권한을 저작권 심의조정위원회에 위탁할 수 있다'고 규정하고, 같은 법 시행령(2007. 6. 29. 대통령령 제20135호로 전문 개정되기 전의 것) 제42조는 '문화관광부장관은 법 제97조의3의 규정에 의하여 저작권 등록업무에 관한 권한을 저작권심의조정위원회에 위탁한다'고 규정하고 있으므로, '저작권심의조정위원회'가 저작권 등록업무의 처분청으로서 그 등록처분에 대한 무효확인소송에서 피고적격을 가진다."(대법원 2009. 7. 9. 선고 2007두16608)

02

다음 중 「행정기본법」에 대한 설명으로 옳지 않은 것은?

① 100일간의 운전면허정지처분을 받은 사람의 경우, 100일째 되는 날이 공휴일인 경우에도, 그 면허정지기간은 그날(공휴일 당일)로 만료한다.

② 법령등을 공포한 날부터 일정 기간이 경과한 날부터 법령등을 시행하는 경우 그 기간의 말일이 토요일 또는 공휴일인 때에는 그 말일로 기간이 만료한다.

③ 행정기본법에는 자기구속의 원칙에 대한 명문의 규정이 존재한다.

④ 행정청은 법률로 정하는 바에 따라 완전히 자동화된 시스템(인공지능 기술을 적용한 시스템을 포함)으로 처분을 할 수 있지만, 처분에 재량이 있는 경우는 그러하지 아니하다.

해설 정답 ❸

① (○) 행정기본법 제6조 제2항 제2호

행정기본법 제6조(행정에 관한 기간의 계산) ② 법령등 또는 처분에서 국민의 권익을 제한하거나 의무를 부과하는 경우 권익이 제한되거나 의무가 지속되는 기간의 계산은 다음 각 호의 기준에 따른다. 다만, 다음 각 호의 기준에 따르는 것이 국민에게 불리한 경우에는 그러하지 아니하다.
1. 기간을 일, 주, 월 또는 연으로 정한 경우에는 기간의 첫날을 산입한다.
2. 기간의 말일이 토요일 또는 공휴일인 경우에도 기간은 그 날로 만료한다.

② (○) 행정기본법 제7조 제3호

행정기본법 제7조(법령등 시행일의 기간 계산) 법령등(훈령·예규·고시·지침 등을 포함한다. 이하 이 조에서 같다)의 시행일을 정하거나 계산할 때에는 다음 각 호의 기준에 따른다.
1. 법령등을 공포한 날부터 시행하는 경우에는 공포한 날을 시행일로 한다.
2. 법령등을 공포한 날부터 일정 기간이 경과한 날부터 시행하는 경우 법령등을 공포한 날을 첫날에 산입하지 아니한다.
3. 법령등을 공포한 날부터 일정 기간이 경과한 날부터 시행하는 경우 그 기간의 말일이 토요일 또는 공휴일인 때에는 그 말일로 기간이 만료한다.

③ (×) 자기구속의 원칙에 대한 명문의 규정은 존재하지 않는다.
④ (○) 행정기본법 제20조

행정기본법제20조(자동적 처분) 행정청은 법률로 정하는 바에 따라 완전히 자동화된 시스템(인공지능 기술을 적용한 시스템을 포함한다)으로 처분을 할 수 있다. 다만, 처분에 재량이 있는 경우는 그러하지 아니하다.

03

행정상 법률관계의 당사자에 대한 설명으로 옳지 않은 것은? (다툼이 있는 경우 판례에 의함)

① 「도로교통법」상 견인업무를 대행하는 자동차견인업자는 공무수탁사인에 해당한다.
② 공무수탁사인은 「국가배상법」상의 공무원에 해당하므로, 공무수탁사인의 위법한 공무수행으로 사인에게 손해가 발생한 경우, 국가나 지방자치단체에 손해배상을 청구할 수 있다.
③ 도시재개발조합에 대하여 조합원으로서의 자격확인을 구하는 법률관계는 공법상의 관계이고, 아직 처분등이 개입될 여지는 없으므로 공법상의 당사자소송으로 조합원 자격의 확인을 구할 수 있다.
④ 행정청은 독립적인 법인격이 인정되지 않으므로 행정청의 대외적인 권한행사의 법적 효과는 행정주체에게 귀속된다.

해설 정답 ❶

① (×) 「도로교통법」상 견인업무를 대행하는 자동차견인업자는 공무수탁사인이 아니라 행정보조인 또는 행정대행인에 해당한다.
② (○) 국가배상법 제2조 본문

국가배상법 제2조(배상책임) ① 국가나 지방자치단체는 공무원 또는 공무를 위탁받은 사인(이하 "공무원"이라 한다)이 직무를 집행하면서 고의 또는 과실로 법령을 위반하여 타인에게 손해를 입히거나, 「자동차손해배상 보장법」에 따라 손해배상의 책임이 있을 때에는 이 법에 따라 그 손해를 배상하여야 한다. 다만, 군인·군무원·경찰공무원 또는 예비군대원이 전투·훈련 등 직무 집행과 관련하여 전사(戰死)·순직(殉職)하거나 공상(公傷)을 입은 경우에 본인이나 그 유족이 다른 법령에 따라 재해보상금·유족연금·상이연금 등의 보상을 지급받을 수 있을 때에는 이 법 및 「민법」에 따른 손해배상을 청구할 수 없다.

③ (○) "구 도시재개발법(1995. 12. 29. 법률 제5116호로 전문 개정되기 전의 것)에 의한 재개발조합은 조합원에 대한 법률관계에서 적어도 특수한 존립목적을 부여받은 특수한 행정주체로서 국가의 감독하에 그 존립 목적인 특정한 공공사무를 행하고 있다고 볼 수 있는 범위 내에서는 공법상의 권리의무 관계에 서 있다. 따라서 조합을 상대로 한 쟁송에 있어서 강제가입제를 특색으로 한 조합원의 자격 인정 여부에 관하여 다툼이 있는 경우에는 그 단계에서는 아직 조합의 어떠한 처분 등이 개입될 여지는 없으므로 공법상의 당사자소송에 의하여 그 조합원 자격의 확인을 구할 수 있고, 한편 분양신청 후에 정하여진 관리처분계획의 내용에 관하여 다툼이 있는 경우에는 그 관리처분계획은 토지 등의 소유자에게 구체적이고 결정적인 영향을 미치는 것으로서 조합이 행한 처분에 해당하므로 항고소송에 의하여 관리처분계획 또는 그 내용인 분양거부처분 등의 취소를 구할 수 있으나, 설령 조합원의 자격이 인정된다 하더라도 분양신청을 하지 아니하거나 분양을 희망하지 아니할 때에는 금전으로 청산하게 되므로(같은 법 제44조), 대지 또는 건축시설에 대한 수분양권의 취득을 희망하는 토지 등의 소유자가 한 분양신청에 대하여 조합이 분양대상자가 아니라고 하여 관리처분계획에 의하여 이를 제외시키거나 원하는 내용의 분양대상자로 결정하지 아니한 경우, 토지 등의 소유자에게 원하는 내용의 구체적인 수분양권이 직접 발생한 것이라고는 볼 수 없어서 곧바로 조합을 상대로 하여 민사소송이나 공법상 당사자소송으로 수분양권의 확인을 구하는 것은 허용될 수 없다."(대법원 1996. 2. 15. 선고 94다31235)
④ (○) 행정청이란 행정주체의 의사를 결정하고 이를 외부에 표시할 수 있는 권한을 가진 행정기관을 말한다. 행정주체는 보통 법인인데 이 법인을 위하여 실제적으로 행동을 하는 자연인(들)을 행정기관이라 한다. 행정기관이 직무와 관련하여 행한 행위로 인하여 발생하게 된 권리나 의무는 행정주체에게 귀속된다.

04

「행정절차법」상 처분절차에 대한 설명으로 옳은 것은? (다툼이 있는 경우 판례에 의함)

① 정규공무원으로 임용된 사람에게 시보임용처분 당시 「지방공무원법」에 정한 공무원임용 결격사유가 있어 시보임용처분을 취소하고 그에 따라 정규임용처분을 취소한 경우 정규임용처분을 취소하는 처분에 대해서는 「행정절차법」의 규정이 적용된다.
② 「식품위생법」상 허가영업에 대해 영업자지위승계신고를 수리하는 처분은 종전 영업자의 권익을 다소 침해하는 효과를 갖지만 「행정절차법」상 사전통지를 거쳐야 하는 대상은 아니다.
③ 공정거래위원회의 시정조치 및 과징금납부명령에 「행정절차법」 소정의 의견청취절차 생략사유가 존재하면 공정거래위원회는 「행정절차법」을 적용하여 의견청취절차를 생략할 수 있다.
④ 수익적 행정행위의 신청에 대한 거부처분은 직접 당사자의 권익을 제한하는 처분에 해당하므로, 그 거부처분은 「행정절차법」상 사전통지의 대상이 된다.

해설 정답 ❶

① (○) "정규공무원으로 임용된 사람에게 시보임용처분 당시 지방공무원법 제31조 제4호에 정한 공무원임용 결격사유가 있어 시보임용처분을 취소하고 그에 따라 정규임용처분을 취소한 사안에서, 정규임용처분을 취소하는 처분은 성질상 행정절차를 거치는 것이 불필요하여 행정절차법의 적용이 배제되는 경우에 해당하지 않으므로, 그 처분을 하면서 사전통지를 하거나 의견제출의 기회를 부여하지 않은 것은 위법하다고 한 사례."(대법원 2009. 1. 30. 선고 2008두16155)

② (×) "행정절차법 제21조 제1항, 제22조 제3항 및 제2조 제4호의 각 규정에 의하면, 행정청이 당사자에게 의무를 과하거나 권익을 제한하는 처분을 함에 있어서는 당사자 등에게 처분의 사전통지를 하고 의견제출의 기회를 주어야 하며, 여기서 당사자라 함은 행정청의 처분에 대하여 직접 그 상대가 되는 자를 의미한다 할 것이고, 한편 구 식품위생법(2002. 1. 26. 법률 제6627호로 개정되기 전의 것) 제25조 제2항, 제3항의 각 규정에 의하면, 지방세법에 의한 압류재산 매각절차에 따라 영업시설의 전부를 인수함으로써 그 영업자의 지위를 승계한 자가 관계 행정청에 이를 신고하여 행정청이 이를 수리하는 경우에는 종전의 영업자에 대한 영업허가 등은 그 효력을 잃는다 할 것인데, 위 규정들을 종합하면 위 행정청이 구 식품위생법 규정에 의하여 영업자지위승계신고를 수리하는 처분은 종전의 영업자의 권익을 제한하는 처분이라 할 것이고 따라서 종전의 영업자는 그 처분에 대하여 직접 그 상대가 되는 자에 해당한다고 봄이 상당하므로, 행정청으로서는 위 신고를 수리하는 처분을 함에 있어서 행정절차법 규정 소정의 당사자에 해당하는 종전의 영업자에 대하여 위 규정 소정의 행정절차를 실시하고 처분을 하여야 한다."(대법원 2003. 2. 14. 선고 2001두7015)

③ (×) "행정절차법 제3조 제2항, 같은법시행령 제2조 제6호에 의하면 공정거래위원회의 의결·결정을 거쳐 행하는 사항에는 행정절차법의 적용이 제외되게 되어 있으므로, 설사 공정거래위원회의 시정조치 및 과징금납부명령에 행정절차법 소정의 의견청취절차 생략사유가 존재한다고 하더라도, 공정거래위원회는 행정절차법을 적용하여 의견청취절차를 생략할 수는 없다."(대법원 2001. 5. 8. 선고 2000두10212)

④ (×) "행정절차법 제21조 제1항은 행정청은 당사자에게 의무를 과하거나 권익을 제한하는 처분을 하는 경우에는 미리 처분의 제목, 당사자의 성명 또는 명칭과 주소, 처분하고자 하는 원인이 되는 사실과 처분의 내용 및 법적 근거, 그에 대하여 의견을 제출할 수 있다는 뜻과 의견을 제출하지 아니하는 경우의 처리방법, 의견제출기관의 명칭과 주소, 의견제출기한 등을 당사자 등에게 통지하도록 하고 있는바, 신청에 따른 처분이 이루어지지 아니한 경우에는 아직 당사자에게 권익이 부과되지 아니하였으므로 특별한 사정이 없는 한 신청에 대한 거부처분이라고 하더라도 직접 당사자의 권익을 제한하는 것은 아니어서 신청에 대한 거부처분을 여기에서 말하는 '당사자의 권익을 제한하는 처분'에 해당한다고 할 수 없는 것이어서 처분의 사전통지대상이 된다고 할 수 없다."(대법원 2003. 11. 28. 선고 2003두674)

05

행정강제에 대한 설명으로 옳지 않은 것은? (다툼이 있는 경우 판례에 의함)

① 국유 일반재산인 대지에 대한 대부계약이 해지되어 국가가 원상회복으로 지상의 시설물을 철거하려는 경우, 「행정대집행법」에 따라 대집행을 하여야 하고 민사소송의 방법으로 시설물의 철거를 구하는 것은 허용되지 않는다.

② 구 「음반·비디오물 및 게임물에 관한 법률」상 등급분류를 받지 아니한 게임물을 발견한 경우 영장 없이도 관계행정청이 관계공무원으로 하여금 이를 수거·폐기하게 할 수 있도록 한 규정은 헌법상 영장주의에 반하지 않아 헌법에 위반된다고는 볼 수 없다.

③ 공매통지에 하자가 있어 위법하다 하더라도, 특별한 사정이 없는 한 공매통지를 직접 항고소송의 대상으로 삼아 다툴 수는 없고, 통지 후에 이루어진 공매처분에 대하여 다투어야 한다.

④ 「건축법」상 이행강제금의 부과에 대해서는 항고소송을 제기할 수는 없고 「비송사건절차법」에 따라 재판을 청구할 수 있다.

해설 정답 ❹

① (○) "지방재정법 제85조 제1항은, 공유재산을 정당한 이유 없이 점유하거나 그에 시설을 한 때에는 이를 강제로 철거하게 할 수 있다고 규정하고, 그 제2항은, 지방자치단체의 장이 제1항의 규정에 의한 강제철거를 하게 하고자 할 때에는 행정대집행법 제3조 내지 제6조의 규정을 준용한다고 규정하고 있는바, 공유재산의 점유자가 그 공유재산에 관하여 대부계약 외 달리 정당한 권원이 있다는 자료가 없는 경우 그 대부계약이 적법하게 해지된 이상 그 점유자의 공유재산에 대한 점유는 정당한 이유 없는 점유라 할 것이고, 따라서 지방자치단체의 장은 지방재정법 제85조에 의하여 행정대집행의 방법으로 그 지상물을 철거시킬 수 있다."(대법원 2001. 10. 12. 선고 2001두4078)

② (○) "관계행정청이 등급분류를 받지 아니하거나 등급분류를 받은 게임물과 다른 내용의 게임물을 발견한 경우 관계공무원으로 하여금 이를 수거·폐기하게 할 수 있도록 한 구 음반·비디오물및게임물에관한법률(2001. 5. 24. 법률 제6473호로 개정되기 전의 것) 제24조 제3항 제4호 중 게임물에 관한 규정 부분(이하 '이 사건 법률조항'이라 한다)은 앞에서 본바와 같이 급박한 상황에 대처하기 위한 것으로서 그 불가피성과 정당성이 충분히 인정되는 경우이므로, 이 사건 법률조항이 영장 없는 수거를 인정한다고 하더라도 이를 두고 헌법상 영장주의에 위배되는 것으로는 볼 수 없고, 위 구 음반·비디오물및게임물에관한법률 제24조 제4항에서 관계공무원이 당해 게임물 등을 수거한 때에는 그 소유자 또는 점유자에게 수거증을 교부하도록 하고 있고, 동조 제6항에서 수거 등 처분을 하는 관계공무원이나 협회 또는 단체의 임·직원은 그 권한을 표시하는 증표를 지니고 관계인에게 이를 제시하도록 하는 등의 절차적 요건을 규정하고 있으므로, 이 사건 법률조항이 적법절차의 원칙에 위배되는 것으로 보기도 어렵다."(헌법재판소 2002. 10. 31. 2000헌가12)

③ (○) "체납자 등에 대한 공매통지는 국가의 강제력에 의하여 진행되는 공매에서 체납자 등의 권리 내지 재산상의 이익을 보호하기 위하여 법률로 규정한 절차적 요건이라고 보아야 하며, 공매처분을 하면서 체납자 등에게 공매통지를 하지 않았거나 공매통지를 하였더라도 그것이 적법하지 아니한 경우에는 절차상의 흠이 있어 그 공매처분이 위법하게 되는 것이지만, 공매통지 자체가 그 상대방인 체납자

등의 법적 지위나 권리·의무에 직접적인 영향을 주는 행정처분에 해당한다고 할 것은 아니므로 다른 특별한 사정이 없는 한 체납자 등은 공매통지의 결여나 위법을 들어 공매처분의 취소 등을 구할 수 있는 것이지 공매통지 자체를 항고소송의 대상으로 삼아 그 취소 등을 구할 수는 없다."(대법원 2011. 3. 24. 선고 2010두25527)

④ (×) 건축법상 이행강제금 부과처분은 이에 대한 불복방법에 관하여 별도의 규정을 두지 않고 있으므로 이는 항고소송의 대상이 된다.

06

「국가배상법」 제2조 책임에 대한 설명으로 옳은 것은? (다툼이 있는 경우 판례에 의함)

① 법관의 재판에 법령의 규정을 따르지 아니한 잘못이 있는 경우에는 이로써 바로 그 재판상 직무행위가 「국가배상법」 제2조 제1항에서 말하는 위법한 행위로 되어 국가의 손해배상책임이 발생한다.
② 산업기술혁신 촉진법령에 따른 중앙행정기관과 지방자치단체 등의 인증신제품 구매의무는 공공 일반의 전체적인 이익을 도모하기 위한 것이 아니라, 신제품 인증을 받은 자의 재산상 이익을 법적으로 보호하기 위한 것이므로, 지방자치단체가 위 법령에서 정한 인증신제품 구매의무를 위반하였다면 신제품 인증을 받은 자에 대하여 국가배상책임을 진다.
③ 국가배상의 요건 중 법령위반의 의미를 판단하는 데 있어서는 형식적 의미의 법령을 위반하였는지뿐만 아니라 인권존중, 권력남용금지, 신의성실과 같이 공무원으로서 당연히 지켜야 할 원칙을 지키지 않은 경우인지도 함께 고려하여야 한다.
④ 공무원의 직무집행이 법령이 정한 요건과 절차에 따라 이루어진 것이라도, 그 과정에서 개인의 권리가 침해되면 법령위반에 해당한다.

해설 정답 ❸

① (×) "법관이 행하는 재판사무의 특수성과 그 재판과정의 잘못에 대하여는 따로 불복절차에 의하여 시정될 수 있는 제도적 장치가 마련되어 있는 점 등에 비추어 보면, 법관의 재판에 법령의 규정을 따르지 아니한 잘못이 있다 하더라도 이로써 바로 그 재판상 직무행위가 국가배상법 제2조 제1항에서 말하는 위법한 행위로 되어 국가의 손해배상책임이 발생하는 것은 아니고, 그 국가배상책임이 인정되려면 당해 법관이 위법 또는 부당한 목적을 가지고 재판을 하는 등 법관이 그에게 부여된 권한의 취지에 명백히 어긋나게 이를 행사하였다고 인정할 만한 특별한 사정이 있어야 한다고 해석함이 상당하다."(대법원 2001. 4. 24. 선고 2000다16114)

② (×) "구 산업기술혁신 촉진법 및 그 시행령의 목적과 내용 등을 종합하여 보면, 위 법령이 공공기관에 부과한 인증신제품 구매의무는 기업에 신기술개발제품의 판로를 확보해 줌으로써 산업기술개발을 촉진하기 위한 국가적 지원책의 하나로 인정된 것으로서 국민경제의 지속적인 발전과 국민의 삶의 질 향상이라는 공공 일반의 이익을 도모하기 위한 것으로 봄이 타당하고, 공공기관이 구매의무를 이행한 결과 신제품 인증을 받은 자가 재산상 이익을 얻게 되더라도 이는 반사적 이익에 불과할 뿐 위 법령이 직접적으로 보호하려는 이익으로 보기는 어렵다. 따라서 피고들이 위 법령에서 정한 인증신제품 구매의무를 위반하였다 하더라도, 이를 이유로 피고들이 원고에 대하여 손해배상책임을 지지는 아니한다 할 것이다."(대법원 2015. 5. 28. 선고 2013다85448)

③ (○) "국가배상책임에 있어 공무원의 가해행위는 법령을 위반한 것이어야 하고, 법령을 위반하였다 함은 엄격한 의미의 법령 위반뿐 아니라 인권존중, 권력남용금지, 신의성실과 같이 공무원으로서 마땅히 지켜야 할 준칙이나 규범을 지키지 아니하고 위반한 경우를 포함하여 널리 그 행위가 객관적인 정당성을 결여하고 있음을 뜻하는 것이므로, 경찰관이 범죄수사를 함에 있어 경찰관으로서 의당 지켜야 할 법규상 또는 조리상의 한계를 위반하였다면 이는 법령을 위반한 경우에 해당한다."(대법원 2008. 6. 12. 선고 2007다64365)

④ (×) "국가배상책임은 공무원의 직무집행이 법령에 위반한 것임을 요건으로 하는 것으로서, 공무원의 직무집행이 법령이 정한 요건과 절차에 따라 이루어진 것이라면 특별한 사정이 없는 한 이는 법령에 적합한 것이고 그 과정에서 개인의 권리가 침해되는 일이 생긴다고 하여 그 법령 적합성이 곧바로 부정되는 것은 아니라고 할 것인바, 불법시위를 진압하는 경찰관들의 직무집행이 법령에 위반한 것이라고 하기 위하여는 그 시위진압이 불필요하거나 또는 불법시위의 태양 및 시위 장소의 상황 등에서 예측되는 피해 발생의 구체적 위험성의 내용에 비추어 시위진압의 계속 수행 내지 그 방법 등이 현저히 합리성을 결하여 이를 위법하다고 평가할 수 있는 경우이어야 한다."(대법원 1997. 7. 25. 선고 94다2480)

07

행정입법에 대한 설명으로 옳은 것(○)과 옳지 않은 것(×)을 바르게 연결한 것은? (다툼이 있는 경우 판례에 의함)

㉠ 법률의 시행령이나 시행규칙의 내용이 모법의 해석상 가능한 것을 명시하거나 모법 조항의 취지를 구체화하기 위한 것이라면, 모법이 이에 관하여 직접 위임하는 규정을 두지 않았다고 하더라도 무효라고 할 수 없다.
㉡ 성질상 위임이 불가피한 전문적·기술적 사항에 관하여 구체적으로 범위를 정하여 법령에서 위임하더라도 고시 등으로는 규제의 세부적인 내용을 정할 수 없다.
㉢ 법률이 공법적 단체 등의 정관에 자치법적 사항을 위임할 경우에는 원칙적으로 헌법 제75조가 정하는 포괄위임입법금지원칙이 적용되지 않는다.
㉣ 행정규칙의 내용이 상위법령에 반하는 것이라면 법치국가원리에서 파생되는 법질서의 통일성과 모순금지 원칙에 따라 그것은 대외적 효력이 없게 되지만, 행정내부적 효력은 인정된다.

① ㉠(○), ㉡(×), ㉢(○), ㉣(○)
② ㉠(○), ㉡(×), ㉢(○), ㉣(×)
③ ㉠(×), ㉡(○), ㉢(○), ㉣(○)
④ ㉠(×), ㉡(○), ㉢(×), ㉣(×)

해설 정답 ❷

㉠ (○) "법률의 시행령은 법률에 의한 위임이 없으면 개인의 권리·의무에 관한 내용을 변경·보충하거나 법률에 규정되지 아니한 새로운 내용을 정할 수는 없지만, 시행령의 내용이 모법의 입법 취지와 관련 조항 전체를 유기적·체계적으로 살펴보아 모법의 해석상 가능한 것을 명시한 것에 지나지 아니하거나 모법 조항의 취지에 근거하여 이를 구체화하기 위한 것인 때에는 모법의 규율 범위를 벗어난 것으로 볼 수 없으므로, 모법에 이에 관하여 직접 위임하는 규정을 두지 않았다고 하더라도 이를 무효라고 볼 수 없다."(대법원 2016. 12. 1. 선고 2014두8650)

㉡ (×) 행정규제기본법 제4조 제2항 단서

> **행정규제기본법 제4조(규제 법정주의)** ② 규제는 법률에 직접 규정하되, 규제의 세부적인 내용은 법률 또는 상위법령(上位法令)에서 구체적으로 범위를 정하여 위임한 바에 따라 대통령령·총리령·부령 또는 조례·규칙으로 정할 수 있다. 다만, 법령에서 전문적·기술적 사항이나 경미한 사항으로서 업무의 성질상 위임이 불가피한 사항에 관하여 구체적으로 범위를 정하여 위임한 경우에는 고시 등으로 정할 수 있다.

㉢ (○) "헌법 제75조, 제95조의 문리해석상 및 법리해석상 포괄적인 위임입법의 금지는 법규적 효력을 가지는 행정입법의 제정을 그 주된 대상으로 하고 있다. 위임입법을 엄격한 헌법적 한계 내에 두는 이유는 무엇보다도 권력분립의 원칙에 따라 국민의 자유와 권리에 관계되는 사항은 국민의 대표기관이 정하는 것이 원칙이라는 법리에 기인한 것이다. 즉, 행정부에 의한 법규사항의 제정은 입법부의 권한 내지 의무를 침해하고 자의적인 시행령 제정으로 국민들의 자유와 권리를 침해할 수 있기 때문에 엄격한 헌법적 기속을 받게 하는 것이다. 그런데 법률이 행정부가 아니거나 행정부에 속하지 않는 공법적 기관의 정관에 특정 사항을 정할 수 있다고 위임하는 경우에는 그러한 권력분립의 원칙을 훼손할 여지가 없다. 이는 자치입법에 해당되는 영역이므로 자치적으로 정하는 것이 바람직하다. 따라서 법률이 정관에 자치법적 사항을 위임한 경우에는 헌법 제75조, 제95조가 정하는 포괄적인 위임입법의 금지는 원칙적으로 적용되지 않는다고 봄이 상당하다."(헌법재판소 2006. 3. 30. 2005헌바31)

㉣ (×) "상급행정기관이 소속 공무원이나 하급행정기관에 대하여 세부적인 업무처리절차나 법령의 해석·적용 기준을 정해 주는 '행정규칙'은 상위법령의 구체적 위임이 있지 않는 한 행정조직 내부에서만 효력을 가질 뿐 대외적으로 국민이나 법원을 구속하는 효력이 없다. 다만 행정규칙이 이를 정한 행정기관의 재량에 속하는 사항에 관한 것인 때에는 그 규정 내용이 객관적 합리성을 결여하였다는 등의 특별한 사정이 없는 한 법원은 이를 존중하는 것이 바람직하다. 그러나 행정규칙의 내용이 상위법령에 반하는 것이라면 법치국가원리에서 파생되는 법질서의 통일성과 모순금지 원칙에 따라 그것은 법질서상 당연무효이고, 행정내부적 효력도 인정될 수 없다. 이러한 경우 법원은 해당 행정규칙이 법질서상 부존재하는 것으로 취급하여 행정기관이 한 조치의 당부를 상위법령의 규정과 입법 목적 등에 따라서 판단하여야 한다."(대법원 2019. 10. 31. 선고 2013두20011)

08

행정법상 시효제도에 대한 설명으로 옳은 것은? (다툼이 있는 경우 판례에 의함)

① 지방자치단체에 대한 금전채권의 소멸시효를 5년의 단기(短期)로 정하고 있는 「지방재정법」의 규정은 공법상 금전채권에만 적용될 뿐, 사법상의 금전채권에는 적용되지 않는다.
② 「국유재산법」상 일반재산은 취득시효의 대상이 될 수 없다.
③ 납입고지에 의한 소멸시효의 중단은 그 납입고지에 의한 부과처분이 추후 취소되면 그 효력이 상실된다.
④ 「국유재산법」상 변상금부과처분에 대한 취소소송이 진행되는 동안에도 그 부과권의 소멸시효는 진행된다.

해설 정답 ❹

① (×) "지방자치단체의 채무에 대한 단기결산을 통하여 지방자치단체의 채권, 채무관계를 조기에 확정하고 예산 수립에 있어 불안정성을 제거함으로써 지방자치단체의 재정을 합리적으로 운용할 필요성이 인정된다. 또한 공공기관 기록물 중 일반사항에 관한 예산·회계관련 기록물들은 보존기간이 5년으로 정해져 있으므로 지방자치단체 채무의 변제를 둘러싼 분쟁을 방지하기 위하여 소멸시효기간을 이보다 더 장기로 정하는 것은 적절하지 않다. 이러한 점들은 공법상 원인에 기한 채권과 사법상 원인에 기한 채권에 모두 공통된다. (중략) 그렇다면 입법자에게 상당한 범위의 입법재량이 인정되는 소멸시효기간을 정함에 있어서, 이 사건 법률조항이 지방자치단체에 대한 금전채권을 공법상의 원인에 기한 것과 사법상의 원인에 기한 것으로 구분하지 아니하고, 사법상의 채권에 대하여 공법상 채권과 마찬가지로 5년의 소멸시효를 규정한 것은 합리적인 이유가 있어 평등권을 침해하지 않는다."(헌법재판소 2004. 4. 29. 2002헌바58)

② (×) 현행법상 국유재산 또는 공유재산 중 행정목적을 위하여 제공된 행정재산에 대해서는 공용폐지가 되지 않는 한, 민법 제245조에 의한 취득시효의 대상이 되지 아니한다. 그러나 일반재산은 취득시효의 대상이 될 수 있다. 관련판례 "행정재산은 공용이 폐지되지 않는 한 사법상 거래의 대상이 될 수 없으므로 취득시효의 대상이 되지 않는다."(대법원 1994. 3. 22. 선고 93다56220)

③ (×) "예산회계법 제98조에서 법령의 규정에 의한 납입고지를 시효중단 사유로 규정하고 있는바, 이러한 납입고지에 의한 시효중단의 효력은 그 납입고지에 의한 부과처분이 취소되더라도 상실되지 않는다."(대법원 2000. 9. 8. 선고 98두19933)

④ (○) "소멸시효는 객관적으로 권리가 발생하여 그 권리를 행사할 수 있는 때로부터 진행하고 그 권리를 행사할 수 없는 동안만은 진행하지 아니하는데, 여기서 권리를 행사할 수 없는 경우라 함은 그 권리행사에 법률상의 장애사유가 있는 경우를 말하는데, 변상금 부과처분에 대한 취소소송이 진행중이라도 그 부과권자로서는 위법한 처분을 스스로 취소하고 그 하자를 보완하여 다시 적법한 부과처분을 할 수도 있는 것이어서 그 권리행사에 법률상의 장애사유가 있는 경우에 해당한다고 할 수 없으므로, 그 처분에 대한 취소소송이 진행되는 동안에도 그 부과권의 소멸시효가 진행된다."(대법원 2006. 2. 10. 선고 2003두5686)

09

「공공기관의 정보공개에 관한 법률」에 따른 정보공개제도에 대한 설명으로 옳지 않은 것은? (다툼이 있는 경우 판례에 의함)

① 정보공개심의회는 위원장 1명을 포함하여 5명 이상 7명 이하의 위원으로 구성한다.
② 정보공개거부처분의 취소를 구하는 소송에서 공공기관이 청구정보를 증거 등으로 법원에 제출하여 법원을 통하여 그 사본을 청구인에게 교부 또는 송달되게 하여 청구인에게 정보를 공개하는 셈이 되었다면, 이러한 우회적인 방법에 의한 공개는 「공공기관의 정보공개에 관한 법률」에 의한 공개라고 볼 수 있다.
③ 공공기관은 정보공개의 청구를 받으면 그 청구를 받은 날부터 10일 이내에 공개 여부를 결정하여야 하나, 부득이한 사유로 이 기간 이내에 공개 여부를 결정할 수 없는 때에는 그 기간이 끝나는 날의 다음 날부터 기산하여 10일의 범위에서 공개 여부 결정기간을 연장할 수 있다.
④ 공공기관이 청구인이 신청한 공개방법 이외의 방법으로 공개하기로 결정하였다면, 이는 정보공개 방법에 관한 부분에 대하여 일부 거부처분을 한 것이고, 청구인은 그에 대하여 항고소송으로 다툴 수 있다.

해설 정답 ❷

① (○) 공공기관의 정보공개에 관한 법률 제12조 제2항

> **공공기관의 정보공개에 관한 법률 제12조(정보공개심의회)** ② 심의회는 위원장 1명을 포함하여 5명 이상 7명 이하의 위원으로 구성한다.

② (×) "법 제2조 제2호는 '공개'라 함은 공공기관이 이 법의 규정에 의하여 정보를 열람하게 하거나 그 사본 또는 복제물을 교부하는 것 등을 말한다고 정의하고 있는데, 정보공개방법에 대하여 법시행령 제14조 제1항은 문서·도면·사진 등은 열람 또는 사본의 교부의 방법 등에 의하도록 하고 있고, 제2항은 공공기관은 정보를 공개함에 있어서 본인 또는 그 정당한 대리인임을 직접 확인할 필요가 없는 경우에는 청구인의 요청에 의하여 사본 등을 우편으로 송부할 수 있도록 하고 있으며, 한편 법 제15조 제1항은 정보의 공개 및 우송 등에 소요되는 비용은 실비의 범위 안에서 청구인의 부담으로 하도록 하고 있는바, 청구인이 정보공개거부처분의 취소를 구하는 소송에서 공공기관이 청구정보를 증거 등으로 법원에 제출하여 법원을 통하여 그 사본을 청구인에게 교부 또는 송달하게 하여 결과적으로 청구인에게 정보를 공개하는 셈이 되었다고 하더라도, 이러한 우회적인 방법은 법이 예정하고 있지 아니한 방법으로서 법에 의한 공개라고 볼 수는 없으므로, 당해 문서의 비공개결정의 취소를 구할 소의 이익은 소멸되지 않는다고 할 것이다."(대법원 2004. 3. 26. 선고 2002두6583)

③ (○) 공공기관의 정보공개에 관한 법률 제11조

> **공공기관의 정보공개에 관한 법률 제11조(정보공개 여부의 결정)** ① 공공기관은 제10조에 따라 정보공개의 청구를 받으면 그 청구를 받은 날부터 10일 이내에 공개 여부를 결정하여야 한다.
> ② 공공기관은 부득이한 사유로 제1항에 따른 기간 이내에 공개 여부를 결정할 수 없을 때에는 그 기간이 끝나는 날의 다음 날부터 기산(起算)하여 10일의 범위에서 공개 여부 결정기간을 연장할 수 있다. 이 경우 공공기관은 연장된 사실과 연장 사유를 청구인에게 지체 없이 문서로 통지하여야 한다.

④ (○) "구 공공기관의 정보공개에 관한 법률(2013. 8. 6. 법률 제11991호로 개정되기 전의 것, 이하 '구 정보공개법'이라고 한다)은, 정보의 공개를 청구하는 이(이하 '청구인'이라고 한다)가 정보공개방법도 아울러 지정하여 정보공개를 청구할 수 있도록 하고 있고, 전자적 형태의 정보를 전자적으로 공개하여 줄 것을 요청한 경우에는 공공기관은 원칙적으로 요청에 응할 의무가 있고, 나아가 비전자적 형태의 정보에 관해서도 전자적 형태로 공개하여 줄 것을 요청하면 재량판단에 따라 전자적 형태로 변환하여 공개할 수 있도록 하고 있다. 이는 정보의 효율적 활용을 도모하고 청구인의 편의를 제고함으로써 구 정보공개법의 목적인 국민의 알 권리를 충실하게 보장하려는 것이므로, 청구인에게는 특정한 공개방법을 지정하여 정보공개를 청구할 수 있는 법령상 신청권이 있다. 따라서 공공기관이 공개청구의 대상이 된 정보를 공개는 하되, 청구인이 신청한 공개방법 이외의 방법으로 공개하기로 하는 결정을 하였다면, 이는 정보공개청구 중 정보공개방법에 관한 부분에 대하여 일부 거부처분을 한 것이고, 청구인은 그에 대하여 항고소송으로 다툴 수 있다."(대법원 2016. 11. 10. 선고 2016두44674)

10

행정벌에 대한 설명으로 옳지 않은 것은? (다툼이 있는 경우 판례에 의함)

① 행정청의 허가가 있어야 함에도 불구하고 허가를 받지 아니하여 처벌대상이 되는 행위를 한 경우라도, 허가를 담당하는 공무원이 허가를 요하지 아니하는 것으로 잘못 알려 주어 이를 믿었기 때문에 허가를 받지 아니한 것이라면, 허가를 받지 않더라도 죄가 되지 않는 것으로 착오를 일으킨 데 대하여 정당한 이유가 있는 경우에 해당하여 처벌할 수 없다.
② 과실범을 처벌한다는 명문의 규정이 없더라도 행정형벌 법규의 해석에 의하여 과실행위도 처벌한다는 뜻이 도출되는 경우에는 과실범도 처벌될 수 있다.
③ 과태료처분을 받고 이를 납부한 일이 있음에도 그 후에 동일한 사유로 형사처벌을 하는 것은 일사부재리의 원칙에 어긋나 위법하다.
④ 질서위반행위를 한 자가 자신의 책임 없는 사유로 위반행위에 이르렀다고 주장하는 경우, 법원으로서는 그 내용을 살펴 행위자에게 고의나 과실이 있는지를 따져 보아야 한다.

해설 정답 ❸

① (○) "행정청의 허가가 있어야 함에도 불구하고 허가를 받지 아니하여 처벌대상의 행위를 한 경우라도, 허가를 담당하는 공무원이 허가를 요하지 않는 것으로 잘못 알려 주어 이를 믿었기 때문에 허가를 받지 아니한 것이라면 허가를 받지 않더라도 죄가 되지 않는 것으로 착오를 일으킨 데 대하여 정당한 이유가 있는 경우에 해당하여 처벌할 수 없다."(대법원 1992. 5. 22. 선고 91도2525)

② (○) "행정상의 단속을 주안으로 하는 법규라 하더라도, 명문규정이 있거나, 해석상 과실범도 벌할 뜻이 명확한 경우를 제외하고는 형법의 원칙에 따라 고의가 있어야 벌할 수 있다고 할 것인데, 검사가 공소를 제기한 이 사건 소방법 및 건축법위반의 공소사실과 적용법조를 살펴보면 그 법조에 과실범도 처벌한다는 명문규정으로 두고 있지 않을 뿐만 아니라 해석상도 고의를 요치 아니한다고는 보이지 아니하므로 결국 이 사건의 경우에는 피고인에게 고의가 있어야 벌할 수 있다고 할 것인바, 기록에 의하면 같은 피고인이 부산시 부산진 소방서장 및 부산진 구청장으로부터 미비된 소방시설 또는 건축법상의 위반부분에 대한 이 사건 개수, 시정명령을 받아 이를 알고 있었던 사실을 인정할 아무런 증거가 없으므로(논지 가운데 같은 피고인이 공소외 1 주식회사의 대표이사임을 전제로 하여 이 사건 각 명령이 위 회사에 송달된 이상 같은 피고인은 이를 알았다고 보는 것이 경험칙상 합당하다고 하는 부분이 있으나 같은 피고인이 위 회사의 대표이사가 아님은 기록상 뚜렷하다.) 같은 취지에서 위 공소사실 부분에 대하여 범죄의 증명이 없다고 하여 무죄를 선고한 제1심 판결을 유지하고 있는 원심판결은 정당하고, 거기에 법리를 오해하거나 채증법칙에 위배한 잘못이 있다고 할 수 없으므로 논지는 이유없다."(대법원 1986. 7. 22. 선고 85도108)

③ (×) "일사부재리의 효력은 확정재판이 있을 때에 발생하는 것이고 과태료는 행정법상의 질서벌에 불과하므로 과태료처분을 받고 이를 납부한 일이 있더라도 그후에 형사처벌을 한다고 해서 일사부재리의 원칙에 어긋난다고 할 수 없다."(대법원 1989. 6. 13. 선고 88도1983)

④ (○) "질서위반행위규제법은 과태료의 부과대상인 질서위반행위에 대하여도 책임주의 원칙을 채택하여 제7조에서 "고의 또는 과실이 없는 질서위반행위는 과태료를 부과하지 아니한다."고 규정하고 있으므로, 질서위반행위를 한 자가 자신의 책임 없는 사유로 위반행위에 이르렀다고 주장하는 경우 법원으로서는 그 내용을 살펴 행위자에게 고의나 과실이 있는지를 따져보아야 한다."(대법원 2011. 7. 14. 자 2011마364)

11

행정행위에 대한 설명으로 옳지 않은 것은? (다툼이 있는 경우 판례에 의함)

① 건축허가는 대물적 성질을 갖는 것이어서 행정청으로서는 허가를 할 때에 건축주 또는 토지 소유자가 누구인지 등 인적 요소에 관하여는 형식적 심사만 한다.
② 「출입국관리법」상 체류자격 변경허가는 신청인에게 당초의 체류자격과 다른 체류자격에 해당하는 활동을 할 수 있는 권한을 부여하는 일종의 설권적 처분의 성격을 가진다.
③ 유효한 기본행위를 대상으로 인가가 행해진 후에 기본행위가 취소되거나 실효된 경우에는 인가도 실효된다.
④ 조세과오납에 따른 부당이득반환청구 사안에서 민사법원은 사전통지 및 의견제출 절차를 거치지 않은 하자를 이유로 행정행위의 효력을 부인할 수 있다.

해설 정답 ❹

① (○) "건축허가는 대물적 성질을 갖는 것이어서 행정청으로서는 허가를 할 때에 건축주 또는 토지 소유자가 누구인지 등 인적 요소에 관하여는 형식적 심사만 한다. 건축주가 토지 소유자로부터 토지사용승낙서를 받아 그 토지 위에 건축물을 건축하는 대물적 성질의 건축허가를 받았다가 착공에 앞서 건축주의 귀책사유로 해당 토지를 사용할 권리를 상실한 경우, 건축허가의 존재로 말미암아 토지에 대한 소유권 행사에 지장을 받을 수 있는 토지 소유자로서는 건축허가의 철회를 신청할 수 있다고 보아야 한다. 따라서 토지 소유자의 위와 같은 신청을 거부한 행위는 항고소송의 대상이 된다."(대법원 2017. 3. 15. 선고 2014두41190)

② (○) "출입국관리법 제10조, 제24조 제1항, 구 출입국관리법 시행령(2014. 10. 28. 대통령령 제25669호로 개정되기 전의 것) 제12조 [별표 1] 제8호, 제26호 (가)목, (라)목, 출입국관리법 시행규칙 제18조의2 [별표 1]의 문언, 내용 및 형식, 체계 등에 비추어 보면, 체류자격 변경허가는 신청인에게 당초의 체류자격과 다른 체류자격에 해당하는 활동을 할 수 있는 권한을 부여하는 일종의 설권적 처분의 성격을 가지므로, 허가권자는 신청인이 관계 법령에서 정한 요건을 충족하였더라도, 신청인의 적격성, 체류 목적, 공익상의 영향 등을 참작하여 허가 여부를 결정할 수 있는 재량을 가진다. 다만 재량을 행사할 때 판단의 기초가 된 사실인정에 중대한 오류가 있는 경우 또는 비례·평등의 원칙을 위반하거나 사회통념상 현저하게 타당성을 잃는 등의 사유가 있다면 이는 재량권의 일탈·남용으로서 위법하다."(대법원 2016. 7. 14. 선고 2015두48846)

③ (○) 기본행위를 대상으로 인가가 행해진 후에 기본행위가 취소되거나 실효된 경우에는 보충행위에 불과한 인가도 실효된다.

④ (×) 행정처분이 당연무효임을 전제로 하여 민사소송을 제기한 때에는 그 행정처분이 당연무효인지의 여부가 선결문제이므로 법원은 이를 심사하여 그 행정처분의 하자가 당연무효라고 인정될 경우에는 이를 전제로 하여 판단할 수 있으나, 그 하자가 단순한 취소사유에 그칠 때에는 법원은 그 효력을 부인할 수 없다.

12

강학상 예외적 승인에 해당하지 않는 것은? (다툼이 있는 경우 판례에 의함)

① 개발제한구역 내의 용도변경허가
② 치료목적의 마약류사용허가
③ 토지거래허가구역 내의 토지거래허가
④ 학교환경위생정화구역의 금지행위해제

해설 정답 ❸

①, ②, ④는 강학상 예외적 승인이고, ③은 강학상 인가이다.

③ 판례 "국토이용관리법 제21조의3 제1항 소정의 허가가 규제지역 내의 모든 국민에게 전반적으로 토지거래의 자유를 금지하고 일정한 요건을 갖춘 경우에만 금지를 해제하여 계약체결의 자유를 회복시켜 주는 성질의 것이라고 보는 것은 위 법의 입법취지를 넘어선 지나친 해석이라고 할 것이고, 규제지역 내에서도 토지거래의 자유가 인정되나 다만 위 허가를 허가 전의 유동적 무효 상태에 있는 법률행위의 효력을 완성시켜 주는 인가적 성질을 띤 것이라고 보는 것이 타당하다."(대법원 1991. 12. 24. 선고 90다12243)

13

「행정소송법」상 사정판결에 대한 설명으로 옳은 것은? (다툼이 있는 경우 판례에 의함)

① 법원이 사정판결을 할 때에는 원고에 대하여 상당한 구제방법을 취하거나 상당한 구제방법을 취할 것을 피고에게 명해야 한다.
② 무효인 행정행위에 대해서도 사정판결이 인정된다.
③ 법원은 당사자의 명백한 주장이 없는 경우에도 일건 기록에 나타난 사실을 기초로 하여 직권으로 사정판결을 할 수 있다.
④ 사정판결을 하는 경우 법원은 원고의 청구를 기각하는 판결을 하게 되므로, 소송비용은 패소한 원고의 부담으로 한다.

해설 정답 ❸

① (×) 행정소송법 제28조 제2항

> **행정소송법 제28조(사정판결)** ②법원이 제1항의 규정에 의한 판결을 함에 있어서는 미리 원고가 그로 인하여 입게 될 손해의 정도와 배상방법 그 밖의 사정을 조사하여야 한다.

② (×) 무효인 행정행위에 대하여는 사정판결이 인정되지 않는다. 판례(95누5509) 및 행정소송법 제38조 제1항 참조.
판례 "당연무효의 행정처분을 소송목적물로 하는 행정소송에서는 존치시킬 효력이 있는 행정행위가 없기 때문에 행정소송법 제28조 소정의 사정판결을 할 수 없다."(대법원 1996. 3. 22. 선고 95누5509)

> **행정소송법 제38조(준용규정)** ①제9조, 제10조, 제13조 내지 제17조, 제19조, 제22조 내지 제26조, 제29조 내지 제31조 및 제33조의 규정은 무효등 확인소송의 경우에 준용한다.

③ (○) "행정처분이 위법한 경우에는 이를 취소하는 것이 원칙이나, 예외적으로 그 위법한 처분을 취소·변경하는 것이 도리어 현저히 공공복리에 적합하지 아니하는 경우에는 그 취소를 허용하지 아니하는 사정판결을 할 수 있다. 이러한 사정판결은 당사자의 명백한 주장이 없는 경우에도 기록에 나타난 여러 사정을 기초로 직권으로 할 수 있는 것이나, 그 요건인 현저히 공공복리에 적합하지 아니한지 여부는 위법한 행정처분을 취소·변경하여야 할 필요와 그 취소·변경으로 인하여 발생할 수 있는 공공복리에 반하는 사태 등을 비교·교량하여 판단하여야 한다."(대법원 2006. 9. 22. 선고 2005두2506)

④ (×) 행정소송법 제32조

> **행정소송법 제32조(소송비용의 부담)** 취소청구가 제28조의 규정에 의하여 기각되거나 행정청이 처분등을 취소 또는 변경함으로 인하여 청구가 각하 또는 기각된 경우에는 소송비용은 피고의 부담으로 한다.

14

항고소송의 대상이 되는 행정처분에 대한 설명으로 옳은 것은? (다툼이 있는 경우 판례에 의함)

① 군의관의 신체등위판정 자체만으로 권리의무가 정하여지는 것이 아니지만 후행하는 병역처분이 전적으로 그에 의거하여 이루어지므로, 군의관의 신체등위판정은 행정처분에 해당한다.
② 국가인권위원회가 진정에 대하여 각하 및 기각결정을 할 경우 피해자인 진정인은 인권침해 등에 대한 구제조치를 받을 권리를 박탈당하게 되므로, 국가인권위원회의 진정에 대한 각하 및 기각결정은 처분에 해당한다.
③ 「국가균형발전 특별법」에 따른 시·도지사의 혁신도시 최종입지 선정행위는, 혁신도시입지 후보지에 관련된 지역 주민 등의 권리의무에 직접 영향을 미치므로 행정처분에 해당한다.
④ 공정거래위원회의 고발조치 및 고발의결은 항고소송의 대상이 되는 행정처분에 해당한다.

해설 정답 ❷

① (×) "병역법상 신체등위판정은 행정청이라고 볼 수 없는 군의관이 하도록 되어 있으며, 그 자체만으로 바로 병역법상의 권리의무가 정하여지는 것이 아니라 그에 따라 지방병무청장이 병역처분을 함으로써 비로소 병역의무의 종류가 정하여지는 것이므로 항고소송의 대상이 되는 행정처분이라 보기 어렵다."(대법원 1993. 8. 27. 선고 93누3356)

② (○) "국가인권위원회는 법률상의 독립된 국가기관이고, 피해자인 진정인에게는 국가인권위원회법이 정하고 있는 구제조치를 신청할 법률상 신청권이 있는데 국가인권위원회가 진정을 각하 및 기각결정을 할 경우 피해자인 진정인으로서는 자신의 인격권 등을 침해하는 인권침해 또는 차별행위 등이 시정되고 그에 따른 구제조치를 받을 권리를 박탈당하게 되므로, 진정에 대한 국가인권위원회의 각하 및 기각결정은 피해자인 진정인의 권리행사에 중대한 지장을 초래하는 것으로서 항고소송의 대상이 되는 행정처분에 해당하므로, 그에 대한 다툼은 우선 행정심판이나 행정소송에 의하여야 할 것이다. 따라서 이 사건 심판청구는 행정심판이나 행정소송 등의 사전 구제절차를 모두 거친 후 청구된 것이 아니므로 보충성 요건을 충족하지 못하였다."(헌법재판소 2015. 3. 26. 2013헌마214)

③ (×) "정부의 수도권 소재 공공기관의 지방이전시책을 추진하는 과정에서 도지사가 도 내 특정시를 공공기관이 이전할 혁신도시 최종입지로 선정한 행위는 항고소송의 대상이 되는 행정처분이 아니라고 본 사례."(대법원 2007. 11. 15. 선고 2007두10198)

④ (×) "이른바 고발은 수사의 단서에 불과할 뿐 그 자체 국민의 권리의무에 어떤 영향을 미치는 것이 아니고, 특히 독점규제및공정거래에관한법률 제71조는 공정거래위원회의 고발을 위 법률위반죄의 소추요건으로 규정하고 있어 공정거래위원회의 고발조치는 사직 당국에 대하여 형벌권 행사를 요구하는 행정기관 상호간의 행위에 불과하여 항고소송의 대상이 되는 행정처분이라 할 수 없으며, 더욱이 공정거래위원회의 고발 의결은 행정청 내부의 의사결정에 불과할 뿐 최종적인 처분은 아닌 것이므로 이 역시 항고소송의 대상이 되는 행정처분이 되지 못한다."(대법원 1995. 5. 12. 선고 94누13794)

15

행정행위의 직권취소 및 철회에 대한 설명으로 옳은 것은? (다툼이 있는 경우 판례에 의함)

① 행정처분을 한 행정청은 원래의 처분을 존속시킬 필요가 없게 된 사정변경이 생겼거나 중대한 공익상의 필요가 생긴 경우, 이를 철회할 별도의 법적 근거가 없다 하더라도 별개의 행정행위로 이를 철회할 수 있다.
② 「국민연금법」상 연금 지급결정을 취소하는 처분과 그 처분에 기초하여 잘못 지급된 급여액에 해당하는 금액을 환수하는 처분이 적법한지를 판단하는 경우, 비교·교량할 사정이 두 처분이 상이하다고는 할 수 없으므로, 연금 지급결정을 취소하는 처분이 적법하다면 환수처분도 적법하다고 판단하여야 한다.
③ 처분에 대한 직권취소와 철회는 사실심 변론종결 후에는 불가능하다.
④ 명문의 규정을 불문하고 처분청과 감독청은 철회권을 가진다.

해설 정답 ❶

① (○) "행정행위를 한 처분청은 비록 그 처분 당시에 별다른 하자가 없었고, 또 그 처분 후에 이를 철회할 별도의 법적 근거가 없다 하더라도 원래의 처분을 존속시킬 필요가 없게 된 사정변경이 생겼거나 또는 중대한 공익상의 필요가 발생한 경우에는 그 효력을 상실케 하는 별개의 행정행위로 이를 철회할 수 있다고 할 것이나, 수익적 행정처분을 취소 또는 철회하는 경우에는 이미 부여된 그 국민의 기득권을 침해하는 것이 되므로, 비록 취소 등의 사유가 있다고 하더라도 그 취소권 등의 행사는 기득권의 침해를 정당화할 만한 중대한 공익상의 필요 또는 제3자의 이익보호의 필요가 있는 때에 한하여 상대방이 받는 불이익과 비교·교량하여 결정하여야 하고, 그 처분으로 인하여 공익상의 필요보다 상대방이 받게 되는 불이익 등이 막대한 경우에는 재량권의 한계를 일탈한 것으로서 그 자체가 위법하다."(대법원 2004. 11. 26. 선고 2003두10251)

② (×) "행정처분을 한 처분청은 처분의 성립에 하자가 있는 경우 별도의 법적 근거가 없더라도 직권으로 이를 취소할 수 있다고 봄이 원칙이므로, 국민연금법이 정한 수급요건을 갖추지 못하였음에도 연금 지급결정이 이루어진 경우에는 이미 지급된 급여 부분에 대한 환수처분과 별도로 지급결정을 취소할 수 있다. 이 경우에도 이미 부여된 국민의 기득권을 침해하는 것이므로 취소권의 행사는 지급결정을 취소할 공익상의 필요보다 상대방이 받게 될 불이익 등이 막대한 경우에는 재량권의 한계를 일탈한 것으로서 위법하다고 보아야 한다. 다만 이처럼 연금 지급결정을 취소하는 처분과 그 처분에 기초하여 잘못 지급된 급여액에 해당하는 금액을 환수하는 처분이 적법한지를 판단하는 경우 비교·교량할 각 사정이 동일하다고는 할 수 없으므로, 연금 지급결정을 취소하는 처분이 적법하다고 하여 환수처분도 반드시 적법하다고 판단하여야 하는 것은 아니다."(대법원 2017. 3. 30. 선고 2015두43971)

③ (×) 처분에 대한 처분청의 직권취소와 철회는 사실심 변론종결 후에도 가능하다.

④ (×) 명문의 규정이 없는 한 감독청은 철회권을 갖지 못한다.

16

2021. 2. 1. 행정청 甲은 乙에 대하여 2021. 3. 1.부터 2022. 4. 30.까지의 기간을 정하여 도로점용허가처분을 하면서, 매달 100만원의 점용료를 납부할 의무를 명하는 부관을 부가하였다. 그리고 2021. 5. 1. 乙의 도로점용이 교통혼잡을 초래할 경우 도로점용허가를 취소할 수 있다는 부관을 부가하였다. 이 사례에 관한 설명으로 옳은 것은? (취소소송을 제기하는 경우 제소기간은 준수한 것으로 보며, 다툼이 있는 경우 판례에 의함)

① 매달 100만원의 점용료를 납부하도록 하는 부관이 도로점용허가의 효력과 연동되지 않는다면, 이러한 부관은 조건에 해당한다.
② 매달 100만원의 점용료를 납부하도록 한 부관을 乙이 불이행했다는 이유로 甲이 도로점용허가처분을 철회하는 경우라면 이익형량에 따른 철회의 제한이 적용되지 않는다.
③ 2021. 5. 1. 甲이 부가한 부관은 乙의 동의가 있더라도 법령의 근거가 없으면 위법하다.
④ 매달 100만원의 점용료를 납부하도록 하는 부관이 비례의 원칙에 위배되어 乙이 취소소송을 제기한 경우 법원은 이 부관만을 취소할 수 있다.

해설 정답 ❹

① (×) 주된 행정행위의 효력과 연동이 되는 경우이어야 그 부관이 조건에 해당한다.

② (×) "乙의 도로점용이 교통혼잡을 초래할 경우 도로점용허가를 취소할 수 있다"는 부관은 철회권 유보의 부관에 해당한다. 그리고 유보된 철회권의 행사로서 수익적 행정행위를 철회하는 경우에도 이익형량에 따른 철회의 제한이 적용된다. 따라서 틀린 지문이 된다. 참고로, 도로점용허가는 수익적 행정행위이다.

③ (×) 2021. 5. 1. 甲이 부가한 부관은 사후부관에 해당한다. 그런데 사후부관이 법령의 근거가 있는 경우에만 가능한 것은 아니다. 따라서 틀린 지문이다. 관련판례 "행정처분에 이미 부담이 부가되어 있는 상태에서 그 의무의 범위 또는 내용 등을 변경하는 부관의 사후변경은, ① 법률에 명문의 규정이 있거나 ② 그 변경이 미리 유보되어 있는 경우 또는 ③ 상대방의 동의가 있는 경우에 한하여 허용되는 것이 원칙이다. 그러나 ④ 사정변경으로 인하여 당초에 부담을 부가한 목적을 달성할 수 없게 된 경우에도 그 목적달성에 필요한 범위 내에서 예외적으로 허용된다."(2006두7973, 97누2627)

④ (○) 이 사례에서 매달 100만원의 점용료를 납부하도록 하는 부관은 강학상 부담에 해당한다. 부담은 독자적으로 취소소송의 대상이 될 수 있고, 본안에서 주된 행정행위와 독립하여 취소될 수도 있다. 따라서 매달 100만원의 점용료를 납부하도록 하는 부관이 비례의 원칙에 위배되어 乙이 취소소송을 제기한 경우 법원은 이 부관만을 취소할 수 있다.

17

「행정심판법」상 재결에 대한 설명으로 옳은 것은?

① 행정심판위원회가 처분을 취소하거나 변경하는 재결을 하면, 행정청은 재결의 기속력에 따라 처분을 취소 또는 변경하는 처분을 하여야 하고, 이를 통하여 당해 처분은 처분시에 소급하여 소멸되거나 변경된다.
② 재결을 한 행정심판위원회는 재결에 위법이 있는 경우 이를 취소·변경할 수 있다.
③ 행정심판위원회는 무효확인심판의 청구가 이유가 있더라도 이를 인용하는 것이 공공복리에 크게 위배된다고 인정하면 그 청구를 기각하는 재결을 할 수 있다.
④ 법령의 규정에 따라 공고하거나 고시한 처분이 재결로써 취소되거나 변경되면, 처분을 한 행정청은 지체 없이 그 처분이 취소 또는 변경되었다는 것을 공고하거나 고시하여야 한다.

해설 정답 ❹

① (×) 행정심판위원회가 처분을 취소하거나 변경하는 재결을 하면, 그 재결 자체로 처분이 취소되거나 변경되고, 그로 인하여 곧바로 당해 처분은 처분시로 소급하여 소멸되거나 변경된다.
② (×) 재결이 있게 되면 행정심판위원회는 그것이 위법·부당하다고 생각되는 경우에도 스스로 이를 취소 또는 변경할 수 없다. 행정심판의 재결에는 불가변력이 있기 때문이다.
③ (×) 사정재결은 취소심판 및 의무이행심판에서만 인정되고 무효확인심판에서는 인정되지 않는다. 행정심판법 제44조 제3항 참조.

> **행정심판법 제44조(사정재결)** ① 위원회는 심판청구가 이유가 있다고 인정하는 경우에도 이를 인용(認容)하는 것이 공공복리에 크게 위배된다고 인정하면 그 심판청구를 기각하는 재결을 할 수 있다. 이 경우 위원회는 재결의 주문(主文)에서 그 처분 또는 부작위가 위법하거나 부당하다는 것을 구체적으로 밝혀야 한다.
> ② 위원회는 제1항에 따른 재결을 할 때에는 청구인에 대하여 상당한 구제방법을 취하거나 상당한 구제방법을 취할 것을 피청구인에게 명할 수 있다.
> ③ 제1항과 제2항은 무효등확인심판에는 적용하지 아니한다.

④ (○) 행정심판법 제49조 제5항

> **행정심판법 제49조(재결의 기속력 등)** ⑤ 법령의 규정에 따라 공고하거나 고시한 처분이 재결로써 취소되거나 변경되면 처분을 한 행정청은 지체 없이 그 처분이 취소 또는 변경되었다는 것을 공고하거나 고시하여야 한다.

18

당사자소송에 대한 설명으로 옳지 않은 것은? (다툼이 있는 경우 판례에 의함)

① 시립무용단원의 해촉에 대해서는 항고소송으로 다투어야 하고 당사자소송으로 다툴 수는 없다.
② 원고가 고의 또는 중대한 과실 없이 당사자소송으로 제기하여야 할 것을 항고소송으로 잘못 제기한 경우에, 당사자소송으로서의 소송요건을 결하고 있음이 명백하여 당사자소송으로 제기되었더라도 어차피 부적법하게 되는 경우가 아닌 이상, 법원으로서는 원고로 하여금 당사자소송으로 소 변경을 하도록 하여 심리·판단하여야 한다.
③ 지방소방공무원이 자신이 소속된 지방자치단체를 상대로 제기한 초과근무수당의 지급을 구하는 청구에 관한 소송은 당사자소송의 절차에 따라야 한다.
④ 「공익사업을 위한 토지 등의 취득 및 보상에 관한 법률」상 토지수용에 따른 권리구제에서 농업손실에 대한 보상청구권은 민사소송이 아니라 「행정소송법」상 당사자소송에 의해야 한다.

해설 정답 ❶

① (×) "지방자치법 제9조 제2항 제5호 (라)목 및 (마)목 등의 규정에 의하면, 서울특별시립무용단원의 공연 등 활동은 지방문화 및 예술을 진흥시키고자 하는 서울특별시의 공공적 업무수행의 일환으로 이루어진다고 해석될 뿐 아니라, 단원으로 위촉되기 위하여는 일정한 능력요건과 자격요건을 요하고, 계속적인 재위촉이 사실상 보장되며, 공무원연금법에 따른 연금을 지급받고, 단원의 복무규율이 정해져 있으며, 정년제가 인정되고, 일정한 해촉사유가 있는 경우에만 해촉되는 등 서울특별시립무용단원이 가지는 지위가 공무원과 유사한 것이라면, 서울특별시립무용단 단원의 위촉은 공법상의 계약이라고 할 것이고, 따라서 그 단원의 해촉에 대하여는 공법상의 당사자소송으로 그 무효확인을 청구할 수 있다."(대법원 1995. 12. 22. 선고 95누4636)
② (○) "공법상의 법률관계에 관한 당사자소송에서는 그 법률관계의 한쪽 당사자를 피고로 하여 소송을 제기하여야 한다(행정소송법 제3조 제2호, 제39조). 다만 원고가 고의 또는 중대한 과실 없이 당사자소송으로 제기하여야 할 것을 항고소송으로 잘못 제기한 경우에, 당사자소송으로서의 소송요건을 결하고 있음이 명백하여 당사자소송으로 제기되었더라도 어차피 부적법하게 되는 경우가 아닌 이상, 법원으로서는 원고가 당사자소송으로 소 변경을 하도록 하여 심리·판단하여야 한다."(대법원 2016. 5. 24. 선고 2013두14863)
③ (○) "지방소방공무원의 초과근무수당 지급청구권은 법령의 규정에 의하여 직접 그 존부나 범위가 정하여지고 법령에 규정된 수당의 지급요건에 해당하는 경우에는 곧바로 발생한다고 할 것이므로, 지방소방공무원이 자신이 소속된 지방자치단체를 상대로 초과근무수당의 지급을 구하는 청구에 관한 소송은 행정소송법 제3조 제2호에 규정된 당사자소송의 절차에 따라야 한다."(대법원 2013. 3. 28. 선고 2012다102629)
④ (○) "갑 등이 자신들의 농작물 경작지였던 각 토지가 공익사업을 위하여 수용되었음을 이유로 공익사업 시행자를 상대로 구 공익사업을 위한 토지 등의 취득 및 보상에 관한 법률(2007. 10. 17. 법률 제8665호로 개정되기 전의 것, 이하 '구 공익사업법'이라 한다) 제77조 제2항에 의하여 위 농작물에 대한 농업손실보상을 청구한 사안에서, 원심으로서는 농업손실보상금 청구가 구 공익사업법 제34조, 제50조 등에 규정된 재결절차를 거쳐 같은 법 제83조 내지 제85조

에 따른 당사자소송에 의한 것인지를 심리했어야 함에도, 이를 간과하여 갑 등이 재결절차를 거쳤는지를 전혀 심리하지 아니한 채 농업손실보상금 청구를 민사소송절차에 의하여 처리한 원심판결에는 농업손실보상금 청구의 소송형태에 관한 법리오해의 위법이 있다고 한 사례."(대법원 2011. 10. 13. 선고 2009다43461)

19

행정행위와 구체적 사례가 바르게 연결된 것만을 모두 고르면? (다툼이 있는 경우 판례에 의함)

㉠ 허가 – 주류판매업 면허
㉡ 특허 – 「도시 및 주거환경정비법」상 토지 등 소유자들이 조합을 따로 설립하지 않고 시행하는 도시환경정비사업시행인가
㉢ 특허 – 국립의료원 부설 주차장에 관한 위탁관리용역운영계약
㉣ 공증 – 발명특허의 등록

① ㉠, ㉡　② ㉡, ㉢
③ ㉠, ㉢, ㉣　④ ㉠, ㉡, ㉢, ㉣

해설 정답 ❹

㉠ (○) 주류판매업 면허 – 강학상 허가(95누5714)
㉡ (○) 도시 및 주거환경정비법상 토지 등 소유자들이 조합을 따로 설립하지 않고 시행하는 도시환경정비사업시행인가 – 강학상 특허(2011두19994)
㉢ (○) 국립의료원 부설 주차장에 관한 위탁관리용역운영계약 – 강학상 특허(2004다31074)
㉣ (○) 발명특허의 등록 – 강학상 공증

20

「행정심판법」상 고지제도에 대한 설명으로 옳지 않은 것은? (다툼이 있는 경우 판례에 의함)

① 행정처분시 「행정심판법」상의 고지를 하지 않으면 그 행정처분이 당연무효는 아니더라도, 처분의 절차적 요건을 결하여 위법하게 된다.
② 「행정심판법」상의 고지에는 처분성이 인정되지 않는다.
③ 직권에 의하여 고지하는 경우 처분의 상대방에 대해서만 고지하면 된다.
④ 행정심판 전치주의가 적용되는 경우임에도, 처분을 행한 행정청이 행정심판을 거칠 필요가 없다고 잘못 고지한 경우에는 행정심판을 거치지 않아도 행정소송을 제기할 수 있다.

해설 정답 ❶

① (×) 행정처분시 행정심판법상의 고지를 하지 않더라도 행정처분이 위법해지지는 않는다. 관련판례 "자동차운수사업법 제31조 등의 규정에 의한 사업면허의 취소 등의 처분에관한 규칙(교통부령) 제7조 제3항의 고지절차에 관한 규정은 행정처분의 상대방이 그 처분에 대한 행정심판의 절차를 밟는 데 있어 편의를 제공하려는데 있으며 처분청이 위 규정에 따른 고지의무를 이행하지 아니하였다고 하더라도 경우에 따라서는 행정심판의 제기기간이 연장될 수 있는 것에 그치고 이로 인하여 심판의 대상이 되는 행정처분에 어떤 하자가 수반된다고 할 수 없다."(대법원 1987. 11. 24. 선고 87누529)
② (○) 행정심판법상의 고지에는 처분성이 인정되지 않는다.
③ (○) 행정심판법상의 고지제도에는 직권에 의한 고지(직접상대방에게 하는 고지)와 신청에 의한 고지(이해관계인에게 하는 고지)가 있다. 직권에 의하여 고지하는 경우 처분의 상대방에 대해서만 고지하면 된다.
④ (○) 행정소송법 제18조 제3항 제4호

> **행정소송법 제18조(행정심판과의 관계)** ① 취소소송은 법령의 규정에 의하여 당해 처분에 대한 행정심판을 제기할 수 있는 경우에도 이를 거치지 아니하고 제기할 수 있다. 다만, 다른 법률에 당해 처분에 대한 행정심판의 재결을 거치지 아니하면 취소소송을 제기할 수 없다는 규정이 있는 때에는 그러하지 아니하다.
> ③ 제1항 단서의 경우에 다음 각호의 1에 해당하는 사유가 있는 때에는 행정심판을 제기함이 없이 취소소송을 제기할 수 있다.
> 1. 동종사건에 관하여 이미 행정심판의 기각재결이 있은 때
> 2. 서로 내용상 관련되는 처분 또는 같은 목적을 위하여 단계적으로 진행되는 처분중 어느 하나가 이미 행정심판의 재결을 거친 때
> 3. 행정청이 사실심의 변론종결후 소송의 대상인 처분을 변경하여 당해 변경된 처분에 관하여 소를 제기하는 때
> 4. 처분을 행한 행정청이 행정심판을 거칠 필요가 없다고 잘못 알린 때

ADMINISTRATIVE LAW

04회 정답과 해설

문제 p.22

Answer

01	④	06	②	11	②	16	④
02	①	07	①	12	③	17	②
03	③	08	③	13	①	18	①
04	②	09	③	14	④	19	③
05	③	10	④	15	②	20	①

01

통치행위에 대한 설명으로 옳은 것(○)과 옳지 않은 것(×)을 바르게 조합한 것은? (다툼이 있는 경우 판례에 의함)

㉠ 남북정상회담 개최와 대북송금 행위는 고도의 정치적 행위이므로 사법심사의 대상은 아니다.
㉡ 서훈취소는 서훈수여의 경우와는 달리 이미 발생된 서훈대상자 등의 권리 등에 영향을 미치는 행위이지만, 대통령이 국가원수로서 행하는 고도의 정치적 행위이므로 법원이 사법심사를 자제하여야 할 통치행위에 해당한다.
㉢ 비상계엄의 선포와 그 확대행위가 국헌문란의 목적을 달성하기 위하여 행하여진 경우에는 법원은 그 자체가 범죄행위에 해당하는지의 여부에 관하여 심사할 수 있다.
㉣ 신행정수도건설이나 수도이전문제는 그 자체로 고도의 정치적 결단을 요하므로 사법심사의 대상에서 제외되고, 그것이 국민의 기본권 침해와 관련되는 경우에도 헌법재판소의 심판 대상이 될 수 없다.

① ㉠(○), ㉡(○), ㉢(×), ㉣(○)
② ㉠(○), ㉡(×), ㉢(×), ㉣(×)
③ ㉠(×), ㉡(○), ㉢(○), ㉣(×)
④ ㉠(×), ㉡(×), ㉢(○), ㉣(×)

해설 정답 ❹

㉠ (×) "남북정상회담의 개최는 고도의 정치적 성격을 지니고 있는 행위라 할 것이므로 특별한 사정이 없는 한 그 당부를 심판하는 것은 사법권의 내재적·본질적 한계를 넘어서는 것이 되어 적절하지 못하지만, 남북정상회담의 개최과정에서 재정경제부장관에게 신고하지 아니하거나 통일부장관의 협력사업 승인을 얻지 아니한 채 북한측에 사업권의 대가 명목으로 송금한 행위 자체는 헌법상 법치국가의 원리와 법 앞에 평등원칙 등에 비추어 볼 때 사법심사의 대상이 된다고 판단한 원심판결을 수긍한 사례."(대법원 2004. 3. 26. 선고 2003도7878)

㉡ (×) "구 상훈법(2011. 8. 4. 법률 제10985호로 개정되기 전의 것) 제8조는 서훈취소의 요건을 구체적으로 명시하고 있고 절차에 관하여 상세하게 규정하고 있다. 그리고 서훈취소는 서훈수여의 경우와는 달리 이미 발생된 서훈대상자 등의 권리 등에 영향을 미치는 행위로서 관련 당사자에게 미치는 불이익의 내용과 정도 등을 고려하면 사법심사의 필요성이 크다. 따라서 기본권의 보장 및 법치주의의 이념에 비추어 보면, 비록 서훈취소가 대통령이 국가원수로서 행하는 행위라고 하더라도 법원이 사법심사를 자제하여야 할 고도의 정치성을 띤 행위라고 볼 수는 없다."(대법원 2015. 4. 23. 선고 2012두26920)

㉢ (○) "대통령의 비상계엄의 선포나 확대 행위는 고도의 정치적·군사적 성격을 지니고 있는 행위라 할 것이므로, 그것이 누구에게도 일견하여 헌법이나 법률에 위반되는 것으로서 명백하게 인정될 수 있는 등 특별한 사정이 있는 경우라면 몰라도, 그러하지 아니한 이상 그 계엄선포의 요건 구비 여부나 선포의 당·부당을 판단할 권한이 사법부에는 없다고 할 것이나, 비상계엄의 선포나 확대가 국헌문란의 목적을 달성하기 위하여 행하여진 경우에는 법원은 그 자체가 범죄행위에 해당하는지의 여부에 관하여 심사할 수 있다."(대법원 1997. 4. 17. 선고 96도3376)

㉣ (×) "신행정수도건설이나 수도이전의 문제가 정치적 성격을 가지고 있는 것은 인정할 수 있지만, 그 자체로 고도의 정치적 결단을 요하여 사법심사의 대상으로 하기에는 부적절한 문제라고까지는 할 수 없다. 더구나 이 사건 심판의 대상은 이 사건 법률의 위헌여부이고 대통령의 행위의 위헌여부가 아닌바, 법률의 위헌여부가 헌법재판의 대상으로 된 경우 당해법률이 정치적인 문제를 포함한다는 이유만으로 사법심사의 대상에서 제외된다고 할 수는 없다."(헌법재판소 2004. 10. 21. 2004헌마554)

02

「공익사업을 위한 토지등의 취득 및 보상에 관한 법률」 및 행정상 손실보상에 대한 설명으로 옳은 것은? (다툼이 있는 경우 판례에 의함)

① 「공익사업을 위한 토지등의 취득 및 보상에 관한 법률」에 의한 협의취득은 사법상의 법률행위이므로 당사자 사이의 자유로운 의사에 따라 채무불이행책임이나 매매대금 과부족금에 대한 지급의무를 약정할 수 있다.
② 우리 헌법재판소는 손실보상규정이 없어 손실보상을 할 수 없으나 수인한도를 넘는 침해가 있는 경우에는 침해를 야기한 행위가 위법하므로 그에 대한 항고소송을 제기할 수 있다고 한다.
③ 공공용물에 대한 행정청의 적법한 개발행위로 당해 공공용물의 일반사용이 제한되어 입게 된 불이익은 원칙적으로 손실보상의 대상이 된다.
④ 잔여지 수용의 청구는 사업시행자가 관할 토지 수용위원회에 하여야 하고, 토지소유자는 사업시행자에게 잔여지 수용을 청구해 줄 것을 요청할 수 있다.

해설 정답 ❶

① (○) "공익사업을 위한 토지 등의 취득 및 보상에 관한 법령(이하 '공익사업법령'이라고 한다)에 의한 협의취득은 사법상의 법률행위이므로 당사자 사이의 자유로운 의사에 따라 채무불이행책임이나 매매대금 과부족금에 대한 지급의무를 약정할 수 있다."(대법원 2012. 2. 23. 선고 2010다91206)

② (×) 헌법재판소는 분리이론을 따르고 있으므로, 보상규정이 없는 경우에는 보상을 받을 수 없다고 보고 있다. 또한 보상 규정이 없이 수인한도를 넘는 침해를 한 경우에 대해서도, 개발제한구역 지정사건(89헌마214)에서 "토지소유자는 보상입법을 기다려 그에 따른 권리행사를 할 수 있을 뿐 개발제한구역의 지정이나 그에 따른 토지재산권의 제한 그 자체의 효력을 다툴 수 없다"고 하였다.

③ (×) "일반 공중의 이용에 제공되는 공공용물에 대하여 특허 또는 허가를 받지 않고 하는 일반사용은 다른 개인의 자유이용과 국가 또는 지방자치단체 등의 공공목적을 위한 개발 또는 관리·보존행위를 방해하지 않는 범위 내에서만 허용된다 할 것이므로, 공공용물에 관하여 적법한 개발행위 등이 이루어짐으로 말미암아 이에 대한 일정범위의 사람들의 일반사용이 종전에 비하여 제한받게 되었다 하더라도 특별한 사정이 없는 한 그로 인한 불이익은 손실보상의 대상이 되는 특별한 손실에 해당한다고 할 수 없다."(대법원 2002. 2. 26. 선고 99다35300)

④ (×) 잔여지 수용청구는 토지소유자가 관할 토지수용위원회에 대하여 한다. 공익사업을 위한 토지등의 취득 및 보상에 관한 법률 제74조 제1항 참조.

> **공익사업을 위한 토지등의 취득 및 보상에 관한 법률 제74조(잔여지 등의 매수 및 수용 청구)** ① 동일한 소유자에게 속하는 일단의 토지의 일부가 협의에 의하여 매수되거나 수용됨으로 인하여 잔여지를 종래의 목적에 사용하는 것이 현저히 곤란할 때에는 해당 토지소유자는 사업시행자에게 잔여지를 매수하여 줄 것을 청구할 수 있으며, 사업인정 이후에는 관할 토지수용위원회에 수용을 청구할 수 있다. 이 경우 수용의 청구는 매수에 관한 협의가 성립되지 아니한 경우에만 할 수 있으며, 그 사업의 공사완료일까지 하여야 한다.

03

법률유보원칙에 대한 설명으로 옳지 않은 것은? (다툼이 있는 경우 판례에 의함)

① 법률유보의 원칙에 있어서 법률은 형식적 의미의 법률을 의미하므로 관습법은 포함되지 않는다.
② 헌법재판소는 구 「도시 및 주거환경정비법」상 도시환경정비사업의 사업시행인가 신청 시의 동의요건을 '토지등소유자가 자치적으로 정하여 운영하는 규약'으로 정하도록 한 것(동의요건조항)은 법률유보원칙 내지 의회유보원칙에 위배된다고 판단했다.
③ 텔레비전방송수신료의 징수업무를 한국방송공사가 직접 수행할 것인지, 제3자에게 위탁할 것인지, 위탁한다면 누구에게 위탁하도록 할 것인지, 위탁받은 자가 자신의 고유업무와 결합하여 징수업무를 할 수 있는지는 국민의 기본권제한에 관한 본질적인 사항이다.
④ 텔레비전방송수신료의 금액은 한국방송공사 이사회가 심의·의결한 후 방송통신위원회를 거쳐 국회의 승인을 얻어 확정된다.

해설 정답 ❸

① (○) 법률유보의 원칙에서 말하는 '법률'은 국회에서 법률제정의 절차에 따라 만들어진 형식적 의미의 법률을 뜻하고, 관습법이나 판례법, 행정규칙은 이에 포함되지 않는다.

② (○) "토지등소유자가 도시환경정비사업을 시행하는 경우 사업시행인가 신청시 필요한 토지등소유자의 동의는, 개발사업의 주체 및 정비구역 내 토지등소유자를 상대로 수용권을 행사하고 각종 행정처분을 발할 수 있는 행정주체로서의 지위를 가지는 사업시행자를 지정하는 문제로서, 그 동의요건을 정하는 것은 국민의 권리와 의무의 형성에 관한 기본적이고 본질적인 사항이므로 국회가 스스로 행하여야 하는 사항에 속하는 것임에도 불구하고, 사업시행인가 신청에 필요한 동의정족수를 토지등소유자가 자치적으로 정하여 운영하는 규약에 정하도록 한 것은 법률유보원칙에 위반된다."(헌법재판소 2012. 4. 24. 2010헌바1)

③ (×) "현행 방송법은 첫째, 수신료의 금액은 한국방송공사의 이사회에서 심의·의결한 후 방송위원회를 거쳐 국회의 승인을 얻도록 규정하고 있으며(제65조), 둘째, 수신료 납부의무자의 범위를 '텔레비전방송을 수신하기 위하여 수상기를 소지한 자'로 규정하고(제64조 제1항), 셋째, 징수절차와 관련하여 가산금 상한 및 추징금의 금액, 수신료의 체납 시 국세체납처분의 예에 의하여 징수할 수 있음을 규정하고 있다(제66조). 따라서 수신료의 부과·징수에 관한 본질적인 요소들은 방송법에 모두 규정되어 있다고 할 것이다. 한편, 수신료 징수업무를 한국방송공사가 직접 수행할 것인지 제3자에게 위탁할 것인지, 위탁한다면 누구에게 위탁하도록 할 것인지, 위탁받은 자가 자신의 고유업무와 결합하여 징수업무를 할 수 있는지는 징수업무 처리의 효율성 등을 감안하여 결정할 수 있는 사항으로서 국민의 기본권제한에 관한 본질적인 사항이 아니라 할 것이다. 따라서 방송법 제64조 및 제67조 제2항은 법률유보의 원칙에 위반되지 아니한다."(헌법재판소 2008. 2. 28. 2006헌바70)

비교판례 "오늘날 법률유보원칙은 단순히 행정작용이 법률에 근거를 두기만 하면 충분한 것이 아니라, 국가공동체와 그 구성원에게 기본적이고도 중요한 의미를 갖는 영역, 특히 국민의 기본권실현과 관련된 영역에 있어서는 국민의 대표자인 입법자가 그 본질적 사항에 대해서 스스로 결정하여야 한다는 요구까지 내포하고 있다(의회유보원칙). 그런데 텔레비전방송수신료는 대다수 국민의 재산권 보장의 측면이나 한국방송공사에게 보장된 방송자유의 측면에서 국민의 기본권실현에 관련된 영역에 속하고, 수신료금액의 결정은 납부의무자의 범위 등과 함께 수신료에 관한 본질적인 중요한 사항이므로 국회가 스스로 행하여야 하는 사항에 속하는 것임에도 불구하고 한국방송공사법 제36조 제1항에서 국회의 결정이나 관여를 배제한 채 한국방송공사로 하여금 수신료금액을 결정해서 문화관광부장관의 승인을 얻도록 한 것은 법률유보원칙에 위반된다."(헌법재판소 1999. 5. 27. 98헌바70)

④ (○) 방송법 제65조

> **방송법 제65조(수신료의 결정)** 수신료의 금액은 이사회가 심의·의결한 후 방송통신위원회를 거쳐 국회의 승인을 얻어 확정되고, 공사가 이를 부과·징수한다.

04

공법관계에 해당하는 것만을 모두 고르면? (다툼이 있는 경우 판례에 의함)

ㄱ 서울특별시지하철공사의 임원과 직원의 근무관계
ㄴ 「초·중등교육법」상 사립중학교에 대한 중학교 의무교육의 위탁관계
ㄷ 지방자치단체가 학교법인이 설립한 사립중학교에 의무교육대상자에 대한 교육을 위탁한 때에, 그 학교법인과 해당 사립중학교에 재학 중인 학생의 재학관계
ㄹ 국유재산의 관리청이 하는 행정재산의 사용·수익에 대한 허가

① ㄱ, ㄷ　② ㄴ, ㄹ
③ ㄴ, ㄷ, ㄹ　④ ㄷ, ㄹ

해설 정답 ❷

㉠ (×) "서울특별시지하철공사의 임원과 직원의 근무관계의 성질은 지방공기업법의 모든 규정을 살펴보아도 공법상의 특별권력관계라고는 볼 수 없고 사법관계에 속할 뿐만 아니라, 위 지하철공사의 사장이 그 이사회의 결의를 거쳐 제정된 인사규정에 의거하여 소속직원에 대한 징계처분을 한 경우 위 사장은 행정소송법 제13조 제1항 본문과 제2조 제2항 소정의 행정청에 해당되지 않으므로 공권력발동주체로서 위 징계처분을 행한 것으로 볼 수 없고, 따라서 이에 대한 불복절차는 민사소송에 의할 것이지 행정소송에 의할 수는 없다."(대법원 1989. 9. 12. 선고 89누2103)

㉡ (○) "중학교 의무교육의 위탁관계는 초·중등교육법 제12조 제3항, 제4항 등 관련 법령에 의하여 정해지는 공법적 관계로서, 대등한 당사자 사이의 자유로운 의사를 전제로 사익 상호간의 조정을 목적으로 하는 민법 제688조의 수임인의 비용상환청구권에 관한 규정이 그대로 준용된다고 보기도 어렵다."(대법원 2015. 1. 29. 선고 2012두7387)

㉢ (×) "사법인인 학교법인과 학생의 재학관계는 사법상 계약에 따른 법률관계에 해당한다. 지방자치단체가 학교법인이 설립한 사립중학교에 의무교육대상자에 대한 교육을 위탁한 때에 그 학교법인과 해당 사립중학교에 재학 중인 학생의 재학관계도 기본적으로 마찬가지이다."(대법원 2018. 12. 28. 선고 2016다33196)

㉣ (○) "국유재산 등의 관리청이 하는 행정재산의 사용·수익에 대한 허가는 순전히 사경제주체로서 행하는 사법상의 행위가 아니라 관리청이 공권력을 가진 우월적 지위에서 행하는 행정처분으로서 특정인에게 행정재산을 사용할 수 있는 권리를 설정하여 주는 강학상 특허에 해당한다."(대법원 2006. 3. 9. 선고 2004다31074)

05

「질서위반행위규제법」에 대한 설명으로 옳지 않은 것은? (다툼이 있는 경우 판례에 의함)

① 신분에 의하여 성립하는 질서위반행위에 신분이 없는 자가 가담한 때에는 신분이 없는 자에 대하여도 질서위반행위가 성립한다.
② 「질서위반행위규제법」에 따라 행정청이 부과한 과태료처분은 행정소송의 대상인 행정처분에 해당하지 않는다.
③ 행정청에 의해 부과된 과태료는 질서위반행위가 종료된 날(다수인이 질서위반행위에 가담한 경우에는 최종행위가 종료된 날을 말한다)부터 5년간 징수하지 아니하거나 집행하지 아니하면 시효로 인하여 소멸한다.
④ 행정청은 질서위반행위가 발생하였다는 합리적 의심이 있어 그에 대한 조사가 필요하다고 인정하는 경우에 법정조사권을 행사할 수 있다.

해설 정답 ❸

이하 질서위반행위규제법
① (○) 제12조 제2항

> **제12조(다수인의 질서위반행위 가담)** ② 신분에 의하여 성립하는 질서위반행위에 신분이 없는 자가 가담한 때에는 신분이 없는 자에 대하여도 질서위반행위가 성립한다.

② (○) 질서위반행위규제법에 따라 행정청이 부과한 과태료처분은 행정소송의 대상인 행정처분에 해당하지 않는다. 관련판례 "질서위반행위규제법 제20조 제1항, 제2항, 제21조 제1항, 제25조, 제36조 제1항, 제38조 제1항은 행정청의 과태료 부과에 불복하는 당사자는 과태료 부과 통지를 받은 날부터 60일 이내에 해당 행정청에 서면으로 이의제기를 할 수 있고, 이의제기가 있는 경우에는 그 과태료 부과처분은 효력을 상실하며, 이의제기를 받은 행정청은 이의제기를 받은 날부터 14일 이내에 이에 대한 의견 및 증빙서류를 첨부하여 관할 법원에 통보하여야 하고, 그 통보를 받은 관할 법원은 이유를 붙인 결정으로써 과태료 재판을 하며, 당사자와 검사는 과태료 재판에 대하여 즉시항고를 할 수 있다고 규정하고 있다. 또 질서위반행위규제법 제5조는 '과태료의 부과·징수, 재판 및 집행 등의 절차에 관한 다른 법률의 규정 중 이 법의 규정에 저촉되는 것은 이 법으로 정하는 바에 따른다'고 규정하고 있다. 위와 같은 규정을 종합하여 보면, 수도조례 및 하수도사용조례에 기한 과태료의 부과 여부 및 그 당부는 최종적으로 질서위반행위규제법에 의한 절차에 의하여 판단되어야 한다고 할 것이므로, 그 과태료 부과처분은 행정청을 피고로 하는 행정소송의 대상이 되는 행정처분이라고 볼 수 없다."(대법원 2012. 10. 11. 선고 2011두19369)

③ (×) 제15조 제1항

> **제15조(과태료의 시효)** ① 과태료는 행정청의 과태료 부과처분이나 법원의 과태료 재판이 확정된 후 5년간 징수하지 아니하거나 집행하지 아니하면 시효로 인하여 소멸한다.

☞ [비교조문] 제19조 제1항

> **제19조(과태료 부과의 제척기간)** ① 행정청은 질서위반행위가 종료된 날(다수인이 질서위반행위에 가담한 경우에는 최종행위가 종료된 날을 말한다)부터 5년이 경과한 경우에는 해당 질서위반행위에 대하여 과태료를 부과할 수 없다.

④ (○) 제22조 제1항

> **제22조(질서위반행위의 조사)** ① 행정청은 질서위반행위가 발생하였다는 합리적 의심이 있어 그에 대한 조사가 필요하다고 인정할 때에는 대통령령으로 정하는 바에 따라 다음 각 호의 조치를 할 수 있다.
> 1. 당사자 또는 참고인의 출석 요구 및 진술의 청취
> 2. 당사자에 대한 보고 명령 또는 자료 제출의 명령

06

「국가배상법」 제2조 책임에 대한 설명으로 옳은 것은? (다툼이 있는 경우 판례에 의함)

① 시·도지사 등의 업무에 속하는 대집행권한을 위탁받은 한국토지공사가 대집행을 실시하는 과정에서 국민에게 손해가 발생할 경우 한국토지공사는 공무수탁사인에 해당하므로, 「국가배상법」 제2조의 공무원과 같은 지위를 갖게 된다.
② 재량권의 행사에 관하여 행정청 내부에 일응의 기준을 정해 둔 경우 그 기준에 따른 행정처분을 하였다면 이에 관여한 공무원에게 그 직무상의 과실이 있다고 할 수 없다.
③ 행위 자체의 외관을 객관적으로 관찰하여 공무원의 직무행위로 보여지더라도 그것이 실질적으로 직무행위에 해당하지 않는다면 그 행위는 '직무를 집행하면서' 행한 것으로 볼 수 없다.
④ 생명·신체의 침해로 인한 국가배상을 받을 권리는 양도할 수 있지만, 압류할 수는 없다.

해설 정답 ❷

① (×) "한국토지공사는 구 한국토지공사법(2007. 4. 6. 법률 제8340호로 개정되기 전의 것) 제2조, 제4조에 의하여 정부가 자본금의 전액을 출자하여 설립한 법인이고, 같은 법 제9조 제4호에 규정된 한국토지공사의 사업에 관하여는 공익사업을 위한 토지 등의 취득 및 보상에 관한 법률 제89조 제1항, 위 한국토지공사법 제22조 제6호 및 같은 법 시행령 제40조의3 제1항의 규정에 의하여 본래 시·도지사나 시장·군수 또는 구청장의 업무에 속하는 대집행권한을 한국토지공사에게 위탁하도록 되어 있는바, 한국토지공사는 이러한 법령의 위탁에 의하여 대집행을 수권받은 자로서 공무인 대집행을 실시함에 따르는 권리·의무 및 책임이 귀속되는 행정주체의 지위에 있다고 볼 것이지 지방자치단체 등의 기관으로서 국가배상법 제2조 소정의 공무원에 해당한다고 볼 것은 아니다."(대법원 2010. 1. 28. 선고 2007다82950)

② (○) "편의(공익, 합목적) 재량의 경우에 한 처분에 있어 관계공무원이 공익성, 합목적성의 인정, 판단을 잘못하여 그 재량권의 범위를 넘어선 행정행위를 한 경우가 있다 하더라도 공익성 및 합목적성의 적절여부의 판단기준은 구체적 사안에 따라 각각 동일하다 할 수 없을 뿐만 아니라 구체적인 경우 어느 행정처분을 할 것인가에 관하여 행정청 내부에 일응의 기준을 정해 둔 경우 그 기준에 따른 행정처분을 하였다면 이에 관여한 공무원에게 그 직무상의 과실이 있다고 할 수 없다."(대법원 1984. 7. 24. 선고 84다카597)

③ (×) "국가배상법 제2조 제1항의 '직무를 집행함에 당하여'라 함은 직접 공무원의 직무집행행위이거나 그와 밀접한 관련이 있는 행위를 포함하고, 이를 판단함에 있어서는 행위 자체의 외관을 객관적으로 관찰하여 공무원의 직무행위로 보여질 때에는 비록 그것이 실질적으로 직무행위가 아니거나 또는 행위자로서는 주관적으로 공무집행의 의사가 없었다고 하더라도 그 행위는 공무원이 '직무를 집행함에 당하여' 한 것으로 보아야 한다."(대법원 2005. 1. 14. 선고 2004다26805)

④ (×) 국가배상법 제4조

> **국가배상법 제4조(양도 등 금지)** 생명·신체의 침해로 인한 국가배상을 받을 권리는 양도하거나 압류하지 못한다.

07

준법률행위적 행정행위와 구체적 사례가 바르게 연결된 것만을 모두 고르면? (다툼이 있는 경우 판례에 의함)

㉠ 확인 – 교과서 검정·인정
㉡ 확인 – 특허출원의 공고
㉢ 공증 – 상표사용권설정등록행위
㉣ 통지 – 국가시험합격자결정
㉤ 통지 – 귀화의 고시

① ㉠, ㉢, ㉤ ② ㉠, ㉣, ㉤
③ ㉡, ㉢, ㉣ ④ ㉡, ㉢, ㉤

해설 정답 ❶

㉠ (○) 교과서 검정·인정 – 강학상 확인
㉡ (×) 특허출원의 공고 – 강학상 통지
㉢ (○) 상표사용권설정등록행위 – 강학상 공증
㉣ (×) 국가시험합격자결정 – 강학상 확인
㉤ (○) 귀화의 고시 – 강학상 통지

08

기속행위 및 재량행위에 대한 설명으로 옳지 않은 것은? (다툼이 있는 경우 판례에 의함)

① 재량행위에 대한 사법심사는 행정청의 재량에 기한 공익판단의 여지를 감안하여 법원이 독자의 결론을 도출함이 없이 당해 행위에 재량권의 일탈·남용이 있는지 여부를 심사한다.
② 지방공무원의 동의 없는 전출명령은 위법하여 취소되어야 하므로, 전출명령이 적법함을 전제로 내린 당해 지방공무원에 대한 징계처분은 징계양정에 있어 재량권을 일탈하여 위법하다.
③ 「국토의 계획 및 이용에 관한 법률」에 따른 토지의 형질변경허가에는 행정청의 재량권이 부여되어 있다고 하더라도 「건축법」상의 건축허가는 기속행위이므로, 「국토의 계획 및 이용에 관한 법률」에 따른 토지의 형질변경행위를 수반하는 건축허가는 기속행위에 속한다.
④ 「교육법 시행령」 소정의 대학교 특별전형에서 외교관, 공무원의 자녀에 대하여만 획일적으로 과목별 실제 취득점수에 가산점을 부여함으로써, 실제 취득점수에 의하면 충분히 합격할 수 있는 다른 응시생에 대하여 불합격처분을 한 경우, 그 처분에는 재량권 남용이 인정된다.

해설 정답 ❸

① (○) "행정행위가 그 재량성의 유무 및 범위와 관련하여 이른바 기속행위 내지 기속재량행위와 재량행위 내지 자유재량행위로 구분된다고 할 때, 그 구분은 당해 행위의 근거가 된 법규의 체재·형식과 그 문언, 당해 행위가 속하는 행정 분야의 주된 목적과 특성, 당해 행위 자체의 개별적 성질과 유형 등을 모두 고려하여 판단하여야 하고, 이렇게 구분되는 양자에 대한 사법심사는, 전자의 경우 그 법규에 대한 원칙적인 기속성으로 인하여 법원이 사실인정과 관련 법규의 해석·적용을 통하여 일정한 결론을 도출한 후 그 결론에 비추어 행정청이 한 판단의 적법 여부를 독자의 입장에서 판정하는 방식에 의하게 되나, 후자(재량행위 내지 자유재량행위)의 경우 행정청의 재량에 기한 공익판단의 여지를 감안하여 법원은 독자의 결론을 도출함이 없이 당해 행위에 재량권의 일탈·남용이 있는지 여부만을 심사하게 되고, 이러한 재량권의 일탈·남용 여부에 대한 심사는 사실오인, 비례·평등의 원칙 위배, 당해 행위의 목적 위반이나 동기의 부정 유무 등을 그 판단 대상으로 한다."(대법원 2001. 2. 9. 선고 98두17593)

② (○) "당해 공무원의 동의 없는 지방공무원법 제29조의3의 규정에 의한 전출명령은 위법하여 취소되어야 하므로, 그 전출명령이 적법함을 전제로 내린 징계처분은 그 전출명령이 공정력에 의하여 취소되기 전까지는 유효하다고 하더라도 징계양정에 있어 재량권을 일탈하여 위법하다고 한 사례."(대법원 2001. 12. 11. 선고 99두1823)

③ (×) "국토의 계획 및 이용에 관한 법률(이하 '국토계획법'이라고 한다) 제56조에 따른 개발행위허가와 농지법 제34조에 따른 농지전용허가·협의는 금지요건·허가기준 등이 불확정개념으로 규정된 부분이 많아 그 요건·기준에 부합하는지의 판단에 관하여 행정청에 재량권이 부여되어 있으므로, 그 요건에 해당하는지 여부는 행정청의 재량판단의 영역에 속한다. 나아가 국토계획법이 정한 용도지역 안에서 토지의 형질변경행위·농지전용행위를 수반하는 건축허가는 건축법 제11조 제1항에 의한 건축허가와 위와 같은 개발행위허가 및 농지전용허가의 성질을 아울러 갖게 되므로 이 역시 재량행위에 해당하고, 그에 대한 사법심사는 행정청의 공익판단에 관한 재량의

여지를 감안하여 원칙적으로 재량권의 일탈이나 남용이 있는지 여부만을 대상으로 하는데, 판단 기준은 사실오인과 비례·평등의 원칙 위반 여부 등이 된다. 이러한 재량권 일탈·남용에 관하여는 행정행위의 효력을 다투는 사람이 주장·증명책임을 부담한다."(대법원 2017. 10. 12. 선고 2017두48956)

④ (○) "자유재량에 있어서도 그 범위의 넓고 좁은 차이는 있더라도 법령의 규정뿐만 아니라 관습법 또는 일반적 조리에 의한 일정한 한계가 있는 것으로서 위 한계를 벗어난 재량권의 행사는 위법하다고 하지 않을 수 없으므로, 대학교 총장인 피고가 해외근무자들의 자녀를 대상으로 한 교육법시행령 제71조의2 제4항 소정의 특별전형에서 외교관, 공무원의 자녀에 대하여만 획일적으로 과목별 실제 취득점수에 20%의 가산점을 부여하여 합격사정을 함으로써 실제 취득점수에 의하면 충분히 합격할 수 있는 원고들에 대하여 불합격처분을 하였다면 위법하다."(대법원 1990. 8. 28. 선고 89누8255)

09

협의의 소익에 대한 설명으로 옳지 않은 것은? (다툼이 있는 경우 판례에 의함)

① 현역입영대상자로서는 현실적으로 입영을 하였다고 하더라도, 입영 이후의 법률관계에 영향을 미치고 있는 현역병입영통지처분 등을 한 관할지방병무청장을 상대로 위법을 주장하여 그 취소를 구할 소송상의 이익이 있다.

② 환지처분이 일단 공고되어 효력을 발생하게 되면 환지예정지지정처분은 그 효력이 소멸되는 것이므로, 환지처분이 공고된 후에는 환지예정지지정처분에 대하여 그 취소를 구할 법률상 이익은 없다.

③ 건축물에 대한 사용검사처분이 취소되면 사용검사 전의 상태로 돌아가 건축물을 사용할 수 없게 되므로 구「주택법」상 입주자나 입주예정자가 사용검사처분의 무효확인 또는 취소를 구할 법률상 이익이 있다.

④ 지방의회 의원에 대한 제명의결 취소소송 계속 중 의원의 임기가 만료된 경우에도 여전히 제명의결의 취소를 구할 법률상 이익이 인정된다.

해설 정답 ❸

① (○) "현역병입영통지처분에 따라 현실적으로 입영을 한 경우에는 그 처분의 집행은 종료되지만, 한편, 입영으로 그 처분의 목적이 달성되어 실효되었다는 이유로 다툴 수 없도록 한다면, 병역법상 현역입영대상자로서는 현역병입영통지처분이 위법하다 하더라도 법원에 의하여 그 처분의 집행이 정지되지 아니하는 이상 현실적으로 입영을 할 수밖에 없으므로 현역병입영통지처분에 대하여는 불복을 사실상 원천적으로 봉쇄하는 것이 되고, 또한 현역입영대상자가 입영하여 현역으로 복무하는 과정에서 현역병입영통지처분 외에는 별도의 다른 처분이 없으므로 입영한 이후에는 불복할 아무런 처분마저 없게 되는 결과가 되며, 나아가 입영하여 현역으로 복무하는 자에 대한 병적을 당해 군 참모총장이 관리한다는 것은 입영 및 복무의 근거가 된 현역병입영통지처분이 적법함을 전제로 하는 것으로서 그 처분이 위법한 경우까지를 포함하는 의미는 아니라고 할 것이므로, 현역입영대상자로서는 현실적으로 입영을 하였다고 하더라도, 입영 이후의 법률관계에 영향을 미치고 있는 현역병입영통지처분 등을 한 관할지방병무청장을 상대로 위법을 주장하여 그 취소를 구할 소송상의 이익이 있다."(대법원 2003. 12. 26. 선고 2003두1875)

② (○) "토지구획정리사업법에 의한 토지구획정리는 환지처분을 기본적 요소로 하는 것으로서 환지예정지지정처분은 사업시행자가 사업시행지구 내의 종전 토지 소유자로 하여금 환지예정지지정처분의 효력발생일로부터 환지처분의 공고가 있는 날까지 당해 환지예정지를 사용수익할 수 있게 하는 한편 종전의 토지에 대하여는 사용수익을 할 수 없게 하는 처분에 불과하고 환지처분이 일단 공고되어 효력을 발생하게 되면 환지예정지지정처분은 그 효력이 소멸되는 것이므로, 환지처분이 공고된 후에는 환지예정지지정처분에 대하여 그 취소를 구할 법률상 이익은 없다."(대법원 1999. 10. 8. 선고 99두6873)

③ (×) "건축물에 대한 사용검사처분의 무효확인을 받거나 처분이 취소된다고 하더라도 사용검사 전의 상태로 돌아가 건축물을 사용할 수 없게 되는 것에 그칠 뿐 곧바로 건축물의 하자 상태 등이 제거되거나 보완되는 것도 아니다. 그리고 입주자나 입주예정자들은 사용검사처분의 무효확인을 받거나 처분을 취소하지 않고도 민사소송 등을 통하여 분양계약에 따른 법률관계 및 하자 등을 주장·증명함으로써 사업주체 등으로부터 하자의 제거·보완 등에 관한 권리구제를 받을 수 있으므로, 사용검사처분의 무효확인 또는 취소 여부에 의하여 법률적인 지위가 달라진다고 할 수 없으며, 구 주택공급에 관한 규칙(2012. 3. 30. 국토해양부령 제452호로 개정되기 전의 것)에서 주택공급계약에 관하여 사용검사와 관련된 규정을 두고 있다고 하더라도 달리 볼 것은 아니다. (중략) 일부 입주자나 입주예정자가 사업주체와의 개별적 분쟁 등을 이유로 사용검사처분의 무효확인 또는 취소를 구하게 되면, 처분을 신뢰한 다수의 이익에 반하게 되는 상황이 발생할 수 있다. 위와 같은 사정들을 종합하여 볼 때, 구 주택법(2012. 1. 26. 법률 제11243호로 개정되기 전의 것)상 입주자나 입주예정자는 사용검사처분의 무효확인 또는 취소를 구할 법률상 이익이 없다."(대법원 2015. 1. 29. 선고 2013두24976)

④ (○) "지방의회 의원에 대한 제명의결 취소소송 계속중 의원의 임기가 만료된 사안에서, 제명의결의 취소로 의원의 지위를 회복할 수는 없다 하더라도 제명의결시부터 임기만료일까지의 기간에 대한 월정수당의 지급을 구할 수 있는 등 여전히 그 제명의결의 취소를 구할 법률상 이익이 있다고 본 사례"(대법원 2009. 1. 30. 선고 2007두13487)

10

행정행위의 효력발생요건으로서의 통지에 대한 설명으로 옳지 않은 것은? (다툼이 있는 경우 판례에 의함)

① 병역의무부과통지서인 현역입영통지서는 그 병역의무자에게 이를 송달함이 원칙이고, 이러한 송달은 병역의무자의 현실적인 수령행위를 전제로 하고 있다고 보아야 하므로, 병역의무자가 현역입영통지의 내용을 이미 알고 있는 경우에도 여전히 현역입영통지서의 송달은 필요하다.

② 행정행위의 효력발생요건으로서의 도달은 상대방이 그 내용을 현실적으로 알 필요까지는 없고, 다만 알 수 있는 상태에 놓여짐으로써 충분하다.

③ 정보통신망을 이용하여 전자문서로 송달하는 경우에는 송달받을 자가 지정한 컴퓨터 등에 입력된 때에 도달된 것으로 본다.

④ 납세고지서의 명의인이 다른 곳으로 이사하였지만 주민등록을 옮기지 아니한 채 주민등록지로 배달되는 우편물을 새로운 거주자가 수령하여 자신에게 전달하도록 한 경우, 그 새로운 거주자에게 우편물 수령권한을 위임한 것으로 볼 수는 없으므로 그에게 한 납세고지서의 송달은 위법하다.

해설 정답 ❹

① (○) "병역의무부과통지서인 현역입영통지서는 그 병역의무자에게 이를 송달함이 원칙이고(병역법 제6조 제1항 참조), 이러한 송달은 병역의무자의 현실적인 수령행위를 전제로 하고 있다고 보아야 하므로, 병역의무자가 현역입영통지의 내용을 이미 알고 있는 경우에도 여전히 현역입영통지서의 송달은 필요하고 (대법원 1997. 5. 23. 선고 96누5094 판결, 대법원 2004. 4. 9. 선고 2003두13908 판결 등 참조), 다른 법령상의 사유가 없는 한 병역의무자로부터 근거리에 있는 책상 등에 일시 현역입영통지서를 둔 것만으로는 병역의무자의 현실적인 수령행위가 있었다고 단정할 수 없다."(대법원 2009. 6. 25. 선고 2009도3387)

② (○) "문화재보호법 제13조 제2항 소정의 중요문화재 가지정의 효력발생요건인 통지는 행정처분을 상대방에게 표시하는 것으로서 상대방이 인식할 수 있는 상태에 둠으로써 족하고, 객관적으로 보아서 행정처분으로 인식할 수 있도록 고지하면 되는 것이다."(대법원 2003. 7. 22. 선고 2003두513)

③ (○) 행정절차법 제15조 제2항

> **행정절차법 제15조(송달의 효력 발생)** ② 제14조 제3항에 따라 정보통신망을 이용하여 전자문서로 송달하는 경우에는 송달받을 자가 지정한 컴퓨터 등에 입력된 때에 도달된 것으로 본다.

④ (×) "납세고지서의 명의인이 다른 곳으로 이사하였지만 주민등록을 옮기지 아니한 채 주민등록지로 배달되는 우편물을 새로운 거주자가 수령하여 자신에게 전달하도록 한 경우, 그 새로운 거주자에게 우편물 수령권한을 위임한 것으로 보아 그에게 한 납세고지서의 송달이 적법하다고 한 사례."(대법원 1998. 4. 10. 선고 98두1161)

11

「행정절차법」상 사전통지 및 의견청취에 대한 설명으로 옳지 않은 것은? (다툼이 있는 경우 판례에 의함)

① 행정청은 처분을 함에 있어 국민생활에 큰 영향을 미치는 처분으로서 대통령령으로 정하는 처분에 대하여 대통령령으로 정하는 수 이상의 당사자 등이 공청회 개최를 요구하는 경우 공청회를 개최한다.

② 「건축법」상의 공사중지명령에 대한 사전통지를 하고 의견제출의 기회를 준다면 많은 액수의 손실보상금을 기대하여 공사를 강행할 우려가 있다는 사정은, 사전통지 및 의견제출 절차의 예외사유에 해당한다.

③ 군인사법령에 의하여 진급예정자명단에 포함된 자에 대하여 수사과정 및 징계과정에서 비위행위에 대한 충분한 해명기회를 가졌더라도 진급선발을 취소하는 처분을 함에 있어서 「행정절차법」상 사전통지・의견진술의 기회를 부여하여야 한다.

④ 청문 주재자는 직권으로 또는 당사자의 신청에 따라 필요한 조사를 할 수 있으며, 당사자등이 주장하지 아니한 사실에 대하여도 조사할 수 있다.

해설 정답 ❷

① (○) 행정절차법 제22조 제2항

> **행정절차법 제22조(의견청취)** ② 행정청이 처분을 할 때 다음 각 호의 어느 하나에 해당하는 경우에는 공청회를 개최한다.
> 1. 다른 법령등에서 공청회를 개최하도록 규정하고 있는 경우
> 2. 해당 처분의 영향이 광범위하여 널리 의견을 수렴할 필요가 있다고 행정청이 인정하는 경우
> 3. 국민생활에 큰 영향을 미치는 처분으로서 대통령령으로 정하는 처분에 대하여 대통령령으로 정하는 수 이상의 당사자등이 공청회 개최를 요구하는 경우

② (×) "건축법상의 공사중지명령에 대한 사전통지를 하고 의견제출의 기회를 준다면 많은 액수의 손실보상금을 기대하여 공사를 강행할 우려가 있다는 사정이 사전통지 및 의견제출절차의 예외사유에 해당하지 아니한다고 한 사례."(대법원 2004. 5. 28. 선고 2004두1254)

③ (○) "군인사법 및 그 시행령의 관계 규정에 따르면, 원고와 같이 진급예정자 명단에 포함된 자는 진급예정자명단에서 삭제되거나 진급선발이 취소되지 않는 한 진급예정자 명단 순위에 따라 진급하게 되므로, 이 사건 처분과 같이 진급선발을 취소하는 처분은 진급예정자로서 가지는 원고의 이익을 침해하는 처분이라 할 것이고, 한편 군인사법 및 그 시행령에 이 사건 처분과 같이 진급예정자 명단에 포함된 자의 진급선발을 취소하는 처분을 함에 있어 행정절차에 준하는 절차를 거치도록 하는 규정이 없을 뿐만 아니라 위 처분이 성질상 행정절차를 거치기 곤란하거나 불필요하다고 인정되는 처분이라고 보기도 어렵다고 할 것이어서 이 사건 처분이 행정절차법의 적용이 제외되는 경우에 해당한다고 할 수 없으며, 나아가 원고가 수사과정 및 징계과정에서 자신의 비위행위에 대한 해명기회를 가졌다는 사정만으로 이 사건 처분이 행정절차법 제21조 제4항 제3호, 제22조 제4항에 따라 원고에게 사전통지를 하지 않거나 의견제출의 기회를 주지 아니하여도 되는 예외적인 경우에 해당한다고 할 수 없으므로, 피고가 이 사건 처분을 함에 있어 원고에게 의견제출의 기회를 부여하지 아니한 이상, 이 사건 처분은 절차상 하자가 있어 위법하다고 할 것이다."(대법원 2007. 9. 21. 선고 2006두20631)

④ (○) 행정절차법 제33조 제1항

> **행정절차법 제33조(증거조사)** ① 청문 주재자는 직권으로 또는 당사자의 신청에 따라 필요한 조사를 할 수 있으며, 당사자등이 주장하지 아니한 사실에 대하여도 조사할 수 있다.

12

행정소송에 대한 설명으로 옳은 것만을 모두 고르면? (다툼이 있는 경우 판례에 의함)

㉠ 신축건물의 준공처분을 하여서는 아니된다는 내용의 부작위를 청구하는 행정소송은 예외적으로 허용된다.
㉡ 국가가 국토이용계획과 관련한 지방자치단체의 장의 기관위임 사무의 처리에 관하여 지방자치단체의 장을 상대로 취소소송을 제기하는 것은 허용되지 않는다.
㉢ 취소소송에 당해 처분과 관련되는 부당이득반환청구소송이 병합되어 제기된 경우, 부당이득반환청구가 인용되기 위해서는 그 소송절차에서 판결에 의해 당해 처분이 취소되면 충분하고 그 처분의 취소가 확정되어야 하는 것은 아니다.
㉣ 취소소송의 소송요건 존부는 사실심 변론종결시를 기준으로 판단하므로, 비록 상고심에서 원고적격이 흠결되었더라도 사실심 변론종결시에 원고적격이 있었다면 그러한 취소소송은 취소소송의 소송요건을 충족한 것으로 보아야 한다.

① ㉠, ㉡ ② ㉠, ㉢
③ ㉡, ㉢ ④ ㉢, ㉣

해설 정답 ❸

㉠ (×) "건축건물의 준공처분을 하여서는 아니된다는 내용의 부작위를 구하는 청구는 행정소송에서 허용되지 아니하는 것이므로 부적법하다."(대법원 1987. 3. 24. 선고 86누182)

㉡ (○) "건설교통부장관은 지방자치단체의 장이 기관위임사무인 국토이용계획 사무를 처리함에 있어 자신과 의견이 다를 경우 행정협의조정위원회에 협의·조정 신청을 하여 그 협의·조정 결정에 따라 의견불일치를 해소할 수 있고, 법원에 의한 판결을 받지 않고서도 행정권한의 위임 및 위탁에 관한 규정이나 구 지방자치법에서 정하고 있는 지도·감독을 통하여 직접 지방자치단체의 장의 사무처리에 대하여 시정명령을 발하고 그 사무처리를 취소 또는 정지할 수 있으며, 지방자치단체의 장에게 기간을 정하여 직무이행명령을 하고 지방자치단체의 장이 이를 이행하지 아니할 때에는 직접 필요한 조치를 할 수도 있으므로, 국가가 국토이용계획과 관련한 지방자치단체의 장의 기관위임사무의 처리에 관하여 지방자치단체의 장을 상대로 취소소송을 제기하는 것은 허용되지 않는다."(대법원 2007. 9. 20. 선고 2005두6935)

㉢ (○) "행정소송법 제10조는 처분의 취소를 구하는 취소소송에 당해 처분과 관련되는 부당이득반환소송을 관련 청구로 병합할 수 있다고 규정하고 있는바, 이 조항을 둔 취지에 비추어 보면, 취소소송에 병합할 수 있는 당해 처분과 관련되는 부당이득반환소송에는 당해 처분의 취소를 선결문제로 하는 부당이득반환청구가 포함되고, 이러한 부당이득반환청구가 인용되기 위해서는 그 소송절차에서 판결에 의해 당해 처분이 취소되면 충분하고 그 처분의 취소가 확정되어야 하는 것은 아니라고 보아야 한다."(대법원 2009. 4. 9. 선고 2008두23153)

㉣ (×) "행정처분의 직접 상대방이 아닌 제3자라 하더라도 당해 행정처분으로 인하여 법률상 보호되는 이익을 침해당한 경우에는 그 처분의 취소나 무효확인을 구하는 행정소송을 제기하여 그 당부의 판단을 받을 자격 즉 원고적격이 있고, 여기에서 말하는 법률상 보호되는 이익은 당해 처분의 근거 법규 및 관련 법규에 의하여 보호되는 개별적·직접적·구체적 이익을 말하며, 원고적격은 소송요건의 하나이므로 사실심 변론종결시는 물론 상고심에서도 존속하여야 하고 이를 흠결하면 부적법한 소가 된다."(대법원 2007. 4. 12. 선고 2004두7924)

13

행정상 강제집행에 대한 설명으로 옳은 것은? (다툼이 있는 경우 판례에 의함)

① 사용자가 이행하여야 할 행정법상 의무의 내용을 초과하는 것을 '불이행 내용'으로 기재한 이행강제금 부과예고서에 의하여 이행강제금 부과예고를 한 다음 이행강제금을 부과한 경우, 초과한 정도가 근소하다는 등의 특별한 사정이 없는 한, 이 이행강제금 부과예고 및 이행강제금부과처분은 위법하다.
② 전통적으로 행정대집행은 대체적 작위의무에 대한 강제집행수단으로, 이행강제금은 부작위의무나 비대체적 작위의무에 대한 강제집행수단으로 이해되어 왔으며, 이는 이행강제금제도의 본질에서 오는 제약이므로, 이행강제금은 대체적 작위의무의 위반에 대하여는 부과될 수 없다.
③ 대집행에 대한 계고는 행정처분이고, 1차 계고 이후 대집행 기한을 연기하기 위한 2차 계고, 3차 계고 또한 독립된 행정처분이다.
④ 관계 법령에서 금지규정 및 그 위반에 대한 벌칙규정은 두고 있으나 금지규정 위반행위에 대한 시정명령의 권한에 대해서는 규정하고 있지 않은 경우에, 그 금지규정 및 벌칙규정은 당연히 금지규정 위반행위로 인해 발생한 유형적 결과를 시정하게 하는 것도 예정하고 있다고 할 것이어서 금지규정 위반으로 인한 결과의 시정을 명하는 권한도 인정하고 있는 것으로 해석된다.

해설 정답 ❶

① (○) "이행강제금은 행정법상의 부작위의무 또는 비대체적 작위의무를 이행하지 않은 경우에 '일정한 기한까지 의무를 이행하지 않을 때에는 일정한 금전적 부담을 과할 뜻'을 미리 '계고'함으로써 의무자에게 심리적 압박을 주어 장래를 향하여 의무의 이행을 확보하려는 간접적인 행정상 강제집행 수단이고, 노동위원회가 근로기준법 제33조에 따라 이행강제금을 부과하는 경우 그 30일 전까지 하여야 하는 이행강제금 부과 예고는 이러한 '계고'에 해당한다. 따라서 사용자가 이행하여야 할 행정법상 의무의 내용을 초과하는 것을 '불이행 내용'으로 기재한 이행강제금 부과 예고서에 의하여 이행강제금 부과 예고를 한 다음 이를 이행하지 않았다는 이유로 이행강제금을 부과하였다면, 초과한 정도가 근소하다는 등의 특별한 사정이 없는 한 이행강제금 부과 예고는 이행강제금 제도의 취지에 반하는 것으로서 위법하고, 이에 터 잡은 이행강제금 부과처분 역시 위법하다."(대법원 2015. 6. 24. 선고 2011두2170)

② (×) "전통적으로 행정대집행은 대체적 작위의무에 대한 강제집행수단으로, 이행강제금은 부작위의무나 비대체적 작위의무에 대한 강제집행수단으로 이해되어 왔으나, 이는 이행강제금제도의 본질에서 오는 제약은 아니며, 이행강제금은 대체적 작위의무의 위반에 대하여도 부과될 수 있다. 현행 건축법상 위법건축물에 대한 이행강제수단으로 대집행과 이행강제금이 인정되고 있는데, 양 제도는 각각의 장단점이 있으므로 행정청은 개별사건에 있어서 위반내용, 위반자의 시정의지 등을 감안하여 대집행과 이행강제금을 선택적으로 활용할 수 있으며, 이처럼 그 합리적인 재량에 의해 선택하여 활용하는 이상 중첩적인 제재에 해당한다고 볼 수 없다."(헌법재판소 2004. 2. 26. 2001헌바80)

③ (×) "건물의 소유자에게 위법건축물을 일정기간까지 철거할 것을 명함과 아울러 불이행할 때에는 대집행한다는 내용의 철거대집행 계고처분을 고지한 후 이에 불응하자 다시 제2차, 제3차 계고서를 발송하여 일정기간까지의 자진철거를 촉구하고 불이행하면 대집행을 한다는 뜻을 고지하였다면 행정대집행법상의 건물철거의무는 제1차 철거명령 및 계고처분으로서 발생하였고 제2차, 제3차의 계고처분은 새로운 철거의무를 부과한 것이 아니고 다만 대집행기한의 연기통지에 불과하므로 행정처분이 아니다."(대법원 1994. 10. 28. 선고 94누5144)

④ (×) "행정대집행법 제2조는 대집행의 대상이 되는 의무를 '법률(법률의 위임에 의한 명령, 지방자치단체의 조례를 포함한다. 이하 같다)에 의하여 직접 명령되었거나 또는 법률에 의거한 행정청의 명령에 의한 행위로서 타인이 대신하여 행할 수 있는 행위'라고 규정하고 있으므로, 대집행계고처분을 하기 위하여는 법령에 의하여 직접 명령되거나 법령에 근거한 행정청의 명령에 의한 의무자의 대체적 작위의무 위반행위가 있어야 한다. 따라서 단순한 부작위의무의 위반, 즉 관계 법령에 정하고 있는 절대적 금지나 허가를 유보한 상대적 금지를 위반한 경우에는 당해 법령에서 그 위반자에 대하여 위반에 의하여 생긴 유형적 결과의 시정을 명하는 행정처분의 권한을 인정하는 규정(예컨대, 건축법 제69조, 도로법 제74조, 하천법 제67조, 도시공원법 제20조, 옥외광고물등관리법 제10조 등)을 두고 있지 아니한 이상, 법치주의의 원리에 비추어 볼 때 위와 같은 부작위의무로부터 그 의무를 위반함으로써 생긴 결과를 시정하기 위한 작위의무를 당연히 끌어낼 수는 없으며, 또 위 금지규정(특히 허가를 유보한 상대적 금지규정)으로부터 작위의무, 즉 위반결과의 시정을 명하는 권한이 당연히 추론되는 것도 아니다."(대법원 1996. 6. 28. 선고 96누4374)

14

행정입법에 대한 설명으로 옳지 않은 것은? (다툼이 있는 경우 판례에 의함)

① 상급기관이 하급 행정기관에 대하여 업무처리지침이나 법령의 해석적용에 관한 기준을 정하여 발하는 행정규칙은 일반적으로 행정조직 내부에서만 효력을 가질 뿐이며 대외적인 구속력을 갖지 않는다.

② 법령의 위임관계는 반드시 하위 법령의 개별조항에서 위임의 근거가 되는 상위 법령의 해당 조항을 구체적으로 명시하고 있어야 하는 것은 아니다.

③ 헌법 제107조 제2항의 규정에 따르면 행정입법의 심사는 일반적인 재판절차에 의하여 구체적 규범통제의 방법에 의하도록 하고 있으므로, 원칙적으로 당사자는 구체적 사건의 심판을 위한 선결문제로서 행정입법의 위법성을 주장하여 법원에 대하여 당해 사건에 대한 적용 여부의 판단을 구할 수 있을 뿐 행정입법 자체의 합법성의 심사를 목적으로 하는 독립한 신청을 제기할 수는 없다.

④ 어떤 법률의 말미에 "이 법의 시행에 필요한 사항은 대통령령으로 정한다."라고 하여 일반적 시행령 위임조항을 두었다면 이것은 위임명령의 일반적 발령 근거로 작용한다.

해설 정답 ❹

① (○) "상급행정기관이 하급행정기관에 대하여 업무처리지침이나 법령의 해석적용에 관한 기준을 정하여 발하는 이른바 행정규칙은 일반적으로 행정조직 내부에서만 효력을 가질 뿐 대외적인 구속력을 갖는 것은 아니다. 하지만 법령의 규정이 특정 행정기관에 그 법령 내용의 구체적 사항을 정할 수 있는 권한을 부여하면서 그 권한 행사의 절차나 방법을 특정하고 있지 아니한 관계로 수임행정기관이 행정규칙의 형식으로 그 법령의 내용이 될 사항을 구체적으로 정하고 있다면 그와 같은 행정규칙은 위에서 본 행정규칙이 갖는 일반적 효력으로서가 아니라, 행정기관에 법령의 구체적 내용을 보충할 권한을 부여한 법령 규정의 효력에 의하여 그 내용을 보충하는 기능을 갖게 된다. 따라서 이와 같은 행정규칙은 해당 법령의 위임한계를 벗어나지 않는 한 그것들과 결합하여 대외적인 구속력이 있는 법규명령으로서의 효력을 가진다."(대법원 2019. 10. 17. 선고 2014두3020)

② (○) "구 풍속영업의규제에관한법률시행규칙(1999. 7. 15. 행정자치부령 제58호로 폐지) 제8조 제1항은 "법 제7조의 규정에 의한 풍속영업소에 대한 행정처분의 기준은 [별표 3]과 같다."라고만 규정하여 구 풍속영업의규제에관한법률시행령(1999. 6. 30. 대통령령 제16435호로 개정되기 전의 것) 제8조 제3항의 위임에 의한 것임을 명시하고 있지 아니한 반면, 같은법시행규칙 제5조는 풍속영업자가 갖추어야 할 시설의 세부기준과 운영기준을 그 [별표 1]로 정하면서 그것이 구 풍속영업의규제에관한법률(1999. 3. 31. 법률 제5942호로 개정되기 전의 것) 제5조 제2항 및 같은법시행령 제8조 제2항, 제3항의 위임에 의한 것임을 명시하고 있어 이와 같은 관련 규정의 규정 형식만을 놓고 보면, 같은법시행규칙 제5조만이 같은법시행령 제8조 제3항의 위임에 의한 규정이고, 같은법시행규칙 제8조 제1항은 같은법시행령 제8조 제3항과는 직접적인 관련이 없는 규정이라고 볼 여지가 있기는 하나, 법령의 위임관계는 반드시 하위 법령의 개별조항에서 위임의 근거가 되는 상위 법령의 해당 조항을 구체적으로 명시하고 있어야만 하는 것은 아니라고 할 것이므로, 같은법시행규칙 제5조가 같은법시행령 제8조 제3항과의 위임관계를 위와 같이 명시하고 있다고 하여 같은법시행규칙의 다른 규정에서 같은법시행령 제8조 제3항의 위임에 기하여 풍속영업의 운영에 관하여 필요한 사항을 따로 정하는 것을 배제하는 취지는 아니라고 할 것이어서, 같은법시행규칙 제5조 및 제8조 제1항의 위임관계에 관한 규정 내용만을 들어 같은법시행규칙 제8조 제1항과 같은법시행령 제8조 제3항 사이의 위임관계를 부정할 수는 없다고 할 것인바, 같은법시행규칙 제8조 제1항 [별표 3]의 2. (마)목 (2)의 (사)항은 적어도 '영업정지처분을 받고도 영업을 한 때'를 의무위반행위로 정하고 있는 부분에 관한 한 같은법시행령 제8조 제3항과 그 근거 규정인 같은 법 제5조 제2항의 위임에 기한 것으로서 그 후단에서 그에 대한 행정처분의 기준으로 영업장 폐쇄를 규정한 부분이 대외적 구속력이 있는지 여부와는 상관없이 같은 법 제7조 소정의 제재적 행정처분에 해당하는 영업장폐쇄 처분의 근거가 될 수 있다 할 것이다."(대법원 1999. 12. 24. 선고 99두5658)

③ (○) "헌법 제107조 제2항의 규정에 따르면 행정입법의 심사는 일반적인 재판절차에 의하여 구체적 규범통제의 방법에 의하도록 명시하고 있으므로, 당사자는 구체적 사건의 심판을 위한 선결문제로서 행정입법의 위법성을 주장하여 법원에 대하여 당해 사건에 대한 적용 여부의 판단을 구할 수 있을 뿐 행정입법 자체의 합법성의 심사를 목적으로 하는 독립한 신청을 제기할 수는 없다."(대법원 1994. 4. 26. 자 93부32)

④ (×) 어떤 법률의 말미에 '이 법의 시행에 필요한 사항은 대통령령으로 정한다.'라고 하여 시행령 위임조항을 두었다 하더라도, 이것은 위임명령의 발령 근거로 작용하지 못한다. 이러한 위임조항은 집행명령이 제정될 수 있다는 당연한 사실을 확인하는 규정일 뿐이기 때문이다. 위임명령의 발령 근거는 "~에 관한 사항은 대통령령으로 정한다."와 같이 무엇에 관한 것인지를 구체적으로 특정하는 방식으로 제정된다. 관련판례 "그렇다면 위 구 소득세법시행령 제170조 제1항 단서에서 자산의 실지양도대가가 아닌 위와 같은 환산가액을 실지거래가액으로 간주한다고 한 것은 모법인위 구 소득세법의 규정과 부합하지 않을 뿐 아니라, 위 구 소득세법상 실지거래가액의 개념을 위 단서내용과 같이 확장하여 규정할 수 있도록 시행령에 위임한 근거도 찾아볼 수 없다. 다만, 위 구 소득세법 제203조에 의하면 '이 법시행에 관하여 필요한 사항은 대통령령으로 정한다'고 규정하고 있으나, 이것은 법률의 시행에 필요한 집행명령을 발할 수 있음을 규정한 것에 지나지 아니하며 양도차익과 같은 과세요건에 관한 법규의 제정까지도 포괄적으로 대통령령에 위임한 규정이라고는 볼 수 없다."(대법원 1982. 11. 23. 선고 82누221)

15

행정행위에 대한 설명으로 옳지 않은 것은? (다툼이 있는 경우 판례에 의함)

① 배출시설 설치허가의 신청이 구 「대기환경보전법」에서 정한 허가기준에 부합하고 동 법령상 허가제한사유에 해당하지 아니하는 한 환경부장관은 원칙적으로 허가를 하여야 한다.
② 허가와 달리 특허는 불특정다수인에게 행해질 수도 있으며, 오로지 특정인을 대상으로만 행해지는 것은 아니다.
③ 「공유수면 관리 및 매립에 관한 법률」에 따른 공유수면의 점용·사용허가는 특정인에게 공유수면 이용권이라는 독점적 권리를 설정하여 주는 처분으로서 처분 여부 및 내용의 결정은 원칙적으로 행정청의 재량에 속한다.
④ 공익법인의 기본재산에 대한 감독관청의 처분허가는 그 성질상 특정 상대에 대한 처분행위의 허가가 아니고 처분의 상대가 누구이든 이에 대한 처분행위를 보충하여 유효하게 하는 행위라 할 것이므로 그 처분행위에 따른 권리의 양도가 있는 경우에도 처분이 완전히 끝날 때까지는 허가의 효력이 유효하게 존속한다.

해설 정답 ❷

① (○) "구 대기환경보전법(2011. 7. 21. 법률 제10893호로 개정되기 전의 것, 이하 같다) 제2조 제9호, 제23조 제1항, 제5항, 제6항, 같은 법 시행령(2010. 12. 31. 대통령령 제22601호로 개정되기 전의 것, 이하 같다) 제11조 제1항 제1호, 제12조, 같은 법 시행규칙 제4조, [별표 2]와 같은 배출시설 설치허가와 설치제한에 관한 규정들의 문언과 그 체제·형식에 따르면 환경부장관은 배출시설 설치허가 신청이 구 대기환경보전법 제23조 제5항에서 정한 허가 기준에 부합하고 구 대기환경보전법 제23조 제6항, 같은 법 시행령 제12조에서 정한 허가제한사유에 해당하지 아니하는 한 원칙적으로 허가를 하여야 한다. 다만 배출시설의 설치는 국민건강이나 환경의 보전에 직접적으로 영향을 미치는 행위라는 점과 대기오염으로 인한 국민건강이나 환경에 관한 위해를 예방하고 대기환경을 적정하고 지속가능하게 관리·보전하여 모든 국민이 건강하고 쾌적한 환경에서 생활할 수 있게 하려는 구 대기환경보전법의 목적(제1조) 등을 고려하면, 환경부장관은 같은 법 시행령 제12조 각 호에서 정한 사유에 준하는 사유로서 환경 기준의 유지가 곤란하거나 주민의 건강·재산, 동식물의 생육에 심각한 위해를 끼칠 우려가 있다고 인정되는 등 중대한 공익상의 필요가 있을 때에는 허가를 거부할 수 있다고 보는 것이 타당하다."(대법원 2013. 5. 9. 선고 2012두22799)
② (×) 특허는 오로지 특정인을 대상으로만 행해지며, 불특정다수인에게 행해지지는 않는다.
③ (○) "구 공유수면관리법(2002. 2. 4. 법률 제6656호로 개정되기 전의 것)에 따른 공유수면의 점·사용허가는 특정인에게 공유수면 이용권이라는 독점적 권리를 설정하여 주는 처분으로서 그 처분의 여부 및 내용의 결정은 원칙적으로 행정청의 재량에 속한다고 할 것이고, 이와 같은 재량처분에 있어서는 그 재량권 행사의 기초가 되는 사실인정에 오류가 있거나 그에 대한 법령적용에 잘못이 없는 한 그 처분이 위법하다고 할 수 없다."(대법원 2004. 5. 28. 선고 2002두5016)
④ (○) "공익법인의 기본재산에 대한 감독관청의 처분허가는 그 성질상 특정 상대에 대한 처분행위의 허가가 아니고 처분의 상대가 누구이든 이에 대한 처분행위를 보충하여 유효하게 하는 행위라 할 것이므로 그 처분행위에 따른 권리의 양도가 있는 경우에도 처분이 완전히 끝날 때까지는 허가의 효력이 유효하게 존속한다."(대법원 2005. 9. 28. 선고 2004다50044)

16

행정심판위원회에 대한 설명으로 옳지 않은 것은? (다툼이 있는 경우 판례에 의함)

① 중앙행정심판위원회는 심판청구를 심리·재결할 때에 처분 또는 부작위의 근거가 되는 명령 등이 법령에 근거가 없거나 상위 법령에 위배되거나 국민에게 과도한 부담을 주는 등 크게 불합리하면 관계 행정기관에 그 명령 등의 개정·폐지 등 적절한 시정조치를 요청할 수 있다.
② 중앙행정심판위원회는 위원장 1명을 포함하여 70명 이내의 위원으로 구성하되, 위원 중 상임위원은 4명 이내로 한다.
③ 행정심판위원회의 위원에 대한 기피신청은 그 사유를 소명한 문서로 하여야 한다.
④ 서울특별시장의 처분에 대한 행정심판은 서울특별시 행정심판위원회에서 심리·재결한다.

해설 정답 ❹

이하 행정심판법
① (○) 제59조 제1항

제59조(불합리한 법령 등의 개선) ① 중앙행정심판위원회는 심판청구를 심리·재결할 때에 처분 또는 부작위의 근거가 되는 명령 등(대통령령·총리령·부령·훈령·예규·고시·조례·규칙 등을 말한다. 이하 같다)이 법령에 근거가 없거나 상위 법령에 위배되거나 국민에게 과도한 부담을 주는 등 크게 불합리하면 관계 행정기관에 그 명령 등의 개정·폐지 등 적절한 시정조치를 요청할 수 있다. 이 경우 중앙행정심판위원회는 시정조치를 요청한 사실을 법제처장에게 통보하여야 한다.

② (○) 제8조 제1항

제8조(중앙행정심판위원회의 구성) ① 중앙행정심판위원회는 위원장 1명을 포함하여 70명 이내의 위원으로 구성하되, 위원 중 상임위원은 4명 이내로 한다.

③ (○) 제10조 제3항 본문

제10조(위원의 제척·기피·회피) ③ 위원에 대한 제척신청이나 기피신청은 그 사유를 소명(疏明)한 문서로 하여야 한다. 다만, 불가피한 경우에는 신청한 날부터 3일 이내에 신청 사유를 소명할 수 있는 자료를 제출하여야 한다.

④ (×) 제6조 제2항 제2호

제6조(행정심판위원회의 설치) ② 다음 각 호의 행정청의 처분 또는 부작위에 대한 심판청구에 대하여는 「부패방지 및 국민권익위원회의 설치와 운영에 관한 법률」에 따른 국민권익위원회(이하 "국민권익위원회"라 한다)에 두는 중앙행정심판위원회에서 심리·재결한다.
1. 제1항에 따른 행정청 외의 국가행정기관의 장 또는 그 소속 행정청
2. 특별시장·광역시장·특별자치시장·도지사·특별자치도지사(특별시·광역시·특별자치시·도 또는 특별자치도의 교육감을 포함한다. 이하 "시·도지사"라 한다) 또는 특별시·광역시·특별자치시·도·특별자치도(이하 "시·도"라 한다)의 의회(의장, 위원회의 위원장, 사무처장 등 의회 소속 모든 행정청을 포함한다)
3. 「지방자치법」에 따른 지방자치단체조합 등 관계 법률에 따라 국가·지방자치단체·공공법인 등이 공동으로 설립한 행정청. 다만, 제3항 제3호에 해당하는 행정청은 제외한다.

17

행정행위의 하자의 승계에 대한 설명으로 옳지 않은 것은? (다툼이 있는 경우 판례에 의함)

① 친일반민족행위자로 결정한 최종발표와 그에 따라 그 유가족에 대하여 한 「독립유공자예우에 관한 법률」 적용배제자 결정은 별개의 법률효과를 목적으로 하는 처분이다.
② 건물철거명령과 후행 대집행계고처분 간에는 하자의 승계가 인정되므로 건물철거명령의 취소사유를 들어 대집행계고처분의 위법을 주장할 수 있다.
③ 적정행정의 유지에 대한 요청에서 나오는 하자의 승계를 인정하면 국민의 권리를 보호하고 구제하는 범위가 더 넓어진다.
④ 단계적으로 진행되는 행정행위에서 선행 행정행위가 당연무효라면 양자가 서로 독립하여 별개의 효과를 목적으로 하는 경우에도 후행 행정행위는 당연무효가 된다.

해설 정답 ❷

① (○) 별개의 법률효과를 목적으로 하는 처분이지만 수인한도를 이유로 하자가 승계된다고 본 사례 중 하나이다. 관련판례 "갑을 친일반민족행위자로 결정한 친일반민족행위진상규명위원회(이하 '진상규명위원회'라 한다)의 최종발표(선행처분)에 따라 지방보훈지청장이 독립유공자 예우에 관한 법률(이하 '독립유공자법'이라 한다) 적용대상자로 보상금 등의 예우를 받던 갑의 유가족 을 등에 대하여 독립유공자법 적용배제자 결정(후행처분)을 한 사안에서, 진상규명위원회가 갑의 친일반민족행위자 결정 사실을 통지하지 않아 을은 후행처분이 있기 전까지 선행처분의 사실을 알지 못하였고, 후행처분인 지방보훈지청장의 독립유공자법 적용배제결정이 자신의 법률상 지위에 직접적인 영향을 미치는 행정처분이라고 생각했을 뿐, 통지를 받지도 않은 진상규명위원회의 친일반민족행위자 결정처분이 자신의 법률상 지위에 영향을 주는 독립된 행정처분이라고 생각하기는 쉽지 않았을 것으로 보여, 을이 선행처분에 대하여 일제강점하 반민족행위 진상규명에 관한 특별법에 의한 이의신청절차를 밟거나 후행처분에 대한 것과 별개로 행정심판이나 행정소송을 제기하지 않았다고 하여 선행처분의 하자를 이유로 후행처분의 효력을 다툴 수 없게 하는 것은 을에게 수인한도를 넘는 불이익을 주고 그 결과가 을에게 예측가능한 것이라고 할 수 없어 선행처분의 후행처분에 대한 구속력을 인정할 수 없으므로 선행처분의 위법을 이유로 후행처분의 효력을 다툴 수 있음에도, 이와 달리 본 원심판결에 법리를 오해한 위법이 있다고 한 사례."(대법원 2013. 3. 14. 선고 2012두6964)

② (×) 건물철거명령과 대집행계고처분 간에는 하자의 승계가 인정되지 않는다. 관련판례 "만일 위 철거명령이 원고에 대한 것이며 이 철거명령에 대한 소원이나 소송을 제기하여 그 위법함을 소구하는 절차를 거치지 아니하였다면 위 선행행위인 건물철거명령은 적법한 것으로 확정되었다고 할 것이니 후행행위인 이 사건 대집행계고처분에서는 이 사건 건물이 무허가 건물이 아닌 적법한 건축물이라는 주장이나 그러한 사실인정을 하지 못한다고 할 것이다(당원 1975. 12. 9. 선고 75누218 판결 참조). 그럼에도 불구하고 원심이 위 선행행위인철거처분의 유무 및 이에 대한 소구절차에 관한 것과 계고처분 그 자체에 무슨 위법이 있는 여부에 관한 심리를 아니한 채 원고의 청구를 인용하였음은 심리미진 및 이유불비의 위법을 면할 수 없다고 할 것이다."(대법원 1982. 7. 27. 선고 81누293)

③ (○) 선행 행정행위에 대한 제소기간이 도과하여 더 이상 선행 행정행위에 대해서는 다툴 수 없게 된 상황이라 하더라도, 하자의 승계가 인정되면 형식적으로는 후행 행정행위의 위법성을 다투면서 실질적으로는 다시 선행 행정행위의 위법성을 문제 삼을 수 있게 되므로, 하자의 승계를 인정하면 국민의 권리를 보호하고 구제하는 범위가 더 넓어진다.

④ (○) 선행 행정행위에 무효사유에 해당하는 하자가 존재하는 경우에는 언제나 하자의 승계가 인정된다고 본다.

18

신고에 대한 설명으로 옳지 않은 것은? (다툼이 있는 경우 판례에 의함)

① 식품접객업 영업신고에 대해서는 「식품위생법」이 「건축법」에 우선 적용되므로, 영업신고가 「식품위생법」상의 신고요건을 갖춘 경우라면 그 영업신고를 한 해당 건축물이 「건축법」상 무허가건축물이라도 적법한 신고에 해당된다.
② 행정청이 구 「식품위생법」상의 영업자지위승계신고 수리처분을 하는 경우, 행정청은 종전의 영업자에 대하여 「행정절차법」 소정의 행정절차를 실시하여야 한다.
③ 숙박업을 하고자 하는 자가 법령이 정하는 시설과 설비를 갖추고 행정청에 신고를 하면 행정청은 공중위생관리법령의 규정에 따라 원칙적으로 이를 수리하여야 하므로, 새로 숙박업을 하려는 자가 기존에 다른 사람이 숙박업 신고를 한 적이 있는 시설 등의 소유권 등 정당한 사용권한을 취득하여 법령에서 정한 요건을 갖추어 신고하였다면, 행정청으로서는 특별한 사정이 없는 한 이를 수리하여야 하고, 기존의 숙박업 신고가 외관상 남아있다는 이유로 이를 거부할 수 없다.
④ 수리란 신고를 유효한 것으로 판단하고 법령에 의하여 처리할 의사로 이를 수령하는 수동적 행위이므로 수리행위에 신고필증 교부 등 행위가 꼭 필요한 것은 아니다.

해설 정답 ❶

① (×) "식품위생법과 건축법은 그 입법 목적, 규정사항, 적용범위 등을 서로 달리하고 있어 식품접객업에 관하여 식품위생법이 건축법에 우선하여 배타적으로 적용되는 관계에 있다고는 해석되지 않는다. 그러므로 식품위생법에 따른 식품접객업(일반음식점영업)의 영업신고의 요건을 갖춘 자라고 하더라도, 그 영업신고를 한 당해 건축물이 건축법 소정의 허가를 받지 아니한 무허가 건물이라면 적법한 신고를 할 수 없다."(대법원 2009. 4. 23. 선고 2008도6829)

② (○) "행정절차법 제21조 제1항, 제22조 제3항 및 제2조 제4호의 각 규정에 의하면, 행정청이 당사자에게 의무를 과하거나 권익을 제한하는 처분을 함에 있어서는 당사자 등에게 처분의 사전통지를 하고 의견제출의 기회를 주어야 하며, 여기서 당사자라 함은 행정청의 처분에 대하여 직접 그 상대가 되는 자를 의미한다 할 것이고, 한편 구 식품위생법(2002. 1. 26. 법률 제6627호로 개정되기 전의 것) 제25조 제2항, 제3항의 각 규정에 의하면, 지방세법에 의한 압류재산 매각절차에 따라 영업시설의 전부를 인수함으로써 그 영업자의 지위를 승계한 자가 관계 행정청에 이를 신고하여 행정청이 이를 수리하는 경우에는 종전의 영업자에 대한 영업허가 등은 그 효력을 잃는다 할 것인데, 위 규정들을 종합하면 위 행정청이 구 식품위생법 규정에 의하여 영업자지위승계신고를 수리하는 처분은 종전의 영업자의 권익을 제한하는 처분이라 할 것이고 따라서 종전의 영업자는 그 처분에 대하여 직접 그 상대가 되는 자에 해당한다고 봄이 상당하므로, 행정청으로서는 위 신고를 수리하는 처분을 함에 있어서 행정절차법 규정 소정의 당사자에 해당하는 종전의 영업자에 대하여 위 규정 소정의 행정절차를 실시하고 처분을 하여야 한다."(대법원 2003. 2. 14. 선고 2001두7015)

③ (○) "숙박업을 하고자 하는 자가 법령이 정하는 시설과 설비를 갖추고 행정청에 신고를 하면, 행정청은 공중위생관리법령의 위 규정에 따라 원칙적으로 이를 수리하여야 한다. 행정청이 법령이 정한 요건 이외의 사유를 들어 수리를 거부하는 것은 위 법령의 목적에 비추어 이를 거부해야 할 중대한 공익상의 필요가 있다는 등 특별한 사정이 있는 경우에 한한다. 이러한 법리는 이미 다른 사람 명의로 숙박업 신고가 되어 있는 시설 등의 전부 또는 일부에서 새로 숙박업을 하고자 하는 자가 신고를 한 경우에도 마찬가지이다. 기존에 다른 사람이 숙박업 신고를 한 적이 있더라도 새로 숙박업을 하려는 자가 그 시설 등의 소유권 등 정당한 사용권한을 취득하여 법령에서 정한 요건을 갖추어 신고하였다면, 행정청으로서는 특별한 사정이 없는 한 이를 수리하여야 하고, 단지 해당 시설 등에 관한 기존의 숙박업 신고가 외관상 남아있다는 이유만으로 이를 거부할 수 없다."(대법원 2017. 5. 30. 선고 2017두34087)

④ (○) "구 장사 등에 관한 법률(2007. 5. 25. 법률 제8489호로 전부 개정되기 전의 것, 이하 '구 장사법'이라 한다) 제14조 제1항, 구 장사 등에 관한 법률 시행규칙(2008. 5. 26. 보건복지가족부령 제15호로 전부 개정되기 전의 것) 제7조 제1항 [별지 제7호 서식] 을 종합하면, 납골당설치 신고는 이른바 '수리를 요하는 신고'라 할 것이므로, 납골당설치 신고가 구 장사법 관련 규정의 모든 요건에 맞는 신고라 하더라도 신고인은 곧바로 납골당을 설치할 수는 없고, 이에 대한 행정청의 수리처분이 있어야만 신고한 대로 납골당을 설치할 수 있다. 한편 수리란 신고를 유효한 것으로 판단하고 법령에 의하여 처리할 의사로 이를 수령하는 수동적 행위이므로 수리행위에 신고필증 교부 등 행위가 꼭 필요한 것은 아니다."(대법원 2011. 9. 8. 선고 2009두6766)

19

항고소송의 대상인 처분에 대한 설명으로 옳은 것은? (다툼이 있는 경우 판례에 의함)

① 검사의 불기소결정은 공권력의 행사에 포함되므로, 검사의 자의적인 수사에 의하여 불기소결정이 이루어진 경우 그 불기소결정은 처분에 해당한다.

② 금융감독위원회의 파산신청이 있게 되면 당해 부실금융기관이 파산절차 내에서 여러 가지 법률상 불이익을 입게 되므로, 구 「금융산업의구조개선에관한법률」 및 구 「상호저축은행법」상 금융감독위원회의 파산신청은 항고소송의 대상이 되는 처분에 해당한다.

③ 법무부장관의 입국금지결정이 그 의사가 공식적인 방법으로 외부에 표시된 것이 아니라 단지 그 정보를 내부 전산망인 출입국관리정보시스템에 입력하여 관리한 것에 지나지 않은 경우, 이는 항고소송의 대상에 해당되지 않는다.

④ 지방의회의 의장은 지방의회를 대표하고 의사를 정리하며 회의장 내의 질서를 유지할 의무가 있어 일반 국민과 구제절차를 달리해야 할 필요가 있으므로, 지방의회 의장에 대한 불신임 의결은 항고소송의 대상이 되는 처분에 해당하지 않는다.

해설 정답 ❸

① (×) "행정소송법상 거부처분 취소소송의 대상인 '거부처분'이란 '행정청이 행하는 구체적 사실에 관한 법집행으로서의 공권력의 행사 또는 이에 준하는 행정작용', 즉 적극적 처분의 발급을 구하는 신청에 대하여 그에 따른 행위를 하지 않았다고 거부하는 행위를 말하고, 부작위위법확인소송의 대상인 '부작위'란 '행정청이 당사자의 신청에 대하여 상당한 기간 내에 일정한 처분을 하여야 할 법률상 의무가 있음에도 불구하고 이를 하지 아니하는 것'을 말한다(제2조 제1항 제1호, 제2호). 여기에서 '처분'이란 행정소송법상 항고소송의 대상이 되는 처분을 의미하는 것으로서, 행정소송법 제2조의 처분의 개념 정의에는 해당한다고 하더라도 그 처분의 근거 법률에서 행정소송 이외의 다른 절차에 의하여 불복할 것을 예정하고 있는 처분은 항고소송의 대상이 될 수 없다. 검사의 불기소결정에 대해서는 검찰청법에 의한 항고와 재항고, 형사소송법에 의한 재정신청에 의해서만 불복할 수 있는 것이므로, 이에 대해서는 행정소송법상 항고소송을 제기할 수 없다."(대법원 2018. 9. 28. 선고 2017두47465)

② (×) "구 금융산업의 구조개선에 관한 법률(2002. 12. 26. 법률 제6807호로 개정되기 전의 것) 제16조 제1항 및 구 상호저축은행법(2003. 12. 11. 법률 제6992호로 개정되기 전의 것) 제24조의13에 의하여 금융감독위원회는 부실금융기관에 대하여 파산을 신청할 수 있는 권한을 보유하고 있는바, 위 파산신청은 그 성격이 법원에 대한 재판상 청구로서 그 자체가 국민의 권리·의무에 어떤 영향을 미치는 것이 아닐 뿐만 아니라, 위 파산신청으로 인하여 당해 부실금융기관이 파산절차 내에서 여러 가지 법률상 불이익을 입는다 할지라도 파산법원이 관할하는 파산절차 내에서 그 신청의 적법 여부 등을 다투어야 할 것이므로, 위와 같은 금융감독위원회의 파산신청은 행정소송법상 취소소송의 대상이 되는 행정처분이라 할 수 없다."(대법원 2006. 7. 28. 선고 2004두13219)

③ (○) "병무청장이 법무부장관에게 '가수 갑이 공연을 위하여 국외여행허가를 받고 출국한 후 미국 시민권을 취득함으로써 사실상 병역의무를 면탈하였으므로 재외동포 자격으로 재입국하고자 하는 경우 국내에서 취업, 가수활동 등 영리활동을 할 수 없도록 하고, 불가능할 경우 입국 자체를 금지해 달라'고 요청함에 따라 법무부장관이 갑의

입국을 금지하는 결정을 하고, 그 정보를 내부전산망인 '출입국관리정보시스템'에 입력하였으나, 갑에게는 통보하지 않은 사안에서, 행정청이 행정의사를 외부에 표시하여 행정청이 자유롭게 취소·철회할 수 없는 구속을 받기 전에는 '처분'이 성립하지 않으므로 법무부장관이 출입국관리법 제11조 제1항 제3호 또는 제4호, 출입국관리법 시행령 제14조 제1항, 제2항에 따라 위 입국금지결정을 했다고 해서 '처분'이 성립한다고 볼 수는 없고, 위 입국금지결정은 법무부장관의 의사가 공식적인 방법으로 외부에 표시된 것이 아니라 단지 그 정보를 내부전산망인 '출입국관리정보시스템'에 입력하여 관리한 것에 지나지 않으므로, 위 입국금지결정은 항고소송의 대상이 될 수 있는 '처분'에 해당하지 않는데도, 위 입국금지결정이 처분에 해당하여 공정력과 불가쟁력이 있다고 본 원심판단에 법리를 오해한 잘못이 있다고 한 사례."(대법원 2019. 7. 11. 선고 2017두38874)

④ (×) "지방의회를 대표하고 의사를 정리하며 회의장 내의 질서를 유지하고 의회의 사무를 감독하며 위원회에 출석하여 발언할 수 있는 등의 직무권한을 가지는 지방의회 의장에 대한 불신임의결은 의장으로서의 권한을 박탈하는 행정처분의 일종으로서 항고소송의 대상이 된다."(대법원 1994. 10. 11. 자 94두23)

20

「공공기관의 정보공개에 관한 법률」에 대한 설명으로 옳은 것은? (다툼이 있는 경우 판례에 의함)

① 외국 기관으로부터 비공개를 전제로 정보를 입수하였다는 이유만으로, 이를 공개할 경우 업무의 공정한 수행에 현저한 지장을 받을 것이라 단정할 수 없다.

② 정보공개청구권은 국민의 알권리에 근거한 헌법상 기본권이므로, 형사재판확정기록의 공개에 관하여는 「형사소송법」의 규정이 적용되더라도 「공공기관의 정보공개에 관한 법률」에 의한 정보공개청구가 허용된다.

③ 사면대상자들의 사면실시건의서와 그와 관련된 국무회의 안건자료는, 그 공개로 얻는 이익보다 그로 인하여 침해되는 당사자들의 사생활의 비밀에 관한 이익이 더욱 크므로 비공개대상정보에 해당한다.

④ 정보공개청구인이 공공기관에 대하여 정보공개를 청구하였다가 거부처분을 받은 것 자체만으로는 법률상 이익의 침해가 있은 것으로 인정되지 않고, 정보공개청구인은 자신에게 해당 정보의 공개를 구할 법률상 이익이 있음을 별도로 입증하여야 한다.

해설 정답 ❶

① (○) "외국 또는 외국 기관으로부터 비공개를 전제로 정보를 입수하였다는 이유만으로 이를 공개할 경우 업무의 공정한 수행에 현저한 지장을 받을 것이라고 단정할 수는 없다. 다만 위와 같은 사정은 정보제공자와의 관계, 정보 제공자의 의사, 정보의 취득 경위, 정보의 내용 등과 함께 업무의 공정한 수행에 현저한 지장이 있는지를 판단할 때 고려하여야 할 형량 요소이다."(대법원 2018. 9. 28. 선고 2017두69892)

② (×) "형사소송법 제59조의2의 내용·취지 등을 고려하면, 형사소송법 제59조의2는 형사재판확정기록의 공개 여부나 공개 범위, 불복절차 등에 대하여 구 공공기관의 정보공개에 관한 법률(2013. 8. 6. 법률 제11991호로 개정되기 전의 것, 이하 '정보공개법'이라고 한다)과 달리 규정하고 있는 것으로 정보공개법 제4조 제1항에서 정한 '정보의 공개에 관하여 다른 법률에 특별한 규정이 있는 경우'에 해당한다. 따라서 형사재판확정기록의 공개에 관하여는 정보공개법에 의한 공개청구가 허용되지 아니한다."(대법원 2016. 12. 15. 선고 2013두20882)

③ (×) "사면대상자들의 사면실시건의서와 그와 관련된 국무회의 안건자료에 관한 정보는 그 공개로 얻는 이익이 그로 인하여 침해되는 당사자들의 사생활의 비밀에 관한 이익보다 더욱 크므로 구 공공기관의 정보공개에 관한 법률(2004. 1. 29. 법률 제7127호로 전문 개정되기 전의 것) 제7조 제1항 제6호에서 정한 비공개사유에 해당하지 않는다."(대법원 2006. 12. 7. 선고 2005두241)

④ (×) 정보공개청구권자가 공공기관에 대하여 정보공개를 청구하였다가 거부처분을 받은 것 자체만으로도 법률상 이익의 침해가 있은 것으로 인정된다. 관련판례 "국민의 정보공개청구권은 법률상 보호되는 구체적인 권리이므로, 공공기관에 대하여 정보의 공개를 청구하였다가 공개거부처분을 받은 청구인은 행정소송을 통하여 그 공개거부처분의 취소를 구할 법률상의 이익이 있다."(대법원 2003. 3. 11. 선고 2001두6425)

A D M I N I S T R A T I V E L A W

05회 정답과 해설

문제 p.28

Answer

01	④	06	②	11	③	16	②
02	④	07	④	12	④	17	④
03	③	08	①	13	④	18	①
04	②	09	④	14	②	19	①
05	③	10	①	15	③	20	③

01

처분사유의 추가·변경에 대한 설명으로 옳은 것(○)과 옳지 않은 것(×)을 바르게 조합한 것은? (다툼이 있는 경우 판례에 의함)

㉠ 처분청은 원고의 권리방어가 침해되지 않는 한도 내에서 당해 취소소송의 대법원 확정판결 전까지 처분사유의 추가·변경을 할 수 있다.
㉡ 정기간행물 등록신청 거부에 있어서 「정기간행물의등록에 관한법률」 및 그 시행령 소정의 첨부서류가 제출되지 아니하였다는 주장과 발행주체가 불법단체라는 당초의 처분사유 사이에는 기본적 사실관계에 있어서 동일성이 인정되지 않는다.
㉢ 이동통신요금 원가 관련 정보공개청구에 대해 행정청이 별다른 이유를 제시하지 아니한 채 통신요금과 관련한 총괄원가액수만을 공개한 후, 정보공개거부처분 취소소송에서 원가 관련 정보가 법인의 영업상 비밀에 해당한다는 비공개사유를 주장하는 것은, 그 기본적 사실관계가 동일하다고 볼 수 없는 사유를 추가하는 것이다.
㉣ 처분사유의 추가·변경이 인정되기 위한 요건으로서의 기본적 사실관계의 동일성 유무는, 처분사유를 법률적으로 평가하기 이전의 구체적인 사실에 착안하여 그 기초적인 사회적 사실관계가 기본적인 점에서 동일한지 여부에 따라 결정된다.

① ㉠(○), ㉡(○), ㉢(○), ㉣(○)
② ㉠(○), ㉡(×), ㉢(×), ㉣(×)
③ ㉠(×), ㉡(○), ㉢(×), ㉣(○)
④ ㉠(×), ㉡(×), ㉢(○), ㉣(○)

해설 정답 ❹

㉠ (×) "처분청은 원고의 권리방어가 침해되지 않는 한도 내에서, 당해 취소소송의 사실심 변론종결 전까지 처분사유의 추가·변경을 할 수 있다."(대법원 1997. 5. 16. 96누8796)

㉡ (×) "피고가 원심 소송과정에서 이 사건 정기간행물의 제호에 노동조합법상 합법적인 노동조합이 아니면 사용할 수 없고 그 사용시에 형사처벌이 가해지는 '노동조합'이라는 명칭의 약칭이 사용되어 있고 또한 이 사건 정기간행물의 발행주체가 단체인데도 정간법시행령 제6조 제2호 소정의 첨부서류(단체의 정관 규약과 설립을 증명하는 서류)가 제출되지 아니하였으므로 이 사건 등록거부처분이 적법하다고 주장하였는데도 원심은 이들이 모두 당초 처분시에 처분사유로 삼지 아니한 별도의 새로운 처분사유라는 이유로 그 적법 여부를 판단하지 아니하였는바, 다른 법령에 의하여 금지·처벌되는 명칭이 제호에 사용되어 있다는 주장은 당초 처분시에 불법단체인 전국교직원노동조합의 약칭(전교조)이 제호에 사용되었다고 적시한 것과 비교하여 볼 때 당초에 적시한 구체적 사실을 변경하지 아니한 채 단순히 근거 법조만을 추가·변경한 주장으로서 이를 새로운 처분사유의 추가·변경이라고 할 수 없고(대법원 1987. 12. 8. 선고 87누632 판결 참조), 또한 정간법령 소정의 첨부서류가 제출되지 아니하였다는 주장은 발행주체가 불법단체라는 당초의 처분사유와 비교하여 볼 때 발행주체가 단체라는 점을 공통으로 하고 있어 기본적 사실관계에 동일성이 있는 주장으로서 소송에서 처분사유로 추가·변경할 수 있다고 보아야 할 것이므로, 이와 다른 전제에 서서 피고의 위 두 가지 주장의 적법 여부를 판단하지 아니한 원심판결에는 처분사유의 추가·변경에 관한 법리를 오해하여 심리를 다하지 아니한 위법이 있다고 할 것이다."(대법원 1998. 4. 24. 선고 96누13286)

㉢ (○) "피고가 원고의 정보공개청구에 대하여 별다른 이유를 제시하지 않은 채 이동통신요금과 관련한 총괄원가액수만을 공개한 것은, 이 사건 원가 관련 정보에 대하여 비공개결정을 하면서 비공개이유를 명시하지 않은 경우에 해당하여 위법하다고 판단하면서, 피고가 이 사건 소송에서 비로소 이 사건 원가 관련 정보가 법인의 영업상 비밀에 해당한다는 비공개사유를 주장하는 것은, 그 기본적 사실관계가 동일하다고 볼 수 없는 사유를 추가하는 것이어서 허용될 수 없다고 판단하였다."(대법원 2018. 4. 12. 선고 2014두5477)

㉣ (○) "행정처분의 취소를 구하는 항고소송에 있어서, 처분청은 당초 처분의 근거로 삼은 사유와 기본적 사실관계가 동일성이 있다고 인정되는 한도 내에서만 다른 사유를 추가하거나 변경할 수 있고, 여기서 기본적 사실관계의 동일성 유무는 처분사유를 법률적으로 평가하기 이전의 구체적인 사실에 착안하여 그 기초인 사회적 사실관계가 기본적인 점에서 동일한지 여부에 따라 결정되며 이와 같이 기본적 사실관계와 동일성이 인정되지 않는 별개의 사실을 들어 처분사유로 주장하는 것이 허용되지 않는다고 해석하는 이유는 행정처분의 상대방의 방어권을 보장함으로써 실질적 법치주의를 구현하고 행정처분의 상대방에 대한 신뢰를 보호하고자 함에 그 취지가 있다."(대법원 2007. 10. 11. 선고 2007두9365)

02

판례에 따를 때, 다음 중 당사자소송에 해당하는 것만을 모두 고르면?

㉠ 공무원연금관리공단의 급여결정에 관한 소송
㉡ 공무원연금법령 개정으로 퇴직연금 중 일부 금액의 지급이 정지되어서 미지급된 퇴직연금의 지급을 구하는 소송
㉢ 법령상 이미 존재와 범위가 확정되어 있는 조세과오납부액의 반환을 구하는 소송
㉣ 「도시 및 주거환경정비법」상의 주택재건축정비사업조합을 상대로 관리처분계획안에 대한 조합총회 결의의 효력을 다투는 소송

① ㉠, ㉡, ㉢
② ㉠, ㉢
③ ㉡, ㉢, ㉣
④ ㉡, ㉣

해설 정답 ❹

㉠ (×) 항고소송에 해당한다. 관련판례 "구 공무원연금법(1995. 12. 29. 법률 제5117호로 개정되기 전의 것) 제26조 제1항, 제80조 제1항, 공무원연금법시행령 제19조의2의 각 규정을 종합하면, 같은 법 소정의 급여는 급여를 받을 권리를 가진 자가 당해 공무원이 소속하였던 기관장의 확인을 얻어 신청하는 바에 따라 공무원연금관리공단이 그 지급결정을 함으로써 그 구체적인 권리가 발생하는 것이므로, 공무원연금관리공단의 급여에 관한 결정은 국민의 권리에 직접 영향을 미치는 것이어서 행정처분에 해당하고, 공무원연금관리공단의 급여결정에 불복하는 자는 공무원연금급여재심위원회의 심사결정을 거쳐 공무원연금관리공단의 급여결정을 대상으로 행정소송을 제기하여야 한다."(대법원 1996. 12. 6. 선고 96누6417)

㉡ (○) "구 공무원연금법(2000. 12. 30. 법률 제6328호로 개정되기 전의 것) 소정의 퇴직연금 등의 급여는 급여를 받을 권리를 가진 자가 당해 공무원이 소속하였던 기관장의 확인을 얻어 신청하는 바에 따라 공무원연금관리공단이 그 지급결정을 함으로써 그 구체적인 권리가 발생하는 것이므로, 공무원연금관리공단의 급여에 관한 결정은 국민의 권리에 직접 영향을 미치는 것이어서 행정처분에 해당할 것이지만, 공무원연금관리공단의 인정에 의하여 퇴직연금을 지급받아 오던 중 구 공무원연금법령의 개정 등으로 퇴직연금 중 일부 금액의 지급이 정지된 경우에는 당연히 개정된 법령에 따라 퇴직연금이 확정되는 것이지 같은 법 제26조 제1항에 정해진 공무원연금관리공단의 퇴직연금 결정과 통지에 의하여 비로소 그 금액이 확정되는 것이 아니므로, 공무원연금관리공단이 퇴직연금 중 일부 금액에 대하여 지급거부의 의사표시를 하였다고 하더라도 그 의사표시는 퇴직연금 청구권을 형성·확정하는 행정처분이 아니라 공법상의 법률관계의 한쪽 당사자로서 그 지급의무의 존부 및 범위에 관하여 나름대로의 사실상·법률상 의견을 밝힌 것일 뿐이어서, 이를 행정처분이라고 볼 수는 없고, 이 경우 미지급퇴직연금에 대한 지급청구권은 공법상 권리로서 그의 지급을 구하는 소송은 공법상의 법률관계에 관한 소송인 공법상 당사자소송에 해당한다."(대법원 2004. 7. 8. 선고 2004두244)

㉢ (×) 민사소송에 해당한다. 관련판례 "국세환급금에 관한 국세기본법 및 구 국세기본법(2007. 12. 31. 법률 제8830호로 개정되기 전의 것) 제51조 제1항은 이미 부당이득으로서 존재와 범위가 확정되어 있는 과오납부액이 있는 때에는 국가가 납세자의 환급신청을 기다리지 않고 즉시 반환하는 것이 정의와 공평에 합당하다는 법리를 선언하고 있는 것이므로, 이미 존재와 범위가 확정되어 있는 과오납부액은 납세자가 부당이득의 반환을 구하는 민사소송으로 환급을 청구할 수 있다."(대법원 2015. 8. 27. 선고 2013다212639)

㉣ (○) "도시 및 주거환경정비법상 행정주체인 주택재건축정비사업조합을 상대로 관리처분계획안에 대한 조합 총회결의의 효력 등을 다투는 소송은 행정처분에 이르는 절차적 요건의 존부나 효력 유무에 관한 소송으로서 그 소송결과에 따라 행정처분의 위법 여부에 직접 영향을 미치는 공법상 법률관계에 관한 것이므로, 이는 행정소송법상의 당사자소송에 해당한다."(대법원 2009. 9. 17. 선고 2007다2428)

03

甲은 행정청 A가 보유·관리하는 정보 중 乙과 관련이 있는 정보를 사본 교부의 방법으로 공개하여 줄 것을 청구하였다. 이에 대한 설명으로 옳은 것은? (다툼이 있는 경우 판례에 의함)

① A는 甲이 청구한 사본 교부의 방법이 아닌 열람의 방법으로 정보를 공개할 수 있는 재량권을 갖는다.
② A는 공개청구된 공개대상정보의 전부 또는 일부가 乙과 관련이 있다고 인정되는 때에는 그 사실을 乙에게 7일 이내에 통지하여야 한다.
③ A가 정보의 주체인 乙로부터 의견을 들은 결과 乙이 정보의 비공개를 요청한 경우, 乙의 비공개요청에도 불구하고 A가 공개결정을 하는 때에는 공개결정이유와 공개실시일을 분명히 밝혀 지체 없이 문서로 통지하여야 한다.
④ A가 정보공개결정을 한 경우 乙은 행정심판 또는 행정소송을 제기할 수 있으나, 이의신청을 할 수는 없다.

해설 정답 ❸

① (×) "정보공개를 청구하는 자가 공공기관에 대해 정보의 사본 또는 출력물의 교부의 방법으로 공개방법을 선택하여 정보공개청구를 한 경우에 공개청구를 받은 공공기관으로서는 같은 법 제8조 제2항에서 규정한 정보의 사본 또는 복제물의 교부를 제한할 수 있는 사유에 해당하지 않는 한 정보공개청구자가 선택한 공개방법에 따라 정보를 공개하여야 하므로 그 공개방법을 선택할 재량권이 없다고 해석함이 상당하다."(대법원 2003. 12. 12. 선고 2003두8050)

② (×) 공공기관의 정보공개에 관한 법률 제11조 제3항

> **공공기관의 정보공개에 관한 법률 제11조(정보공개 여부의 결정)** ③ 공공기관은 공개 청구된 공개 대상 정보의 전부 또는 일부가 제3자와 관련이 있다고 인정할 때에는 그 사실을 제3자에게 지체 없이 통지하여야 하며, 필요한 경우에는 그의 의견을 들을 수 있다.

③ (○) 공공기관의 정보공개에 관한 법률 제21조 제2항

> **공공기관의 정보공개에 관한 법률 제21조(제3자의 비공개 요청 등)** ② 제1항에 따른 비공개 요청에도 불구하고 공공기관이 공개 결정을 할 때에는 공개 결정 이유와 공개 실시일을 분명히 밝혀 지체 없이 문서로 통지하여야 하며, 제3자는 해당 공공기관에 문서로 이의신청을 하거나 행정심판 또는 행정소송을 제기할 수 있다. 이 경우 이의신청은 통지를 받은 날부터 7일 이내에 하여야 한다.

④ (×) 공공기관의 정보공개에 관한 법률 제21조 제2항

> **공공기관의 정보공개에 관한 법률 제21조(제3자의 비공개 요청 등)** ② 제1항에 따른 비공개 요청에도 불구하고 공공기관이 공개 결정을 할 때에는 공개 결정 이유와 공개 실시일을 분명히 밝혀 지체 없이 문서로 통지하여야 하며, 제3자는 해당 공공기관에 문서로 이의신청을 하거나 행정심판 또는 행정소송을 제기할 수 있다. 이 경우 이의신청은 통지를 받은 날부터 7일 이내에 하여야 한다.

04

무효와 취소에 대한 설명으로 옳은 것은? (다툼이 있는 경우 판례에 의함)

① 위법성의 판단기준에 있어서는 무효인 행정행위와 취소할 수 있는 행정행위를 구별할 실익이 있는 데 반해, 쟁송제기기간 및 불가쟁력의 발생에 있어서는 무효인 행정행위와 취소할 수 있는 행정행위를 구별할 실익이 없다.

② 구 「폐기물처리시설 설치촉진 및 주변지역 지원 등에 관한 법률」상 입지선정위원회가 동법 시행령의 규정에 위배하여 군수와 주민대표가 선정·추천한 전문가를 포함시키지 않은 채 임의로 구성되어 의결을 한 경우에, 이에 터잡아 이루어진 폐기물처리시설 입지결정처분은 당연무효가 된다.

③ 과세대상이 되지 않는 법률관계나 사실관계에 대하여 이를 과세대상이 되는 것으로 오인할 만한 객관적인 사실이 있는 경우에 이것이 과세대상이 되는지 여부가 그 사실관계를 정확히 조사하여야 비로소 밝혀질 수 있는 경우라도 이를 오인한 하자가 중대하고, 외관상 명백하다고 할 것이다.

④ 환경영향평가법령의 규정상 환경영향평가를 거쳐야 할 사업인 경우에, 환경영향평가를 거치지 아니하고 행한 사업승인처분을 당연무효라 볼 수는 없다.

해설 정답 ❷

① (×) 위법성의 판단기준에 있어서는 무효인 행정행위와 취소할 수 있는 행정행위를 구별할 실익이 없다. 반면 쟁송제기기간 및 불가쟁력의 발생에 있어서는 무효인 행정행위와 취소할 수 있는 행정행위를 구별할 실익이 있다.

② (○) "구 폐기물처리시설 설치촉진 및 주변지역 지원 등에 관한 법률에 정한 입지선정위원회가 그 구성방법 및 절차에 관한 같은 법 시행령의 규정에 위배하여 군수와 주민대표가 선정·추천한 전문가를 포함시키지 않은 채 임의로 구성되어 의결을 한 경우, 그에 터잡아 이루어진 폐기물처리시설 입지결정처분의 하자는 중대한 것이고 객관적으로도 명백하므로 무효사유에 해당한다고 한 사례."(대법원 2007. 4. 12. 선고 2006두20150)

③ (×) "행정청이 어느 법률관계나 사실관계에 대하여 어느 법률의 규정을 적용하여 행정처분을 한 경우에 그 법률관계나 사실관계에 대하여는 그 법률의 규정을 적용할 수 없다는 법리가 명백히 밝혀져 그 해석에 다툼의 여지가 없음에도 불구하고 행정청이 위 규정을 적용하여 처분을 한 때에는 그 하자가 중대하고도 명백하다고 할 것이나, 그 법률관계나 사실관계에 대하여 그 법률의 규정을 적용할 수 없다는 법리가 명백히 밝혀지지 아니하여 그 해석에 다툼의 여지가 있는 때에는 행정관청이 이를 잘못 해석하여 행정처분을 하였더라도 이는 그 처분 요건사실을 오인한 것에 불과하여 그 하자가 명백하다고 할 수 없는 것이고, 또한 행정처분의 대상이 되는 법률관계나 사실관계가 전혀 없는 사람에게 행정처분을 한 때에는 그 하자가 중대하고도 명백하다 할 것이나, 행정처분의 대상이 되지 아니하는 어떤 법률관계나 사실관계에 대하여 이를 처분의 대상이 되는 것으로 오인할 만한 객관적인 사정이 있는 경우로서 그것이 처분대상이 되는지의 여부가 그 사실관계를 정확히 조사하여야 비로소 밝혀질 수 있는 때에는 비록 이를 오인한 하자가 중대하다고 할지라도 외관상 명백하다고 할 수는 없다."(대법원 2004. 10. 15. 선고 2002다68485)

④ (×) "환경영향평가를 거쳐야 할 대상사업에 대하여 환경영향평가를 거치지 아니하였음에도 불구하고 승인 등 처분이 이루어진다면, 사전에 환경영향평가를 함에 있어 평가대상지역 주민들의 의견을 수렴하고 그 결과를 토대로 하여 환경부장관과의 협의내용을 사업계획에 미리 반영시키는 것 자체가 원천적으로 봉쇄되는바, 이렇게 되면 환경파괴를 미연에 방지하고 쾌적한 환경을 유지·조성하기 위하여 환경영향평가제도를 둔 입법 취지를 달성할 수 없게 되는 결과를 초래할 뿐만 아니라 환경영향평가대상지역 안의 주민들의 직접적이고 개별적인 이익을 근본적으로 침해하게 되므로, 이러한 행정처분의 하자는 법규의 중요한 부분을 위반한 중대한 것이고 객관적으로도 명백한 것이라고 하지 않을 수 없어, 이와 같은 행정처분은 당연무효이다."(대법원 2006. 6. 30. 선고 2005두14363)

05

행정법의 일반원칙에 대한 설명으로 옳은 것은? (다툼이 있는 경우 판례에 의함)

① 행정의 자기구속의 원칙은 처분청이 아닌 제3자 행정청에 대해서도 적용된다.

② 지방자치단체장이 사업자에게 주택사업계획승인을 하면서 그 주택사업과는 아무런 관련이 없는 토지를 기부채납하도록 하는 부관을 붙인 경우, 그 부관은 부당결부금지의 원칙에 위반되어 위법하고, 부관의 하자가 중대하고 명백하여 당연무효이다.

③ 입법 예고를 통해 법령안의 내용을 국민에게 예고한 적이 있다고 하더라도 그것이 법령으로 확정되지 아니한 이상 국가가 이해관계자들에게 그 법령안에 관련된 사항을 약속하였다고 볼 수 없으며, 이러한 사정만으로 어떠한 신뢰를 부여하였다고 볼 수도 없다.

④ 신뢰보호의 대상은 특정 개인에 대한 행정작용에 한정되며, 법률에 대한 신뢰는 신뢰보호의 대상이 되지 않는다.

해설 정답 ❸

① (×) 행정의 자기구속의 원칙은 처분청이 아닌 제3자 행정청에 대해서는 적용되지 않는다.

② (×) "지방자치단체장이 사업자에게 주택사업계획승인을 하면서 그 주택사업과는 아무런 관련이 없는 토지를 기부채납하도록 하는 부관을 주택사업계획승인에 붙인 경우, 그 부관은 부당결부금지의 원칙에 위반되어 위법하지만, 지방자치단체장이 승인한 사업자의 주택사업계획은 상당히 큰 규모의 사업임에 반하여, 사업자가 기부채납한 토지 가액은 그 100분의 1 상당의 금액에 불과한 데다가, 사업자가 그 동안 그 부관에 대하여 아무런 이의를 제기하지 아니하다가 지방자치단체장이 업무착오로 기부채납한 토지에 대하여 보상협조요청서를 보내자 그 때서야 비로소 부관의 하자를 들고 나온 사정에 비추어 볼 때 부관의 하자가 중대하고 명백하여 당연무효라고는 볼 수 없다고 한 사례."(대법원 1997. 3. 11. 선고 96다49650)

③ (○) "정책의 주무 부처인 중앙행정기관이 그 소관 사항에 대하여 입안한 법령안은 법제처 심사 등의 절차를 거쳐 공포함으로써 확정되므로, 법령이 확정되기 이전에는 법적 효과가 발생할 수 없다. 따라서 입법 예고를 통해 법령안의 내용을 국민에게 예고한 적이 있다고 하더라도 그것이 법령으로 확정되지 아니한 이상 국가가 이해관계자들에게 위 법령안에 관련된 사항을 약속하였다고 볼 수 없으며, 이러한 사정만으로 어떠한 신뢰를 부여하였다고 볼 수도 없다."(대법원 2018. 6. 15. 선고 2017다249769)

④ (×) 신뢰보호의 대상은 특정 개인에 대한 행정작용으로 한정되지 않고, 법률에 대한 신뢰도 신로보호의 대상이 될 수 있다.

06

「행정조사기본법」상 행정조사에 대한 설명으로 옳지 않은 것은? (다툼이 있는 경우 판례에 의함)

① 행정조사는 법령등 또는 행정조사운영계획으로 정하는 바에 따라 정기적으로 실시함을 원칙으로 하되, 법령등의 위반에 대한 신고를 받거나 민원이 접수된 때에는 수시조사를 할 수 있다.
② 정기조사 또는 수시조사를 실시한 행정기관의 장은 조사대상자의 자발적인 협조를 얻어 실시하는 경우가 아닌 한, 동일한 사안에 대하여 동일한 조사대상자를 재조사하여서는 아니 된다.
③ 행정기관의 장은 당해 행정기관 내의 2 이상의 부서가 동일하거나 유사한 업무분야에 대하여 동일한 조사대상자에게 행정조사를 실시하는 경우에는 공동조사를 하여야 한다.
④ 위법한 행정조사로 손해를 입은 국민은 「국가배상법」에 따른 손해배상을 청구할 수 있다.

해설 정답 ❷

이하 행정조사기본법
① (○) 제7조 제4호

제7조(조사의 주기) 행정조사는 법령등 또는 행정조사운영계획으로 정하는 바에 따라 정기적으로 실시함을 원칙으로 한다. 다만, 다음 각 호 중 어느 하나에 해당하는 경우에는 수시조사를 할 수 있다.
1. 법률에서 수시조사를 규정하고 있는 경우
2. 법령등의 위반에 대하여 혐의가 있는 경우
3. 다른 행정기관으로부터 법령등의 위반에 관한 혐의를 통보 또는 이첩받은 경우
4. 법령등의 위반에 대한 신고를 받거나 민원이 접수된 경우
5. 그 밖에 행정조사의 필요성이 인정되는 사항으로서 대통령령으로 정하는 경우

② (×) 제15조 제1항

제15조(중복조사의 제한) ① 제7조에 따라 정기조사 또는 수시조사를 실시한 행정기관의 장은 동일한 사안에 대하여 동일한 조사대상자를 재조사 하여서는 아니 된다. 다만, 당해 행정기관이 이미 조사를 받은 조사대상자에 대하여 위법행위가 의심되는 새로운 증거를 확보한 경우에는 그러하지 아니하다.

☞ [비교조문] 제5조

제5조(행정조사의 근거) 행정기관은 법령등에서 행정조사를 규정하고 있는 경우에 한하여 행정조사를 실시할 수 있다. 다만, 조사대상자의 자발적인 협조를 얻어 실시하는 행정조사의 경우에는 그러하지 아니하다.

③ (○) 제14조 제1항 제1호

제14조(공동조사) ① 행정기관의 장은 다음 각 호의 어느 하나에 해당하는 행정조사를 하는 경우에는 공동조사를 하여야 한다.
1. 당해 행정기관 내의 2 이상의 부서가 동일하거나 유사한 업무분야에 대하여 동일한 조사대상자에게 행정조사를 실시하는 경우
2. 서로 다른 행정기관이 대통령령으로 정하는 분야에 대하여 동일한 조사대상자에게 행정조사를 실시하는 경우

④ (○) 위법한 행정조사로 손해를 입은 국민은 국가배상법에 따른 손해배상을 청구할 수 있다. 행정조사도 공무원의 직무행위이기 때문이다.

07

협의의 소익에 대한 설명으로 옳지 않은 것은? (다툼이 있는 경우 판례에 의함)

① 기존의 고속형 시외버스운송사업자 A는 경업관계에 있는 직행형 시외버스운송사업자에 대한 사업계획변경인가처분의 취소를 구할 법률상 이익이 있다.
② 대집행계고처분 취소소송의 변론이 종결되기 전에 대집행영장에 의한 통지절차를 거쳐 사실행위로서 대집행의 실행이 완료된 경우에는 계고처분의 취소를 구할 법률상의 이익이 없다.
③ 행정청이 공무원에 대하여 새로운 직위해제 사유에 의한 직위해제처분을 한 경우 그 이전에 한 직위해제처분의 취소를 구하는 것은 소의 이익이 없어 부적법하다.
④ 사증 발급의 법적 성질과 「출입국관리법」의 입법 목적을 고려할 때 외국인은 사증발급 거부처분의 취소를 구할 법률상 이익이 있다.

해설 정답 ❹

① (○) "고속형 시외버스운송사업과 직행형 시외버스운송사업은 다 같이 운행계통을 정하고 여객을 운송하는 노선여객자동차운송사업 중 시외버스운송사업에 속하므로, 위 두 운송사업이 사용버스의 종류, 운행거리, 운행구간, 중간정차 여부 등에서 달리 규율된다는 사정만으로 본질적인 차이가 있다고 할 수 없으며, 직행형 시외버스운송사업자에 대한 사업계획변경인가처분으로 인하여 기존의 고속형 시외버스운송사업자의 노선 및 운행계통과 직행형 시외버스운송사업자들의 그것들이 일부 중복되게 되고 기존업자의 수익감소가 예상된다면, 기존의 고속형 시외버스운송사업자와 직행형 시외버스운송사업자들은 경업관계에 있는 것으로 봄이 상당하므로, 기존의 고속형 시외버스운송사업자에게 직행형 시외버스운송사업자에 대한 사업계획변경인가처분의 취소를 구할 법률상의 이익이 있다고 할 것이다."(대법원 2010. 11. 11. 선고 2010두4179)
② (○) "대집행계고처분 취소소송의 변론종결 전에 대집행영장에 의한 통지절차를 거쳐 사실행위로서 대집행의 실행이 완료된 경우에는 행위가 위법한 것이라는 이유로 손해배상이나 원상회복 등을 청구하는 것은 별론으로 하고 처분의 취소를 구할 법률상 이익은 없다." (대법원 1993. 6. 8. 선고 93누6164)
③ (○) "행정청이 공무원에 대하여 새로운 직위해제사유에 기한 직위해제처분을 한 경우 그 이전에 한 직위해제처분은 이를 묵시적으로 철회하였다고 봄이 상당하므로, 그 이전 처분의 취소를 구하는 부분은 존재하지 않는 행정처분을 대상으로 한 것으로서 그 소의 이익이 없어 부적법하다."(대법원 2003. 10. 10. 선고 2003두5945)

정답과 해설

④ (×) "사증발급의 법적 성질, 출입국관리법의 입법 목적, 사증발급 신청인의 대한민국과의 실질적 관련성, 상호주의원칙 등을 고려하면, 우리 출입국관리법의 해석상 외국인에게는 사증발급 거부처분의 취소를 구할 법률상 이익이 인정되지 않는다."(대법원 2018. 5. 15. 선고 2014두42506)

08

사업양도 · 양수에 대한 판례의 입장으로 옳은 것은?

① 양도인이 자신의 의사에 따라 양수인에게 영업을 양도하면서 양수인으로 하여금 영업을 하도록 허락하였다면 영업승계신고 및 수리처분이 있기 전에 발생한 양수인의 위반행위에 대한 행정적 책임은 양도인에게 귀속된다.

② 구 「여객자동차 운수사업법」상의 개인택시 운송사업의 양수인에 대하여 양도 · 양수 이전에 있었던 양도인에 대한 운송사업면허 취소사유를 들어 면허를 취소하려면, 양도 · 양수 당시에 취소사유가 현실적으로 발생하여야 하며 그 원인이 되는 사실이 존재하는 것만으로는 부족하다.

③ 공중위생관리법령에 따라 공중위생영업이 양도 · 양수된 후 양수인이 그 후 행정청에 새로운 영업소개설통보를 하였다면 양도인에 관한 사유로 양수인에 대하여 영업정지처분을 할 수 없다.

④ 공매 등의 절차로 영업시설의 전부를 인수함으로써 영업자의 지위를 승계한 자가 관계행정청에 이를 신고하여 관계행정청이 그 신고를 수리하는 처분에 대해 종전 영업자는 제3자로서 그 처분의 취소를 구할 법률상 이익이 인정되지 않는다.

해설 정답 ❶

① (○) "사실상 영업이 양도 · 양수되었지만 아직 승계신고 및 그 수리처분이 있기 이전에는 여전히 종전의 영업자인 양도인이 영업허가자이고, 양수인은 영업허가자가 되지 못한다 할 것이어서 행정제재처분의 사유가 있는지 여부 및 그 사유가 있다고 하여 행하는 행정제재처분은 영업허가자인 양도인을 기준으로 판단하여 그 양도인에 대하여 행하여야 할 것이고, 한편 양도인이 그의 의사에 따라 양수인에게 영업을 양도하면서 양수인으로 하여금 영업을 하도록 허락하였다면 그 양수인의 영업 중 발생한 위반행위에 대한 행정적인 책임은 영업허가자인 양도인에게 귀속된다고 보아야 할 것이다."(대법원 1995. 2. 24. 선고 94누9146)

② (×) "구 여객자동차 운수사업법(2007. 7. 13. 법률 제8511호로 개정되기 전의 것, 이하 '법'이라고 한다) 제15조 제4항에 의하면 개인택시 운송사업을 양수한 사람은 양도인의 운송사업자로서의 지위를 승계하는 것이므로, 관할관청은 개인택시 운송사업의 양도 · 양수에 대한 인가를 한 후에도 그 양도 · 양수 이전에 있었던 양도인에 대한 운송사업면허 취소사유를 들어 양수인의 사업면허를 취소할 수 있는 것이고 (대법원 1998. 6. 26. 선고 96누18960 판결 참조), 가사 양도 · 양수 당시에는 양도인에 대한 운송사업면허 취소사유가 현실적으로 발생하지 않은 경우라도 그 원인되는 사실이 이미 존재하였다면, 관할관청으로서는 그 후 발생한 운송사업면허 취소사유에 기하여 양수인의 사업면허를 취소할 수 있는 것이다."(대법원 2010. 4. 8. 선고 2009두17018)

③ (×) "업주의 위반사항에 대하여 3차 또는 4차 위반시(다만, 영업정지처분을 받고 그 영업정지기간 중 영업을 한 경우는 1차 위반시)에는 영업장폐쇄명령을 하고, 그보다 위반횟수가 적을 경우에는 영업정지, 개선명령 등을 하게 되며, (중략) 공중위생영업자가 영업소를 개설한 후 시장 등에게 영업소개설사실을 통보하도록 규정하는 외에 공중위생영업에 대한 어떠한 제한규정도 두고 있지 아니한 것은 공중위생영업의 양도가 가능함을 전제로 한 것이라 할 것이므로, 양수인이 그 양수 후 행정청에 새로운 영업소개설통보를 하였다 하더라도, 그로 인하여 영업양도 · 양수로 영업소에 관한 권리의무가 양수인에게 이전하는 법률효과까지 부정되는 것은 아니라 할 것인바, 만일 어떠한 공중위생영업에 대하여 그 영업을 정지할 위법사유가 있다면, 관할 행정청은 그 영업이 양도 · 양수되었다 하더라도 그 업소의 양수인에 대하여 영업정지처분을 할 수 있다고 봄이 상당하다."(대법원 2001. 6. 29. 선고 2001두1611)

④ (×) "공매 등의 절차에 따라 문화체육관광부령으로 정하는 주요한 유원시설업 시설의 전부 또는 체육시설업의 시설 기준에 따른 필수시설을 인수함으로써 유원시설업자 또는 체육시설업자의 지위를 승계한 자가 관계 행정청에 이를 신고하여 행정청이 수리하는 경우에는 종전 유원시설업자에 대한 허가는 효력을 잃고, 종전 체육시설업자는 적법한 신고를 마친 체육시설업자의 지위를 부인당할 불안정한 상태에 놓이게 된다. 따라서 행정청이 구 관광진흥법 또는 구 체육시설법의 규정에 의하여 유원시설업자 또는 체육시설업자 지위승계신고를 수리하는 처분은 종전 유원시설업자 또는 체육시설업자의 권익을 제한하는 처분이고, 종전 유원시설업자 또는 체육시설업자는 그 처분에 대하여 직접 그 상대가 되는 자에 해당한다고 보는 것이 타당하므로, 행정청이 그 신고를 수리하는 처분을 할 때에는 행정절차법 규정에서 정한 당사자에 해당하는 종전 유원시설업자 또는 체육시설업자에 대하여 위 규정에서 정한 행정절차를 실시하고 처분을 하여야 한다."(대법원 2012. 12. 13. 선고 2011두29144)

09

다음 「행정기본법」 규정에 대한 설명으로 옳지 않은 것은?

① 「행정기본법」에 따르면, 이의신청에 대한 결과를 통지받은 후 행정심판을 제기하려는 자는 그 결과를 통지받은 날부터 90일 이내에 행정심판을 제기할 수 있다.

② 「행정기본법」에 따르면, 당사자는 제재처분을 행정심판, 행정소송 및 그 밖의 쟁송을 통하여 다툴 수 없게 된 경우에 해당 처분을 한 행정청에 처분을 취소 또는 철회하여 줄 것을 신청할 수 없다.

③ 행정기관의 내부 업무 처리 절차로서 수리를 규정한 경우는 법률에 신고의 수리가 필요하다고 명시되어 있는 경우라 하더라도 수리를 요하는 신고에 해당하지 않는다.

④ 「행정기본법」에 따르면, 당사자는 「국가인권위원회법」에 따른 진정에 대한 국가인권위원회의 결정을 행정심판, 행정소송 및 그 밖의 쟁송을 통하여 다툴 수 없게 된 경우에 해당 결정을 한 국가인권위원회에 결정을 취소 또는 철회하여 줄 것을 신청할 수 없다.

해설 정답 ④

① (○) 행정기본법 제36조 제4항

행정기본법 제36조(처분에 대한 이의신청) ④ 이의신청에 대한 결과를 통지받은 후 행정심판 또는 행정소송을 제기하려는 자는 그 결과를 통지받은 날(제2항에 따른 통지기간 내에 결과를 통지받지 못한 경우에는 같은 항에 따른 통지기간이 만료되는 날의 다음 날을 말한다)부터 90일 이내에 행정심판 또는 행정소송을 제기할 수 있다.

② (○) 행정기본법 제36조 제1항

행정기본법 제37조(처분의 재심사) ① 당사자는 처분(제재처분 및 행정상 강제는 제외한다. 이하 이 조에서 같다)이 행정심판, 행정소송 및 그 밖의 쟁송을 통하여 다툴 수 없게 된 경우(법원의 확정판결이 있는 경우는 제외한다)라도 다음 각 호의 어느 하나에 해당하는 경우에는 해당 처분을 한 행정청에 처분을 취소·철회하거나 변경하여 줄 것을 신청할 수 있다.

③ (○) 행정기본법 제34조

행정기본법 제34조(수리 여부에 따른 신고의 효력) 법령등으로 정하는 바에 따라 행정청에 일정한 사항을 통지하여야 하는 신고로서 법률에 신고의 수리가 필요하다고 명시되어 있는 경우(행정기관의 내부 업무 처리 절차로서 수리를 규정한 경우는 제외한다)에는 행정청이 수리하여야 효력이 발생한다.

④ (×) 「국가인권위원회법」에 따른 진정에 대한 국가인권위원회의 결정은, 이의신청의 대상에서는 제외되지만(제36조 제7항), 재심사의 대상에서는 제외되지 않는다.

행정기본법 제36조(처분에 대한 이의신청) ⑦ 다음 각 호의 어느 하나에 해당하는 사항에 관하여는 이 조를 적용하지 아니한다.
1. 공무원 인사 관계 법령에 따른 징계 등 처분에 관한 사항
2. 「국가인권위원회법」 제30조에 따른 진정에 대한 국가인권위원회의 결정
3. 「노동위원회법」 제2조의2에 따라 노동위원회의 의결을 거쳐 행하는 사항
4. 형사, 행형 및 보안처분 관계 법령에 따라 행하는 사항
5. 외국인의 출입국·난민인정·귀화·국적회복에 관한 사항
6. 과태료 부과 및 징수에 관한 사항

행정기본법 제37조(처분의 재심사) ⑧ 다음 각 호의 어느 하나에 해당하는 사항에 관하여는 이 조를 적용하지 아니한다.
1. 공무원 인사 관계 법령에 따른 징계 등 처분에 관한 사항
2. 「노동위원회법」 제2조의2에 따라 노동위원회의 의결을 거쳐 행하는 사항
3. 형사, 행형 및 보안처분 관계 법령에 따라 행하는 사항
4. 외국인의 출입국·난민인정·귀화·국적회복에 관한 사항
5. 과태료 부과 및 징수에 관한 사항
6. 개별 법률에서 그 적용을 배제하고 있는 경우

10

행정지도에 대한 설명으로 옳지 않은 것은? (다툼이 있는 경우 판례에 의함)

① 기업의 도산과 같이 국민경제에 심대한 영향을 미치는 중요한 사안에 대하여 재무부장관(현 기획재정부장관)이 부실채권의 정리에 관하여 금융기관을 행정지도함에 있어 사전에 대통령에게 보고하여 지시를 받는다면 이는 위법하다.
② 세무당국이 주류제조회사에 대하여 특정 업체와의 주류거래를 일정기간 중지하여 줄 것을 요청한 행위는 권고적 성격의 행위로서 행정처분이라고 볼 수 없다.
③ 행정지도는 당해 행정기관의 소관사무의 범위 내에서 행해져야 한다.
④ 행정지도가 단순한 행정지도로서의 한계를 넘어 규제적·구속적 성격을 상당히 강하게 갖는 것이라면 헌법소원의 대상이 되는 공권력의 행사로 볼 수 있다.

해설 정답 ❶

① (×) "국가의 공권력이 헌법과 법률에 근거하지 아니하고 통상의 행정지도의 한계를 넘어 부실기업의 정리라는 명목하에 사기업의 매각을 지시하거나 그 해체에 개입하는 것은 허용되지 아니하나, 원래 재무부장관은 금융기관의 불건전채권 정리에 관한 행정지도를 할 권한과 책임이 있고, 이를 위하여 중요한 사항은 대통령에게 보고하고 지시를 받을 수도 있으므로, 기업의 도산과 같이 국민경제에 심대한 영향을 미치는 중요한 사안에 대하여 재무부장관이 부실채권의 정리에 관하여 금융기관에 대하여 행정지도를 함에 있어 사전에 대통령에게 보고하여 지시를 받는다고 하여 위법하다고 할 수는 없으며, 다만 재무부장관이 대통령의 지시에 따라 정해진 정부의 방침을 행정지도라는 방법으로 금융기관에 전달함에 있어 실제에 있어서는 통상의 행정지도의 방법과는 달리 사실상 지시하는 방법으로 행한 경우에 그것이 헌법상의 법치주의 원리, 시장경제의 원리에 반하게 되는 것일 뿐이다."(대법원 1999. 7. 23. 선고 96다21706)

② (○) "항고소송의 대상이 되는 행정처분은 행정청의 공법상의 행위로서 상대방 또는 기타 관계자들의 법률상 지위에 직접적으로 법률적인 변동을 일으키는 행위를 말하는 것이므로 세무당국이 소외 회사에 대하여 원고와의 주류거래를 일정기간 중지하여 줄 것을 요청한 행위는 권고 내지 협조를 요청하는 권고적 성격의 행위로서 소외 회사나 원고의 법률상의 지위에 직접적인 법률상의 변동을 가져오는 행정처분이라고 볼 수 없는 것이므로 항고소송의 대상이 될 수 없다."(대법원 1980. 10. 27. 선고 80누395)

③ (○) 행정지도는 당해 행정기관의 소관사무의 범위 내에서 행해져야 한다. 행정지도가 비권력적으로 행해지는 경우라 하더라도 조직법적 근거는 요구된다는 말이다.

④ (○) "교육인적자원부장관의 대학총장들에 대한 이 사건 학칙시정요구는 고등교육법 제6조 제2항, 동법시행령 제4조 제3항에 따른 것으로서 그 법적 성격은 대학총장의 임의적인 협력을 통하여 사실상의 효과를 발생시키는 행정지도의 일종이지만, 그에 따르지 않을 경우 일정한 불이익조치를 예정하고 있어 사실상 상대방에게 그에 따를 의무를 부과하는 것과 다를 바 없으므로 단순한 행정지도로서의 한계를 넘어 규제적·구속적 성격을 상당히 강하게 갖는 것으로서 헌법소원의 대상이 되는 공권력의 행사라고 볼 수 있다."(헌법재판소 2003. 6. 26. 2002헌마337)

11

개인적 공권에 대한 설명으로 옳지 않은 것은? (다툼이 있는 경우 판례에 의함)

① 법규가 일정한 행위의 발령에 대해 행정청에게 재량권을 부여한 경우, 재량의 일탈·남용 등 재량행사에 하자가 있다는 사정만으로 사인(私人)이 바로 행정청에 대하여 하자 없는 재량행사를 청구할 수 있는 권리가 인정되는 것은 아니다.
② 반사적 이익의 공권화 경향에 따라 행정개입청구권의 성립요건이 그만큼 완화되고 있다.
③ 행정청이 특정 개발사업의 시행자를 지정하는 처분을 하면서 상대방에게 지정처분의 취소에 대한 소권을 포기하도록 하는 내용의 부관을 붙이는 것은 단지 부제소특약만을 덧붙이는 것이어서 허용된다.
④ 임용지원자가 특별채용 대상자로서 자격을 갖추고 있고 유사한 지위에 있는 자에 대하여 정규교사로 특별채용한 전례가 있다 하더라도, 교사로의 특별채용을 요구할 법규상 또는 조리상의 권리가 있다고 할 수 없다.

해설 정답 ❸

① (○) 재량행사에 하자가 있는지 여부는 무하자재량행사청구권의 성립요건이 아니다. 오늘날은 재량행위에 대해서는 강행규정성이 언제나 갖춰져 있다고 보기 때문에, 결국 사익보호성이 있는지 여부로 무하자재량행사청구권의 성부가 갈린다.
② (○) 행정작용으로 인하여 반사적 이익이 침해된 경우에는 반사적 이익을 누리던 자는 당해 행정작용을 취소해달라고 요구할 수 있는 취소소송에서의 원고적격이 인정되지 않는다고 본다. 그런데 만약 반사적 이익이 공권화 된다면 행정개입청구권의 성립요건이 완화된다(국민이 행정개입청구권을 갖기 쉬워진다).
③ (×) "지방자치단체장이 도매시장법인의 대표이사에 대하여 위 지방자치단체장이 개설한 농수산물도매시장의 도매시장법인으로 다시 지정함에 있어서 그 지정조건으로 '지정기간 중이라도 개설자가 농수산물 유통정책의 방침에 따라 도매시장법인 이전 및 지정취소 또는 폐쇄 지시에도 일체 소송이나 손실보상을 청구할 수 없다.'라는 부관을 붙였으나, 그중 부제소특약에 관한 부분은 당사자가 임의로 처분할 수 없는 공법상의 권리관계를 대상으로 하여 사인의 국가에 대한 공권인 소권을 당사자의 합의로 포기하는 것으로서 허용될 수 없다."(대법원 1998. 8. 21. 선고 98두8919)
④ (○) "교사에 대한 임용권자가 교육공무원법 제12조에 따라 임용지원자를 특별채용할 것인지 여부는 임용권자의 판단에 따른 재량에 속하는 것이고, 임용권자가 임용지원자의 임용 신청에 기속을 받아 그를 특별채용하여야 할 의무는 없으며 임용지원자로서도 자신의 임용을 요구할 법규상 또는 조리상 권리가 있다고 할 수 없다."(대법원 2005. 4. 15. 선고 2004두11626)

12

「행정절차법」상 행정절차에 대한 설명으로 옳은 것(○)과 옳지 않은 것(×)을 바르게 조합한 것은? (다툼이 있는 경우 판례에 의함)

㉠ 「행정절차법」은 당사자에게 의무를 부과하거나 당사자의 권익을 제한하는 처분을 하는 경우에 대해서만 그 근거와 이유를 제시하도록 규정하고 있다.
㉡ 인·허가 등의 거부처분을 함에 있어서 당사자가 그 처분의 근거를 알 수 있을 정도로 상당한 이유를 제시한 경우라도 그 구체적 조항이나 내용을 명시하지 않았다면 해당 거부처분은 위법하다.
㉢ 공무원직위해제처분에 대해서는 사전통지 및 의견청취 등에 관한 「행정절차법」 규정이 적용되지 않는다.
㉣ 행정청은 행정처분의 상대방에 대한 청문통지서가 반송되었거나, 행정처분의 상대방이 청문일시에 불출석하였다는 이유로 청문절차를 생략하고 침해적 행정처분을 할 수 있다.

① ㉠(○), ㉡(○), ㉢(×), ㉣(○)
② ㉠(×), ㉡(○), ㉢(×), ㉣(×)
③ ㉠(×), ㉡(×), ㉢(○), ㉣(○)
④ ㉠(×), ㉡(×), ㉢(○), ㉣(×)

해설 정답 ❹

㉠ (×) '당사자에게 의무를 부과하거나 당사자의 권익을 제한하는 처분'이란 침익적 처분을 의미한다. 처분의 이유제시에 관한 행정절차법의 규정은 침익처분 및 수익처분 모두에 적용된다.
㉡ (×) "행정절차법 제23조 제1항은 행정청은 처분을 하는 때에는 당사자에게 그 근거와 이유를 제시하여야 한다고 규정하고 있는바, 일반적으로 당사자가 근거규정 등을 명시하여 신청하는 인·허가 등을 거부하는 처분을 함에 있어 당사자가 그 근거를 알 수 있을 정도로 상당한 이유를 제시한 경우에는 당해 처분의 근거 및 이유를 구체적 조항 및 내용까지 명시하지 않았더라도 그로 말미암아 그 처분이 위법한 것이 된다고 할 수 없다."(대법원 2002. 5. 17. 선고 2000두8912)
㉢ (○) "국가공무원법상 직위해제처분은 구 행정절차법(2012. 10. 22. 법률 제11498호로 개정되기 전의 것) 제3조 제2항 제9호, 구 행정절차법 시행령(2011. 12. 21. 대통령령 제23383호로 개정되기 전의 것) 제2조 제3호에 의하여 당해 행정작용의 성질상 행정절차를 거치기 곤란하거나 불필요하다고 인정되는 사항 또는 행정절차에 준하는 절차를 거친 사항에 해당하므로, 처분의 사전통지 및 의견청취 등에 관한 행정절차법의 규정이 별도로 적용되지 않는다."(대법원 2014. 5. 16. 선고 2012두26180)
㉣ (×) 행정절차법 제21조 제4항 제3호는 침해적 행정처분을 할 경우 청문을 실시하지 않을 수 있는 사유로서 "당해 처분의 성질상 의견청취가 현저히 곤란하거나 명백히 불필요하다고 인정될 만한 상당한 이유가 있는 경우"를 규정하고 있으나, 여기에서 말하는 '의견청취가 현저히 곤란하거나 명백히 불필요하다고 인정될 만한 상당한 이유가 있는지 여부'는 당해 행정처분의 성질에 비추어 판단하여야 하는 것이지, 청문통지서의 반송 여부, 청문통지의 방법 등에 의하여 판단할 것은 아니며, 또한 행정처분의 상대방이 통지된 청문일시에 불출석하였다는 이유만으로 행정청이 관계 법령상 그 실시가 요구되는 청문을 실시하지 아니한 채 침해적 행정처분을 할 수는 없을 것이므로, 행정처분의 상대방에 대한 청문통지서가 반송되었다거나, 행정처분의 상대방이 청문일시에 불출석하였다는 이유로 청문을 실시하지 아니하고 한 침해적 행정처분은 위법하다."(대법원 2001. 4. 13. 선고 2000두3337)

13

행정벌에 대한 설명으로 옳지 않은 것은? (다툼이 있는 경우 판례에 의함)

① 지방자치단체 소속 공무원이 지정항만순찰 등의 업무를 위해 관할관청의 승인 없이 개조한 승합차를 운행함으로써 구 「자동차관리법」을 위반한 경우, 해당 지방자치단체는 구 「자동차관리법」 제83조의 양벌규정에 따른 처벌 대상이 될 수 없다.

② 「질서위반행위규제법」상 행정청은 당사자가 납부기한까지 과태료를 납부하지 아니한 때에는 납부기한을 경과한 날부터 체납된 과태료에 대하여 100분의 3에 상당하는 가산금을 징수한다.

③ 「질서위반행위규제법」에 따르면 고의 또는 과실이 없는 질서위반행위에는 과태료를 부과하지 아니한다.

④ 지방국세청장이 조세범칙행위에 대하여 고발을 한 후에 동일한 조세범칙행위에 대하여 통고처분을 하여 조세범칙행위자가 이를 이행하였다면 고발에 따른 형사절차의 이행은 일사부재리의 원칙에 반하여 위법하다.

해설 정답 ④

① (○) "지방자치단체 소속 공무원이 지정항만순찰 등의 업무를 위해 관할관청의 승인 없이 개조한 승합차를 운행함으로써 구 자동차관리법(2007. 10. 17. 법률 제8658호로 개정되기 전의 것)을 위반한 사안에서, 지방자치법, 구 항만법(2007. 8. 3. 법률 제8628호로 개정되기 전의 것), 구 항만법 시행령(2007. 12. 31. 대통령령 20506호로 개정되기 전의 것) 등에 비추어 위 항만순찰 등의 업무가 지방자치단체의 장이 국가로부터 위임받은 기관위임사무에 해당하여, 해당 지방자치단체가 구 자동차관리법 제83조의 양벌규정에 따른 처벌 대상이 될 수 없다고 한 사례."(대법원 2009. 6. 11. 선고 2008도6530)

② (○) 질서위반행위규제법 제24조 제1항

> **질서위반행위규제법 제24조(가산금 징수 및 체납처분 등)** ① 행정청은 당사자가 납부기한까지 과태료를 납부하지 아니한 때에는 납부기한을 경과한 날부터 체납된 과태료에 대하여 100분의 3에 상당하는 가산금을 징수한다.

③ (○) 질서위반행위규제법 제7조

> **질서위반행위규제법 제7조(고의 또는 과실)** 고의 또는 과실이 없는 질서위반행위는 과태료를 부과하지 아니한다.

④ (×) "지방국세청장 또는 세무서장이 조세범 처벌절차법 제17조 제1항에 따라 통고처분을 거치지 아니하고 즉시 고발하였다면 이로써 조세범칙사건에 대한 조사 및 처분 절차는 종료되고 형사사건 절차로 이행되어 지방국세청장 또는 세무서장으로서는 동일한 조세범칙행위에 대하여 더 이상 통고처분을 할 권한이 없다. 따라서 지방국세청장 또는 세무서장이 조세범칙행위에 대하여 고발을 한 후에 동일한 조세범칙행위에 대하여 통고처분을 하였더라도, 이는 법적 권한 소멸 후에 이루어진 것으로서 특별한 사정이 없는 한 효력이 없고, 조세범칙행위자가 이러한 통고처분을 이행하였더라도 조세범 처벌절차법 제15조 제3항에서 정한 일사부재리의 원칙이 적용될 수 없다."(대법원 2016. 9. 28. 선고 2014도10748)

14

부작위위법확인소송에 대한 설명으로 옳지 않은 것은? (다툼이 있는 경우 판례에 의함)

① 당사자가 적법한 제소기간 내에 부작위위법확인의 소를 제기한 후 동일한 신청에 대하여 소극적 처분이 있다고 보아 처분취소소송으로 소를 교환적으로 변경한 후 부작위위법확인의 소를 추가적으로 병합한 경우 제소기간을 준수한 것으로 볼 수 있다.

② 법원은 단순히 행정청의 방치행위의 적부에 관한 절차적 심리만 하는 게 아니라, 신청의 실체적 내용이 이유 있는지도 심리하며 그에 대한 적정한 처리방향에 관한 법률적 판단을 해야 한다.

③ 부작위위법확인소송에서 예외적으로 행정심판전치가 인정될 경우 그 전치되는 행정심판은 의무이행심판이다.

④ 소 제기 이후에 행정청이 상대방의 신청에 대하여 적극 또는 소극의 처분을 함으로써 부작위상태가 해소된 때에는 소의 이익을 상실하게 된다.

해설 정답 ②

① (○) "당사자가 동일한 신청에 대하여 부작위위법확인의 소를 제기하였으나 그 후 소극적 처분이 있다고 보아 처분취소소송으로 소를 교환적으로 변경한 후 여기에 부작위위법확인의 소를 추가적으로 병합한 경우, 최초의 부작위위법확인의 소가 적법한 제소기간 내에 제기된 이상 그 후 처분취소소송으로의 교환적 변경과 처분취소소송에의 추가적 변경 등의 과정을 거쳤다고 하더라도 여전히 제소기간을 준수한 것으로 봄이 상당하다."(대법원 2009. 7. 23. 선고 2008두10560)

② (×) "부작위위법확인의 소는 행정청이 당사자의 법규상 또는 조리상의 권리에 기한 신청에 대하여 상당한 기간 내에 그 신청을 인용하는 적극적 처분을 하거나 각하 또는 기각하는 등의 소극적 처분을 하여야 할 법률상의 응답의무가 있음에도 불구하고 이를 하지 아니하는 경우, 그 부작위의 위법을 확인함으로써 행정청의 응답을 신속하게 하여 부작위 내지 무응답이라고 하는 소극적인 위법상태를 제거하는 것을 목적으로 하는 것이고, 나아가 그 인용 판결의 기속력에 의하여 행정청으로 하여금 적극적이든 소극적이든 어떤 처분을 하도록 강제한 다음, 그에 대하여 불복이 있을 경우 그 처분을 다투게 함으로써 최종적으로는 당사자의 권리와 이익을 보호하려는 제도이므로, 당사자의 신청이 있은 이후 당사자에게 생긴 사정의 변화로 인하여 위 부작위가 위법하다는 확인을 받는다고 하더라도 종국적으로 침해되거나 방해받은 권리와 이익을 보호·구제받는 것이 불가능하게 되었다면 그 부작위가 위법하다는 확인을 구할 이익은 없다."(대법원 2002. 6. 28. 선고 2000두4750)

③ (○) 부작위위법확인소송에서 예외적으로 행정심판전치가 인정될 경우 그 전치되는 행정심판은 의무이행심판이다. 부작위위법확인소송은 부작위를 대상적격으로 하는데, 행정심판 중 부작위를 청구적격으로 하는 것은 의무이행심판뿐이기 때문이다.

④ (○) "부작위위법확인의 소는 행정청이 국민의 법규상 또는 조리상의 권리에 기한 신청에 대하여 상당한 기간내에 그 신청을 인용하는 적극적 처분 또는 각하하거나 기각하는 등의 소극적 처분을 하여야 할 법률상의 응답의무가 있음에도 불구하고 이를 하지 아니하는 경우, 판결(사실심의 구두변론 종결)시를 기준으로 그 부작위의 위법을 확인함으로써 행정청의 응답을 신속하게 하여 부작위 내지 무응답이라고 하는 소극적인 위법상태를 제거하는 것을 목적으로 하는 것이고, 나아가 당해 판결의 구속력에 의하여 행정청에게 처분 등

을 하게 하고 다시 당해 처분 등에 대하여 불복이 있는 때에는 그 처분 등을 다투게 함으로써 최종적으로는 국민의 권리이익을 보호하려는 제도이므로, 소제기의 전후를 통하여 판결시까지 행정청이 그 신청에 대하여 적극 또는 소극의 처분을 함으로써 부작위상태가 해소된 때에는 소의 이익을 상실하게 되어 당해 소는 각하를 면할 수가 없는 것이다."(대법원 1990. 9. 25. 선고 89누4758)

15

행정입법에 대한 설명으로 옳지 않은 것은? (다툼이 있는 경우 판례에 의함)

① 행정입법이 대법원에 의하여 위법하다는 판정이 있더라도 일반적으로 그 효력이 상실되는 것은 아니다.
② 행정부가 위임입법에 따른 시행령을 제정하지 않거나 개정하지 않은 것에 대한 정당한 이유가 있음을 주장하기 위해서는 그 위임입법 자체가 헌법에 위반된다는 것이 누가 보아도 명백하거나, 위임입법에 따른 행정입법의 제정이나 개정이 당시 실시되고 있는 전체적인 법질서 체계와 조화되지 아니하여 그 위임입법에 따른 행정입법 의무의 이행이 오히려 헌법질서를 파괴하는 결과를 가져옴이 명백할 정도는 되어야 한다.
③ 상위법령의 시행을 위하여 법규명령을 제정하여야 할 의무가 인정됨에도 불구하고 법규명령을 제정하고 있지 않은 경우, 그러한 부작위는 부작위위법확인소송을 통하여 다툴 수 있다.
④ 법령의 규정이 특정 행정기관에 그 법령 내용의 구체적 사항을 정할 수 있는 권한을 부여하면서 그 권한 행사의 절차나 방법을 특정하고 있지 아니한 관계로 수임행정기관이 행정규칙의 형식으로 그 법령의 내용이 될 사항을 구체적으로 정하고 있다면, 그와 같은 행정규칙은 행정기관에 법령의 구체적 내용을 보충할 권한을 부여한 법령 규정의 효력에 의하여 그 내용을 보충하는 기능을 갖게 된다.

해설 정답 ❸

① (○) 헌법 제107조에 따른 간접통제(구체적 규범통제)방식에 의하여 대법원에 의하여 위법·위헌으로 판정된 법규명령은, 당연무효가 되어 즉시 일반적으로 그 효력을 상실하는 것이 아니라, 당해 사건에 한하여 적용되지 않는 것에 그친다.
② (○) "행정부가 위임 입법에 따른 시행명령을 제정하지 않거나 개정하지 않은 것에 정당한 이유가 있었다면 그런 경우에는 헌법재판소가 위헌확인을 할 수는 없다. 그러한 정당한 이유가 인정되기 위해서는 그 위임입법 자체가 헌법에 위반된다는 것이 명백하거나, 행정입법 의무의 이행이 오히려 헌법질서를 파괴하는 결과를 가져옴이 명백할 정도는 되어야 할 것이다."(헌법재판소 2004. 2. 26. 2001헌마718)
③ (×) 처분부작위가 아닌 행정입법부작위는 부작위위법확인소송의 대상이 될 수 없다. 관련판례 "행정소송은 구체적 사건에 대한 법률상 분쟁을 법에 의하여 해결함으로써 법적 안정을 기하자는 것이므로 부작위위법확인소송의 대상이 될 수 있는 것은 구체적 권리의무에 관한 분쟁이어야 하고 추상적인 법령에 관하여 제정의 여부 등은 그 자체로서 국민의 구체적인 권리의무에 직접적 변동을 초래하는 것이 아니어서 그 소송의 대상이 될 수 없다."(대법원 1992. 5. 8. 선고 91누11261)
④ (○) "상급행정기관이 하급행정기관에 대하여 업무처리지침이나 법령의 해석적용에 관한 기준을 정하여 발하는 이른바 행정규칙은 일반적으로 행정조직 내부에서만 효력을 가질 뿐 대외적인 구속력을 갖는 것은 아니지만, 법령의 규정이 특정행정기관에게 그 법령내용의 구체적 사항을 정할 수 있는 권한을 부여하면서 그 권한행사의 절차나 방법을 특정하고 있지 아니한 관계로 수임행정기관이 행정규칙의 형식으로 그 법령의 내용이 될 사항을 구체적으로 정하고 있는 경우, 그러한 행정규칙, 규정은 행정조직 내부에서만 효력을 가질 뿐 대외적인 구속력을 갖지 않는 행정규칙의 일반적 효력으로서가 아니라, 행정기관에 법령의 구체적 내용을 보충할 권한을 부여한 법령규정의 효력에 의하여 그 내용을 보충하는 기능을 갖게 되고, 따라서 당해 법령의 위임한계를 벗어나지 아니하는 한 그것들과 결합하여 대외적인 구속력이 있는 법규명령으로서의 효력을 갖게 된다."(대법원 1998. 6. 9. 선고 97누19915)

16

항고소송의 대상인 처분에 대한 설명으로 옳지 않은 것은? (다툼이 있는 경우 판례에 의함)

① 교도소장이 수형자를 '접견내용 녹음·녹화 및 접견 시 교도관 참여대상자'로 지정한 행위는 수형자의 구체적 권리의무에 직접적 변동을 가져오는 행정청의 공법상 행위로서 항고소송의 대상이 되는 처분에 해당한다.
② 「공무원범죄에 관한 몰수 특례법」에 따라 추징의 집행을 받은 제3자가 「형사소송법」에 따라 집행에 관한 검사의 처분에 대하여 이의신청을 할 수 있다면 그와 별도로 「행정소송법」상 항고소송을 제기하여 처분의 위법성 여부를 다툴 수는 없다.
③ 구 「체육시설의 설치·이용에 관한 법률」의 규정에 따라 체육시설의 회원을 모집하고자 하는 자의 '회원모집계획서 제출'은 수리를 요하는 신고이며, 이에 대하여 회원모집계획을 승인하는 시·도지사 등의 검토결과 통보는 수리행위로서 행정처분에 해당한다.
④ 지방경찰청장이 횡단보도를 설치하여 보행자 통행방법 등을 규제하는 것은 행정처분이다.

해설 정답 ❷

① (○) "피고가 위와 같은 지정행위를 함으로써 원고의 접견 시마다 사생활의 비밀 등 권리에 제한을 가하는 교도관의 참여, 접견내용의 청취·기록·녹음·녹화가 이루어졌으므로 이는 피고가 그 우월적 지위에서 수형자인 원고에게 일방적으로 강제하는 성격을 가진 공권력적 사실행위의 성격을 갖고 있는 점, 위 지정행위는 그 효과가 일회적인 것이 아니라 이 사건 제1심판결이 선고된 이후인 2013. 2. 13.까지 오랜 기간 동안 지속되어 왔으며, 원고로 하여금 이를 수인할 것을 강제하는 성격도 아울러 가지고 있는 점, 위와 같이 계속성을 갖는 공권력적 사실행위를 취소할 경우 장래에 이루어질지도 모르는 기본권의 침해로부터 수형자들의 기본적 권리를 구제할 실익이 있는 것으로 보이는 점 등을 종합하면, 위와 같은 지정행위는 수형자의 구체적 권리의무에 직접적 변동을 초래하는 행정청의 공법상 행위로서 항고소송의 대상이 되는 '처분'에 해당한다고 판단하였다."(대법원 2014. 2. 13. 선고 2013두20899)
② (×) 형사소송법은 재산형 등의 재판은 검사의 명령에 의하여 집행하고 (제477조 제1항), 재판의 집행을 받은 자 또는 그 법정대리인이나 배우자는 집행에 관한 검사의 처분이 부당함을 이유로 재판을 선고한 법원에 이의신청을 할 수 있다고 규정하여(제489조) 재산형 등 재판의 집행에 관한 검사의 처분에 대한 불복방법과 절차를 마련해 두었다. 재판의 효력은 특별한 사정이 없는 한 재판을 받은 자에게

만 미치므로 재판의 집행은 판결의 선고를 받은 자에 대해서 함을 원칙으로 하고, 재산형 등 재판의 집행에 관한 검사의 처분에 대하여 이의신청을 할 수 있는 '재판의 집행을 받은 자'는 통상 판결의 선고를 받은 피고인이라고 보아야 한다. 2013. 7. 12. 법률 제11883호로 개정되어 같은 날 시행된 공무원범죄에 관한 몰수 특례법(이하 '공무원범죄몰수법'이라 한다)은 제9조의2를 신설하여 범인 외의 자가 정황을 알면서 취득한 불법재산 등에 대하여 그 범인 외의 자를 상대로 추징의 집행을 할 수 있다고 규정하였다. 그런데 위와 같이 개정된 공무원범죄몰수법은 제9조의2에 의한 집행에 관한 검사의 처분에 대하여 제3자가 불복할 수 있는 방법과 절차를 별도로 마련해두지 않았고, 위 조항에 따라 제3자를 상대로 추징의 집행을 함에 있어 그에게 의견진술과 방어의 기회를 보장하는 규정도 마련해두지 않았다. 그렇다면 공무원범죄몰수법 제9조의2에 따라 추징의 집행을 받는 제3자도 검사의 처분이 부당함을 이유로 형사소송법 제489조에 따라 재판을 선고한 법원에 재판의 집행에 관한 이의를 신청할 수 있다고 보아야 한다. 나아가 형사소송법 제489조가 정한 집행에 관한 이의신청 절차는 공무원범죄몰수법 제9조의2에 따른 추징의 집행에 관한 검사의 처분의 근거 법률인 공무원범죄몰수법에서 예정하고 있는 불복방법이 아니고, 형의 선고를 받은 피고인이 아닌 제3자에 대하여 예정된 불복방법이라고 볼 수도 없다. 또한 형사소송법 제489조가 정한 재판에 관한 이의신청 절차는 통상의 재판절차와는 달리 법원이 신청인의 출석 없이 서면으로만 심리하여 결정할 수도 있어 재산형 등 재판의 집행을 받은 자가 피고인 이외의 제3자인 경우에는 그의 의견진술 기회를 충분히 보장할 수 없고, 위 이의신청은 재산형 등의 집행이 종료된 후에는 허용되지 않으며, 이의신청을 하더라도 집행정지의 효력도 없어 집행이 신속히 종결되는 경우에는 재판의 집행을 받은 제3자의 권리 구제에 한계가 있으므로 제3자의 권익보호에 미흡하다. 이러한 사정을 종합하면 공무원범죄몰수법 제9조의2에 따라 추징의 집행을 받은 제3자가 형사소송법 제489조에 따라 집행에 관한 검사의 처분에 대하여 이의신청을 할 수 있다고 하더라도 그와 별도로 행정소송법상 항고소송을 제기하여 처분의 위법성 여부를 다툴 수 있다고 보아야 한다(대법원 2022. 7. 28. 선고 2019두63447).

③ (○) "구 체육시설의 설치 · 이용에 관한 법률(2005. 3. 31. 법률 제7428호로 개정되기 전의 것) 제19조 제1항, 구 체육시설의 설치 · 이용에 관한 법률 시행령(2006. 9. 22. 대통령령 제19686호로 개정되기 전의 것) 제18조 제2항 제1호 (가)목, 제18조의2 제1항 등의 규정에 의하면, 위 법 제19조의 규정에 의하여 체육시설의 회원을 모집하고자 하는 자는 시 · 도지사 등으로부터 회원모집계획서에 대한 검토결과 통보를 받은 후에 회원을 모집할 수 있다고 보아야 하고, 따라서 체육시설의 회원을 모집하고자 하는 자의 시 · 도지사 등에 대한 회원모집계획서 제출은 수리를 요하는 신고에서의 신고에 해당하며, 시 · 도지사 등의 검토결과 통보는 수리행위로서 행정처분에 해당한다."(대법원 2009. 2. 26. 선고 2006두16243)

④ (○) 지방경찰청장의 횡단보도 설치행위는 국민의 권리 · 의무에 직접적인 변동을 초래하므로 행정소송법상 처분에 해당한다.

17

행정행위의 효력에 대한 설명으로 옳은 것은? (다툼이 있는 경우 판례에 의함)

① 민사소송에 있어서 어느 행정처분의 당연무효 여부가 선결문제로 되는 때에는 당해 소송의 수소법원은 이를 판단하여 그 행정처분의 무효확인판결을 할 수 있다.
② 공정력은 어떤 행위에 사소한 하자가 있다 하더라도 그것만으로는 곧바로 무효로 취급되는 것을 막기 위한 힘이므로, 행정행위뿐 아니라 비권력적 행위, 사실행위, 사법행위에도 널리 인정된다.
③ 위법한 하천점용허가를 다투지 않고 있다가 제소기간이 도과한 경우에는 처분청이라도 그 점용허가를 취소할 수 없다.
④ 연령미달의 결격자 甲이 타인(자신의 형)의 이름으로 운전면허시험에 응시 · 합격하여 교부받은 운전면허라 하더라도 당연무효는 아니고, 당해 면허가 취소되지 않는 한 유효하므로, 甲의 운전행위는 무면허운전에 해당하지 않는다.

해설 정답 ❹

① (×) 민사소송에 있어서 어느 행정처분의 당연무효 여부가 선결문제로 되는 때에는 당해 소송의 수소법원은 이를 판단하여 민사판결을 할 수는 있지만, 직접 그 행정처분이 무효임을 확인하는 무효확인판결을 할 수는 없다. 민사법원은 당연무효 여부를 판단하여 그것을 전제로 민사판결을 할 수 있는 것일 뿐, 직접 처분에 대하여 판결을 할 수는 없다. 관련판례 "민사소송에 있어서 어느 행정처분의 당연무효 여부가 선결문제로 되는 때에는 이를 판단하여 당연무효임을 전제로 판결할 수 있고 반드시 행정소송 등의 절차에 의하여 그 취소나 무효확인을 받아야 하는 것은 아니며(대법원 1972. 10. 10. 선고 71다2279 판결 등 참조), 한편, 원고 조합의 조합설립결의나 관리처분계획에 대한 결의가 당연무효라는 위 피고들의 주장 속에는 조합설립 인가처분이나 관리처분계획에 당연무효사유가 있다는 주장도 포함되어 있다고 봄이 상당하다고 할 것이므로, 원심으로서는 더 나아가 위 조합설립 인가처분이나 관리처분계획에 당연무효사유가 있는지를 심리하여 위 피고들 주장의 당부를 판단하였어야 할 것임에도, 원심이 그에 대해서는 아무런 판단도 하지 아니한 채, 단지 위 피고들이 항고소송의 방법으로 원고 조합의 조합설립 인가처분이나 관리처분계획에 대하여 취소 또는 무효확인을 받았음을 인정할 증거가 없다는 이유만으로 위 피고들의 주장을 모두 배척한 데에는 필요한 심리를 다하지 아니하고 판단을 유탈하여 판결에 영향을 미친 위법이 있다."(대법원 2010. 4. 8. 선고 2009다90092)

② (×) 공정력이란 행정행위에 사소한 하자가 있다 하더라도 그것만으로는 그로 인하여 행정행위가 곧바로 무효로 취급되는 것을 막는 힘을 말한다. 공정력은 행정행위에만 인정되고, 비권력적 행위나 사실행위, 사법행위에는 인정되지 않는다.

③ (×) 불가쟁력이 발생한 행정행위일지라도 불가변력이 없는 경우에는 행정청 등 권한 있는 기관은 이를 직권으로 취소할 수 있다. 따라서 하천점용허가처분의 제소기간 도과 여부와 관계없이 처분청은 그 점용허가를 취소할 수 있다.

④ (○) "연령미달의 결격자인 피고인이 소외인의 이름으로 운전면허시험에 응시, 합격하여 교부받은 운전면허는 당연무효가 아니고 도로교통법 제65조 제3호의 사유에 해당함에 불과하여 취소되지 않는 한 유효하므로 피고인의 운전행위는 무면허운전에 해당하지 아니한다."(대법원 1982. 6. 8. 선고 80도2646)

18

법치행정원리에 대한 설명으로 옳은 것은? (다툼이 있는 경우 판례에 의함)

① 조합의 사업시행인가 신청시의 토지 등 소유자의 동의요건은, 토지 등 소유자의 재산상 권리·의무에 관한 기본적이고 본질적인 사항이라고 볼 수 없으므로, 법률유보 내지 의회유보의 원칙이 반드시 지켜져야 하는 영역이라고 할 수 없다.
② 법률우위의 원칙에 위반한 행정행위는 무효이다.
③ 법률유보의 원칙에서 요구되는 법적 근거는 작용법적 근거가 아니라 조직법적 근거를 의미한다.
④ 급부행정유보설에 따르면 국민의 자유와 재산에 대한 침해행정에 대해서는 법률의 근거가 필요하지 않다고 한다.

해설 정답 ❶

① (○) "조합의 사업시행인가 신청시의 토지 등 소유자의 동의요건이 비록 토지 등 소유자의 재산상 권리·의무에 영향을 미치는 사업시행계획에 관한 것이라고 하더라도, 그 동의요건은 사업시행인가 신청에 대한 토지 등 소유자의 사전 통제를 위한 절차적 요건에 불과하고 토지 등 소유자의 재산상 권리·의무에 관한 기본적이고 본질적인 사항이라고 볼 수 없으므로 법률유보 내지 의회유보의 원칙이 반드시 지켜져야 하는 영역이라고 할 수 없고, 따라서 개정된 도시 및 주거환경정비법 제28조 제4항 본문이 법률유보 내지 의회유보의 원칙에 위배된다고 할 수 없다."(대법원 2007. 10. 12. 선고 2006두14476)
② (×) 법률우위원칙에 위반된 행정작용의 법적효과는 행위형식에 따라 상이하여 일률적으로 말할 수 없다.
③ (×) 조직법적 근거는 모든 행정권 행사에 있어서 당연히 요구되는 것이고, 법률유보원칙에서 요구되는 법적 근거는 작용법적 근거를 의미하며 그 작용법적 근거는 원칙적으로 개별적일 것을 요한다.
④ (×) 급부행정유보설에 따를 때에도, 국민의 자유와 재산에 대한 침해행정에 대해서도 법률의 근거가 필요하다고 본다.

19

「국가배상법」상 국가배상에 대한 설명으로 옳지 않은 것은? (다툼이 있는 경우 판례에 의함)

① 「의용소방대 설치 및 운영에 관한 법률」에 따라 소방서장이 임명한 의용소방대원은 「국가배상법」상 공무원에 해당한다.
② 「국가배상법」상 상호보증을 위해 반드시 당사국과의 조약이 체결되어 있을 필요는 없다.
③ 인사업무담당 공무원이 다른 공무원의 공무원증 등을 위조한 행위는 실질적으로 직무행위에 속하지 아니한다 할지라도 외관상으로는 「국가배상법」상의 직무집행에 해당하므로, 그 행위는 공무원이 '직무를 집행함에 당하여' 한 것으로 보아야 한다.
④ 담당공무원이 주택구입대부제도와 관련하여 지급보증서제도에 관해 알려주지 않은 조치는 법령위반에 해당하지 않는다.

해설 정답 ❶

① (×) "의용소방대는 국가기관이라 할 수 없음은 물론이고 군에 예속된 기관이라고 할 수도 없으니 의용소방대원이 소방호수를 교환받기 위하여 소방대장의 승인을 받고 위 의용소방대가 보관 사용하는 차량을 운전하고 가다가 운전사고가 발생하였다면 이를 군의 사무집행에 즈음한 행위라고 볼 수 없다."(대법원 1975. 11. 25. 선고 73다1896)
② (○) "국가배상법 제7조는 우리나라만이 입을 수 있는 불이익을 방지하고 국제관계에서 형평을 도모하기 위하여 외국인의 국가배상청구권의 발생요건으로 '외국인이 피해자인 경우에는 해당 국가와 상호보증이 있을 것'을 요구하고 있는데, (중략) 상호보증은 외국의 법령, 판례 및 관례 등에 의하여 발생요건을 비교하여 인정되면 충분하고 반드시 당사국과의 조약이 체결되어 있을 필요는 없으며, 당해 외국에서 구체적으로 우리나라 국민에게 국가배상청구를 인정한 사례가 없더라도 실제로 인정될 것이라고 기대할 수 있는 상태이면 충분하다."(대법원 2015. 6. 11. 선고 2013다208388)
③ (○) "인사업무담당 공무원이 다른 공무원의 공무원증 등을 위조한 행위에 대하여 실질적으로는 직무행위에 속하지 아니한다 할지라도 외관상으로 국가배상법 제2조 제1항의 직무집행관련성을 인정한 원심의 판단을 수긍한 사례."(대법원 2005. 1. 14. 선고 2004다26805)
④ (○) "주택구입대부에 있어서 지급보증서를 교부하는 취지와 성격, 관련 법령 등의 규정내용, 지급보증서제도를 안내받지 못함으로 인하여 침해된 원고의 법익 내지 원고가 입은 손해의 내용과 정도, 관련 담당 공무원이 원고가 입은 손해를 예견하거나 그 결과를 회피하기 위한 조치를 취할 수 있는 가능성의 정도 등 여러 사정을 종합하여 볼 때, 피고의 담당 공무원이 원고에게 주택구입대부제도에 관한 전화상 문의에 응답하거나 대부신청서의 제출에 따른 대부금지급 신청안내문을 통지함에 있어서 지급보증서제도에 관하여 알려주지 아니한 조치가 객관적 정당성을 결여하여 현저하게 불합리한 것으로서 고의 또는 과실로 법령에 위반하였다고 볼 수는 없다고 할 것이다."(대법원 2012. 7. 26. 선고 2010다95666)

20

「행정대집행법」상 행정대집행에 대한 설명으로 옳은 것만을 모두 고르면? (다툼이 있는 경우 판례에 의함)

㉠ 위법건축물 철거명령과 대집행한다는 계고처분은 각각 별도의 처분서에 의하여야만 한다.
㉡ 구 「토지수용법」상 피수용자 등이 기업자에 대하여 부담하는 수용대상 토지의 인도의무는 특별한 사정이 없는 한 「행정대집행법」에 의한 대집행의 대상이 될 수 없다.
㉢ 무허가증축부분으로 인하여 건물의 미관이 나아지고 증축부분을 철거하는 데 비용이 많이 소요된다고 하더라도 건물철거 대집행계고처분을 할 요건에 해당된다.
㉣ 위법한 행정대집행이 완료되면 그 처분의 무효확인 또는 취소를 구할 소의 이익은 없다 하더라도 미리 그 행정처분의 취소판결이 있어야만 그 행정처분의 위법임을 이유로 한 손해배상청구를 할 수 있다.

① ㉠, ㉡ ② ㉠, ㉣
③ ㉡, ㉢ ④ ㉡, ㉣

해설 정답 ❸

㉠ (×) "계고서라는 명칭의 1장의 문서로서 일정기간 내에 위법건축물의 자진철거를 명함과 동시에 그 소정기한 내에 자진철거를 하지 아니할 때에는 대집행할 뜻을 미리 계고한 경우라도 건축법에 의한 철거명령과 행정대집행법에 의한 계고처분은 독립하여 있는 것으로서 각 그 요건이 충족되었다고 볼 것이다."(대법원 1992. 6. 12. 선고 91누13564)

㉡ (○) "피수용자 등이 기업자에 대하여 부담하는 수용대상 토지의 인도의무에 관한 구 토지수용법(2002. 2. 4. 법률 제6656호 공익사업을 위한 토지 등의 취득 및 보상에 관한 법률 부칙 제2조로 폐지) 제63조, 제64조, 제77조 규정에서의 '인도'에는 명도도 포함되는 것으로 보아야 하고, 이러한 명도의무는 그것을 강제적으로 실현하면서 직접적인 실력행사가 필요한 것이지 대체적 작위의무라고 볼 수 없으므로 특별한 사정이 없는 한 행정대집행법에 의한 대집행의 대상이 될 수 있는 것이 아니다."(대법원 2005. 8. 19. 선고 2004다2809)

㉢ (○) "무허가증축부분으로 인하여 건물의 미관이 나아지고 위 증축부분을 철거하는 데 비용이 많이 소요된다고 하더라도 위 무허가증축부분을 그대로 방치한다면 이를 단속하는 당국의 권능이 무력화되어 건축행정의 원활한 수행이 위태롭게 되며 건축법 소정의 제한규정을 회피하는 것을 사전예방하고 또한 도시계획구역 안에서 토지의 경제적이고 효율적인 이용을 도모한다는 더 큰 공익을 심히 해할 우려가 있다고 보아 건물철거대집행계고처분을 할 요건에 해당된다고 한 사례."(대법원 1992. 3. 10. 선고 91누4140)

㉣ (×) 행정처분이 위법임을 이유로 국가배상을 청구하기 위한 전제로서 그 처분이 취소되어야만 하는 것은 아니다. 관련판례 "위법한 행정대집행이 완료되면 그 처분의 무효확인 또는 취소를 구할 소의 이익은 없다 하더라도, 미리 그 행정처분의 취소판결이 있어야만, 그 행정처분의 위법임을 이유로 한 손해배상 청구를 할 수 있는 것은 아니다."(대법원 1972. 4. 28. 선고 72다337)

A D M I N I S T R A T I V E   L A W

06회 정답과 해설

문제 p.34

Answer

01 ①	06 ②	11 ③	16 ①
02 ④	07 ①	12 ④	17 ②
03 ②	08 ④	13 ①	18 ③
04 ④	09 ②	14 ④	19 ③
05 ①	10 ③	15 ③	20 ③

01

행정상 손실보상에 대한 설명으로 옳지 않은 것은? (다툼이 있는 경우 판례에 의함)

① 헌법 제23조 제3항에서 규정한 '정당한 보상'이란 완전보상을 뜻하므로, 공익사업의 시행으로 지가가 상승하여 발생한 개발이익을 손실보상금액에 포함시키지 않았다면 헌법이 규정한 정당보상의 원리에 어긋난다.

② 개발제한구역 지정으로 인하여 토지를 종래의 목적으로도 사용할 수 없거나 또는 더 이상 법적으로 허용된 토지이용의 방법이 없기 때문에 실질적으로 토지의 사용·수익의 길이 없는 경우에는 토지소유자가 수인해야 하는 사회적 제약의 한계를 넘는 것으로 보아야 한다.

③ 토지수용으로 인한 손실보상액을 공시지가를 기준으로 산정하되 개별공시지가가 아닌 표준지공시지가를 기준으로 하는 것은 헌법 제23조 제3항이 규정한 정당보상의 원칙에 위배되지 않는다.

④ 「공익사업을 위한 토지 등의 취득 및 보상에 관한 법률」상 토지소유자가 사업시행자로부터 잔여지 가격감소로 인한 손실보상을 받고자 하는 경우, 토지수용위원회의 재결절차를 거치지 않은 채 곧바로 사업시행자를 상대로 손실보상을 청구하는 것은 허용되지 않는다.

해설 정답 ❶

① (×) 전문은 옳지만 후문은 옳지 않다.

관련판례1 "헌법 제23조 제3항에 규정된 '정당한 보상'이란 원칙적으로 수용되는 재산의 객관적인 재산가치를 완전하게 보상하여야 한다는 이른바 '완전보상'을 뜻하는데, 토지의 경우에는 그 특성상 인근 유사토지의 거래가격을 기준으로 하여 그 가격형성에 미치는 제 요소를 종합적으로 고려한 합리적 조정을 거쳐서 객관적인 가치를 평가할 수밖에 없다."(헌법재판소 2010. 2. 25. 2008헌바6)

관련판례2 "공익사업의 시행으로 지가가 상승하여 발생하는 개발이익은 사업시행자의 투자에 의한 것으로서 피수용자인 토지소유자의 노력이나 자본에 의하여 발생하는 것이 아니어서 피수용 토지가 수용 당시 갖는 객관적 가치에 포함된다고 볼 수 없고, 따라서 그 성질상 완전보상의 범위에 포함되는 피수용자의 손실이라고 볼 수 없으므로, 이 사건 개발이익배제조항이 이러한 개발이익을 배제하고 손실보상액을 산정한다 하여 헌법이 규정한 정당보상의 원칙에 어긋나는 것이라고 할 수 없다."(헌법재판소 2010. 12. 28. 2008헌바57)

② (○) "개발제한구역 지정으로 인하여 토지를 종래의 목적으로도 사용할 수 없거나 또는 더 이상 법적으로 허용된 토지이용의 방법이 없기 때문에 실질적으로 토지의 사용·수익의 길이 없는 경우에는 토지소유자가 수인해야 하는 사회적 제약의 한계를 넘는 것으로 보아야 한다."(헌법재판소 1998. 12. 24. 89헌마214)

③ (○) "공시지가는 그 평가의 기준이나 절차로 미루어 대상토지가 대상지역공고일 당시 갖는 객관적 가치를 평가하기 위한 것으로서 적정성을 갖고 있으며, 표준지와 지가선정 대상토지 사이에 가격의 유사성을 인정할 수 있도록 표준지 선정의 적정성이 보장되므로 위 조항이 헌법 제23조 제3항이 규정한 정당보상의 원칙에 위배되거나 과잉금지의 원칙에 위배된다고 볼 수 없고, 토지수용시 개별공시지가에 따라 손실보상액을 산정하지 아니하였다고 하여 위헌이 되는 것은 아니다."(헌법재판소 2001. 4. 26. 2000헌바31)

④ (○) "공익사업을 위한 토지 등의 취득 및 보상에 관한 법률(이하 '공익사업법'이라 한다) 제73조는 '사업시행자는 동일한 소유자에게 속하는 일단의 토지의 일부가 취득되거나 사용됨으로 인하여 잔여지의 가격이 감소하거나 그 밖의 손실이 있을 때 또는 잔여지에 통로·도랑·담장 등의 신설이나 그 밖의 공사가 필요할 때에는 국토해양부령으로 정하는 바에 따라 그 손실이나 공사의 비용을 보상하여야 한다. 다만 잔여지의 가격 감소분과 잔여지에 대한 공사의 비용을 합한 금액이 잔여지의 가격보다 큰 경우에는 사업시행자는 그 잔여지를 매수할 수 있다'고 규정하고 있다. 이러한 공익사업법 제73조 및 같은 법 제34조, 제50조, 제61조, 제83조 내지 제85조의 규정 내용 및 입법 취지 등을 종합하여 보면, 토지소유자가 사업시행자로부터 공익사업법 제73조에 따른 잔여지 가격감소 등으로 인한 손실보상을 받기 위해서는 공익사업법 제34조, 제50조 등에 규정된 재결절차를 거친 다음 그 재결에 대하여 불복이 있는 때에 비로소 공익사업법 제83조 내지 제85조에 따라 권리구제를 받을 수 있을 뿐, 이러한 재결절차를 거치지 않은 채 곧바로 사업시행자를 상대로 손실보상을 청구하는 것은 허용되지 않는다고 봄이 상당하고 (대법원 2008. 7. 10. 선고 2006두19495 판결 참조), 이는 수용대상토지에 대하여 재결절차를 거친 경우에도 마찬가지라 할 것이다." (대법원 2012. 11. 29. 선고 2011두22587)

02

취소소송의 소송요건에 대한 설명으로 옳지 않은 것은? (다툼이 있는 경우 판례에 의함)

① 행정소송의 대상이 되는 행정처분의 존부는 소송요건으로서 직권조사사항이고, 자백의 대상이 될 수 없는 것이므로, 설사 그 존재를 당사자들이 다투지 아니한다 하더라도 그 존부에 관하여 의심이 있는 경우에는 이를 직권으로 밝혀 보아야 할 것이다.
② 「국세기본법」에 따르면 국세부과처분 취소소송에는 필요적 행정심판전치주의가 적용된다.
③ 甲이 적법한 약종상허가를 받아 허가지역 내에서 약종상영업을 경영하고 있었음에도 불구하고, 행정관청이 같은 약종상인 乙에게 乙의 영업허가지역이 아닌 甲의 영업허가지역 내로 영업소를 이전하도록 허가하였다면, 甲으로서는 이로 인하여 기존업자로서의 법률상 이익을 침해받았음이 분명하므로 甲에게는 영업소이전허가처분의 취소를 구할 법률상 이익이 있다.
④ 조합설립추진위원회의 구성에 동의하지 아니한 정비구역 내의 토지 등 소유자는, 조합설립추진위원회 설립승인처분에 대하여 「도시 및 주거환경정비법」에 의하여 보호되는 직접적이고 구체적인 이익을 향유하는 것은 아니므로, 그 설립승인처분의 취소소송을 제기할 원고적격이 없다.

해설 정답 ❹

① (○) "행정소송에서 쟁송의 대상이 되는 행정처분의 존부는 소송요건으로서 직권조사사항이고, 자백의 대상이 될 수 없는 것이므로, 설사 그 존재를 당사자들이 다투지 아니한다 하더라도 그 존부에 관하여 의심이 있는 경우에는 이를 직권으로 밝혀 보아야 할 것이고, 사실심에서 변론종결시까지 당사자가 주장하지 않던 직권조사사항에 해당하는 사항을 상고심에서 비로소 주장하는 경우 그 직권조사사항에 해당하는 사항은 상고심의 심판범위에 해당한다."(대법원 2004. 12. 24. 선고 2003두15195)

② (○) 국세기본법 제56조 제2항 본문

> **국세기본법 제56조(다른 법률과의 관계)** ② 제55조에 규정된 위법한 처분에 대한 행정소송은 「행정소송법」 제18조 제1항 본문, 제2항 및 제3항에도 불구하고 이 법에 따른 심사청구 또는 심판청구와 그에 대한 결정을 거치지 아니하면 제기할 수 없다. 다만, 심사청구 또는 심판청구에 대한 제65조 제1항 제3호 단서(제81조에서 준용하는 경우를 포함한다)의 재조사 결정에 따른 처분청의 처분에 대한 행정소송은 그러하지 아니하다.

③ (○) "갑이 적법한 약종상허가를 받아 허가지역 내에서 약종상영업을 경영하고 있음에도 불구하고 행정관청이 구 약사법시행규칙(1969. 8. 13. 보건사회부령 제344호)을 위배하여 같은 약종상인 을에게 을의 영업허가지역이 아닌 갑의 영업허가지역내로 영업소를 이전하도록 허가하였다면 갑으로서는 이로 인하여 기존업자로서의 법률상 이익을 침해받았음이 분명하므로 갑에게는 행정관청의 영업소이전허가처분의 취소를 구할 법률상 이익이 있다."(대법원 1988. 6. 14. 선고 87누873)

④ (×) "도시 및 주거환경정비법 제13조 제1항 및 제2항의 입법 경위와 취지에 비추어 하나의 정비구역 안에서 복수의 조합설립추진위원회에 대한 승인은 허용되지 않는 점, 조합설립추진위원회가 조합을 설립할 경우 같은 법 제15조 제4항에 의하여 조합설립추진위원회가 행한 업무와 관련된 권리와 의무는 조합이 포괄승계하며, 주택재개발사업의 경우 정비구역 내의 토지 등 소유자는 같은 법 제19조 제1항에 의하여 당연히 그 조합원으로 되는 점 등에 비추어 보면, 조합설립추진위원회의 구성에 동의하지 아니한 정비구역 내의 토지 등 소유자도 조합설립추진위원회 설립승인처분에 대하여 같은 법에 의하여 보호되는 직접적이고 구체적인 이익을 향유하므로 그 설립승인처분의 취소소송을 제기할 원고적격이 있다."(대법원 2007. 1. 25. 선고 2006두12289)

03

자동차운전면허 및 운송사업면허에 대한 설명으로 옳은 것만을 모두 고르면? (다툼이 있는 경우 판례에 의함)

㉠ 개인택시기사가 음주운전사고로 사망한 경우 음주운전이 운전면허취소사유로만 규정되어 있으므로, 관할 관청은 당해 음주운전사고를 이유로 개인택시운송사업면허를 바로 취소할 수는 없다.
㉡ 택시운전기사가 운전면허정지 기간 중에 운전행위를 하다가 적발되어, 형사처벌을 받았으나 행정청으로부터 아무런 행정조치가 없어 안심하고 계속 운전업무에 종사하고 있던 중, 행정청이 위 위반행위가 있은 이후에 장기간에 걸쳐 아무런 행정조치를 취하지 않은 채 방치하고 있다가 3년여가 지난 후에 이를 이유로 운전면허를 취소하는 행정처분을 하였다면, 이는 신뢰보호의 원칙에 위배된다.
㉢ 운전면허를 받은 사람이 음주운전을 한 경우에 운전면허를 취소하는 것은 기속행위가 아니라 행정청의 재량에 달려 있으므로, 운전면허의 취소에서는 일반의 수익적 행정행위의 취소와는 달리, 공익상의 필요보다는 취소로 인하여 입게 될 당사자의 불이익이 더욱 강조되어야 한다.
㉣ 혈중알코올농도 0.13%의 주취상태에서 차량을 운전하다가 적발된 甲에게 A광역시 지방경찰청장이 「도로교통법」에 의거하여 운전면허 취소처분을 하였다고 할 때, 甲이 이 처분을 다투기 위해 행정심판을 청구하는 경우 국민권익위원회에 소속된 중앙행정심판위원회가 심리·재결한다.

① ㉠, ㉡, ㉢ ② ㉠, ㉡, ㉣
③ ㉠, ㉣ ④ ㉢, ㉣

해설 정답 ❷

㉠ (○) "구 여객자동차운수사업법(2007. 7. 13. 법률 제8511호로 개정되기 전의 것) 제76조 제1항 제15호, 같은 법 시행령 제29조에는 관할관청은 개인택시운송사업자의 운전면허가 취소된 때에 그의 개인택시운송사업면허를 취소할 수 있도록 규정되어 있을 뿐 그에게 운전면허 취소사유가 있다는 사유만으로 개인택시운송사업면허를 취소할 수 있도록 하는 규정은 없으므로, 관할관청으로서는 비록 개인택시운송사업자에게 운전면허 취소사유가 있다 하더라도 그로 인하여 운전면허 취소처분이 이루어지지 않은 이상 개인택시운송사업면허를 취소할 수는 없다(대법원 2008. 5. 15. 선고 2007두26001)."

㉡ (○) "택시운전사가 1983. 4. 5 운전면허정지기간중의 운전행위를 하다가 적발되어 형사처벌을 받았으나 행정청으로부터 아무런 행정조치가 없어 안심하고 계속 운전업무에 종사하고 있던 중 행정청이 위 위반행위가 있은 이후에 장기간에 걸쳐 아무런 행정조치를 취하지

않은 채 방치하고 있다가 3년여가 지난 1986. 7. 7에 와서 이를 이유로 행정제재를 하면서 가장 무거운 운전면허를 취소하는 행정처분을 하였다면 이는 행정청이 그간 별다른 행정조치가 없을 것이라고 믿은 신뢰의 이익과 그 법적안정성을 빼앗는 것이 되어 매우 가혹할 뿐만 아니라 비록 그 위반행위가 운전면허취소사유에 해당한다 할지라도 그와 같은 공익상의 목적만으로는 위 운전사가 입게 될 불이익에 견줄바 못된다 할 것이다."(대법원 1987. 9. 8. 선고 87누373)

ⓒ (×) "운전면허를 받은 사람이 음주운전을 한 경우에 운전면허의 취소 여부는 행정청의 재량행위이나, 음주운전으로 인한 교통사고의 증가와 그 결과의 참혹성 등에 비추어 보면 음주운전으로 인한 교통사고를 방지할 공익상의 필요는 더욱 중시되어야 하고, 운전면허의 취소에서는 일반의 수익적 행정행위의 취소와는 달리 취소로 인하여 입게 될 당사자의 불이익보다는 이를 방지하여야 하는 일반예방적 측면이 더욱 강조되어야 한다(대법원 2018. 2. 28. 선고 2017두67476)."

ⓓ (○) 지방경찰청장은 국가행정기관인 경찰청장 소속의 행정청이므로, 甲이 행정심판을 청구하면 국민권익위원회에 소속된 중앙행정심판위원회가 심리·재결한다. 행정심판법 제6조 제2항 제1호 참조.

행정심판법 제6조(행정심판위원회의 설치) ② 다음 각 호의 행정청의 처분 또는 부작위에 대한 심판청구에 대하여는 「부패방지 및 국민권익위원회의 설치와 운영에 관한 법률」에 따른 국민권익위원회(이하 "국민권익위원회"라 한다)에 두는 중앙행정심판위원회에서 심리·재결한다.
1. 제1항에 따른 행정청 외의 국가행정기관의 장 또는 그 소속 행정청

04

행정법의 법원(法源)에 대한 설명으로 옳지 않은 것은? (다툼이 있는 경우 판례에 의함)

① 학교급식을 위해 국내 우수농산물을 사용하는 자에게 식재료나 구입비의 일부를 지원하는 것 등을 내용으로 하는 지방자치단체의 조례안이 '1994년 관세 및 무역에 관한 일반협정'을 위반하여 위법한 이상, 그 조례안은 효력이 없다.
② 처분청이 단순히 착오로 어떠한 처분을 계속하다가 추후 오류를 발견하여 합리적인 방법으로 변경하는 경우에는 신뢰보호 원칙에 위배되지 않는다.
③ 어느 특정한 장애가 「장애인복지법 시행령」 제2조 제1항 [별표 1]에 명시적으로 규정되어 있지 않다고 하더라도, 그 장애를 가진 사람이 「장애인복지법」 제2조에서 정한 '장애인'에 해당함이 분명할 뿐 아니라, 모법과 위 시행령 조항의 내용과 체계에 비추어 볼 때 위 시행령 조항이 그 장애를 「장애인복지법」 적용대상에서 배제하려는 전제에 서 있다고 새길 수 없고 단순한 행정입법의 미비가 있을 뿐이라고 보이는 경우에는, 행정청은 그 장애가 시행령에 규정되어 있지 않다는 이유만으로 장애인등록신청을 거부할 수 없다.
④ 행정법의 일반원칙은 다른 법원(法源)과의 관계에서 보충적 역할에 그칠 뿐이고, 헌법적 효력을 가질 수는 없다.

해설 정답 ❹

① (○) "특정 지방자치단체의 초·중·고등학교에서 실시하는 학교급식을 위해 위 지방자치단체에서 생산되는 우수 농수축산물과 이를 재료로 사용하는 가공식품(이하 '우수농산물'이라고 한다)을 우선적으로 사용하도록 하고 그러한 우수농산물을 사용하는 자를 선별하여 식재료나 식재료 구입비의 일부를 지원하며 지원을 받은 학교는 지원금을 반드시 우수농산물을 구입하는 데 사용하도록 하는 것을 내용으로 하는 위 지방자치단체의 조례안이 내국민대우원칙을 규정한 '1994년 관세 및 무역에 관한 일반협정'(General Agreement on Tariffs and Trade 1994)에 위반되어 그 효력이 없다고 한 사례(대법원 2005. 9. 9. 선고 2004추10)."

② (○) "행정상 법률관계에 있어서 특정의 사항에 대해 신뢰보호의 원칙상 처분청이 그와 배치되는 조치를 할 수 없다고 할 수 있을 정도의 행정관행이 성립되었다고 하려면 상당한 기간에 걸쳐 그 사항에 대해 동일한 처분을 하였다는 객관적 사실이 존재할 뿐만 아니라, 처분청이 그 사항에 관해 다른 내용의 처분을 할 수 있음을 알면서도 어떤 특별한 사정 때문에 그러한 처분을 하지 않는다는 의사가 있고 이와 같은 의사가 명시적 또는 묵시적으로 표시되어야 한다 할 것이므로, 단순히 착오로 어떠한 처분을 계속한 경우는 이에 해당되지 않는다 할 것이고, 따라서 처분청이 추후 오류를 발견하여 합리적인 방법으로 변경하는 것은 위 원칙에 위배되지 않는다."(대법원 1993. 6. 11. 선고 92누14021)

③ (○) "어느 특정한 장애가 장애인복지법 시행령 제2조 제1항 [별표 1]에 명시적으로 규정되어 있지 않다고 하더라도, 그 장애를 가진 사람이 장애인복지법 제2조에서 정한 장애인에 해당함이 분명할 뿐 아니라, 모법과 위 시행령 조항의 내용과 체계에 비추어 볼 때 위 시행령 조항이 그 장애를 장애인복지법 적용대상에서 배제하려는 전제에 서 있다고 새길 수 없고 단순한 행정입법의 미비가 있을 뿐이라고 보이는 경우에는, 행정청은 그 장애가 시행령에 규정되어 있지 않다는 이유만으로 장애인등록신청을 거부할 수 없다. 이 경우 행정청으로서는 위 시행령 조항 중 해당 장애와 가장 유사한 장애의 유형에 관한 규정을 찾아 유추 적용함으로써 위 시행령 조항을 최대한 모법의 취지와 평등원칙에 부합하도록 운용하여야 한다."(대법원 2019. 10. 31. 선고 2016두50907)

④ (×) 행정법의 일반원칙은 다른 법원과의 관계에서 보충적 역할에 그치지 않으며 헌법적 효력을 갖기도 한다.

05

행정입법에 대한 설명으로 옳지 않은 것은? (다툼이 있는 경우 판례에 의함)

① 서울특별시의 '철거민에 대한 시영아파트 특별분양개선지침'은 법규명령으로서의 효력을 가지므로, 지침 소정의 사람에게는 공법상의 분양신청권이 부여되고 따라서 서울특별시의 시영아파트에 대한 분양불허의 의사표시는 처분에 해당한다.
② '학교장·교사 초빙제 실시'는 행정조직 내부에서만 효력을 가지는 행정상의 운영지침을 정한 것으로서 국민이나 법원을 구속하는 효력이 없는 행정규칙에 해당한다.
③ 산업자원부장관이 「공업배치 및 공장설립에 관한 법률」 제8조의 위임에 따라 공장입지의 기준을 구체적으로 정한 고시는 법규명령으로서 효력을 가진다.
④ 법원이 법률 하위의 법규명령이 위헌·위법인지를 심사하려면 그것이 재판의 전제가 되어야 하는데, 여기에서 재판의 전제란 구체적 사건이 법원에 계속 중이어야 하고, 위헌·위법인지가 문제 된 경우에는 그 법규명령의 특정 조항이 해당 소송사건의 재판에 적용되는 것이어야 하며, 그 조항이 위헌·위법인지에 따라 그 사건을 담당하는 법원이 다른 판단을 하게 되는 경우를 말한다.

해설 정답 ❶

① (×) "서울특별시의 '철거민에 대한 시영아파트 특별분양개선지침'은 서울특별시 내부에 있어서의 행정지침에 불과하고 지침 소정의 사람에게 공법상의 분양신청권이 부여되는 것이 아니라 할 것이므로 서울특별시의 시영아파트에 대한 분양불허의 의사표시는 항고소송의 대상이 되는 행정처분으로 볼 수 없다."(대법원 1993. 5. 11. 선고 93누2247)

② (○) "경기도교육청의 1999. 6. 2.자「학교장·교사 초빙제 실시」는 학교장·교사 초빙제의 실시에 따른 구체적 시행을 위해 제정한 사무처리지침으로서 행정조직 내부에서만 효력을 가지는 행정상의 운영지침을 정한 것이어서, 국민이나 법원을 구속하는 효력이 없는 행정규칙에 해당하므로 헌법소원의 대상이 되지 않는다."(헌법재판소 2001. 5. 31. 99헌마413)

③ (○) "이 사건 승인처분의 근거 법규인 '구 공업배치 및 공장설립에 관한 법률'(2002. 12. 30. 법률 제6842호 '산업집적활성화 및 공장설립에 관한 법률'로 개정되기 전의 것, 이하 '구 공업배치법'이라 한다) 제8조 제4호에 의하면, 산업자원부장관은 관계 중앙행정기관의 장과 협의하여 환경오염을 일으킬 수 있는 공장의 입지제한에 관한 사항 등을 정하여 이를 고시하여야 하고, 이에 따라 고시된 산업자원부장관의 공장입지기준고시(제1999 − 147호) 제5조 제2호에서는, 공장을 설치함으로써 인근 주민 또는 농경지, 기타 당해 지역의 생활 및 자연환경을 현저히 해하게 된다고 판단하는 경우 시장·군수·구청장은 공장의 입지를 제한할 수 있다고 규정하고 있으며, 위와 같은 공장입지기준고시 제5조 제2호는 법규명령으로서의 효력을 가지는 것이므로(대법원 2003. 9. 26. 선고 2003두2274 판결 참조), 환경오염을 일으킬 수 있는 공장 설치와 관련한 인근 주민의 생활환경상 이익은 이 사건 승인처분의 근거 법규에 의해 보호되는 이익으로 볼 수 있다."(대법원 2007. 6. 1. 선고 2005두11500)

④ (○) "법원이 법률 하위의 법규명령, 규칙, 조례, 행정규칙 등 (이하 '규정'이라 한다)이 위헌·위법인지를 심사하려면 그것이 '재판의 전제'가 되어야 한다. 여기에서 '재판의 전제'란 구체적 사건이 법원에 계속 중이어야 하고, 위헌·위법인지가 문제 된 경우에는 규정의 특정 조항이 해당 소송사건의 재판에 적용되는 것이어야 하며, 그 조항이 위헌·위법인지에 따라 그 사건을 담당하는 법원이 다른 판단을 하게 되는 경우를 말한다."(대법원 2019. 6. 13. 선고 2017두33985)

06

행정상 강제집행에 대한 설명으로 옳은 것은? (다툼이 있는 경우 판례에 의함)

① 상당한 의무이행기간을 부여하지 아니한 채 「행정대집행법」상 대집행계고처분을 한 경우, 대집행영장으로써 대집행의 시기를 늦춰 주었다면 그 계고처분은 적법하다.

② 시정명령을 받은 의무자가 그 시정명령의 취지에 부합하는 의무를 이행하기 위한 정당한 방법으로 행정청에 신청 또는 신고를 하였으나, 행정청이 위법하게 이를 거부 또는 반려함으로써 결국 그 처분이 취소되기에 이르렀다면, 특별한 사정이 없는 한 그 시정명령의 불이행을 이유로 이행강제금을 부과할 수는 없다.

③ 체납자가 사망한 후 체납자명의의 재산에 대하여 한 압류를, 그 재산을 상속한 상속인에 대하여 한 것으로 볼 수는 없다.

④ 행정강제는 행정상 즉시강제를 원칙으로 하고, 행정상 강제집행은 예외적으로 인정되는 강제수단이다.

해설 정답 ❷

① (×) "행정대집행법 제3조 제1항은 행정청이 의무자에게 대집행영장으로써 대집행할 시기 등을 통지하기 위하여는 그 전제로서 대집행계고처분을 함에 있어서 의무이행을 할 수 있는 상당한 기간을 부여할 것을 요구하고 있으므로, 행정청인 피고가 의무이행기한이 1988. 5. 24.까지로 된 이 사건 대집행계고서를 5.19. 원고에게 발송하여 원고가 그 이행종기인 5.24. 이를 수령하였다면, 설사 피고가 대집행영장으로써 대집행의 시기를 1988. 5. 27 15:00로 늦추었더라도 위 대집행계고처분은 상당한 이행기한을 정하여 한 것이 아니어서 대집행의 적법절차에 위배한 것으로 위법한 처분이라고 할 것이다."(대법원 1990. 9. 14. 선고 90누2048)

② (○) "건축법상의 이행강제금은 시정명령의 불이행이라는 과거의 위반행위에 대한 제재가 아니라, 의무자에게 시정명령을 받은 의무의 이행을 명하고 그 이행기간 안에 의무를 이행하지 않으면 이행강제금이 부과된다는 사실을 고지함으로써 의무자에게 심리적 압박을 주어 의무의 이행을 간접적으로 강제하는 행정상의 간접강제 수단에 해당한다. 이러한 이행강제금의 본질상 시정명령을 받은 의무자가 이행강제금이 부과되기 전에 그 의무를 이행한 경우에는 비록 시정명령에서 정한 기간을 지나서 이행한 경우라도 이행강제금을 부과할 수 없다. 나아가 시정명령을 받은 의무자가 그 시정명령의 취지에 부합하는 의무를 이행하기 위한 정당한 방법으로 행정청에 신청 또는 신고를 하였으나 행정청이 위법하게 이를 거부 또는 반려함으로써 결국 그 처분이 취소되기에 이르렀다면, 특별한 사정이 없는 한 그 시정명령의 불이행을 이유로 이행강제금을 부과할 수는 없다고 보는 것이 위와 같은 이행강제금 제도의 취지에 부합한다."(대법원 2018. 1. 25. 선고 2015두35116)

③ (×) 국세징수법 제27조 제2항

> **국세징수법 제27조(상속 또는 합병의 경우 강제징수의 속행 등)** ② 제1항을 적용할 때 체납자가 사망한 후 체납자 명의의 재산에 대하여 한 압류는 그 재산을 상속한 상속인에 대하여 한 것으로 본다.

④ (×) 행정강제는 행정상 강제집행을 원칙으로 하고, 행정상 즉시강제는 예외적으로 인정되는 강제수단이다.

07

사인의 공법행위인 신고에 대한 설명으로 옳지 않은 것은? (다툼이 있는 경우 판례에 의함)

① 납골당설치 신고는 이른바 자기완결적 신고이므로, 납골당 설치 신고가 관련 법령 규정의 모든 요건을 충족하는 신고라면, 행정청의 수리처분이 있기 전에도 신고인은 곧바로 납골당을 설치할 수 있다.

② 「부가가치세법」상 사업자등록은 단순한 사업사실의 신고에 해당하므로, 과세관청이 직권으로 등록을 말소한 행위는 폐업사실을 기재한 행위일 뿐, 그에 의하여 사업자로서의 지위에 변동을 가져 오는 것이 아니기 때문에 항고소송의 대상인 행정처분에 해당하지 않는다.

③ 신문을 발행하려는 자는 신문의 명칭 등을 주사무소 소재지를 관할하는 시 · 도지사(등록관청)에게 등록하여야 하는데, 등록관청이 하는 신문의 등록은 신문을 적법하게 발행할 수 있도록 하는 행정처분에 해당한다.

④ 정보통신매체를 이용하여 원격평생교육을 불특정 다수인에게 학습비를 받고 실시하기 위해 인터넷 침 · 뜸 학습센터를 평생교육시설로 신고한 경우, 관할 행정청은 신고서 기재사항에 흠결이 없고 형식적 요건을 모두 갖추었다면, 신고대상이 된 교육이나 학습이 공익적 기준에 적합하지 않는다는 등의 실체적 사유를 들어 신고수리를 거부할 수 없다.

해설 정답 ❶

① (×) "구 장사 등에 관한 법률(2007. 5. 25. 법률 제8489호로 전부 개정되기 전의 것, 이하 '구 장사법'이라 한다) 제14조 제1항, 구 장사 등에 관한 법률 시행규칙(2008. 5. 26. 보건복지가족부령 제15호로 전부 개정되기 전의 것) 제7조 제1항 [별지 제7호 서식] 을 종합하면, 납골당설치 신고는 이른바 '수리를 요하는 신고'라 할 것이므로, 납골당설치 신고가 구 장사법 관련 규정의 모든 요건에 맞는 신고라 하더라도 신고인은 곧바로 납골당을 설치할 수는 없고, 이에 대한 행정청의 수리처분이 있어야만 신고한 대로 납골당을 설치할 수 있다. 한편 수리란 신고를 유효한 것으로 판단하고 법령에 의하여 처리할 의사로 이를 수령하는 수동적 행위이므로 수리행위에 신고필증 교부 등 행위가 꼭 필요한 것은 아니다."(대법원 2011. 9. 8. 선고 2009두6766)

② (○) "부가가치세법상의 사업자등록은 과세관청으로 하여금 부가가치세의 납세의무자를 파악하고 그 과세자료를 확보하게 하려는 데 제도의 취지가 있는바, 이는 단순한 사업사실의 신고로서 사업자가 관할세무서장에게 소정의 사업자등록신청서를 제출함으로써 성립하는 것이고, 사업자등록증의 교부는 이와 같은 등록사실을 증명하는 증서의 교부행위에 불과한 것이다. 나아가 구 부가가치세법(2006. 12. 30. 법률 제8142호로 개정되기 전의 것) 제5조 제5항에 의한 과세관청의 사업자등록 직권말소행위도 폐업사실의 기재일 뿐 그에 의하여 사업자로서의 지위에 변동을 가져오는 것이 아니라는 점에서 항고소송의 대상이 되는 행정처분으로 볼 수 없다. 이러한 점에 비추어 볼 때, 과세관청이 사업자등록을 관리하는 과정에서 위장사업자의 사업자명의를 직권으로 실사업자의 명의로 정정하는 행위 또한 당해 사업사실 중 주체에 관한 정정기재일 뿐 그에 의하여 사업자로서의 지위에 변동을 가져오는 것이 아니므로 항고소송의 대상이 되는 행정처분으로 볼 수 없다."(대법원 2011. 1. 27. 선고 2008두2200)

③ (○) "신문을 발행하려는 자는 신문의 명칭('제호'라는 용어를 사용하기도 한다) 등을 주사무소 소재지를 관할하는 시 · 도지사(이하 '등록관청'이라 한다)에게 등록하여야 하고, 등록을 하지 않고 신문을 발행한 자에게는 2천만 원 이하의 과태료가 부과된다(신문 등의 진흥에 관한 법률 제9조 제1항, 제39조 제1항 제1호). 따라서 등록관청이 하는 신문의 등록은 신문을 적법하게 발행할 수 있도록 하는 행정처분에 해당한다."(대법원 2019. 8. 30. 선고 2018두47189)

④ (○) "구 평생교육법(2007. 10. 17. 법률 제8640호로 개정되기 전의 것, 이하 '법'이라 한다) 제22조 제1항, 제2항, 제3항, 구 평생교육법 시행령(2004. 1. 29. 대통령령 제18245호로 개정되기 전의 것) 제27조 제1항, 제2항, 제3항에 의하면, 정보통신매체를 이용하여 학습비를 받지 아니하고 원격평생교육을 실시하고자 하는 경우에는 누구든지 아무런 신고 없이 자유롭게 이를 할 수 있고, 다만 위와 같은 교육을 불특정 다수인에게 학습비를 받고 실시하는 경우에는 이를 신고하여야 하나, 법 제22조가 신고를 요하는 제2항과 신고를 요하지 않는 제1항에서 '학습비' 수수 외에 교육 대상이나 방법 등 다른 요건을 달리 규정하고 있지 않을 뿐 아니라 제2항에서도 학습비 금액이나 수령 등에 관하여 아무런 제한을 하고 있지 않은 점에 비추어 볼 때, 행정청으로서는 신고서 기재사항에 흠결이 없고 정해진 서류가 구비된 때에는 이를 수리하여야 하고, 이러한 형식적 요건을 모두 갖추었음에도 신고대상이 된 교육이나 학습이 공익적 기준에 적합하지 않는다는 등 실체적 사유를 들어 신고 수리를 거부할 수는 없다."(대법원 2011. 7. 28. 선고 2005두11784)

08

다음 중 「행정절차법」이 적용되는 경우만을 모두 고르면? (다툼이 있는 경우 판례에 의함)

㉠ 「군인사법」상 보직해임처분
㉡ 육군3사관학교의 사관생도에 대한 퇴학처분
㉢ 형사, 행형 및 보안처분 관계 법령에 따라 행하는 사항
㉣ 별정직 공무원에 대한 직권면직처분

① ㉠, ㉡　　② ㉠, ㉢
③ ㉡, ㉢　　④ ㉡, ㉣

해설 정답 ❹

㉠ (×) "구 군인사법상 보직해임처분은 구 행정절차법 제3조 제2항 제9호, 같은 법 시행령 제2조 제3호에 의하여 당해 행정작용의 성질상 행정절차를 거치기 곤란하거나 불필요하다고 인정되는 사항 또는 행정절차에 준하는 절차를 거친 사항에 해당하므로, 처분의 근거와 이유 제시 등에 관한 구 행정절차법의 규정이 별도로 적용되지 아니한다고 봄이 상당하다."(대법원 2014. 10. 15. 선고 2012두5756)

㉡ (○) "행정절차법의 적용이 제외되는 공무원 인사관계 법령에 의한 처분에 관한 사항이란 성질상 행정절차를 거치기 곤란하거나 불필요하다고 인정되는 처분이나 행정절차에 준하는 절차를 거치도록 하고 있는 처분에 관한 사항만을 말하는 것으로 보아야 한다. 이러한 법리는 '공무원 인사관계 법령에 의한 처분'에 해당하는 육군3사관학교 생도에 대한 퇴학처분에도 마찬가지로 적용된다. 그리고 행정절차법 시행령 제2조 제8호는 '학교 · 연수원 등에서 교육 · 훈련의 목적을 달성하기 위하여 학생 · 연수생들을 대상으로 하는 사항'을 행정절차법의 적용이 제외되는 경우로 규정하고 있으나, 이는 교육과정과 내용의 구체적 결정, 과제의 부과, 성적의 평가, 공식적 징계에 이르지 아니한 질책 · 훈계 등과 같이 교육 · 훈련의 목적을 직접 달성하기 위하여 행하는 사항을 말하는 것으로 보아야 하고, 생도에 대한 퇴학처분과 같이 신분을 박탈하는 징계처분은 여기에 해당한다고 볼 수 없다."(대법원 2018. 3. 13. 선고 2016두33339)

㉢ (×) 행정절차법 제3조 제2항 제6호

> **행정절차법 제3조(적용 범위)** ② 이 법은 다음 각 호의 어느 하나에 해당하는 사항에 대하여는 적용하지 아니한다.
> 6. 형사(刑事), 행형(行刑) 및 보안처분 관계 법령에 따라 행하는 사항

㉣ (○) "공무원 인사관계 법령에 의한 처분에 관한 사항이라 하더라도 전부에 대하여 행정절차법의 적용이 배제되는 것이 아니라, 성질상 행정절차를 거치기 곤란하거나 불필요하다고 인정되는 처분이나 행정절차에 준하는 절차를 거치도록 하고 있는 처분의 경우에만 행정절차법의 적용이 배제되는 것으로 보아야 하고, 이러한 법리는 '공무원 인사관계 법령에 의한 처분'에 해당하는 별정직 공무원에 대한 직권면직 처분의 경우에도 마찬가지로 적용된다."(대법원 2013. 1. 16. 선고 2011두30687)

☞ 그런데 별정직 공무원에 대한 직권면직처분에는 이러한 사정이 없기 때문에 행정절차법이 적용된다고 보았다.

09

甲은 관할 A행정청으로부터 2021년 10월 1일 500만원의 과징금 부과처분을 받았고, 동년 10월 15일 300만원으로 감액되었다. 이후 동년 10월 20일 甲에 대한 과징금부과권한이 A행정청에서 B행정청으로 승계가 되었고, 甲은 과징금부과처분에 대하여 동년 10월 30일에 취소소송을 제기하려 한다. 판례에 의할 때, 취소소송의 대상과 피고는? (다툼이 있는 경우 판례에 의함)

① 10월 1일 자 과징금 500만원 처분에 대하여 A행정청을 피고로
② 10월 1일 자 과징금 300만원 처분에 대하여 B행정청을 피고로
③ 10월 15일 자 200만원 감액처분에 대하여 A행정청을 피고로
④ 10월 15일 자 과징금 300만원 처분에 대하여 B행정청을 피고로

해설 정답 ❷

i) 대상적격 : 이 사례는 감액경정처분이 있은 경우에 해당한다.

경우	취소소송에서의 취급
증액경정처분이 있은 경우	① 당초처분은 증액경정처분에 흡수되어 소멸함 → 증액경정처분만 취소소송의 대상이 됨 ② 제소기간 : 증액경정처분시를 기준으로 함 ③ 증액경정처분에 대한 항고소송에서 당초처분의 위법을 함께 주장할 수 있음
감액경정처분이 있은 경우	① 감액경정처분이 아니라, 감액되고 남은 당초처분이 취소소송의 대상이 됨 ② 제소기간 : 당초처분시를 기준으로 함

ii) 피고적격 : 동년 10월 20일 甲에 대한 과징금부과권한이 A행정청에서 B행정청으로 승계가 되었으므로, 피고는 B행정청이다(행정소송법 제13조 제1항 단서).

> **행정소송법 제13조(피고적격)** ① 취소소송은 다른 법률에 특별한 규정이 없는 한 그 처분등을 행한 행정청을 피고로 한다. 다만, 처분등이 있은 뒤에 그 처분등에 관계되는 권한이 다른 행정청에 승계된 때에는 이를 승계한 행정청을 피고로 한다.

10

「개인정보 보호법」에 대한 설명으로 옳지 않은 것은? (다툼이 있는 경우 판례에 의함)

① 개인정보자기결정권의 보호대상이 되는 개인정보는 공적 생활에서 형성되었거나 이미 공개된 개인정보까지도 포함한다.
② 개인정보처리자는 개인정보 처리방침 등 개인정보의 처리에 관한 사항을 공개하여야 하며, 열람청구권 등 정보주체의 권리를 보장하여야 한다.
③ 개인정보처리자는 정보주체와 체결한 계약을 이행하거나 계약을 체결하는 과정에서 정보주체의 요청에 따른 조치를 이행하기 위하여 필요한 경우에도, 정보주체의 동의가 없다면 개인정보를 수집하거나 그 수집 목적의 범위에서 이용할 수 없다.
④ 개인정보처리자의 고의 또는 중대한 과실로 인하여 개인정보가 유출된 경우로서 정보주체에게 손해가 발생한 때에는 법원은 그 손해액의 5배를 넘지 아니하는 범위에서 손해배상액을 정할 수 있다.

해설 정답 ❸

① (○) "인간의 존엄과 가치, 행복추구권을 규정한 헌법 제10조 제1문에서 도출되는 일반적 인격권 및 헌법 제17조의 사생활의 비밀과 자유에 의하여 보장되는 개인정보자기결정권은 자신에 관한 정보가 언제 누구에게 어느 범위까지 알려지고 또 이용되도록 할 것인지를 그 정보주체가 스스로 결정할 수 있는 권리이다. 즉 정보주체가 개인정보의 공개와 이용에 관하여 스스로 결정할 권리를 말한다. 개인정보자기결정권의 보호대상이 되는 개인정보는 개인의 신체, 신념, 사회적 지위, 신분 등과 같이 개인의 인격주체성을 특징짓는 사항으로서 그 개인의 동일성을 식별할 수 있게 하는 일체의 정보라고 할 수 있고, 반드시 개인의 내밀한 영역이나 사사(私事)의 영역에 속하는 정보에 국한되지 않고 공적 생활에서 형성되었거나 이미 공개된 개인정보까지 포함한다."(헌법재판소 2005. 7. 21. 2003헌마282)

② (○) 개인정보 보호법 제3조 제5항

> **개인정보 보호법 제3조(개인정보 보호 원칙)** ⑤ 개인정보처리자는 개인정보 처리방침 등 개인정보의 처리에 관한 사항을 공개하여야 하며, 열람청구권 등 정보주체의 권리를 보장하여야 한다.

③ (×) 개인정보 보호법 제15조 제1항 제4호 참조. 개인정보처리자는 정보주체와 체결한 계약을 이행하거나 계약을 체결하는 과정에서 정보주체의 요청에 따른 조치를 이행하기 위하여 필요한 경우(동법 제15조 제1항 제4호)에는, 정보주체의 동의(동법 제15조 제1항 제1호)가 없어도 개인정보를 수집할 수 있으며, 그 수집 목적의 범위에서 이용할 수 있다.

> **개인정보 보호법 제15조(개인정보의 수집 · 이용)** ① 개인정보처리자는 다음 각 호의 어느 하나에 해당하는 경우에는 개인정보를 수집할 수 있으며 그 수집 목적의 범위에서 이용할 수 있다.
> 1. 정보주체의 동의를 받은 경우
> 4. 정보주체와 체결한 계약을 이행하거나 계약을 체결하는 과정에서 정보주체의 요청에 따른 조치를 이행하기 위하여 필요한 경우

④ (○) 개인정보 보호법 제39조 제3항 본문

개인정보 보호법 제39조(손해배상책임) ③ 개인정보처리자의 고의 또는 중대한 과실로 인하여 개인정보가 분실·도난·유출·위조·변조 또는 훼손된 경우로서 정보주체에게 손해가 발생한 때에는 법원은 그 손해액의 5배를 넘지 아니하는 범위에서 손해배상액을 정할 수 있다. 다만, 개인정보처리자가 고의 또는 중대한 과실이 없음을 증명한 경우에는 그러하지 아니하다.

11

행정형벌에 대한 설명으로 옳은 것(○)과 옳지 않은 것(×)을 바르게 조합한 것은? (다툼이 있는 경우 판례에 의함)

㉠ 종업원의 위반행위에 대해 사업주도 처벌하는 경우, 사업주가 지는 책임은 무과실책임이다.
㉡ 통고처분의 처분성을 부정함으로써 행정소송의 대상이 되지 못하게 한다 하더라도, 통고처분에 대하여 이의가 있으면 통고내용을 이행하지 않음으로써 고발되어 형사재판절차에서 통고처분의 위법·부당함을 얼마든지 다툴 수 있기 때문에 그것이 법관에 의한 재판받을 권리를 침해한다든가 적법절차의 원칙에 저촉된다고 볼 수 없다.
㉢ 「조세범 처벌절차법」상 지방국세청장 또는 세무서장은 통고처분을 받은 자가 통고서를 송달받은 날부터 15일 이내에 통고대로 이행하지 아니한 경우에는 고발하여야 한다.
㉣ 죄형법정주의의 원칙 등 형벌법규의 해석 원리는 행정형벌에 관한 규정을 해석할 때에도 적용되어야 한다.

① ㉠(○), ㉡(○), ㉢(○), ㉣(○)
② ㉠(○), ㉡(×), ㉢(×), ㉣(×)
③ ㉠(×), ㉡(○), ㉢(○), ㉣(○)
④ ㉠(×), ㉡(×), ㉢(×), ㉣(○)

해설 정답 ❸

㉠ (×) 종업원의 위반행위에 대해 사업주도 처벌하는 경우, 사업주가 지는 책임은 무과실책임이 아니라 과실책임이다.

㉡ (○) "통고처분은 상대방의 임의의 승복을 그 발효요건으로 하기 때문에 그 자체만으로는 통고이행을 강제하거나 상대방에게 아무런 권리의무를 형성하지 않으므로 행정심판이나 행정소송의 대상으로서의 처분성을 부여할 수 없고, 통고처분에 대하여 이의가 있으면 통고내용을 이행하지 않음으로써 고발되어 형사재판절차에서 통고처분의 위법·부당함을 얼마든지 다툴 수 있기 때문에 관세법 제38조 제3항 제2호가 법관에 의한 재판받을 권리를 침해한다든가 적법절차의 원칙에 저촉된다고 볼 수 없다."(헌법재판소 1998. 5. 28. 96헌바4)

㉢ (○) 조세범 처벌절차법 제17조 제2항 본문

조세범 처벌절차법 제17조(고발) ② 지방국세청장 또는 세무서장은 제15조 제1항에 따라 통고처분을 받은 자가 통고서를 송달받은 날부터 15일 이내에 통고대로 이행하지 아니한 경우에는 고발하여야 한다. 다만, 15일이 지났더라도 고발되기 전에 통고대로 이행하였을 때에는 그러하지 아니 하다.

㉣ (○) 죄형법정주의의 원칙 등 형벌법규의 해석 원리는 행정형벌에 관한 규정을 해석 할 때에도 적용되어야 한다. 행정형벌이 형벌의 일종이기 때문이다.

12

인·허가 의제에 대한 설명으로 옳은 것은? (다툼이 있는 경우 판례에 의함)

① 인·허가 의제 제도와 관련하여 판례는 절차집중효설의 입장을 취하고 있으므로, 계획확정기관은 의제되는 인·허가의 실체적 요건에는 기속되지 않지만 절차적 요건에는 기속된다.
② 어떠한 허가처분에 대하여 타법상의 인·허가가 의제된 경우, 의제된 인·허가는 통상적인 인·허가와 동일한 효력을 갖는 것은 아니므로 '부분 인·허가 의제'가 허용되는 경우에도 의제된 인·허가에 대한 쟁송취소는 허용되지 않는다.
③ 인·허가 의제대상이 되는 처분의 공시방법에 관한 하자가 있다면, 그로써 해당 인·허가 등 의제의 효과가 발생하지 않을 여지가 있게 되고, 나아가 그러한 사정은 주된 처분인 주택건설사업계획 승인처분 자체의 위법사유가 된다.
④ 주된 인·허가에 의해 의제되는 인·허가는 원칙적으로 주된 인·허가로 인한 사업을 시행하는 데 필요한 범위 내에서만 그 효력이 유지되는 것이므로. 주된 인·허가로 인한 사업이 완료된 이후에는 그 효력이 없어진다.

해설 정답 ❹

① (×) 인·허가 의제에서 계획확정기관이 의제되는 인·허가의 실체적 및 절차적 요건에 기속되는지 여부가 문제되는데, 의제되는 인·허가의 절차적 요건에는 기속되지 않으나, 실체적 요건에는 기속된다고 보는 것이 일반적이다(절차집중효설).

② (×) "인허가 의제 대상이 되는 처분에 어떤 하자가 있다고 하더라도, 그로써 해당 인허가 의제의 효과가 발생하지 않을 여지가 있게 될 뿐이고, 그러한 사정이 주택건설사업계획 승인처분 자체의 위법사유가 될 수는 없다(대법원 2017. 9. 12. 선고 2017두45131 판결 참조). 또한 의제된 인허가는 통상적인 인허가와 동일한 효력을 가지므로, 적어도 '부분 인허가 의제'가 허용되는 경우에는 그 효력을 제거하기 위한 법적 수단으로 의제된 인허가의 취소나 철회가 허용될 수 있고(대법원 2018. 7. 12. 선고 2017두48734 판결 참조), 이러한 직권 취소·철회가 가능한 이상 그 의제된 인허가에 대한 쟁송취소 역시 허용된다."(대법원 2018. 11. 29. 선고 2016두38792)

③ (×) "구 주택법(2016. 1. 19. 법률 제13805호로 전부 개정되기 전의 것) 제17조 제1항에 의하면, 주택건설사업계획 승인권자가 관계 행정기관의 장과 미리 협의한 사항에 한하여 승인처분을 할 때에 인허가 등이 의제될 뿐이고, 각호에 열거된 모든 인허가 등에 관하여 일괄하여 사전협의를 거칠 것을 승인처분의 요건으로 하고 있지는 않다. 따라서 인허가 의제대상이 되는 처분의 공시방법에 관한 하자가 있더라도, 그로써 해당 인허가 등 의제의 효과가 발생하지 않을 여지가 있게 될 뿐이고, 그러한 사정이 주택건설사업계획 승인처분 자체의 위법사유가 될 수는 없다."(대법원 2017. 9. 12. 선고 2017두45131)

④ (○) "구 택지개발촉진법 제11조 제1항 제9호에서는 사업시행자가 택지개발사업 실시계획승인을 받은 때 도로법에 의한 도로공사시행허가 및 도로점용허가를 받은 것으로 본다고 규정하고 있는바, 이러한 인허가 의제제도는 목적사업의 원활한 수행을 위해 행정절차를 간소화하고자 하는 데 그 취지가 있는 것이므로 위와 같은 실시계획승인에 의해 의제되는 도로공사시행허가 및 도로점용허가는 원칙적으로 당해 택지개발사업을 시행하는 데 필요한 범위 내에서만 그 효력이 유지된다고 보아야 한다. 따라서 원고가 이 사건 택지개발사업과 관련하여 그 사업시행의 일환으로 이 사건 도로예정지 또

는 도로에 전력관을 매설하였다고 하더라도 사업시행완료 후 이를 계속 유지·관리하기 위해 도로를 점용하는 것에 대한 도로점용허가까지 그 실시계획 승인에 의해 의제된다고 볼 수는 없다."(대법원 2010. 4. 29. 선고 2009두18547)

13

재량행위에 대한 설명으로 옳지 않은 것은? (다툼이 있는 경우 판례에 의함)

① 재단법인의 임원취임을 인가 또는 거부할 것인지 여부가 주무관청의 권한에 속하는 사항이라고는 할 수 없고, 재단법인의 임원취임승인 신청이 있으면 주무관청은 이에 기속되어 이를 당연히 승인(인가)하여야 한다.
② 법무부장관은 귀화신청인이 법률이 정한 귀화요건을 갖추었다고 하더라도 귀화를 허가할 것인지 여부에 관하여 재량권을 가진다.
③ 「관세법」 소정의 보세구역 설영(설치 및 운영)특허는 공기업의 특허로서 그 특허의 부여 여부는 행정청의 자유재량에 속하고, 설영특허에 특허기간이 부가된 경우 그 기간의 갱신 여부도 행정청의 자유재량에 속한다.
④ 구 「수도권 대기환경개선에 관한 특별법」 제14조 제1항에서 정한 대기오염물질 총량관리사업장 설치의 허가 또는 변경허가는, 특정인에게 인구가 밀집되고 대기오염이 심각하다고 인정되는 수도권 대기관리권역에서 총량관리대상 오염물질을 일정량을 초과하여 배출할 수 있는 특정한 권리를 설정하여 주는 행위로서 그 처분의 여부 및 내용의 결정은 행정청의 재량에 속한다.

해설 정답 ❶

① (×) "재단법인의 임원취임이 사법인인 재단법인의 정관에 근거한다 할지라도 이에 대한 행정청의 승인(인가)행위는 법인에 대한 주무관청의 감독권에 연유하는 이상 그 인가행위 또는 인가거부행위는 공법상의 행정처분으로서, 그 임원취임을 인가 또는 거부할 것인지 여부는 주무관청의 권한에 속하는 사항이라고 할 것이고, 재단법인의 임원취임승인 신청에 대하여 주무관청이 이에 기속되어 이를 당연히 승인(인가)하여야 하는 것은 아니다."(대법원 2000. 1. 28. 선고 98두16996)

② (○) "국적법 제4조 제1항은 '외국인은 법무부장관의 귀화허가를 받아 대한민국의 국적을 취득할 수 있다.'라고 규정하고, 그 제2항은 '법무부장관은 귀화 요건을 갖추었는지를 심사한 후 그 요건을 갖춘 자에게만 귀화를 허가한다.'라고 정하고 있다. (중략) 국적법 등 관계 법령 어디에도 외국인에게 대한민국의 국적을 취득할 권리를 부여하였다고 볼 만한 규정이 없다. 이와 같은 귀화허가의 근거 규정의 형식과 문언, 귀화허가의 내용과 특성 등을 고려해 보면, 법무부장관은 귀화신청인이 귀화 요건을 갖추었다 하더라도 귀화를 허가할 것인지 여부에 관하여 재량권을 가진다고 보는 것이 타당하다."(대법원 2010. 10. 28. 선고 2010두6496)

③ (○) "관세법 제78조 소정의 보세구역의 설영특허는 보세구역의 설치, 경영에 관한 권리를 설정하는 이른바 공기업의 특허로서 그 특허의 부여여부는 행정청의 자유재량에 속하며, 특허기간이 만료된 때에 특허는 당연히 실효되는 것이어서 특허기간의 갱신은 실질적으로 권리의 설정과 같으므로 그 갱신여부도 특허관청의 자유재량에 속한다."(대법원 1989. 5. 9. 선고 88누4188)

④ (○) "구 수도권대기환경특별법 제14조 제1항에서 정한 대기오염물질 총량관리사업장 설치의 허가 또는 변경허가는 특정인에게 인구가 밀집되고 대기오염이 심각하다고 인정되는 수도권 대기관리권역에서 총량관리대상 오염물질을 일정량을 초과하여 배출할 수 있는 특정한 권리를 설정하여 주는 행위로서 그 처분의 여부 및 내용의 결정은 행정청의 재량에 속한다."(대법원 2013. 5. 9. 선고 2012두22799)

14

「행정심판법」상 행정심판에 대한 설명으로 옳지 않은 것은? (다툼이 있는 경우 판례에 의함)

① 「행정소송법」이 집행정지의 요건 중 하나로 '회복하기 어려운 손해'를 예방할 필요성에 관하여 규정하고 있는 반면, 「행정심판법」은 집행정지의 요건 중 하나로 '중대한 손해'가 생기는 것을 예방할 필요성에 관하여 규정하고 있다.
② 「난민법」상 난민불인정결정에 대해 법무부장관에게 이의신청을 한 경우는 「행정심판법」에 따른 행정심판을 제기할 수 없다.
③ 행정청이 처분을 할 때 행정심판 청구기간 등을 고지하지 아니한 경우, 처분의 상대방이 처분이 있었다는 사실을 알았다 하더라도 처분이 있은 날로부터 180일 이내에 취소심판이나 의무이행심판 청구를 할 수 있다.
④ 행정심판위원회는 피청구인이 처분명령재결의 취지에 따라 이전의 신청에 대한 처분을 하지 않는 경우에 직접 처분이라는 유효적절한 수단을 활용할 수 있으므로, 처분명령재결의 기속력을 확보하는 수단으로 간접강제는 허용되지 않는다.

해설 정답 ❹

① (○) 행정소송법 제23조 제2항, 행정심판법 제30조 제2항

행정소송법 제23조(집행정지) ② 취소소송이 제기된 경우에 처분등이나 그 집행 또는 절차의 속행으로 인하여 생길 회복하기 어려운 손해를 예방하기 위하여 긴급한 필요가 있다고 인정할 때에는 본안이 계속되고 있는 법원은 당사자의 신청 또는 직권에 의하여 처분등의 효력이나 그 집행 또는 절차의 속행의 전부 또는 일부의 정지(이하 "집행정지"라 한다)를 결정할 수 있다. 다만, 처분의 효력정지는 처분등의 집행 또는 절차의 속행을 정지함으로써 목적을 달성할 수 있는 경우에는 허용되지 아니한다.

행정심판법 제30조(집행정지) ② 위원회는 처분, 처분의 집행 또는 절차의 속행 때문에 중대한 손해가 생기는 것을 예방할 필요성이 긴급하다고 인정할 때에는 직권으로 또는 당사자의 신청에 의하여 처분의 효력, 처분의 집행 또는 절차의 속행의 전부 또는 일부의 정지(이하 "집행정지"라 한다)를 결정할 수 있다. 다만, 처분의 효력정지는 처분의 집행 또는 절차의 속행을 정지함으로써 그 목적을 달성할 수 있을 때에는 허용되지 아니한다.

② (○) 난민법 제21조 제2항

난민법 제21조(이의신청) ① 제18조 제2항 또는 제19조에 따라 난민불인정결정을 받은 사람 또는 제22조에 따라 난민인정이 취소 또는 철회된 사람은 그 통지를 받은 날부터 30일 이내에 법무부장관에게 이의신청을 할 수 있다. 이 경우 이의신청서에 이의의 사유를 소명하는 자료를 첨부하여 지방출입국·외국인관서의 장에게 제출하여야 한다.
② 제1항에 따른 이의신청을 한 경우에는 「행정심판법」에 따른 행정심판을 청구할 수 없다.

③ (○) 행정심판법 제27조 제6항

행정심판법 제27조(심판청구의 기간) ③ 행정심판은 처분이 있었던 날부터 180일이 지나면 청구하지 못한다. 다만, 정당한 사유가 있는 경우에는 그러하지 아니하다.
⑥ 행정청이 심판청구 기간을 알리지 아니한 경우에는 제3항에 규정된 기간에 심판청구를 할 수 있다.

④ (×) 행정심판위원회는 처분의 이행을 명하는 재결에도 불구하고 처분을 하지 아니하는 피청구인에게 배상을 할 것을 명할 수 있다. 행정심판법 제50조의2 제1항, 제49조 제3항 참조.

행정심판법 제50조의2(위원회의 간접강제) ① 위원회는 피청구인이 제49조 제2항(제49조 제4항에서 준용하는 경우를 포함한다) 또는 제3항에 따른 처분을 하지 아니하면 청구인의 신청에 의하여 결정으로 상당한 기간을 정하고 피청구인이 그 기간 내에 이행하지 아니하는 경우에는 그 지연기간에 따라 일정한 배상을 하도록 명하거나 즉시 배상을 할 것을 명할 수 있다.

행정심판법 제49조(재결의 기속력 등) ③ 당사자의 신청을 거부하거나 부작위로 방치한 처분의 이행을 명하는 재결이 있으면 행정청은 지체 없이 이전의 신청에 대하여 재결의 취지에 따라 처분을 하여야 한다.

15

행정소송의 판결의 효력에 대한 설명으로 옳지 않은 것은? (다툼이 있는 경우 판례에 의함)

① 거부처분취소판결에 따른 행정청의 재처분의무와 관련하여 행정청의 재처분내용은 판결의 취지를 존중하는 것이면 되고, 반드시 원고가 신청한 내용대로 처분해야 하는 것은 아니다.
② 甲시장이 A주식회사의 공동주택 건립을 위한 주택건설사업계획승인 신청에 대하여 미디어밸리 조성을 위한 시가화예정 지역이라는 이유로 거부하자, A주식회사가 거부처분취소소송을 제기하여 승소확정판결을 받았고, 이후 甲시장이 해당 토지 일대가 개발행위허가 제한지역으로 지정되었다는 이유로 다시 거부하는 처분을 한 사안에서, 재거부처분은 종전 거부처분을 취소한 확정판결의 기속력에 반하는 것은 아니다.
③ 법규 위반을 이유로 내린 영업허가취소처분이 법원에서 비례의 원칙 위반으로 취소된 경우에, 동일한 법규 위반을 이유로 영업정지처분을 내리는 것은 기속력에 반한다.
④ 처분 등의 무효를 확인하는 확정판결은 소송당사자 이외의 제3자에 대해서도 효력이 미친다.

해설 정답 ❸

① (○) 거부처분취소판결에 따른 행정청의 재처분의무와 관련하여 행정청의 재처분내용은 판결의 취지를 존중하는 것이면 되고, 반드시 원고가 신청한 내용대로 처분해야 하는 것은 아니다. 행정소송법 제30조 제2항 참조.

행정소송법 제30조(취소판결등의 기속력) ② 판결에 의하여 취소되는 처분이 당사자의 신청을 거부하는 것을 내용으로 하는 경우에는 그 처분을 행한 행정청은 판결의 취지에 따라 다시 이전의 신청에 대한 처분을 하여야 한다.

② (○) "고양시장이 갑 주식회사의 공동주택 건립을 위한 주택건설사업계획승인 신청에 대하여 미디어밸리 조성을 위한 시가화예정 지역이라는 이유로 거부하자, 갑 회사가 거부처분의 취소를 구하는 소송을 제기하여 승소판결을 받았고 위 판결이 그대로 확정되었는데, 이후 고양시장이 해당 토지 일대가 개발행위허가 제한지역으로 지정되었다는 이유로 다시 거부하는 처분을 한 사안에서, 재거부처분은 종전 거부처분 후 해당 토지 일대가 개발행위허가 제한지역으로 지정되었다는 새로운 사실을 사유로 하는 것으로, 이는 종전 거부처분 사유와 내용상 기초가 되는 구체적인 사실관계가 달라 기본적 사실관계가 동일하다고 볼 수 없다는 이유로, 행정소송법 제30조 제2항에서 정한 재처분에 해당하고 종전 거부처분을 취소한 확정판결의 기속력에 반하는 것은 아니라고 본 원심판단을 수긍한 사례." (대법원 2011. 10. 27. 선고 2011두14401)

③ (×) 법규 위반을 이유로 내린 영업허가취소처분이, 법원에서 비례의 원칙 위반으로 취소된 경우에, 동일한 법규 위반을 이유로 영업정지처분을 내리는 것은 기속력에 반하지 않는다. 같은 행위를 하는 것이 아니므로 기속력 중 반복금지의무에 위배되지 않는다.

④ (○) 취소판결의 제3자효에 대한 규정인 제29조는 무효등확인소송에도 준용된다. 행정소송법 제29조 제1항, 제38조 제1항 참조.

행정소송법 제29조(취소판결등의 효력) ①처분등을 취소하는 확정판결은 제3자에 대하여도 효력이 있다.

행정소송법 제38조(준용규정) ① 제9조, 제10조, 제13조 내지 제17조, 제19조, 제22조 내지 제26조, 제29조 내지 제31조 및 제33조의 규정은 무효등 확인소송의 경우에 준용한다.

16

공법관계와 사법관계에 대한 설명으로 옳지 않은 것은? (다툼이 있는 경우 판례에 의함)

① 행정의 편의를 위해 사법상의 금전급부의무의 불이행에 대하여 「국세징수법」 중 체납처분에 관한 규정이 준용되는 경우, 위 금전급부의무의 성질은 공법상의 의무로 전환된다.
② 공립유치원 전임강사에 대한 해임처분의 시정 및 수령 지체된 보수의 지급을 구하는 소송은 행정소송에 의하여야 한다.
③ 공공하수도의 이용관계 및 공공하수도 사용료 부과징수관계는 공법관계이다.
④ 「국유재산법」상 일반재산의 대부는 행정처분이 아니며 그 계약은 사법상 계약이다.

해설 정답 ❶

① (×) "국유잡종재산 대부계약에서 대부료를 지정 기간 내에 납부하지 아니할 때에는 국세징수법 제21조, 제22조의 규정을 준용하여 가산금 및 중가산금을 납부하기로 약정하였다 하여도, 조세부과처분은 행정처분이고 대부계약은 사법상의 계약이며, 가산금이라고 하여도 조세부과처분의 경우에는 징벌적 성격의 제재이고 대부계약의 경우에는 지연손해금의 약정으로 보아야 할 것이므로, 자연 그 성질상 준용에는 한계가 있을 수밖에 없어 대부계약의 경우에는 정당한 이행청구(과다청구의 경우라도 정당한 청구로 볼 수 있는 경우는 포함된다.)의 경우에 그 지연 시기 및 이에 따른 가산금의 비율 등만이 준용된다고 할 것이고, 또 국유재산법 제38조, 제25조의 규정에 의하여 국세징수법의 체납처분에 관한 규정을 준용하여 대부료를 징수할 수 있다고 하더라도 이로 인하여 대부계약의 성질이 달라지는 것은 아니라 할 것이므로 대부계약에 있어서는 어느 경우에나 과세처분의 경우처럼 가산금이 부과된다고 할 수는 없다."(대법원 2000. 2. 11. 선고 99다61675)

② (○) "교육부장관(당시 문교부장관)의 권한을 재위임 받은 공립교육기관의 장에 의하여 공립유치원의 임용기간을 정한 전임강사로 임용되어 지방자치단체로부터 보수를 지급받으면서 공무원복무규정을 적용받고 사실상 유치원 교사의 업무를 담당하여 온 유치원 교사의 자격이 있는 자는 교육공무원에 준하여 신분보장을 받는 정원 외의 임시직 공무원으로 봄이 상당하므로 그에 대한 해임처분의 시정 및 수령지체된 보수의 지급을 구하는 소송은 행정소송의 대상이지 민사소송의 대상이 아니다."(대법원 1991. 5. 10. 선고 90다10766)

③ (○) "공공하수도의 이용관계는 공법관계라고 할 것이고 공공하수도 사용료의 부과징수관계 역시 공법상의 권리의무관계라 할 것이지만, 법 제21조 제1항, 법시행령 제14조의2 제2항, 울산광역시하수도사용조례 제19조 등 관계 규정을 종합하면, 공공하수도 사용료는 공공하수도의 사용에 따른 대가로서, 법 제32조 소정의 원인자부담금과는 성질을 달리하는 것이므로, 실제로 공공하수도를 사용하여 하수를 배출한 자만이 그 하수의 양 등에 따라 하수도 사용료의 납부의무를 진다고 해석함이 상당하고, 배수구역 내의 하수배출자가 법 제24조에 따라 하수를 공공하수도에 유입시킬 의무나 배수설비를 설치할 의무에 위반하는 경우에도, 그에 대한 법 소정의 제재를 받는 것은 별론으로 하고 그러한 공법상 의무가 있다는 사정만으로 실제 하수도 시설의 사용 여부에 관계없이 곧바로 하수도 사용료 납부의무를 진다고 해석할 만한 법 또는 다른 법령상의 근거를 찾아볼 수 없다."(대법원 2003. 6. 24. 선고 2001두8865)

④ (○) "국유재산법 제31조, 제32조 제3항, 산림법 제75조 제1항의 규정 등에 의하여 국유잡종재산에 관한 관리 처분의 권한을 위임받은 기관이 국유잡종재산을 대부하는 행위는 국가가 사경제 주체로서 상대방과 대등한 위치에서 행하는 사법상의 계약이고, 행정청이 공권력의 주체로서 상대방의 의사 여하에 불구하고 일방적으로 행하는 행정처분이라고 볼 수 없으며, 국유잡종재산에 관한 대부료의 납부고지 역시 사법상의 이행청구에 해당하고, 이를 행정처분이라고 할 수 없다."(대법원 2000. 2. 11. 선고 99다61675)

17

행정행위의 하자의 치유에 대한 설명으로 옳은 것은? (다툼이 있는 경우 판례에 의함)

① 하자 있는 행정행위의 치유는 원칙적으로 허용되나, 국민의 권리나 이익을 침해하지 않는 범위 내에서 인정된다.
② 인근주민의 동의를 받아야 하는 요건을 결여하였다는 이유로 경원관계에 있는 자가 제기한 허가처분의 취소소송에서, 허가처분을 받은 자가 사후 동의를 받은 경우에 하자의 치유를 인정하는 것은 원고에게 불이익하게 되므로 이를 허용할 수 없다.
③ 행정행위의 내용상의 하자는 치유의 대상이 될 수 있으나, 형식이나 절차상의 하자에 대해서는 치유가 인정되지 않는다.
④ 과세처분을 하면서 장기간 세액산출근거를 부기하지 아니하였더라도 납세자가 이를 자진납부하였다면 처분의 위법성은 치유된다.

해설 정답 ❷

① (×) "하자 있는 행정행위의 치유는 행정행위의 성질이나 법치주의의 관점에서 볼 때 원칙적으로 허용될 수 없는 것이고 예외적으로 행정행위의 무용한 반복을 피하고 당사자의 법적 안정성을 위해 이를 허용하는 때에도 국민의 권리나 이익을 침해하지 않는 범위에서 구체적 사정에 따라 합목적적으로 인정하여야 할 것이다."(대법원 1992. 5. 8. 선고 91누13274)

② (○) "참가인들이 허가신청한 충전소설치예정지로부터 100미터 이내에 상수도시설 및 농협창고가 위치하고 있어 위 고시의 규정에 따라 그 건물주의 동의를 받아야 하는 것임에도 그 동의가 없으니 그 신청은 허가요건을 갖추지 아니한 것으로써 이를 받아들인 이 사건 처분은 위법하다고 한 다음, 이 사건 처분 후 위 각 건물주로부터 동의를 받았으니 이 사건 처분의 하자는 치유되었다는 주장에 대하여는, 하자 있는 행정행위의 치유는 행정행위의 성질이나 법치주의의 관점에서 볼 때 원칙적으로 허용될 수 없는 것이고 예외적으로 행정행위의 무용한 반복을 피하고 당사자의 법적 안정성을 위해 이를 허용하는 때에도 국민의 권리나 이익을 침해하지 않는 범위에서 구체적 사정에 따라 합목적적으로 인정하여야 할 것인데 이 사건에 있어서는 원고의 적법한 허가신청이 참가인들의 신청과 경합되어 있어 이 사건 처분의 치유를 허용한다면 원고에게 불이익하게 되므로 이를 허용할 수 없다고 판시하였다."(대법원 1992. 5. 8. 선고 91누13274)

③ (×) 판례는 절차상의 하자나 형식상의 하자에 대한 하자의 치유는 인정하지만, 행정행위의 내용상 하자에 대한 치유는 인정하지 않는다.

④ (×) "세액산출근거가 기재되지 아니한 납세고지서에 의한 부과처분은 강행법규에 위반하여 취소대상이 된다 할 것이므로 이와 같은 하자는 납세의무자가 전심절차에서 이를 주장하지 아니하였거나, 그 후 부과된 세금을 자진납부하였다거나, 또는 조세채권의 소멸시효기간이 만료되었다 하여 치유되는 것이라고는 할 수 없다."(대법원 1985. 4. 9. 선고 84누431)

18

다음 중 옳지 않은 것은? (다툼이 있는 경우 판례에 의함)

① 환지계획 인가 후에 당초의 환지계획에 대한 공람과정에서 토지소유자 등 이해관계인이 제시한 의견에 따라, 수정하고자 하는 내용에 대하여 다시 공람절차 등을 밟지 아니한 채 수정된 내용에 따라 한 환지예정지 지정처분은, 환지계획에 따르지 아니한 것이거나 환지계획을 적법하게 변경하지 아니한 채 이루어진 것이어서 당연무효라고 할 것이다.
② 처분의 근거가 된 법률에 대한 위헌결정이 있었다고 해서, 위헌결정이 있기 전에 그 법률을 적용해서 처분을 한 공무원에게, 국가배상청구권의 성립요건인 고의나 과실이 있었다고 단정할 수 없다.
③ 행정청이 권한을 유월하여 공무원에 대한 의원면직처분을 하였다면 그러한 처분은 다른 일반적인 행정행위에서의 그것과 같이 보아 당연무효로 보아야 한다.
④ 임용당시 공무원임용결격사유가 있었다면 비록 국가의 과실에 의하여 임용결격자임을 밝혀내지 못하였다 하더라도 그 임용행위는 당연무효이다.

해설 정답 ❸

① (○) "환지계획 인가 후에 당초의 환지계획에 대한 공람과정에서 토지소유자 등 이해관계인이 제시한 의견에 따라 수정하고자 하는 내용에 대하여 다시 공람절차 등을 밟지 아니한 채 수정된 내용에 따라 한 환지예정지 지정처분은 환지계획에 따르지 아니한 것이거나 환지계획을 적법하게 변경하지 아니한 채 이루어진 것이어서 당연 무효라고 할 것이다."(대법원 1999. 8. 20. 선고 97누6889)

② (○) "헌법재판소가 이 사건 법률조항을 위헌으로 결정하여 당해사건에서 위헌법률에 근거하여 행한 세무공무원의 직무집행 행위인 국세가산금 환급처분이 결과적으로 위법한 것으로 된다 하더라도, 세무공무원이 국세가산금을 청구인에게 환급해 줄 당시에는 법률을 집행하는 세무공무원으로서 법률이 헌법에 위반되는지 여부를 심사할 권한이 없고, 이 사건 법률조항에 따라 계산된 국세가산금 환급액을 지급하기만 할 뿐이어서 당해 세무공무원에게 고의 또는 과실이 있다 할 수 없으므로, 국가의 청구인에 대한 손해배상책임은 성립되지 않기 때문에, 이 사건 법률조항이 헌법에 위반되는지 여부는 당해 사건에 있어 그 재판의 결론이나 주문 또는 내용과 효력에 관한 법률적 의미에 아무런 영향을 미치지 못하므로 이 사건 법률조항에 대한 위헌심판청구는 재판의 전제성을 갖추지 못하였다." (헌법재판소 2008. 4. 24. 2006헌바72)

③ (×) "5급 이상의 국가정보원직원에 대한 의원면직처분이 임면권자인 대통령이 아닌 국가정보원장에 의해 행해진 것으로 위법하고, 나아가 국가정보원직원의 명예퇴직원 내지 사직서 제출이 직위해제 후 1년여에 걸친 국가정보원장 측의 종용에 의한 것이었다는 사정을 감안한다 하더라도 그러한 하자가 중대한 것이라고 볼 수는 없으므로, 대통령의 내부결재가 있었는지에 관계없이 당연무효는 아니라고 한 사례."(대법원 2007. 7. 26. 선고 2005두15748)

④ (○) "임용당시 공무원임용결격사유가 있었다면 비록 국가의 과실에 의하여 임용결격자임을 밝혀내지 못하였다 하더라도 그 임용행위는 당연무효로 보아야 한다."(대법원 1987. 4. 14. 선고 86누459)

19

「공공기관의 정보공개에 관한 법률」에 따른 정보공개제도에 대한 설명으로 옳은 것만을 모두 고르면? (다툼이 있는 경우 판례에 의함)

㉠ 어떤 법인이 '특별법에 의하여 설립된 특수법인'이라면 바로 그 점만으로 정보공개의무가 있는 '특별법에 의하여 설립된 특수법인'에 해당하게 되며, 해당 법인의 역할 및 기능은 정보공개의무를 지는 공공기관에 해당하는지 여부에 영향을 미치지 않는다.
㉡ 정보를 취득 또는 활용할 의사가 전혀 없이 사회통념상 용인될 수 없는 부당이득을 얻으려는 목적의 정보공개청구는 권리남용행위로서 허용되지 않는다.
㉢ 한・일 군사정보보호협정 및 한・일 상호군수지원협정과 관련된 각종 회의자료 및 회의록 등의 정보는, 「공공기관의 정보공개에 관한 법률」상 공개가 가능한 부분과 공개가 불가능한 부분을 쉽게 분리하는 것이 불가능한 경우에 해당하므로, 부분공개가 불가능하다.
㉣ 국・공립대학교와 달리 사립대학교에 대해서는 국비 지원이 한정적・일시적이므로, 「공공기관의 정보공개에 관한 법률 시행령」 제2조 제1호가 정보공개의무기관으로 사립대학교를 들고 있는 것은 모법의 위임범위를 벗어나 위법하다.

① ㉠, ㉡　　② ㉠, ㉡, ㉣
③ ㉡, ㉢　　④ ㉢, ㉣

해설 정답 ❸

㉠ (×) "어느 법인이 공공기관의 정보공개에 관한 법률 제2조 제3호 등에 따라 정보를 공개할 의무가 있는 '특별법에 의하여 설립된 특수법인'에 해당하는가는, 국민의 알권리를 보장하고 국정에 대한 국민의 참여와 국정운영의 투명성을 확보하고자 하는 위 법의 입법 목적을 염두에 두고, 당해 법인에게 부여된 업무가 국가행정업무이거나, 이에 해당하지 않더라도 그 업무 수행으로써 추구하는 이익이 당해 법인 내부의 이익에 그치지 않고 공동체 전체의 이익에 해당하는 공익적 성격을 갖는지 여부를 중심으로 개별적으로 판단하되, 당해 법인의 설립근거가 되는 법률이 법인의 조직구성과 활동에 대한 행정적 관리・감독 등에서 민법이나 상법 등에 의하여 설립된 일반 법인과 달리 규율한 취지, 국가나 지방자치단체의 당해 법인에 대한 재정적 지원・보조의 유무와 그 정도, 당해 법인의 공공적 업무와 관련하여 국가기관・지방자치단체 등 다른 공공기관에 대한 정보공개청구와는 별도로 당해 법인에 대하여 직접 정보공개청구를 구할 필요성이 있는지 여부 등을 종합적으로 고려하여야 한다."(대법원 2010. 4. 29. 선고 2008두5643)

㉡ (○) "국민의 정보공개청구는 정보공개법 제9조에 정한 비공개 대상 정보에 해당하지 아니하는 한 원칙적으로 폭넓게 허용되어야 하지만, 실제로는 해당 정보를 취득 또는 활용할 의사가 전혀 없이 정보공개 제도를 이용하여 사회통념상 용인될 수 없는 부당한 이득을 얻으려 하거나, 오로지 공공기관의 담당공무원을 괴롭힐 목적으로 정보공개청구를 하는 경우처럼 권리의 남용에 해당하는 것이 명백한 경우에는 정보공개청구권의 행사를 허용하지 아니하는 것이 옳다."(대법원 2014. 12. 24. 선고 2014두9349)

㉢ (○) "갑이 외교부장관에게 한・일 군사정보보호협정 및 한・일 상호군수지원협정과 관련하여 각종 회의자료 및 회의록 등의 정보에 대한 공개를 청구하였으나, 외교부장관이 공개 청구 정보 중 일부를 제외한 나머지 정보들에 대하여 비공개 결정을 한 사안에서, 위 정보는 구 공공기관의 정보공개에 관한 법률 제9조 제1항 제2호, 제5호

에 정한 비공개대상정보에 해당하고, 공개가 가능한 부분과 공개가 불가능한 부분을 쉽게 분리하는 것이 불가능하여 같은 법 제14조에 따른 부분공개도 가능하지 않다고 본 원심판단이 정당하다고 한 사례."(대법원 2019. 1. 17. 선고 2015두46512)

㉣ (×) "공공기관은 국가기관에 한정되는 것이 아니라 지방자치단체, 정부투자기관, 그 밖에 공동체 전체의 이익에 중요한 역할이나 기능을 수행하는 기관도 포함되는 것으로 해석되고, 여기에 정보공개의 목적, 교육의 공공성 및 공·사립학교의 동질성, 사립대학교에 대한 국가의 재정지원 및 보조 등 여러 사정을 고려해 보면, 사립대학교에 대한 국비 지원이 한정적·일시적·국부적이라는 점을 고려하더라도, 같은 법 시행령(2004. 3. 17. 대통령령 제18312호로 개정되기 전의 것) 제2조 제1호가 정보공개의무를 지는 공공기관의 하나로 사립대학교를 들고 있는 것이 모법인 구 공공기관의 정보공개에 관한 법률의 위임 범위를 벗어났다거나 사립대학교가 국비의 지원을 받는 범위 내에서만 공공기관의 성격을 가진다고 볼 수 없다." (대법원 2006. 8. 24. 선고 2004두2783)

20

행정작용에 대한 설명으로 옳지 않은 것은? (다툼이 있는 경우 판례에 의함)

① 확약이 있은 이후에 사실적·법률적 상태가 변경되었다면 그와 같은 확약은 행정청의 별다른 의사표시 없이도 실효된다.
② 행정청이 내인가를 한 후 이를 취소하는 행위는 별다른 사정이 없는 한 인가신청을 거부하는 처분으로 보아야 한다.
③ 원자로 및 관계시설의 부지사전승인처분은 그 자체로서 독립한 행정처분은 아니므로 이의 위법성을 직접 항고소송으로 다툴 수는 없고 후에 발령되는 건설허가처분에 대한 항고소송에서 다투어야 한다.
④ 가행정행위는 그 효력발생이 시간적으로 잠정적이라는 것 외에는 보통의 행정행위와 같은 것이므로 가행정행위로 인한 권리침해에 대한 구제도 보통의 행정행위와 다르지 않다.

해설 정답 ❸

① (○) "행정청이 상대방에게 장차 어떤 처분을 하겠다고 확약 또는 공적인 의사표명을 하였다고 하더라도, 그 자체에서 상대방으로 하여금 언제까지 처분의 발령을 신청 하도록 유효기간을 두었는데도 그 기간 내에 상대방의 신청이 없었다거나 확약 또는 공적인 의사표명이 있은 후에 사실적·법률적 상태가 변경되었다면, 그와 같은 확약 또는 공적인 의사표명은 행정청의 별다른 의사표시를 기다리지 않고 실효된다."(대법원 1996. 8. 20. 선고 95누10877)

② (○) 확약이 처분이 아니라는 점과 구분해야 하는 판례이다. 관련판례 "자동차운송사업양도양수계약에 기한 양도양수인가신청에 대하여 피고 시장이 내인가를 한 후 위 내인가에 기한 본인가신청이 있었으나 자동차운송사업 양도양수인가신청서가 합의에 의한 정당한 신청서라고 할 수 없다는 이유로 위 내인가를 취소한 경우, 위 내인가의 법적 성질이 행정행위의 일종으로 볼 수 있든 아니든 그것이 행정청의 상대방에 대한 의사표시임이 분명하고, 피고가 위 내인가를 취소함으로써 다시 본인가에 대하여 따로이 인가 여부의 처분을 한다는 사정이 보이지 않는다면 위 내인가취소를 인가신청을 거부하는 처분으로 보아야 할 것이다."(대법원 1991. 6. 28. 선고 90누4402)

③ (×) 원자로 및 관계시설의 부지사전승인처분은 항고소송의 대상이 되는 처분에 해당한다. 관련판례 "원자로 및 관계 시설의 부지사전승인처분은 그 자체로서 건설부지를 확정하고 사전공사를 허용하는 법률효과를 지닌 독립한 행정처분이기는 하지만, 건설허가 전에 신청자의 편의를 위하여 미리 그 건설허가의 일부 요건을 심사하여 행하는 사전적 부분 건설허가처분의 성격을 갖고 있는 것이어서 나중에 건설허가처분이 있게 되면 그 건설허가처분에 흡수되어 독립된 존재가치를 상실함으로써 그 건설허가처분만이 쟁송의 대상이 되는 것이므로, 부지사전승인처분의 취소를 구하는 소는 소의 이익을 잃게 된다고 할 것이다(따라서 부지사전승인처분의 위법성은 나중에 내려진 건설허가처분의 취소를 구하는 소송에서 이를 다투면 될 것이다)."(대법원 1998. 9. 4. 선고 97누19588)

④ (○) 가행정행위는 그 효력발생이 시간적으로 잠정적이라는 것 외에는 통상의 행정행위와 다를 바 없으므로 가행정행위에 대한 권리구제절차도 통상의 행정행위에 대한 권리구제절차와 동일한 방식에 따른다.

ADMINISTRATIVE LAW

07회 정답과 해설

문제 p.40

Answer

01	②	06	③	11	②	16	④
02	②	07	④	12	①	17	④
03	③	08	④	13	③	18	②
04	①	09	③	14	②	19	①
05	②	10	①	15	①	20	③

01

행정상 강제집행에 대한 설명으로 옳은 것은? (다툼이 있는 경우 판례에 의함)

① 제3자가 아무런 권원 없이 국유재산에 설치한 시설물에 대하여, 해당 국유재산에 대한 사용청구권을 가진 사인은 민사소송으로 해당 시설물의 철거를 구할 수는 없으나, 국가를 대위(代位)하여 대집행으로써 해당 시설물을 직접 철거할 수 있다.

② 국세징수법에 의한 체납처분의 집행으로서 한 압류처분은, 행정청이 한 공법상의 처분이고, 따라서 그 처분이 위법이라고 하여 그 취소를 구하는 소송은 행정소송이다.

③ 대집행을 결정하고 이를 실행할 수 있는 권한을 가진 대집행주체는 의무를 부과한 당해 행정청이다. 이때 대집행을 현실로 수행하는 자도 반드시 당해 행정청이어야 한다.

④ 「개발제한구역의 지정 및 관리에 관한 특별조치법」에 따르면, 이행강제금을 부과·징수할 때마다 그에 앞서 시정명령 절차를 다시 거쳐야 한다.

해설 정답 ❷

① (×) "피고들이 아무런 권원 없이 이 사건 시설물을 설치함으로써 이 사건 토지를 불법점유 하고 있는 이상, 특별한 사정이 없는 한, 국가로서는 소유권에 기한 방해배제청구권을 행사하여 피고들에 대하여 이 사건 시설물의 철거 및 이 사건 토지의 인도를 구할 수 있다고 할 것이나, 이 사건 토지는 잡종재산인 국유재산으로서, 국유재산법 제52조는 '정당한 사유 없이 국유재산을 점유하거나 이에 시설물을 설치한 때에는 행정대집행법을 준용하여 철거 기타 필요한 조치를 할 수 있다.'고 규정하고 있으므로, 관리권자인 보령시장으로서는 행정대집행의 방법으로 이 사건 시설물을 철거할 수 있고, 이러한 행정대집행의 절차가 인정되는 경우에는 따로 민사소송의 방법으로 피고들에 대하여 이 사건 시설물의 철거를 구하는 것은 허용되지 않는다고 할 것이다(대법원 2000. 5. 12. 선고 99다18909). 다만, 관리권자인 보령시장이 행정대집행을 실시하지 아니하는 경우 국가에 대하여 이 사건 토지 사용청구권을 가지는 원고로서는 위 청구권을 보전하기 위하여 국가를 대위하여 피고들을 상대로 민사소송의 방법으로 이 사건 시설물의 철거를 구하는 이외에는 이를 실현할 수 있는 다른 절차와 방법이 없어 그 보전의 필요성이 인정되므로, 원고는 국가를 대위하여 피고들을 상대로 민사소송의 방법으로 이 사건 시설물의 철거를 구할 수 있다고 보아야 할 것이고, 한편 이 사건 청구 중 이 사건 토지 인도청구 부분에 대하여는 관리권자인 보령시장으로서도 행정대집행의 방법으로 이를 실현할 수 없으므로, 원고는 당연히 국가를 대위하여 피고들을 상대로 민사소송의 방법으로 이 사건 토지의 인도를 구할 수 있다고 할 것이다." (대법원 2009. 6. 11. 선고 2009다1122)

② (○) "국세징수법에 의한 체납처분의 집행으로서 한 본건 압류처분은, 나라의 행정청인 피고가 한 공법상의 처분이고, 따라서 그 처분이 위법이라고 하여 그 취소를 구하는 이 소송은 행정소송이라 할 것인 바, 행정처분의 취소를 구하는 소송을 제기함에 있어서는 다른 특별한 사정이 없는 한 행정소송법 제2조 제1항에 의하여 소위소원전치의 요건을 갖추지 아니 하고는 제기할 수 없고, 같은 항 단서의 규정은 정당한 사유가 있을 경우에는 소원의 재결을 기다리지 아니하고 행정소송을 제기할 수 있다는 취지의 규정이고, 소원의 제기 자체를 하지 아니하고 직접 제소할 수 있다는 규정은 아니라고 할 것이다."(대법원 1962. 2. 15. 선고 4294행상85)

③ (×) 대집행의 주체는 당해 행정청이 되나, 대집행의 실행행위는 행정청에 의한 경우 이외에 제3자에 의해서도 가능하다.

④ (×) "개발제한구역의 지정 및 관리에 관한 특별조치법 제30조 제1항, 제30조의2 제1항 및 제2항의 규정에 의하면 시정명령을 받은 후 그 시정명령의 이행을 하지 아니한 자에 대하여 이행강제금을 부과할 수 있고, 이행강제금을 부과하기 전에 상당한 기간을 정하여 그 기한까지 이행되지 아니할 때에 이행강제금을 부과·징수한다는 뜻을 문서로 계고하여야 하므로, 이행강제금의 부과·징수를 위한 계고는 시정명령을 불이행한 경우에 취할 수 있는 절차라 할 것이고, 따라서 이행강제금을 부과·징수할 때마다 그에 앞서 시정명령 절차를 다시 거쳐야 할 필요는 없다."(대법원 2013. 12. 12. 선고 2012두20397)

02

「행정소송법」상 필요적 전치주의가 적용되는 사안에서, 행정심판을 청구하여야 하나 당해 처분에 대한 행정심판의 재결을 거치지 아니하고 취소소송을 제기할 수 있는 경우에 해당하는 것만을 모두 고르면?

㉠ 처분의 집행 또는 절차의 속행으로 생길 중대한 손해를 예방하여야 할 긴급한 필요가 있는 때
㉡ 동종사건에 관하여 이미 행정심판의 기각재결이 있은 때
㉢ 서로 내용상 관련되는 처분 또는 같은 목적을 위하여 단계적으로 진행되는 처분 중 어느 하나가 이미 행정심판의 재결을 거친 때
㉣ 법령의 규정에 의한 행정심판기관이 의결 또는 재결을 하지 못할 사유가 있는 때

① ㉠, ㉢　　② ㉠, ㉣
③ ㉡, ㉢　　④ ㉡, ㉣

해설 정답 ❷

행정소송법 제18조 제2항(행정심판의 청구는 하여야 하지만 재결이 내려지지 않은 상태에서도 취소소송을 제기할 수 있게 되는 경우들)

행정소송법 제18조(행정심판과의 관계) ①취소소송은 법령의 규정에 의하여 당해 처분에 대한 행정심판을 제기할 수 있는 경우에도 이를 거치지 아니하고 제기할 수 있다. 다만, 다른 법률에 당해 처분에 대한 행정심판의 재결을 거치지 아니하면 취소소송을 제기할 수 없다는 규정이 있는 때에는 그러하지 아니하다.
② 제1항 단서의 경우에도 다음 각호의 1에 해당하는 사유가 있는 때에는 행정심판의 재결을 거치지 아니하고 취소소송을 제기할 수 있다.
1. 행정심판청구가 있은 날로부터 60일이 지나도 재결이 없는 때
2. 처분의 집행 또는 절차의 속행으로 생길 중대한 손해를 예방하여야 할 긴급한 필요가 있는 때(㉠)
3. 법령의 규정에 의한 행정심판기관이 의결 또는 재결을 하지 못할 사유가 있는 때(㉣)
4. 그 밖의 정당한 사유가 있는 때

☞ [비교조문] 동법 제18조 제3항(행정심판의 청구조차 하지 않고도 취소소송을 제기할 수 있게 되는 경우들)

행정소송법 제18조(행정심판과의 관계) ③ 제1항 단서의 경우에 다음 각호의 1에 해당하는 사유가 있는 때에는 행정심판을 제기함이 없이 취소소송을 제기할 수 있다.
1. 동종사건에 관하여 이미 행정심판의 기각재결이 있은 때(㉡)
2. 서로 내용상 관련되는 처분 또는 같은 목적을 위하여 단계적으로 진행되는 처분중 어느 하나가 이미 행정심판의 재결을 거친 때(㉢)
3. 행정청이 사실심의 변론종결후 소송의 대상인 처분을 변경하여 당해 변경된 처분에 관하여 소를 제기하는 때
4. 처분을 행한 행정청이 행정심판을 거칠 필요가 없다고 잘못 알린 때

03

신고에 대한 설명으로 옳은 것은? (다툼이 있는 경우 판례에 의함)

① 인·허가가 의제되는 건축신고의 범위 등을 합리적인 내용으로 개정하는 입법적 해결책을 통하여 건축신고 제도의 문제점 및 부작용을 해소하는 것은 별론으로 하더라도, 「건축법」상 인·허가의제 효과를 수반하는 건축신고도 일반적인 건축신고와 마찬가지로 건축을 하고자 하는 자가 적법한 요건을 갖춘 신고만 하면 건축을 할 수 있고, 행정청의 수리 등 별단의 조처를 기다릴 필요는 없다.
② 본래적 의미의 신고인 자기완결적 신고에는 신고필증의 교부가 필수적이지 않지만, 수리를 요하는 신고에는 신고필증의 교부가 요구되며, 신고서가 행정청에 도달했더라도 신고필증 교부가 없는 경우에는 신고의 효력이 발생하지 않는다.
③ 유료노인복지주택의 설치신고를 받은 행정관청은 그 유료노인복지주택의 시설 및 운영기준이 법령에 부합하는지와 설치신고 당시 부적격자들이 입소하고 있는지 여부를 심사할 수 있다.
④ 「주민등록법」상 전입신고를 적법하게 하였다면, 관할 행정청이 수리를 거부한 경우에도 신고의 효과가 발생한다.

해설 정답 ❸

① (×) 인·허가의제 효과를 수반하는 건축신고는 수리를 요하는 신고이다. ①번 선택지는 다수의견이 아닌 반대의견이다. 관련판례 "인·허가의제사항 관련 법률에 규정된 요건 중 상당수는 공익에 관한 것으로서 행정청의 전문적이고 종합적인 심사가 요구되는데, 만약 건축신고만으로 인·허가의제사항에 관한 일체의 요건 심사가 배제된다고 한다면, 중대한 공익상의 침해나 이해관계인의 피해를 야기하고 관련 법률에서 인·허가 제도를 통하여 사인의 행위를 사전에 감독하고자 하는 규율체계 전반을 무너뜨릴 우려가 있다. 또한 무엇보다도 건축신고를 하려는 자는 인·허가의제사항 관련 법령에서 제출하도록 의무화하고 있는 신청서와 구비서류를 제출하여야 하는데, 이는 건축신고를 수리하는 행정청으로 하여금 인·허가의제사항 관련 법률에 규정된 요건에 관하여도 심사를 하도록 하기 위한 것으로 볼 수밖에 없다. 따라서 인·허가의제 효과를 수반하는 건축신고는 일반적인 건축신고와는 달리, 특별한 사정이 없는 한 행정청이 그 실체적 요건에 관한 심사를 한 후 수리하여야 하는 이른바 '수리를 요하는 신고'로 보는 것이 옳다."(대법원 2011. 1. 20. 선고 2010두14954)

② (×) 관련판례1 "납골당설치 신고는 이른바 '수리를 요하는 신고'라 할 것이므로, 납골당설치 신고가 구 장사법 관련 규정의 모든 요건에 맞는 신고라 하더라도 신고인은 곧바로 납골당을 설치할 수는 없고, 이에 대한 행정청의 수리처분이 있어야만 신고한 대로 납골당을 설치할 수 있다. 한편 수리란 신고를 유효한 것으로 판단하고 법령에 의하여 처리할 의사로 이를 수령하는 수동적 행위이므로 수리행위에 신고필증 교부 등 행위가 꼭 필요한 것은 아니다."(대법원 2011. 9. 8. 선고 2009두6766)
관련판례2 "의료법시행규칙 제22조 제3항에 의하면 의원개설 신고서를 수리한 행정관청이 소정의 신고필증을 교부하도록 되어있다 하여도 이는 신고사실의 확인행위로서 신고필증을 교부하도록 규정한 것에 불과하고 그와 같은 신고필증의 교부가 없다 하여 개설신고의 효력을 부정할 수 없다 할 것이다."(대법원 1985. 4. 23. 선고 84도2953)

③ (○) "구 노인복지법(2005. 3. 31. 법률 제7452호로 개정되기 전의 것)의 목적과 노인주거복지시설의 설치에 관한 법령의 각 규정들 및 노인복지시설에 대하여 각종 보조와 혜택이 주어지는 점 등을 종합하여 보면, 노인복지시설을 건축한다는 이유로 건축부지 취득에 관한 조세를 감면받고 일반 공동주택에 비하여 완화된 부대시설 설치기준을 적용받아 건축허가를 받은 자로서는 당연히 그 노인복지시설에 관한 설치신고 당시에도 당해 시설이 노인복지시설로 운영될 수 있도록 조치하여야 할 의무가 있고, 따라서 같은 법 제33조 제2항에 의한 유료노인복지주택의 설치신고를 받은 행정관청으로서는 그 유료노인복지주택의 시설 및 운영기준이 위 법령에 부합하는지와 아울러 그 유료노인복지주택이 적법한 입소대상자에게 분양되었는지와 설치신고 당시 부적격자들이 입소하고 있지는 않은지 여부까지 심사하여 그 신고의 수리 여부를 결정할 수 있다."(대법원 2007. 1. 11. 선고 2006두14537)

④ (×) "주민등록은 단순히 주민의 거주관계를 파악하고 인구의 동태를 명확히 하는 것 외에도 주민등록에 따라 공법관계상의 여러 가지 법률상 효과가 나타나게 되는 것으로서, 주민등록의 신고는 행정청에 도달하기만 하면 신고로서의 효력이 발생하는 것이 아니라 행정청이 수리한 경우에 비로소 신고의 효력이 발생한다. 따라서 주민등록 신고서를 행정청에 제출하였다가 행정청이 이를 수리하기 전에 신고서의 내용을 수정하여 위와 같이 수정된 전입신고서가 수리되었다면 수정된 사항에 따라서 주민등록 신고가 이루어진 것으로 보는 것이 타당하다."(대법원 2009. 1. 30. 선고 2006다17850)

04

법규명령에 대한 설명으로 옳은 것은? (다툼이 있는 경우 판례에 의함)

① 위임입법이 대법원규칙인 경우에도 수권법률에서 헌법 제75조에 근거한 포괄위임금지원칙을 준수하여야 하는 것은 마찬가지이나, 위임의 구체성·명확성의 정도는 다른 규율 영역에 비해 완화될 수 있다.
② 집행명령은 상위법령의 개정에 의하여 당연히 실효된다.
③ 위법한 법규명령의 경우, 그 하자가 중대·명백하지 않은 하자라면 곧바로 무효라 할 수는 없고, 취소할 수 있는 법규명령이 된다.
④ 대통령령의 경우 모법의 시행에 관한 전반적 사항을 정하는 경우에는 ○○규정, ○○령으로 하고, 모법의 일부규정의 시행에 필요한 개별적 사항을 정하거나 대통령령의 권한 범위 내의 사항을 정하는 경우에는 ○○법(법률)시행령으로 한다.

해설 정답 ❶

① (○) "위임입법이 대법원규칙인 경우에도 수권법률에서 헌법 제75조에 근거한 포괄위임금지원칙을 준수하여야 하는 것은 마찬가지이나, 위임의 구체성·명확성의 정도는 다른 규율 영역에 비해 완화될 수 있다."(헌법재판소 2016. 6. 30. 2013헌바370)
② (×) "상위법령의 시행에 필요한 세부적 사항을 정하기 위하여 행정관청이 일반적 직권에 의하여 제정하는 이른바 집행명령은 근거법령인 상위법령이 폐지되면 특별한 규정이 없는 이상 실효되는 것이나, 상위법령이 개정됨에 그친 경우에는 개정법령과 성질상 모순, 저촉되지 아니하고 개정된 상위법령의 시행에 필요한 사항을 규정하고 있는 이상 그 집행명령은 상위법령의 개정에도 불구하고 당연히 실효되지 아니하고 개정법령의 시행을 위한 집행명령이 제정, 발효될 때까지는 여전히 그 효력을 유지한다."(대법원 1989. 9. 12. 선고 88누6962)
③ (×) 법규명령에 하자가 있는 경우에는, 그것이 중대·명백하지 않은 하자라 하더라도 곧바로 무효이다. 공정력은 행정작용 중 행정행위에만 인정되는 효력이다.
④ (×) 대통령령의 경우 ① 모법의 시행에 관한 전반적 사항을 정하는 경우에는 ○○법(법률) 시행령으로, ② 모법의 일부규정의 시행에 필요한 개별적 사항을 정하거나 대통령령의 권한 범위 내의 사항을 정하는 경우에는 ○○규정, ○○령으로 한다.

05

다음 중 「행정절차법」에 규정이 존재하는 것들의 가짓수는?

㉠ 행정요건적 신고
㉡ 행정상 입법예고
㉢ 확약
㉣ 행정지도에 대한 사전통지
㉤ 처분시 그 처분에 관하여 행정심판 및 행정소송을 제기할 수 있는지 여부에 대한 고지

① 2개 ② 3개
③ 4개 ④ 5개

해설 정답 ❷

이하 행정절차법
㉠, ㉣ (×) 행정절차법에 자기완결적 신고에 대한 규정은 존재하지만 행정요건적 신고(수리를 요하는 신고)에 대한 규정은 존재하지 않는다. 또 행정지도에 대한 사전통지 규정도 행정절차법에 존재하지 않는다.
㉡ (○) 제41조

> **제41조(행정상 입법예고)** ① 법령등을 제정·개정 또는 폐지(이하 "입법"이라 한다)하려는 경우에는 해당 입법안을 마련한 행정청은 이를 예고하여야 한다. 다만, 다음 각 호의 어느 하나에 해당하는 경우에는 예고를 하지 아니할 수 있다.

㉢ (○)제40조의2

> **제40조의2(확약)** ① 법령등에서 당사자가 신청할 수 있는 처분을 규정하고 있는 경우 행정청은 당사자의 신청에 따라 장래에 어떤 처분을 하거나 하지 아니할 것을 내용으로 하는 의사표시(이하 "확약"이라 한다)를 할 수 있다.

㉤ (○) 제26조

> **제26조(고지)** 행정청이 처분을 할 때에는 당사자에게 그 처분에 관하여 행정심판 및 행정소송을 제기할 수 있는지 여부, 그 밖에 불복을 할 수 있는지 여부, 청구절차 및 청구기간, 그 밖에 필요한 사항을 알려야 한다.

06

다음 중 판례에 의하여 재량권의 일탈·남용이라고 인정된 처분은?

① 허위의 무사고증명을 제출하여 개인택시면허를 받은 자에 대하여 신뢰이익을 고려하지 아니하고 면허를 취소한 경우
② 행정청이 개인택시운송사업의 면허를 발급함에 있어 '개인택시운송사업면허사무처리지침'에 따라 택시운전경력자를 일정 부분 우대하는 처분을 함으로써 택시 이외의 운전경력자에게 반사적 불이익이 초래된 경우
③ 공정한 업무처리에 대한 사의(謝意)로 두고 간 돈 30만 원이 든 봉투를 소지함으로써 피동적으로 금품을 수수하였다가 돌려준 20여 년 근속의 경찰공무원에 대하여 해임처분을 한 경우
④ 대학의 신규교원 채용에 서류심사위원으로 관여하면서 소지하게 된 인사서류를 학교 운영과 관련한 진정서의 자료로 활용한 사립학교의 교원에 대하여 해임처분을 한 경우

해설 정답 ❸

① (×) "행정처분에 하자가 있음을 이유로 처분청이 이를 취소하는 경우에도 그 처분이 국민에게 권리나 이익을 부여하는 이른바 수익적 행정행위인 때에는 그 처분을 취소하여야 할 공익상 필요와 그 취소로 인하여 당사자가 입게 될 기득권과 신뢰보호 및 법률생활안정의 침해 등 불이익을 비교 교량한 후 공익상 필요가 당사자가 입을 불이익을 정당화 할 만큼 강한 경우에 한하여 취소할 수 있으나, 그 처분의 하자가 당사자의 사실은폐나 기타 사위의 방법에 의한 신청행위에 기인한 것이라면 당사자는 그 처분에 의한 이익이 위법하게 취득되었음을 알아 그 취소가능성도 예상하고 있었다고 할 것이므

로 그 자신이 위 처분에 관한 신뢰의 이익을 원용할 수 없음은 물론 행정청이 이를 고려하지 아니하였다고 하여도 재량권의 남용이 되지 않는다."(대법원 1991. 4. 12. 선고 90누9520)

② (×) "행정청이 개인택시운송사업의 면허를 발급하면서 택시 운전경력의 업무적 유사성과 유용성 등 해당 면허와의 상관성에 대한 고려와 함께 당해 행정청 관내 운송사업 및 면허발급의 현황과 장기적인 전망 및 대책 등을 포함한 정책적 고려까지 감안하여 '택시' 운전경력자를 일정 부분 우대하는 처분을 하게 된 것이라면, 그러한 차별적 취급의 근거로 삼은 행정청의 합목적적 평가 및 정책적 고려 등에 사실의 왜곡이나 현저한 불합리가 인정되지 않는 한 그 때문에 택시 이외의 운전경력자에게 반사적인 불이익이 초래된다는 결과만을 들어 그러한 행정청의 조치가 불합리 혹은 부당하여 재량권을 일탈·남용한 위법이 있다고 볼 수는 없다."(대법원 2009. 7. 9. 선고 2008두11099)

③ (○) "원심이 인정한 징계의 원인된 금품수수 액수, 금품수수의 경위, 직무에 미친 영향, 징계에 의하여 달성하려는 행정목적, 수수 이후의 사정, 원고의 근무연한과 평소 근무태도 등을 종합하여 판단하여 볼 때, 20여년 동안 성실하게 근무하여 온 경찰공무원이 공정한 업무처리가 아니었더라면 곤란한 지경에 처할 뻔 하였는데 그 곤경을 벗어나게 하여 주어 고맙다고 느끼고 있던 사람의 동생이 사후에 찾아와 임의로 두고 간 돈 30만원이 든 봉투를 소지하는 피동적 형태로 금품을 수수하였고 그 후 이를 돌려주었는데도 곧바로 그 직무에서 배제하는 해임처분이라는 중한 징계에 나아간 것은 사회통념상 현저하게 타당성을 잃었다고 하지 아니할 수 없다. 원심이 같은 취지에서 위 해임처분을 취소한 것은 정당하고 거기에 논지가 지적하는 바와 같은 징계처분에 있어 재량권의 남용에 관한 법리오해의 위법이 있다고 할 수 없다."(대법원 1991. 7. 23. 선고 90누8954)

④ (×) "원고가 이 사건 대학의 신규 교원 채용에 서류심사위원으로 관여하면서 소지하게 된 인사서류에 그 신청인들의 개인별 평가내용을 기록하여 개인적으로 보관하다가 보조참가인의 이사장과 이 사건 대학 총장의 학교 운영과 관련한 진정서를 교육부와 감사원 등에 보내면서 자료로 활용하고 또한 이 사건 대학의 정상화를 위한 시민서명운동이라는 서면 중 일부 서명이 위조된 것임에도 그에 대한 확인조치 없이 여러 외부 기관에 대한 청원서 등에 첨부하여 사용한 것은 그 내용과 진위, 그에 이른 구체적 경위와 개인적 동기 등 기록상 나타난 여러 사정에 비추어 볼 때 교원으로서의 성실의무와 품위유지의무를 위배한 것으로서 법상의 징계사유에 해당한다고 할 것이다. (중략) 사립학교 교원에게 징계사유가 있어 징계처분을 하는 경우 어떠한 처분을 할 것인가는 원칙적으로 징계권자의 재량에 맡겨져 있는 것이므로 그 징계처분이 위법하다고 하기 위하여서는 징계권자가 재량권을 행사하여 한 징계처분이 사회통념상 현저하게 타당성을 잃어 징계권자에게 맡겨진 재량권을 남용한 것이라고 인정되는 경우에 한하고, (중략) 원고에 대한 이 사건 해임의 징계가 재량권의 일탈·남용에 해당하지 않는다고 본 조치는 정당한 것으로 수긍이 가고 거기에 상고이유에서 주장하는 바와 같은 위법이 없다."(대법원 2000. 10. 13. 선고 98두8858)

07

「행정절차법」상 행정절차에 대한 설명으로 옳지 않은 것은? (다툼이 있는 경우 판례에 의함)

① 구 「유통발전법」상 대형마트 영업시간 제한 등 처분의 대상인 대규모점포 중 개설자의 직영매장 이외에 개설자에게 임차하여 운영하는 임대매장이 병존하는 경우에도, 처분의 사전통지 및 의견청취절차는 대규모점포 개설자를 상대로 거치면 충분하고, 임차인들을 상대로 별도의 사전통지 등 절차를 거칠 필요는 없다.

② 행정청은 공공의 안전 또는 복리를 위하여 긴급히 처분을 할 필요가 있는 경우, 당사자에게 의무를 부과하거나 권익을 제한하는 처분의 사전통지를 하지 아니할 수 있다.

③ 행정청이 당사자에게 의무를 부과하거나 권익을 제한하는 처분을 함에 있어 청문이나 공청회를 거치지 않은 경우에는 당사자에게 의견제출의 기회를 주어야 한다.

④ 어떤 처분이 그 처분의 직접상대방에게는 이익이 되더라도 제3자의 권익을 침해한다면, 그러한 이중효과적 행정행위는 원칙적으로 「행정절차법」상 사전통지·의견청취의 대상이 된다.

해설 정답 ❹

이하 행정절차법

① (○) "영업시간 제한 등 처분의 대상인 대규모점포 중 개설자의 직영매장 이외에 개설자에게서 임차하여 운영하는 임대매장이 병존하는 경우에도, 전체 매장에 대하여 법령상 대규모점포 등의 유지·관리 책임을 지는 개설자만이 처분상대방이 되고, 임대매장의 임차인이 별도로 처분상대방이 되는 것은 아니다."(대법원 2015. 11. 19. 선고 2015두295)

② (○) 제21조 제4항 제1호

> **제21조(처분의 사전 통지)** ④ 다음 각 호의 어느 하나에 해당하는 경우에는 제1항에 따른 통지를 하지 아니할 수 있다.
> 1. 공공의 안전 또는 복리를 위하여 긴급히 처분을 할 필요가 있는 경우

③ (○) 제22조 제3항

> **제22조(의견청취)** ① 행정청이 처분을 할 때 다음 각 호의 어느 하나에 해당하는 경우에는 청문을 한다.
> ② 행정청이 처분을 할 때 다음 각 호의 어느 하나에 해당하는 경우에는 공청회를 개최한다.
> ③ 행정청이 당사자에게 의무를 부과하거나 권익을 제한하는 처분을 할 때 제1항 또는 제2항의 경우 외에는 당사자등에게 의견제출의 기회를 주어야 한다.

④ (×) 처분의 상대방에게 이익이 되며 제3자의 권익을 침해하는 행정행위는 행정절차법상 사전통지·의견청취의 대상이 되지 않는다. 사전통지는 '당사자'에 대하여 불이익 처분을 하는 경우에 '당사자등'에 대하여 이루어진다.

사전통지가 이루어지는 경우("당사자")	처분의 직접상대방에 대해 침익적인 경우
사전통지의 상대방("당사자등")	처분의 직접상대방 + 행정청이 행정절차에 참여하게 한 이해관계인

08

행정행위 및 처분에 대한 설명으로 옳지 않은 것은? (다툼이 있는 경우 판례에 의함)

① 신청에 의한 처분의 경우에는 신청에 대하여 일단 거부처분이 행해지면, 그 거부처분이 적법한 절차에 의하여 취소 또는 철회되지 않는 한, 사유를 추가하여 거부처분을 반복하는 것은 존재하지도 않는 신청에 대한 거부처분으로서 당연무효이다.

② 「행정소송법」상 처분의 개념과 강학상 행정행위의 개념이 다르다고 보는 견해는 처분의 개념을 강학상 행정행위의 개념보다 넓은 것으로 파악한다.

③ 교육인적자원부장관(현 교육부장관)이 시·도교육감에 통보한 대학입시기본계획 내의 내신성적산정지침은 항고소송의 대상이 되는 행정처분이 아니다.

④ 친일반민족행위자재산조사위원회의 재산조사의 경우, 조사 종료 후의 국가귀속결정이 있어야 비로소 조사대상자의 권리·의무가 변동되는 것이지, 그에 앞선 재산조사개시결정만으로는 조사대상자의 권리·의무가 변동된다고 할 수 없으므로, 친일반민족행위자재산조사위원회의 재산조사개시결정은 독립한 행정처분이 아니다.

해설 정답 ❹

① (○) "행정행위의 취소라 함은 일단 유효하게 성립한 행정처분이 위법 또는 부당함을 이유로 소급하여 그 효력을 소멸시키는 별도의 행정처분을 말하고, 행정청은 종전 처분과 양립할 수 없는 처분을 함으로써 묵시적으로 종전 처분을 취소할 수도 있으나, 행정행위 중 당사자의 신청에 의하여 인·허가 또는 면허 등 이익을 주거나 그 신청을 거부하는 처분을 하는 것을 내용으로 하는 이른바 신청에 의한 처분의 경우에는 신청에 대하여 일단 거부처분이 행해지면 그 거부처분이 적법한 절차에 의하여 취소되지 않는 한, 사유를 추가하여 거부처분을 반복하는 것은 존재하지도 않는 신청에 대한 거부처분으로서 당연무효이다."(대법원 1999. 12. 28. 선고 98두1895)

② (○) 행정소송법상 처분의 개념과 강학상 행정행위의 개념이 다르다고 보는 견해는 처분의 개념을 강학상 행정행위의 개념보다 넓은 것으로 파악한다.

③ (○) "교육부장관이 내신성적 산정기준의 통일을 기하기 위해 대학입시 기본계획의 내용에서 내신성적 산정기준에 관한 시행지침을 마련하여 시·도 교육감에서 통보한 것은 행정조직 내부에서 내신성적 평가에 관한 내부적 심사기준을 시달한 것에 불과하며, 각 고등학교에서 위 지침에 일률적으로 기속되어 내신성적을 산정할 수밖에 없고 또 대학에서도 이를 그대로 내신성적으로 인정하여 입학생을 선발할 수밖에 없는 관계로 장차 일부 수험생들이 위 지침으로 인해 어떤 불이익을 입을 개연성이 없지는 아니하나, 그러한 사정만으로서 위 지침에 의하여 곧바로 개별적이고 구체적인 권리의 침해를 받은 것으로는 도저히 인정할 수 없으므로, 그것만으로는 현실적으로 특정인의 구체적인 권리의무에 직접적으로 변동을 초래케 하는 것은 아니라 할 것이어서 내신성적 산정지침을 항고소송의 대상이 되는 행정처분으로 볼 수 없다."(대법원 1994. 9. 10. 선고 94두33)

④ (×) "친일반민족행위자재산조사위원회의 재산조사개시결정이 있는 경우 조사대상자는 위 위원회의 보전처분 신청을 통하여 재산권행사에 실질적인 제한을 받게 되고, 위 위원회의 자료제출요구나 출석요구 등의 조사행위에 응하여야 하는 법적 의무를 부담하게 되는 점, '친일반민족행위자 재산의 국가귀속에 관한 특별법'에서 인정된 재산조사결정에 대한 이의신청절차만으로는 조사대상자에 대한 권리구제 방법으로 충분치 아니한 점, 조사대상자로 하여금 개개의 과태료 처분에 대하여 불복하거나 조사 종료 후의 국가귀속결정에 대하여만 다툴 수 있도록 하는 것보다는 그에 앞서 재산조사개시결정에 대하여 다툼으로써 분쟁을 조기에 근본적으로 해결할 수 있는 점 등을 종합하면, 친일반민족행위자재산조사위원회의 재산조사개시결정은 조사대상자의 권리·의무에 직접 영향을 미치는 독립한 행정처분으로서 항고소송의 대상이 된다고 봄이 상당하다."(대법원 2009. 10. 15. 선고 2009두6513)

09

영조물의 설치·관리 하자에 의한 국가배상책임에 대한 설명으로 옳은 것은? (다툼이 있는 경우 판례에 의함)

① '영조물의 설치 또는 관리상의 하자로 인한 사고'라 함은 오직 영조물의 설치 또는 관리상의 하자만이 손해발생의 원인이 되는 경우만을 의미할 뿐이고, 다른 자연적 사실이나 제3자의 행위 또는 피해자의 행위와 경합하여 손해가 발생한 경우 영조물의 설치 또는 관리상의 하자는 공동원인의 하나에 불과하므로, 그러한 손해는 영조물의 설치 또는 관리상의 하자에 의하여 발생한 것이라고 할 수 없다.

② 하천의 제방이 계획홍수위를 넘고 있더라도, 하천이 그 후 새로운 하천시설을 설치할 때 '하천시설기준'으로 정한 여유고(餘裕高)를 확보하지 못하고 있다면 그 사정만으로 안정성이 결여된 하자가 존재한다고 보아야 한다.

③ 소음 등을 포함한 공해 등의 위험지역으로 이주하여 거주하는 것이 피해자가 위험의 존재를 인식하고 그로 인한 피해를 용인하면서 접근한 것이라고 볼 수 있는 경우 가해자의 면책이 인정될 수 있다.

④ 운전자가 자동차를 운전하여 가던 중 가변차로에 설치된 두 개의 신호기에서 서로 모순되는 신호가 들어오는 바람에 반대방향에서 오던 승용차와 충돌하여 부상을 입은 경우에, 위 신호기는 적정전압보다 낮은 저전압이 원인이 되어 위와 같은 오작동이 발생하였던 것인데, 그 고장은 현재의 기술수준상 예방할 방법이 없었던 것이므로 국가배상책임이 인정되지 않는다.

해설 정답 ❸

① (×) "영조물의 설치 또는 관리상의 하자로 인한 사고라 함은 영조물의 설치 또는 관리상의 하자만이 손해발생의 원인이 되는 경우만을 말하는 것이 아니고, 다른 자연적 사실이나 제3자의 행위 또는 피해자의 행위와 경합하여 손해가 발생하더라도 영조물의 설치 또는 관리상의 하자가 공동원인의 하나가 되는 이상 그 손해는 영조물의 설치 또는 관리상의 하자에 의하여 발생한 것이라고 해석함이 상당하다."(대법원 1994. 11. 22. 선고 94다32924)

② (×) "자연영조물로서의 하천은 원래 이를 설치할 것인지 여부에 대한 선택의 여지가 없고, 위험을 내포한 상태에서 자연적으로 존재하고 있으며, 간단한 방법으로 위험상태를 제거할 수 없는 경우가 많고, 유수라고 하는 자연현상을 대상으로 하면서도 그 유수의 원천인 강우의 규모, 범위, 발생시기 등의 예측이나 홍수의 발생 작용 등의 예측이 곤란하고, 실제로 홍수가 어떤 작용을 하는지는 실험에 의한 파악이 거의 불가능하고 실제 홍수에 의하여 파악할 수밖에 없어 결국 과거의 홍수 경험을 토대로 하천관리를 할 수밖에 없는 특

질이 있고, (중략) 이와 같은 관리상의 특질과 특수성을 감안한다면, 하천의 관리청이 관계 규정에 따라 설정한 계획홍수위를 변경시켜야 할 사정이 생기는 등 특별한 사정이 없는 한, 이미 존재하는 하천의 제방이 계획홍수위를 넘고 있다면 그 하천은 용도에 따라 통상 갖추어야 할 안전성을 갖추고 있다고 보아야 하고, 그와 같은 하천이 그 후 새로운 하천시설을 설치할 때 기준으로 삼기 위하여 제정한 '하천시설기준'이 정한 여유고를 확보하지 못하고 있다는 사정만으로 바로 안전성이 결여된 하자가 있다고 볼 수는 없다."(대법원 2003. 10. 23. 선고 2001다48057)

③ (○) "소음 등을 포함한 공해 등의 위험지역으로 이주하여 들어가 거주하는 경우와 같이 위험의 존재를 인식하거나 과실로 인식하지 못하고 이주한 경우에는 손해배상액의 산정에 있어 형평의 원칙상 과실상계에 준하여 감경 또는 면제사유로 고려하여야 한다."(대법원 2010. 11. 11. 선고 2008다57975)

④ (×) "가변차로에 설치된 신호등의 용도와 오작동시에 발생하는 사고의 위험성과 심각성을 감안할 때, 만일 가변차로에 설치된 두 개의 신호기에서 서로 모순되는 신호가 들어오는 고장을 예방할 방법이 없음에도 그와 같은 신호기를 설치하여 그와 같은 고장을 발생하게 한 것이라면, 그 고장이 자연재해 등 외부요인에 의한 불가항력에 기인한 것이 아닌 한 그 자체로 설치·관리자의 방호조치의무를 다하지 못한 것으로서 신호등이 그 용도에 따라 통상 갖추어야 할 안전성을 갖추지 못한 상태에 있었다고 할 것이고, 따라서 설령 적정전압보다 낮은 저전압이 원인이 되어 위와 같은 오작동이 발생하였고 그 고장은 현재의 기술수준상 부득이한 것이라고 가정하더라도 그와 같은 사정만으로 손해발생의 예견가능성이나 회피가능성이 없어 영조물의 하자를 인정할 수 없는 경우라고 단정할 수 없다."(대법원 2001. 7. 27. 선고 2000다56822)

10

행정행위의 부관에 대한 설명으로 옳지 않은 것은? (다툼이 있는 경우 판례에 의함)

① 행정청은 처분을 발함에 있어 국민의 신뢰를 보호할 필요가 있으므로, 행정처분이 발해진 후 새로운 부담을 부가하거나 이미 부가되어 있는 부담의 범위를 변경하는 것은 처분상대방의 동의가 없다면 불가능하다.

② 시장 甲이 건설회사 乙에 대하여 아파트 건설을 위한 「주택법」상 사업계획승인을 하면서, 아파트단지 인근에 개설되는 자동차전용도로의 부지로 사용할 목적으로 乙소유 토지의 일부를 기부채납하도록 하는 부담을 부가하였는데, 이를 불이행한 경우 행정대집행을 할 수 없다.

③ 공유재산의 관리청이 기부채납된 행정재산인 공원시설에 대하여 행하는 사용·수익 허가의 경우, 부관인 사용·수익 허가의 기간에 위법사유가 있다면 이로써 공원시설의 사용·수익 허가 전부가 위법하게 된다.

④ 행정처분과 부관 사이에 실제적 관련성이 있다고 볼 수 없는 경우, 공무원이 위와 같은 공법상의 제한을 회피할 목적으로 행정처분의 상대방과 사이에 사법상 계약을 체결하는 형식을 취하였다 하더라도 그 계약은 위법하여 무효이다.

해설 정답 ❶

① (×) "판례는 사후부관(부관의 사후변경)을 인정한다. 행정처분에 이미 부담이 부가되어 있는 상태에서 그 의무의 범위 또는 내용 등을 변경하는 부관의 사후변경은, ① 법률에 명문의 규정이 있거나 ② 그 변경이 미리 유보되어 있는 경우 또는 ③ 상대방의 동의가 있는 경우에 한하여 허용되는 것이 원칙이다. 그러나 ④ 사정변경으로 인하여 당초에 부담을 부가한 목적을 달성할 수 없게 된 경우에도 그 목적달성에 필요한 범위 내에서 예외적으로 허용된다."(대법원 2007. 9. 21. 선고 2006두7973, 대법원 1997. 5. 30. 선고 97누2627)

② (○) 비대체적 작위의무를 불이행한 경우이기 때문이다. 乙 소유의 토지를 기부채납하는 것은 乙 소유의 토지에 대해 처분권을 갖는 乙만이 이행할 수 있기 때문에 비대체적 작위의무에 해당한다.

③ (○) "공유재산의 관리청이 기부채납된 행정재산에 대하여 하는 사용·수익의 허가는 관리청이 공권력을 가진 우월적 지위에서 행하는 행정처분임에도 불구하고, 원심이 이 사건 시설물에 대한 사용·수익의 허가가 행정처분이 아니라는 이유로 이 사건 소 중 예비적 청구 부분을 부적법하다고 판단한 데에는 행정처분에 관한 법리를 오해한 위법이 있고, 이는 판결 결과에 영향을 미쳤음이 분명하다(이 사건 허가에서 그 허가기간은 행정행위의 본질적 요소에 해당한다고 볼 것이어서, 부관인 허가기간에 위법사유가 있다면 이로써 이 사건 허가 전부가 위법하게 될 것이다.)."(대법원 2001. 6. 15. 선고 99두509)

④ (○) "공무원이 인·허가 등 수익적 행정처분을 하면서 상대방에게 그 처분과 관련하여 이른바 부관으로서 부담을 붙일 수 있다 하더라도, 그러한 부담은 법치주의와 사유재산 존중, 조세법률주의 등 헌법의 기본원리에 비추어 비례의 원칙이나 부당결부의 원칙에 위반되지 않아야만 적법한 것인바, 행정처분과 부관 사이에 실제적 관련성이 있다고 볼 수 없는 경우 공무원이 위와 같은 공법상의 제한을 회피할 목적으로 행정처분의 상대방과 사이에 사법상 계약을 체결하는 형식을 취하였다면 이는 법치행정의 원리에 반하는 것으로서 위법하다."(대법원 2009. 12. 10. 선고 2007다63966) ☞ 또한 행정행위가 아니라 사법상 계약이기 때문에, 위법하면 곧 무효이다.

11

「공익사업을 위한 토지 등의 취득 및 보상에 관한 법률(구 「공익사업법」)」 및 생활보상에 대한 설명으로 옳지 않은 것은? (다툼이 있는 경우 판례에 의함)

① 사업시행자의 이주대책 수립·실시의무를 정하고 있는 구 「공익사업법」 제78조 제1항은 물론 이주대책의 내용에 관하여 규정하고 있는 같은 조 제4항 본문 역시 당사자의 합의 또는 사업시행자의 재량에 의하여 적용을 배제할 수 없는 강행법규이다.

② 이주대책의 내용으로서 사업시행자가 이주정착지에 대한 도로·급수시설·배수시설 그 밖의 공공시설 등 통상적인 수준의 생활기본시설을 설치하고 비용을 부담하도록 강제한 구 「공익사업법」 규정은, 법이 정한 이주대책대상자에 적용될 뿐만 아니라 시혜적 이주대책대상자에까지 적용된다.

③ 도시개발사업의 사업시행자가 이주대책기준을 정하여 이주대책 대상자 가운데 이주대책을 수립·실시하여야 할 자를 선정하여 그들에게 공급할 택지 등을 정할 때는 재량권을 갖는다.

④ 토지수용재결시 대상토지의 평가는 재결에서 정한 수용시기(수용개시일)가 아닌 수용재결일을 기준으로 한다.

해설 정답 ❷

① (○) "구 공익사업을 위한 토지 등의 취득 및 보상에 관한 법률(2007. 10. 17. 법률 제8665호로 개정되기 전의 것, 이하 '구 공익사업법'이라 한다)은 공익사업에 필요한 토지 등을 협의 또는 수용에 의하여 취득하거나 사용함에 따른 손실 보상에 관한 사항을 규정함으로써 공익사업의 효율적인 수행을 통하여 공공복리의 증진과 재산권의 적정한 보호를 도모함을 목적으로 하고 있고, 위 법에 의한 이주대책은 공익사업의 시행에 필요한 토지 등을 제공함으로 인하여 생활의 근거를 상실하게 되는 이주대책대상자들에게 종전 생활상태를 원상으로 회복시키면서 동시에 인간다운 생활을 보장하여 주기 위하여 마련된 제도이므로, 사업시행자의 이주대책 수립·실시의무를 정하고 있는 구 공익사업법 제78조 제1항은 물론 이주대책의 내용에 관하여 규정하고 있는 같은 조 제4항 본문 역시 당사자의 합의 또는 사업시행자의 재량에 의하여 적용을 배제할 수 없는 강행법규이다."(대법원 2011. 6. 23. 선고 2007다63089)

② (×) "사업시행자가 이주대책 수립 등의 시행 범위를 넓힌 경우에, 그 내용은 법이 정한 이주대책대상자에 관한 것과 그 밖의 이해관계인에 관한 것으로 구분되고, 그 밖의 이해관계인에 관한 이주대책 수립 등은 법적 의무가 없는 시혜적인 것이다. 따라서 시혜적으로 시행되는 이주대책 수립 등의 경우에 대상자(이하 '시혜적인 이주대책대상자'라 한다)의 범위나 그들에 대한 이주대책 수립 등의 내용을 어떻게 정할 것인지에 관하여는 사업시행자에게 폭넓은 재량이 있다. 그리고 이주대책의 내용으로서 사업시행자가 이주정착지(이주대책의 실시로 건설하는 주택단지를 포함한다)에 대한 도로·급수시설·배수시설 그 밖의 공공시설 등 통상적인 수준의 생활기본시설을 설치하고 비용을 부담하도록 강제한 공익사업법 제78조 제4항은 법이 정한 이주대책대상자를 대상으로 하여 특별히 규정된 것이므로, 이를 넘어서서 그 규정이 시혜적인 이주대책대상자에까지 적용된다고 볼 수 없다."(대법원 2015. 7. 23. 선고 2012두22911)

③ (○) ① 사업시행자는 법령에서 정한 일정한 경우 이주대책을 수립할 의무를 진다. ② 그러나 이주대책의 내용결정에 있어서는 재량을 갖는다. ③ 이 재량은 제78조 제4항에 의한 제한을 받는다.

관련판례 "사업시행자는 공익사업의 시행으로 인하여 주거용 건축물을 제공함에 따라 생활의 근거를 상실하게 되는 자(이하 '이주대책대상자'라 한다)를 위하여 공익사업법 시행령이 정하는 바에 따라 이주대책을 수립·실시하거나 이주정착금을 지급하여야 하나, 당해 건축물에 공익사업을 위한 관계법령에 의한 고시 등이 있은 날(이하 '기준일'이라 한다)부터 계약체결일 또는 수용재결일까지 계속하여 거주하고 있지 아니한 건축물의 소유자는 원칙적으로 이주대책대상자에서 제외하도록 되어 있는바, 사업시행자는 이주대책기준을 정하여 이주대책대상자 중에서 이주대책을 수립·실시하여야 할 자를 선정하여 그들에게 공급할 택지 또는 주택의 내용이나 수량을 정할 수 있고 이를 정하는 데 재량을 가지므로, 이를 위해 사업시행자가 설정한 기준은 그것이 객관적으로 합리적이 아니라거나 타당하지 않다고 볼 만한 다른 특별한 사정이 없는 한 존중되어야 한다."(대법원 2010. 3. 25. 선고 2009두23709)

④ (○) 보상금은 수용개시일이 아니라 수용재결일을 기준으로 산정된다. "토지수용법 제46조 제1항, 제2항 제1호, 제3항, 공공용지의취득및손실보상에관한특례법 제4조 제2항 제1호, 제3항, 공공용지의취득및손실보상에관한특례법시행규칙 제6조 제8항, 보상평가지침(한국감정평가업협회 제정) 제7조 제1항의 규정들을 종합하여 보면, 수용대상토지를 평가함에 있어서는 수용재결에서 정한 수용시기가 아니라 수용재결일을 기준으로 하고 당해 수용사업의 계획 또는 시행으로 인한 개발이익은 이를 배제하고 평가하여야 한다."(대법원 1998. 7. 10. 선고 98두6067)

12

「질서위반행위규제법」 및 과태료에 대한 설명으로 옳지 않은 것은? (다툼이 있는 경우 판례에 의함)

① 심신장애로 인하여 행위의 옳고 그름을 판단할 능력이 미약하거나 그 판단에 따른 행위를 할 능력이 미약한 자의 질서위반행위는 과태료를 부과하지 아니한다.
② 신분에 의하여 과태료를 감경 또는 가중하거나 과태료를 부과하지 아니하는 때에는 그 신분의 효과는 신분이 없는 자에게는 미치지 아니한다.
③ 지방자치단체는 조례를 위반한 행위에 대하여 조례로써 1천만원 이하의 과태료를 정할 수 있다.
④ 당사자와 검사는 과태료 재판에 대하여 즉시항고를 할 수 있고 이 경우의 항고는 집행정지의 효력이 있다.

해설 정답 ❶

① (×) 질서위반행위규제법 제10조 제2항

질서위반행위규제법 제10조(심신장애) ② 심신장애로 인하여 제1항에 따른 능력이 미약한 자의 질서위반행위는 과태료를 감경한다.

☞ [비교조문] 질서위반행위규제법 제10조 제1항

질서위반행위규제법 제10조(심신장애) ① 심신(心神)장애로 인하여 행위의 옳고 그름을 판단할 능력이 없거나 그 판단에 따른 행위를 할 능력이 없는 자의 질서위반행위는 과태료를 부과하지 아니한다.

② (○) 질서위반행위규제법 제12조 제3항

질서위반행위규제법 제12조(다수인의 질서위반행위 가담) ③ 신분에 의하여 과태료를 감경 또는 가중하거나 과태료를 부과하지 아니하는 때에는 그 신분의 효과는 신분이 없는 자에게는 미치지 아니한다.

③ (○) 지방자치법 제27조 제1항

지방자치법 제27조(조례위반에 대한 과태료) ① 지방자치단체는 조례를 위반한 행위에 대하여 조례로써 1천만원 이하의 과태료를 정할 수 있다.

④ (○) 질서위반행위규제법 제38조 제1항

질서위반행위규제법 제38조(항고) ① 당사자와 검사는 과태료 재판에 대하여 즉시항고를 할 수 있다. 이 경우 항고는 집행정지의 효력이 있다.

13

다음 설명 중 옳지 않은 것은? (다툼이 있는 경우 판례에 의함)

① 임시이사를 선임하면서 그 임기를 '후임 정식이사가 선임될 때까지'로 기재한 것은 근거 법률의 해석상 당연히 도출되는 사항을 주의적·확인적으로 기재한 이른바 '법정부관'일 뿐, 행정청의 의사에 따라 붙이는 본래 의미의 행정처분 부관이라고 볼 수 없다.

② 「행정절차법」 시행령 제13조 제2호에서 정한 "법원의 재판 또는 준사법적 절차를 거치는 행정기관의 결정 등에 따라 처분의 전제가 되는 사실이 객관적으로 증명되어 처분에 따른 의견청취가 불필요하다고 인정되는 경우"는 법원의 재판 등에 따라 처분의 전제가 되는 사실이 객관적으로 증명되면 행정청이 반드시 일정한 처분을 해야 하는 경우 등 의견청취가 행정청의 처분 여부나 그 수위 결정에 영향을 미치지 못하는 경우를 의미하고, 처분의 전제가 되는 일부 사실만 증명된 경우이거나 의견청취에 따라 행정청의 처분 여부나 처분 수위가 달라질 수 있는 경우라면 위 예외 사유에 해당하지 않는다.

③ 행정청의 허가를 목적으로 하는 신청행위를 대상으로 하는 위임계약은 특별한 사정이 없는 한 그 자체가 반사회질서적 성질을 띠고 있어서 「민법」 제103조에 따라 무효이다.

④ 국가나 지방자치단체가 공익사업을 시행하는 과정에서 주민들이 일시적으로 행정절차에 참여할 권리를 침해받았다는 사정만으로 곧바로 국가나 지방자치단체가 주민들에게 정신적 손해에 대한 배상의무를 부담한다고 단정할 수 없다.

해설 정답 ❸

① (○) "구 사회복지사업법 제20조 제2항에 따르면, 사회복지법인의 임시이사는 이사의 결원으로 법인의 정상적인 운영이 어려워진 경우에 그 결원을 보충하기 위하여 선임되는 기관이므로 정식이사가 선임될 때까지만 재임하는 것이 원칙이다. 다만 관할 행정청은 임시이사의 임기를 분명히 하기 위하여 임시이사를 선임하면서 임기를 예를 들어 1년 또는 2년과 같이 확정기한으로 정할 수 있다. 그러나 임시이사를 선임하면서 임기를 '후임 정식이사가 선임될 때까지'로 기재한 것은 근거 법률의 해석상 당연히 도출되는 사항을 주의적·확인적으로 기재한 이른바 '법정부관'일 뿐, 행정청의 의사에 따라 붙이는 본래 의미의 행정처분 부관이라고 볼 수 없다."(대법원 2020. 10. 29. 선고 2017다269152)

② (○) "행정절차법 제21조, 제22조, 행정절차법 시행령 제13조의 내용을 행정절차법의 입법 목적과 의견청취 제도의 취지에 비추어 종합적·체계적으로 해석하면, 행정절차법 시행령 제13조 제2호에서 정한 "법원의 재판 또는 준사법적 절차를 거치는 행정기관의 결정 등에 따라 처분의 전제가 되는 사실이 객관적으로 증명되어 처분에 따른 의견청취가 불필요하다고 인정되는 경우"는 법원의 재판 등에 따라 처분의 전제가 되는 사실이 객관적으로 증명되면 행정청이 반드시 일정한 처분을 해야 하는 경우 등 의견청취가 행정청의 처분 여부나 그 수위 결정에 영향을 미치지 못하는 경우를 의미한다고 보아야 한다. 처분의 전제가 되는 '일부' 사실만 증명된 경우이거나 의견청취에 따라 행정청의 처분 여부나 처분 수위가 달라질 수 있는 경우라면 위 예외사유에 해당하지 않는다."(대법원 2020. 7. 23. 선고 2017두66602)

③ (×) 대법원은 이러한 위임계약이 원칙적으로 무효가 아님을 전제로 아래와 같이 판시하고 있다. "어떠한 위임계약이 행정청의 허가 등을 목적으로 하는 신청행위를 대상으로 하는 경우에 신청행위 자체에는 전문성이 크게 요구되지 않고 허가에는 공무원의 재량적 판단이 필요하며, 신청과 관련된 절차에 필수적으로 필요한 비용은 크지 않은 데 반하여 약정보수액은 지나치게 다액으로서, 수임인이 허가를 얻기 위하여 공무원의 직무 관련 사항에 관하여 특별한 청탁을 하면서 뇌물공여 등 로비를 하는 자금이 보수액에 포함되어 있다고 볼 만한 특수한 사정이 있는 때에는 위임계약은 반사회질서적인 조건이 결부됨으로써 반사회질서적 성질을 띠고 있어 민법 제103조에 따라 무효이다."(대법원 2016. 2. 18. 선고 2015다35560)

④ (○) "행정절차는 그 자체가 독립적으로 의미를 가지는 것이라기보다는 행정의 공정성과 적정성을 보장하는 공법적 수단으로서의 의미가 크므로, 관련 행정처분의 성립이나 무효·취소 여부 등을 따지지 않은 채 주민들이 일시적으로 행정절차에 참여할 권리를 침해받았다는 사정만으로 곧바로 국가나 지방자치단체가 주민들에게 정신적 손해에 대한 배상의무를 부담한다고 단정할 수 없다."(대법원 2021. 7. 29. 선고 2015다221668)

14

「도시 및 주거환경정비법(구 「도시정비법」)」상의 조합설립과 동법상의 정비사업 추진에 대한 설명으로 옳지 않은 것은? (다툼이 있는 경우 판례에 의함)

① 조합설립추진위원회 구성승인처분은 조합의 설립을 위한 주체인 추진위원회의 구성행위를 보충하여 그 효력을 부여하는 처분으로 인가에 해당한다.

② 관리처분계획의 무효확인이나 취소를 구하는 소송이 적법하게 제기되어 계속 중인 상태에서 이전고시가 효력을 발생하였다고 하더라도, 여전히 관리처분계획의 취소 또는 무효확인을 구할 법률상 이익이 있다.

③ 구 도시정비법령이 정한 동의요건을 갖추고 창립총회를 거쳐 주택재개발조합이 성립한 이상, 이미 소멸한 추진위원회 구성승인처분의 하자를 들어 조합설립인가처분이 위법하다고 볼 수 없다.

④ 조합이 사업시행계획을 재건축결의에서 결정된 내용과 달리 작성한 경우 이러한 하자는 기본행위인 사업시행계획 작성행위의 하자이고, 이에 대한 보충행위인 행정청의 인가처분이 적법요건을 갖추고 있는 이상은 그 인가처분 자체에 하자가 있는 것이라 할 수 없다.

해설 정답 ❷

① (○) 조합설립추진위원회 구성승인처분은 조합의 설립을 위한 주체인 추진위원회의 구성행위를 보충하여 그 효력을 부여하는 처분으로서 강학상 인가에 해당한다. 관련판례 "구 도시 및 주거환경정비법(2009. 2. 6. 법률 제9444호로 개정되기 전의 것, 이하 '구 도시정비법'이라고 한다) 제13조 제1항, 제2항, 제14조 제1항, 제15조 제4항, 제5항 등 관계 법령의 내용, 형식, 체제 등에 비추어 보면, 조합설립추진위원회(이하 '추진위원회'라고 한다) 구성승인처분은 조합의 설립을 위한 주체인 추진위원회의 구성행위를 보충하여 그 효력을 부여하는 처분으로서 조합설립이라는 종국적 목적을 달성하기 위한 중간단계의 처분에 해당하지만, 그 법률요건이나 효과가 조합설립인가처분의 그것과는 다른 독립적인 처분이기 때문에, 추진위원회 구성승인처분에 대한 취소 또는 무효확인 판결의 확정만으로는 이미 조합설립인가를 받은 조합에 의한 정비사업의 진행을 저지할 수 없다. 따라서 추진위원회 구성승인처분을 다투는 소송

계속 중에 조합설립인가처분이 이루어진 경우에는, 추진위원회 구성승인처분에 위법이 존재하여 조합설립인가 신청행위가 무효라는 점 등을 들어 직접 조합설립인가처분을 다툼으로써 정비사업의 진행을 저지하여야 하고, 이와는 별도로 추진위원회 구성승인처분에 대하여 취소 또는 무효확인을 구할 법률상의 이익은 없다고 보아야 한다."(대법원 2013. 1. 31. 선고 2011두11112)

② (×) "이전고시의 효력 발생으로 이미 대다수 조합원 등에 대하여 획일적·일률적으로 처리된 권리귀속 관계를 모두 무효화하고 다시 처음부터 관리처분계획을 수립하여 이전고시 절차를 거치도록 하는 것은 정비사업의 공익적·단체법적 성격에 배치되므로, 이전고시가 효력을 발생하게 된 이후에는 조합원 등이 관리처분계획의 취소 또는 무효확인을 구할 법률상 이익이 없다고 봄이 타당하다."(대법원 2012. 3. 22. 선고 2011두6400)

③ (○) "추진위원회의 권한은 조합 설립을 추진하기 위한 업무를 수행하는 데 그치므로 일단 조합설립인가처분을 받아 추진위원회의 업무와 관련된 권리와 의무가 조합에 포괄적으로 승계되면, 추진위원회는 그 목적을 달성하여 소멸한다. 조합설립인가처분은 추진위원회 구성의 동의요건보다 더 엄격한 동의요건을 갖추어야 할 뿐만 아니라 창립총회의 결의를 통하여 정관을 확정하고 임원을 선출하는 등의 단체결성행위를 거쳐 성립하는 조합에 관하여 하는 것이므로, 추진위원회 구성의 동의요건 흠결 등 추진위원회구성승인처분상의 위법만을 들어 조합설립인가처분의 위법을 인정하는 것은 조합설립의 요건이나 절차, 그 인가처분의 성격, 추진위원회 구성의 요건이나 절차, 그 구성승인처분의 성격 등에 비추어 타당하다고 할 수 없다. 따라서 조합설립인가처분은 추진위원회구성승인처분이 적법·유효할 것을 전제로 한다고 볼 것은 아니므로, 구 도시정비법령이 정한 동의요건을 갖추고 창립총회를 거쳐 주택재개발조합이 성립한 이상, 이미 소멸한 추진위원회구성승인처분의 하자를 들어 조합설립인가처분이 위법하다고 볼 수 없다. 다만 추진위원회구성승인처분의 위법으로 그 추진위원회의 조합설립인가 신청행위가 무효라고 평가될 수 있는 특별한 사정이 있는 경우라면, 그 신청행위에 기초한 조합설립인가처분이 위법하다고 볼 수 있다."(대법원 2013. 12. 26. 선고 2011두8291)

④ (○) "구 도시 및 주거환경정비법(2007. 12. 21. 법률 제8785호로 개정되기 전의 것) 제16조 제2항의 가중된 의결 정족수에 의한 찬성결의로 결정된 재건축결의사항은 대통령령이 정하는 경미한 사항의 변경에 해당하지 않는 한 위 법 제16조 제2항의 가중된 의결 정족수에 의한 찬성결의에 의하지 아니하고는 변경될 수 없고, 따라서 조합의 사업시행계획도 원칙적으로 재건축결의에서 결정된 내용에 따라 작성되어야 하지만, 조합이 사업시행계획을 재건축결의에서 결정된 내용과 달리 작성한 경우 이러한 하자는 기본행위인 사업시행계획 작성행위의 하자이고, 이에 대한 보충행위인 행정청의 인가처분이 그 근거 조항인 위 법 제28조의 적법요건을 갖추고 있는 이상은 그 인가처분 자체에 하자가 있는 것이라 할 수 없다."(대법원 2008. 1. 10. 선고 2007두16691)

15

행정쟁송에 대한 설명으로 옳은 것은? (다툼이 있는 경우 판례에 의함)

① 「행정소송법」은 집행정지결정에 대한 즉시항고에 관하여 규정하고 있는 반면, 「행정심판법」에는 집행정지결정에 대한 즉시항고에 관하여 규정하고 있지 않다.
② 행정소송은 대심주의를 원칙으로 하는 반면, 행정심판은 직권탐지주의를 원칙으로 한다.
③ 취소소송의 제기는 처분의 효력이나 그 집행 또는 절차의 속행에 영향을 주지 않는 반면, 행정심판청구는 처분의 효력이나 그 집행 또는 절차의 속행을 정지시킨다.
④ 「행정심판법」상 행정청이 심판청구기간을 긴 기간으로 잘못 알린 경우 잘못 알린 기간 내 심판청구가 있으면 적법한 청구로 보며, 이 같은 규정은 「행정소송법」에 명문으로 규정되어 있지는 않지만 행정소송 제기에도 당연히 적용되는 규정이다.

해설 정답 ❶

① (○) 행정소송법 23조 제5항

행정소송법 제23조(집행정지) ⑤ 제2항의 규정에 의한 집행정지의 결정 또는 기각의 결정에 대하여는 즉시항고할 수 있다. 이 경우 집행정지의 결정에 대한 즉시항고에는 결정의 집행을 정지하는 효력이 없다.

② (×) 행정소송과 행정심판 모두 직권탐지주의가 아니라 대심주의를 원칙으로 하며, 직권탐지주의는 보충적으로만 적용된다.

③ (×) 행정심판청구와 취소소송의 제기는 모두 처분의 효력이나 그 집행 또는 절차의 속행에 영향을 주지 아니한다. 둘 다 집행부정지의 원칙이 적용된다.

④ (×) 행정심판에서는 행정청이 심판청구기간을 제27조 제1항에 규정된 기간보다 긴 기간으로 잘못 알린 경우 잘못 알린 기간 내 심판청구가 있으면 적법한 청구로 보지만(행정심판법 제27조 제5항), 행정소송에서는 그렇지 않다. 관련판례 "행정청이 법정 심판청구기간보다 긴 기간으로 잘못 알린 경우에 그 잘못 알린 기간 내에 심판청구가 있으면 그 심판청구는 법정 심판청구기간 내에 제기된 것으로 본다는 취지의 행정심판법 제18조 제5항의 규정은 행정심판 제기에 관하여 적용되는 규정이지, 행정소송 제기에도 당연히 적용되는 규정이라고 할 수는 없다."(대법원 2001. 5. 8. 선고 2000두6916)

행정심판법 제27조(심판청구의 기간) ⑤ 행정청이 심판청구 기간을 제1항에 규정된 기간보다 긴 기간으로 잘못 알린 경우 그 잘못 알린 기간에 심판청구가 있으면 그 행정심판은 제1항에 규정된 기간에 청구된 것으로 본다.

16

영업자 지위 승계에 대한 설명으로 옳지 않은 것은? (다툼이 있는 경우 판례에 의함)

① 관할관청이 개인택시운송사업의 양도·양수에 대한 인가를 하였을 경우 거기에는 양도인과 양수인 간의 양도행위를 보충하여 그 법률효과를 완성시키는 의미에서의 인가처분뿐만 아니라 양도인이 가지고 있던 면허와 동일한 내용의 면허를 양수인에게 부여하는 처분이 포함되어 있다.

② 주택건설사업이 양도되었으나 그 변경승인을 받기 이전에 행정청이 양수인에 대하여 양도인에 대한 사업계획승인을 취소하였다는 사실을 통지한 경우, 이러한 통지는 양수인의 법률상 지위에 변동을 일으키지 못하므로 항고소송의 대상이 되는 행정처분이 아니다.

③ 대물적 허가의 성질을 갖는 석유판매업이 양도된 경우, 양도인에게 허가를 취소할 위법사유가 있다면 이를 이유로 양수인에게 제재조치를 할 수 있다.

④ 관할 행정청이 영업 양수인 乙의 영업자 지위승계신고를 수리하기 전에 양도인 甲의 영업허가가 취소되었을 경우, 양수인 乙에게는 양도인 甲에 대한 영업허가 취소에 대하여 취소소송을 제기할 수 있는 원고적격이 없다.

해설 정답 ❹

① (○) "관할관청의 개인택시 운송사업면허의 양도·양수에 대한 인가에는 양도인과 양수인 간의 양도행위를 보충하여 그 법률효과를 완성시키는 의미에서의 인가처분뿐만 아니라 양수인에 대해 양도인이 가지고 있던 면허와 동일한 내용의 면허를 부여하는 처분이 포함되어 있다고 볼 것이어서, 양수인이 구 자동차운수사업법시행규칙 제15조 제1항 소정의 개인택시 운송사업면허취득의 자격요건인 운전경력에 미달됨이 사후에 밝혀진 경우에는 관할관청은 면허를 받을 자격이 없는 자에 대한 하자 있는 처분으로서 개인택시 운송사업면허 양도·양수인가처분을 취소할 수 있음은 물론 양수인에 대한 개인택시 운송사업면허처분을 취소할 수도 있다."(대법원 1994. 8. 23. 선고 94누4882)

② (○) "주택건설촉진법 제33조 제1항, 구 같은법시행규칙(1996. 2. 13. 건설교통부령 제54호로 개정되기 전의 것) 제20조의 각 규정에 의한 주택건설사업계획에 있어서 사업주체변경의 승인은 그로 인하여 사업주체의 변경이라는 공법상의 효과가 발생하는 것이므로, 사실상 내지 사법상으로 주택건설사업 등이 양도·양수되었을지라도 아직 변경승인을 받기 이전에는 그 사업계획의 피승인자는 여전히 종전의 사업주체인 양도인이고 양수인이 아니라 할 것이어서, 사업계획승인취소처분 등의 사유가 있는지의 여부와 취소사유가 있다고 하여 행하는 취소처분은 피승인자인 양도인을 기준으로 판단하여 그 양도인에 대하여 행하여져야 할 것이므로 행정청이 주택건설사업의 양수인에 대하여 양도인에 대한 사업계획승인을 취소하였다는 사실을 통지한 것만으로는 양수인의 법률상 지위에 어떠한 변동을 일으키는 것은 아니므로 위 통지는 항고소송의 대상이 되는 행정처분이라고 할 수는 없다."(대법원 2000. 9. 26. 선고 99두646)

③ (○) "석유사업법 제12조 제3항, 제9조 제1항, 제12조 제4항 등을 종합하면 석유판매업(주유소)허가는 소위 대물적 허가의 성질을 갖는 것이어서 그 사업의 양도도 가능하고 이 경우 양수인은 양도인의 지위를 승계하게 됨에 따라 양도인의 위 허가에 따른 권리의무가 양수인에게 이전되는 것이므로 만약 양도인에게 그 허가를 취소할 위법사유가 있다면 허가관청은 이를 이유로 양수인에게 응분의 제재조치를 취할 수 있다 할 것이고, 양수인이 그 양수 후 허가관청으로부터 석유판매업허가를 다시 받았다 하더라도 이는 석유판매업의 양수도를 전제로 한 것이어서 이로써 양도인의 지위승계가 부정되는 것은 아니므로 양도인의 귀책사유는 양수인에게 그 효력이 미친다."(대법원 1986. 7. 22. 선고 86누203)

④ (×) 관할 행정청이 영업 양수인(乙)의 영업자 지위승계신고를 수리하기 전에 양도인(甲)의 영업허가가 취소되었을 경우, 양수인(乙)에게는 그 양도인(甲)에 대한 영업허가 취소에 대하여 취소소송을 제기할 수 있는 원고적격이 있다. ☞ 양도인에게는 원고적격이 없다는 것이 아니다.

17

「민원처리에 관한 법률(구 「민원사무 처리에 관한 법률」)」에 대한 설명으로 옳은 것은? (다툼이 있는 경우 판례에 의함)

① 민원인은 법정민원 중 신청에 경제적으로 많은 비용이 수반되는 민원 등 대통령령으로 정하는 민원에 대하여는 행정기관의 장에게 정식으로 민원을 신청하기 전에 반드시 미리 약식의 사전심사를 청구하여야 한다.

② 구 「민원사무 처리에 관한 법률」에서 정한 사전심사결과 통보는 항고소송의 대상이 되는 행정처분에 해당한다.

③ 법정민원에 대한 행정기관의 장의 거부처분에 불복하는 민원인은 그 거부처분을 받은 날부터 90일 이내에 그 행정기관의 장에게 문서 또는 구두로 이의신청을 할 수 있다.

④ 복합민원이란 하나의 민원 목적을 실현하기 위하여 관계법령 등에 따라 여러 관계기관(민원과 관련된 단체·협회 등을 포함) 또는 관계부서의 인가·허가·승인·추천·협의 또는 확인 등을 거쳐 처리되는 법정민원을 말한다.

해설 정답 ❹

이하 민원처리에 관한 법률

① (×) 사전심사는 필수적 절차가 아니라 임의적 절차로 규정되어 있다. 제30조 제1항 참조.

> **제30조(사전심사의 청구 등)** ① 민원인은 법정민원 중 신청에 경제적으로 많은 비용이 수반되는 민원 등 대통령령으로 정하는 민원에 대하여는 행정기관의 장에게 정식으로 민원을 신청하기 전에 미리 약식의 사전심사를 청구할 수 있다.

② (×) "구 민원사무 처리에 관한 법률(2012. 10. 22. 법률 제11492호로 개정되기 전의 것, 이하 '구 민원사무처리법'이라 한다) 제19조 제1항, 제3항, 구 민원사무 처리에 관한 법률 시행령(2012. 12. 20. 대통령령 제24235호로 개정되기 전의 것) 제31조 제3항의 내용과 체계에다가 사전심사청구제도는 민원인이 대규모의 경제적 비용이 수반되는 민원사항에 대하여 간편한 절차로써 미리 행정청의 공적 견해를 받아볼 수 있도록 하여 민원행정의 예측 가능성을 확보하게 하는 데에 취지가 있다고 보이고, 민원인이 희망하는 특정한 견해의 표명까지 요구할 수 있는 권리를 부여한 것으로 보기는 어려운 점, 행정청은 사전심사결과 가능하다는 통보를 한 때에도 구 민원사무처리법 제19조 제3항에 의한 제약이 따르기는 하나 반드시 민원사항을 인용하는 처분을 해야 하는 것은 아닌 점, 행정청은 사전심사결과 불가능하다고 통보하였더라도 사전심사결과에 구애되지 않고 민원사항을 처리할 수 있으므로 불가능하다는 통보가 민원인의 권리의무에 직접적 영향을 미친다고 볼 수 없고, 통보로 인하여 민원인에게 어떠한 법적 불이익이 발생할 가능성도 없는 점 등 여러 사

정을 종합해 보면, 구 민원사무처리법이 규정하는 사전심사결과 통보는 항고소송의 대상이 되는 행정처분에 해당하지 아니한다."(대법원 2014. 4. 24. 선고 2013두7834)

③ (×) 구두로 이의신청을 할 수는 없으며, 90일이 아니라 60일이다. 제35조 제1항 참조.

> **제35조(거부처분에 대한 이의신청)** ① 법정민원에 대한 행정기관의 장의 거부처분에 불복하는 민원인은 그 거부처분을 받은 날부터 60일 이내에 그 행정기관의 장에게 문서로 이의신청을 할 수 있다.

④ (○) 제2조 제5호

> **제2조(정의)** 이 법에서 사용하는 용어의 뜻은 다음과 같다.
> 5. "복합민원"이란 하나의 민원 목적을 실현하기 위하여 관계법령 등에 따라 여러 관계 기관(민원과 관련된 단체·협회 등을 포함한다. 이하 같다) 또는 관계 부서의 인가·허가·승인·추천·협의 또는 확인 등을 거쳐 처리되는 법정민원을 말한다.

18

「행정소송법」상 소의 변경에 대한 설명으로 옳지 않은 것은? (다툼이 있는 경우 판례에 의함)

① 법원은 행정청이 소송의 대상인 처분을 소가 제기된 후 변경한 때라도 원고의 신청이 없다면 청구의 취지 또는 원인을 변경할 수 없다.
② 취소소송을 당사자소송으로 변경하는 것은 가능하지만, 이미 당사자소송을 제기하여 소송이 계속 중이라면, 사실심 변론종결시 이전이라 할지라도 이를 취소소송으로 변경하는 것은 불가능하다.
③ 소의 종류 변경을 허가하는 법원의 결정이 있게 되면 새로운 소는 구소를 제기한 때에 제기된 것으로 본다.
④ 법원이 소의 종류의 변경을 허가함으로써 피고를 달리하게 될 때에는 새로이 피고가 될 자의 의견을 들어야 한다.

해설 정답 ❷

이하 행정소송법

① (○) 소의 변경은 신청에 의해서만 가능하며, 직권으로는 가능하지 않다. 이는 소의 종류의 변경이든 처분변경으로 인한 소의 변경이든 마찬가지이다.

> **제22조(처분변경으로 인한 소의 변경)** ① 법원은 행정청이 소송의 대상인 처분을 소가 제기된 후 변경한 때에는 원고의 신청에 의하여 결정으로써 청구의 취지 또는 원인의 변경을 허가할 수 있다.

② (×) 소의 변경은 당사자소송을 항고소송으로 변경하는 경우에도 인정된다. 제42조 참조.

> **제42조(소의 변경)** 제21조의 규정은 당사자소송을 항고소송으로 변경하는 경우에 준용한다.

> **제21조(소의 변경)** ① 법원은 취소소송을 당해 처분등에 관계되는 사무가 귀속하는 국가 또는 공공단체에 대한 당사자소송 또는 취소소송외의 항고소송으로 변경하는 것이 상당하다고 인정할 때에는 청구의 기초에 변경이 없는 한 사실심의 변론종결시까지 원고의 신청에 의하여 결정으로써 소의 변경을 허가할 수 있다.

③ (○) 제21조 제4항

> **제21조(소의 변경)** ④ 제1항의 규정에 의한 허가결정에 대하여는 제14조 제2항·제4항 및 제5항의 규정을 준용한다.

> **제14조(피고경정)** ④ 제1항의 규정에 의한 결정이 있은 때에는 새로운 피고에 대한 소송은 처음에 소를 제기한 때에 제기된 것으로 본다.

④ (○) 제21조 제2항

> **제21조(소의 변경)** ② 제1항의 규정에 의한 허가를 하는 경우 피고를 달리하게 될 때에는 법원은 새로이 피고로 될 자의 의견을 들어야 한다.

19

법률유보에 대한 설명으로 옳지 않은 것은? (다툼이 있는 경우 판례에 의함)

① 지방의회의원에 대하여 유급보좌인력을 두는 것은 지방의회의원의 지위·처우에 변경을 초래하는 사항이기는 하나, 국민의 기본권제한에 관한 본질적 사항에 해당하지는 않으므로, 이는 반드시 국회의 법률로써 규정할 필요는 없고 개별 지방의회의 조례로써 규정하는 것도 허용된다.
② 헌법재판소는 구「토지초과이득세법」상의 기준시가는 국민의 납세의무의 성부(成否) 및 범위와 직접적인 관계를 가지고 있는 중요한 사항임에도 불구하고, 해당 내용을 법률에 규정하지 않고 하위법령에 위임한 것은 헌법 제75조에 반한다고 판단한 바 있다.
③ 집회나 시위 해산을 위한 살수차 사용은 집회의 자유 및 신체의 자유에 대한 중대한 제한을 초래하므로 살수차 사용요건이나 기준은 법률에 근거를 두어야 하고, 살수차와 같은 위해성 경찰장비는 본래의 사용방법에 따라 지정된 용도로 사용되어야 하며, 다른 용도나 방법으로 사용하기 위해서는 반드시 법령에 근거가 있어야 한다.
④ 법률유보원칙의 적용범위에 대해서는 학설의 대립이 존재하는데, 전부유보설에 따를 경우 법률의 수권이 없는 한, 국민에게 필요한 급부를 할 수 없게 된다는 문제점이 있다.

해설 정답 ❶

① (×) "지방의회의원에 대하여 유급보좌인력을 두는 것은 지방의회의원의 신분·지위 및 그 처우에 관한 현행 법령상의 제도에 중대한 변경을 초래하는 것으로서, 이는 개별 지방의회의 조례로써 규정할 사항이 아니라 국회의 법률로써 규정하여야 할 입법사항이다."(대법원 2013. 1. 16. 선고 2012추84)

② (○) "헌법재판소는 1994. 7. 29. 92헌바49등 결정에서 '토초세법은 과세기간 동안의 지가상승액에서 정상지가상승분 및 개량비 등을 공제한 토지초과이득을 그 과세대상 및 과세표준으로 할 것만을 직접 규정하면서(제11조 제1항, 제3조 제1항), 과세표준인 토지초과이득을 산출하는 데 근거로 삼을 기준시가에 관하여는 이를 전적으로 대통령령에 맡겨 두는 형식으로 되어 있다(제11조 제2항). 그러나 이와 같은 기준시가는 토초세의 과세대상 및 과세표준이 되는 토지초과이득의 존부와 범위를 결정하는 지표가 된다는 점에서 국민의 납세의무의 성부 및 범위와 직접적인 관계를 가지고 있는 중요한 사항이므로, 기준시가의 산정기준이나 방법 등을 하위법규에 백지 위임하지 아니하고 그 대강이라도 토초세법 자체에서 직접 규정해 두는 것이 국민생활의 법적 안정성과 예측가능성을 도모한다는 측면에서 보아 보다 더 합리적이고도 신중한 입법태도일 것이다. 그럼에도 불구하고 토초세법 제11조 제2항이 지가를 산정하는 기준과 방법을 직접 규정하지 아니하고 이를 전적으로 대통령령에 위임하고 있는 것은 헌법 제38조 및 제59조가 천명하고 있는 조세법률주의 혹은 위임입법의 범위를 구체적으로 정할 것을 지시하고 있는 헌법 제75조에 반하는 것이다'라고 하여, 법 전체에 대한 헌법불합치결정을 선고하였다."(헌법재판소 1999. 4. 29. 96헌바10)

③ (○) "살수차는 사용방법에 따라서는 경찰장구나 무기 등 다른 위해성 경찰장비 못지않게 국민의 생명이나 신체에 중대한 위해를 가할 수 있는 장비에 해당한다. 집회·시위 현장에서는 무기나 최루탄 등보다 살수차가 집회 등 해산용으로 더 빈번하게 사용되고 있다. 한편, 신체의 자유는 다른 기본권 행사의 전제가 되는 핵심적 기본권이고, 집회의 자유는 인격 발현에 기여하는 기본권이자 표현의 자유와 함께 대의 민주주의 실현의 기본 요소다. 집회나 시위 해산을 위한 살수차 사용은 이처럼 중요한 기본권에 대한 중대한 제한이므로, 살수차 사용요건이나 기준은 법률에 근거를 두어야 한다. (중략) 위해성 경찰장비 사용의 위험성과 기본권 보호 필요성에 비추어 볼 때, '경찰관 직무집행법'과 이 사건 대통령령에 규정된 위해성 경찰장비의 사용방법은 법률유보원칙에 따라 엄격하게 제한적으로 해석하여야 한다. 위해성 경찰장비는 본래의 사용방법에 따라 지정된 용도로 사용되어야 하며 다른 용도나 방법으로 사용하기 위해서는 반드시 법령에 근거가 있어야 한다."(헌법재판소 2018. 5. 31. 2015헌마476)

④ (○) 전부유보설은 모든 행정활동에 법적 근거가 필요하다는 입장이다. 따라서 전부유보설에 따를 경우 국민에게 필요한 급부를 하는 수익적 행정활동이라 할지라도 법률의 수권이 없다면 불가능하게 된다는 문제점이 있다.

20

다음 중 옳지 않은 것은? (다툼이 있는 경우 판례에 의함)

① 거부처분이 재결에서 취소된 경우 재결에 따른 후속처분이 아니라 그 재결의 취소를 구하는 것은 실효적이고 직접적인 권리구제수단이 될 수 없어 분쟁해결의 유효적절한 수단이라고 할 수 없으므로 소의 이익이 없다.

② 행정소송에서 판결의 기속력은 그 사건의 당사자인 행정청과 그 밖의 관계행정청에게 확정판결의 취지에 따라 행동하여야 할 의무를 지우는 것으로 이는 인용판결에 한하여 인정될 뿐, 기각판결에까지 인정되는 것은 아니다.

③ 하천점용허가 취소처분을 취소하는 확정판결의 기속력은 판결의 주문에 미치는 것으로 그 전제가 되는 처분 등의 구체적 위법사유에 관한 이유 중의 판단에 대해서는 인정되지 않는다.

④ 소송참가를 하였지만 패소한 제3자는 「행정소송법」 제31조에 따른 재심청구를 할 수 없다.

해설 정답 ❸

① (○) "당사자의 신청을 받아들이지 않은 거부처분이 재결에서 취소된 경우에 행정청은 종전 거부처분 또는 재결 후에 발생한 새로운 사유를 내세워 다시 거부처분을 할 수 있다. 그 재결의 취지에 따라 이전의 신청에 대하여 다시 어떠한 처분을 하여야 할지는 처분을 할 때의 법령과 사실을 기준으로 판단하여야 하기 때문이다. 또한 행정청이 재결에 따라 이전의 신청을 받아들이는 후속처분을 하였더라도 후속처분이 위법한 경우에는 재결에 대한 취소소송을 제기하지 않고도 곧바로 후속처분에 대한 항고소송을 제기하여 다툴 수 있다. 나아가 거부처분을 취소하는 재결이 있더라도 그에 따른 후속처분이 있기까지는 제3자의 권리나 이익에 변동이 있다고 볼 수 없고 후속처분 시에 비로소 제3자의 권리나 이익에 변동이 발생하며, 재결에 대한 항고소송을 제기하여 재결을 취소하는 판결이 확정되더라도 그와 별도로 후속처분이 취소되지 않는 이상 후속처분으로 인한 제3자의 권리나 이익에 대한 침해 상태는 여전히 유지된다. 이러한 점들을 종합하면, 거부처분이 재결에서 취소된 경우 재결에 따른 후속처분이 아니라 그 재결의 취소를 구하는 것은 실효적이고 직접적인 권리구제수단이 될 수 없어 분쟁해결의 유효적절한 수단이라고 할 수 없으므로 법률상 이익이 없다."(대법원 2017. 10. 31. 선고 2015두45045)

② (○) 취소판결의 기속력은 그 사건의 당사자인 행정청과 그 밖의 관계행정청에게 확정판결의 취지에 따라 행동하여야 할 의무를 지우는 것으로 이는 인용판결에 한하여 인정된다.

③ (×) 취소판결의 기속력은 주로 판결의 실효성 확보를 위하여 인정되는 효력으로서 판결의 주문뿐만 아니라 그 전제가 되는 처분 등의 구체적 위법사유에 관한 이유 중의 판단에 대하여도 인정된다.

④ (○) 행정소송법은 판결의 효력을 받게 되는 제3자는 ㉠ 원칙적으로 소송참가를 통해 자신의 권익을 보호하게 하고, ㉡ 소송참가를 통하여 자신의 권익을 보호하였어야 하였으나, 자기에게 책임없는 사유로 소송에 참가하지 못했던 제3자의 경우에는 예외적으로 재심을 청구할 수 있게 하고 있다. 행정소송법 제31조 제1항 참조.

행정소송법 제31조(제3자에 의한 재심청구) ① 처분등을 취소하는 판결에 의하여 권리 또는 이익의 침해를 받은 제3자는 자기에게 책임없는 사유로 소송에 참가하지 못함으로써 판결의 결과에 영향을 미칠 공격 또는 방어방법을 제출하지 못한 때에는 이를 이유로 확정된 종국판결에 대하여 재심의 청구를 할 수 있다.

ADMINISTRATIVE LAW

08회 정답과 해설

문제 p.46

Answer

01 ②	06 ③	11 ④	16 ③
02 ④	07 ①	12 ③	17 ①
03 ①	08 ④	13 ③	18 ④
04 ③	09 ④	14 ③	19 ①
05 ④	10 ②	15 ②	20 ②

01

행정상 손실보상에 대한 설명으로 옳은 것은? (다툼이 있는 경우 판례에 의함)

① 영업손실에 관한 보상에 있어서 영업의 휴업과 폐지를 구별하는 기준은, 당해 영업을 다른 장소로 이전하는 것이 가능한지의 여부가 아니라, 실제로 이전하였는지의 여부에 달려 있다.

② 「하천법」 제50조에 의한 하천수 사용권은 「공익사업을 위한 토지 등의 취득 및 보상에 관한 법률」 제76조 제1항에서 손실보상의 대상으로 규정하고 있는 '물의 사용에 관한 권리'에 해당한다.

③ 간접적 영업손실은 특별한 희생이 될 수 없다.

④ 이주대책의 종류가 달라 각 그 보장하는 내용에 차등이 있는 경우, 이주자의 희망에도 불구하고 사업시행자가 요건 미달 등을 이유로 그중 더 이익이 되는 내용의 이주대책대상자로 선정하지 않았다 하더라도, 이는 이주자의 권리의무에 직접적 변동을 초래하지 않으므로 항고소송의 대상이 되는 처분이 아니다.

해설 정답 ❷

① (×) "토지수용법 제57조의2에 의하여 준용되는 공공용지의취득및손실보상에관한특례법 제4조 제4항, 같은법시행령 제2조의10 제7항, 같은법시행규칙 제24조 제1항, 제2항 제1호 내지 제3호, 제25조 제1항, 제2항, 제5항의 각 규정을 종합하여 볼 때, 영업손실에 관한 보상에 있어 같은법시행규칙 제24조 제2항 제1호 내지 제3호에 의한 영업의 폐지로 볼 것인지 아니면 영업의 휴업으로 볼 것인지를 구별하는 기준은 당해 영업을 그 영업소 소재지나 인접 시·군 또는 구 지역 안의 다른 장소로 이전하는 것이 가능한지의 여부에 달려 있다 할 것이고, 이러한 이전가능 여부는 법령상의 이전장애사유 유무와 당해 영업의 종류와 특성, 영업시설의 규모, 인접 지역의 현황과 특성, 그 이전을 위하여 당사자가 들인 노력 등과 인근 주민들의 이전 반대 등과 같은 사실상의 이전장애사유 유무 등을 종합하여 판단함이 상당하다."(대법원 2001. 11. 13. 선고 2000두1003)

② (○) "하천법 제5조, 제33조 제1항, 제50조, 부칙(2007. 4. 6.) 제9조의 규정 내용과 구 하천법(1999. 2. 8. 법률 제5893호로 전부 개정되기 전의 것) 제25조 제1항 제1호, 구 하천법(2007. 4. 6. 법률 제8338호로 전부 개정되기 전의 것) 제33조 제1항 제1호의 개정 경위 등에 비추어 볼 때, 하천법 제50조에 의한 하천수 사용권(2007. 4. 6. 하천법 개정 이전에 종전의 규정에 따라 유수의 점용·사용을 위한 관리청의 허가를 받음으로써 2007. 4. 6. 개정 하천법 부칙 제9조에 따라 현행 하천법 제50조에 의한 하천수 사용허가를 받은 것으로 보는 경우를 포함한다. 이하 같다)은 하천법 제33조에 의한 하천의 점용허가에 따라 해당 하천을 점용할 수 있는 권리와 마찬가지로 특허에 의한 공물사용권의 일종으로서, 양도가 가능하고 이에 대한 민사집행법상의 집행 역시 가능한 독립된 재산적 가치가 있는 구체적인 권리라고 보아야 한다. 따라서 하천법 제50조에 의한 하천수 사용권은 공익사업을 위한 토지 등의 취득 및 보상에 관한 법률 제76조 제1항이 손실보상의 대상으로 규정하고 있는 '물의 사용에 관한 권리'에 해당한다."(대법원 2018. 12. 27. 선고 2014두11601)

③ (×) 간접적 영업손실도 특별한 희생이 될 수 있다. 관련판례 "공공사업의 시행 결과 그 공공사업의 시행이 기업지 밖에 미치는 간접손실에 관하여 그 피해자와 사업시행자 사이에 협의가 이루어지지 아니하고 그 보상에 관한 명문의 근거 법령이 없는 경우라고 하더라도, 헌법 제23조 제3항은 '공공필요에 의한 재산권의 수용·사용 또는 제한 및 그에 대한 보상은 법률로써 하되, 정당한 보상을 지급하여야 한다.'고 규정하고 있고, 이에 따라 국민의 재산권을 침해하는 행위 그 자체는 반드시 형식적 법률에 근거하여야 하며, 토지수용법 등의 개별 법률에서 공익사업에 필요한 재산권 침해의 근거와 아울러 그로 인한 손실보상 규정을 두고 있는 점, 공공용지의취득및손실보상에관한특례법 제3조 제1항은 '공공사업을 위한 토지 등의 취득 또는 사용으로 인하여 토지 등의 소유자가 입은 손실은 사업시행자가 이를 보상하여야 한다.'고 규정하고, 같은법시행규칙 제23조의2 내지 7에서 공공사업시행지구 밖에 위치한 영업과 공작물 등에 대한 간접손실에 대하여도 일정한 조건하에서 이를 보상하도록 규정하고 있는 점에 비추어, 공공사업의 시행으로 인하여 그러한 손실이 발생하리라는 것을 쉽게 예견할 수 있고 그 손실의 범위도 구체적으로 이를 특정할 수 있는 경우라면 그 손실의 보상에 관하여 공공용지의취득및손실보상에관한특례법시행규칙의 관련 규정 등을 유추적용할 수 있다고 해석함이 상당하다."(대법원 1999. 10. 8. 선고 99다27231)

④ (×) "공익사업을 위한 토지 등의 취득 및 보상에 관한 법률상의 공익사업시행자가 하는 이주대책대상자 확인·결정은 구체적인 이주대책상의 수분양권을 부여하는 요건이 되는 행정작용으로서의 처분이지 이를 단순히 절차상의 필요에 따른 사실행위에 불과한 것으로 평가할 수는 없다. 따라서 수분양권의 취득을 희망하는 이주자가 소정의 절차에 따라 이주대책대상자 선정신청을 한 데 대하여 사업시행자가 이주대책대상자가 아니라고 하여 위 확인·결정 등의 처분을 하지 않고 이를 제외시키거나 거부조치한 경우에는, 이주자로서는 사업시행자를 상대로 항고소송에 의하여 제외처분이나 거부처분의 취소를 구할 수 있다. 나아가 이주대책의 종류가 달라 각 그 보장하는 내용에 차등이 있는 경우 이주자의 희망에도 불구하고 사업시행자가 요건 미달 등을 이유로 그중 더 이익이 되는 내용의 이주대책대상자로 선정하지 않았다면 이 또한 이주자의 권리의무에 직접적 변동을 초래하는 행위로서 항고소송의 대상이 된다."(대법원 2014. 2. 27. 선고 2013두10885)

02

행정소송에 대한 설명으로 옳은 것(○)과 옳지 않은 것(×)이 바르게 조합된 것은? (다툼이 있는 경우 판례에 의함)

㉠ 현행 「행정소송법」은 행정소송사항에 관하여 개괄주의를 채택하고 있으므로 모든 위법한 행정작용에 대하여 소송상 권리보호가 이루어지고 있다.
㉡ 국가 또는 공공단체의 기관이 법률에 위반되는 행위를 한 때에 직접 자기의 법률상 이익과 관계없이 그 시정을 구하기 위하여 제기하는 소송은 기관소송이다.
㉢ 구체적인 사건에서 당사자소송을 인정하기 위해서는 개별법의 근거가 별도로 필요하다.
㉣ 「행정소송법」상 취소소송의 제소기간에 관한 규정은 무효등확인소송과 부작위위법확인소송에서는 준용되지 않는다.

① ㉠(○), ㉡(○), ㉢(○), ㉣(○)
② ㉠(○), ㉡(×), ㉢(×), ㉣(○)
③ ㉠(×), ㉡(○), ㉢(○), ㉣(×)
④ ㉠(×), ㉡(×), ㉢(×), ㉣(×)

해설 정답 ❹

㉠ (×) 현행 행정소송법이 개괄주의를 채택한다 하더라도 모든 위법한 행정작용에 대하여 소송상 권리보호가 이루어지고 있는 것은 아니다. ☞ 행정작용 중 '처분'으로서의 특성을 갖는 것들로 인한 침해에 대해서만 권리보호가 이루어지고 있다.

㉡ (×) 국가 또는 공공단체의 기관이 법률에 위반되는 행위를 한 때에 직접 자기의 법률상 이익과 관계없이 그 시정을 구하기 위하여 제기하는 소송은 민중소송이다.

㉢ (×) 구체적인 사건에서 당사자소송을 허용하기 위해 별도로 개별법의 근거는 필요하지 않다.

㉣ (×) 현행법은 취소소송의 제소기간에 관한 규정을 무효등확인소송에는 준용하지 않고 있으나, 부작위위법확인소송에는 준용하고 있다. 행정소송법 제38조 참조.

행정소송법 제38조(준용규정) ① 제9조, 제10조, 제13조 내지 제17조, 제19조, 제22조 내지 제26조, 제29조 내지 제31조 및 제33조의 규정은 무효등 확인소송의 경우에 준용한다.
② 제9조, 제10조, 제13조 내지 제19조, 제20조, 제25조 내지 제27조, 제29조 내지 제31조, 제33조 및 제34조의 규정은 부작위위법확인소송의 경우에 준용한다.

동법 제20조(제소기간) ① 취소소송은 처분등이 있음을 안 날부터 90일 이내에 제기하여야 한다. 다만, 제18조 제1항 단서에 규정한 경우와 그 밖에 행정심판청구를 할 수 있는 경우 또는 행정청이 행정심판청구를 할 수 있다고 잘못 알린 경우에 행정심판청구가 있은 때의 기간은 재결서의 정본을 송달받은 날부터 기산한다.

03

제3자효 행정행위 또는 복효적 행정행위에 대한 설명으로 옳지 않은 것은? (다툼이 있는 경우 판례에 의함)

① 행정행위는 상대방에 대한 통지(도달)로서 효력이 발생하며, 행정청은 개별법에서 달리 정하지 않는 한 처분의 직접상대방뿐만 아니라 제3자인 이해관계인에 대해서도 행정행위 통지의무를 부담한다.
② 제3자효 행정행위에 있어서도 가구제로서 집행정지가 인정된다.
③ 제3자효 행정행위 중 상대방에 대한 수익적 행정행위의 직권취소와 철회는, 행위의 상대방의 신뢰보호뿐만 아니라 필요시 제3자의 이익도 함께 고려되어야 한다.
④ 「행정심판법」 제27조 제3항에 의하면 행정처분의 상대방이 아닌 제3자라도 처분이 있은 날로부터 180일을 경과하면 행정심판청구를 하지 못하는 것이 원칙이다.

해설 정답 ❶

① (×) ① 행정행위는 상대방에 대한 통지(도달)로서 효력이 발생하며, ② 행정청은 개별법에서 달리 정하지 않는 한 제3자효 행정행위라 하더라도 제3자인 이해관계인에 대한 행정행위 통지의무를 부담하지 않는다.

② (○) 제3자효 행정행위에 있어서도 가구제로서 집행정지가 인정된다. ☞ 행정행위의 직접상대방이 아닌 제3자도 원고적격이 인정되는 경우에는 취소소송을 제기하고 집행정지를 신청할 수 있다. 집행정지는 소송의 당사자로서의 지위가 인정되면 신청할 수 있다.

③ (○) 제3자효적 행정행위 중 상대방에 대한 수익적 행정행위의 직권취소와 철회는 행위의 상대방의 신뢰보호뿐만 아니라 필요시 제3자의 이익도 함께 고려되어야 한다.

④ (○) "행정심판법 제18조 제3항에 의하면 행정처분의 상대방이 아닌 제3자라도 처분이 있은 날로부터 180일을 경과하면 행정심판청구를 제기하지 못하는 것이 원칙이지만, 다만 정당한 사유가 있는 경우에는 그러하지 아니하도록 규정되어 있는바, 행정처분의 직접 상대방이 아닌 제3자는 일반적으로 처분이 있는 것을 바로 알 수 없는 처지에 있으므로, 위와 같은 심판청구기간 내에 심판청구를 제기하지 아니하였다고 하더라도, 그 기간 내에 처분이 있은 것을 알았거나 쉽게 알 수 있었기 때문에 심판청구를 제기할 수 있었다고 볼 만한 특별한 사정이 없는 한, 위 법조항 본문의 적용을 배제할 '정당한 사유'가 있는 경우에 해당한다고 보아 위와 같은 심판청구기간이 경과한 뒤에도 심판청구를 제기할 수 있다."(대법원 1992. 7. 28. 선고 91누12844)

행정심판법 제27조(심판청구의 기간) ③ 행정심판은 처분이 있었던 날부터 180일이 지나면 청구하지 못한다. 다만, 정당한 사유가 있는 경우에는 그러하지 아니하다.

04

법치행정원리에 대한 설명으로 옳은 것(○)과 옳지 않은 것(×)이 바르게 조합된 것은? (다툼이 있는 경우 판례에 의함)

> ㉠ 법률유보원칙은 행정의 법률에의 구속성을 의미하는 소극적인 성격의 것인 반면에, 법률우위원칙은 행정은 법률의 수권에 의하여 행해져야 한다는 적극적 성격의 것이다.
> ㉡ 교통안전기금의 재원의 하나로 운송사업자들 및 교통수단 제조업자들에 대하여 부과되는 분담금의 분담방법 및 분담비율에 관한 기본사항은 국민의 재산권과 관련된 중요한 사항 내지 본질적인 요소에 해당한다.
> ㉢ 「공공기관의 운영에 관한 법률」에서 제재처분의 본질적인 사항인 입찰참가자격 제한처분의 주체, 사유, 대상, 기간 및 내용 등은 이미 직접 규정하고 있었다면, '입찰참가자격의 제한기준 등에 관하여 필요한 사항은 기획재정부령으로 정한다'는 동법 제39조 제3항은 의회유보원칙에 위배되지 않는다.
> ㉣ 헌법재판소는 국민의 헌법상 기본권 및 기본의무와 관련된 중요한 사항 내지 본질적인 내용에 대한 정책형성기능은 원칙적으로 주권자인 국민에 의하여 선출된 대표자들로 구성되는 입법부가 담당하여 법률의 형식으로 이를 수행하는 것이 필요하다는 입장이다.

① ㉠(○), ㉡(○), ㉢(×), ㉣(×)
② ㉠(○), ㉡(×), ㉢(×), ㉣(○)
③ ㉠(×), ㉡(○), ㉢(○), ㉣(○)
④ ㉠(×), ㉡(×), ㉢(○), ㉣(×)

해설 정답 ❸

㉠ (×) 법률의 우위원칙은 행정의 법률에의 구속성을 의미하는 소극적인 성격의 것인 반면에, 법률유보의 원칙은 행정은 법률의 수권에 의하여 행해져야 한다는 적극적 성격의 것이다.

㉡ (○) "이 사건 법률조항이 대통령령으로 정하도록 위임한 '분담금의 분담방법 및 분담비율'은 분담금 납부의무의 범위를 결정하는 데 필수적인 요소로서 국민의 재산권과 관련된 중요한 사항 내지 본질적인 내용이라 할 수 있다. 따라서 이 사건 분담금의 분담방법 및 분담비율은 그 내용이 법률로써 가능한 한 구체적이고도 명확하게 규정되어야 한다. 특히 조세유사적 성격을 가지는 이 사건 분담금은 납부의무자의 재산권을 직접적으로 제한하거나 침해할 소지가 있으므로 구체성, 명확성의 요구는 조세법규의 경우에 준하여 그 위임의 요건과 범위가 일반적인 급부행정법규의 경우보다 더 엄격하게 제한적으로 규정되어야 한다."(헌법재판소 1999. 1. 28. 선고 97헌가8)

㉢ (○) "'공공기관의 운영에 관한 법률'(2008. 2. 29. 법률 제8852호로 개정된 것) 제39조 제3항 중 '제2항의 규정에 따른 입찰참가자격의 제한기준 등에 관하여 필요한 사항은 기획재정부령으로 정한다' 부분(이하 '이 사건 위임조항'이라 한다)이 (중략) 이 사건 위임조항은 이 사건 제한조항에 따른 제재처분에 관하여 세부적으로 필요한 사항을 기획재정부령으로 정하도록 위임하고 있다. 그런데 제재처분의 본질적인 사항인 입찰참가자격 제한처분의 주체, 사유, 대상, 기간 및 내용 등은 이 사건 제한조항에서 이미 규정되어 있으므로, 이 사건 위임조항은 의회유보원칙에 위배되지 않는다."(헌법재판소 2017. 8. 31. 선고 2015헌바388)

㉣ (○) "헌법 제75조는 '대통령은 법률에서 구체적으로 범위를 정하여 위임받은 사항……에 관하여 대통령령을 발할 수 있다'고 규정하여 위임입법의 헌법상 근거를 마련하는 한편 대통령령으로 입법할 수 있는 사항을 '법률에서 구체적으로 범위를 정하여 위임받은 사항'으로 한정함으로써 일반적이고 포괄적인 위임입법은 허용되지 않는다는 것을 명백히하고 있는데, 이는 국민주권주의, 권력분립주의 및 법치주의를 기본원리로 하고 있는 우리 헌법하에서 국민의 헌법상 기본권 및 기본의무와 관련된 중요한 사항 내지 본질적인 내용에 대한 정책형성기능은 원칙적으로 주권자인 국민에 의하여 선출된 대표자들로 구성되는 입법부가 담당하여 법률의 형식으로써 이를 수행하여야 하고, 이와 같이 입법화된 정책을 집행하거나 적용함을 임무로 하는 행정부나 사법부에 그 기능을 넘겨서는 아니되기 때문이다."(헌법재판소 1999. 6. 24. 98헌바68)

05

다음 중 옳지 않은 것은? (다툼이 있는 경우 판례에 의함)

① 회사분할 시 분할 전 회사에 대한 제재사유는 신설회사에 대하여 승계되지 않으므로 회사의 분할 전 법 위반행위를 이유로 과징금을 부과하는 것은 허용되지 않는다.
② 법인의 주주가 법인에 대한 운송사업양도·양수신고 수리처분 이후의 주식 양수인인 경우에는 특별한 사정이 없는 한 그 처분에 대하여 법률상 직접적·구체적 이익을 가지지 않는다.
③ 영업이 양도·양수되었지만 아직 지위승계신고가 있기 이전에는 여전히 종전의 영업자인 양도인이 영업허가자이고 양수인은 영업허가자가 아니므로, 행정제재처분의 사유가 있는지 여부는 양도인을 기준으로 판단하여야 한다.
④ 甲이 개인택시운송사업면허를 받았다가 이를 乙에게 양도한 경우, 운송사업의 양도·양수에 대한 인가를 받은 이후에는 양도·양수 이전에 있었던 양도인 甲의 운송사업면허 취소사유를 이유로 양수인 乙의 운송사업면허를 취소할 수 없다.

해설 정답 ❹

① (○) "회사 분할 시 신설회사 또는 존속회사가 승계하는 것은 분할하는 회사의 권리와 의무이고, 분할하는 회사의 분할 전 법 위반행위를 이유로 과징금이 부과되기 전까지는 단순한 사실행위만 존재할 뿐 과징금과 관련하여 분할하는 회사에 승계 대상이 되는 어떠한 의무가 있다고 할 수 없으므로, 특별한 규정이 없는 한 신설회사에 대하여 분할하는 회사의 분할 전 법 위반행위를 이유로 과징금을 부과하는 것은 허용되지 않는다."(대법원 2011. 5. 26. 선고 2008두18335)

② (○) "법인의 주주는 법인에 대한 행정처분에 관하여 사실상이나 간접적인 이해관계를 가질 뿐이어서 스스로 그 처분의 취소를 구할 원고적격이 없는 것이 원칙이다. 다만 그 처분으로 인하여 법인이 더 이상 영업 전부를 행할 수 없게 되고, 영업에 대한 인·허가의 취소 등을 거쳐 해산·청산되는 절차 또한 처분 당시 이미 예정되어 있으며, 그 후속절차가 취소되더라도 그 처분의 효력이 유지되는 한 당해 법인이 종전에 행하던 영업을 다시 행할 수 없는 예외적인 경우에는 주주도 그 처분에 관하여 직접적·구체적인 법률상 이해관계를 가진다고 보아 그 효력을 다툴 원고적격이 있지만, 만일 그 법인의 주주가 법인에 대한 행정처분 이후의 주식 양수인인 경우에는 특별한 사정이 없는 한 그 처분에 대하여 간접적·경제적 이해관계를 가질 뿐 법률상 직접적·구체적 이익을 가지는 것은 아니다."(대법원 2010. 5. 13. 선고 2010두2043)

③ (○) "사실상 영업이 양도·양수되었지만 아직 승계신고 및 그 수리처분이 있기 이전에는 여전히 종전의 영업자인 양도인이 영업허가자이고, 양수인은 영업허가자가 되지 못한다 할 것이어서 행정제재처분

의 사유가 있는지 여부 및 그 사유가 있다고 하여 행하는 행정제재 처분은 영업허가자인 양도인을 기준으로 판단하여 그 양도인에 대하여 행하여야 할 것이고, 한편 양도인이 그의 의사에 따라 양수인에게 영업을 양도하면서 양수인으로 하여금 영업을 하도록 허락하였다면 그 양수인의 영업 중 발생한 위반행위에 대한 행정적인 책임은 영업허가자인 양도인에게 귀속된다고 보아야 할 것이다."(대법원 1995. 2. 24. 선고 94누9146)

④ (×) 甲이 개인택시운송사업면허를 받았다가 이를 乙에게 양도한 경우에, 운송사업의 양도·양수에 대한 인가를 받은 이후라 하더라도, 양도·양수 이전에 있었던 양도인 甲의 운송사업면허 취소사유를 이유로 양수인 乙의 운송사업면허를 취소할 수 있다. 관련판례 "개인택시운송사업의 양도·양수가 있고 그에 대한 인가가 있은 후 그 양도·양수 이전에 있었던 양도인에 대한 운송사업면허취소사유(음주운전 등으로 인한 자동차운전면허의 취소)를 들어 양수인의 운송사업면허를 취소한 것은 정당하다."(대법원 1998. 6. 26. 선고 96누18960)

06

영조물의 설치·관리 하자에 의한 국가배상책임에 대한 설명으로 옳지 않은 것은? (다툼이 있는 경우 판례에 의함)

① 영조물의 설치·관리상의 하자로 인한 배상책임은 무과실책임이고, 국가는 영조물의 설치·관리상의 하자로 인하여 타인에게 손해를 가한 경우에 그 손해방지에 필요한 주의를 해태하지 아니하였다 하더라도 면책을 주장할 수 없다.

② 영조물의 설치·관리상의 하자로 인한 국가배상책임이 인정되는 경우에도, 손해의 원인에 대하여 책임을 질 자가 따로 있을 때에는 국가 또는 지방자치단체는 그 자에 대하여 구상할 수 있다.

③ 지방자치단체의 장인 시장이 위임에 따라 국도의 관리청이 되었다면 지방자치단체가 손해배상책임을 지고 국가는 도로관리상 하자로 인한 손해배상책임을 면한다.

④ 사실상 군민(郡民)의 통행에 제공되고 있던 도로라고 하여도, 군(郡)에 의하여 노선인정 기타 공용개시가 없었던 이상, 이 도로를 '공공의 영조물'이라 할 수 없다.

해설 정답 ❸

① (○) "국가배상법 제5조 소정의 영조물의 설치·관리상의 하자로 인한 책임은 무과실책임이고 나아가 민법 제758조 소정의 공작물의 점유자의 책임과는 달리 면책사유도 규정되어 있지 않으므로, 국가 또는 지방자치단체는 영조물의 설치·관리상의 하자로 인하여 타인에게 손해를 가한 경우에 그 손해의 방지에 필요한 주의를 해태하지 아니하였다 하여 면책을 주장할 수 없다."(대법원 1994. 11. 22. 선고 94다32924)

② (○) 국가배상법 제5조 제2항

> **국가배상법 제5조(공공시설 등의 하자로 인한 책임)** ① 도로·하천, 그 밖의 공공의 영조물(營造物)의 설치나 관리에 하자(瑕疵)가 있기 때문에 타인에게 손해를 발생하게 하였을 때에는 국가나 지방자치단체는 그 손해를 배상하여야 한다. 이 경우 제2조 제1항 단서, 제3조 및 제3조의2를 준용한다.
> ② 제1항을 적용할 때 손해의 원인에 대하여 책임을 질 자가 따로 있으면 국가나 지방자치단체는 그 자에게 구상할 수 있다.

③ (×) "도로법 제22조 제2항에 의하여 지방자치단체의 장인 시장이 국도의 관리청이 되었다 하더라도 이는 시장이 국가로부터 관리업무를 위임받아 국가행정기관의 지위에서 집행하는 것이므로 국가는 도로관리상 하자로 인한 손해배상책임을 면할 수 없다."(대법원 1993. 1. 26. 선고 92다2684)

④ (○) "국가배상법 제5조 소정의 공공의 영조물이란 공유나 사유임을 불문하고 행정주체에 의하여 특정공공의 목적에 공여된 유체물 또는 물적 설비를 의미하므로 사실상 군민의 통행에 제공되고 있던 도로 옆의 암벽으로부터 떨어진 낙석에 맞아 소외인이 사망하는 사고가 발생하였다고 하여도 동 사고지점 도로가 피고 군에 의하여 노선인정 기타 공용개시가 없었으면 이를 영조물이라 할 수 없다."(대법원 1981. 7. 7. 선고 80다2478)

정답과 해설

07

「공공기관의 정보공개에 관한 법률」(이하 '정보공개법'이라 함)에 따른 정보공개에 대한 설명으로 옳은 것은? (다툼이 있는 경우 판례에 의함)

① 정보공개 관련 결정에 대하여 행정소송이 제기된 경우에 재판장은 필요하다고 인정 시 당사자를 참여시키지 않고 비공개로 해당 정보를 열람할 수 있다.

② 정보공개법상 비공개대상인 '법인 등의 경영·영업상 비밀'은 '타인에게 알려지지 아니함이 유리한 사업활동에 관한 일체의 정보' 또는 '사업활동에 관한 일체의 비밀사항'을 의미하는 것이 아니라, 「부정경쟁방지 및 영업비밀보호에 관한 법률」 제2조 제2호에 규정된 '영업비밀'에 한한다.

③ 법인 등이 거래하는 금융기관의 계좌번호에 관한 정보는 영업상 비밀에 관한 사항이지만, 공개될 경우 법인 등의 정당한 이익을 현저히 해할 우려가 있다고 인정되는 정보라고는 할 수 없으므로 정보공개법상 비공개대상정보에 해당하지 않는다.

④ 지방자치단체는 법인격을 가지므로 지방자치단체도 정보공개법 제5조에서 정한 정보공개청구권자인 '국민'에 해당한다.

해설 정답 ❶

① (○) 공공기관의 정보공개에 관한 법률 제20조 제2항

> **공공기관의 정보공개에 관한 법률 제20조(행정소송)** ② 재판장은 필요하다고 인정하면 당사자를 참여시키지 아니하고 제출된 공개청구 정보를 비공개로 열람·심사할 수 있다.

② (×) "정보공개법은 공공기관이 보유·관리하는 정보에 대한 국민의 공개청구 및 공공기관의 공개의무에 관하여 필요한 사항을 정함으로써 국민의 알권리를 보장하고 국정에 대한 국민의 참여와 국정운영의 투명성을 확보함을 목적으로 공공기관이 보유·관리하는 모든 정보를 원칙적 공개대상으로 하면서, 사업체인 법인 등의 사업활동에 관한 비밀의 유출을 방지하여 정당한 이익을 보호하고자 하는 취지에서 정보공개법 제9조 제1항 제7호로 "법인·단체 또는 개인의 경영·영업상 비밀로서 공개될 경우 법인 등의 정당한 이익을 현저히 해할 우려가 있다고 인정되는 정보"를 비공개대상정보로 규정하고 있다. 이와 같은 양 법의 입법 목적과 규율대상 등 여러 사정을 고려하여 보면, 정보공개법 제9조 제1항 제7호 소정의 '법인 등의 경영·영업상 비밀'은 부정경쟁방지법 제2조 제2호 소정의 '영업비밀'에 한하지 않고, '타인에게 알려지지 아니함이 유리한 사업

활동에 관한 일체의 정보' 또는 '사업활동에 관한 일체의 비밀사항'으로 해석함이 상당하다."(대법원 2008. 10. 23. 선고 2007두1798)

③ (×) "법 제7조 제1항 제7호의 입법 취지와 내용에 비추어 볼 때, 법인등의 상호, 단체명, 영업소명, 사업자등록번호 등에 관한 정보는 법인등의 영업상 비밀에 관한 사항으로서 공개될 경우 법인등의 정당한 이익을 현저히 해할 우려가 있다고 인정되는 정보에 해당하지 아니하지만, 법인등이 거래하는 금융기관의 계좌번호에 관한 정보는 법인등의 영업상 비밀에 관한 사항으로서 법인등의 이름과 결합하여 공개될 경우 당해 법인등의 영업상 지위가 위협받을 우려가 있다고 할 것이므로 위 정보는 법인등의 영업상 비밀에 관한 사항으로서 공개될 경우 법인등의 정당한 이익을 현저히 해할 우려가 있다고 인정되는 정보에 해당한다고 할 것이다."(대법원 2004. 8. 20. 선고 2003두8302)

④ (×) 지방자치단체도 법인격을 갖지만, 「공공기관의 정보공개에 관한 법률」제5조에서 정한 정보공개청구권자인 '국민'에는 해당하지 않는다. 관련판례 "알권리는 기본적으로 정신적 자유 영역인 표현의 자유 내지는 인간의 존엄성, 행복추구권 등에서 도출된 권리인 점, 정보공개청구제도는 국민이 국가·지방자치단체 등이 보유한 정보에 접근하여 그 정보의 공개를 청구할 수 있는 권리로서 이로 인하여 국정에 대한 국민의 참여를 보장하기 위한 제도인 점, 지방자치단체에게 이러한 정보공개청구권이 인정되지 아니한다고 하더라도 헌법상 보장되는 행정자치권 등이 침해된다고 보기는 어려운 점, 오히려 지방자치단체는 공권력기관으로서 이러한 국민의 알권리를 보호할 위치에 있다고 보아야 하는 점 등에 비추어 보면, 지방자치단체에게는 알권리로서의 정보공개청구권이 인정된다고 보기는 어렵고, 나아가 공공기관의 정보공개에 관한 법률 제4조, 제5조, 제6조의 각 규정의 취지를 종합하면, 공공기관의 정보공개에 관한 법률은 국민을 정보공개청구권자로, 지방자치단체를 국민에 대응하는 정보공개의무자로 상정하고 있다고 할 것이므로, 지방자치단체는 공공기관의 정보공개에 관한 법률 제5조에서 정한 정보공개청구권자인 '국민'에 해당되지 아니한다."(서울행정법원 2005. 10. 12. 선고 2005구합10484)

08

「대기환경보전법」상 개선명령에 관한 다음 조문에 대한 설명으로 옳지 않은 것은? (다툼이 있는 경우 판례에 의함)

> 제1조(목적) 이 법은 대기오염으로 인한 국민건강이나 환경에 관한 위해를 예방하고 대기환경을 적정하고 지속가능하게 관리·보전하여 모든 국민이 건강하고 쾌적한 환경에서 생활할 수 있게 하는 것을 목적으로 한다.
>
> 제33조(개선명령) 환경부장관은 제30조에 따른 신고를 한 후 조업 중인 배출시설에서 나오는 오염물질의 정도가 제16조나 제29조 제3항에 따른 배출허용기준을 초과한다고 인정하면 대통령령으로 정하는 바에 따라 기간을 정하여 사업자(제29조 제2항에 따른 공동 방지시설의 대표자를 포함한다)에게 그 오염물질의 정도가 배출허용 기준 이하로 내려가도록 필요한 조치를 취할 것(이하 "개선명령"이라 한다)을 명할 수 있다.

① 환경부장관은 위 법률 제33조에서 위임한 사항을 규정한 대통령령을 입법예고를 할 때와 개정하였을 때에는 10일 이내에 이를 국회 소관 상임위원회에 제출하여야 한다.
② 환경부장관이 인근 주민의 개선명령 신청에 대해 거부한 행위가 항고소송의 대상이 되는 처분이 되기 위해서는 인근 주민에게 개선명령을 발할 것을 요구할 수 있는 신청권이 있어야 한다.
③ 인근 주민이 배출시설에서 나오는 대기오염물질로 인하여 생명과 건강에 심각한 위협을 받고 있다면, 환경부장관의 개선명령에 대한 재량권은 축소될 수 있다.
④ 환경부장관에게는 하자 없는 재량행사를 할 의무가 인정되므로, 위 개선명령의 근거 및 관련 조항의 사익보호성 여부를 따질 필요 없이 인근 주민에게는 소위 무하자재량행사청구권이 인정된다.

해설 정답 ④

① (○) 대통령령의 경우에는 입법예고를 할 때뿐만 아니라, 개정하였을 때도 이를 국회소관상임위원회에 10일 이내에 제출하여야 한다.(국회법 제98조의2 제1항)

> **국회법 제98조의2(대통령령 등의 제출 등)** ① 중앙행정기관의 장은 법률에서 위임한 사항이나 법률을 집행하기 위하여 필요한 사항을 규정한 대통령령·총리령·부령·훈령·예규·고시 등이 제정·개정 또는 폐지되었을 때에는 10일 이내에 이를 국회 소관 상임위원회에 제출하여야 한다. 다만, 대통령령의 경우에는 입법예고를 할 때(입법예고를 생략하는 경우에는 법제처장에게 심사를 요청할 때를 말한다)에도 그 입법예고안을 10일 이내에 제출하여야 한다.

② (○) "국민의 적극적 행위 신청에 대하여 행정청이 그 신청에 따른 행위를 하지 않겠다고 거부한 행위가 항고소송의 대상이 되는 행정처분에 해당하는 것이라고 하려면, 그 신청한 행위가 공권력의 행사 또는 이에 준하는 행정작용이어야 하고, 그 거부행위가 신청인의 법률관계에 어떤 변동을 일으키는 것이어야 하며, 그 국민에게 그 행위발동을 요구할 법규상 또는 조리상의 신청권이 있어야 한다."(대법원 2007. 10. 11. 선고 2007두1316)

③ (○) 인근 주민이 배출시설에서 나오는 대기오염물질로 인하여 생명과 건강에 심각한 위협을 받고 있다면, 재량이 영으로 수축되어 환경부장관은 개선명령을 할 수 있는 권한을 누리는 데서 그치지 않고, 개선명령을 해야하는 의무를 부담하게 된다.

④ (×) 무하자재량행서청구권이 인정되기 위해서도 사익보호성이 있어야 한다.

09

다음 사례 상황에 대한 설명으로 옳은 것은? (다툼이 있는 경우 판례에 의함)

> 甲은 「식품위생법」상 유흥주점 영업허가를 받아 영업을 하던 중 경기부진을 이유로 2021. 8. 3. 자진폐업하고 관련 법령에 따라 폐업신고를 하였다. 이에 관할 시장은 자진폐업을 이유로 2021. 9. 10. 甲에 대한 위 영업허가를 취소하는 처분을 하였으나 이를 甲에게 통지하지 아니하였다. 이후 甲은 경기가 활성화되자 유흥주점 영업을 재개하려고 관할 시장에 2022. 2. 3. 재개업신고를 하였으나, 영업허가가 이미 취소되었다는 회신을 받았다. 허가취소 사실을 비로소 알게 된 甲은 2022. 3. 10.에 위 2021. 9. 10.자 영업허가취소처분의 취소를 구하는 소송을 제기하였다.

① 甲에 대한 유흥주점 영업허가의 효력은 2021. 9. 10.자 영업허가취소처분에 의해서 소멸된다.
② 위 2021. 9. 10.자 영업허가취소처분은 甲에게 통지되지 않아 효력이 발생하지 아니하였으므로 甲의 영업허가는 여전히 유효하다.
③ 甲에 대한 유흥주점 영업허가는 2022. 2. 3. 행한 甲의 재개업신고를 통하여 다시 효력을 회복한다.
④ 甲이 2021. 9. 10.자 영업허가취소처분에 대하여 제기한 위 취소소송은 부적법한 소송으로서 각하된다.

해설 정답 ❹

① (×) 甲에 대한 유흥주점 영업허가의 효력은 2021. 9. 10.자 영업허가취소처분이 아니라, 2021. 8. 3. 甲의 자진폐업으로 소멸되는 것으로 보아야 한다.

② (×) 2021. 9. 10.자 영업허가취소처분이 甲에게 통지되지 않았다 하더라도 甲의 영업허가는 자진폐업으로 말미암아 효력을 잃는다.

③ (×) 甲이 2022. 2. 3.에 재개업신고를 하였다하더라도 이는 전혀 새로운 영업허가의 신청에 해당하는 것으로서, 일단 소멸한 종전의 영업허가권이 당연히 되살아난다고 할 수는 없다.(83누412)

④ (○) 甲이 2021. 9. 10. 영업허가취소처분에 대하여 제기한 위 취소소송은 소의 이익이 없는 부적법한 소송으로서 각하된다.(80누593)

10

행정대집행에 대한 설명으로 옳은 것만을 모두 고르면? (다툼이 있는 경우 판례에 의함)

> ㉠ 「행정대집행법」 제2조에 따른 대집행의 실시여부는 행정청의 재량에 속한다.
> ㉡ 구 「공공용지의 취득 및 손실보상에 관한 특례법」에 의한 협의취득시 건물소유자가 협의취득대상 건물에 대하여 약정한 철거의무는, 별도의 규정이 없는 한 「행정대집행법」에 의한 대집행의 대상이 되지 않는다.
> ㉢ 도시공원시설인 매점에 대해서 관리청이 점유자에게 매점으로부터 퇴거하고 이에 부수하여 그 판매 시설물 및 상품을 반출하라고 명한 경우에 행정대집행을 할 수 있다.
> ㉣ 철거명령에서 주어진 일정기간이 자진철거에 필요한 상당한 기간이라고 하여도 그 기간 속에는 계고시에 필요한 '상당한 이행기간'이 포함되어 있다고 볼 수 없다.

① ㉠　　② ㉠, ㉡
③ ㉠, ㉡, ㉢　　④ ㉠, ㉡, ㉢, ㉣

해설 정답 ❷

㉠ (○) 행정대집행법 제2조에 따른 대집행의 실시여부는 행정청의 재량에 속한다.

㉡ (○) "구 공공용지의 취득 및 손실보상에 관한 특례법(2002. 2. 4. 법률 제6656호 공익사업을 위한 토지 등의 취득 및 보상에 관한 법률 부칙 제2조로 폐지)에 의한 협의취득시 건물소유자가 협의취득대상 건물에 대하여 약정한 철거의무는 공법상 의무가 아닐 뿐만 아니라, 공익사업을 위한 토지 등의 취득 및 보상에 관한 법률 제89조에서 정한 행정대집행법의 대상이 되는 '이 법 또는 이 법에 의한 처분으로 인한 의무'에도 해당하지 아니하므로 위 철거의무에 대한 강제적 이행은 행정대집행법상 대집행의 방법으로 실현할 수 없다."(대법원 2006. 10. 13. 선고 2006두7096)

㉢ (×) 대체적 작위의무불이행에 한하여 행정대집행이 가능하고, 부작위의무 또는 퇴거 및 명도의무 등의 비대체적 의무에 대해서는 대집행이 불가능하다.

㉣ (×) "철거명령에서 주어진 일정기간이 자진철거에 필요한 상당한 기간이라면 그 기간 속에는 계고시에 필요한 '상당한 이행기간'도 포함되어 있다고 보아야 할 것이다."(대법원 1992. 6. 12. 선고 91누13564)

11

행정입법에 대한 설명으로 옳지 않은 것은? (다툼이 있는 경우 판례에 의함)

① 국립대학교 학칙의 별표 [2] 모집단위별 입학정원을 개정한 학칙개정행위는 항고소송의 대상이 되는 처분에 해당한다.
② 현행 헌법상 법규명령에 대한 구체적인 규범통제만을 인정하고 추상적인 규범통제는 허용하고 있지 않으며, 법원이 구체적 규범통제를 통해 위헌·위법으로 선언할 심판대상은, 해당 규정의 전부가 불가분적으로 결합되어 있어 일부를 무효로 하는 경우 나머지 부분이 유지될 수 없는 결과를 가져오는 특별한 사정이 없는 한, 원칙적으로 해당 규정 중 재판의 전제성이 인정되는 조항에 한정된다.
③ 건강보험심사평가원이 보건복지가족부 고시인 '요양급여비용 심사·지급업무 처리기준'에 근거하여 제정한 심사지침인 '방광내압 및 요누출압 측정시 검사방법'은 내부적 업무처리 기준으로서 행정규칙에 불과하다.
④ 「독점규제 및 공정거래에 관한 법률」 제23조 제3항에 근거한 불공정거래행위의 지정고시 또는 「대외무역법」 제19조 제2항에 근거한 물품수출입공고 등은 대외적인 구속력이 없는 행정규칙에 해당한다.

해설 정답 ❹

① (○) "국립대학교의 학칙이 이에 기초한 별도의 집행행위의 개입 없이도 그 자체로 구성원의 구체적인 권리나 법적 이익에 영향을 미치는 등 법률상의 효과를 발생시키는 경우, 이는 항고소송의 대상이 된다." (대법원 2009. 1. 30. 2008두19550)

② (○) 현행 헌법상 법규명령에 대한 구체적인 규범통제만을 인정하고 추상적인 규범통제는 허용하고 있지 않다. 또한 법원이 구체적 규범통제를 통해 위헌·위법으로 선언할 심판대상은, 해당 규정의 전부가 불가분적으로 결합되어 있어 일부를 무효로 하는 경우 나머지 부분이 유지될 수 없는 결과를 가져오는 특별한 사정이 없는 한, 원칙적으로 해당 규정 중 재판의 전제성이 인정되는 조항에 한정된다.
관련판례 "법원이 법률 하위의 법규명령, 규칙, 조례, 행정규칙 등(이하 '규정'이라 한다)이 위헌·위법인지를 심사하려면 그것이 '재판의 전제'가 되어야 한다. 여기에서 '재판의 전제'란 구체적 사건이 법원에 계속 중이어야 하고, 위헌·위법인지가 문제 된 경우에는 규정의 특정 조항이 해당 소송사건의 재판에 적용되는 것이어야 하며, 그 조항이 위헌·위법인지에 따라 그 사건을 담당하는 법원이 다른 판단을 하게 되는 경우를 말한다. 따라서 법원이 구체적 규범통제를 통해 위헌·위법으로 선언할 심판대상은, 해당 규정의 전부가 불가분적으로 결합되어 있어 일부를 무효로 하는 경우 나머지 부분이 유지될 수 없는 결과를 가져오는 특별한 사정이 없는 한, 원칙적으로 해당 규정 중 재판의 전제성이 인정되는 조항에 한정된다."(대법원 2019. 6. 13. 선고 2017두33985)

③ (○) "건강보험심사평가원이 요양급여비용 심사·지급업무 처리기준(2000. 7. 18. 보건복지가족부 고시 제2000-41호로 제정된 것) 제4조 제1항 제4호에 근거하여 2008. 11. 27. 제정한 심사지침인 '방광내압 및 요누출압 측정 시 검사방법'은 '방광내압 또는 요누출압 측정검사는 방광을 비웠을 때부터 시작하여 방광의 충만과 배뇨 시 압력을 측정하는 방법으로 검사 시작 및 도중에 방광내압(Pves), 복강내압력(Pabd)이 음압이 나타날 때는 즉시 0(Zero) 이상으로 보정하여야 한다. 또한 요누출압 측정검사는 생리식염수 주입 용량이 300ml 이하에서 시작하는 것을 원칙으로 한다. 2009. 1. 1. 진료분부터 적용'이라고 규정하고 있다. 이는 보건복지부 고시 구 요양급여의 적용기준 및 방법에 관한 세부사항의 '제9장 처치 및 수술료 등' 중 '자356 요실금수술' 항목에 따라 요구되는 요류역학검사가 표준화된 방법으로 실시되지 않아 부정확한 검사결과가 발생하고 이로 인하여 불필요한 수술 등을 하게 되는 경우가 있어 이를 방지하고 적정진료를 하도록 유도할 목적으로, 법령에서 정한 요양급여의 인정기준을 구체적 진료행위에 적용하도록 마련한 건강보험심사평가원의 내부적 업무처리 기준으로서 행정규칙에 불과하다."(대법원 2017. 7. 11. 선고 2015두2864)

④ (×) 독점규제 및 공정거래에 관한 법률 제23조 제3항에 근거한 「불공정거래행위의 지정고시」와 대외무역법 제19조 제2항에 근거한 「물품수출입공고」 등은 행정규칙의 형식을 취하고 있지만 법규명령으로서의 효력을 갖는다.
관련판례1 "구 독점규제및공정거래에관한법률(1996. 12. 30. 법률 제5235호로 개정되기 전의 것) 제23조 제3항은 "공정거래위원회가 불공정거래행위를 예방하기 위하여 필요한 경우 사업자가 준수하여야 할 지침을 제정·고시할 수 있다."고 규정하고 있으므로 위 위임규정에 근거하여 제정·고시된 표시·광고에관한공정거래지침의 여러 규정 중 불공정거래행위를 예방하기 위하여 사업자가 준수하여야 할 지침을 마련한 것으로 볼 수 있는 내용의 규정은 위 법의 위임범위 내에 있는 것으로서 위 법의 규정과 결합하여 법규적 효력을 가진다고 할 것이나, 위 지침 III(규제대상 및 법 운용방침) 2(법운용방침) (나)호에서 정하고 있는 '문제되는 표시·광고내용에 대한 사실 여부 또는 진위 여부에 관한 입증책임은 당해 사업자가 진다'는 입증책임규정은 원래 공정거래위원회가 부담하고 있는 표시·광고 내용의 허위성 등에 관한 입증책임을 전환하여 사업자로 하여금 표시·광고 내용의 사실성 및 진실성에 관한 입증책임을 부담하게 하는 것으로서 사업자에게 중대한 불이익을 부과하는 규정이라 할 것이므로 이러한 사항을 지침으로 정하기 위하여는 법령상의 뚜렷한 위임근거가 있어야 할 것인데, 위 법규정은 공정거래위원회로 하여금 불공정거래행위를 예방하기 위하여 사업자가 준수하여야 할 사항을 정할 수 있도록 위임하였을 뿐 입증책임전환과 같은 위 법의 운용방침까지 정할 수 있도록 위임하였다고는 볼 수 없으므로 위 입증책임규정은 법령의 위임 한계를 벗어난 규정이어서 법규적 효력이 없다."(대법원 2000. 9. 29. 선고 98두12772)
관련판례2 "대외무역법 제19조 제2항 단서 및 같은법시행령 제35조는 상공부장관으로 하여금 별도공고 대상의 하나로서 국가별 수출입의 균형을 유지하기 위한 물품의 수입을 공고하도록 위임하면서 그 공고의 절차나 방식에 관하여 아무런 제한을 두지 아니하여 이에 상공부장관은 위와 같이 고시의 형식으로 수입선다변화품목의 지정 및 그 수입절차 등을 공고하였는바, 이는 그 근거가 되는 대외무역법시행령 제35조의 규정을 보충하는 기능을 가지면서 그와 결합하여 대외적인 구속력이 있는 법규명령으로서의 효력을 가지는 것으로서 그 시행절차에 관하여 대외무역관리규정은 아무런 규정을 두고 있지 않으나, 그 자체가 법령은 아니고 행정규칙에 지나지 않으므로 적당한 방법으로 이를 일반인 또는 관계인에게 표시 또는 통보함으로써 그 효력이 발생한다 할 것이다."(대법원 1993. 11. 23. 선고 93도662)

12

「개인정보 보호법」에 대한 설명으로 옳은 것만을 모두 고르면? (다툼이 있는 경우 판례에 의함)

㉠ 「개인정보 보호법」의 대상정보의 범위에는 공공기관·법인·단체에 의하여 처리되는 정보가 포함될 뿐이고, 개인에 의해서 처리되는 정보는 포함되지 않는다.
㉡ 개인정보처리자는 「개인정보 보호법」에 따라 개인정보의 처리에 대하여 정보주체의 동의를 받을 때에는, 정보주체와의 계약 체결 등을 위하여 정보주체의 동의 없이 처리할 수 있는 개인정보와 정보주체의 동의가 필요한 개인정보를 구분하여야 한다. 이 경우 동의 없이 처리할 수 있는 개인정보라는 점에 대한 입증책임은 개인정보처리자가 부담한다.
㉢ 정보주체가 직접 또는 제3자를 통하여 이미 공개한 개인정보는 공개 당시 정보주체가 자신의 개인정보에 대한 수집이나 제3자 제공 등의 처리에 대하여 일정한 범위 내에서 동의를 한 것으로 보아야 한다.
㉣ 「소비자기본법」에 따라 공정거래위원회에 등록한 소비자단체가 개인정보 단체소송을 제기하려면 그 단체의 정회원수가 1천명 이상이어야 한다.

① ㉠ ② ㉠, ㉢
③ ㉡, ㉢, ㉣ ④ ㉡, ㉣

해설 정답 ❸

이하 개인정보 보호법
㉠ (×) 제2조 제5호

제2조(정의) 이 법에서 사용하는 용어의 뜻은 다음과 같다.
5. "개인정보처리자"란 업무를 목적으로 개인정보파일을 운용하기 위하여 스스로 또는 다른 사람을 통하여 개인정보를 처리하는 공공기관, 법인, 단체 및 개인 등을 말한다.

㉡ (○) 제22조 제3항

제22조(동의를 받는 방법) ③ 개인정보처리자는 제15조 제1항 제1호, 제17조 제1항 제1호, 제23조 제1항 제1호 및 제24조 제1항 제1호에 따라 개인정보의 처리에 대하여 정보주체의 동의를 받을 때에는 정보주체와의 계약 체결 등을 위하여 정보주체의 동의 없이 처리할 수 있는 개인정보와 정보주체의 동의가 필요한 개인정보를 구분하여야 한다. 이 경우 동의 없이 처리할 수 있는 개인정보라는 입증책임은 개인정보처리자가 부담한다.

㉢ (○) "정보주체가 직접 또는 제3자를 통하여 이미 공개한 개인정보는 공개 당시 정보주체가 자신의 개인정보에 대한 수집이나 제3자 제공 등의 처리에 대하여 일정한 범위 내에서 동의를 하였다고 할 것이다. 이와 같이 공개된 개인정보를 객관적으로 보아 정보주체가 동의한 범위 내에서 처리하는 것으로 평가할 수 있는 경우에도 동의의 범위가 외부에 표시되지 아니하였다는 이유만으로 또다시 정보주체의 별도의 동의를 받을 것을 요구한다면 이는 정보주체의 공개 의사에도 부합하지 아니하거니와 정보주체나 개인정보처리자에게 무의미한 동의절차를 밟기 위한 비용만을 부담시키는 결과가 된다. 다른 한편 개인정보 보호법 제20조는 공개된 개인정보 등을 수집·처리하는 때에는 정보주체의 요구가 있으면 즉시 개인정보의 수집 출처, 개인정보의 처리 목적, 제37조에 따른 개인정보 처리의 정지를 요구할 권리가 있다는 사실을 정보주체에게 알리도록 규정하고 있으므로, 공개된 개인정보에 대한 정보주체의 개인정보자기결정권은 이러한 사후통제에 의하여 보호받게 된다."(대법원 2016. 8. 17. 선고 2014다235080)

㉣ (○) 제51조 제1호

제51조(단체소송의 대상 등) 다음 각 호의 어느 하나에 해당하는 단체는 개인정보처리자가 제49조에 따른 집단분쟁조정을 거부하거나 집단분쟁조정의 결과를 수락하지 아니한 경우에는 법원에 권리침해 행위의 금지·중지를 구하는 소송(이하 "단체소송"이라 한다)을 제기할 수 있다.
1. 「소비자기본법」 제29조에 따라 공정거래위원회에 등록한 소비자단체로서 다음 각 목의 요건을 모두 갖춘 단체
가. 정관에 따라 상시적으로 정보주체의 권익증진을 주된 목적으로 하는 단체일 것
나. 단체의 정회원수가 1천명 이상일 것
다. 「소비자기본법」 제29조에 따른 등록 후 3년이 경과하였을 것

13

행정의 실효성 확보수단에 대한 설명으로 옳지 않은 것은? (다툼이 있는 경우 판례에 의함)

① 권력적 성격을 가지는 행정조사의 경우에는 근거된 법규의 범위 내에서만 가능하다.
② 압류 후 부과처분의 근거법률이 위헌으로 결정된 경우에는 압류처분에는 취소사유가 있는 것이 되고, 압류도 해제하여야 한다.
③ 재범의 위험성이 현저한 자를 상대로 긴급히 보호할 필요가 있는 경우에 단기간의 동행보호를 허용한 구 「사회안전법」상 동행보호규정은 사전영장주의를 규정한 헌법규정에 반하여 위법하다.
④ 세무서장은 한국자산관리공사로 하여금 공매를 대행하게 할 수 있으며, 이 경우 공매는 세무서장이 한 것으로 본다.

해설 정답 ❸

① (○) 권력적 성격을 가지는 행정조사의 경우에는 근거된 법규의 범위 내에서만 가능하다.
② (○) "1999. 4. 29. 구 택지소유상한에관한법률(1998. 9. 19. 법률 제5571호로 폐지)에 대한 위헌결정의 취지에 따라 체납 부담금에 대한 징수가 불가능하게 되어 압류처분을 해제함에 있어서는 국세징수법 제53조 제1항을 유추적용하여 압류를 해제하여야 할 것인바, 국세징수법 제53조 제1항 제1호는 압류의 필요적 해제사유로 '납부, 충당, 공매의 중지, 부과의 취소 기타의 사유로 압류의 필요가 없게 된 때'를 들고 있고, 여기에서의 납부·충당·공매의 중지·부과의 취소는 '압류의 필요가 없게 된 때'에 해당하는 사유를 예시적으로 열거한 것이라고 할 것이므로 '기타의 사유'는 위 법정사유와 같이 납세의무가 소멸되거나 혹은 체납처분을 하여도 체납세액에 충당할 잉여가망이 없게 된 경우는 물론 과세처분 및 그 체납처분 절차의 근거 법령에 대한 위헌결정으로 후속 체납처분을 진행할 수 없어 체납세액에 충당할 가망이 없게 되는 등으로 압류의 근거를 상실하거나 압류를 지속할 필요성이 없게 된 경우도 포함하는 의미라고 새겨야 한다."(대법원 2002. 7. 12. 선고 2002두3317)

③ (×) "사전영장주의는 인신보호를 위한 헌법상의 기속원리이기 때문에 인신의 자유를 제한하는 모든 국가작용의 영역에서 존중되어야 하지만, 헌법 제12조 제3항 단서도 사전영장주의의 예외를 인정하고 있는 것처럼 사전영장주의를 고수하다가는 도저히 행정목적을 달성할 수 없는 지극히 예외적인 경우에는 형사절차에서와 같은 예외가 인정되므로, 구 사회안전법(1989. 6. 16. 법률 제4132호에 의해 '보안관찰법'이란 명칭으로 전문 개정되기 전의 것) 제11조 소정의 동행보호규정은 재범의 위험성이 현저한 자를 상대로 긴급히 보호할 필요가 있는 경우에 한하여 단기간의 동행보호를 허용한 것으로서 그 요건을 엄격히 해석하는 한, 동 규정 자체가 사전영장주의를 규정한 헌법규정에 반한다고 볼 수는 없다."(대법원 1997. 6. 13. 선고 96다56115)

④ (○) 국세징수법 제103조 제1항

국세징수법 제103조(공매등의 대행) ① 관할 세무서장은 다음 각 호의 업무(이하 이 조에서 "공매등"이라 한다)에 전문지식이 필요하거나 그 밖에 직접 공매등을 하기에 적당하지 아니하다고 인정되는 경우 대통령령으로 정하는 바에 따라 한국자산관리공사에 공매등을 대행하게 할 수 있다. 이 경우 공매등은 관할 세무서장이 한 것으로 본다.
1. 공매
2. 수의계약
3. 매각재산의 권리이전
4. 금전의 배분

14

항고소송의 대상적격에 대한 설명으로 옳지 않은 것은? (다툼이 있는 경우 판례에 의함)

① 인용재결의 당부를 그 심판대상으로 하고 있는 인용재결의 취소를 구하는 당해 소송에서, 법원은 행정심판위원회가 원처분 취소의 근거로 내세운 판단사유의 당부뿐만 아니라, 심판청구인의 심판청구원인 사유를 배척한 판단부분이 정당한가도 심리·판단하여야 한다.
② 변상 판정에 대한 감사원의 재심의 판정은 행정소송의 대상이 된다.
③ 행정처분에 대한 재결에 이유모순의 위법이 있다는 사유는 재결 자체에 고유한 하자로서 재결 처분의 취소를 구하는 소송에서 이를 주장할 수 있고, 원처분의 취소를 구하는 소송에서도 그 취소를 구할 위법사유로서 이를 주장할 수 있다.
④ 사립학교 교원에 대한 학교법인의 징계는 항고소송의 대상이 되는 처분이 아니므로, 이에 대한 소청심사위원회의 결정이 원처분이 된다.

해설 정답 ❸

① (○) "인용재결의 취소를 구하는 당해 소송은 그 인용재결의 당부를 그 심판대상으로 하고 있고, 그 점을 가리기 위하여는 행정심판청구인들의 심판청구원인 사유에 대한 재결청의 판단에 관하여도 그 당부를 심리·판단하여야 할 것이므로, 원심으로서는 재결청이 원처분의 취소 근거로 내세운 판단사유의 당부뿐만 아니라 재결청이 심판청구인의 심판청구원인 사유를 배척한 판단 부분이 정당한가도 심리·판단하여야 한다."(대법원 1997. 12. 23. 선고 96누10911)

② (○) "감사원의 변상판정처분에 대하여서는 행정소송을 제기할 수 없고, 재결에 해당하는 재심의 판정에 대하여서만 감사원을 피고로 하여 행정소송을 제기할 수 있다."(대법원 1984. 4. 10. 선고 84누91)

③ (×) "행정처분에 대한 행정심판의 재결에 이유모순의 위법이 있다는 사유는 재결처분 자체에 고유한 하자로서 재결처분의 취소를 구하는 소송에서는 그 위법사유로서 주장할 수 있으나, 원처분의 취소를 구하는 소송에서는 그 취소를 구할 위법사유로서 주장할 수 없다."(대법원 1996. 2. 13. 선고 95누8027)

④ (○) "사립학교 교원에 대한 징계처분의 경우에는 학교법인 등의 징계처분은 행정처분성이 없는 것이고 그에 대한 소청심사청구에 따라 위원회가 한 결정이 행정처분이고 교원이나 학교법인 등은 그 결정에 대하여 행정소송으로 다투는 구조가 되므로, 행정소송에서의 심판대상은 학교법인 등의 원 징계처분이 아니라 위원회의 결정이 되고, 따라서 피고도 행정청인 위원회가 되는 것이며, 법원이 위원회의 결정을 취소한 판결이 확정된다고 하더라도 위원회가 다시 그 소청심사청구사건을 재심사하게 될 뿐 학교법인 등이 곧바로 위 판결의 취지에 따라 재징계 등을 하여야 할 의무를 부담하는 것은 아니다."(대법원 2013. 7. 25. 선고 2012두12297)

15

행정행위의 하자에 대한 설명으로 옳지 않은 것은? (다툼이 있는 경우 판례에 의함)

① 구 「학교보건법」의 규정에 의하면 학교환경위생정화구역 내에서 금지된 행위 및 시설의 해제 여부에 관한 행정처분을 함에 있어 학교환경위생정화위원회의 심의를 거치도록 되어 있는바, 위 심의절차를 누락하였다면 특별한 사정이 없는 한 이는 행정처분을 위법하게 하는 취소사유가 된다.
② 과세예고 통지 후 과세전적부심사 청구나 그에 대한 결정이 있기도 전에 이루어진 과세처분은 그 하자가 중대하기는 하지만 객관적으로 명백하다고 할 수 없어 취소사유에 해당한다.
③ 정당한 권한 없는 구 환경관리청장의 폐기물처리시설 설치승인 처분은 권한 없는 기관에 의한 행정처분으로서 그 하자는 무효사유에 해당한다.
④ 행정청이 사전에 교통영향평가를 거치지 아니한 채, '건축허가 전까지 교통영향평가 심의필증을 교부받을 것'을 부관으로 붙여서 한 실시계획변경승인 및 공사시행변경 인가처분에는 중대하고 명백한 흠이 있다고 할 수 없으므로 이를 무효로 보기는 어렵다.

해설 정답 ❷

① (○) "행정청이 구 학교보건법(2005. 12. 7. 법률 제7700호로 개정되기 전의 것) 소정의 학교환경위생정화구역 내에서 금지행위 및 시설의 해제 여부에 관한 행정처분을 함에 있어 학교환경위생정화위원회의 심의를 거치도록 한 취지는 그에 관한 전문가 내지 이해관계인의 의견과 주민의 의사를 행정청의 의사결정에 반영함으로써 공익에 가장 부합하는 민주적 의사를 도출하고 행정처분의 공정성과 투명성을 확보하려는 데 있고, 나아가 그 심의의 요구가 법률에 근거하고 있을 뿐 아니라 심의에 따른 의결내용도 단순히 절차의 형식에 관련된 사항에 그치지 않고 금지행위 및 시설의 해제 여부에 관한 행정처분에 영향을 미칠 수 있는 사항에 관한 것임을 종합해 보면, 금지행위 및 시설의 해제 여부에 관한 행정처분을 하면서 절차상 위와 같은 심의를 누락한 흠이 있다면 그와 같은 흠을 가리켜

위 행정처분의 효력에 아무런 영향을 주지 않는다거나 경미한 정도에 불과하다고 볼 수는 없으므로, 특별한 사정이 없는 한 이는 행정처분을 위법하게 하는 취소사유가 된다."(대법원 2007. 3. 15. 선고 2006두15806)

② (×) "사전구제절차로서 과세전적부심사 제도가 가지는 기능과 이를 통해 권리구제가 가능한 범위, 이러한 제도가 도입된 경위와 취지, 납세자의 절차적 권리 침해를 효율적으로 방지하기 위한 통제 방법과 더불어, 헌법 제12조 제1항에서 규정하고 있는 적법절차의 원칙은 형사소송절차에 국한되지 아니하고, 세무공무원이 과세권을 행사하는 경우에도 마찬가지로 준수하여야 하는 점 등을 고려하여 보면, 국세기본법 및 국세기본법 시행령이 과세전적부심사를 거치지 않고 곧바로 과세처분을 할 수 있거나 과세전적부심사에 대한 결정이 있기 전이라도 과세처분을 할 수 있는 예외사유로 정하고 있다는 등의 특별한 사정이 없는 한, 과세예고 통지 후 과세전적부심사 청구나 그에 대한 결정이 있기도 전에 과세처분을 하는 것은 원칙적으로 과세전적부심사 이후에 이루어져야 하는 과세처분을 그보다 앞서 함으로써 과세전적부심사 제도 자체를 형해화시킬 뿐만 아니라 과세전적부심사 결정과 과세처분 사이의 관계 및 불복절차를 불분명하게 할 우려가 있으므로, 그와 같은 과세처분은 납세자의 절차적 권리를 침해하는 것으로서 절차상 하자가 중대하고도 명백하여 무효이다."(대법원 2016. 12. 27. 선고 2016두49228)

③ (○) "폐기물처리시설 설치계획에 대한 승인권자는 구 폐기물처리시설설치촉진및주변지역지원등에관한법률(1997. 8. 28. 법률 제5396호로 개정되기 전의 것) 제10조 제2항의 규정에 의하여 환경부장관이며, 이러한 설치승인권한을 환경관리청장에게 위임할 수 있는 근거도 없으므로, 환경관리청장의 폐기물처리시설 설치승인처분은 권한 없는 기관에 의한 행정처분으로서 그 하자가 중대하고 명백하여 당연무효라고 한 사례."(대법원 2004. 7. 22. 선고 2002두10704)

④ (○) "교통영향평가는 환경영향평가와 그 취지 및 내용, 대상사업의 범위, 사전 주민의견수렴절차 생략 여부 등에 차이가 있고 그 후 교통영향평가가 교통영향분석·개선대책으로 대체된 점, 행정청은 교통영향평가를 배제한 것이 아니라 '건축허가 전까지 교통영향평가 심의필증을 교부받을 것'을 부관으로 하여 실시계획변경 및 공사시행변경 인가 처분을 한 점 등에 비추어, 행정청이 사전에 교통영향평가를 거치지 아니한 채 위와 같은 부관을 붙여서 한 위 처분에 중대하고 명백한 흠이 있다고 할 수 없으므로 이를 무효로 보기는 어렵다고 한 사례."(대법원 2010. 2. 25. 선고 2009두102)

16

행정절차상 하자 및 「행정절차법」에 대한 설명으로 옳지 않은 것은? (다툼이 있는 경우 판례에 의함)

① 「행정절차법」에는 절차상 하자 있는 행정행위의 효력에 관한 별도의 규정을 두고 있지 않다.

② 「독점규제 및 공정거래에 관한 법률」 규정에 의한 처분의 상대방에게 부여된 절차적 권리의 범위와 한계를 확정하려면 「행정절차법」이 당사자에게 부여한 절차적 권리의 범위와 한계 수준을 고려하여야 한다.

③ 고시의 방법으로 불특정 다수인을 상대로 권익을 제한하는 처분을 할 경우 당사자는 물론 제3자에게도 의견제출의 기회를 주어야 한다.

④ 「국가공무원법」상 소청심사위원회가 소청심사를 하면서 대통령령등으로 정하는 바에 따라 소청인 또는 대리인에게 진술의 기회를 부여하지 아니하고 한 결정은 무효이다.

해설 정답 ③

① (○) 행정절차법에는 절차상 하자 있는 행정행위의 효력에 관한 별도의 규정을 두고 있지 않다.

② (○) "행정절차법은, 당사자가 청문의 통지가 있는 날부터 청문이 끝날 때까지 행정청에 해당 사안의 조사결과에 관한 문서와 그 밖에 해당 처분과 관련되는 문서의 열람 또는 복사를 '요청'할 수 있고, 행정청은 다른 법령에 따라 공개가 제한되는 경우를 제외하고는 그 요청을 거부할 수 없도록 규정하고 있다(제37조 제1항). 그런데 행정절차법 제3조, 행정절차법 시행령 제2조 제6호는 공정거래법에 대하여 행정절차법의 적용이 배제되도록 규정하고 있다. 그 취지는 공정거래법의 적용을 받는 당사자에게 행정절차법이 정한 것보다 더 약한 절차적 보장을 하려는 것이 아니라, 오히려 그 의결절차상 인정되는 절차적 보장의 정도가 일반 행정절차와 비교하여 더 강화되어 있기 때문이다. 공정거래위원회에 강학상 '준사법기관'으로서의 성격이 부여되어 있다는 전제하에 공정거래위원회의 의결을 다투는 소를 서울고등법원의 전속관할로 정하고 있는 취지 역시 같은 전제로 볼 수 있다. 공정거래법 제52조의2가 당사자에게 단순한 열람·복사 '요청권'이 아닌 열람·복사 '요구권'을 부여한 취지 역시 이와 마찬가지이다. 이처럼 공정거래법 규정에 의한 처분의 상대방에게 부여된 절차적 권리의 범위와 한계를 확정하려면 행정절차법이 당사자에게 부여한 절차적 권리의 범위와 한계 수준을 고려하여야 한다."(대법원 2018. 12. 27. 선고 2015두44028)

③ (×) "구 행정절차법(2011. 12. 2. 법률 제11109호로 개정되기 전의 것, 이하 같다) 제22조 제3항에 따라 행정청이 의무를 부과하거나 권익을 제한하는 처분을 할 때 의견제출의 기회를 주어야 하는 '당사자'는 '행정청의 처분에 대하여 직접 그 상대가 되는 당사자'(구 행정절차법 제2조 제4호)를 의미한다. 그런데 '고시'의 방법으로 불특정 다수인을 상대로 의무를 부과하거나 권익을 제한하는 처분은 성질상 의견제출의 기회를 주어야 하는 상대방을 특정할 수 없으므로, 이와 같은 처분에 있어서까지 구 행정절차법 제22조 제3항에 의하여 그 상대방에게 의견제출의 기회를 주어야 한다고 해석할 것은 아니다."(대법원 2014. 10. 27. 선고 2012두7745)

④ (○) 국가공무원법 제13조

> **국가공무원법 제13조(소청인의 진술권)** ① 소청심사위원회가 소청 사건을 심사할 때에는 대통령령등으로 정하는 바에 따라 소청인 또는 제76조 제1항 후단에 따른 대리인에게 진술 기회를 주어야 한다.
> ② 제1항에 따른 진술 기회를 주지 아니한 결정은 무효로 한다.

17

공법관계와 사법관계에 대한 설명으로 옳지 않은 것은? (다툼이 있는 경우 판례에 의함)

① 행정편의를 위하여 사법상의 금전급부의무의 불이행에 대하여 「국세징수법」상 체납처분에 관한 규정을 준용하는 경우, 그에 따라 이루어진 체납처분에 대해 다투는 소송은, 일반적인 공법상의 금전급부 징수에 대해 다투는 경우와 마찬가지로 행정소송에 의할 것이 아니라, 민사소송으로 이를 다투어야 한다.

② 납세의무자에 대한 국가의 부가가치세 환급세액 지급의무에 대응하는 국가에 대한 납세의무자의 부가가치세 환급세액 지급청구는 민사소송이 아니라 「행정소송법」 제3조 제2호에 규정된 당사자소송의 절차에 따라야 한다.

③ 대법원은 석탄가격안정지원금 지급청구권은 석탄산업법령에 의하여 정책적으로 당연히 부여되는 공법상 권리이므로, 지원금의 지급을 구하는 소송은 공법상 당사자소송의 대상이 된다고 본다.

④ 국토의 계획 및 이용에 관한 법률 제130조 제3항에서 정한 토지의 소유자・점유자 또는 관리인이 사업시행자의 일시 사용에 대하여 동의의 의사표시를 할 의무는 공법상의 의무이므로, 그 의무의 존부를 다투는 소송은 당사자소송이다.

해설 정답 ❶

① (×) "국유재산법 제42조 제1항, 제73조 제2항 제2호에 따르면, 국유 일반재산의 관리・처분에 관한 사무를 위탁받은 자는 국유 일반재산의 대부료 등이 납부기한까지 납부되지 아니한 경우에는 국세징수법 제23조와 같은 법의 체납처분에 관한 규정을 준용하여 대부료 등을 징수할 수 있다. 이와 같이 국유 일반재산의 대부료 등의 징수에 관하여는 국세징수법 규정을 준용한 간이하고 경제적인 특별구제절차가 마련되어 있으므로, 특별한 사정이 없는 한 민사소송의 방법으로 대부료 등의 지급을 구하는 것은 허용되지 아니한다."(대법원 2014. 9. 4. 선고 2014다203588)

② (○) "부가가치세법령의 내용, 형식 및 입법 취지 등에 비추어 보면, 납세의무자에 대한 국가의 부가가치세 환급세액 지급의무는 그 납세의무자로부터 어느 과세기간에 과다하게 거래징수된 세액 상당을 국가가 실제로 납부받았는지와 관계없이 부가가치세법령의 규정에 의하여 직접 발생하는 것으로서, 그 법적 성질은 정의와 공평의 관념에서 수익자와 손실자 사이의 재산상태 조정을 위해 인정되는 부당이득 반환의무가 아니라 부가가치세법령에 의하여 그 존부나 범위가 구체적으로 확정되고 조세 정책적 관점에서 특별히 인정되는 공법상 의무라고 봄이 타당하다. 그렇다면 납세의무자에 대한 국가의 부가가치세 환급세액 지급의무에 대응하는 국가에 대한 납세의무자의 부가가치세 환급세액 지급청구는 민사소송이 아니라 행정소송법 제3조 제2호에 규정된 당사자소송의 절차에 따라야 한다."(대법원 2013. 3. 21. 선고 2011다95564)

③ (○) "석탄가격안정지원금은 석탄의 수요 감소와 열악한 사업환경 등으로 점차 경영이 어려워지고 있는 석탄광업의 안정 및 육성을 위하여 국가정책적 차원에서 지급하는 지원비의 성격을 갖는 것이고, 석탄광업자가 석탄산업합리화사업단에 대하여 가지는 이와 같은 지원금 지급청구권은 석탄사업법령에 의하여 정책적으로 당연히 부여되는 공법상의 권리이므로, 석탄광업자가 석탄산업합리화사업단을 상대로 석탄산업법령 및 석탄가격안정지원금 지급요령에 의하여 지원금의 지급을 구하는 소송은 공법상의 법률관계에 관한 소송인 공법상의 당사자소송에 해당한다."(대법원 1997. 5. 30. 선고 95다28960)

④ (○) "국토의 계획 및 이용에 관한 법률 제130조 제3항에서 정한 토지의 소유자・점유자 또는 관리인(이하 '소유자 등'이라 한다)이 사업시행자의 일시 사용에 대하여 정당한 사유 없이 동의를 거부하는 경우, 사업시행자는 해당 토지의 소유자 등을 상대로 동의의 의사표시를 구하는 소를 제기할 수 있다. 이와 같은 토지의 일시 사용에 대한 동의의 의사표시를 할 의무는 '국토의 계획 및 이용에 관한 법률'에서 특별히 인정한 공법상의 의무이므로, 그 의무의 존부를 다투는 소송은 '공법상의 법률관계에 관한 소송으로서 그 법률관계의 한쪽 당사자를 피고로 하는 소송', 즉 행정소송법 제3조 제2호에서 규정한 당사자소송이라고 보아야 한다."(대법원 2019. 9. 9. 선고 2016다262550)

18

행정심판에 대한 설명으로 옳지 않은 것은? (다툼이 있는 경우 판례에 의함)

① 자기완결적 신고의 수리에 해당하는 골프장 사업시설 착공계획서 수리에 대하여 인근주민이 취소심판을 제기하였는데 인용재결이 내려지자, 해당 착공계획서를 제출한 사업자가 취소소송을 제기하는 경우 행정심판의 재결이 취소소송의 대상이 된다.

② 청구인이 천재지변, 전쟁, 사변, 그 밖의 불가항력으로 인하여 처분이 있음을 알게 된 날부터 90일 이내에 심판청구를 할 수 없었을 때에는, 그 사유가 소멸한 날부터 14일 이내에 행정심판을 청구할 수 있다. 다만, 국외에서 행정심판을 청구하는 경우에는 그 기간을 30일로 한다.

③ 행정심판을 청구하려는 자는 「행정심판법」 제28조에 따라 심판청구서를 작성하여 피청구인이나 행정심판위원회에 제출하여야 하며 이 경우 피청구인의 수만큼 심판청구서 부본을 함께 제출하여야 한다.

④ 기간경과 등의 부적법한 심판청구가 있었고, 행정심판위원회가 각하하지 않고 기각재결을 한 경우는 심판전치의 요건이 구비된 것으로 볼 수 있다.

해설 정답 ❹

① (○) 재결에 고유한 하자가 인정되는 경우로서, 재결이 행정심판의 대상이 된다고 본다. "행정청이 골프장 사업계획승인을 얻은 자의 사업시설 착공계획서를 수리한 것에 대하여 인근 주민들이 그 수리처분의 취소를 구하는 행정심판을 청구하자 재결청이 그 청구를 인용하여 수리처분을 취소하는 형성적 재결을 한 경우, 그 수리처분 취소 심판청구는 행정심판의 대상이 되지 아니하여 부적법 각하하여야 함에도 위 재결은 그 청구를 인용하여 수리처분을 취소하였으므로 재결 자체에 고유한 하자가 있다."(대법원 2001. 5. 29. 선고 99두10292)

② (○) 행정심판법 제27조 제2항

> **행정심판법 제27조(심판청구의 기간)** ② 청구인이 천재지변, 전쟁, 사변(事變), 그 밖의 불가항력으로 인하여 제1항에서 정한 기간에 심판청구를 할 수 없었을 때에는 그 사유가 소멸한 날부터 14일 이내에 행정심판을 청구할 수 있다. 다만, 국외에서 행정심판을 청구하는 경우에는 그 기간을 30일로 한다.

③ (○) 행정심판법 제23조 제1항

> **행정심판법 제23조(심판청구서의 제출)** ① 행정심판을 청구하려는 자는 제28조에 따라 심판청구서를 작성하여 피청구인이나 위원회에 제출하여야 한다. 이 경우 피청구인의 수만큼 심판청구서 부본을 함께 제출하여야 한다.

④ (×) 행정심판 전치의 요건을 충족하기 위해서는 적법한 행정심판을 거쳤어야 한다. 따라서 기간경과 등의 부적법한 심판청구에 대하여 행정심판위원회가 각하하지 않고 기각재결을 하였다 하더라도 행정심판전치의 요건이 구비된 것으로 볼 수 없다.

19

행정행위에 대한 설명으로 옳은 것은? (다툼이 있는 경우 판례에 의함)

① 토지거래허가지역 내의 토지거래계약은 그에 대한 허가가 있기 전에는 효력이 발생하지 않은 상태에 있다가 허가가 있으면 소급하여 유효하게 된다.
② 행정행위는 국민에 대하여 법적 효과를 발생시키는 행위이므로, 행정청이 귀화신청인에게 귀화를 허가하는 행위는 행정행위가 아니다.
③ 특허기업의 사업양도허가의 법적 성질에 관하여 논쟁이 있는데, 통설과 대법원은 특허기업의 사업양도허가를 강학상 특허로 보고 있다.
④ 인가는 사실행위와 법률행위를 모두 대상으로 하지만, 허가는 법률행위만을 대상으로 한다.

해설 정답 ❶

① (○) "국토이용관리법상의 규제구역 내의 '토지등의 거래계약'허가에 관한 관계규정의 내용과 그 입법취지에 비추어 볼 때 토지의 소유권 등 권리를 이전 또는 설정하는 내용의 거래계약은 관할 관청의 허가를 받아야만 그 효력이 발생하고 허가를 받기 전에는 물권적 효력은 물론 채권적 효력도 발생하지 아니하여 무효라고 보아야 할 것인바, 다만 허가를 받기 전의 거래계약이 처음부터 허가를 배제하거나 잠탈하는 내용의 계약일 경우에는 확정적으로 무효로서 유효화될 여지가 없으나 이와 달리 허가받을 것을 전제로 한 거래계약(허가를 배제하거나 잠탈하는 내용의 계약이 아닌 계약은 여기에 해당하는 것으로 본다)일 경우에는 허가를 받을 때까지는 법률상 미완성의 법률행위로서 소유권 등 권리의 이전 또는 설정에 관한 거래의 효력이 전혀 발생하지 않음은 위의 확정적 무효의 경우와 다를 바 없지만, 일단 허가를 받으면 그 계약은 소급하여 유효한 계약이 되고 이와 달리 불허가가 된 때에는 무효로 확정되므로 허가를 받기까지는 유동적 무효의 상태에 있다고 보는 것이 타당하므로 허가받을 것을 전제로 한 거래계약은 허가받기 전의 상태에서는 거래계약의 채권적 효력도 전혀 발생하지 않으므로 권리의 이전 또는 설정에 관한 어떠한 내용의 이행청구도 할 수 없으나 일단 허가를 받으면 그 계약은 소급해서 유효화되므로 허가 후에 새로이 거래계약을 체결할 필요는 없다."(대법원 1991. 12. 24. 선고 90다12243)
② (×) 귀화허가는 행정행위로서 강학상 특허에 해당한다.(2009두19069)
③ (×) 특허기업의 사업양도허가는 강학상 인가에 해당하는 것으로 본다. ☞ ㉠ 특허기업이란 행정청으로부터 특허를 받아 공익사업을 경영하는 기업을 말한다(통설). 따라서 특허기업의 사업양도시에는 특허의 양도가 수반되기 때문에, 이때 행정청으로부터 사업양도허가를 받게 하고 있다. 이 허가의 성질을 통설은 강학상 인가로 보고 있다. ㉡ 참고로, 특허기업으로서 영업을 할 수 있게 특허를 발급해 주는 것 자체는 강학상 특허에 해당한다.
④ (×) 허가는 사실행위와 법률행위를 모두 대상으로 하지만, 인가는 법률행위만을 대상으로 한다.

20

행정소송의 판결의 효력에 대한 설명으로 옳은 것만을 모두 고르면? (다툼이 있는 경우 판례에 의함)

㉠ 취소확정판결의 기판력은 판결에 적시된 위법사유에 한하여 미치므로 행정청이 그 확정판결에 적시된 위법사유를 보완하여 행한 새로운 행정처분은 확정판결에 의하여 취소된 종전 처분과는 별개의 처분으로서 확정판결의 기판력에 저촉되지 않는다.
㉡ 주민의 도시관리계획 입안 제안을 거부한 처분을 이익형량에 하자가 있어 위법하다고 판단하여 취소하는 판결이 확정된 경우에도 행정청에 그 입안 제안을 그대로 수용하는 내용의 도시관리계획을 수립할 의무가 있는 것은 아니다.
㉢ 종전 확정판결의 행정소송 과정에서 한 주장 중 처분사유가 되지 아니하여 판결의 판단대상에서 제외된 부분을, 행정청이 그 후 새로이 행한 처분의 적법성과 관련하여 새로운 소송에서 다시 주장하는 것은 위 확정판결의 기판력에 저촉된다.
㉣ 세무서장을 피고로 하는 과세처분 취소소송에서 패소하여 그 판결이 확정된 자가, 국가를 피고로 하여 과세처분의 무효를 주장하여 과오납금반환청구소송을 제기하더라도 취소소송의 기판력에 반하는 것은 아니다.

① ㉠ ② ㉠, ㉡
③ ㉠, ㉡, ㉢ ④ ㉢, ㉣

해설 정답 ❷

㉠ (○) "행정처분에 위법이 있어 행정처분을 취소하는 판결이 확정된 경우 그 확정판결의 기판력은 거기에 적시된 위법사유에 한하여 미치는 것이므로, 행정관청이 그 확정판결에 적시된 위법사유를 보완하여 행한 새로운 행정처분은 확정판결에 의하여 취소된 종전의 처분과는 별개의 처분으로서 확정판결의 기판력에 저촉된다고 할 수 없다." (대법원 1997. 2. 11. 선고 96누13057) ☞ 반복금지의무에 위배되지 않는다는 말이다. '기판력'이라 표현하고 있지만 기속력에 대한 지문이다.
㉡ (○) "취소 확정판결의 기속력의 범위에 관한 법리 및 도시관리계획의 입안·결정에 관하여 행정청에게 부여된 재량을 고려하면, 주민 등의 도시관리계획 입안 제안을 거부한 처분을 이익형량에 하자가 있어 위법하다고 판단하여 취소하는 판결이 확정되었더라도 행정청에게 그 입안 제안을 그대로 수용하는 내용의 도시관리계획을 수립할 의무가 있다고는 볼 수 없고, 행정청이 다시 새로운 이익형량을 하여 적극적으로 도시관리계획을 수립하였다면 취소판결의 기속력에 따른 재처분의무를 이행한 것이라고 보아야 한다. 다만 취소판결의 기속력 위배 여부와 계획재량의 한계 일탈 여부는 별개의 문제이므로, 행정청이 적극적으로 수립한 도시관리계획의 내용이 취소판결의 기속력에 위배되지는 않는다고 하더라도 계획재량의 한계를 일탈한 것인지의 여부는 별도로 심리·판단하여야 한다."(대법원 2020. 6. 25. 선고 2019두56135)

ⓒ (×) "기히 원고의 승소로 확정된 판결은 원고 출원의 광구 내에서의 불석채굴이 공익을 해한다는 이유로 한 피고의 불허가처분에 대하여 그것이 공익을 해한다고는 보기 어렵다는 이유로 이를 취소한 내용으로서 이 소송과정에서 피고가 원고 출원의 위 불석광은 광업권이 기히 설정된 고령토광과 동일광상에 부존하고 있어 불허가대상이라는 주장도 하였으나 이 주장 부분은 처분사유로 볼 수 없다는 점이 확정되어 판결의 판단대상에서 제외되었다면, 피고가 그 후 새로이 행한 처분의 적법성과 관련하여 다시 위 주장을 하더라도 위 확정판결의 기판력에 저촉된다고 할 수 없다."(대법원 1991. 8. 9. 선고 90누7326)

ⓔ (×) "과세처분의 취소소송은 과세처분의 실체적, 절차적 위법을 그 취소원인으로 하는 것으로서 그 심리의 대상은 과세관청의 과세처분에 의하여 인정된 조세채무인 과세표준 및 세액의 객관적 존부, 즉 당해 과세처분의 적부가 심리의 대상이 되는 것이며, 과세처분 취소청구를 기각하는 판결이 확정되면 그 처분이 적법하다는 점에 관하여 기판력이 생기고 그 후 원고가 이를 무효라 하여 무효확인을 소구할 수 없는 것이어서 과세처분의 취소소송에서 청구가 기각된 확정판결의 기판력은 그 과세처분의 무효확인을 구하는 소송에도 미친다."(대법원 1998. 7. 24. 선고 98다10854)

A D M I N I S T R A T I V E L A W

09회 정답과 해설

문제 p.52

Answer

01	④	06	②	11	②	16	④
02	②	07	③	12	①	17	②
03	③	08	②	13	③	18	①
04	④	09	④	14	①	19	①
05	④	10	①	15	①	20	③

01

A장관을 주무부장관으로 하는 국가사무인 X사무가 법령에 의해 B지방자치단체의 장에게 위임되었다. 기관위임사무인 X사무의 처리에 대한 설명으로 옳은 것은? (다툼이 있는 경우 판례에 의함)

① B지방자치단체 소속 공무원이 X사무를 수행하던 중 법 위반행위를 한 경우, B지방자치단체는 같은 법의 양벌규정에 따라 처벌되는 법인에 해당한다.

② 법령이 X사무에 대해 조례에 위임하는 경우 그러한 조례는 자치조례에 해당하여 포괄적 위임이 가능하다.

③ 법령이 X사무에 대한 사항을 조례에 위임하였는데, 그러한 조례가 집행행위의 개입 없이 직접 국민의 구체적 권리·의무에 영향을 미친다면 조례의 처분성이 인정된다. 이 경우 항고소송의 피고는 조례를 제정한 B지방자치단체의 지방의회가 된다.

④ B지방자치단체의 장이 X사무를 처리하면서 불법행위를 하여 국가배상책임이 성립하는 경우 B지방자치단체도 배상책임이 있다.

해설 정답 ④

① (×) 지방자치단체가 자치사무를 수행하던 중 법 위반행위를 한 경우 지방자치단체는 같은 법의 양벌규정에 따라 처벌되는 법인에 해당한다(2004도2657). 그러나 지방자치단체가 국가로부터 위임받은 기관위임사무를 처리하는 경우, 지방자치단체는 양벌규정에 의한 처벌 대상이 될 수 없다고 판시한 판례가 있다. **관련판례** "지방자치단체 소속 공무원이 지정항만순찰 등의 업무를 위해 관할관청의 승인 없이 개조한 승합차를 운행함으로써 구 자동차관리법(2007. 10. 17. 법률 제8658호로 개정되기 전의 것)을 위반한 사안에서, 지방자치법, 구 항만법(2007. 8. 3. 법률 제8628호로 개정되기 전의 것), 구 항만법 시행령(2007. 12. 31. 대통령령 20506호로 개정되기 전의 것) 등에 비추어 위 항만순찰 등의 업무가 지방자치단체의 장이 국가로부터 위임받은 기관위임사무에 해당하여, 해당 지방자치단체가 구 자동차관리법 제83조의 양벌규정에 따른 처벌대상이 될 수 없다고 한 사례."(대법원 2009. 6. 11. 선고 2008도6530)

② (×) 이 경우는 자치조례가 아니라 위임조례이다. 자치조례의 경우에는 국가법에 적용되는 일반적인 위임입법의 한계가 그대로 적용되지 않는다. 다만, 위임조례의 경우에는 그대로 적용된다. 따라서 자치조례에는 포괄위임금지원칙이 적용되지 않아 포괄위임이 가능하지만 위임조례는 포괄위임금지원칙이 적용되므로 포괄위임이 불가능하다. **관련판례** "지방자치법 제9조 제1항과 제15조 등의 관련 규정에 의하면 지방자치단체는 원칙적으로 그 고유사무인 자치사무와 법령에 의하여 위임된 단체위임사무에 관하여 이른바 자치조례를 제정할 수 있는 외에, 개별 법령에서 특별히 위임하고 있을 경우에는 그러한 사무에 속하지 아니하는 기관위임사무에 관하여도 그 위임의 범위 내에서 이른바 위임조례를 제정할 수 있지만, 조례가 규정하고 있는 사항이 그 근거 법령 등에 비추어 볼 때 자치사무나 단체위임사무에 관한 것이라면 이는 자치조례로서 지방자치법 제15조가 규정하고 있는 '법령의 범위 안'이라는 사항적 한계가 적용될 뿐, 위임조례와 같이 국가법에 적용되는 일반적인 위임입법의 한계가 적용될 여지는 없다."(대법원 2000. 11. 24. 선고 2000추29)

③ (×) "조례가 집행행위의 개입 없이도 그 자체로서 직접 국민의 구체적인 권리의무나 법적 이익에 영향을 미치는 등의 법률상 효과를 발생하는 경우 그 조례는 항고소송의 대상이 되는 행정처분에 해당하고, 이러한 조례에 대한 무효확인소송을 제기함에 있어서 행정소송법 제38조 제1항, 제13조에 의하여 피고적격이 있는 처분 등을 행한 행정청은, 행정주체인 지방자치단체 또는 지방자치단체의 내부적 의결기관으로서 지방자치단체의 의사를 외부에 표시한 권한이 없는 지방의회가 아니라, 구 지방자치법(1994. 3. 16. 법률 제4741호로 개정되기 전의 것) 제19조 제2항, 제92조에 의하여 지방자치단체의 집행기관으로서 조례로서의 효력을 발생시키는 공포권이 있는 지방자치단체의 장이다."(대법원 1996. 9. 20. 선고 95누8003)

④ (○) 국가배상법 제6조 제1항 참조. 국가배상법 제6조는 사무귀속주체와 비용부담자가 다른 경우(대표적으로 사무의 기관위임이 있는 경우)에 대해 규정을 두고 있다. ㉠ 이때 피해자는 사무귀속주체나 비용부담자 둘 중 하나를 선택하여 손해배상을 청구할 수 있고(대외적 책임의 문제)(제6조 제1항), ㉡ 또 피해자의 선택에 따라 어느 한 쪽이 손해를 배상한 경우, 손해를 배상한 자는 '내부관계에서 그 손해를 배상할 책임이 있는 자'에게 구상할 수 있다(대내적 책임의 문제)(제6조 제2항).

국가배상법 제6조(비용부담자 등의 책임) ① 제2조·제3조 및 제5조에 따라 국가나 지방자치단체가 손해를 배상할 책임이 있는 경우에 공무원의 선임·감독 또는 영조물의 설치·관리를 맡은 자와 공무원의 봉급·급여, 그 밖의 비용 또는 영조물의 설치·관리 비용을 부담하는 자가 동일하지 아니하면 그 비용을 부담하는 자도 손해를 배상하여야 한다.
② 제1항의 경우에 손해를 배상한 자는 내부관계에서 그 손해를 배상할 책임이 있는 자에게 구상할 수 있다.

02

행정행위의 성립 및 효력발생요건에 대한 설명으로 옳지 않은 것은? (다툼이 있는 경우 판례에 의함)

① 보통우편에 의한 송달과 달리, 우편물이 등기취급의 방법으로 발송된 경우 그것이 도중에 유실되었거나 반송되었다는 등의 특별한 사정에 대한 반증이 없는 한 그 무렵 수취인에게 배달되었다고 추정할 수 있다.

② 구 「청소년 보호법」에 따라 정보통신윤리위원회가 특정 웹사이트를 청소년유해매체물로 결정하고 청소년보호위원회가 효력발생시기를 명시하여 고시하였다 하더라도, 정보통신윤리위원회와 청소년보호위원회가 웹사이트 운영자에게 위 처분이 있었음을 개별적으로 통지하지 않았다면 그 효력이 발생하지 않는다.

③ 송달받을 자의 주소 등을 통상적인 방법으로 확인할 수 없는 경우에는 관보, 공보, 게시판, 일간신문 중 하나 이상에 공고하고 인터넷에도 공고하여야 하며, 이 경우 특별한 규정이 있는 경우를 제외하고는 공고일부터 14일이 지난 때에 그 효력이 발생한다.

④ 과세처분에 관한 납세고지서의 송달이 「국세기본법」의 규정에 위배되는 부적법한 것으로서 송달의 효력이 발생하지 아니하는 이상, 그 과세처분은 무효이다.

해설 정답 ❷

① (○) "행정소송법 제20조 제1항이 정한 제소기간의 기산점인 '처분 등이 있음을 안 날'이란 통지, 공고 기타의 방법에 의하여 당해 처분 등이 있었다는 사실을 현실적으로 안 날을 의미하므로, 행정처분이 상대방에게 고지되어 상대방이 이러한 사실을 인식함으로써 행정처분이 있다는 사실을 현실적으로 알았을 때 행정소송법 제20조 제1항이 정한 제소기간이 진행한다고 보아야 하고, 처분서가 처분상대방의 주소지에 송달되는 등 사회통념상 처분이 있음을 처분상대방이 알 수 있는 상태에 놓인 때에는 반증이 없는 한 처분상대방이 처분이 있음을 알았다고 추정할 수 있다. 또한 우편물이 등기취급의 방법으로 발송된 경우 그것이 도중에 유실되었거나 반송되었다는 등의 특별한 사정에 대한 반증이 없는 한 그 무렵 수취인에게 배달되었다고 추정할 수 있다."(대법원 2017. 3. 9. 선고 2016두60577)

② (×) 특정 웹사이트에 대한 청소년유해매체물 결정은 일반처분에 해당한다. 따라서 그 효력발생요건인 고시에서 효력발생시기를 명시하였다면 그에 따라 효력이 발생한다. 웹사이트 운영자에게 개별통지를 하지 않아도 효력이 발생한다. 참고로, 이 판례에서 말하는 '통지'는 송달을 말한다. 관련판례 "구 청소년보호법(2001. 5. 24. 법률 제6479호로 개정되기 전의 것)에 따른 청소년유해매체물 결정 및 고시처분은 당해 유해매체물의 소유자 등 특정인만을 대상으로 한 행정처분이 아니라 일반 불특정 다수인을 상대방으로 하여 일률적으로 표시의무, 포장의무, 청소년에 대한 판매・대여 등의 금지의무 등 각종 의무를 발생시키는 행정처분으로서, 정보통신윤리위원회가 특정 인터넷 웹사이트를 청소년유해매체물로 결정하고 청소년보호위원회가 효력발생시기를 명시하여 고시함으로써 그 명시된 시점에 효력이 발생하였다고 봄이 상당하고, 정보통신윤리위원회와 청소년보호위원회가 위 처분이 있었음을 위 웹사이트 운영자에게 제대로 통지하지 아니하였다고 하여 그 효력 자체가 발생하지 아니한 것으로 볼 수는 없다."(대법원 2007. 6. 14. 선고 2004두619)

③ (○) 행정절차법 제14조 제4항, 제15조 제3항

> **행정절차법 제14조(송달)** ④ 다음 각 호의 어느 하나에 해당하는 경우에는 송달받을 자가 알기 쉽도록 관보, 공보, 게시판, 일간신문 중 하나 이상에 공고하고 인터넷에도 공고하여야 한다.
> 1. 송달받을 자의 주소등을 통상적인 방법으로 확인할 수 없는 경우
> 2. 송달이 불가능한 경우

> **동법 제15조(송달의 효력 발생)** ③ 제14조 제4항의 경우에는 다른 법령등에 특별한 규정이 있는 경우를 제외하고는 공고일부터 14일이 지난 때에 그 효력이 발생한다. 다만, 긴급히 시행하여야 할 특별한 사유가 있어 효력 발생 시기를 달리 정하여 공고한 경우에는 그에 따른다.

④ (○) "과세처분에 관한 납세고지서의 송달이 국세기본법 제8조 제1항의 규정에 위배되는 부적법한 것으로서 송달의 효력이 발생하지 아니하는 이상, 그 과세처분은 무효이다."(대법원 1995. 8. 22. 선고 95누3909)

03

행정행위의 하자에 대한 설명으로 옳은 것은? (다툼이 있는 경우 판례에 의함)

① 직권취소나 쟁송취소에서 인정되는 소급효가 하자의 치유에서까지 인정된다고는 할 수 없으므로, 행정행위의 하자가 치유되면 그 행정행위는 치유된 때부터 하자가 없는 적법한 행정행위로 효력을 발생한다.

② 「도시 및 주거환경정비법」상 주택재건축사업의 추진위원회가 조합을 설립하고자 하는 때에는 토지소유자 등이 일정 수 이상 동의하여야 하는데, 주택재건축조합설립인가처분 당시에 토지소유자 등의 동의율을 충족하지 못하였던 하자는, 후에 토지소유자 등의 추가 동의서가 제출되어 법정요건을 갖추게 되었다면 곧바로 치유된다고 보아야 한다.

③ 명백성 보충요건설은 행정행위의 무효의 기준으로서 원칙적으로 중대성 요건만을 요구하지만 제3자나 공공의 신뢰보호의 필요가 있는 경우에는 보충적으로 명백성 요건도 요구하는 것으로, 명백성 보충요건설에 의하면 중대・명백설보다 무효 인정의 범위가 더 넓어질 수 있다.

④ 납세고지서에 증여세의 과세표준과 세액의 산출근거가 기재되어 있지 않았다면, 과세처분에 앞서 납세의무자에게 보낸 과세관청의 과세예고통지서에 과세표준과 세액의 산출근거 등 납세고지서의 필요적 기재사항이 모두 기재되어 있어 납세의무자가 불복 여부의 결정 및 불복신청에 전혀 지장을 받지 않았다는 것이 명백하다고 하더라도, 납세고지의 하자는 치유될 수 없다.

해설 정답 ❸

① (×) 하자의 치유에는 소급효가 인정된다. 즉, 행정행위의 하자가 치유되면 당해 행정행위는 처분 당시부터(치유된 때부터×) 하자가 없는 적법한 행정행위로 효력을 발생한다.

② (×) "원심판결 이유에 의하면 원심은, 토지 또는 건축물 소유자의 동의서가 추가로 제출됨으로써 토지 또는 건축물 소유자의 4분의 3 이상의 동의율 요건이 충족되었으므로 2008. 11. 20.자 설립인가처분의 흠이 치유되었거나 그 요건이 보완되었다는 피고의 주장에 대하여, 구 도시정비법(2009. 2. 6. 법률 제9444호로 개정되기 전의 것) 제16조 제2항, 제3항에서 정하는 조합설립인가처분은 설권적 처분의 성질을 가지고 있고, 흠 있는 2008. 11. 20.자 설립인가처분의 치유나 전환을 인정하더라도 원고들을 비롯한 토지 또는 건축물 소유자에게 아무런 손해가 발생하지 않는다고 단정할 수 없다는 점 등을 이유로 이를 배척하였다. 앞서 본 법리와 기록에 비추어 살펴보면, 원심의 위와 같은 판단은 정당하고, 거기에 흠이 있는 행정행위의 치유에 관한 법리오해, 이유불비 등의 위법이 없다."(대법원 2014. 5. 16. 선고 2011두13736)

③ (○) 무효와 취소의 구분기준에 관하여 명백성 보충요건설은 행정행위의 무효의 기준으로서 원칙적으로 중대성 요건만을 요구하지만, 제3자나 공공의 신뢰보호의 필요가 있는 경우에는 보충적으로 명백성 요건도 요구한다. 명백성 보충요건설에 의하면 무효판단의 기준에 명백성이 항상 요구되지는 아니하므로 중대·명백설보다 무효 인정의 범위가 넓어지게 된다.

④ (×) "국세징수법 제9조, 구 상속세법(1990. 12. 31. 법률 제4283호로 개정된 것) 제34조의7, 제25조, 제25조의2, 구 상속세법시행령(1990. 12. 31. 대통령령 제13196호로 개정된 것) 제42조 제1항, 제19조 제1항의 각 규정에 의하여 증여세의 납세고지서에 과세표준과 세액의 계산명세가 기재되어 있지 아니하거나 그 계산명세서를 첨부하지 아니하였다면 그 납세고지는 위법하다고 할 것이나, 한편 과세관청이 과세처분에 앞서 납세의무자에게 보낸 과세예고통지서 등에 납세고지서의 필요적 기재사항이 제대로 기재되어 있어 납세의무자가 그 처분에 대한 불복 여부의 결정 및 불복신청에 전혀 지장을 받지 않았음이 명백하다면, 이로써 납세고지서의 하자가 보완되거나 치유될 수 있다."(대법원 2001. 3. 27. 선고 99두8039)

04

다음에 제시된 행정법의 일반원칙에 대한 설명으로 옳지 않은 것은? (다툼이 있는 경우 판례에 의함)

(가) 어떤 행정목적을 달성하기 위한 수단은 그 목적달성에 유효·적절하고 또한 가능한 한 최소침해를 가져오는 것이어야 하며 아울러 그 수단의 도입으로 인한 침해가 의도하는 공익을 능가하여서는 아니 된다.
(나) 행정기관은 행정결정에 있어서 동종의 사안에 대하여 이전에 제3자에게 행한 결정과 동일한 결정을 상대방에게 하도록 스스로 구속당한다.
(다) 개별국민이 행정기관의 어떤 언동의 정당성 또는 존속성을 신뢰한 경우 그 신뢰가 보호받을 가치가 있는 한 그러한 귀책사유 없는 신뢰는 보호되어야 한다.
(라) 행정주체가 행정작용을 함에 있어서 상대방에게 이와 실질적인 관련이 없는 의무를 부과하거나 그 이행을 강제하여서는 아니 된다.

① (가)원칙은 급부행정의 영역에서는 과잉급부 금지원칙으로 나타난다.
② 반복적으로 행하여진 행정처분이 위법한 것일 경우 행정청은 (나)원칙에 구속되지 않는다.
③ 병무청 담당부서의 담당공무원에게 공적 견해의 표명을 구하는 정식의 서면질의 등을 하지 아니한 채 총무과 민원팀장에 불과한 공무원이 민원봉사차원에서 상담에 응하여 안내한 것을 신뢰한 경우, (다)원칙이 적용되지 않는다.
④ 고속국도 관리청이 고속도로 부지와 접도구역에 송유관 매설을 허가하면서 상대방과 체결한 협약에 따라 송유관 시설을 이전하게 될 경우 그 비용을 상대방에게 부담하도록 한 부관은 (라)원칙에 반한다.

해설 정답 ❹

(가)비례의 원칙, (나)자기구속의 원칙, (다)신뢰보호의 원칙, (라)부당결부금지의 원칙

① (○) 비례의 원칙은 급부행정의 영역에서는 과잉급부 금지원칙으로 나타난다.

② (○) "일반적으로 행정상의 법률관계 있어서 행정청의 행위에 대하여 신뢰보호의 원칙이 적용되기 위하여는 행정청이 개인에 대하여 신뢰의 대상이 되는 공적인 견해표명을 하였다는 점이 전제되어야 한다(대법원 1998. 5. 8. 선고 98두4061 판결 등 참조). 그리고 평등의 원칙은 본질적으로 같은 것을 자의적으로 다르게 취급함을 금지하는 것이고, 위법한 행정처분이 수차례에 걸쳐 반복적으로 행하여졌다 하더라도 그러한 처분이 위법한 것인 때에는 행정청에 대하여 자기구속력을 갖게 된다고 할 수 없다."(대법원 2009. 6. 25. 선고 2008두13132)

③ (○) "병무청 담당부서의 담당공무원에게 공적 견해의 표명을 구하는 정식의 서면질의 등을 하지 아니한 채 총무과 민원팀장에 불과한 공무원이 민원봉사차원에서 상담에 응하여 안내한 것을 신뢰한 경우, 신뢰보호 원칙이 적용되지 아니한다."(대법원 2003. 12. 26. 선고 2003두1875)

④ (×) "고속국도 관리청이 고속도로 부지와 접도구역에 송유관 매설을 허가하면서 상대방과 체결한 협약에 따라 송유관 시설을 이전하게 될 경우 그 비용을 상대방에게 부담하도록 하였고, 그 후 도로법 시행규칙이 개정되어 접도구역에는 관리청의 허가 없이도 송유관을 매

설할 수 있게 된 사안에서, 위 협약이 효력을 상실하지 않을 뿐만 아니라 위 협약에 포함된 부관이 부당결부금지의 원칙에도 반하지 않는다."(대법원 2009. 2. 12. 선고 2005다65500)

05

「행정절차법」에 대한 설명으로 옳지 않은 것은? (다툼이 있는 경우 판례에 의함)

① 행정절차에 드는 비용은 행정청이 부담한다. 다만, 당사자등이 자기를 위하여 스스로 지출한 비용은 그러하지 아니하다.
② 이해관계가 있는 제3자는 자신의 신청 또는 행정청의 직권에 의하여 행정절차에 참여하여 처분 전에 그 처분의 관할 행정청에 서면이나 말 또는 정보통신망을 이용하여 의견을 제출할 수 있다.
③ 다수의 당사자등이 공동으로 행정절차에 관한 행위를 할 때에는 대표자를 선정할 수 있는데, 대표자가 있는 경우에는 당사자등은 그 대표자를 통하여서만 행정절차에 관한 행위를 할 수 있다.
④ 당사자등이 사망하였을 때의 상속인은 행정청의 승인이 없이도 당연히 「행정절차법」상 당사자등의 지위를 승계하므로, 당사자등의 지위를 승계한 경우에도 행정청에 그 사실을 통지할 필요는 없다.

해설 정답 ❹

이하 행정절차법
① (○) 제54조

> **제54조(비용의 부담)** 행정절차에 드는 비용은 행정청이 부담한다. 다만, 당사자등이 자기를 위하여 스스로 지출한 비용은 그러하지 아니하다.

② (○) 제27조, 제2조 제4호 나목

> **제27조(의견제출)** ① 당사자등은 처분 전에 그 처분의 관할 행정청에 서면이나 말로 또는 정보통신망을 이용하여 의견제출을 할 수 있다.

> **제2조(정의)** 이 법에서 사용하는 용어의 뜻은 다음과 같다.
> 4. "당사자등"이란 다음 각 목의 자를 말한다.
> 가. 행정청의 처분에 대하여 직접 그 상대가 되는 당사자
> 나. 행정청이 직권으로 또는 신청에 따라 행정절차에 참여하게 한 이해관계인

③ (○) 제11조 제1항, 제5항

> **제11조(대표자)** ① 다수의 당사자등이 공동으로 행정절차에 관한 행위를 할 때에는 대표자를 선정할 수 있다.
> ⑤ 대표자가 있는 경우에는 당사자등은 그 대표자를 통하여서만 행정절차에 관한 행위를 할 수 있다.

④ (×) 제10조 제1항, 제3항

> **제10조(지위의 승계)** ① 당사자등이 사망하였을 때의 상속인과 다른 법령등에 따라 당사자등의 권리 또는 이익을 승계한 자는 당사자등의 지위를 승계한다.
> ② 당사자등인 법인등이 합병하였을 때에는 합병 후 존속하는 법인등이나 합병 후 새로 설립된 법인등이 당사자등의 지위를 승계한다.
> ③ 제1항 및 제2항에 따라 당사자등의 지위를 승계한 자는 행정청에 그 사실을 통지하여야 한다.

06

행정행위의 직권취소와 철회에 대한 설명으로 옳은 것만을 모두 고르면? (다툼이 있는 경우 판례에 의함)

㉠ 직권취소는 처분의 성격을 가지므로, 개별법에 특별한 규정이 없다 하더라도 이유제시 절차 등 「행정절차법」상 처분절차에 따라야 하며, 특히 수익적 행위의 직권취소는 상대방에게 침해적 효과를 발생시키므로 「행정절차법」에 따른 사전통지, 의견청취의 절차를 거쳐야 한다.
㉡ 직권취소의 효과는 부당한 처분의 전부나 일부에 소급하여 미치는 것이 원칙이지만, 당사자의 신뢰를 보호할 가치가 있는 등 정당한 사유가 있는 경우에는 장래를 향하여 취소할 수 있다.
㉢ 「국세기본법」상 상속세부과처분의 취소에 하자가 있는 경우, 부과의 취소의 취소에 대하여는 법률이 명문으로 그 취소요건이나 그에 대한 불복절차에 대하여 따로 규정을 두고 있지 않다면, 과세관청은 부과의 취소를 다시 취소함으로써 원부과처분을 소생시킬 수 있다.
㉣ 과세처분에 대한 쟁송이 진행 중에 과세관청이 그 과세처분의 납부고지 절차상의 하자를 발견한 경우에는 위 과세처분을 취소하고 절차상의 하자를 보완하여 다시 동일한 내용의 과세처분을 할 수 있고, 이와 같은 새로운 처분이 행정행위의 불가쟁력이나 불가변력에 저촉되는 것은 아니다.

① ㉠　　② ㉠, ㉡, ㉣
③ ㉠, ㉢　　④ ㉡, ㉢, ㉣

해설 정답 ❷

㉠ (○) 행정행위의 폐지(직권취소와 철회)는 그 자체가 행정행위이자 처분이다. 그러므로 이유제시 절차 등 「행정절차법」 상 처분절차에 따라야 하며, 특히 수익적 행위의 직권취소는 상대방에게 침해적 효과를 발생시키므로 「행정절차법」 에 따른 사전통지, 의견청취의 절차를 거쳐야 한다.
㉡ (○) 행정기본법 제18조 제1항

> **행정기본법 제18조(위법 또는 부당한 처분의 취소)** ① 행정청은 위법 또는 부당한 처분의 전부나 일부를 소급하여 취소할 수 있다. 다만, 당사자의 신뢰를 보호할 가치가 있는 등 정당한 사유가 있는 경우에는 장래를 향하여 취소할 수 있다.

㉢ (×) "국세기본법 제26조 제1호는 부과의 취소를 국세납부의무 소멸사유의 하나로 들고 있으나, 그 부과의 취소에 하자가 있는 경우의 부과의 취소의 취소에 대하여는 법률이 명문으로 그 취소요건이나 그에 대한 불복절차에 대하여 따로 규정을 둔 바도 없으므로, 설사 부과의 취소에 위법사유가 있다고 하더라도 당연무효가 아닌 한 일단 유효하게 성립하여 부과처분을 확정적으로 상실시키는 것이므로, 과세관청은 부과의 취소를 다시 취소함으로써 원부과처분을 소생시킬 수는 없고 납세의무자에게 종전의 과세대상에 대한 납부의무를 지우려면 다시 법률에서 정한 부과절차에 좇아 동일한 내용의 새로운 처분을 하는 수밖에 없다."(대법원 1995. 3. 10. 선고 94누7027)

㉣ (○) "과세처분에 대한 쟁송이 진행 중에 과세관청이 그 과세처분의 납부고지 절차상의 하자를 발견한 경우에는 위 과세처분을 취소하고 절차상의 하자를 보완하여 다시 동일한 내용의 과세처분을 할 수 있고, 이와 같은 새로운 처분이 행정행위의 불가쟁력이나 불가변력에 저촉되는 것도 아니라고 할 것이므로(대법원 1984. 10. 23. 선고 84누406 판결, 1986. 10. 14. 선고 85누910 판결 참조), 최초의 과세처분을 취소한 후 그 절차상의 하자를 보완하여 이루어진 이 사건 처분이 원고(선정당사자)가 주장하는 바와 같이 중복부과처분에 해당하는 등의 위법한 것이라고 할 수는 없다."(대법원 2005. 11. 25. 선고 2004두3656)

07

이행강제금에 대한 설명으로 옳은 것은? (다툼이 있는 경우 판례에 의함)

① 이행강제금은 일정한 기한까지 의무를 이행하지 않았을 때에는 일정한 금전적 부담을 과하는 것으로서, 헌법 제13조 제1항이 규정하고 있는 이중처벌금지의 원칙의 적용대상이 된다.
② 대집행이 가능한 경우에까지 이행강제금을 부과하는 것은 필요성 원칙에 어긋나므로, 「건축법」에 위반된 건축물의 철거를 명하였으나 불응하자 이행강제금을 부과·징수한 후 이후에도 철거를 하지 아니하자 다시 행정대집행계고처분을 한 경우 그 계고처분은 위법하다.
③ 「농지법」 제62조 제1항에 따른 이행강제금 부과처분에 불복하는 경우에는 「비송사건절차법」에 따른 재판절차가 적용되어야 하고, 「행정소송법」상 항고소송의 대상은 될 수 없다.
④ 이행강제금은 법령으로 정하는 바에 따라 계고나 시정명령 없이 부과할 수 있으며 법령으로 정하는 바에 따라 반복적으로 이행할 때까지 부과할 수 있다.

해설 정답 ❸

① (×) "이 사건 법률조항에서 규정하고 있는 이행강제금은 일정한 기한까지 의무를 이행하지 않을 때에는 일정한 금전적 부담을 과할 뜻을 미리 계고함으로써 의무자에게 심리적 압박을 주어 장래에 그 의무를 이행하게 하려는 행정상 간접적인 강제집행 수단의 하나로서 과거의 일정한 법률위반 행위에 대한 제재로서의 형벌이 아니라 장래의 의무이행의 확보를 위한 강제수단일 뿐이어서 범죄에 대하여 국가가 형벌권을 실행한다고 하는 과벌에 해당하지 아니하므로 헌법 제13조 제1항이 금지하는 이중처벌금지의 원칙이 적용될 여지가 없을 뿐 아니라, 건축법 제108조, 제110조에 의한 형사처벌의 대상이 되는 행위와 이 사건 법률조항에 따라 이행강제금이 부과되는 행위는 기초적 사실관계가 동일한 행위가 아니라 할 것이므로 이런 점에서도 이 사건 법률조항이 헌법 제13조 제1항의 이중처벌금지의 원칙에 위반되지 아니한다."(헌법재판소 2011. 10. 25. 2009헌바140)

② (×) "현행 건축법상 위법건축물에 대한 이행강제수단으로 대집행과 이행강제금(제83조 제1항)이 인정되고 있는데, 양 제도는 각각의 장·단점이 있으므로 행정청은 개별사건에 있어서 위반내용, 위반자의 시정의지 등을 감안하여 대집행과 이행강제금을 선택적으로 활용할 수 있으며, 이처럼 그 합리적인 재량에 의해 선택하여 활용하는 이상 중첩적인 제재에 해당한다고 볼 수 없다. 건축법 제78조에 의한 무허가 건축행위에 대한 형사처벌과 건축법 제83조 제1항에 의한 시정명령 위반에 대한 이행강제금의 부과는 그 처벌 내지 제재대상이 되는 기본적 사실관계로서의 행위를 달리하며, 또한 그 보호법익과 목적에서도 차이가 있으므로 헌법 제13조 제1항이 금지하는 이중처벌에 해당한다고 할 수 없다."(헌법재판소 2004. 2. 26. 2001헌바80)

③ (○) "농지법은 농지 처분명령에 대한 이행강제금 부과처분에 불복하는 자가 그 처분을 고지받은 날부터 30일 이내에 부과권자에게 이의를 제기할 수 있고, 이의를 받은 부과권자는 지체 없이 관할 법원에 그 사실을 통보하여야 하며, 그 통보를 받은 관할 법원은 비송사건절차법에 따른 과태료 재판에 준하여 재판을 하도록 정하고 있다(제62조 제1항, 제6항, 제7항). 따라서 농지법 제62조 제1항에 따른 이행강제금 부과처분에 불복하는 경우에는 비송사건절차법에 따른 재판절차가 적용되어야 하고, 행정소송법상 항고소송의 대상은 될 수 없다."(대법원 2019. 4. 11. 선고 2018두42955)

④ (×) 건축법상의 이행강제금은 시정명령이 없으면 부과할 수 없다.
관련판례 "건축법 제79조 제1항 및 제80조 제1항에 의하면, 허가권자는 먼저 건축주 등에 대하여 상당한 기간을 정하여 시정명령을 하고, 건축주 등이 그 시정기간 내에 시정명령을 이행하지 아니하면, 다시 그 시정명령의 이행에 필요한 상당한 이행기한을 정하여 그 기한까지 시정명령을 이행할 수 있는 기회를 준 후가 아니면 이행강제금을 부과할 수 없다."(대법원 2010. 6. 24. 선고 2010두3978)

08

「공공기관의 정보공개에 관한 법률」상 정보공개에 대한 설명으로 옳은 것만을 모두 고르면? (다툼이 있는 경우 판례에 의함)

㉠ 판례는 「공공기관의 정보공개에 관한 법률」과 같은 실정법의 근거가 없는 경우에는 정보공개청구권이 인정되기 어렵다고 보고 있다.
㉡ 국내에 일정한 주소를 두고 거주하거나 학술·연구를 위하여 일시적으로 체류하는 외국인은 정보공개청구를 할 수 있다.
㉢ 정보공개에 관한 정책 수립 및 제도 개선에 관한 사항을 심의·조정하기 위하여 행정안전부장관 소속으로 정보공개심의회를 둔다.
㉣ 「공공기관의 정보공개에 관한 법률」상 공개청구대상이 되는 정보는 공공기관이 직무상 작성 또는 취득하여 현재 보유·관리하고 있는 것에 한정되며 반드시 원본이어야 한다.

① ㉠　② ㉡
③ ㉡, ㉢　④ ㉠, ㉢, ㉣

해설 정답 ❷

㉠ (×) "헌법상 입법의 공개(제50조 제1항), 재판의 공개(제109조)와는 달리 행정의 공개에 대하여서는 명문규정을 두고 있지 않지만 '알 권리'의 생성기반을 살펴볼 때 이 권리의 핵심은 정부가 보유하고 있는 정보에 대한 국민의 '알 권리', 즉 국민의 정부에 대한 일반적 정보공개를 구할 권리(청구권적 기본권)라고 할 것이며, 이러한 '알 권리'의 실현은 법률의 제정이 뒤따라 이를 구체화시키는 것이 충실하고도 바람직하지만, 그러한 법률이 제정되어 있지 않다고 하더라도 불가능한 것은 아니고 헌법 제21조에 의해 직접 보장될 수 있다고 하는 것이 헌법재판소의 확립된 판례인 것이다 (중략) 일반행정문서의 경우 정부공문서규정 제36조 제2항이 '행정기관은 일반인이 당해 행정기관에서 보관 또는 보존하고 있는 문서를 열람·복사하고자 할 때에는 특별한 사유가 없는 한 이를 허가할 수 있다. 다만, 비밀 또는 대외비로 분류된 문서의 경우에는 허가할 수 없으며 외교문서의 경우에는 외무부령이 정하는 바에 따라 허가하여야 한다.'고 규정하여 장애사유가 없을 때에는 공문서를 개시할 수 있도록 하고 있는 정신이나 취지를 전향적으로 수용한다면 형사확정소송기록도 일정한 조건하에 공개가 가능하다고 할 것이며, 그러한 기록보관청의 공개에 있어서 실정법령의 제정이 뒤따르지 않고 있다고 하여 불가능한 것은 아니라 할 것이다."(헌법재판소 1991. 5. 13. 90헌마133)

㉡ (○) 공공기관의 정보공개에 관한 법률 제5조 제2항, 공공기관의 정보공개에 관한 법률 시행령 제3조

> **공공기관의 정보공개에 관한 법률 제5조(정보공개 청구권자)** ① 모든 국민은 정보의 공개를 청구할 권리를 가진다.
> ② 외국인의 정보공개 청구에 관하여는 대통령령으로 정한다.

> **공공기관의 정보공개에 관한 법률 시행령 제3조(외국인의 정보공개 청구)** 법 제5조 제2항에 따라 정보공개를 청구할 수 있는 외국인은 다음 각 호의 어느 하나에 해당하는 자로 한다.
> 1. 국내에 일정한 주소를 두고 거주하거나 학술·연구를 위하여 일시적으로 체류하는 사람
> 2. 국내에 사무소를 두고 있는 법인 또는 단체

㉢ (×) 정보공개에 관한 정책 수립 및 제도 개선에 관한 사항을 심의·조정하기 위하여 국무총리 소속으로 정보공개위원회를 둔다. 이전에는 정보공개위원회가 행정안전부장관 소속이었으나 정보공개법이 개정되면서 국무총리 소속으로 변경되었다(제22조 개정일 : 2020. 12. 22., 시행일 : 2021. 6. 23.). 공공기관의 정보공개에 관한 법률 제22조 참조.

> **공공기관의 정보공개에 관한 법률 제22조(정보공개위원회의 설치)** 다음 각 호의 사항을 심의·조정하기 위하여 국무총리 소속으로 정보공개위원회(이하 "위원회"라 한다)를 둔다. 〈개정 2014. 11. 19., 2017. 7. 26., 2020. 12. 22.〉
> 1. 정보공개에 관한 정책 수립 및 제도 개선에 관한 사항
> 2. 정보공개에 관한 기준 수립에 관한 사항
> 3. 제12조에 따른 심의회 심의결과의 조사·분석 및 심의기준 개선 관련 의견제시에 관한 사항
> 4. 제24조 제2항 및 제3항에 따른 공공기관의 정보공개 운영실태 평가 및 그 결과 처리에 관한 사항
> 5. 정보공개와 관련된 불합리한 제도·법령 및 그 운영에 대한 조사 및 개선권고에 관한 사항
> 6. 그 밖에 정보공개에 관하여 대통령령으로 정하는 사항
> [전문개정 2013. 8. 6.]

㉣ (×) "공공기관의 정보공개에 관한 법률상 공개청구의 대상이 되는 정보란 공공기관이 직무상 작성 또는 취득하여 현재 보유·관리하고 있는 문서에 한정되는 것이기는 하나, 그 문서가 반드시 원본일 필요는 없다."(대법원 2006. 5. 25. 선고 2006두3049)

09

허가에 대한 설명으로 옳지 않은 것은? (다툼이 있는 경우 판례에 의함)

① 허가에 붙은 기한이 그 허가된 사업의 성질상 부당하게 짧은 경우에는 이를 그 허가 자체의 존속기간이 아니라 그 허가조건의 존속기간으로 보아 그 기한이 도래함으로써 그 조건의 개정을 고려한다는 뜻으로 해석할 수는 있지만, 그와 같은 경우라 하더라도 그 허가기간이 연장되기 위하여는 그 종기가 도래하기 전에 그 허가기간의 연장에 관한 신청이 있어야 한다.

② 허가의 갱신은 허가취득자에게 종전의 지위를 계속 유지시키는 효과를 갖게 하는 것으로 갱신 후라도 갱신 전 법위반사실을 근거로 허가를 취소할 수 있다.

③ 구「학원의설립·운영에관한법률」제5조 제2항에 의한 학원의 설립인가는 이른바 강학상의 허가의 성질을 지니는 것으로서 그 인가를 받는 자에게 특별한 권리를 부여하는 것은 아니고 일반적인 금지를 특정한 경우에 해제하여 학원을 설립할 수 있는 자유를 회복시켜 주는 것이다.

④ 장의자동차 운송사업구역면허는 예외적 허가의 일종이므로 장의자동차 운송사업구역면허에 따른 영업이 보호되는 사업구역의 이익은 법률상 이익에 해당한다.

해설 정답 ❹

① (○) "일반적으로 행정처분에 효력기간이 정하여져 있는 경우에는 그 기간의 경과로 그 행정처분의 효력은 상실되고, 다만 허가에 붙은 기한이 그 허가된 사업의 성질상 부당하게 짧은 경우에는 이를 그 허가 자체의 존속기간이 아니라 그 허가조건의 존속기간으로 보아 그 기한이 도래함으로써 그 조건의 개정을 고려한다는 뜻으로 해석할 수는 있지만, 그와 같은 경우라 하더라도 그 허가기간이 연장되기 위하여는 그 종기가 도래하기 전에 그 허가기간의 연장에 관한 신청이 있어야 하며, 만일 그러한 연장신청이 없는 상태에서 허가기간이 만료하였다면 그 허가의 효력은 상실된다."(대법원 2007. 10. 11. 선고 2005두12404)

② (○) "원고의 직업소개사업허가는 최초로 1969. 5. 7에 받은 것을 그 동안 몇 차례 허가갱신을 얻어 최종으로 1980. 1. 1에 다시 허가갱신을 받은 것임을 알 수 있는바, 서울시 직업안정업무처리규정 제20조에 따르면 허가기간은 2년으로 하되 신청에 의하여 동조 제3항 소정 사유가 없는 한 계속허가(허가갱신)를 할 수 있도록 규정하고 있는바 이는 그 신청서에 의하여 일단 그 실태를 조사한다는 것이지 허가취소 사유 내지 결격 사유의 존부를 면밀히 조사하여 확정한 뒤에 허가갱신을 한다는 것이 아니므로 이런 허가갱신제도의 취지나 목적으로 감안하면 갱신은 허가취득자에게 다시 2년간 종전의 지위를 계속 유지시키는 효과를 갖는 것에 불과하고 갱신 후에는 갱신 전의 법위반사항을 불문에 붙이는 효과를 발생하는 것이 아니라고 해석함이 상당한즉 따라서 일단 갱신이 있은 후에도 갱신 전의 법위반사실을 근거하여 허가를 취소할 수 있다고 할 것이다."(대법원 1982. 7. 27. 선고 81누174)

③ (○) "학원의 설립.운영에 관한 법률 제5조 제2항에 의한 학원의 설립인가는 강학상의 이른바 허가의 성질을 지니는 것으로서 그 인가를 받는 자에게 특별한 권리를 부여하는 것은 아니고 일반적인 금지를 특정한 경우에 해제하여 학원을 설립할 수 있는 자유를 회복시켜 주는 것인데(당원 1992. 4. 14. 선고 91다39986 판결 참조), 위 규정의 취지는 위 법률 제3조가 규정하는 시설 및 설비를 갖출 것을 인가요건으로 하여 그 시설기준에 적합한 자가 주무관청의 인가를 받기 위한 세부절차를 대통령령으로 규정할 것을 위임한 것이라고 풀이하여야 할 것이다."(대법원 1994. 2. 8. 선고 93누8276)

④ (×) "면허받은 장의자동차운송사업구역에 위반하였음을 이유로 한 행정청의 과징금부과처분에 의하여 동종업자의 영업이 보호되는 결과는 사업구역제도의 반사적 이익에 불과하기 때문에 그 과징금부과처분을 취소한 재결에 대하여 처분의 상대방 아닌 제3자는 그 취소를 구할 법률상 이익이 없다고 한 사례."(대법원 1992. 12. 8. 선고 91누13700)

10

행정상 권리구제에 대한 설명으로 옳지 않은 것은? (다툼이 있는 경우 판례에 의함)

① 「공익사업을 위한 토지 등의 취득 및 보상에 관한 법률」상 환매권의 존부에 관한 확인 및 환매금액의 증감을 구하는 소송은 당사자소송의 일종이다.

② 국유재산의 관리청이 행정재산의 사용·수익을 허가한 다음 그 사용·수익하는 자에 대하여 하는 사용료 부과는, 순전히 사경제주체로서 행하는 사법상의 이행청구라 할 수 없고, 이는 관리청이 공권력을 가진 우월적 지위에서 행한 것으로서 항고소송의 대상이 되는 행정처분이다.

③ 기관소송이란 국가 또는 공공단체의 기관 상호 간에 있어서의 권한의 존부 또는 그 행사에 관한 다툼이 있을 때에 이에 대하여 제기하는 소송을 말한다. 다만, 「헌법재판소법」 제2조의 규정에 의하여 헌법재판소의 관장사항으로 되는 소송은 제외한다.

④ 행정소송에 관하여 「행정소송법」에 특별한 규정이 없는 사항에 대하여는 「법원조직법」과 「민사소송법」 및 「민사집행법」의 규정을 준용한다.

해설 정답 ❶

① (×) "구 공익사업을 위한 토지 등의 취득 및 보상에 관한 법률(2010. 4. 5. 법률 제10239호로 일부 개정되기 전의 것, 이하 '구 공익사업법'이라 한다) 제91조에 규정된 환매권은 상대방에 대한 의사표시를 요하는 형성권의 일종으로서 재판상이든 재판 외이든 위 규정에 따른 기간 내에 행사하면 매매의 효력이 생기는 바(대법원 2008. 6. 26. 선고 2007다24893 판결 참조), 이러한 환매권의 존부에 관한 확인을 구하는 소송 및 구 공익사업법 제91조 제4항에 따라 환매금액의 증감을 구하는 소송 역시 민사소송에 해당한다."(대법원 2013. 2. 28. 선고 2010두22368)

② (○) "국유재산의 관리청이 행정재산의 사용·수익을 허가한 다음 그 사용·수익하는 자에 대하여 하는 사용료 부과는 순전히 사경제주체로서 행하는 사법상의 이행청구라 할 수 없고, 이는 관리청이 공권력을 가진 우월적 지위에서 행한 것으로서 항고소송의 대상이 되는 행정처분이라 할 것이다."(대법원 1996. 2. 13. 선고 95누11023)

③ (○) 행정소송법 제3조 제4호

> **행정소송법 제3조(행정소송의 종류)** 행정소송은 다음의 네 가지로 구분한다.
> 4. 기관소송: 국가 또는 공공단체의 기관상호간에 있어서의 권한의 존부 또는 그 행사에 관한 다툼이 있을 때에 이에 대하여 제기하는 소송. 다만, 헌법재판소법 제2조의 규정에 의하여 헌법재판소의 관장사항으로 되는 소송은 제외한다.

④ (○) 행정소송법 제8조 제2항

> **행정소송법 제8조(법적용예)** ② 행정소송에 관하여 이 법에 특별한 규정이 없는 사항에 대하여는 법원조직법과 민사소송법 및 민사집행법의 규정을 준용한다.

11

재판관할에 대한 설명으로 옳지 않은 것은? (다툼이 있는 경우 판례에 의함)

① 취소소송의 제1심 관할법원은 피고의 소재지를 관할하는 행정법원으로 한다.

② 중앙행정기관 또는 그 장이 피고인 취소소송을 제기하는 경우에는 대법원 소재지의 행정법원에 제기하여야 한다.

③ 원고가 고의 또는 중대한 과실 없이 행정소송으로 제기하여야 할 사건을 민사소송으로 잘못 제기한 경우, 수소법원으로서는 만약 그 행정소송에 대한 관할도 동시에 가지고 있다면 당해 법원에서 사건을 재배당하거나, 소의 변경을 하게 하여 이를 행정소송으로 심리·판단하여야 한다.

④ 토지의 수용 및 기타 부동산 또는 특정의 장소에 관계되는 처분 등에 대한 취소소송은 그 부동산 또는 장소의 소재지를 관할하는 행정법원에 제기할 수 있고, 이 관할은 임의관할이기 때문에 「민사소송법」상의 합의관할 및 변론관할에 관한 규정이 적용된다.

해설 정답 ❷

이하 행정소송법

① (○) 제9조 제1항

> **제9조(재판관할)** ① 취소소송의 제1심관할법원은 피고의 소재지를 관할하는 행정법원으로 한다.

② (×) ① 중앙행정기관, 중앙행정기관의 ② 부속기관과 ③ 합의제행정기관 ④ 또는 그 장에 대하여 취소소송을 제기하는 경우에는 대법원소재지를 관할하는 행정법원에 제기할 수 있다. 제9조 제2항 제1호 참조.

> **제9조(재판관할)** ① 취소소송의 제1심관할법원은 피고의 소재지를 관할하는 행정법원으로 한다.
> ② 제1항에도 불구하고 다음 각 호의 어느 하나에 해당하는 피고에 대하여 취소소송을 제기하는 경우에는 대법원소재지를 관할하는 행정법원에 제기할 수 있다.
> 1. 중앙행정기관, 중앙행정기관의 부속기관과 합의제행정기관 또는 그 장
> 2. 국가의 사무를 위임 또는 위탁받은 공공단체 또는 그 장

③ (○) "원고가 고의 또는 중대한 과실 없이 행정소송으로 제기하여야 할 사건을 민사소송으로 잘못 제기한 경우, 수소법원으로서는 만약 행정소송에 대한 관할도 동시에 가지고 있다면 이를 행정소송으로 심리·판단하여야 하고, 행정소송에 대한 관할을 가지고 있지 아니하다면 당해 소송이 이미 행정소송으로서의 전심절차 및 제소기간을 도과하였거나 행정소송의 대상이 되는 처분 등이 존재하지도 아니한 상태에 있는 등 행정소송으로서의 소송요건을 결하고 있음이 명백하여 행정소송으로 제기되었더라도 어차피 부적법하게 되는 경우가 아닌 이상 이를 부적법한 소라고 하여 각하할 것이 아니라 관할법원에 이송하여야 한다."(대법원 2017. 11. 9. 선고 2015다215526)

④ (○) 토지의 수용 및 기타 부동산 또는 특정의 장소에 관계되는 처분 등에 대한 취소소송은 그 부동산 또는 장소의 소재지를 관할하는 행정법원에 제기할 수 있고(제9조 제3항), 이 관할은 임의관할이기 때문에 민사소송법상의 합의관할 및 변론관할에 관한 규정이 적용된다.

제9조(재판관할) ③ 토지의 수용 기타 부동산 또는 특정의 장소에 관계되는 처분등에 대한 취소소송은 그 부동산 또는 장소의 소재지를 관할하는 행정법원에 이를 제기할 수 있다.

12

행정법의 법원(法源)에 대한 설명으로 옳지 않은 것은? (다툼이 있는 경우 판례에 의함)

① 콩고민주화운동의 주동자라는 이유로 강제징집을 당하게 된 콩고 국민 갑(甲)이 대한민국정부에 난민인정을 신청하였으나 거부당하자 이에 대해 제기한 취소소송에서 법원은 「난민의 지위에 관한 협약」, 「난민의 지위에 관한 의정서」 등의 국제법을 직접 원용할 수 없다는 이유로 갑(甲)의 난민지위를 인정하지 않았다.

② 법원(法院)은 보충적 법원(法源)으로서의 조리에 따라 재판할 수 있다.

③ 판례는 국세행정상 비과세의 관행도 행정선례법의 일종으로 인정하고 있다.

④ 헌법에 의하여 체결·공포된 조약과, 일반적으로 승인된 국제법규는 국내법과 같은 효력을 가진다.

해설 정답 ❶

① (×) 「난민의 지위에 관한 협약」과 「난민의 지위에 관한 의정서」의 법원성을 인정하여 甲의 난민지위를 인정하였다. "출입국관리법 제2조 제2의2호, 제76조의2 제1항, 난민의 지위에 관한 협약 제1조, 난민의 지위에 관한 의정서 제1조의 규정을 종합하여 보면, 법무부장관은 인종, 종교, 국적, 특정 사회집단의 구성원 신분 또는 정치적 의견을 이유로 박해를 받을 충분한 근거 있는 공포로 인해 국적국의 보호를 받을 수 없거나 국적국의 보호를 원하지 않는 대한민국 안에 있는 외국인에 대하여 그 신청이 있는 경우 난민협약이 정하는 난민으로 인정하여야 한다."(대법원 2008. 7. 24. 선고 2007두3930)

② (○) 법원(法院)은 보충적 법원(法源)으로서의 조리에 따라 재판할 수 있다.

③ (○) 판례는 국세행정상 비과세의 관행도 행정선례법의 일종으로 인정하고 있다.

④ (○) 헌법 제6조 제1항

헌법 제6조 ① 헌법에 의하여 체결·공포된 조약과 일반적으로 승인된 국제법규는 국내법과 같은 효력을 가진다.

13

A교도소장은 그 교도소에 복역 중인 甲에게 송달되어 온 티셔츠에 대하여 이를 甲에게 교부하지 아니한 채 휴대를 불허하였다. 다음 중 옳은 것은? (다툼이 있는 경우 판례에 의함)

① A교도소장의 휴대불허행위는 이른바 특별권력관계 내부에서의 행위이므로 그에 대한 사법심사는 불가능하다.

② A교도소장의 휴대불허행위는 권력적 사실행위이자 항고소송의 대상이 되는 행정처분에 해당하므로, 그에 대한 집행정지도 허용된다.

③ A교도소장의 휴대불허행위를 통해 甲의 기본권이 제한되는 경우에는 법률에 근거가 있어야 한다.

④ A교도소장의 휴대불허행위가 있은 후 甲이 다른 교도소로 이송됨으로써 A교도소장의 관리하에 있지 않게 된 경우라면, 위 휴대불허행위의 취소를 구할 법률상 이익은 소멸된다.

해설 정답 ❸

① (×) 이른바 특별권력관계 내부에서의 행위라 하더라도 그에 대한 사법심사가 불가능한 것은 아니다. 오늘날 실질적 법치주의는 특별권력관계에도 원칙적으로 법치행정의 원리가 적용된다고 본다.

② (×) A교도소장의 휴대불허행위는 이른바 권력적 사실행위에 해당한다. A교도소장의 휴대불허행위는 항고소송의 대상이 되는 행정처분에 해당하나, (거부처분에 대하여는 집행정지가 허용되지 않으므로)그에 대한 집행정지는 허용되지 않는다.(95두26)

③ (○) A교도소장의 휴대불허행위를 통해 甲의 기본권이 제한되는 경우에는 반드시 법률에 근거가 있어야 한다.

④ (×) A교도소장의 휴대불허행위가 있은 후 甲이 다른 교도소로 이송됨으로써 A교도소장의 관리하에 있지 않게 된 경우라 하더라도, 위 휴대불허행위의 취소를 구할 법률상 이익이 반드시 부정된다고 볼 수는 없다.(2007두13203)

14

다음 중 옳지 않은 것은? (다툼이 있는 경우 판례에 의함)

① 교육부장관이 대통령에게 임용제청을 하면서 대학에서 추천한 복수의 국립대학교 총장 후보자들 전부 또는 일부를 임용제청에서 제외한 행위는, 내부적 행위에 불과하여 후보자들의 임용 기회를 박탈하는 효과를 불러일으키는 것은 아니므로, 대통령의 임용행위가 아직 이루어지지 않았다면 교육부장관의 임용제청 제외행위에 대하여 항고소송을 제기할 수는 없다.

② 다수의 검사 임용신청자 중 일부만을 검사로 임용하는 결정을 함에 있어, 검사의 임용 여부는 임용권자의 자유재량에 속하는 사항이지만, 임용신청자들에게 전형의 결과인 임용 여부의 응답을 할 것인지는 임용권자의 편의재량사항이라고 할 수 없다.

③ 장래 일정한 기간 내에 관계 법령이 규정하는 시설 등을 갖추어 일정한 행정처분을 구하는 신청을 할 수 있는 법률상 지위에 있는 자의 국토이용계획변경신청을 거부하는 것이 실질적으로 당해 행정처분 자체를 거부하는 결과가 되는 경우에는 예외적으로 그 신청인에게 국토이용계획의 변경을 신청할 권리가 인정된다.

④ 기간제로 임용되어 임용기간이 만료된 국립대학 조교수는 심사기준에 부합되면 특별한 사정이 없는 한 재임용되리라는 기대를 가지고 재임용 여부에 관하여 합리적인 기준에 의한 공정한 심사를 요구할 법규상 또는 조리상 신청권을 가진다.

해설 정답 ❶

① (×) "대학의 장 임용에 관하여 교육부장관의 임용제청권을 인정한 취지는 대학의 자율성과 대통령의 실질적인 임용권 행사를 조화시키기 위하여 대통령의 최종적인 임용권 행사에 앞서 대학의 추천을 받은 총장 후보자들의 적격성을 일차적으로 심사하여 대통령의 임용권 행사가 적정하게 이루어질 수 있도록 하기 위한 것이다. 대학의 추천을 받은 총장 후보자는 교육부장관으로부터 정당한 심사를 받을 것이라는 기대를 하게 된다. 만일 교육부장관이 자의적으로 대학에서 추천한 복수의 총장 후보자들 전부 또는 일부를 임용제청하지 않는다면 대통령으로부터 임용을 받을 기회를 박탈하는 효과가 있다. 이를 항고소송의 대상이 되는 처분으로 보지 않는다면, 침해된 권리 또는 법률상 이익을 구제받을 방법이 없다. 따라서 교육부장관이 대학에서 추천한 복수의 총장 후보자들 전부 또는 일부를 임용제청에서 제외하는 행위는 제외된 후보자들에 대한 불이익처분으로서 항고소송의 대상이 되는 처분에 해당한다고 보아야 한다. 다만 교육부장관이 특정 후보자를 임용제청에서 제외하고 다른 후보자를 임용제청함으로써 대통령이 임용제청된 다른 후보자를 총장으로 임용한 경우에는, 임용제청에서 제외된 후보자는 대통령이 자신에 대하여 총장 임용 제외처분을 한 것으로 보아 이를 다투어야 한다(대통령의 처분의 경우 소속 장관이 행정소송의 피고가 된다. 국가공무원법 제16조 제2항). 이러한 경우에는 교육부장관의 임용제청 제외처분을 별도로 다툴 소의 이익이 없어진다."(대법원 2018. 6. 15. 선고 2016두57564)

② (○) "검사의 임용 여부는 임용권자의 자유재량에 속하는 사항이나, 임용권자가 동일한 검사신규임용의 기회에 원고를 비롯한 다수의 검사 지원자들로부터 임용 신청을 받아 전형을 거쳐 자체에서 정한 임용기준에 따라 이들 일부만을 선정하여 검사로 임용하는 경우에 있어서 법령상 검사임용 신청 및 그 처리의 제도에 관한 명문 규정이 없다고 하여도 조리상 임용권자는 임용신청자들에게 전형의 결과인 임용 여부의 응답을 해줄 의무가 있다고 할 것이며, 응답할 것인지 여부 조차도 임용권자의 편의재량사항이라고는 할 수 없다." (대법원 1991. 2. 12. 선고 90누5825)

③ (○) "구 국토이용관리법(2002. 2. 4. 법률 제6655호 국토의계획및이용에관한법률 부칙 제2조로 폐지)상 주민이 국토이용계획의 변경에 대하여 신청을 할 수 있다는 규정이 없을 뿐만 아니라, 국토건설종합계획의 효율적인 추진과 국토이용질서를 확립하기 위한 국토이용계획은 장기성, 종합성이 요구되는 행정계획이어서 원칙적으로는 그 계획이 일단 확정된 후에 어떤 사정의 변동이 있다고 하여 그러한 사유만으로는 지역주민이나 일반 이해관계인에게 일일이 그 계획의 변경을 신청할 권리를 인정하여 줄 수는 없을 것이지만, 장래 일정한 기간 내에 관계 법령이 규정하는 시설 등을 갖추어 일정한 행정처분을 구하는 신청을 할 수 있는 법률상 지위에 있는 자의 국토이용계획변경신청을 거부하는 것이 실질적으로 당해 행정처분 자체를 거부하는 결과가 되는 경우에는 예외적으로 그 신청인에게 국토이용계획변경을 신청할 권리가 인정된다고 봄이 상당하므로, 이러한 신청에 대한 거부행위는 항고소송의 대상이 되는 행정처분에 해당한다."(대법원 2003. 9. 23. 선고 2001두10936)

④ (○) "기간제로 임용되어 임용기간이 만료된 국·공립대학의 조교수는 교원으로서의 능력과 자질에 관하여 합리적인 기준에 의한 공정한 심사를 받아 위 기준에 부합되면 특별한 사정이 없는 한 재임용되리라는 기대를 가지고 재임용 여부에 관하여 합리적인 기준에 의한 공정한 심사를 요구할 법규상 또는 조리상 신청권을 가진다고 할 것이니, 임용권자가 임용기간이 만료된 조교수에 대하여 재임용을 거부하는 취지로 한 임용기간만료의 통지는 위와 같은 대학교원의 법률관계에 영향을 주는 것으로서 행정소송의 대상이 되는 처분에 해당한다."(대법원 2004. 4. 22. 선고 2000두7735)

15

국가배상책임에 대한 판례의 입장으로 옳지 않은 것은?

① 전투·훈련 등 직무집행과 관련하여 공상을 입은 군인이 「국가배상법」에 따라 손해배상금을 지급받은 다음에 「국가유공자 등 예우 및 지원에 관한 법률」이 정한 보훈급여금의 지급을 청구하는 경우, 국가는 「국가배상법」에 따라 손해배상을 받았다는 사정을 들어 보훈급여금의 지급을 거부할 수 있다.

② 주민자치센터에 근무하는 사회복무요원(구 공익근무요원)은 「국가배상법」상 손해배상청구가 제한되는 군인·군무원·경찰공무원 또는 향토예비군대원 등에 해당하지 않는다.

③ 경찰공무원이 전투·훈련 또는 이에 준하는 직무집행과 관련하여 순직을 한 경우뿐만 아니라 일반 직무집행과 관련하여 순직을 한 경우에도 국가나 지방자치단체의 배상책임이 제한된다.

④ 경찰공무원인 피해자가 구 「공무원연금법」의 규정에 따라 공무상 요양비를 지급받는 것은 「국가배상법」 제2조 제1항 단서에서 정한 '다른 법령'에 따라 보상을 지급받는 것에 해당하지 않는다.

해설 정답 ❶

① (×) "전투·훈련 등 직무집행과 관련하여 공상을 입은 군인 등이 먼저 국가배상법에 따라 손해배상금을 지급받은 다음 구 국가유공자법이 정한 보상금 등 보훈급여금의 지급을 청구하는 경우 피고로서는 다음과 같은 사정에 비추어 국가배상법에 따라 손해배상을 받았다는 사정을 들어 보상금 등 보훈급여금의 지급을 거부할 수 없다고 보아야 한다. 국가배상법 제2조 제1항 단서가 명시적으로 '다른 법령에 따라 보상을 지급받을 수 있을 때에는 국가배상법 등에 따른 손해배상을 청구할 수 없다'고 정하고 있는 것과 달리, 구 국가유공자법은 국가배상법에 따른 손해배상금을 지급받은 자를 보상금 등 보훈급여금의 지급대상에서 제외하도록 하는 규정을 두고 있지 아니하다."(대법원 2017. 2. 3. 선고 2014두40012)

② (○) "공익근무요원은 병역법 제2조 제1항 제9호, 제5조 제1항의 규정에 의하면 국가기관 또는 지방자치단체의 공익목적수행에 필요한 경비·감시·보호 또는 행정업무 등의 지원과 국제협력 또는 예술·체육의 육성을 위하여 소집되어 공익분야에 종사하는 사람으로서 보충역에 편입되어 있는 자이기 때문에, 소집되어 군에 복무하지 않는 한 군인이라고 말할 수 없으므로, 비록 병역법 제75조 제2항이 공익근무요원으로 복무 중 순직한 사람의 유족에 대하여 국가유공자등예우및지원에관한법률에 따른 보상을 하도록 규정하고 있다고 하여도, 공익근무요원이 국가배상법 제2조 제1항 단서의 규정에 의하여 국가배상법상 손해배상청구가 제한되는 군인·군무원·경찰공무원 또는 향토예비군대원에 해당한다고 할 수 없다."(대법원 1997. 3. 28. 선고 97다4036)

③ (○) "경찰공무원이 낙석사고 현장 주변 교통정리를 위하여 사고현장 부근으로 이동하던 중 대형 낙석이 순찰차를 덮쳐 사망하자, 도로를 관리하는 지방자치단체가 국가배상법 제2조 제1항 단서에 따른 면책을 주장한 사안에서, 경찰공무원 등이 '전투·훈련 등 직무집행과 관련하여' 순직 등을 한 경우 같은 법 및 민법에 의한 손해배상책임을 청구할 수 없다고 정한 국가배상법 제2조 제1항 단서의 면책조항은 구 국가배상법(2005. 7. 13. 법률 제7584호로 개정되기 전의 것) 제2조 제1항 단서의 면책조항과 마찬가지로 전투·훈련 또는 이에 준하는 직무집행뿐만 아니라 '일반 직무집행'에 관하여도 국가나 지방자치단체의 배상책임을 제한하는 것이라고 해석하여, 위 면책 주장을 받아들인 원심판단을 정당하다고 한 사례."(대법원 2011. 3. 10. 선고 2010다85942)

④ (○) "구 공무원연금법(2018. 3. 20. 법률 제15523호로 전부 개정되기 전의 것, 이하 '구 공무원연금법'이라고 한다)에 따라 각종 급여를 지급하는 제도는 공무원의 생활안정과 복리향상에 이바지하기 위한 것이라는 점에서 국가배상법 제2조 제1항 단서에 따라 손해배상금을 지급하는 제도와 그 취지 및 목적을 달리하므로, 경찰공무원인 피해자가 구 공무원연금법의 규정에 따라 공무상 요양비를 지급받는 것은 국가배상법 제2조 제1항 단서에서 정한 '다른 법령의 규정'에 따라 보상을 지급받는 것에 해당하지 않는다. 한편 군인연금법과 구 공무원연금법은 취지나 목적에서 유사한 면이 있으나, 별도의 규정체계를 통해 서로 다른 적용대상을 규율하고 있는 만큼 서로 상이한 내용들로 규정되어 있기도 하므로, 군인연금법이 국가배상법 제2조 제1항 단서에서 정한 '다른 법령'에 해당한다고 하여, 구 공무원연금법도 군인연금법과 동일하게 취급되어야 하는 것은 아니다."(대법원 2019. 5. 30. 선고 2017다16174)

16

다음 중 법률행위적 행정행위에 해당하지 않는 것은? (다툼이 있는 경우 판례에 의함)

① 토지수용의 재결
② 행려병자 또는 사자(死者)의 유류품 매각
③ 체납처분절차의 압류재산 공매처분
④ 건물준공처분

해설 정답 ❹

① (○) 토지수용의 재결은 강학상 대리이므로 법률행위적 행정행위에 해당한다.
② (○) 행려병자 또는 사자(死者)의 유류품 매각은 강학상 대리이므로 법률행위적 행정행위에 해당한다.
③ (○) 체납처분절차의 압류재산 공매처분은 강학상 대리이므로 법률행위적 행정행위에 해당한다.
④ (×) 건물준공처분은 강학상 확인이므로 준법률행위적 행정행위에 해당한다.

17

「공익사업을 위한 토지 등의 취득 및 보상에 관한 법률」 및 손실보상에 대한 설명으로 옳지 않은 것은? (다툼이 있는 경우 판례에 의함)

① 사업시행자가 토지를 수용하려면 국토교통부장관의 사업인정을 받아야 하고, 국토교통부장관은 사업인정을 하려면 중앙토지수용위원회와 협의하여야 한다.
② 수용재결에 불복하여 이의신청을 거쳐 취소소송을 제기하는 때에는 재결주의가 적용되므로, 특별한 사정이 없는 한 이의재결을 한 중앙토지수용위원회를 피고로 하여야 한다.
③ 손실보상금에 관한 당사자 간의 합의가 성립하면, 그 합의내용이 「공익사업을 위한 토지 등의 취득 및 보상에 관한 법률」에서 정하는 손실보상기준에 맞지 않는다고 하더라도, 합의가 적법하게 취소되는 등의 특별한 사정이 없는 한 추가로 「공익사업을 위한 토지 등의 취득 및 보상에 관한 법률」상 기준에 따른 손실보상금을 청구할 수 없다.
④ 문화재보호구역의 확대 지정이 당해 공공사업인 택지개발사업의 시행을 직접 목적으로 하여 가하여진 것이 아님이 명백한 경우 토지의 수용보상액은 그러한 공법상 제한을 받는 상태대로 평가하여야 한다.

해설 정답 ❷

① (○) 공익사업을 위한 토지 등의 취득 및 보상에 관한 법률 제20조 제1항, 제21조 제1항

공익사업을 위한 토지 등의 취득 및 보상에 관한 법률 제20조(사업인정) ① 사업시행자는 제19조에 따라 토지등을 수용하거나 사용하려면 대통령령으로 정하는 바에 따라 국토교통부장관의 사업인정을 받아야 한다.

동법 제21조(협의 및 의견청취 등) ① 국토교통부장관은 사업인정을 하려면 관계 중앙행정기관의 장 및 특별시장·광역시장·도지사·특별자치도지사(이하 "시·도지사"라 한다) 및 제49조에 따른 중앙토지수용위원회와 협의하여야 하며, 대통령령으로 정하는 바에 따라 미리 사업인정에 이해관계가 있는 자의 의견을 들어야 한다.

② (×) 재결주의가 아니라 원처분주의가 적용되므로, 재결(이의신청에 대한 재결) 자체에 고유한 위법이 없다면 수용재결을 한 중앙토지수용위원회 또는 지방토지수용위원회를 피고로 하여야 한다. 관련판례 "공익사업을 위한 토지 등의 취득 및 보상에 관한 법률 제85조 제1항 전문의 문언 내용과 같은 법 제83조, 제85조가 중앙토지수용위원회에 대한 이의신청을 임의적 절차로 규정하고 있는 점, 행정소송법 제19조 단서가 행정심판에 대한 재결은 재결 자체에 고유한 위법이 있음을 이유로 하는 경우에 한하여 취소소송의 대상으로 삼을 수 있도록 규정하고 있는 점 등을 종합하여 보면, 수용재결에 불복하여 취소소송을 제기하는 때에는 이의신청을 거친 경우에도 수용재결을 한 중앙토지수용위원회 또는 지방토지수용위원회를 피고로 하여 수용재결의 취소를 구하여야 하고, 다만 이의신청에 대한 재결 자체에 고유한 위법이 있음을 이유로 하는 경우에는 그 이의재결을 한 중앙토지수용위원회를 피고로 하여 이의재결의 취소를 구할 수 있다고 보아야 한다."(대법원 2010. 1. 28. 선고 2008두1504)

③ (○) "공익사업을 위한 토지 등의 취득 및 보상에 관한 법률(이하 '공익사업법'이라고 한다)에 의한 보상합의는 공공기관이 사경제주체로서 행하는 사법상 계약의 실질을 가지는 것으로서, 당사자 간의 합의로 같은 법 소정의 손실보상의 기준에 의하지 아니한 손실보상금을 정할 수 있으며, 이와 같이 같은 법이 정하는 기준에 따르지 아니하고 손실보상액에 관한 합의를 하였다고 하더라도 그 합의가 착오 등을 이유로 적법하게 취소되지 않는 한 유효하다. 따라서 공익사업법에 의한 보상을 하면서 손실보상금에 관한 당사자 간의 합의가 성립하면 그 합의 내용대로 구속력이 있고, 손실보상금에 관한 합의 내용이 공익사업법에서 정하는 손실보상 기준에 맞지 않는다고 하더라도 합의가 적법하게 취소되는 등의 특별한 사정이 없는 한 추가로 공익사업법상 기준에 따른 손실보상금 청구를 할 수는 없다."(대법원 2013. 8. 22. 선고 2012다3517)

④ (○) "공법상의 제한을 받는 토지의 수용보상액을 산정함에 있어서는 그 공법상의 제한이 당해 공공사업의 시행을 직접 목적으로 하여 가하여진 경우에는 그 제한을 받지 아니하는 상태대로 평가하여야 할 것이지만, 공법상 제한이 당해 공공사업의 시행을 직접 목적으로 하여 가하여진 경우가 아니라면 그러한 제한을 받는 상태 그대로 평가하여야 하고, 그와 같은 제한이 당해 공공사업의 시행 이후에 가하여진 경우라고 하여 달리 볼 것은 아니다. 기록에 의하면, 이 사건 문화재보호구역의 확대 지정은 당해 공공사업인 이 사건 택지개발사업의 시행을 직접 목적으로 하여 가하여진 것이 아님이 명백하므로, 이 사건 토지는 그러한 공법상 제한을 받는 상태대로 평가하여야 할 것이다."(대법원 2005. 2. 18. 선고 2003두14222)

18

행정심판에 대한 설명으로 옳지 않은 것은? (다툼이 있는 경우 판례에 의함)

① 행정심판위원회는 피청구인이 거부처분의 취소재결에도 불구하고 처분을 하지 아니하는 경우에는 당사자가 신청하면 기간을 정하여 서면으로 시정을 명하고, 그 기간에 이행하지 아니하면 직접 처분을 할 수 있다.
② 행정심판위원회는 심판청구의 대상이 되는 처분보다 청구인에게 불리한 재결을 하지 못한다.
③ 행정처분의 취소를 구하는 항고소송에서 처분청은 당초 처분의 근거로 삼은 사유와 기본적 사실관계가 동일성이 있다고 인정되는 한도 내에서만 다른 사유를 추가 또는 변경할 수 있고, 이러한 법리는 행정심판 단계에서도 그대로 적용된다.
④ 법인이 아닌 사단 또는 재단으로서 대표자나 관리인이 정하여져 있는 경우에는 그 사단이나 재단의 이름으로 심판청구를 할 수 있다.

해설 정답 ❶

이하 행정심판법

① (×) 직접 처분은 처분명령재결에 대한 기속력확보수단이다. 제50조 제1항 참조.

제50조(위원회의 직접 처분) ① 위원회는 피청구인이 제49조 제3항에도 불구하고 처분을 하지 아니하는 경우에는 당사자가 신청하면 기간을 정하여 서면으로 시정을 명하고 그 기간에 이행하지 아니하면 직접 처분을 할 수 있다. 다만, 그 처분의 성질이나 그 밖의 불가피한 사유로 위원회가 직접 처분을 할 수 없는 경우에는 그러하지 아니하다.

제49조(재결의 기속력 등) ③ 당사자의 신청을 거부하거나 부작위로 방치한 처분의 이행을 명하는 재결이 있으면 행정청은 지체 없이 이전의 신청에 대하여 재결의 취지에 따라 처분을 하여야 한다.

② (○) 제47조 제2항

제47조(재결의 범위) ② 위원회는 심판청구의 대상이 되는 처분보다 청구인에게 불리한 재결을 하지 못한다.

③ (○) "행정처분의 취소를 구하는 항고소송에서 처분청은 당초 처분의 근거로 삼은 사유와 기본적 사실관계가 동일성이 있다고 인정되는 한도 내에서만 다른 사유를 추가 또는 변경할 수 있고, 이러한 기본적 사실관계의 동일성 유무는 처분사유를 법률적으로 평가하기 이전의 구체적 사실에 착안하여 그 기초인 사회적 사실관계가 기본적인 점에서 동일한지에 따라 결정되므로, 추가 또는 변경된 사유가 처분 당시에 이미 존재하고 있었다거나 당사자가 그 사실을 알고 있었다고 하여 당초의 처분사유와 동일성이 있다고 할 수 없다. 그리고 이러한 법리는 행정심판 단계에서도 그대로 적용된다."(대법원 2014. 5. 16. 선고 2013두26118)

④ (○) 제14조

제14조(법인이 아닌 사단 또는 재단의 청구인 능력) 법인이 아닌 사단 또는 재단으로서 대표자나 관리인이 정하여져 있는 경우에는 그 사단이나 재단의 이름으로 심판청구를 할 수 있다.

19

법규명령과 행정규칙에 대한 설명으로 옳지 않은 것은? (다툼이 있는 경우 판례에 의함)

① 댐 건설로 손실을 받은 주민들은 「특정다목적댐법 시행령」이 손실보상 청구절차 및 방법을 정하지 아니한 것을 부작위위법확인소송으로 다툴 수 있다.
② 해제조건의 성취는 법규명령과 행정규칙의 공통적 소멸사유이다.
③ 법규명령의 위임의 근거가 되는 법률에 대하여 위헌결정이 선고되면 그 위임규정에 근거하여 제정된 법규명령도 원칙적으로 효력을 상실한다.
④ 법령보충적 행정규칙은 상위법령과 결합하여 법규성을 가지지만 그 자체가 법규명령은 아니고 행정규칙에 지나지 않으므로, 적당한 방법으로 일반인 또는 관계인에게 표시 또는 통보함으로써 효력이 발생한다.

해설 정답 ❶

① (×) 행정입법부작위에 대해서는 부작위위법확인소송으로 다툴 수 없다. "원고는 안동지역댐 피해대책위원회 위원장으로서 안동댐 건설로 인하여 급격한 이상기후의 발생 등으로 많은 손실을 입어 왔는바, 특정다목적댐법 제41조에 의하면 다목적댐 건설로 인한 손실보상 의무가 국가에게 있고 같은 법 제42조에 의하면 손실보상 절차와 그 방법 등 필요한 사항은 대통령령으로 규정하도록 되어 있음에도 피고가 이를 제정하지 아니한 것은 행정입법부작위에 해당하는 것이어서 그 부작위위법확인을 구한다고 주장하나, 행정소송은 구체적 사건에 대한 법률상 분쟁을 법에 의하여 해결함으로써 법적 안정을 기하자는 것이므로 부작위위법확인소송의대상이 될 수 있는 것은 구체적 권리의무에 관한 분쟁이어야 하고 추상적인 법령에 관하여 제정의 여부 등은 그 자체로서 국민의 구체적인 권리의무에 직접적 변동을 초래하는 것이 아니어서 행정소송의 대상이 될 수 없으므로 이 사건 소는 부적법하다."(대법원 1992. 5. 8. 선고 91누11261)

② (○) 해제조건의 성취는 법규명령과 행정규칙의 공통적 소멸사유이다. 즉 법규명령이나 행정규칙에 해제조건이 붙은 경우, 그 조건의 성취에 의하여 효력이 소멸한다.

③ (○) "법규명령의 위임근거가 되는 법률에 대하여 위헌결정이 선고되면 그 위임에 근거하여 제정된 법규명령도 원칙적으로 효력을 상실하나, 구 택지소유상한에관한법률(1998. 9. 19. 법률 제5571호로 폐지)에 대한 헌법재판소의 위헌결정에 따라 그 시행령의 효력이 상실된다는 이유를 들어 과오납 택지초과소유부담금을 환급함에 있어서 구 택지소유상한에관한법률시행령(1998. 9. 25. 대통령령 제15899호로 폐지) 제32조 제4항에서 인정하였던 구 국세기본법시행령(2000. 12. 9. 대통령령 제17036호로 개정되기 전의 것) 제30조 제2항의 규정에 의한 환급가산금을 지급하지 아니한다면 위헌결정이 있기 이전의 상태보다 더 헌법질서에 반하는 결과를 초래하게 되므로, 택지초과소유부담금 부과처분이 위헌결정의 취지에 따라 취소되어 기 납부된 부담금을 반환함에 있어서는 과오납금의 환급가산금에 관한 구 국세기본법(2000. 12. 29. 법률 제6303호로 개정되기 전의 것) 제52조 및 구 국세기본법시행령(2000. 12. 9. 대통령령 제17036호로 개정되기 전의 것) 제30조 제1, 2항을 유추적용하여 환급가산금을 지급하여야 한다."(대법원 2001. 6. 12. 선고 2000다18547)

④ (○) "수입선다변화품목의 지정 및 그 수입절차 등에 관한 1991. 5. 13.자 상공부 고시 제91-21호는 그 근거가 되는 대외무역법시행령 제35조의 규정을 보충하는 기능을 가지면서 그와 결합하여 대외적인 구속력이 있는 법규명령으로서의 효력을 가지는 것으로서 그 시행절차에 관하여 대외무역관리규정은 아무런 규정을 두고 있지 않으나, 그 자체가 법령은 아니고 행정규칙에 지나지 않으므로 적당한 방법으로 이를 일반인 또는 관계인에게 표시 또는 통보함으로써 그 효력이 발생한다."(대법원 1993. 11. 23. 선고 93도662)

20

「행정조사기본법」에 대한 설명으로 옳은 것은? (다툼이 있는 경우 판례에 의함)

① 행정조사에 관하여는 「행정조사기본법」이 일반법으로 존재하고 있으므로, 행정기관은 다른 법령 등에서 따로 행정조사를 규정하고 있지 않더라도 「행정조사기본법」을 근거로 행정조사를 실시할 수 있다.
② 자발적인 협조에 따라 실시하는 행정조사에 대하여 조사대상자가 조사에 응할 것인지에 대한 응답을 하지 아니하는 경우에는 법령 등에 특별한 규정이 없는 한 그 조사에 동의한 것으로 본다.
③ 구 「국세기본법」 제81조의4 제2항에 따라 금지되는 재조사에 기하여 과세처분을 하는 것은 단순히 당초 과세처분의 오류를 경정하는 경우에 불과하다는 등의 특별한 사정이 없는 한 그 자체로 위법하고, 이는 과세관청이 그러한 재조사로 얻은 과세자료를 과세처분의 근거로 삼지 않았다거나 이를 배제하고서도 동일한 과세처분이 가능한 경우라고 하여 달리 볼 것은 아니다.
④ 행정조사를 실시할 행정기관의 장은 행정조사를 실시하기 전에 다른 행정기관에서 동일한 조사대상자에게 동일하거나 유사한 사안에 대하여 행정조사를 실시하였는지 여부를 확인하여야 한다.

해설 정답 ❸

이하 행정조사기본법

① (×) ①「행정조사기본법」에 따르면, 행정기관은 다른 법령 등에서 행정조사를 규정하고 있는 경우에 한하여 행정조사를 실시할 수 있지만, ② 조사대상자가 자발적으로 협조하는 경우에는 다른 법령 등에서 행정조사를 규정하고 있지 않더라도 행정조사를 실시할 수 있다. 제5조 참조.

> **제5조(행정조사의 근거)** 행정기관은 법령등에서 행정조사를 규정하고 있는 경우에 한하여 행정조사를 실시할 수 있다. 다만, 조사대상자의 자발적인 협조를 얻어 실시하는 행정조사의 경우에는 그러하지 아니하다.

② (×) 제20조 제2항

> **제20조(자발적인 협조에 따라 실시하는 행정조사)** ② 제1항에 따른 행정조사에 대하여 조사대상자가 조사에 응할 것인지에 대한 응답을 하지 아니하는 경우에는 법령등에 특별한 규정이 없는 한 그 조사를 거부한 것으로 본다.

③ (○) "국세기본법은 재조사가 예외적으로 허용되는 경우를 엄격히 제한하고 있는바, 그와 같이 한정적으로 열거된 요건을 갖추지 못한 경우 같은 세목 및 같은 과세기간에 대한 재조사는 원칙적으로 금지되고, 나아가 이러한 중복세무조사금지의 원칙을 위반한 때에는 과세처분의 효력을 부정하는 방법으로 통제할 수밖에 없는 중대한 절차적 하자가 존재한다고 보아야 한다. 구 국세기본법(2014. 12. 23. 법률 제12848호로 개정되기 전의 것) 제81조의4 제1항, 제2항 규정의 문언과 체계, 재조사를 엄격하게 제한하는 입법 취지, 그 위반의 효과 등을 종합하여 보면, 구 국세기본법 제81조의4 제2항에 따라 금지되는 재조사에 기하여 과세처분을 하는 것은 단순히 당초 과세처분의 오류를 경정하는 경우에 불과하다는 등의 특별한 사정이 없는 한 그 자체로 위법하고, 이는 과세관청이 그러한 재조사로 얻은 과세자료를 과세처분의 근거로 삼지 않았다거나 이를 배제하고서도 동일한 과세처분이 가능한 경우라고 하여 달리 볼 것은 아니다." (대법원 2017. 12. 13. 선고 2016두55421)

④ (×) 제15조 제2항

> **제15조(중복조사의 제한)** ② 행정조사를 실시할 행정기관의 장은 행정조사를 실시하기 전에 다른 행정기관에서 동일한 조사대상자에게 동일하거나 유사한 사안에 대하여 행정조사를 실시하였는지 여부를 확인할 수 있다.

ADMINISTRATIVE LAW

10회 정답과 해설

문제 p.58

Answer

01	①	06	③	11	①	16	②
02	④	07	③	12	④	17	③
03	④	08	④	13	③	18	②
04	②	09	①	14	④	19	①
05	③	10	③	15	②	20	②

01

「개인정보 보호법」에 대한 설명으로 옳지 않은 것은? (다툼이 있는 경우 판례에 의함)

① 개인정보 보호법상 정보주체는 개인정보처리자의 가명정보 처리에 동의할 권리를 갖는다.
② 개인정보처리자란 업무를 목적으로 개인정보파일을 운용하기 위하여 스스로 또는 다른 사람을 통하여 개인정보를 처리하는 공공기관, 법인, 단체 및 개인을 말한다.
③ 공공기관의 장이 개인정보파일을 운용하는 경우에는 개인정보파일의 명칭, 운용목적, 처리방법, 보유기간 등을 보호위원회에 등록하여야 한다.
④ 개인정보 분쟁조정위원회 위원장은 위원 중에서 공무원이 아닌 사람으로 개인정보 보호위원회의 위원장이 위촉한다.

해설 정답 ❶

이하 개인정보 보호법

① (×) 「개인정보 보호법」 제28조의2에 따르면, 개인정보처리자는 통계작성, 과학적 연구, 공익적 기록보존 등을 위하여 정보주체의 동의 없이 가명정보를 처리할 수 있기 때문에, 가명정보 처리 동의권은 「개인정보 보호법」상 인정되는 권리가 아니라고 본다.

> **제28조의2(가명정보의 처리 등)** ① 개인정보처리자는 통계작성, 과학적 연구, 공익적 기록보존 등을 위하여 정보주체의 동의 없이 가명정보를 처리할 수 있다.

② (○) 제2조 제5호

> **제2조(정의)** 이 법에서 사용하는 용어의 뜻은 다음과 같다.
> 5. "개인정보처리자"란 업무를 목적으로 개인정보파일을 운용하기 위하여 스스로 또는 다른 사람을 통하여 개인정보를 처리하는 공공기관, 법인, 단체 및 개인 등을 말한다.

③ (○) 제32조 제1항

> **제32조(개인정보파일의 등록 및 공개)** ① 공공기관의 장이 개인정보파일을 운용하는 경우에는 다음 각 호의 사항을 보호위원회에 등록하여야 한다. 등록한 사항이 변경된 경우에도 또한 같다.
> 1. 개인정보파일의 명칭
> 2. 개인정보파일의 운영 근거 및 목적
> 3. 개인정보파일에 기록되는 개인정보의 항목
> 4. 개인정보의 처리방법
> 5. 개인정보의 보유기간
> 6. 개인정보를 통상적 또는 반복적으로 제공하는 경우에는 그 제공받는 자
> 7. 그 밖에 대통령령으로 정하는 사항

④ (○) 제40조 제4항

> **제40조(설치 및 구성)** ① 개인정보에 관한 분쟁의 조정(調停)을 위하여 개인정보 분쟁조정위원회(이하 "분쟁조정위원회"라 한다)를 둔다.
> ④ 위원장은 위원 중에서 공무원이 아닌 사람으로 보호위원회 위원장이 위촉한다.

02

항고소송의 소송요건에 대한 설명으로 옳지 않은 것은? (다툼이 있는 경우 판례에 의함)

① 행정심판 전치주의가 적용되는 경우에 행정심판을 거치지 않고 소제기를 하였더라도 사실심 변론종결 전까지 행정심판을 거친 경우 하자는 치유된 것으로 볼 수 있다.
② 허가처분 신청에 대한 부작위를 다투는 부작위위법확인소송을 제기하여 제1심에서 승소판결을 받았는데 제2심 단계에서 피고 행정청이 허가처분을 한 경우, 제2심 수소법원은 각하판결을 하여야 한다.
③ 고시에 의한 행정처분의 상대방이 불특정 다수인인 경우, 그 행정처분에 이해관계를 갖는 자는 고시가 있었다는 사실을 현실적으로 알았는지 여부에 관계없이 고시가 효력을 발생하는 날부터 90일 이내에 취소소송을 제기하여야 한다.
④ 처분의 상대방이 아닌 제3자가 취소소송을 제기하는 경우에는 제소기간의 제한이 적용되지 않는다.

해설 정답 ❹

① (○) "전심절차를 밟지 아니한 채 증여세부과처분취소소송을 제기하였다면 제소당시로 보면 전치요건을 구비하지 못한 위법이 있다 할 것이지만, 소송계속중 심사청구 및 심판청구를 하여 각 기각결정을 받았다면 원심변론종결일 당시에는 위와 같은 전치요건흠결의 하자는 치유되었다고 볼 것이다."(대법원 1987. 4. 28. 선고 86누29)

② (○) "부작위위법확인의 소는 행정청이 국민의 법규상 또는 조리상의 권리에 기한 신청에 대하여 상당한 기간내에 그 신청을 인용하는 적극적 처분 또는 각하하거나 기각하는 등의 소극적 처분을 하여야 할 법률상의 응답의무가 있음에도 불구하고 이를 하지 아니하는 경우, 판결(사실심의 구두변론 종결)시를 기준으로 그 부작위의 위법을 확인함으로써 행정청의 응답을 신속하게 하여 부작위 내지 무응답이라고 하는 소극적인 위법상태를 제거하는 것을 목적으로 하는 것이고, 나아가 당해 판결의 구속력에 의하여 행정청에게 처분 등을 하게 하고 다시 당해 처분 등에 대하여 불복이 있는 때에는 그

처분 등을 다투게 함으로써 최종적으로는 국민의 권리이익을 보호하려는 제도이므로, 소제기의 전후를 통하여 판결시까지 행정청이 그 신청에 대하여 적극 또는 소극의 처분을 함으로써 부작위상태가 해소된 때에는 소의 이익을 상실하게 되어 당해 소는 각하를 면할 수가 없는 것이다."(대법원 1990. 9. 25. 선고 89누4758)

③ (○) "통상 고시 또는 공고에 의하여 행정처분을 하는 경우에는 그 처분의 상대방이 불특정 다수인이고 그 처분의 효력이 불특정 다수인에게 일률적으로 적용되는 것이므로, 그 행정처분에 이해관계를 갖는 자가 고시 또는 공고가 있었다는 사실을 현실적으로 알았는지 여부에 관계없이 고시가 효력을 발생하는 날 행정처분이 있음을 알았다고 보아야 한다."(대법원 2007. 6. 14. 선고 2004두619)
따라서 고시가 효력을 발생하는 날부터 90일 이내에 취소소송을 제기하여야 한다.

④ (×) 제소기간의 요건은 처분의 상대방이 소송을 제기하는 경우는 물론이고, 법률상 이익이 침해된 제3자가 소송을 제기하는 경우에도 적용된다.

03

행정쟁송에 있어 가구제에 대한 설명으로 옳지 않은 것은? (다툼이 있는 경우 판례에 의함)

① 취소소송에서는 「민사집행법」상의 가처분이 인정되지 않는다.
② 보조금 교부결정 취소처분에 대하여 법원이 효력정지 결정을 하면서, 주문에서 그 법원에 계속 중인 본안소송의 판결 선고시까지 처분의 효력을 정지한다고 선언하였을 경우, 본안소송의 판결 선고에 의하여 정지결정의 효력은 소멸하고 이와 동시에 당초의 보조금 교부결정 취소처분의 효력이 당연히 되살아난다.
③ 집행정지의 소극적 요건으로서 '공공복리에 중대한 영향을 미칠 우려'에 대한 주장·소명책임은 행정청에게 있다.
④ 유흥접객영업허가의 취소처분으로 5,000여만 원의 시설비를 회수하지 못하게 된다면 생계까지 위협받을 수 있다는 등의 사정은 집행정지를 인정하기 위한 '회복하기 어려운 손해'가 생길 우려가 있는 경우에 해당한다.

해설 정답 ❹

① (○) "민사소송법상의 보전처분은 민사판결절차에 의하여 보호받을 수 있는 권리에 관한 것이므로, 민사소송법상의 가처분으로써 행정청의 어떠한 행정행위의 금지를 구하는 것은 허용될 수 없다 할 것이다."(대법원 1992. 7. 6. 선고 92마54)

② (○) "행정소송법 제23조에 의한 효력정지결정의 효력은 결정주문에서 정한 시기까지 존속하고 그 시기의 도래와 동시에 효력이 당연히 소멸하므로, 보조금 교부결정의 일부를 취소한 행정청의 처분에 대하여 법원이 효력정지결정을 하면서 주문에서 그 법원에 계속 중인 본안소송의 판결 선고 시까지 처분의 효력을 정지한다고 선언하였을 경우, 본안소송의 판결 선고에 의하여 정지결정의 효력은 소멸하고 이와 동시에 당초의 보조금 교부결정 취소처분의 효력이 당연히 되살아난다."(대법원 2017. 7. 11. 선고 2013두25498)

③ (○) "행정처분의 효력정지는 공공복리에 중대한 영향을 미칠 우려가 없어야 허용되는데, 공공복리에 중대한 영향을 미칠 우려가 있다는 점에 대하여는 처분청에게 주장·소명책임이 있다."(대법원 1994. 10. 11. 선고 94두23)

④ (×) "행정소송법 제23조 제2항 소정의 행정처분 등의 효력이나 집행을 정지하기 위한 요건으로서의 "회복하기 어려운 손해"라 함은 특별한 사정이 없는 한 금전으로 보상할 수 없는 손해로서 이는 금전보상이 불능인 경우뿐만 아니라 금전보상으로는 사회관념상 행정처분을 받은 당사자가 참고 견딜 수 없거나 또는 참고 견디기가 현저히 곤란한 경우의 유형, 무형의 손해를 일컫는다고 할 것인바, 유흥접객영업허가의 취소처분으로 5,000여만원의 시설비를 회수하지 못하게 된다면 생계까지 위협받게 되는 결과가 초래될 수 있다는 등의 사정은 위 처분의 존속으로 당사자에게 금전으로 보상할 수 없는 손해가 생길 우려가 있는 경우라고 볼 수 없다."(대법원 1991. 3. 2. 선고 91두1)

04

행정법관계에 대한 설명으로 옳지 않은 것은? (다툼이 있는 경우 판례에 의함)

① 특별한 규정이 없는 경우, 「민법」의 법률행위에 관한 규정 중 의사표시의 효력발생시기, 대리행위의 효력, 조건과 기한의 효력 등의 규정은 행정행위에도 적용된다.
② 공법상 부당이득반환청구권에 관한 소멸시효에 대하여 특별한 규정이 없으면, 그 기간은 원칙적으로 10년이다.
③ 기간의 계산에 있어서 기간의 초일(初日)은 원칙적으로 산입하여 계산하지 않는다.
④ 일정한 연령에 도달함으로써 선거권을 취득하는 것은 공법상 사건에 해당한다.

해설 정답 ❷

① (○) 특별한 규정이 없는 경우, 민법의 법률행위에 관한 규정 중 의사표시의 효력발생시기, 대리행위의 효력, 조건과 기한의 효력 등의 규정은 행정행위에도 적용된다.

② (×) 국가재정법이나 지방재정법 규정에 의해 원칙적으로 5년의 소멸시효기간의 적용을 받는 것으로 본다.

③ (○) 기간의 계산에 있어서 기간의 초일은 원칙적으로 산입하여 계산하지 않는다. ☞ 기간의 계산에 관한 민법 규정 중 제157조의 초일불산입 원칙의 내용이다. 동 규정은 행정법 전반에 유추적용되므로, 행정법관계에서 기간을 계산할 때도 초일은 산입하지 않는 것이 원칙이다.

④ (○) 일정한 연령에 도달함으로써 선거권을 취득하는 것은 공법상 사건에 해당한다. ☞ 법률사실은 사람의 정신작용을 필수요소로 하는 용태와, 사람의 정신작용을 필수요소로 하지 않는 사건으로 구분된다. 사건에는 사람의 생사, 일정 시간의 경과, 일정한 연령에의 도달, 물건의 소실, 물건의 점유, 일정 공간에의 거주, 부당이득 등이 있다.

05

행정행위의 하자에 대한 설명으로 옳지 않은 것은? (다툼이 있는 경우 판례에 의함)

① 도지사의 인사교류안 작성과 그에 따른 인사교류의 권고가 전혀 이루어지지 않은 상태에서, 관할구역 내 A시의 시장이 인사교류로서 소속 지방공무원인 甲에게 B시 지방공무원으로 전출을 명한 처분은 당연무효이다.
② 위헌인 법률에 근거한 행정처분이 당연무효인지 여부는 위헌결정의 소급효와는 별개의 문제로서, 사후적으로 위헌결정된 법률에 근거한 행정처분이 이미 취소소송의 제기 기간을 경과하여 확정력이 발생하였다면 그러한 행정처분에는 위헌결정의 소급효가 미치지 않는다.
③ 행정청이 사전환경성검토협의를 거쳐야 할 대상사업에 관하여 법의 해석을 잘못한 나머지 세부용도지역이 지정되지 않은 개발사업 부지에 대하여 사전환경성검토협의를 할지 여부를 결정하는 절차를 생략한 채 승인 등의 처분을 하였다면, 그 행정처분은 당연무효이다.
④ 환경영향평가를 거쳤다면, 비록 그 환경영향평가의 내용이 다소 부실하다 하더라도, 그 부실의 정도가 환경영향평가제도를 둔 입법 취지를 달성할 수 없을 정도여서 환경영향평가를 하지 아니한 것과 다를 바 없는 정도의 것이 아닌 이상, 그 부실로 인하여 당연히 당해 승인 등 처분이 위법하게 되는 것은 아니다.

해설 정답 ❸

① (○) "도지사의 인사교류안 작성과 그에 따른 인사교류의 권고가 전혀 이루어지지 않은 상태에서 행하여진 관할구역 내 시장의 인사교류에 관한 처분은 지방공무원법 제30조의2 제2항의 입법 취지에 비추어 그 하자가 중대하고 객관적으로 명백하여 당연무효라고 한 사례."(대법원 2005. 6. 24. 선고 2004두10968)

② (○) "법률에 근거하여 행정처분이 발하여진 후에 헌법재판소가 그 행정처분의 근거가 된 법률을 위헌으로 결정하였다면 결과적으로 위 행정처분은 법률의 근거가 없이 행하여진 것과 마찬가지가 되어 하자가 있는 것이 된다고 할 것이다. 그러나 하자 있는 행정처분이 당연무효가 되기 위하여는 그 하자가 중대할 뿐만 아니라 명백한 것이어야 하는데, 일반적으로 법률이 헌법에 위반된다는 사정이 헌법재판소의 위헌결정이 있기 전에는 객관적으로 명백한 것이라고 할 수는 없으므로 헌법재판소의 위헌결정 전에 행정처분의 근거되는 당해 법률이 헌법에 위반된다는 사유는 특별한 사정이 없는 한 그 행정처분의 취소소송의 전제가 될 수 있을 뿐 당연무효사유는 아니라고 봄이 상당하다. 그리고 이처럼 위헌인 법률에 근거한 행정처분이 당연무효인지의 여부는 위헌결정의 소급효와는 별개의 문제로서, 위헌결정의 소급효가 인정된다고 하여 위헌인 법률에 근거한 행정처분이 당연무효가 된다고는 할 수 없고 오히려 이미 취소소송의 제기기간을 경과하여 확정력이 발생한 행정처분에는 위헌결정의 소급효가 미치지 않는다고 보아야 할 것이다."(대법원 2014. 3. 27. 선고 2011두24057)

③ (×) 절차상 하자이므로 취소사유에 해당하는 하자가 있다고 보았다. 환경영향평가를 하지 않은 경우와 혼동하면 안 된다. "행정청이 사전환경성검토협의를 거쳐야 할 대상사업에 관하여 법의 해석을 잘못한 나머지 세부용도지역이 지정되지 않은 개발사업 부지에 대하여 사전환경성검토협의를 할지 여부를 결정하는 절차를 생략한 채 승인 등의 처분을 한 사안에서, 그 하자가 객관적으로 명백하다고 할 수 없다고 한 사례."(대법원 2009. 9. 24. 선고 2009두2825)

④ (○) "구 환경영향평가법(1997. 3. 7. 법률 제5302호로 개정되기 전의 것) 제4조에서 환경영향평가를 실시하여야 할 사업을 정하고, 그 제16조 내지 제19조에서 대상사업에 대하여 반드시 환경영향평가를 거치도록 한 취지 등에 비추어 보면, 같은 법에서 정한 환경영향평가를 거쳐야 할 대상사업에 대하여 그러한 환경영향평가를 거치지 아니하였음에도 승인 등 처분을 하였다면 그 처분은 위법하다 할 것이나, 그러한 절차를 거쳤다면, 비록 그 환경영향평가의 내용이 다소 부실하다 하더라도, 그 부실의 정도가 환경영향평가제도를 둔 입법 취지를 달성할 수 없을 정도이어서 환경영향평가를 하지 아니한 것과 다를 바 없는 정도의 것이 아닌 이상 그 부실은 당해 승인 등 처분에 재량권 일탈·남용의 위법이 있는지 여부를 판단하는 하나의 요소로 됨에 그칠 뿐, 그 부실로 인하여 당연히 당해 승인 등 처분이 위법하게 되는 것이 아니다."(대법원 2001. 6. 29. 선고 99두9902)

06

행정소송의 판결의 효력에 대한 설명으로 옳지 않은 것은? (다툼이 있는 경우 판례에 의함)

① 국가배상청구소송에서의 위법성을 취소소송에서의 위법성보다 넓은 것으로 보게 되면, 취소소송의 인용판결의 기판력은 국가배상소송에 미치지만, 기각판결의 기판력은 국가배상소송에 미치지 않는다.
② 형사법원이 판결을 내리기 전에 영업허가취소처분이 행정쟁송절차에 의하여 취소되었다면, 그 영업허가취소처분이 있는 때로부터 그에 대한 취소가 확정되기 이전까지의 영업행위도 무허가행위가 아닌 것이 되므로, 형사법원은 그 영업허가취소처분 후의 영업행위에 대해 무죄를 선고하여야 한다.
③ 취소소송이 기각되어 처분의 적법성이 확정된 이후라면 처분청은 당해 처분이 위법함을 이유로 직권취소할 수 없다.
④ 취소소송에서 소송의 대상이 된 거부처분을 실체법상의 위법사유에 기하여 취소하는 판결이 확정된 경우에는 당해 거부처분을 한 행정청은 원칙적으로 신청을 인용하는 처분을 하여야 한다.

해설 정답 ❸

① (○) 국가배상청구소송에서의 위법성을 취소소송에서의 위법성보다 넓은 것으로 보게 되면, 취소소송의 인용판결의 기판력은 국가배상소송에 미치지만, 기각판결의 기판력은 국가배상소송에 미치지 않는다.

② (○) "이 사건 공소사실은 피고인이 영업허가취소처분이 있음에도 불구하고 이에 위반하여 무허가영업을 하였다는 것인데, 그 영업의 금지를 명한 영업허가취소처분 자체가 나중에 행정쟁송절차에 의하여 이미 취소되었다면, 그 영업허가취소처분은 그 처분시에 소급하여 효력을 잃게 되고, 공소외인과 피고인은 위 영업허가취소처분에 복종할 의무가 원래부터 없었음이 후에 확정되었다고 봄이 타당할 것이고, 그 영업허가취소처분이 단지 장래에 향하여서만 효력을 잃게 된다고 볼 근거가 없다. 따라서 피고인의 영업행위는 죄로 되지 아니한다 할 것임에도 불구하고 이를 유죄로 인정한 원심판결에는 행정쟁송절차에 의한 행정처분취소의 효력에 관한 법리를 오해한 위법이 있다 할 것이고, 이는 판결결과에 영향을 미쳤다 할 것이니, 이 점을 지적하는 논지는 이유가 있다."(대법원 1993. 6. 25. 선고 93도277)

③ (×) 기속력은 기각판결에는 발생하지 않는다. 따라서 취소소송이 기각되어 처분의 적법성이 확정된 이후에도 처분청은 당해 처분이 위법함을 이유로 직권취소할 수 있다.

④ (○) "행정소송법 제30조 제1항에 의하여 인정되는 취소소송에서 처분 등을 취소하는 확정판결의 기속력은 주로 판결의 실효성 확보를 위하여 인정되는 효력으로서 판결의 주문뿐만 아니라 그 전제가 되는 처분 등의 구체적 위법사유에 관한 이유 중의 판단에 대하여도 인정되고, 같은 조 제2항의 규정상 특히 거부처분에 대한 취소판결이 확정된 경우에는 그 처분을 행한 행정청은 판결의 취지에 따라 다시 처분을 하여야 할 의무를 부담하게 되므로, 취소소송에서 소송의 대상이 된 거부처분을 실체법상의 위법사유에 기하여 취소하는 판결이 확정된 경우에는 당해 거부처분을 한 행정청은 원칙적으로 신청을 인용하는 처분을 하여야 하고, 사실심 변론종결 이전의 사유를 내세워 다시 거부처분을 하는 것은 확정판결의 기속력에 저촉되어 허용되지 아니한다."(대법원 2001. 3. 23. 선고 99두5238)

07

법률행위적 행정행위에 대한 설명으로 옳지 않은 것은? (다툼이 있는 경우 판례에 의함)

① 개발촉진지구 안에서 시행되는 지역개발사업에 관한 지정권자의 실시계획승인처분은 시행자에게 구 「지역균형개발법」상 지구개발사업을 시행할 수 있는 지위를 부여하는 일종의 설권적 처분의 성격을 가진다.

② 「도로법」상 도로점용허가는 특정인에게 일정한 내용의 공물사용권을 설정하는 설권행위로서, 공물관리자가 신청인의 적격성, 사용목적 및 공익상의 영향 등을 참작하여 허가를 할 것인지의 여부를 결정하는 재량행위이다.

③ 사설법인묘지의 설치에 대한 행정청의 허가는, 일반적 금지를 해제하는 행위가 아니라 다른 법률행위를 보충하여 그 효력을 완성시키는 행위이므로, 강학상 인가에 해당한다.

④ 甲이 강학상 허가에 해당하는 「식품위생법」상 영업허가를 신청한 이후 관계법령이 개정되어 허가요건을 충족하지 못하게 된 경우, 행정청이 허가신청을 수리하고도 정당한 이유 없이 그 처리를 늦추어 그 사이에 허가기준이 변경된 것이 아닌 이상 甲에게는 불허가처분을 하여야 한다.

해설 정답 ❸

① (○) "구 지역균형개발 및 지방중소기업 육성에 관한 법률(2011. 5. 30. 법률 제10762호로 개정되기 전의 것, 이하 '구 지역균형개발법'이라 한다) 제16조 제2항, 제17조 제1항, 제2항, 제3항, 제4항, 제18조 제1항, 제3항, 제19조 제1항, 제2항, 구 지역균형개발 및 지방중소기업 육성에 관한 법률 시행령(2008. 12. 24. 대통령령 제21185호로 개정되기 전의 것) 제22조의 내용 및 취지 등에 비추어 보면, 개발촉진지구 안에서 시행되는 지역개발사업(국가 또는 지방자치단체가 직접 시행하는 경우를 제외한다, 이하 '지구개발사업'이라 한다)에서 지정권자의 실시계획승인처분은 단순히 시행자가 작성한 실시계획에 대한 보충행위로서의 성질을 가지는 것이 아니라 시행자에게 구 지역균형개발법상 지구개발사업을 시행할 수 있는 지위를 부여하는 일종의 설권적 처분의 성격을 가진 독립된 행정처분으로 보아야 한다."(대법원 2014. 9. 26. 선고 2012두5619)

② (○) "도로법 제40조 제1항에 의한 도로점용은 일반공중의 교통에 사용되는 도로에 대하여 이러한 일반사용과는 별도로 도로의 특정부분을 유형적·고정적으로 특정한 목적을 위하여 사용하는 이른바 특별사용을 뜻하는 것이고, 이러한 도로점용의 허가는 특정인에게 일정한 내용의 공물사용권을 설정하는 설권행위로서, 공물관리자가 신청인의 적격성, 사용목적 및 공익상의 영향 등을 참작하여 허가를 할 것인지의 여부를 결정하는 재량행위이다."(대법원 2002. 10. 25. 선고 2002두5795)

③ (×) 사설법인묘지의 설치에 대한 행정청의 허가는 강학상 허가에 해당한다. 관련판례 "국가 및 지방자치단체는 묘지의 증가로 인한 국토의 훼손을 방지하는 책무를 부담하고 있고, 사설묘지가 무분별하게 설치되면 환경오염 내지 공중위생상의 위해를 발생할 수 있고 국토의 효율적 이용 및 공공복리의 증진 등을 직접 저해할 수도 있는 점 등에 비추어 보면, 사설묘지 설치허가 신청 대상지가 관련 법령에 명시적으로 설치제한지역으로 규정되어 있지 않더라도 관할 관청이 그 신청지의 현상과 위치 및 주위의 상황 등 제반 사정을 고려하여 사설묘지의 설치를 억제함으로써 환경오염 내지 지역주민들의 보건위생상의 위해 등을 예방하거나 묘지의 증가로 인한 국토의 훼손을 방지하고 국토의 효율적 이용 및 공공복리의 증진을 도모하는 등 중대한 공익상 필요가 있다고 인정할 때에는 그 허가를 거부할 수 있다고 봄이 상당하다."(대법원 2008. 4. 10. 선고 2007두6106)

④ (○) "허가 등의 행정처분은 원칙적으로 처분시의 법령과 허가기준에 의하여 처리되어야 하고 허가신청 당시의 기준에 따라야 하는 것은 아니며 비록 허가신청 후 허가기준이 변경되었다 하더라도 그 허가관청이 허가신청을 수리하고도 정당한 이유 없이 그 처리를 늦추어 그 사이에 허가기준이 변경된 것이 아닌 이상 변경된 허가기준에 따라서 처분을 하여야 할 것인바(대법원 1993. 2. 12. 선고 92누4390 판결 참조), 기록에 의하면, 대전직할시장은 원고의 승인신청 이전에 이미 보문산 공원주변의 도시경관 보전을 목적으로 건축규제 방안에 관한 연구용역을 외부기관에 발주해 놓았고 당초 그 연구용역 결과가 승인신청일로부터 1개월 내인 1993. 12. 31.까지 나오도록 되어 있었기 때문에 그 연구용역의 결과에 따른 도시계획(최고 고도지구)을 수립하고 그 도시계획에 따라 승인 여부를 결정하려고 원고의 승인신청에 대한 처분을 유보하였었는데 당초 예상과는 달리 연구용역의 결과가 늦게 나오는 바람에 위 촉진법시행령상의 승인 여부 결정기간(60일)을 넘겨서 1994. 6. 24.에 도시계획을 결정·고시하였고, 피고도 같은 이유에서 승인 여부의 결정을 미루어 오다가 위 도시계획에 따라 1994. 9. 15.자로 이 사건 거부처분을 한 사실, 원고가 위 연구용역이 이미 발주되어 곧 그 결과가 나오리라는 사실을 알고서 이 사건 승인신청을 하였으며, 위 도시계획이 결정·고시되기 이전인 원고의 승인신청 당시에도 이미 위 도시계획의 목적인 보문산공원 주변의 도시경관 보전이라는 공익상의 필요가 있었고 (중략) 이와 같은 사정들에 의하면 피고가 정당한 이유 없이 그 승인 여부의 결정을 늦추고 있는 사이에 그 승인기준이 변경된 경우에 해당한다고는 볼 수 없어 처분 당시의 승인기준(법령상의 제한)에 따른 이 사건 거부처분이 위법하다고 할 수 없다 할 것이다."(대법원 1996. 8. 20. 선고 95누10877)

08

「행정대집행법」상 행정대집행에 대한 설명으로 옳지 않은 것은? (다툼이 있는 경우 판례에 의함)

① 대체적 작위의무가 법률의 위임을 받은 조례에 의해 직접 부과된 경우에도 대집행의 대상이 된다.
② 부작위의무 위반행위에 대하여 법률에 부작위의무를 대체적 작위의무로 전환하는 규정이 있으면 부작위의무를 대체적 작위의무로 전환시켜 대집행 할 수 있다.
③ 위법한 건물의 공유자 1인에 대한 계고처분은 다른 공유자에 대하여는 그 효력이 없다.
④ 불법건축물에 대한 철거명령을 받은 자가 건물의 점유자이기도 한 경우에, 대체적 의무인 건물철거의무에 비대체적 의무인 퇴거의무가 포함되어 있다고는 할 수 없으므로, 별도로 퇴거를 명하는 집행권원이 없다면 철거대집행 과정에서 부수적으로 건물 점유자들에 대한 퇴거조치를 할 수는 없다.

해설　　정답 ❹

이하 행정대집행법
① (○) 제2조

제2조(대집행과 그 비용징수) 법률(법률의 위임에 의한 명령, 지방자치단체의 조례를 포함한다. 이하 같다)에 의하여 직접명령되었거나 또는 법률에 의거한 행정청의 명령에 의한 행위로서 타인이 대신하여 행할 수 있는 행위를 의무자가 이행하지 아니하는 경우 다른 수단으로써 그 이행을 확보하기 곤란하고 또한 그 불이행을 방치함이 심히 공익을 해할 것으로 인정될 때에는 당해 행정청은 스스로 의무자가 하여야 할 행위를 하거나 또는 제삼자로 하여금 이를 하게 하여 그 비용을 의무자로부터 징수할 수 있다.

② (○) 부작위의무 위반행위에 대하여 법률에 부작위의무를 대체적 작위의무로 전환하는 규정이 있으면 부작위의무를 대체적 작위의무로 전환시켜 대집행 할 수 있다. 관련판례 "행정대집행법 제2조는 대집행의 대상이 되는 의무를 '법률(법률의 위임에 의한 명령, 지방자치단체의 조례를 포함한다. 이하 같다)에 의하여 직접 명령되었거나 또는 법률에 의거한 행정청의 명령에 의한 행위로서 타인이 대신하여 행할 수 있는 행위'라고 규정하고 있으므로, 대집행계고처분을 하기 위하여는 법령에 의하여 직접 명령되거나 법령에 근거한 행정청의 명령에 의한 의무자의 대체적 작위의무 위반행위가 있어야 한다. 따라서 단순한 부작위의무의 위반, 즉 관계 법령에 정하고 있는 절대적 금지나 허가를 유보한 상대적 금지를 위반한 경우에는 당해 법령에서 그 위반자에 대하여 위반에 의하여 생긴 유형적 결과의 시정을 명하는 행정처분의 권한을 인정하는 규정(예컨대, 건축법 제69조, 도로법 제74조, 하천법 제67조, 도시공원법 제20조, 옥외광고물등관리법 제10조 등)을 두고 있지 아니한 이상, 법치주의의 원리에 비추어 볼 때 위와 같은 부작위의무로부터 그 의무를 위반함으로써 생긴 결과를 시정하기 위한 작위의무를 당연히 끌어낼 수는 없으며, 또 위 금지규정(특히 허가를 유보한 상대적 금지규정)으로부터 작위의무, 즉 위반결과의 시정을 명하는 권한이 당연히 추론(추론)되는 것도 아니다."(대법원 1996. 6. 28. 선고 96누4374)
③ (○) "위법한 건물의 공유자 1인에 대한 계고처분은 다른 공유자에 대하여는 그 효력이 없다."(대법원 1994. 10. 28. 선고 94누5144)
④ (×) "관계 법령상 행정대집행의 절차가 인정되어 행정청이 행정대집행의 방법으로 건물의 철거 등 대체적 작위의무의 이행을 실현할 수 있는 경우에는 따로 민사소송의 방법으로 그 의무의 이행을 구할 수 없다. 한편 건물의 점유자가 철거의무자일 때에는 건물철거의무에 퇴거의무도 포함되어 있는 것이어서 별도로 퇴거를 명하는 집행권원이 필요하지 않다."(대법원 2017. 4. 28. 선고 2016다213916)

09

부관에 대한 설명으로 옳은 것은? (다툼이 있는 경우 판례에 의함)

① 토지소유자가 토지형질변경행위허가에 붙은 기부채납의 부관에 따라 토지를 기부채납(증여)한 경우, 기부채납의 부관이 당연무효이거나 취소되지 아니한 이상 토지소유자는 위 부관으로 인하여 증여계약의 중요부분에 착오가 있음을 이유로 증여계약을 취소할 수 없다.
② 행정처분에 부가한 부담이 제소기간의 도과로 불가쟁력이 생긴 경우에는 그 부담의 이행으로 한 사법상 법률행위의 효력을 다툴 수 없다.
③ 철회권이 유보된 경우일지라도 행정행위의 상대방은 당해 행정행위 철회시 신뢰보호의 원칙을 원용하여 손실보상을 청구할 수 있다.
④ 조건과 부담의 구분이 명확하지 않을 경우, 조건이 부담보다 상대방에게 유리하기 때문에 원칙적으로 조건으로 추정해야 한다.

해설　　정답 ❶

① (○) "토지소유자가 토지형질변경행위허가에 붙은 기부채납의 부관에 따라 토지를 국가나 지방자치단체에 기부채납(증여)한 경우, 기부채납의 부관이 당연무효이거나 취소되지 아니한 이상 토지소유자는 위 부관으로 인하여 증여계약의 중요부분에 착오가 있음을 이유로 증여계약을 취소할 수 없다."(대법원 1999. 5. 25. 선고 98다53134)
② (×) "행정처분에 부담인 부관을 붙인 경우 부관의 무효화에 의하여 본체인 행정처분 자체의 효력에도 영향이 있게 될 수는 있지만, 그 처분을 받은 사람이 부담의 이행으로 사법상 매매 등의 법률행위를 한 경우에는 그 부관은 특별한 사정이 없는 한 법률행위를 하게 된 동기 내지 연유로 작용하였을 뿐이므로 이는 법률행위의 취소사유가 될 수 있음은 별론으로 하고 그 법률행위 자체를 당연히 무효화하는 것은 아니다. 또한, 행정처분에 붙은 부담인 부관이 제소기간의 도과로 확정되어 이미 불가쟁력이 생겼다면 그 하자가 중대하고 명백하여 당연 무효로 보아야 할 경우 외에는 누구나 그 효력을 부인할 수 없을 것이지만, 부담의 이행으로서 하게 된 사법상 매매 등의 법률행위는 부담을 붙인 행정처분과는 어디까지나 별개의 법률행위이므로 그 부담의 불가쟁력의 문제와는 별도로 법률행위가 사회질서 위반이나 강행규정에 위반되는지 여부 등을 따져보아 그 법률행위의 유효 여부를 판단하여야 한다."(대법원 2009. 6. 25. 선고 2006다18174)
③ (×) 수익적 행정행위에 대한 철회권유보의 부관은 그 유보된 사유가 발생하여 철회권이 행사된 경우 상대방이 신뢰보호 원칙을 원용하는 것을 제한한다는 데 실익이 있다.
④ (×) "부담과 조건의 구분이 명확하지 않을 경우, 부담이 조건보다 상대방에게 유리하기 때문에 원칙적으로 부담으로 추정해야 한다."(대법원 2008. 11. 27. 2007두24289)

10

다음 중 옳지 않은 것은? (다툼이 있는 경우 판례에 의함)

① 국유 일반재산의 대부료 등의 징수에 관하여 「국세징수법」 규정을 준용한 간이하고 경제적인 특별구제절차가 마련되어 있으므로, 특별한 사정이 없는 한 민사소송의 방법으로 대부료 등의 지급을 구하는 것은 허용되지 아니한다.
② 무효인 파면처분에 대하여 제기하는 공무원지위확인소송은 현재의 행정소송법제하에서 허용된다.
③ 공무원연금관리공단이 퇴직연금의 수급자에 대하여 공무원연금법령의 개정으로 퇴직연금 중 일부금액의 지급정지대상자가 되었음을 통보하는 행위는 항고소송의 대상인 처분에 해당한다.
④ 행정청이 공무원에게 국가공무원법령상 연가보상비를 지급하지 아니한 행위는 항고소송의 대상이 되는 처분이라고 볼 수 없다.

해설 정답 ❸

① (○) "국유재산법 제42조 제1항, 제73조 제2항 제2호에 따르면, 국유 일반재산의 관리·처분에 관한 사무를 위탁받은 자는 국유 일반재산의 대부료 등이 납부기한까지 납부되지 아니한 경우에는 국세징수법 제23조와 같은 법의 체납처분에 관한 규정을 준용하여 대부료 등을 징수할 수 있다. 이와 같이 국유 일반재산의 대부료 등의 징수에 관하여는 국세징수법 규정을 준용한 간이하고 경제적인 특별구제절차가 마련되어 있으므로, 특별한 사정이 없는 한 민사소송의 방법으로 대부료 등의 지급을 구하는 것은 허용되지 아니한다."(대법원 2014. 9. 4. 선고 2014다203588)

② (○) 공무원 파면처분이 무효인 경우 파면처분 무효확인소송과 함께 그 파면처분이 무효임을 전제로 한 공무원지위확인소송을 제기할 수 있다.

③ (×) "공무원으로 재직하다가 퇴직하여 구 공무원연금법(2000. 12. 30. 법률 제6328호로 개정되기 전의 것)에 따라 퇴직연금을 받고 있던 사람이 철차산업 직원으로 다시 임용되어 철차산업으로부터는 급여를 받고 공무원연금관리공단으로부터는 여전히 퇴직연금을 지급받고 있다가, 구 공무원연금법시행규칙(2001. 2. 28. 행정자치부령 제126호로 개정되기 전의 것)이 개정되면서 철차산업이 구 공무원연금법 제47조 제2호 소정의 퇴직연금 중 일부의 금액에 대한 지급정지기관으로 지정된 경우, 공무원연금관리공단의 지급정지처분 여부에 관계없이 개정된 구 공무원연금법시행규칙이 시행된 때로부터 그 법 규정에 의하여 당연히 퇴직연금 중 일부 금액의 지급이 정지되는 것이므로, 공무원연금관리공단이 위와 같은 법령의 개정 사실과 퇴직연금 수급자가 퇴직연금 중 일부 금액의 지급정지대상자가 되었다는 사실을 통보한 것은 단지 위와 같이 법령에서 정한 사유의 발생으로 퇴직연금 중 일부 금액의 지급이 정지된다는 점을 알려주는 관념의 통지에 불과하고, 그로 인하여 비로소 지급이 정지되는 것은 아니므로 항고소송의 대상이 되는 행정처분으로 볼 수 없다."(대법원 2004. 7. 8. 선고 2004두244)

④ (○) "국가공무원법 제67조, 구 공무원복무규정(1996. 12. 14. 대통령령 제14825호로 개정되기 전의 것) 제15조, 제16조 제5항, 제17조 등의 각 규정에 비추어 보면, 공무원의 연가보상비청구권은 공무원이 연가를 실시하지 아니하는 등 법령상 정해진 요건이 충족되면 그 자체만으로 지급기준일 또는 보수지급기관의 장이 정한 지급일에 구체적으로 발생하고 행정청의 지급결정에 의하여 비로소 발생하는 것은 아니라고 할 것이므로, 행정청이 공무원에게 연가보상비를 지급하지 아니한 행위로 인하여 공무원의 연가보상비청구권 등 법률상 지위에 아무런 영향을 미친다고 할 수는 없으므로 행정청의 연가보상비 부지급 행위는 항고소송의 대상이 되는 처분이라고 볼 수 없다."(대법원 1999. 7. 23. 선고 97누10857)

11

통치행위에 대한 설명으로 옳은 것(○)과 옳지 않은 것(×)이 바르게 조합된 것은? (다툼이 있는 경우 판례에 의함)

> ㉠ 일반사병 이라크파병에 대한 헌법소원사건에서 외국에의 국군의 파견결정은 국제사회에서의 우리나라의 지위와 역할, 동맹국과의 관계 등 궁극적으로 국민 내지 국익에 영향을 미치는 복잡하고도 중요한 문제로서 고도의 정치적 결단이 요구되는 사안이라고 보았다.
> ㉡ 국회의원의 자격심사나 징계처분 또는 제명처분에 대해서는 사법심사가 불가능하다는 명문의 헌법규정이 존재한다.
> ㉢ 대통령의 특별사면은 통치행위에 해당한다.
> ㉣ 대통령이 한미연합 군사훈련의 일종인 2007년 전시증원연습을 하기로 한 결정은, 국방에 관련되는 고도의 정치적 결단에 해당하여 사법심사를 자제하여야 하는 통치행위에 해당한다.

① ㉠(○), ㉡(○), ㉢(○), ㉣(×)
② ㉠(○), ㉡(×), ㉢(×), ㉣(○)
③ ㉠(×), ㉡(○), ㉢(○), ㉣(○)
④ ㉠(×), ㉡(×), ㉢(×), ㉣(×)

해설 정답 ❶

㉠ (○) "외국에의 국군의 파견결정은 파견군인의 생명과 신체의 안전뿐만 아니라 국제사회에서의 우리나라의 지위와 역할, 동맹국과의 관계, 국가안보문제 등 궁극적으로 국민 내지 국익에 영향을 미치는 복잡하고도 중요한 문제로서 국내 및 국제정치관계 등 제반상황을 고려하여 미래를 예측하고 목표를 설정하는 등 고도의 정치적 결단이 요구되는 사안이다. 따라서 그와 같은 결정은 그 문제에 대해 정치적 책임을 질 수 있는 국민의 대의기관이 관계분야의 전문가들과 광범위하고 심도 있는 논의를 거쳐 신중히 결정하는 것이 바람직하며 우리 헌법도 그 권한을 국민으로부터 직접 선출되고 국민에게 직접 책임을 지는 대통령에게 부여하고 그 권한행사에 신중을 기하도록 하기 위해 국회로 하여금 파병에 대한 동의여부를 결정할 수 있도록 하고 있는바, 현행 헌법이 채택하고 있는 대의민주제 통치구조 하에서 대의기관인 대통령과 국회의 그와 같은 고도의 정치적 결단은 가급적 존중되어야 한다."(헌법재판소 2004. 4. 29. 2003헌마814)

㉡ (○) 헌법 제64조 제4항

> **헌법 제64조** ② 국회는 의원의 자격을 심사하며, 의원을 징계할 수 있다.
> ③ 의원을 제명하려면 국회재적의원 3분의 2 이상의 찬성이 있어야 한다.
> ④ 제2항과 제3항의 처분에 대하여는 법원에 제소할 수 없다.

㉢ (○) 대통령의 사면은 통치행위에 해당한다. **관련판례** "우리 헌법 제79조 제1항은 "대통령은 법률이 정하는 바에 의하여 사면·감형 또는 복권을 명할 수 있다"고 대통령의 사면권을 규정하고 있고, 제3항은 "사면·감형 또는 복권에 관한 사항은 법률로 정한다"고 규정하여 사면의 구체적 내용과 방법 등을 법률에 위임하고 있다. 그러므

로 사면의 종류, 대상, 범위, 절차, 효과 등은 범죄의 죄질과 보호법익, 일반국민의 가치관 내지 법감정, 국가이익과 국민화합의 필요성, 권력분립의 원칙과의 관계 등 제반사항을 종합하여 입법자가 결정할 사항으로서 광범위한 입법재량 내지 형성의 자유가 부여되어 있다."(헌법재판소 2000. 6. 1. 97헌바74)

㉣ (×) "한미연합 군사훈련은 1978. 한미연합사령부의 창설 및 1979. 2. 15. 한미연합연습 양해각서의 체결 이후 연례적으로 실시되어 왔고, 특히 이 사건 연습은 대표적인 한미연합 군사훈련으로서, 피청구인이 2007. 3.경에 한 이 사건 연습결정이 새삼 국방에 관련되는 고도의 정치적 결단에 해당하여 사법심사를 자제하여야 하는 통치행위에 해당된다고 보기 어렵다."(헌법재판소 2009. 5. 28. 2007헌마369)

12

행정입법에 대한 설명으로 옳은 것만을 모두 고르면? (다툼이 있는 경우 판례에 의함)

㉠ 제재적 행정처분의 가중사유나 전제요건에 관한 규정이 법령이 아닌 행정규칙의 형식으로 되어 있다면 관할 행정청이나 담당공무원은 이를 준수할 의무를 부담하지 않고, 이를 어겨도 징계의 대상이 되지 않는다.

㉡ 한국표준산업분류는 우리나라의 산업구조를 가장 잘 반영하고 있고, 업종의 분류에 관하여 가장 공신력 있는 자료로 평가받고 있는 점 등을 고려하면, 업종의 분류에 관하여 판단자료와 전문성의 한계가 있는 대통령이나 행정각부의 장에게 위임하기보다는 통계청장이 고시하는 한국표준산업분류에 위임할 필요성이 인정된다.

㉢ 의료기관의 명칭표시판에 진료과목을 함께 표시하는 경우 진료과목의 글자크기를 제한하고 있는 구 「의료법 시행규칙」 제31조는 그 자체로서 국민의 구체적인 권리·의무나 법률관계에 직접적인 변동을 초래하므로 항고소송의 대상이 되는 행정처분이다.

㉣ 다른 집행행위의 매개 없이 그 자체로서 요양기관, 국민건강보험공단, 국민건강보험 가입자 등의 법률관계를 직접 규율하고 있는 보건복지부 고시인 '약제급여·비급여 목록 및 급여상한금액표'에는 처분성이 인정된다.

① ㉠, ㉡ ② ㉠, ㉢, ㉣
③ ㉡, ㉢ ④ ㉡, ㉣

해설 정답 ❹

㉠ (×) 행정규칙은 대외적 구속력이 없지만 행정조직 내부에서는 효력을 가지므로 공무원이 행정규칙의 적용을 일반적으로 거부할 수는 없다. 행정규칙을 위반하는 행위는 직무상의 의무위반으로 징계사유에 해당한다.

㉡ (○) "각종 조세 관련 법령에서 업종의 분류를 구 한국표준산업분류(2007. 12. 28. 통계청 고시 제2007-53호로 개정되기 전의 것, 이하 '한국표준산업분류'라 한다)에 의하도록 한 것은 전체 업종의 세부적인 분류에 요구되는 전문적·기술적 지식과 식견의 필요성, 소요되는 시간과 인력의 양, 그리고 한국표준산업분류가 유엔이 제정한 국제표준산업분류를 기초로 한 것으로서 국내외에 걸쳐 가장 공신력 있는 업종분류결과로서 받아들여지고 있는 사정 등에 비추어, 개별 법령에서 직접 업종을 분류하는 것보다는 통계청장이 기존에 고시한 한국표준산업분류에 따르는 것이 더 합리적이고 효율적이라고 판단한 데 따른 것으로 이해된다."(대법원 2013. 2. 28. 선고 2010두29192)

㉢ (×) "의료기관의 명칭표시판에 진료과목을 함께 표시하는 경우 글자 크기를 제한하고 있는 구 의료법 시행규칙 제31조가 그 자체로서 국민의 구체적인 권리의무나 법률관계에 직접적인 변동을 초래하지 아니하므로 항고소송의 대상이 되는 행정처분이라고 할 수 없다."(대법원 2007. 4. 12. 선고 2005두15168)

㉣ (○) "보건복지부 고시인 약제급여·비급여목록 및 급여상한금액표(보건복지부 고시 제2002-46호로 개정된 것)는 다른 집행행위의 매개 없이 그 자체로서 국민건강보험가입자, 국민건강보험공단, 요양기관 등의 법률관계를 직접 규율하는 성격을 가지므로 항고소송의 대상이 되는 행정처분에 해당한다."(대법원 2006. 9. 22. 선고 2005두2506)

13

행정상 실효성 확보수단에 대한 설명으로 옳지 않은 것은? (다툼이 있는 경우 판례에 의함)

① 「국세징수법」은 고액체납자의 명단공개제도에 대하여 규정하고 있다.

② 관할 지방병무청장이 병역의무 기피를 이유로 그 인적사항 등을 공개할 대상자를 1차로 결정하였으나, 그에 이어 병무청장이 같은 내용으로 최종적 공개결정을 하였다면, 관할 지방병무청장의 공개 대상자 결정을 별도로 다툴 소의 이익은 없어진다.

③ 법인 대표자의 법규위반행위에 대한 법인의 책임은 법인 자신의 법규위반행위에 대한 책임이 아니라 대표자의 책임을 대신하는 것이다.

④ 행정청은 시정명령으로 과거의 위반행위에 대한 중지는 물론, 가까운 장래에 반복될 우려가 있는 동일한 유형의 행위의 반복금지까지 명할 수 있다.

해설 정답 ❸

① (○) 국세징수법 제114조

국세징수법 제114조(고액·상습체납자의 명단 공개) ① 국세청장은 「국세기본법」 제81조의13에도 불구하고 체납 발생일부터 1년이 지난 국세의 합계액이 2억원 이상인 경우 체납자의 인적사항 및 체납액 등을 공개할 수 있다. 다만, 체납된 국세와 관련하여 심판청구 등이 계속 중이거나 그 밖에 대통령령으로 정하는 경우에는 공개할 수 없다.

② (○) "관할 지방병무청장의 공개 대상자 결정의 경우 상대방에게 통보하는 등 외부에 표시하는 절차가 관계 법령에 규정되어 있지 않아, 행정실무상으로도 상대방에게 통보되지 않는 경우가 많다. 또한 관할 지방병무청장이 위원회의 심의를 거쳐 공개 대상자를 1차로 결정하기는 하지만, 병무청장에게 최종적으로 공개 여부를 결정할 권한이 있으므로, 관할 지방병무청장의 공개 대상자 결정은 병무청장의 최종적인 결정에 앞서 이루어지는 행정기관 내부의 중간적 결정에 불과하다. 가까운 시일 내에 최종적인 결정과 외부적인 표시가 예정된 상황에서, 외부에 표시되지 않은 행정기관 내부의 결정을 항고소송의 대상인 처분으로 보아야 할 필요성은 크지 않다. 관할 지방병무청장이 1차로 공개 대상자 결정을 하고, 그에 따라 병무청장이 같은 내용으로 최종적 공개결정을 하였다면, 공개 대상자는 병무청

장의 최종적 공개결정만을 다투는 것으로 충분하고, 관할 지방병무청장의 공개 대상자 결정을 별도로 다툴 소의 이익은 없어진다."(대법원 2019. 6. 27. 선고 2018두49130)

③ (×) 법인 대표자의 법규위반행위에 대한 법인의 책임은 법인 자신의 법규위반행위로 평가될 수 있는 행위에 대한 법인의 직접책임이다. "법인 대표자의 행위는 종업원 등의 행위와 달리 보아야 한다. 법인의 행위는 법인을 대표하는 자연인인 대표기관의 의사결정에 따른 행위에 의하여 실현되므로, 자연인인 대표기관의 의사결정 및 행위에 따라 법인의 책임 유무를 판단할 수 있다. 즉, 법인은 기관을 통하여 행위하므로 법인이 대표자를 선임한 이상 그의 행위로 인한 법률효과는 법인에게 귀속되어야 하고, 법인 대표자의 범죄행위에 대하여는 법인 자신이 자신의 행위에 대한 책임을 부담하는 것이다."(헌법재판소 2013. 6. 27. 선고 2012헌바371)

④ (○) "독점규제및공정거래에관한법률(이하 '공정거래법'이라 한다)에 의한 시정명령이 지나치게 구체적인 경우 매일 매일 다소간의 변형을 거치면서 행해지는 수많은 거래에서 정합성이 떨어져 결국 무의미한 시정명령이 되므로 그 본질적인 속성상 다소간의 포괄성·추상성을 띨 수밖에 없다 할 것이고, 한편 시정명령 제도를 둔 취지에 비추어 시정명령의 내용은 과거의 위반행위에 대한 중지는 물론 가까운 장래에 반복될 우려가 있는 동일한 유형의 행위의 반복금지까지 명할 수는 있는 것으로 해석함이 상당하다 할 것이다."(대법원 2003. 2. 20. 선고 2001두5347)

14

「행정절차법」상 행정절차에 대한 설명으로 옳은 것은? (다툼이 있는 경우 판례에 의함)

① 처분을 신청할 때 전자문서로 하는 경우에는 신청인의 컴퓨터 등에 입력된 때에 신청한 것으로 본다.
② 신청에 대한 거부처분을 하는 경우는 「행정절차법」상 이유제시를 하지 않아도 된다.
③ 행정청이 신청 내용을 모두 그대로 인정하는 처분을 하는 경우에는 당사자에게 그 근거와 이유를 제시하지 않아도 되지만, 이때 처분 후에 당사자의 요청이 있는 경우에는 그 근거와 이유를 반드시 제시하여야 한다.
④ 청문주재자는 당사자등의 전부 또는 일부가 정당한 사유로 청문기일에 출석하지 못하거나 의견서를 제출하지 못한 경우에는 10일 이상의 기간을 정하여 이들에게 의견진술 및 증거제출을 요구하여야 하며, 해당 기간이 지났을 때에 청문을 마칠 수 있다.

해설 정답 ❹

이하 행정절차법

① (×) 제17조 제2항

> **제17조(처분의 신청)** ② 제1항에 따라 처분을 신청할 때 전자문서로 하는 경우에는 행정청의 컴퓨터 등에 입력된 때에 신청한 것으로 본다.

② (×) 이유제시의 원칙은 상대방에게 부담을 주는 행정처분의 경우뿐만 아니라 수익적 행정처분에 대한 거부에도 적용된다.

③ (×) 신청 내용을 모두 그대로 인정하는 처분을 하는 경우에는 당사자에게 그 근거와 이유를 제시하지 않아도 되며, 이때 처분 후에 당사자의 요청이 있더라도 그 근거와 이유를 반드시 제시해야만 하는 것은 아니다. 제23조 제2항에서 처분 후 당사자가 요청하는 경우 그 근거와 이유를 제시하여 한다고 규정하고 있는 경우는 제1항2호 및 제3호뿐이기 때문이다. 제23조 제1항 제1호, 제2항 참조.

> **제23조(처분의 이유 제시)** ① 행정청은 처분을 할 때에는 다음 각 호의 어느 하나에 해당하는 경우를 제외하고는 당사자에게 그 근거와 이유를 제시하여야 한다.
> 1. 신청 내용을 모두 그대로 인정하는 처분인 경우
> 2. 단순·반복적인 처분 또는 경미한 처분으로서 당사자가 그 이유를 명백히 알 수 있는 경우
> 3. 긴급히 처분을 할 필요가 있는 경우
>
> ② 행정청은 제1항 제2호 및 제3호의 경우에 처분 후 당사자가 요청하는 경우에는 그 근거와 이유를 제시하여야 한다.

④ (○) 제35조 제3항

> **제35조(청문의 종결)** ③ 청문 주재자는 당사자등의 전부 또는 일부가 정당한 사유로 청문기일에 출석하지 못하거나 제31조 제3항에 따른 의견서를 제출하지 못한 경우에는 10일 이상의 기간을 정하여 이들에게 의견진술 및 증거제출을 요구하여야 하며, 해당 기간이 지났을 때에 청문을 마칠 수 있다.

15

국가배상책임에 대한 설명으로 옳은 것은? (다툼이 있는 경우 판례에 의함)

① 공무원의 가해행위에 대해 형사상 무죄판결이 있었다면 그 가해행위를 이유로 국가배상책임이 인정될 수 없다.
② 인감증명사무를 처리하는 공무원은 인감증명이 타인과의 권리·의무에 관계되는 일에 사용되는 것을 예상하여 그 발급된 인감증명으로 인한 부정행위의 발생을 방지할 직무상의 의무가 있다.
③ 구청 세무과 소속 공무원 甲이 乙에게 무허가 건물 세입자들에 대한 시영아파트 입주권 매매행위를 한 경우 이는 외형상 직무범위 내의 행위라고 보아야 한다.
④ 공무원의 불법행위책임을 국가 자신의 책임으로 보는 입장에서는 일반적으로 공무원의 피해자에 대한 책임을 부인한다.

해설 정답 ❷

① (×) 공무원의 가해행위에 대해 형사상 무죄판결이 있었더라도, 그 가해행위를 이유로 국가배상책임이 인정될 수 있다. 관련판례 "불법행위에 따른 형사책임은 사회의 법질서를 위반한 행위에 대한 책임을 묻는 것으로서 행위자에 대한 공적인 제재(형벌)를 그 내용으로 함에 비하여, 민사책임은 타인의 법익을 침해한 데 대하여 행위자의 개인적 책임을 묻는 것으로서 피해자에게 발생한 손해의 전보를 그 내용으로 하는 것이고, 손해배상제도는 손해의 공평·타당한 부담을 그 지도원리로 하는 것이므로, 형사상 범죄를 구성하지 아니하는 침해행위라고 하더라도 그것이 민사상 불법행위를 구성하는지 여부는 형사책임과 별개의 관점에서 검토하여야 한다."(대법원 2008. 2. 1. 선고 2006다6713)

② (○) "인감증명은 인감 자체의 동일성과 거래행위자의 의사에 의한 것임을 확인하는 자료로서 일반인의 거래상 극히 중요한 기능을 갖고 있는 것이므로 인감증명사무를 처리하는 공무원으로서는 그것이 타인과의 권리의무에 관계되는 일에 사용되어 지는 것을 예상하여 그 발급된 인감으로 인한 부정행위의 발생을 방지할 직무상의 의무

가 있다."(대법원 2004. 3. 26. 선고 2003다54490)

③ (×) "구청 공무원 갑이 주택정비계장으로 부임하기 이전에 그의 처 등과 공모하여 을에게 무허가건물철거 세입자들에 대한 시영아파트 입주권 매매행위를 한 경우 이는 갑이 개인적으로 저지른 행위에 불과하고 당시 근무하던 세무과에서 수행하던 지방세 부과, 징수 등 본래의 직무와는 관련이 없는 행위로서 외형상으로도 직무범위 내에 속하는 행위라고 볼 수 없고, 갑이 그 후 주택정비계장으로 부임하여 을의 문의에 의하여 주택정비계 사무실에 허위로 작성하여 비치해 놓은 입주신청 및 명의변경 접수대장을 이용하여 세입자들이 정당한 입주권 부여 대상자인 양 허위로 확인하여 주거나 명의변경 신청서류를 접수하여 입주자 명의가 적법히 변경된 것인 양 허위로 확인하여 주었다 하더라도 이는 이미 불법행위가 종료되어 을 등의 손해가 발생된 이후의 범행관여에 불과한 것이어서 그 손해와 갑의 사후적 범행관여 사이에 상당인과관계를 인정하기 어렵다."(대법원 1993. 1. 15. 선고 92다8514)

④ (×) 공무원의 불법행위책임을 국가 자신의 책임으로 보는 입장에서는 일반적으로 공무원의 피해자에 대한 책임을 인정한다. ☞ 자기책임설에서는 일반적으로 공무원의 피해자에 대한 책임을 인정한다. 판례가 취하고 있는 독특한 입장과 혼동하면 안 된다.

16

행정계획에 대한 설명으로 옳지 않은 것은? (다툼이 있는 경우 판례에 의함)

① 구 「토지구획정리사업법」상 환지계획은, 환지예정지 지정이나 환지처분의 근거가 될 뿐 고유한 법률효과를 수반하는 것이 아니어서, 항고소송의 대상이 되는 행정처분에 해당하지 않는다.

② 행정청이 폐기물처리업 사업계획에 대하여 적정통보를 한 것만으로 그 사업부지 토지에 대한 국토이용계획변경신청을 승인하여 주겠다는 취지의 공적인 견해표명을 한 것으로 볼 수 있다.

③ 도시기본계획이 위법하다 하더라도 그에 대하여 제기되는 취소소송은 법원에 의하여 허용되지 않는다.

④ 구 「국토이용관리법」상 국토이용계획은, 그 계획이 일단 확정된 후에는 어떤 사정의 변동이 있다고 하여 지역주민이나 일반이해관계인에게 일일이 그 계획의 변경 또는 폐지를 신청할 권리를 인정하여 줄 수 없는 것이 원칙이다.

해설 정답 ❷

① (○) "토지구획정리사업법 제57조, 제62조 등의 규정상 환지예정지 지정이나 환지처분은 그에 의하여 직접 토지소유자 등의 권리의무가 변동되므로 이를 항고소송의 대상이 되는 처분이라고 볼 수 있으나, 환지계획은 위와 같은 환지예정지 지정이나 환지처분의 근거가 될 뿐 그 자체가 직접 토지소유자 등의 법률상의 지위를 변동시키거나 또는 환지예정지 지정이나 환지처분과는 다른 고유한 법률효과를 수반하는 것이 아니어서 이를 항고소송의 대상이 되는 처분에 해당한다고 할 수가 없다."(대법원 1999. 8. 20. 선고 97누6889)

② (×) "폐기물관리법령에 의한 폐기물처리업 사업계획에 대한 적정통보와 국토이용관리법령에 의한 국토이용계획변경은 각기 그 제도적 취지와 결정단계에서 고려해야 할 사항들이 다르다는 이유로, 폐기물처리업 사업계획에 대하여 적정통보를 한 것만으로 그 사업부지 토지에 대한 국토이용계획변경신청을 승인하여 주겠다는 취지의 공적인 견해표명을 한 것으로 볼 수 없다."(대법원 2005. 4. 28. 선고 2004두8828)

③ (○) 도시기본계획은 처분이 아니므로 도시기본계획이 위법하다 하더라도 그에 대하여 제기되는 취소소송은 법원에 의하여 허용되지 않는다. **관련판례** "구 도시계획법(1999. 2. 8. 법률 제5898호로 개정되기 전의 것) 제10조의2, 제16조의2, 같은법시행령(1999. 6. 16. 대통령령 제16403호로 개정되기 전의 것) 제7조, 제14조의2의 각 규정을 종합하면, 도시기본계획은 도시의 기본적인 공간구조와 장기발전방향을 제시하는 종합계획으로서 그 계획에는 토지이용계획, 환경계획, 공원녹지계획 등 장래의 도시개발의 일반적인 방향이 제시되지만, 그 계획은 도시계획입안의 지침이 되는 것에 불과하여 일반 국민에 대한 직접적인 구속력은 없는 것이므로, 도시기본계획을 입안함에 있어 토지이용계획에는 세부적인 내용을 기재하지 아니하고 다소 포괄적으로 기재하였다 하더라도 기본구상도상에 분명하게 그 내용을 표시한 이상 도시기본계획으로서 입안된 것이라고 봄이 상당하고, 또 공청회 등 절차에서 다른 자료에 의하여 그 내용이 제시된 다음 관계 법령이 정하는 절차에 따라 건설교통부장관의 승인을 받아 공람공고까지 되었다면 도시기본계획으로서 적법한 효력이 있는 것이다."(대법원 2002. 10. 11. 선고 2000두8226)

④ (○) "구 국토이용관리법(2002. 2. 4. 법률 제6655호 국토의계획및이용에관한법률 부칙 제2조로 폐지)상 주민이 국토이용계획의 변경에 대하여 신청을 할 수 있다는 규정이 없을 뿐만 아니라, 국토건설종합계획의 효율적인 추진과 국토이용질서를 확립하기 위한 국토이용계획은 장기성, 종합성이 요구되는 행정계획이어서 원칙적으로는 그 계획이 일단 확정된 후에 어떤 사정의 변동이 있다고 하여 그러한 사유만으로는 지역주민이나 일반 이해관계인에게 일일이 그 계획의 변경을 신청할 권리를 인정하여 줄 수는 없을 것이지만, 장래 일정한 기간 내에 관계 법령이 규정하는 시설 등을 갖추어 일정한 행정처분을 구하는 신청을 할 수 있는 법률상 지위에 있는 자의 국토이용계획변경신청을 거부하는 것이 실질적으로 당해 행정처분 자체를 거부하는 결과가 되는 경우에는 예외적으로 그 신청인에게 국토이용계획변경을 신청할 권리가 인정된다고 봄이 상당하므로, 이러한 신청에 대한 거부행위는 항고소송의 대상이 되는 행정처분에 해당한다."(대법원 2003. 9. 23. 선고 2001두10936)

17

행정소송과 행정심판에 대한 설명으로 옳은 것은? (다툼이 있는 경우 판례에 의함)

① 개별 법률에 이의신청제도를 두면서 행정심판에 대한 명시적인 규정을 두고 있지 않은 경우, 특별한 사정이 없는 한 이의신청과 별도로 행정심판을 제기할 수 없는 것으로 본다.

② 피청구인이나 피고를 잘못 지정한 경우에, 「행정심판법」상 피청구인의 경정은 청구인의 신청에 의해서만 가능하나, 「행정소송법」상 피고의 경정은 직권에 의해서도 가능하다.

③ 행정소송의 제기요건은 법원의 직권조사사항이지만, 행정소송에 있어서 처분청의 처분권한 유무는 직권조사사항이 아니다.

④ 현행법상 허가 신청에 대한 거부처분에 불복할 때에는 의무이행심판보다는 취소심판으로 하는 것이 권리구제에 더 효과적이다.

해설 정답 ❸

① (×) 개별 법률에 이의신청제도를 두면서 행정심판에 대한 명시적인 규정을 두고 있지 않은 경우 특별한 사정이 없는 한 이의신청과는 별도로 행정심판을 제기할 수 있는 것으로 본다.

② (×) 피청구인이나 피고를 잘못 지정한 경우에, 행정소송법상 피고의 경정은 원고의 신청에 의해서만 가능하나, 행정심판법상 피청구인의 경정은 직권에 의해서도 가능하다.

> **행정소송법 제14조(피고경정)** ① 원고가 피고를 잘못 지정한 때에는 법원은 원고의 신청에 의하여 결정으로써 피고의 경정을 허가할 수 있다.

> **행정심판법 제17조(피청구인의 적격 및 경정)** ② 청구인이 피청구인을 잘못 지정한 경우에는 위원회는 직권으로 또는 당사자의 신청에 의하여 결정으로써 피청구인을 경정(更正)할 수 있다.

③ (○) 행정소송의 제기요건은 법원의 직권조사사항이지만, 행정소송에 있어서 처분청의 처분권한 유무는 직권조사사항이 아니다. ☞ 본안판단사항은 직권조사사항이 아니다. 당사자가 스스로 문제 삼아 주장하여야 한다. 그런데 처분청의 권한유무에 대한 판단은 주체상 하자의 존부 판단과 관련된 것으로서 본안판단사항이다.

④ (×) 취소재결의 기속력으로서도 재처분의무가 인정되지만 현행법상 허가 신청에 대한 거부처분에 불복할 때에는 취소심판보다는 의무이행심판으로 하는 것이 권리구제에 더 효과적이다. 취소심판에서는 기껏해야 거부처분을 취소받을 수 있을 뿐이지만, 의무이행심판에서는 처분재결이나 처분명령재결을 인용재결로 받을 수 있기 때문이다.

18

「공공기관의 정보공개에 관한 법률」상 정보공개에 대한 설명으로 옳은 것만을 모두 고르면? (다툼이 있는 경우 판례에 의함)

> ㉠ 알권리에서 파생되는 정보공개의무는 특별한 사정이 없는 한 특정의 정보에 대한 공개청구가 있는 경우에야 비로소 존재한다.
> ㉡ 정보공개 청구 후 20일이 경과하도록 정보공개 결정이 없는 때에는 정보공개 청구 후 20일이 경과한 날부터 7일 이내에 해당 공공기관에 문서로 이의신청을 할 수 있다.
> ㉢ 학교환경위생구역 내 금지행위(숙박시설) 해제결정에 관한 학교환경위생정화위원회의 회의록에 기재된 발언내용에 대한 해당 발언자의 인적사항 부분에 관한 정보는 「공공기관의 정보공개에 관한 법률」상 비공개대상에 해당한다.
> ㉣ 정보공개청구를 거부하는 처분이 있은 후 대상정보가 폐기되었다든가 하여 공공기관이 그 정보를 보유·관리하지 아니하게 된 경우에는, 특별한 사정이 없는 한 정보공개를 구하는 자에게 정보공개거부처분의 취소를 구할 법률상의 이익이 없게 된다.

① ㉠, ㉡, ㉣　　② ㉠, ㉢, ㉣
③ ㉡, ㉣　　④ ㉢

해설 정답 ❷

㉠ (○) "일반적으로 국민의 권리의무에 영향을 미치거나 국민의 이해관계와 밀접한 관련이 있는 정책결정 등에 관하여 적극적으로 그 내용을 알 수 있도록 공개할 국가의 의무는 기본권인 알 권리에 의하여 바로 인정될 수는 없고 이에 대한 구체적인 입법이 있는 경우에야 비로소 가능하다. 이와 같이 알 권리에서 파생되는 정보의 공개의무는 특별한 사정이 없는 한 국민의 적극적인 정보수집행위, 특히 특정의 정보에 대한 공개청구가 있는 경우에야 비로소 존재하므로, 청구인들의 정보공개청구가 없었던 이 사건의 경우 이 사건 조항을 사전에 마늘재배농가들에게 공개할 정부의 의무는 인정되지 아니한다."(헌법재판소 2004. 12. 16. 2002헌마579)

㉡ (×) 공공기관의 정보공개에 관한 법률 제18조 제1항

> **공공기관의 정보공개에 관한 법률 제18조(이의신청)** ① 청구인이 정보공개와 관련한 공공기관의 비공개 결정 또는 부분 공개 결정에 대하여 불복이 있거나 정보공개 청구 후 20일이 경과하도록 정보공개 결정이 없는 때에는 공공기관으로부터 정보공개 여부의 결정 통지를 받은 날 또는 정보공개 청구 후 20일이 경과한 날부터 30일 이내에 해당 공공기관에 문서로 이의신청을 할 수 있다.

㉢ (○) "학교환경위생구역 내 금지행위(숙박시설) 해제결정에 관한 학교환경위생정화위원회의 회의록에 기재된 발언내용에 대한 해당 발언자의 인적사항 부분에 관한 정보는 공공기관의정보공개에관한법률 제7조 제1항 제5호 소정의 비공개대상에 해당한다."(대법원 2003. 8. 22. 선고 2002두12946)

㉣ (○) "공공기관의 정보공개에 관한 법률(이하 '정보공개법'이라고 한다)에서 말하는 공개대상 정보는 정보 그 자체가 아닌 정보공개법 제2조 제1호에서 예시하고 있는 매체 등에 기록된 사항을 의미하고, 공개대상 정보는 원칙적으로 공개를 청구하는 자가 정보공개법 제10조 제1항 제2호에 따라 작성한 정보공개청구서의 기재내용에 의하여 특정되며, 만일 공개청구자가 특정한 바와 같은 정보를 공공기관이 보유·관리하고 있지 않은 경우라면 특별한 사정이 없는 한 해당 정보에 대한 공개거부처분에 대하여는 취소를 구할 법률상 이익이 없다. 이와 관련하여 공개청구자는 그가 공개를 구하는 정보를 공공기관이 보유·관리하고 있을 상당한 개연성이 있다는 점에 대하여 입증할 책임이 있으나, 공개를 구하는 정보를 공공기관이 한때 보유·관리하였으나 후에 그 정보가 담긴 문서들이 폐기되어 존재하지 않게 된 것이라면 그 정보를 더 이상 보유·관리하고 있지 않다는 점에 대한 증명책임은 공공기관에 있다."(대법원 2013. 1. 24. 선고 2010두18918)

19

甲은 「식품위생법」 제37조 제1항에 따라 허가를 받아 식품조사처리업 영업을 하고 있던 중 乙과 영업양도계약을 체결하였다. 당해 계약은 하자 있는 계약이었음에도 불구하고, 乙은 같은 법 제39조에 따라 식품의약품안전처장에게 영업자지위승계신고를 하였다. 이 사례에 대한 설명으로 옳은 것만을 모두 고르면? (다툼이 있는 경우 판례에 의함)

㉠ 식품의약품안전처장이 乙의 신고를 수리하는 경우에 甲과 乙의 영업양도계약이 무효라면 위 신고수리처분도 무효이다. ㉡ 식품의약품안전처장이 乙의 신고를 수리하기 전에 甲의 영업허가처분이 취소된 경우, 乙은 甲에 대한 영업허가처분의 취소를 구하는 소송을 제기할 법률상 이익이 있다. ㉢ 甲은 민사쟁송으로 양도·양수행위의 무효를 구함이 없이 막바로 식품의약품안전처장을 상대로 한 행정소송으로 위 신고수리처분의 무효확인을 구할 법률상 이익이 없다.

① ㉠, ㉡　　② ㉠, ㉢
③ ㉡, ㉢　　④ ㉠, ㉡, ㉢

해설 　정답 ❶

㉠ (○) "사업양도·양수에 따른 허가관청의 지위승계신고의 수리는 적법한 사업의 양도·양수가 있었음을 전제로 하는 것이므로 그 수리대상인 사업양도·양수가 존재하지 아니하거나 무효인 때에는 수리를 하였다 하더라도 그 수리는 유효한 대상이 없는 것으로서 당연히 무효라 할 것이고, 사업의 양도행위가 무효라고 주장하는 양도자는 민사쟁송으로 양도·양수행위의 무효를 구함이 없이 막바로 허가관청을 상대로 하여 행정소송으로 위 신고수리처분의 무효확인을 구할 법률상 이익이 있다."(대법원 2005. 12. 23. 선고 2005두3554)

㉡ (○) "산림법 제90조의2 제1항, 제118조 제1항, 같은법시행규칙 제95조의2 등 산림법령이 수허가자의 명의변경제도를 두고 있는 취지는, 채석허가가 일반적·상대적 금지를 해제하여 줌으로써 채석행위를 자유롭게 할 수 있는 자유를 회복시켜 주는 것일 뿐 권리를 설정하는 것이 아니어서 관할 행정청과의 관계에서 수허가자의 지위의 승계를 직접 주장할 수는 없다 하더라도, 채석허가가 대물적 허가의 성질을 아울러 가지고 있고 수허가자의 지위가 사실상 양도·양수되는 점을 고려하여 수허가자의 지위를 사실상 양수한 양수인의 이익을 보호하고자 하는 데 있는 것으로 해석되므로, 수허가자의 지위를 양수받아 명의변경신고를 할 수 있는 양수인의 지위는 단순한 반사적 이익이나 사실상의 이익이 아니라 산림법령에 의하여 보호되는 직접적이고 구체적인 이익으로서 법률상 이익이라고 할 것이고, 채석허가가 유효하게 존속하고 있다는 것이 양수인의 명의변경신고의 전제가 된다는 의미에서 관할 행정청이 양도인에 대하여 채석허가를 취소하는 처분을 하였다면 이는 양수인의 지위에 대한 직접적 침해가 된다고 할 것이므로 양수인은 채석허가를 취소하는 처분의 취소를 구할 법률상 이익을 가진다."(대법원 2003. 7. 11. 선고 2001두6289)

㉢ (×) "허가관청의 사업양수에 의한 지위승계신고의 수리는 적법한 사업의 양도가 있었음을 전제로 하는 것이므로 사업의 양도행위가 무효라고 주장하는 양도자는 민사쟁송으로 양도행위의 무효를 구함이 없이 막바로 허가관청을 상대로 하여 행정소송으로 위 신고수리처분의 무효확인을 구할 법률상 이익이 있다."(대법원 1993. 6. 8. 선고 91누11544)

20

준법률행위적 행정행위에 대한 설명으로 옳지 않은 것은? (다툼이 있는 경우 판례에 의함)

① 구 「농지법」상 농지처분의무의 통지는 그 통지를 전제로 농지처분명령 및 이행강제금 부과 등의 일련의 절차가 진행되게 한다는 점에서 독립한 행정처분이다.
② 친일반민족행위자 재산조사위원회의 친일재산 국가귀속결정과, 「공익사업을 위한 토지 등의 취득 및 보상에 관한 법률」상 사업인정은, 모두 강학상 확인에 해당한다.
③ 「국가공무원법」상 당연퇴직의 인사발령은 법률상 당연히 발생하는 퇴직사유를 공적으로 확인하여 알려주는 관념의 통지에 불과하여 새로운 형성적 행위가 아니므로 행정처분이 아니다.
④ 건축허가관청은 특단의 사정이 없는 한 건축허가 내용대로 완공된 건축물의 준공을 거부할 수 없다.

해설 　정답 ❷

① (○) "구 농지법(2002. 1. 14. 법률 제6597호로 개정되기 전의 것) 제10조 제1항 제7호, 제2항, 제11조에 의하면, 농지의 소유자가 정당한 사유 없이 같은 법 제8조 제2항의 규정에 의한 농업경영계획서의 내용을 이행하지 아니하였다고 시장 등이 인정한 때에는 그 사유가 발생한 날부터 1년 이내에 당해 농지를 처분하여야 하고, 시장 등은 농지의 처분의무가 생긴 농지의 소유자에게 농림부령이 정하는 바에 의하여 처분대상농지·처분의무기간 등을 명시하여 해당 농지를 처분하여야 함을 통지하여야 하며, 위 통지에서 정한 처분의무기간 내에 처분대상농지를 처분하지 아니한 농지의 소유자에 대하여는 6개월 이내에 당해 농지를 처분할 것을 명할 수 있는바, 시장 등 행정청은 위 제7호에 정한 사유의 유무, 즉 농지의 소유자가 위 농업경영계획서의 내용을 이행하였는지 여부 및 그 불이행에 정당한 사유가 있는지 여부를 판단하여 그 사유를 인정한 때에는 반드시 농지처분의무통지를 하여야 하는 점, 위 통지를 전제로 농지처분명령, 같은 법 제65조에 의한 이행강제금부과 등의 일련의 절차가 진행되는 점 등을 종합하여 보면, 농지처분의무통지는 단순한 관념의 통지에 불과하다고 볼 수는 없고, 상대방인 농지소유자의 의무에 직접 관계되는 독립한 행정처분으로서 항고소송의 대상이 된다."(대법원 2003. 11. 14. 선고 2001두8742)

② (×) 친일반민족행위자 재산조사위원회의 친일재산 국가귀속결정은 강학상 확인이다. 그러나 공익사업을 위한 토지 등의 취득 및 보상에 관한 법률상 사업인정은 확인행위가 아니라 사업시행자에게 일정한 내용의 수용권을 설정해주는 형성행위이다.

관련판례 1 "친일반민족행위자 재산의 국가귀속에 관한 특별법 제3조 제1항 본문, 제9조 규정들의 취지와 내용에 비추어 보면, 같은 법 제2조 제2호에 정한 친일재산은 친일반민족행위자재산조사위원회가 국가귀속결정을 하여야 비로소 국가의 소유로 되는 것이 아니라 특별법의 시행에 따라 그 취득·증여 등 원인행위시에 소급하여 당연히 국가의 소유로 되고, 위 위원회의 국가귀속결정은 당해 재산이 친일재산에 해당한다는 사실을 확인하는 이른바 준법률행위적 행정행위의 성격을 가진다."(대법원 2008. 11. 13. 선고 2008두13491)

관련판례 2 "사업인정이란 공익사업을 토지 등을 수용 또는 사용할 사업으로 결정하는 것으로서 공익사업의 시행자에게 그 후 일정한 절차를 거칠 것을 조건으로 일정한 내용의 수용권을 설정하여 주는 형성행위이다. 그러므로 해당 사업이 외형상 토지 등을 수용 또는 사용할 수 있는 사업에 해당하더라도 사업인정기관으로서는 그 사업이 공용수용을 할 만한 공익성이 있는지 여부와 공익성이 있는 경우에도 그 사업의 내용과 방법에 관하여 사업인정에 관련된 자들의 이익을 공익과 사익 사이에서는 물론, 공익 상호 간 및 사익 상호 간에도 정당하게 비교·교량하여야 하고, 비교·교량은 비례의 원칙에 적합하도록 하여야 한다."(대법원 2019. 2. 28. 선고 2017두71031)

③ (○) "국가공무원법 제69조에 의하면 공무원이 제33조 각 호의 1에 해당할 때에는 당연히 퇴직한다고 규정하고 있으므로, 국가공무원법상 당연퇴직은 결격사유가 있을 때 법률상 당연히 퇴직하는 것이지 공무원관계를 소멸시키기 위한 별도의 행정처분을 요하는 것이 아니며, 당연퇴직의 인사발령은 법률상 당연히 발생하는 퇴직사유를 공적으로 확인하여 알려주는 이른바 관념의 통지에 불과하고 공무원의 신분을 상실시키는 새로운 형성적 행위가 아니므로 행정소송의 대상이 되는 독립한 행정처분이라고 할 수 없다."(대법원 1995. 11. 14. 선고 95누2036)

④ (○) "허가관청은 특단의 사정이 없는 한 건축허가내용대로 완공된 건축물의 준공을 거부할 수 없다고 하겠으나, 만약 건축허가 자체가 건축관계 법령에 위반되는 하자가 있는 경우에는 비록 건축허가내용대로 완공된 건축물이라 하더라도 위법한 건축물이 되는 것으로서 그 하자의 정도에 따라 건축허가를 취소할 수 있음은 물론 그 준공도 거부할 수 있다고 하여야 할 것이다."(대법원 1992. 4. 10. 선고 91누5358)

ADMINISTRATIVE LAW

11회 정답과 해설

문제 p.64

Answer

01	①	06	②	11	①	16	②
02	③	07	③	12	③	17	①
03	②	08	④	13	②	18	①
04	④	09	③	14	④	19	①
05	④	10	④	15	②	20	③

01

행정법의 시간적 효력에 대한 설명으로 옳지 않은 것은? (다툼이 있는 경우 판례에 의함)

① 건설업면허수첩을 대여한 것이 그 당시 시행된 「건설업법」 소정의 건설업면허 취소사유에 해당된다 하더라도, 그 후 동법 시행령이 개정되어 건설업면허 취소사유에 해당하지 아니하게 되었다면, 건설부장관은 동 면허수첩 대여행위 당시 시행된 「건설업법」을 적용할 것이 아니라 개정된 법령을 적용하여야 하므로, 이를 고려하지 않은 채 건설업면허를 취소하였다면 위법하다.

② 「국민연금법」상 장애연금지급을 위한 장애등급결정을 하는 경우에는, 장애연금지급을 결정할 당시의 법령이 아니라, 장애연금지급청구권을 취득할 당시, 즉 치료종결 후 신체 등에 장애가 있게 된 당시의 법령에 따르는 것이 원칙이다.

③ 소급적용금지의 원칙 혹은 법령불소급의 원칙은, 새 법령의 효력발생 전에 완성된 요건 사실에 대하여 당해 법령을 적용할 수 없다는 의미일 뿐, 새 법령의 효력발생 시점 당시에도 계속 중인 사실이나 그 이후에 발생한 사실에 대한 법령적용까지 제한하는 것은 아니다.

④ 대통령령, 총리령 및 부령은 특별한 규정이 없으면 공포한 날부터 20일이 경과함으로써 효력을 발생한다.

해설 정답 ❶

① (×) "법령이 변경된 경우 명문의 다른 규정이나 특별한 사정이 없는 한 그 변경 전에 발생한 사항에 대하여는 변경 후의 신 법령이 아니라 변경 전의 구 법령이 적용되므로, 건설업자인 원고가 1973. 12. 31 소외인에게 면허수첩을 대여한 것이 그 당시 시행된 건설업법 제38조 제1항 제8호 소정의 건설업면허 취소사유에 해당된다면 그 후 동법 시행령 제3조 제1항이 개정되어 건설업면허 취소사유에 해당하지 아니하게 되었다 하더라도 건설부장관은 동 면허수첩 대여행위 당시 시행된 건설업법 제38조 제1항 제8호를 적용하여 원고의 건설업면허를 취소하여야 할 것이다."(대법원 1982. 12. 28. 선고 82누1)
☞ 소급적용금지 원칙에 대한 예외법리가 발전하기 이전의 판례이다. 예외를 인정하지 않고 원칙에 따라 사실관계 종결당시의 법령을 적용하여야 한다고 본 것이다.

② (○) "구 국민연금법(2011. 12. 31. 법률 제11143호로 개정되기 전의 것) 제49조 제2호, 제54조 제1항, 제67조 제1항, 제5항, 구 국민연금법 시행령(2011. 12. 8. 대통령령 제23359호로 개정되기 전의 것) 제46조, [별표 2] 등의 규정 내용 및 취지에 비추어 보면, 국민연금법상 장애연금은 국민연금 가입 중에 생긴 질병이나 부상으로 완치된 후에도 신체상 또는 정신상의 장애가 있는 자에 대하여 그 장애가 계속되는 동안 장애 정도에 따라 지급되는 것으로서, 치료종결 후에도 신체 등에 장애가 있을 때 지급사유가 발생하고 그때 가입자는 장애연금 지급청구권을 취득한다. 따라서 장애연금 지급을 위한 장애등급 결정은 장애연금 지급청구권을 취득할 당시, 즉 치료종결 후 신체 등에 장애가 있게 된 당시의 법령에 따르는 것이 원칙이다."(대법원 2014. 10. 15. 선고 2012두15135)

③ (○) 소급적용금지의 원칙 혹은 법령불소급의 원칙은, 새 법령의 효력발생 전에 완성된 요건 사실에 대하여 당해 법령을 적용할 수 없다는 의미일 뿐, 새 법령의 효력발생 시점 당시에도 계속 중인 사실이나 그 이후에 발생한 사실에 대한 법령적용까지 제한하는 것은 아니다.

④ (○) 법령 등 공포에 관한 법률 제13조

법령 등 공포에 관한 법률 제13조(시행일) 대통령령, 총리령 및 부령은 특별한 규정이 없으면 공포한 날부터 20일이 경과함으로써 효력을 발생한다.

02

신뢰보호의 원칙에 대한 설명으로 옳지 않은 것은? (다툼이 있는 경우 판례에 의함)

① 신뢰보호의 원칙은 단순히 판례에 의해서만 인정되고 있는 것이 아니라 실정법상의 근거도 가지고 있다.

② 선행조치는 반드시 관세관청이 납세자에 대하여 비과세를 시사하는 명시적 언동이 있어야만 하는 것은 아니고, 묵시적인 언동 다시 말하면 비과세의 사실상태가 장기간에 걸쳐 계속되는 경우에 그것이 그 사항에 대하여 과세의 대상으로 삼지 아니하는 뜻의 과세관청의 묵시적인 의향표시로 볼 수 있는 경우에도 이를 인정할 수 있다.

③ 보건사회부(현 보건복지부)장관이 중앙일간지에 "의료취약지 병원설립운용자에게 5년간 지방세 중 재산세를 면제한다"는 취지의 공고를 하였고, 이에 甲은 의료취약지인 강원도 B군(郡)에서 병원을 설립·운용하였으나, B군수가 「지방세법」 규정에 근거하여 甲에 대해 군세(郡稅)인 재산세를 부과한 사안에서, 판례는 보건사회부장관에게는 권한분장관계상 재산세를 부과할 권한이 없으므로 보건복지부장관의 공고는 신뢰보호원칙의 요건인 행정청의 공적견해표명에 해당하지 않는다고 하였다.

④ 甲은 시장에게 토석채취허가 여부에 대한 문의를 하였고, 평소 개발에 대한 소신을 가지고 있던 시장이 '법적인 장애만 없으면 허가를 해주겠다'는 답변을 하자, 甲은 토지를 매입하고 설계에 착수하고 건설회사와 토석채취 및 운반계약을 체결하는 등 준비행위를 마치고 토석채취허가신청을 하였으나, 신임시장이 토석채취 작업을 할 경우 주변의 환경·풍치·미관 등이 크게 손상될 우려가 있다는 이유로 이를 불허가하는 처분을 하였다 하더라도 당해 처분은 신뢰보호원칙에 반하여 위법하다고 할 수 없다.

해설 정답 ❸

① (○) 신뢰보호의 원칙은 단순히 판례에 의해 인정되고 있는 것이 아니라, 행정절차법 규정 등 실정법상의 근거도 가지고 있다.

> **행정절차법 제4조(신의성실 및 신뢰보호)** ① 행정청은 직무를 수행할 때 신의(信義)에 따라 성실히 하여야 한다.
> ② 행정청은 법령등의 해석 또는 행정청의 관행이 일반적으로 국민들에게 받아들여졌을 때에는 공익 또는 제3자의 정당한 이익을 현저히 해칠 우려가 있는 경우를 제외하고는 새로운 해석 또는 관행에 따라 소급하여 불리하게 처리하여서는 아니 된다.

② (○) "국세기본법 제18조 제2항에서 정한 일반적으로 납세자에게 받아들여진 국세행정의 관행이 있으려면 반드시 과세관청이 납세자에 대하여 불과세를 시사하는 명시적인 언동이 있어야만 하는 것은 아니고 묵시적인 언동 다시 말하면 비과세의 사실상태가 장기간에 걸쳐 계속되는 경우에 그것이 그 사항에 대하여 과세의 대상으로 삼지 아니하는 뜻의 과세관청의 묵시적인 의향표시로 볼 수 있는 경우 등에도 이를 인정할 수 있다."(대법원 1985. 11. 12. 선고 85누549)

③ (×) "보건사회부장관이 '의료취약지 병원설립운영자 신청공고'를 하면서 국세 및 지방세를 비과세하겠다고 발표하였고, 그 후 내무부장관이나 시·도지사가 도 또는 시·군에 대하여 지방세 감면조례제정을 지시하여 그 조례에 대한 승인의 의사를 미리 표명하였다면, 보건사회부장관에 의하여 이루어진 위 비과세의 견해표명은 당해 과세관청의 그것과 마찬가지로 볼 여지가 충분하다고 할 것이고, 또한 납세자로서는 위와 같은 정부의 일정한 절차를 거친 공고에 대하여서는 보다 고도의 신뢰를 갖는 것이 일반적이라고 판단한 사례."(대법원 1996. 1. 23. 선고 95누13746)

④ (○) "원고가 이 사건 신청지에서 토석을 채취할 경우 그 절개정면은 길이 약 220m, 높이 약 45 내지 50m, 양측면은 길이 약 72m 및 90m, 높이 약 20 내지 50m인 절벽이 생성되어 주변의 자연환경, 풍치, 미관에 큰 손상을 가져올 우려가 있고, 또한 발파시의 소음 및 분진 등으로 인한 인근 주민의 생활환경을 악화시키고 해상을 통행하는 선박들의 항해에 위험을 초래하며, 발파로 인한 토사의 해상유출로 해양을 오염시킬 염려가 있으나, 원고가 마련한 피해방지 및 복구대책은 위와 같은 환경 등의 손상을 예방하거나 손상된 환경 등을 복구하는 데 충분한 것으로 보이지 않는 사정 등이 있음을 알아볼 수 있으므로 이 사건 신청지에 대한 원고의 토석채취가 이루어질 경우 그 주변의 경관, 풍치, 미관에 큰 손상을 준다고 보아야 할 것이고, 따라서 이 사건 신청지는 토지의형질변경등행위허가기준등에관한규칙 제4조 제1항에서 정하는 '녹지지역으로서 당해 사업의 시행으로 인하여 주변의 환경·풍치·미관 등이 크게 손상될 우려가 있는 지역'에 해당된다고 할 것이다. 그럼에도 불구하고 원심은 그 판시와 같은 이유만으로 이 사건 신청지가 이에 해당하지 않는다는 취지로 판단하고 말았으니 이러한 원심의 판단에는 상고이유에서 지적하는 바와 같이 토지의 토석채취허가에 관한 법리를 오해하여 판결에 영향을 미친 위법이 있다고 할 것이다."(대법원 1998. 11. 13. 선고 98두7343)

03

다음 중 옳지 않은 것은? (다툼이 있는 경우 판례에 의함)

① 마을버스 운수업자가 유류사용량을 실제보다 부풀려 유가보조금을 과다 지급받은 데 대하여 관할 행정청이 부정수급기간 동안 지급된 유가보조금 전액을 회수하는 내용의 처분을 한 것은, '거짓이나 부정한 방법으로 지급받은 보조금'에 대하여 반환할 것을 명하는 것일 뿐만 아니라 '정상적으로 지급받은 보조금'까지 반환하도록 명할 수 있는 것이어서 위법하다.
② 도로점용허가에 특별사용의 필요가 없는 부분을 점용장소 및 점용면적으로 포함한 흠이 있고 그로 인하여 점용료 부과처분에도 흠이 있게 된 경우, 그와 같은 도로점용료를 감액하는 것은 하자의 치유에 해당하므로, 이미 그에 대한 취소소송이 제기된 이후라면 도로관리청은 도로점용료를 감액하는 처분을 할 수 없다.
③ 한 사람이 여러 종류의 자동차 운전면허를 취득하는 경우뿐 아니라 이를 취소 또는 정지함에 있어서도 서로 별개의 것으로 취급하는 것이 원칙이다.
④ 행정청은 종전 처분과 양립할 수 없는 처분을 함으로써 묵시적으로 종전 처분을 취소할 수도 있다.

해설 정답 ❷

① (○) "마을버스 운수업자 갑이 유류사용량을 실제보다 부풀려 유가보조금을 과다 지급받은 데 대하여 관할 시장이 갑에게 부정수급기간 동안 지급된 유가보조금 전액을 회수하는 내용의 처분을 한 사안에서, 구 여객자동차 운수사업법(2012. 2. 1. 법률 제11295호로 개정되기 전의 것) 제51조 제3항에 따라 국토해양부장관 또는 시·도지사는 여객자동차 운수사업자가 '거짓이나 부정한 방법으로 지급받은 보조금'에 대하여 반환할 것을 명하여야 하고, 위 규정을 '정상적으로 지급받은 보조금'까지 반환하도록 명할 수 있는 것으로 해석하는 것은 문언의 범위를 넘어서는 것이며, 규정의 형식이나 체재 등에 비추어 보면, 위 환수처분은 국토해양부장관 또는 시·도지사가 지급받은 보조금을 반환할 것을 명하여야 하는 기속행위라고 본 원심판단을 정당하다고 한 사례. (중략) 원심은 외형상 하나의 행정처분이라 하더라도 가분성이 있거나 그 처분대상의 일부가 특정될 수 있다면 그 일부만의 취소도 가능하고 그 일부의 취소는 당해 취소 부분에 관하여 효력이 생긴다고 할 것인바, 이 사건 처분은 외형상 하나의 행정처분이나 그중에는 위 규정에 따라 피고가 반환을 명하여야 하는 보조금 44,042,810원에 관한 부분과 피고가 아무런 법적 근거 없이 반환을 명한 위 보조금을 초과하는 부분이 포함되어 있으므로, 법원으로서는 피고가 위 규정에 따라 반환을 명하여야 하는 위 보조금을 초과하는 부분만을 취소할 수 있고 그 일부의 취소는 그 취소 부분에 관하여 효력이 생긴다고 판단하였는바, 관련 법리 및 기록에 비추어 살펴보면 원심의 위와 같은 판단은 정당한 것으로 수긍이 되고, 거기에 주장하는 바와 같은 유가보조금 반환처분의 가분성에 관한 법리를 오해한 위법이 없다."(대법원 2013. 12. 12. 선고 2011두3388)

② (×) "행정청은 행정소송이 계속되고 있는 때에도 직권으로 그 처분을 변경할 수 있고, 행정소송법 제22조 제1항은 이를 전제로 처분변경으로 인한 소의 변경에 관하여 규정하고 있다. 점용료 부과처분에 취소사유에 해당하는 흠이 있는 경우 도로관리청으로서는 당초 처분 자체를 취소하고 흠을 보완하여 새로운 부과처분을 하거나, 흠 있는 부분에 해당하는 점용료를 감액하는 처분을 할 수 있다. 한편 흠 있는 행정행위의 치유는 원칙적으로 허용되지 않을 뿐 아니라,

흠의 치유는 성립 당시에 적법한 요건을 갖추지 못한 흠 있는 행정행위를 그대로 존속시키면서 사후에 그 흠의 원인이 된 적법 요건을 보완하는 경우를 말한다. 그런데 앞서 본 바와 같은 흠 있는 부분에 해당하는 점용료를 감액하는 처분은 당초 처분 자체를 일부 취소하는 변경처분에 해당하고, 그 실질은 종래의 위법한 부분을 제거하는 것으로서 흠의 치유와는 차이가 있다. 그러므로 이러한 변경처분은 흠의 치유와는 성격을 달리하는 것으로서, 변경처분 자체가 신뢰보호 원칙에 반한다는 등의 특별한 사정이 없는 한 점용료 부과처분에 대한 취소소송이 제기된 이후에도 허용될 수 있다. 이에 따라 특별사용의 필요가 없는 부분을 도로점용허가의 점용장소 및 점용면적으로 포함한 흠이 있고 그로 인하여 점용료 부과처분에도 흠이 있게 된 경우, 도로관리청으로서는 도로점용허가 중 특별사용의 필요가 없는 부분을 직권취소하면서 특별사용의 필요가 없는 점용장소 및 점용면적을 제외한 상태로 점용료를 재산정한 후 당초 처분을 취소하고 재산정한 점용료를 새롭게 부과하거나, 당초 처분을 취소하지 않고 당초 처분으로 부과된 점용료와 재산정된 점용료의 차액을 감액할 수도 있다."(대법원 2019. 1. 17. 선고 2016두56721)

③ (○) "한 사람이 여러 종류의 자동차운전면허를 취득하는 경우뿐 아니라 이를 취소 또는 정지하는 경우에도 서로 별개의 것으로 취급하는 것이 원칙이고, 다만 취소사유가 특정 면허에 관한 것이 아니고 다른 면허와 공통된 것이거나 운전면허를 받은 사람에 관한 것일 경우에는 여러 면허를 전부 취소할 수도 있다."(대법원 2012. 5. 24. 선고 2012두1891)

④ (○) 행정청은 종전 처분과 양립할 수 없는 처분을 함으로써 묵시적으로 종전 처분을 취소할 수도 있다.

04

하자의 승계에 대한 설명으로 옳은 것(○)과 옳지 않은 것(×)이 바르게 조합된 것은? (다툼이 있는 경우 판례에 의함)

> ㉠ 하자의 승계가 인정되기 위해서는 선행행위와 후행행위에 모두 불가쟁력이 발생한 경우이어야 한다.
> ㉡ 조세부과처분에 존재하는 취소사유인 하자는 후행 강제징수절차인 독촉·압류·매각·청산 절차에 승계된다.
> ㉢ 개별공시지가결정과 양도소득세부과처분은 서로 결합하여 하나의 법률효과를 완성하는 경우에 해당한다는 이유로 인해 하자승계가 인정된다.
> ㉣ 행정행위의 하자승계론에서 구속력설(규준력설)의 입장에 따르면, 선행행위의 구속력의 법적 결과를 예측할 수 없거나 수인이 불가능한 경우에 선행행위의 구속력은 차단된다.

① ㉠(○), ㉡(○), ㉢(○), ㉣(×)
② ㉠(○), ㉡(×), ㉢(×), ㉣(○)
③ ㉠(×), ㉡(○), ㉢(○), ㉣(×)
④ ㉠(×), ㉡(×), ㉢(×), ㉣(○)

해설 정답 ④

㉠ (×) 하자의 승계가 문제되는 상황은 선행행위에는 불가쟁력이 발생하였으나 후행행위에는 불가쟁력이 발생하지 않은 경우이다.

㉡ (×) "조세의 부과처분과 압류 등의 체납처분은 별개의 행정처분으로서 독립성을 가지므로 부과처분에 하자가 있더라도 그 부과처분이 취소되지 아니하는 한 그 부과처분에 의한 체납처분은 위법이라고 할 수는 없지만, 체납처분은 부과처분의 집행을 위한 절차에 불과하므로 그 부과처분에 중대하고도 명백한 하자가 있어 무효인 경우에는 그 부과처분의 집행을 위한 체납처분도 무효라 할 것이다."(대법원 1987. 9. 22. 선고 87누383)

㉢ (×) ① 개별공시지가결정과 양도소득세부과처분은 서로 결합하여 하나의 효과를 완성하는 경우가 아니지만, ② 당사자의 수인한도를 넘는 불이익이 강요되는 경우에는 개별공시지가결정의 위법을 양도소득세부과처분의 위법사유로 주장할 수 있다는 것이 판례의 입장이다. 관련판례 "개별공시지가결정은 이를 기초로 한 과세처분 등과는 별개의 독립된 처분으로서 서로 독립하여 별개의 법률효과를 목적으로 하는 것이나, 개별공시지가는 이를 토지소유자나 이해관계인에게 개별적으로 고지하도록 되어 있는 것이 아니어서 토지소유자 등이 개별공시지가결정 내용을 알고 있었다고 전제하기도 곤란할 뿐만 아니라 (중략) 위법한 개별공시지가결정에 대하여 그 정해진 시정절차를 통하여 시정하도록 요구하지 아니하였다는 이유로 위법한 개별공시지가를 기초로 한 과세처분 등 후행 행정처분에서 개별공시지가결정의 위법을 주장할 수 없도록 하는 것은 수인한도를 넘는 불이익을 강요하는 것으로서 국민의 재산권과 재판받을 권리를 보장한 헌법의 이념에도 부합하는 것이 아니라고 할 것이므로, 개별공시지가결정에 위법이 있는 경우에는 그 자체를 행정소송의 대상이 되는 행정처분으로 보아 그 위법 여부를 다툴 수 있음은 물론 이를 기초로 한 과세처분 등 행정처분의 취소를 구하는 행정소송에서도 선행처분인 개별공시지가결정의 위법을 독립된 위법사유로 주장할 수 있다고 해석함이 타당하다."(대법원 1994. 1. 25. 선고 93누8542)

㉣ (○) 구속력설(규준력설)에 따르면 선행행위의 구속력의 법적 결과를 예측할 수 없었거나 수인이 불가능한 경우에는 선행행위의 구속력이 차단된다.

05

국가배상에 대한 설명으로 옳은 것은? (다툼이 있는 경우 판례에 의함)

① 국가배상청구권은 피해자나 그 법정대리인이 그 손해 및 가해자를 안 날로부터 3년 또는 불법행위가 종료한 날로부터 10년간 이를 행사하지 아니하면 시효로 인하여 소멸한다.
② 피해자에게 손해를 직접 배상한 경과실이 있는 공무원은 특별한 사정이 없는 한, 국가의 피해자에 대한 손해배상책임의 범위 내에서 자신이 변제한 금액에 관하여 국가에 대한 구상권을 취득하지 못한다.
③ 「국가배상법」상의 배상기준(제3조)은 배상심의회가 배상액을 결정함에 있어 단순히 하나의 기준이 되는 일응의 표준을 제시한 것에 불과하다고는 할 수 없고, 배상액의 상한을 정한 제한규정에 해당하므로, 법원은 「국가배상법」에 의한 손해배상액을 산정함에 있어서 그 기준에 구속된다고 본다.
④ 개별공시지가 산정업무 담당공무원 등이 그 직무상 의무에 위반하여 현저하게 불합리한 개별공시지가가 결정되도록 함으로써 甲의 재산권을 침해한 경우 상당인과관계가 인정되는 범위에서 그 손해에 대하여 그 담당공무원 등이 속한 지방자치단체가 배상책임을 지게 된다.

해설 정답 ❹

① (×) "국가배상청구권은 피해자나 그 법정대리인이 그 손해 및 가해자를 안 날로부터 3년 또는 불법행위가 종료한 날로부터 5년간 이를 행사하지 아니하면 시효로 인하여 소멸한다."(대법원 2008. 5. 29. 2004다33469, 대법원 2008. 11. 27. 2008다60223)

② (×) "공무원이 직무수행 중 불법행위로 타인에게 손해를 입힌 경우에 국가 등이 국가배상책임을 부담하는 외에 공무원 개인도 고의 또는 중과실이 있는 경우에는 불법행위로 인한 손해배상책임을 지고, 공무원에게 경과실이 있을 뿐인 경우에는 공무원 개인은 손해배상책임을 부담하지 아니한다. 이처럼 경과실이 있는 공무원이 피해자에 대하여 손해배상책임을 부담하지 아니함에도 피해자에게 손해를 배상하였다면 그것은 채무자 아닌 사람이 타인의 채무를 변제한 경우에 해당하고, 이는 민법 제469조의 '제3자의 변제' 또는 민법 제744조의 '도의관념에 적합한 비채변제'에 해당하여 피해자는 공무원에 대하여 이를 반환할 의무가 없고, 그에 따라 피해자의 국가에 대한 손해배상청구권이 소멸하여 국가는 자신의 출연 없이 채무를 면하게 되므로, 피해자에게 손해를 직접 배상한 경과실이 있는 공무원은 특별한 사정이 없는 한 국가에 대하여 국가의 피해자에 대한 손해배상책임의 범위 내에서 공무원이 변제한 금액에 관하여 구상권을 취득한다고 봄이 타당하다."(대법원 2014. 8. 20. 선고 2012다54478)

③ (×) "국가배상법 제3조 제1, 3항 규정의 손해배상기준은 배상심의회의 배상금 지급기준을 정함에 있어서의 하나의 기준을 정한 것에 지나지 아니하고 이로써 배상액의 상한을 제한한 것으로는 볼 수 없다고 함이 종래 본원의 판례이므로 (1970. 1. 29. 선고, 69다1203 사건 판결 참조) 원심이 본건 손해배상액을 산정함에 있어서 국가배상법 제3조 소정의 기준에 구애되지 않고 이를 초과하여 그 액을 정하였다 하더라도 다른 특별한 사정이 없는 한 위법이라고 할 수 없은 즉, 위와 반대된 견해로서 원판결을 공격하는 논지는 어느것이나 이유없다고 아니할 수 없다."(대법원 1970. 3. 10. 선고 69다1772)

④ (○) "개별공시지가는 개발부담금의 부과, 토지 관련 조세 부과 등 다른 법령이 정하는 목적을 위해 지가를 산정하는 경우에 그 산정 기준이 되는 관계로 납세자인 국민 등의 재산상 권리·의무에 직접적인 영향을 미치게 되므로, 개별공시지가 산정업무를 담당하는 공무원으로서는 당해 토지의 실제 이용상황 등 토지특성을 정확하게 조사하고 당해 토지와 토지이용상황이 유사한 비교표준지를 선정하여 그 특성을 비교하는 등 법령 및 '개별공시지가의 조사·산정 지침'에서 정한 기준과 방법에 의하여 개별공시지가를 산정하고, 산정지가의 검증을 의뢰받은 감정평가업자나 시·군·구 부동산평가위원회로서는 위 산정지가 또는 검증지가가 위와 같은 기준과 방법에 의하여 제대로 산정된 것인지 여부를 검증, 심의함으로써 적정한 개별공시지가가 결정·공시되도록 조치할 직무상의 의무가 있고, 이러한 직무상 의무는 단순히 공공 일반의 이익을 위한 것이거나 행정기관 내부의 질서를 규율하기 위한 것이 아니고 전적으로 또는 부수적으로 국민 개개인의 재산권 보장을 목적으로 하여 규정된 것이라고 봄이 상당하다. 따라서 개별공시지가 산정업무 담당공무원 등이 그 직무상 의무에 위반하여 현저하게 불합리한 개별공시지가가 결정되도록 함으로써 국민 개개인의 재산권을 침해한 경우에는 그 손해에 대하여 상당인과관계 있는 범위 내에서 그 담당공무원 등이 소속된 지방자치단체가 배상책임을 지게 된다."(대법원 2010. 7. 22. 선고 2010다13527)

06

공법상 계약에 대한 설명으로 옳은 것은? (다툼이 있는 경우 판례에 의함)

① 「공공기관의 운영에 관한 법률」의 적용 대상인 공기업이 일방 당사자가 되는 계약은 기본적으로 공법상의 계약에 해당하므로, 사적 자치와 계약자유의 원칙을 비롯한 사법의 원리가 적용되지 않는다.

② 한국환경산업기술원장이 甲주식회사와 연구개발사업협약을 체결한 후에, 수행과제에 대한 연차평가결과(절대평가 60점 미만)를 근거로 연구개발 중단 조치 및 연구비 집행중지 조치를 한 사안에서, 연구개발 중단 조치 및 연구비 집행중지 조치는 항고소송의 대상이 되는 행정처분에 해당한다.

③ 「산업집적활성화 및 공장설립에 관한 법률」에 따른 산업단지 입주계약의 해지통보는 행정청인 관리권한자로부터 관리업무를 위탁받은 한국산업단지공단이 공법상 계약관계의 일방 당사자로서 대등한 지위에서 행하는 의사표시에 해당한다.

④ 지방계약직공무원의 보수삭감행위는 대등한 당사자 간의 계약관계와 관련된 것으로서 처분성이 인정되지 않으므로, 「지방공무원법」, 「지방공무원 징계 및 소청규정」상의 징계절차를 거치지 않고서도 보수를 삭감할 수 있다.

해설 정답 ❷

① (×) "국가를 당사자로 하는 계약이나 공공기관의 운영에 관한 법률의 적용 대상인 공기업이 일방 당사자가 되는 계약(이하 편의상 '공공계약'이라 한다)은 국가 또는 공기업(이하 '국가 등'이라 한다)이 사경제의 주체로서 상대방과 대등한 지위에서 체결하는 사법(사법)상의 계약으로서 본질적인 내용은 사인 간의 계약과 다를 바가 없으므로, 법령에 특별한 정함이 있는 경우를 제외하고는 서로 대등한 입장에서 당사자의 합의에 따라 계약을 체결하여야 하고 당사자는 계약의 내용을 신의성실의 원칙에 따라 이행하여야 하는 등[구 국가를 당사자로 하는 계약에 관한 법률(2012. 12. 18. 법률 제11547호로 개정되기 전의 것, 이하 '국가계약법'이라 한다) 제5조 제1항] 사적 자치와 계약자유의 원칙을 비롯한 사법의 원리가 원칙적으로 적용된다."(대법원 2017. 12. 21. 선고 2012다74076)

② (○) "한국환경산업기술원장이 환경기술개발사업 협약을 체결한 갑 주식회사 등에게 연차평가 실시 결과 절대평가 60점 미만으로 평가되었다는 이유로 연구개발 중단 조치 및 연구비 집행중지 조치(이하 '각 조치'라 한다)를 한 사안에서, 각 조치는 갑 회사 등에게 연구개발을 중단하고 이미 지급된 연구비를 더 이상 사용하지 말아야 할 공법상 의무를 부과하는 것이고, 연구개발 중단 조치는 협약의 해약 요건에도 해당하며, 조치가 있은 후에는 주관연구기관이 연구개발을 계속하더라도 그에 사용된 연구비는 환수 또는 반환 대상이 되므로, 각 조치는 갑 회사 등의 권리·의무에 직접적인 영향을 미치는 행위로서 항고소송의 대상이 되는 행정처분에 해당한다고 한 사례."(대법원 2015. 12. 24. 선고 2015두264)

③ (×) "「산업집적활성화 및 공장설립에 관한 법률」에 따른 산업단지 입주계약의 해지통보는 행정청인 관리권한자로부터 관리업무를 위탁받은 한국산업단지공단이 우월적 지위에서 그 상대방에게 일정한 법률상 효과를 발생하게 하는 것으로서 항고소송의 대상이 되는 행정처분에 해당한다."(대법원 2011. 6. 30. 2010두23859)

④ (×) ① 지방계약직공무원에 대한 보수의 삭감은 이를 당하는 공무원의 입장에서는 징계처분의 일종인 감봉과 다를 바 없으므로 처분에 해당한다. 따라서 당사자소송으로 다툴 것이 아니라 항고소송으로 다

투어야 한다. ② 지방계약직 공무원에 대해서도, 채용계약상 특별한 약정이 없는 한, 「지방공무원법」, 「지방공무원 징계 및 소청규정」에 정한 징계절차에 의하지 않고서는 보수를 삭감할 수는 없다.

관련판례 "근무실적 평가 결과 근무실적이 불량한 자에 대하여는 봉급을 삭감할 수 있다고 규정하고 있는바, 보수의 삭감은 이를 당하는 당해 공무원의 입장에서는 징계처분의 일종인 감봉과 다를 바 없다 할 것임에도 징계처분에 있어서와 같이 자기에게 이익이 되는 사실을 진술하거나 증거를 제출할 수 있는 등(지방공무원징계 및 소청규정 제5조)의 절차적 권리가 보장되지 아니하고, 소청(지방공무원징계 및 소청규정 제16조) 등의 구제수단도 인정되지 아니한 채 이를 감수하도록 하는 위 규정은 부당하다고 아니할 수 없을 뿐만 아니라 위에서 본 바와 같이 지방공무원법이나 지방계약직공무원규정에 아무런 위임의 근거도 없는 것이거나 위임의 범위를 벗어난 것으로서 무효라 할 것이다. (중략) 원심은, 이 사건 보수삭감조치는 감봉처분이라 할 것인데, 이에 관하여 공무원징계령상의 징계위원회의 심의, 의결을 거치지 않아 무효라는 원고의 주장에 대하여, 이 사건 보수삭감조치는 원·피고 사이에 2002. 7. 1. 체결된 지방계약직공무원채용계약 및 지방계약직공무원규정에 의한 계약변경의 일환으로서 징계처분이라 할 수 없고, 공무원징계령은 국가공무원에 대한 징계를 규정하는 법률로서 원고와 같은 특수경력직 지방공무원에 대해서는 적용되지 않으며, 지방공무원법 제3조 제1항에 의하면 원고와 같은 특수경력직지방공무원에 대해서는 징계에 관한 지방공무원법 제69조 내지 제73조의3은 적용되지 않는다고 규정되어 있으므로, 이 사건 보수삭감조치가 징계처분임을 전제로 하는 원고의 주장은 이유 없다고 하여 원고의 주장을 배척하였다. 그러나 앞서 본 바와 같이 지방공무원법 제73조의3과 지방공무원징계및소청규정 제13조 제4항에 의하여 지방계약직공무원에게도 지방공무원법 제69조 제1항 각 호의 징계사유가 있는 때에는 징계처분을 할 수 있으므로, 원고와 같은 지방계약직공무원에 대하여 징계에 관한 지방공무원법의 규정이 적용되지 않는다는 취지의 원심의 설시는 적절하다고 할 수 없음을 지적하지 않을 수 없다."(대법원 2008. 6. 12. 선고 2006두16328)

07

「행정절차법」상 행정절차에 대한 설명으로 옳지 않은 것은? (다툼이 있는 경우 판례에 의함)

① 당사자등은 배우자 및 형제자매를 대리인으로 선임할 수 있으며, 당사자등이 법인등인 경우에는 그 임원 또는 직원을 대리인으로 선임할 수도 있다.
② 행정청에 처분을 구하는 신청은 문서로 함이 원칙이며, 행정청은 신청에 필요한 구비서류, 접수기관, 처리기간, 그 밖에 필요한 사항을 게시하거나 이에 대한 편람을 갖추어 두고 누구나 열람할 수 있도록 하여야 한다.
③ 외국인의 사증발급 신청에 대하여 거부처분을 하는 경우, 사전에 통지하여 의견제출기회를 주어야 한다.
④ 다수의 당사자등이 공동으로 행정절차에 관한 행위를 할 때에는 대표자를 선정할 수 있다. 다수의 대표자가 있는 경우 그중 1인에 대한 행정청의 행위는 모든 당사자등에게 효력이 있지만, 행정청의 통지는 대표자 모두에게 하여야 그 효력이 있다.

해설 정답 ❸

이하 행정절차법

① (○) 제12조

> **제12조(대리인)** ① 당사자등은 다음 각 호의 어느 하나에 해당하는 자를 대리인으로 선임할 수 있다.
> 1. 당사자등의 배우자, 직계 존속·비속 또는 형제자매
> 2. 당사자등이 법인등인 경우 그 임원 또는 직원
> 3. 변호사
> 4. 행정청 또는 청문 주재자(청문의 경우만 해당한다)의 허가를 받은 자
> 5. 법령등에 따라 해당 사안에 대하여 대리인이 될 수 있는 자

② (○) 제17조 제1항, 제3항

> **제17조(처분의 신청)** ① 행정청에 처분을 구하는 신청은 문서로 하여야 한다. 다만, 다른 법령등에 특별한 규정이 있는 경우와 행정청이 미리 다른 방법을 정하여 공시한 경우에는 그러하지 아니하다.
> ③ 행정청은 신청에 필요한 구비서류, 접수기관, 처리기간, 그 밖에 필요한 사항을 게시(인터넷 등을 통한 게시를 포함한다)하거나 이에 대한 편람을 갖추어 두고 누구나 열람할 수 있도록 하여야 한다.

③ (×) "외국인의 사증발급 신청에 대한 거부처분은 당사자에게 의무를 부과하거나 적극적으로 권익을 제한하는 처분이 아니므로, 행정절차법 제21조 제1항에서 정한 '처분의 사전통지'와 제22조 제3항에서 정한 '의견제출 기회 부여'의 대상은 아니다. 그러나 사증발급 신청에 대한 거부처분이 성질상 행정절차법 제24조에서 정한 '처분서 작성·교부'를 할 필요가 없거나 곤란하다고 일률적으로 단정하기 어렵다. 또한 출입국관리법령에 사증발급 거부처분서 작성에 관한 규정을 따로 두고 있지 않으므로, 외국인의 사증발급 신청에 대한 거부처분을 하면서 행정절차법 제24조에 정한 절차를 따르지 않고 '행정절차에 준하는 절차'로 대체할 수도 없다."(대법원 2019. 7. 11. 선고 2017두38874)

④ (○) 제11조 제1항, 제6항

> **제11조(대표자)** ① 다수의 당사자등이 공동으로 행정절차에 관한 행위를 할 때에는 대표자를 선정할 수 있다.
> ⑥ 다수의 대표자가 있는 경우 그중 1인에 대한 행정청의 행위는 모든 당사자등에게 효력이 있다. 다만, 행정청의 통지는 대표자 모두에게 하여야 그 효력이 있다.

08

항고소송의 소송요건에 대한 설명으로 옳지 않은 것은? (다툼이 있는 경우 판례에 의함)

① 납세자의 이의신청에 의한 재조사결정에 따른 행정소송의 제소기간은 이의신청인 등이 후속 처분의 통지를 받은 날부터 기산된다.

② 취소소송의 행정심판전치에 관한 규정은, 부작위위법확인소송에는 준용되지만 당사자소송에는 준용되지 않는다.

③ 법률에 당해 처분에 대한 행정심판의 재결을 거치지 아니하면 취소소송을 제기할 수 없다는 규정이 있는 경우에도, 행정청이 사실심의 변론종결 후 소송의 대상인 처분을 변경하여 당해 변경된 처분에 관하여 소를 제기하는 때에는 「행정소송법」 제18조 제3항에서 규정하고 있는 '행정심판을 거칠 필요가 없는 경우'에 해당하므로 행정심판을 제기함이 없이 취소소송을 제기할 수 있다.

④ 하천구역의 무단 점용을 이유로 부당이득금 부과처분과 그 부당이득금 미납으로 인한 가산금 징수처분을 받은 사람이 가산금 징수처분에 대하여 행정청이 안내한 전심절차를 밟지 않았다면, 부당이득금 부과처분에 대하여 전심절차를 거쳤다 하더라도, 가산금 징수처분에 대하여 별도의 행정심판을 거치지 않고 부당이득금 부과처분과 함께 행정소송으로 다툴 수는 없다.

해설 정답 ❹

① (○) "재조사결정은 처분청의 후속 처분에 의하여 그 내용이 보완됨으로써 이의신청 등에 대한 결정으로서의 효력이 발생한다고 할 것이므로, 재조사결정에 따른 심사청구기간이나 심판청구기간 또는 행정소송의 제소기간은 이의신청인 등이 후속 처분의 통지를 받은 날부터 기산된다고 봄이 타당하다."(대법원 2010. 6. 25. 선고 2007두12514)

② (○) 행정심판전치에 관하여 규정하고 있는 행정소송법 제18조는 부작위위법확인소송에는 준용되지만 당사자소송에는 준용되지 않는다.

> **행정소송법 제18조(행정심판과의 관계)** ① 취소소송은 법령의 규정에 의하여 당해 처분에 대한 행정심판을 제기할 수 있는 경우에도 이를 거치지 아니하고 제기할 수 있다. 다만, 다른 법률에 당해 처분에 대한 행정심판의 재결을 거치지 아니하면 취소소송을 제기할 수 없다는 규정이 있는 때에는 그러하지 아니하다.

> **동법 제38조(준용규정)** ② 제9조, 제10조, 제13조 내지 제19조, 제20조, 제25조 내지 제27조, 제29조 내지 제31조, 제33조 및 제34조의 규정은 부작위위법확인소송의 경우에 준용한다.

> **동법 제44조(준용규정)** ① 제14조 내지 제17조, 제22조, 제25조, 제26조, 제30조 제1항, 제32조 및 제33조의 규정은 당사자소송의 경우에 준용한다.

③ (○) 행정소송법 제18조 제3항 제3호

> **행정소송법 제18조(행정심판과의 관계)** ① 취소소송은 법령의 규정에 의하여 당해 처분에 대한 행정심판을 제기할 수 있는 경우에도 이를 거치지 아니하고 제기할 수 있다. 다만, 다른 법률에 당해 처분에 대한 행정심판의 재결을 거치지 아니하면 취소소송을 제기할 수 없다는 규정이 있는 때에는 그러하지 아니하다.
> ③ 제1항 단서의 경우에 다음 각호의 1에 해당하는 사유가 있는 때에는 행정심판을 제기함이 없이 취소소송을 제기할 수 있다.
> 3. 행정청이 사실심의 변론종결후 소송의 대상인 처분을 변경하여 당해 변경된 처분에 관하여 소를 제기하는 때

④ (×) "하천구역의 무단 점용을 이유로 부당이득금 부과처분과 가산금 징수처분을 받은 사람이 가산금 징수처분에 대하여 행정청이 안내한 전심절차를 밟지 않았다 하더라도 부당이득금 부과처분에 대하여 전심절차를 거친 이상 가산금 징수처분에 대하여도 부당이득금 부과처분과 함께 행정소송으로 다툴 수 있다."(대법원 2006. 9. 8. 선고 2004두947)

09

A시 시장은 식품접객업주 甲에게 청소년고용금지업소에 청소년을 고용하였다는 사유로 식품위생법령에 근거하여 영업정지 2개월 처분에 갈음하는 과징금부과처분을 하였고, 甲은 부과된 과징금을 납부하였다. 그러나 甲은 이후 과징금 부과처분에 하자가 있음을 알게 되었다. 이에 대한 다음 설명 중 옳은 것은? (다툼이 있는 경우 판례에 의함)

① 甲은 납부한 과징금을 돌려받기 위해 관할 행정법원에 과징금반환을 구하는 당사자소송을 제기할 수 있다.

② A시 시장이 과징금부과처분을 함에 있어 과징금부과통지서의 일부 기재가 누락되어 이를 이유로 甲이 관할 행정법원에 과징금부과처분의 취소를 구하는 소를 제기한 경우, A시 시장은 취소소송 절차가 종결되기 전까지 보정된 과징금부과처분 통지서를 송달하면 일부 기재 누락의 하자는 치유된다.

③ 「식품위생법」이 청소년을 고용한 행위에 대하여 영업허가를 취소하거나 6개월 이내의 기간을 정하여 그 영업의 전부 또는 일부를 정지하거나 영업소 폐쇄를 명할 수 있다고 하면서 행정처분의 세부기준은 총리령으로 위임한다고 정하고 있는 경우에, 총리령에서 정하고 있는 행정처분의 기준은 재판규범이 되지 못한다.

④ 甲이 자신은 청소년을 고용한 적이 없다고 주장하면서 제기한 과징금부과처분의 취소소송 계속 중에 A시 시장은 甲이 유통기한이 경과한 식품을 판매한 사실을 처분사유로 추가 변경할 수 있다.

해설 정답 ❸

① (×) 위 사안에서 甲이 납부한 과징금을 돌려받기 위해 제기하여야 하는 소송은 부당이득반환청구소송이다. 그런데 우리 대법원은 부당이득반환청구소송을 민사소송의 일종으로 취급하고 있다. 따라서 甲은 납부한 과징금을 돌려받기 위해 당사자소송이 아니라 민사소송을 제기하여야 한다.

② (×) 하자의 치유는 쟁송제기이전까지 한 경우에만 치유가 된다. 따라서 취소소송 절차가 종결되기 전이 아니라, 취소소송을 제기하기 전까지 보정된 과징금부과처분 통지서를 송달한 경우에만 일부기재누

락의 하자가 치유된다.

③ (○) 위 총리령은 제재처분 기준을 담고 있기 때문에, 판례에 따르면 이 경우 법원과 국민에 대해 효력을 갖지 못한다. 따라서 법원의 재판 시에 재판규범이 되지 못한다.

④ (×) 청소년을 고용하였다는 사실과, 유통기한이 경과한 식품을 판매하였다는 사실 사이에는 기본적 사실관계의 동일성이 인정되지 않아, 후자의 사유를 처분사유로 추가 또는 변경할 수 없다.

10

「공익사업을 위한 토지 등의 취득 및 보상에 관한 법률」상 손실보상에 대한 설명으로 옳지 않은 것은? (다툼이 있는 경우 판례에 의함)

① 잔여지에 현실적 이용상황 변경 또는 사용가치 및 교환가치의 하락 등이 발생하였더라도 그 손실이 토지가 공익사업에 취득·사용됨으로써 발생한 것이 아닌 경우에는 손실보상의 대상이 되지 않는다.

② 동일한 토지소유자에 속하는 일단의 토지의 일부가 취득됨으로써 잔여지의 가격이 감소한 때에는 잔여지를 종래의 목적으로 사용하는 것이 가능한 경우라도 그 잔여지는 손실보상의 대상이 된다.

③ 공공사업의 시행으로 사업시행지 밖에서 발생한 간접손실은, 손실발생을 쉽게 예견할 수 있고 손실 범위도 구체적으로 특정할 수 있다면, 사업시행자와 협의가 이루어지지 않고 그 보상에 관한 명문의 근거법령이 없는 경우에도 보상의 대상이 된다.

④ 잔여지수용청구를 받아들이지 않은 토지수용위원회의 재결에 대해 토지소유자가 불복하여 제기하는 소송은 항고소송에 해당하여 재결을 한 토지수용위원회를 피고로 하여야 한다.

해설 정답 ❹

① (○) "특정한 공익사업의 사업시행자가 보상하여야 하는 손실은, 동일한 소유자에게 속하는 일단의 토지 중 일부를 사업시행자가 그 공익사업을 위하여 취득하거나 사용함으로 인하여 잔여지에 발생하는 것임을 전제로 한다. 따라서 이러한 잔여지에 대하여 현실적 이용상황 변경 또는 사용가치 및 교환가치의 하락 등이 발생하였더라도, 그 손실이 토지의 일부가 공익사업에 취득되거나 사용됨으로 인하여 발생하는 것이 아니라면 특별한 사정이 없는 한 토지보상법 제73조 제1항 본문에 따른 잔여지 손실보상 대상에 해당한다고 볼 수 없다."(대법원 2017. 7. 11. 선고 2017두40860)

② (○) "사업시행자가 동일한 토지소유자에 속하는 일단의 토지 일부를 취득함으로 인하여 잔여지의 가격이 감소하거나 그 밖의 손실이 있을 때 등에는 잔여지를 종래의 목적으로 사용하는 것이 가능한 경우라도 잔여지 손실보상의 대상이 되며, 잔여지를 종래의 목적에 사용하는 것이 불가능하거나 현저히 곤란한 경우이어야만 잔여지 손실보상청구를 할 수 있는 것이 아니다. 마찬가지로 잔여 영업시설 손실보상의 요건인 '공익사업에 영업시설의 일부가 편입됨으로 인하여 잔여시설에 그 시설을 새로이 설치하거나 잔여시설을 보수하지 아니하고는 그 영업을 계속할 수 없는 경우'란 잔여 영업시설에 시설을 새로이 설치하거나 잔여 영업시설을 보수하지 아니하고는 그 영업이 전부 불가능하거나 곤란하게 되는 경우만을 의미하는 것이 아니라, 공익사업에 영업시설 일부가 편입됨으로써 잔여 영업시설의 운영에 일정한 지장이 초래되고, 이에 따라 종전처럼 정상적인 영업을 계속하기 위해서는 잔여 영업시설에 시설을 새로 설치하거나 잔여 영업시설을 보수할 필요가 있는 경우도 포함된다고 해석함이 타당하다."(대법원 2018. 7. 20. 선고 2015두4044)

③ (○) "행정주체의 행정행위를 신뢰하여 그에 따라 재산출연이나 비용지출 등의 행위를 한 자가 그 후에 공공필요에 의하여 수립된 적법한 행정계획으로 인하여 재산권행사가 제한되고 이로 인한 공공사업의 시행 결과 공공사업시행지구 밖에서 발생한 간접손실에 관하여 그 피해자와 사업시행자 사이에 협의가 이루어지지 아니하고, 그 보상에 관한 명문의 근거 법령이 없는 경우라고 하더라도, 헌법 제23조 제3항 및 토지수용법 등의 개별 법률의 규정, 공특법 제3조 제1항 및 공특법시행규칙 제23조의2 내지 7 등의 규정 취지에 비추어 보면, 공공사업의 시행으로 인하여 그러한 손실이 발생하리라는 것을 쉽게 예견할 수 있고, 그 손실의 범위도 구체적으로 이를 특정할 수 있는 경우에는 그 손실의 보상에 관하여 공특법시행규칙의 관련 규정 등을 유추적용할 수 있다고 해석하여야 할 것이다."(대법원 2004. 9. 23. 선고 2004다25581)

④ (×) "구 '공익사업을 위한 토지 등의 취득 및 보상에 관한 법률'(2007. 10. 17. 법률 제8665호로 개정되기 전의 것) 제74조 제1항에 규정되어 있는 잔여지 수용청구권은 손실보상의 일환으로 토지소유자에게 부여되는 권리로서 그 요건을 구비한 때에는 잔여지를 수용하는 토지수용위원회의 재결이 없더라도 그 청구에 의하여 수용의 효과가 발생하는 형성권적 성질을 가지므로, 잔여지 수용청구를 받아들이지 않은 토지수용위원회의 재결에 대하여 토지소유자가 불복하여 제기하는 소송은 위 법 제85조 제2항에 규정되어 있는 '보상금의 증감에 관한 소송'에 해당하여 사업시행자를 피고로 하여야 한다."(대법원 2010. 8. 19. 선고 2008두822)

11

행정조사에 대한 설명으로 옳은 것(○)과 옳지 않은 것(×)이 바르게 조합된 것은? (다툼이 있는 경우 판례에 의함)

㉠ 「행정조사기본법」에 따르면, 행정조사를 실시하고자 하는 행정기관의 장은 조사 개시 7일 전까지 조사대상자에게 출석요구서, 보고요구서·자료제출요구서, 현장출입조사서를 서면으로 통지하여야 한다.

㉡ 「행정조사기본법」상의 조사의 주기, 조사대상의 선정에 관한 규정은 권력적 행정조사뿐만 아니라, 비권력적 행정조사에도 적용된다.

㉢ 행정기관의 장은 법령 등에 특별한 규정이 있는 경우를 제외하고는 행정조사의 결과를 확정한 날부터 10일 이내에 그 결과를 조사대상자에게 통지하여야 한다.

㉣ 조사대상자는 조사대상 선정기준에 대한 열람을 행정기관의 장에게 신청할 수 있는데, 행정기관의 장이 열람신청을 받은 때에는 행정기관이 당해 행정조사업무를 수행할 수 없을 정도로 조사활동에 지장을 초래하는 경우나 내부고발자 등 제3자에 대한 보호가 필요한 경우 외에는 신청인이 조사대상 선정기준을 열람할 수 있도록 하여야 한다.

① ㉠(○), ㉡(○), ㉢(×), ㉣(○)
② ㉠(○), ㉡(×), ㉢(○), ㉣(×)
③ ㉠(○), ㉡(×), ㉢(×), ㉣(×)
④ ㉠(×), ㉡(○), ㉢(○), ㉣(○)

해설 정답 ❶

이하 행정조사기본법

㉠ (○) 제17조 제1항 본문

제17조(조사의 사전통지) ① 행정조사를 실시하고자 하는 행정기관의 장은 제9조에 따른 출석요구서, 제10조에 따른 보고요구서·자료제출요구서 및 제11조에 따른 현장출입조사서(이하 "출석요구서등"이라 한다)를 조사개시 7일 전까지 조사대상자에게 서면으로 통지하여야 한다. 다만, 다음 각 호의 어느 하나에 해당하는 경우에는 행정조사의 개시와 동시에 출석요구서등을 조사대상자에게 제시하거나 행정조사의 목적 등을 조사대상자에게 구두로 통지할 수 있다.

㉡ (○) 행정조사기본법상의 조사의 주기, 조사대상의 선정에 관한 규정은 권력적 행정조사뿐만 아니라, 비권력적 행정조사에도 적용된다. ☞ 조사의 주기에 관한 규정은 제7조를 말하며, 조사대상의 선정에 대한 규정은 제8조를 말한다. 이 규정들이 특별히 권력적 행정조사에만 적용된다거나 비권력적 행정조사에만 적용된다거나 하는 것은 아니다.

제7조(조사의 주기) 행정조사는 법령등 또는 행정조사운영계획으로 정하는 바에 따라 정기적으로 실시함을 원칙으로 한다. 다만, 다음 각 호 중 어느 하나에 해당하는 경우에는 수시조사를 할 수 있다.
1. 법률에서 수시조사를 규정하고 있는 경우
2. 법령등의 위반에 대하여 혐의가 있는 경우
3. 다른 행정기관으로부터 법령등의 위반에 관한 혐의를 통보 또는 이첩받은 경우
4. 법령등의 위반에 대한 신고를 받거나 민원이 접수된 경우
5. 그 밖에 행정조사의 필요성이 인정되는 사항으로서 대통령령으로 정하는 경우

제8조(조사대상의 선정) ① 행정기관의 장은 행정조사의 목적, 법령준수의 실적, 자율적인 준수를 위한 노력, 규모와 업종 등을 고려하여 명백하고 객관적인 기준에 따라 행정조사의 대상을 선정하여야 한다.
② 조사대상자는 조사대상 선정기준에 대한 열람을 행정기관의 장에게 신청할 수 있다.
③ 행정기관의 장이 제2항에 따라 열람신청을 받은 때에는 다음 각 호의 어느 하나에 해당하는 경우를 제외하고 신청인이 조사대상 선정기준을 열람할 수 있도록 하여야 한다.
1. 행정기관이 당해 행정조사업무를 수행할 수 없을 정도로 조사활동에 지장을 초래하는 경우
2. 내부고발자 등 제3자에 대한 보호가 필요한 경우
④ 제2항 및 제3항에 따른 행정조사 대상 선정기준의 열람방법이나 그 밖에 행정조사 대상 선정기준의 열람에 관하여 필요한 사항은 대통령령으로 정한다.

㉢ (×) 제24조

제24조(조사결과의 통지) 행정기관의 장은 법령등에 특별한 규정이 있는 경우를 제외하고는 행정조사의 결과를 확정한 날부터 7일 이내에 그 결과를 조사대상자에게 통지하여야 한다.

㉣ (○) 제8조 제2항, 제3항

제8조(조사대상의 선정) ② 조사대상자는 조사대상 선정기준에 대한 열람을 행정기관의 장에게 신청할 수 있다.
③ 행정기관의 장이 제2항에 따라 열람신청을 받은 때에는 다음 각 호의 어느 하나에 해당하는 경우를 제외하고 신청인이 조사대상 선정기준을 열람할 수 있도록 하여야 한다.
1. 행정기관이 당해 행정조사업무를 수행할 수 없을 정도로 조사활동에 지장을 초래하는 경우
2. 내부고발자 등 제3자에 대한 보호가 필요한 경우

12

원고적격 및 협의의 소익에 대한 설명으로 옳은 것은? (다툼이 있는 경우 판례에 의함)

① 숙박업구조변경 허가처분을 받은 건물의 인근에서 여관을 경영하는 자들은 그 처분의 무효확인 또는 취소를 구할 소익이 있다.

② 甲이 몰디브 직항 항공노선에 관하여 이미 노선면허를 가지고 있었는데, 乙이 국토교통부장관에게 몰디브 직항 항공노선면허를 신청하였고 이에 대해 국토교통부장관이 乙에게도 신규로 노선면허를 발급한 경우, 乙에 대한 노선면허발급처분으로 인하여 경업 관계에 있는 甲의 영업상 이익이 감소되었다고 하더라도 이러한 이익은 반사적 이익에 불과하므로 甲은 乙에 대한 노선면허발급처분에 대해 취소소송을 제기할 원고적격이 없다.

③ 법인세 과세표준과 관련하여 과세관청이 법인의 소득처분 상대방에 대한 소득처분을 경정하면서 증액과 감액을 동시에 한 결과 전체로서 소득처분금액이 감소된 경우, 법인이 소득금액변동통지의 취소를 구할 소의 이익이 없다.

④ 미얀마 국적의 甲이 위명(僞名)인 乙 명의의 여권으로 대한민국에 입국한 뒤 乙 명의로 난민 신청을 하였으나, 법무부장관이 乙 명의를 사용한 甲을 직접 면담하여 조사한 후 甲에 대하여 난민불인정 처분을 한 경우, 甲에게는 처분의 취소를 구할 법률상 이익이 없다.

해설 정답 ❸

① (×) "이 사건 건물의 4, 5층 일부에 객실을 설비할 수 있도록 숙박업구조변경허가를 함으로써 그곳으로부터 50미터 내지 700미터 정도의 거리에서 여관을 경영하는 원고들이 받게 될 불이익은 간접적이거나 사실적, 경제적인 불이익에 지나지 아니하므로 그것만으로는 원고들에게 위 숙박업구조변경허가처분의 무효확인 또는 취소를 구할 소익이 있다고 할 수 없다."(대법원 1990. 8. 14. 선고 89누7900)

② (×) 이 사안의 노선면허는 강학상 특허이므로, 경업관계이더라도 甲은 乙에 대한 노선면허발급처분에 대해 취소소송을 제기할 원고적격이 있다.

③ (○) "법인이 법인세의 과세표준을 신고하면서 배당, 상여 또는 기타소득으로 소득처분한 금액은 당해 법인이 신고기일에 소득처분의 상대방에게 지급한 것으로 의제되어 그때 원천징수하는 소득세의 납세의무가 성립·확정되며, 그 후 과세관청이 직권으로 상대방에 대한 소득처분을 경정하면서 일부 항목에 대한 증액과 다른 항목에 대한 감액을 동시에 한 결과 전체로서 소득처분금액이 감소된 경우

에는 그에 따른 소득금액변동통지가 납세자인 당해 법인에 불이익을 미치는 처분이 아니므로 당해 법인은 그 소득금액변동통지의 취소를 구할 이익이 없다."(대법원 2012. 4. 13. 선고 2009두5510)

④ (×) "미얀마 국적의 갑이 위명(위명)인 '을' 명의의 여권으로 대한민국에 입국한 뒤 을 명의로 난민 신청을 하였으나 법무부장관이 을 명의를 사용한 갑을 직접 면담하여 조사한 후 갑에 대하여 난민불인정 처분을 한 사안에서, 처분의 상대방은 허무인이 아니라 '을'이라는 위명을 사용한 갑이라는 이유로, 갑이 처분의 취소를 구할 법률상 이익이 있다고 한 사례."(대법원 2017. 3. 9. 선고 2013두16852)

13

「공공기관의 정보공개에 관한 법률」상 정보공개에 대한 설명으로 옳지 않은 것은? (다툼이 있는 경우 판례에 의함)

① 법원이 행정기관의 정보공개거부처분의 위법 여부를 심리한 결과 공개를 거부한 정보에 비공개대상정보에 해당하는 부분과 그렇지 아니한 부분이 혼합되어 있고, 공개청구의 취지에 어긋나지 않는 범위 안에서 두 부분을 분리할 수 있음을 인정할 수 있을 때에는, 위 정보 중 공개가 가능한 부분을 특정하고 판결의 주문에 행정청의 위 거부처분 중 공개가 가능한 정보에 관한 부분만을 취소한다고 표시하여야 한다.

② 대검찰청 과학수사담당 심리분석실의 '심리생리검사에서 질문한 질문내용문서'는 「공공기관의 정보공개에 관한 법률」상 비공개대상정보에 해당하지 않는다.

③ 정보의 공개를 청구하는 자는 해당 정보를 보유하거나 관리하고 있는 공공기관에 정보공개 청구서를 제출하거나 말로써 정보의 공개를 청구할 수 있다.

④ 공무원이 직무와 관련 없이 개인적인 자격으로 간담회, 연찬회 등 행사에 참석하고 금품을 수령한 정보는 「공공기관의 정보공개에 관한 법률」상 비공개대상정보에 해당한다.

해설 정답 ❷

① (○) "법원이 행정청의 정보공개거부처분의 위법 여부를 심리한 결과 공개를 거부한 정보에 비공개대상정보에 해당하는 부분과 공개가 가능한 부분이 혼합되어 있고 공개청구의 취지에 어긋나지 아니하는 범위 안에서 두 부분을 분리할 수 있음을 인정할 수 있을 때에는, 위 정보 중 공개가 가능한 부분을 특정하고 판결의 주문에 행정청의 위 거부처분 중 공개가 가능한 정보에 관한 부분만을 취소한다고 표시하여야 한다."(대법원 2003. 3. 11. 선고 2001두6425)

② (×) "원심판결 이유에 의하면, 원심은 그 채택 증거를 종합하여 판시와 같은 사실을 인정한 다음 그 판시와 같은 이유를 들어 '이 사건 심리생리검사에서 질문한 질문내용문서'를 공개하는 것은 심리생리검사업무에 현저한 지장을 초래한다고 인정할 만한 상당한 이유가 있다고 보아 이에 대한 비공개결정이 적법하다고 판단하였다. 관련 법리와 기록에 비추어 살펴보면, 원심의 위와 같은 판단은 정당하고, 거기에 상고이유 주장과 같은 비공개대상정보에 관한 법리오해 등의 잘못이 없다."(대법원 2016. 12. 15. 선고 2012두11409)

③ (○) 공공기관의 정보공개에 관한 법률 제10조 제1항

> **공공기관의 정보공개에 관한 법률 제10조(정보공개의 청구방법)** ① 정보의 공개를 청구하는 자(이하 "청구인"이라 한다)는 해당 정보를 보유하거나 관리하고 있는 공공기관에 다음 각 호의 사항을 적은 정보공개 청구서를 제출하거나 말로써 정보의 공개를 청구할 수 있다.

④ (○) "공무원이 직무와 관련 없이 개인적인 자격으로 간담회·연찬회 등 행사에 참석하고 금품을 수령한 정보는 공공기관의정보공개에관한법률 제7조 제1항 제6호 단서 (다)목 소정의 '공개하는 것이 공익을 위하여 필요하다고 인정되는 정보'에 해당하지 않는다고 한 사례." (대법원 2003. 12. 12. 선고 2003두8050)

14

과태료에 대한 설명으로 옳은 것은? (다툼이 있는 경우 판례에 의함)

① 행정질서벌인 과태료에 관해서는 특별한 규정이 있는 경우를 제외하고는 형법총칙이 적용된다.

② 「질서위반행위규제법」상 개인의 대리인이 업무에 관하여 그 개인에게 부과된 법률상의 의무를 위반한 때에는 행위자인 대리인에게 과태료를 부과한다.

③ 「질서위반행위규제법」상 '질서위반행위'란 법률상의 의무를 위반하여 과태료를 부과하는 행위를 말하고, 이에는 조례상의 의무를 위반하여 과태료를 부과하는 행위가 포함될 뿐만 아니라, 대통령령으로 정하는 법률에 따른 징계사유에 해당하여 과태료를 부과하는 행위도 포함된다.

④ 과태료재판은 검사의 명령으로써 집행하며, 이 경우 그 명령은 집행력 있는 집행권원과 동일한 효력이 있다.

해설 정답 ❹

이하 질서위반행위규제법

① (×) 과태료는 행정형벌이 아니라 행정질서벌이기 때문에 과태료에 관해서는 형법총칙이 적용되지 않는다.

② (×) 제11조 제1항

> **제11조(법인의 처리 등)** ① 법인의 대표자, 법인 또는 개인의 대리인·사용인 및 그 밖의 종업원이 업무에 관하여 법인 또는 그 개인에게 부과된 법률상의 의무를 위반한 때에는 법인 또는 그 개인에게 과태료를 부과한다.

③ (×) 제2조 제1호 나목

> **제2조(정의)** 이 법에서 사용하는 용어의 뜻은 다음과 같다.
> 1. "질서위반행위"란 법률(지방자치단체의 조례를 포함한다. 이하 같다)상의 의무를 위반하여 과태료를 부과하는 행위를 말한다. 다만, 다음 각 목의 어느 하나에 해당하는 행위를 제외한다.
>   가. 대통령령으로 정하는 사법(私法)상·소송법상 의무를 위반하여 과태료를 부과하는 행위
>   나. 대통령령으로 정하는 법률에 따른 징계사유에 해당하여 과태료를 부과하는 행위

④ (○) 제42조 제1항

> **제42조(과태료 재판의 집행)** ① 과태료 재판은 검사의 명령으로써 집행한다. 이 경우 그 명령은 집행력 있는 집행권원과 동일한 효력이 있다.

15

「행정심판법」상 행정심판에 대한 설명으로 옳지 않은 것은? (다툼이 있는 경우 판례에 의함)

① 피청구인을 경정하는 결정이 있으면 종전의 피청구인에 대한 심판청구는 취하되고 종전의 피청구인에 대한 행정심판이 청구된 때에 새로운 피청구인에 대한 행정심판이 청구된 것으로 본다.
② 행정심판위원회는 심판청구의 대상이 되는 처분 외의 다른 처분 또는 부작위에 대하여도 재결할 수 있다.
③ 「공익사업을 위한 토지 등의 취득 및 보상에 관한 법률」상 토지수용위원회의 수용재결에 대한 이의절차는 실질적으로 행정심판의 성질을 갖는 것이므로 동법에 특별한 규정이 있는 것을 제외하고는 「행정심판법」의 규정이 적용된다.
④ 당사자의 신청에 대한 행정청의 부당한 거부처분에 대하여 일정한 처분을 하도록 하는 행정심판의 청구는 현행법상 허용된다.

해설 정답 ❷

이하 행정심판법
① (○) 제17조 제4항

> **제17조(피청구인의 적격 및 경정)** ② 청구인이 피청구인을 잘못 지정한 경우에는 위원회는 직권으로 또는 당사자의 신청에 의하여 결정으로써 피청구인을 경정(更正)할 수 있다.
> ④ 제2항에 따른 결정이 있으면 종전의 피청구인에 대한 심판청구는 취하되고 종전의 피청구인에 대한 행정심판이 청구된 때에 새로운 피청구인에 대한 행정심판이 청구된 것으로 본다.

② (×) 제47조 제1항

> **제47조(재결의 범위)** ① 위원회는 심판청구의 대상이 되는 처분 또는 부작위 외의 사항에 대하여는 재결하지 못한다.

③ (○) "토지수용위원회의 수용재결에 대한 이의절차는 실질적으로 행정심판의 성질을 갖는 것이므로 토지수용법에 특별한 규정이 있는 것을 제외하고는 행정심판법의 규정이 적용된다고 할 것이다."(대법원 1992. 6. 9. 선고 92누565)
④ (○) 당사자의 신청에 대한 행정청의 부당한 거부처분에 대하여 일정한 처분을 하도록 하는 행정심판의 청구도 현행법상 허용되고 있다. ☞ 의무이행심판이 현행법상 행정심판의 종류로서 존재한다는 의미이다.

16

행정입법에 대한 설명으로 옳은 것(○)과 옳지 않은 것(×)을 바르게 조합한 것은? (다툼이 있는 경우 판례에 의함)

㉠ 사후 법률개정으로 법규명령의 근거가 부여된 경우라 하더라도, 그 법규명령이 개정된 법률에 규정된 내용을 함부로 유추·확장하는 내용의 해석규정인 경우에는, 위임의 한계를 벗어난 것으로서 그 법규명령은 유효한 것으로 되지 못하고 계속해서 무효이다.
㉡ 현행법은 국회의 행정규칙에 관한 심사라는 직접적 통제수단을 가지고 있다.
㉢ 소득금액조정합계표 작성요령과 같이 행정적 편의를 도모하기 위한 절차적 규정의 경우 이는 단순히 행정규칙의 성질을 가지는 데 불과하여 과세관청이나 일반국민을 기속하는 것이 아니다.
㉣ 「도로교통법 시행규칙」이 정한 운전면허행정처분기준은 행정청 내부의 사무처리준칙을 규정한 것에 지나지 아니하여, 대외적으로 국민이나 법원을 기속하는 효력이 없으므로, 자동차운전면허취소처분의 적법 여부는 그 운전면허행정처분기준만에 의하여 판단할 것이 아니라 「도로교통법」의 규정 내용과 취지에 따라 판단되어야 한다.

① ㉠(○), ㉡(○), ㉢(×), ㉣(○)
② ㉠(○), ㉡(×), ㉢(○), ㉣(○)
③ ㉠(×), ㉡(○), ㉢(×), ㉣(×)
④ ㉠(×), ㉡(×), ㉢(○), ㉣(×)

해설 정답 ❷

㉠ (○) "일반적으로 법률의 위임에 따라 효력을 갖는 법규명령의 경우에 위임의 근거가 없어 무효였더라도 나중에 법 개정으로 위임의 근거가 부여되면 그때부터는 유효한 법규명령으로 볼 수 있다. 그러나 법규명령이 개정된 법률에 규정된 내용을 함부로 유추·확장하는 내용의 해석규정이어서 위임의 한계를 벗어난 것으로 인정될 경우에는 법규명령은 여전히 무효이다."(대법원 2017. 4. 20. 선고 2015두45700)
㉡ (×) 현행법은 국회의 행정규칙에 관한 심사라는 직접적 통제수단은 갖고 있지 않다. ☞ 국회법 제98조의2 제3항 ~ 제7항에서 행정규칙에 대한 검토·통보에 대해서는 언급하고 있지 않다.

> **제98조의2(대통령령 등의 제출 등)** ① 중앙행정기관의 장은 법률에서 위임한 사항이나 법률을 집행하기 위하여 필요한 사항을 규정한 대통령령·총리령·부령·훈령·예규·고시 등이 제정·개정 또는 폐지되었을 때에는 10일 이내에 이를 국회 소관 상임위원회에 제출하여야 한다. 다만, 대통령령의 경우에는 입법예고를 할 때(입법예고를 생략하는 경우에는 법제처장에게 심사를 요청할 때를 말한다)에도 그 입법예고안을 10일 이내에 제출하여야 한다.
> ③ 상임위원회는 위원회 또는 상설소위원회를 정기적으로 개회하여 그 소관 중앙행정기관이 제출한 대통령령·총리령 및 부령(이하 이 조에서 "대통령령등"이라 한다)의 법률 위반 여부 등을 검토하여야 한다. 〈개정 2020. 2. 18.〉

㉢ (○) "법인은 법인세 신고시 세무조정사항을 기입한 소득금액조정합계표와 유보소득 계산서류인 적정유보초과소득조정명세서(을) 등을 신고서에 첨부하여 제출하여야 하는데, 위 소득금액조정합계표 작성요령 제4호 단서는 잉여금 증감에 따른 익금산입 및 손금산입 사

항의 처분인 경우 익금산입은 기타 사외유출로, 손금산입은 기타로 구분하여 기입한다고 규정하고 있고, 위 적정유보초과소득조정명세서(을) 작성요령 제6호는 각 사업연도 소득금액계산상 배당·상여·기타소득 및 기타 사외유출란은 소득금액조정합계표의 배당·상여·기타소득 및 기타 사외유출 처분액을 기입한다고 규정하고 있는바, 위와 같은 작성요령은 법률의 위임을 받은 것이기는 하나 법인세의 부과징수라는 행정적 편의를 도모하기 위한 절차적 규정으로서 단순히 행정규칙의 성질을 가지는 데 불과하여 과세관청이나 일반국민을 기속하는 것이 아니므로, 비록 납세의무자가 소득금액조정합계표 작성요령 제4호 단서에 의하여 잉여금 증감에 따라 익금산입된 금원을 기타 사외유출로 처분하였다고 하더라도 그 금원이 사외에 유출된 것이 분명하지 아니한 경우에는 이를 기타 사외유출로 보아 유보소득을 계산함에 있어 공제할 수 없다."(대법원 2003. 9. 5. 선고 2001두403)

㉣ (○) "도로교통법시행규칙 제53조 제1항이 정한 [별표 16]의 운전면허행정처분기준은 부령의 형식으로 되어 있으나, 그 규정의 성질과 내용이 운전면허의 취소처분 등에 관한 사무처리기준과 처분절차 등 행정청 내부의 사무처리준칙을 규정한 것에 지나지 아니하므로 대외적으로 국민이나 법원을 기속하는 효력이 없으므로, 자동차운전면허취소처분의 적법 여부는 그 운전면허행정처분기준만에 의하여 판단할 것이 아니라 도로교통법의 규정 내용과 취지에 따라 판단되어야 한다."(대법원 1997. 5. 30. 선고 96누5773)

17

행정소송에 있어 처분사유의 추가·변경에 대한 설명으로 옳지 않은 것은? (다툼이 있는 경우 판례에 의함)

① 당초 행정처분의 근거로 제시한 이유가 실질적인 내용이 없는 경우에, 그와 기본적 사실관계가 동일한지 여부를 판단할 대상조차 없다 하더라도, 행정소송의 단계에서 다른 처분사유를 추가하거나 다른 처분사유로 변경할 수 있다.

② 처분사유의 추가·변경이 재량행위에 대해서도 허용되는지에 관하여 논쟁이 있는데, 판례는 기속행위와 재량행위 모두에 있어서 처분사유의 추가·변경이 가능하다는 입장이다.

③ 추가 또는 변경된 사유가 처분 당시에 그 사유를 명기하지 않았을 뿐 이미 존재하고 있었고 당사자도 그 사실을 알고 있었다고 하여 당초 처분사유와 동일성이 있는 것이라고 할 수는 없다.

④ 외국인 甲이 법무부장관에게 귀화신청을 하였으나 법무부장관이 '품행 미단정'을 불허사유로 「국적법」상의 요건을 갖추지 못하였다며 신청을 받아들이지 않는 처분을 하였는데, 법무부장관이 甲을 '품행 미단정'이라고 판단한 이유에 대하여 제1심 변론절차에서 「자동차 관리법」 위반죄로 기소유예를 받은 전력 등을 고려하였다고 주장한 후, 제2심 변론절차에서 불법 체류전력 등의 제반사정을 추가로 주장할 수 있다.

해설 정답 ❶

① (×) "피고는 이 사건 소송에서 '이 사건 산업단지 안에 새로운 폐기물시설부지를 마련할 시급한 필요가 없다.'는 점을 이 사건 거부처분의 사유로 추가하였다. 그러나 피고가 당초 처분의 근거로 제시한 사유가 실질적인 내용이 없다고 보는 이상, 위 추가 사유는 그와 기본적 사실관계가 동일한지 여부를 판단할 대상조차 없는 것이므로, 결국 소송단계에서 처분사유를 추가하여 주장할 수 없다."(대법원 2017. 8. 29. 선고 2016두44186)

② (○) 통설과 판례에 따르면 처분사유의 추가·변경은 기속행위와 재량행위 모두에 있어서 허용된다.

③ (○) "행정처분의 적법 여부는 행정처분이 행하여진 때의 법령과 사실을 기준으로 판단하는 것이므로 확정판결의 당사자인 처분 행정청은 종전 처분 후에 발생한 새로운 사유를 내세워 다시 거부처분을 할 수 있고, 그러한 처분도 위 조항에 규정된 재처분에 해당한다. 여기에서 '새로운 사유'인지는 종전 처분에 관하여 위법한 것으로 판결에서 판단된 사유와 기본적 사실관계의 동일성이 인정되는 사유인지에 따라 판단되어야 하고, 기본적 사실관계의 동일성 유무는 처분사유를 법률적으로 평가하기 이전의 구체적인 사실에 착안하여 그 기초인 사회적 사실관계가 기본적인 점에서 동일한지에 따라 결정되며, 추가 또는 변경된 사유가 처분 당시에 그 사유를 명기하지 않았을 뿐 이미 존재하고 있었고 당사자도 그 사실을 알고 있었다고 하여 당초 처분사유와 동일성이 있는 것이라고 할 수는 없다." (대법원 2011. 10. 27. 선고 2011두14401)

④ (○) "외국인 갑이 법무부장관에게 귀화신청을 하였으나 법무부장관이 심사를 거쳐 '품행 미단정'을 불허사유로 국적법상의 요건을 갖추지 못하였다며 신청을 받아들이지 않는 처분을 하였는데, 법무부장관이 갑을 '품행 미단정'이라고 판단한 이유에 대하여 제1심 변론절차에서 자동차관리법위반죄로 기소유예를 받은 전력 등을 고려하였다고 주장하였다가 원심 변론절차에서 불법 체류한 전력이 있다는 추가적인 사정까지 고려하였다고 주장한 사안에서, 법무부장관이 처분 당시 갑의 전력 등을 고려하여 갑이 구 국적법 제5조 제3호의 '품행단정' 요건을 갖추지 못하였다고 판단하여 처분을 하였고, 그 처분서에 처분사유로 '품행 미단정'이라고 기재하였으므로, '품행 미단정'이라는 판단 결과를 위 처분의 처분사유로 보아야 하는데, 법무부장관이 원심에서 추가로 제시한 불법 체류 전력 등의 제반 사정은 불허가처분의 처분사유 자체가 아니라 그 근거가 되는 기초 사실 내지 평가요소에 지나지 않으므로, 법무부장관이 이러한 사정을 추가로 주장할 수 있다고 한 사례."(대법원 2018. 12. 13. 선고 2016두31616)

18

불확정개념과 판단여지 및 기속행위와 재량행위에 대한 설명으로 옳은 것은? (다툼이 있는 경우 판례에 의함)

① 판단여지와 재량을 구별하는 입장에서는 재량행위와 기속행위의 구분은 법규의 규정양식에 따라 개별적으로 판단되는 것이라고 본다.

② 판단여지를 긍정하는 학설은 판단여지는 법률효과 선택의 문제이고 재량은 법률요건에 대한 인식의 문제라는 점, 양자는 그 인정근거와 내용 등을 달리하는 점에서 구별하는 것이 타당하다고 한다.

③ 대법원은 교육부(구 문교부)장관의 교과서검정에 관한 처분과 관련하여 법원이 교과서의 저술내용이 교육에 적합한지의 여부를 심사할 수 있다고 보았다.

④ 공무원인사를 위한 인력수급계획의 결정은 판단여지 중 행정정책적 결정을 하는 경우가 아니라, 구속적 가치평가를 하는 경우에 해당한다.

해설 정답 ❶

① (○) 판단여지와 재량을 구별하는 입장에서는 재량행위와 기속행위의 구분은 법규의 규정양식에 따라 개별적으로 판단되는 것이라고 본다.
② (×) 판단여지를 긍정하는 학설은, 판단여지는 법률요건에 대한 인식의 문제이고 재량은 법률효과 선택의 문제라는 점, 양자는 그 인정근거와 내용 등을 달리한다는 점에서 구별하는 것이 타당하다고 한다.
③ (×) "문교부장관이 시행하는 검정은 그 책을 교과용 도서로 쓰게 할 것인가 아닌가를 정하는 것일 뿐 그 책을 출판하는 것을 막는 것은 아니나 현행 교육제도하에서의 중·고등학교 교과용 도서를 검정함에 있어서 심사는 원칙적으로 오기, 오식 기타 객관적으로 명백한 잘못, 제본 기타 기술적 사항에만 그쳐야 하는 것은 아니고, 그 저술한 내용이 교육에 적합한 여부까지를 심사할 수 있다고 하여야 한다. 법원이 위 검정에 관한 처분의 위법여부를 심사함에 있어서는 문교부장관과 동일한 입장에 서서 어떠한 처분을 하여야 할 것인가를 판단하고 그것과 동 처분과를 비교하여 당부를 논하는 것은 불가하고, 문교부장관이 관계법령과 심사기준에 따라서 처분을 한 것이라면 그 처분은 유효한 것이고 그 처분이 현저히 부당하다거나 또는 재량권의 남용에 해당된다고 볼 수밖에 없는 특별한 사정이 있는 때가 아니면 동 처분을 취소할 수 없다."(대법원 1988. 11. 8. 선고 86누618)
④ (×) 공무원인사를 위한 인력수급계획의 결정은 판단여지 중 구속적 가치평가를 하는 경우가 아니라, 행정정책적 결정을 하는 경우에 해당한다.

19

다음 중 행정주체에 해당하는 것으로서 그에 대한 법적 성격에 대한 설명이 옳은 것만을 모두 고르면? (다툼이 있는 경우 판례에 의함)

> ㉠ 국립대학법인 서울대학교 – 영조물법인
> ㉡ 한국도로공사 – 공법상의 사단법인
> ㉢ 한국농어촌공사(구 농지개량조합) – 공공조합
> ㉣ 부산광역시장 – 지방자치단체
> ㉤ 「항공안전 및 보안에 관한 법률」상 경찰임무를 수행하는 항공기의 기장 – 영조물법인

① ㉠, ㉢　　② ㉠, ㉤
③ ㉡, ㉢　　④ ㉣, ㉤

해설 정답 ❶

㉠ (○) 국립대학법인 서울대학교 – 영조물법인
㉡ (×) 한국도로공사 – 영조물법인
㉢ (○) 한국농어촌공사(구 농지개량조합) – 공공조합(공법상의 사단법인)
㉣ (×) 부산광역시는 지방자치단체로서 행정주체이지만, 부산광역시장은 행정주체가 아니다.
㉤ (×) 「항공안전 및 보안에 관한 법률」상 경찰임무를 수행하는 항공기의 기장 – 공무수탁사인

20

행정소송의 판결의 효력에 대한 설명으로 옳지 않은 것은? (다툼이 있는 경우 판례에 의함)

① 행정처분을 취소하는 확정판결이 제3자에 대하여도 효력이 있다고 하더라도, 그 취소판결 자체의 효력으로써 그 행정처분을 기초로 하여 새로 형성된 제3자의 권리까지 당연히 그 행정처분 전의 상태로 환원되는 것이라고는 할 수 없다.
② 취소판결 후에 취소된 처분을 대상으로 하는 처분은 당연히 무효이다.
③ 거부처분 후에 법령이 개정·시행된 경우, 거부처분 취소의 확정판결을 받은 행정청이 개정된 신법령에서 정한 사유를 들어 새로운 거부처분을 한 경우는, 「행정소송법」 제30조 제2항 소정의 '확정판결의 취지에 따라 이전의 신청에 대한 처분을 한 경우'에 해당하지 않아 취소확정판결의 기속력에 반한다.
④ 신청에 따른 처분이 절차의 위법을 이유로 취소되는 경우에는 판결의 취지에 따라 다시 이전의 신청에 대한 처분을 하여야 한다.

해설 정답 ❸

① (○) 제3자효의 의미에 대한 판례이다. 어떤 토지에 대한 환지처분으로 인하여 甲명의의 소유권이전등기가 경료되었으나, 그 후 위 환지처분으로 인하여 불이익을 입게 된 乙이 환지처분의 취소를 구하는 행정소송을 제기하여 승소판결을 받았다 하더라도, 甲명의의 소유권이전등기는 취소판결로 인하여 곧바로 말소되는 것이 아니고, 이를 근거로 乙이 별도로 甲명의의 소유권이전등기 말소청구소송을 제기하여 승소판결이 확정되어야 말소되는 것이고 보았다.
관련판례 "환지계획변경처분으로 원고명의의 소유권이전등기가 경료되었으나 그 후 위 변경처분으로 인하여 불이익을 입게 된 소외인이 동 처분의 취소를 구하는 행정소송을 제기하여 승소판결을 받아 이를 근거로 원고명의의 소유권이전등기의 말소청구소송을 제기하여 동 소외인 승소판결이 확정됨에 따라 원고가 그 소유권상실의 손해를 입게 된 경우, 원고명의의 소유권이전등기는 위 취소판결 자체의 효력에 의하여 당연히 말소되는 것이 아니라 소외인이 위 취소판결의 존재를 법률요건으로 주장하여 원고에게 그 말소를 구하는 소송을 제기하여 승소의 확정판결을 얻어야 비로소 말소될 수 있는 것이며, (중략) 원고는 위 말소청구의 소장부본을 송달받은 때가 아니라 위 말소청구의 소에서 원고패소가 확정됨으로써 비로소 그 손해를 알게 되었다고 봄이 상당하다."(대법원 1986. 8. 19. 선고 83다카2022)
② (○) "과세처분을 최소하는 판결이 확정되면 그 과세처분은 처분시에 소급하여 소멸하는 것이므로 과세처분을 취소하는 판결이 확정된 뒤에는 그 과세처분을 갱정하는 이른바 갱정처분을 할 수 없는 것이다. 원심이 확정한 바와 같이 원판시 이 사건 과세처분이 법원의 확정판결에 의하여 취소된 뒤에 과세관청에서 그 과세처분을 경정하는 갱정처분을 한 것이라면 이는 존재하지 아니하는 과세처분을 경정한 것으로서 그 하자가 중대하고 명백한 당연무효의 처분이라고 보아야 할 것이다."(대법원 1989. 5. 9. 선고 88다카16096)
③ (×) "건축불허가처분을 취소하는 판결이 확정된 후 국토이용관리법시행령이 준농림지역 안에서의 행위제한에 관하여 지방자치단체의 조례로써 일정 지역에서 숙박업을 영위하기 위한 시설의 설치를 제한할 수 있도록 개정된 경우, 당해 지방자치 단체장이 위 처분 후에 개정된 신법령에서 정한 사유를 들어 새로운 거부처분을 한 것이 행정소송법 제30조 제2항 소정의 확정판결의 취지에 따라 이전의 신청에

대한 처분을 한 경우에 해당한다."(대법원 1998. 1. 7. 자 97두22)
☞ '확정판결의 취지에 따라 이전의 신청에 대한 처분을 한 경우'에 해당한다는 말은 판결의 취지에 부합하는 처분이라는 말이다.

④ (○) 행정소송법 제30조 제3항

> **행정소송법 제30조(취소판결등의 기속력)** ② 판결에 의하여 취소되는 처분이 당사자의 신청을 거부하는 것을 내용으로 하는 경우에는 그 처분을 행한 행정청은 판결의 취지에 따라 다시 이전의 신청에 대한 처분을 하여야 한다.
> ③ 제2항의 규정은 신청에 따른 처분이 절차의 위법을 이유로 취소되는 경우에 준용한다.

12회 정답과 해설

A D M I N I S T R A T I V E L A W

문제 p.70

Answer

01	③	06	②	11	③	16	④
02	③	07	②	12	①	17	②
03	④	08	③	13	①	18	③
04	④	09	④	14	②	19	②
05	①	10	①	15	①	20	④

01

행정쟁송에 있어 가구제에 대한 설명으로 옳은 것은? (다툼이 있는 경우 판례에 의함)

① 집행정지결정에 의하여 효력이 정지되는 처분이 당사자의 신청을 거부하는 것을 내용으로 하는 경우에는 그 처분을 행한 행정청은 집행정지결정의 취지에 따라 다시 이전의 신청에 대한 처분을 하여야 한다.
② 행정심판위원회는 처분 또는 부작위 때문에 당사자에게 생길 급박한 위험을 막기 위하여 필요한 경우 직권으로 집행정지나 임시처분을 선택적으로 결정할 수 있다.
③ 「행정소송법」은 처분의 일부에 대한 집행정지도 가능하다고 규정하고 있다.
④ 「행정심판법」상 집행정지 신청은 행정심판을 청구한 후에는 할 수 없다.

해설 정답 ❸

① (×) 애초에 거부처분에 대해서는 집행정지가 허용되지도 않는다. 또한 집행정지결정의 기속력의 내용으로는 재처분의무가 포함되지 않는다. 관련판례 "신청에 대한 거부처분의 효력을 정지하더라도 거부처분이 없었던 것과 같은 상태, 즉 거부처분이 있기 전의 신청시의 상태로 되돌아가는 데에 불과하고 행정청에게 신청에 따른 처분을 하여야 할 의무가 생기는 것이 아니므로, 거부처분의 효력정지는 그 거부처분으로 인하여 신청인에게 생길 손해를 방지하는 데 아무런 보탬이 되지 아니하여 그 효력정지를 구할 이익이 없다."(대법원 1995. 6. 21. 자 95두26)

② (×) 임시처분은 집행정지로 그 목적을 달성할 수 있는 경우에는 허용되지 않는다. 행정심판법 제31조 제3항 참조.

> **행정심판법 제31조(임시처분)** ③ 제1항에 따른 임시처분은 제30조 제2항에 따른 집행정지로 목적을 달성할 수 있는 경우에는 허용되지 아니한다.

③ (○) 행정소송법 제23조 제2항

> **행정소송법 제23조(집행정지)** ② 취소소송이 제기된 경우에 처분등이나 그 집행 또는 절차의 속행으로 인하여 생길 회복하기 어려운 손해를 예방하기 위하여 긴급한 필요가 있다고 인정할 때에는 본안이 계속되고 있는 법원은 당사자의 신청 또는 직권에 의하여 처분등의 효력이나 그 집행 또는 절차의 속행의 전부 또는 일부의 정지(이하 "집행정지"라 한다)를 결정할 수 있다. 다만, 처분의 효력정지는 처분등의 집행 또는 절차의 속행을 정지함으로써 목적을 달성할 수 있는 경우에는 허용되지 아니한다.

④ (×) 집행정지 신청은 행정심판을 청구한 후에도 할 수 있다. 행정심판법 제30조 제5항 참조.

> **행정심판법 제30조(집행정지)** ⑤ 집행정지 신청은 심판청구와 동시에 또는 심판청구에 대한 제7조 제6항 또는 제8조 제7항에 따른 위원회나 소위원회의 의결이 있기 전까지, 집행정지 결정의 취소신청은 심판청구에 대한 제7조 제6항 또는 제8조 제7항에 따른 위원회나 소위원회의 의결이 있기 전까지 신청의 취지와 원인을 적은 서면을 위원회에 제출하여야 한다. 다만, 심판청구서를 피청구인에게 제출한 경우로서 심판청구와 동시에 집행정지 신청을 할 때에는 심판청구서 사본과 접수증명서를 함께 제출하여야 한다.

02

사인의 공법행위로서의 신고에 대한 설명으로 옳은 것만을 모두 고르면? (다툼이 있는 경우 판례에 의함)

> ㉠ 구 「유통산업발전법」은 기존의 대규모점포의 등록된 유형 구분을 전제로 '대형마트로 등록된 대규모점포' 일체를 규제 대상으로 삼고자 하는 것이 그 입법 취지이므로, 대규모점포의 개설 등록은 이른바 '수리를 요하는 신고'로서 행정처분에 해당한다.
> ㉡ 수리를 요하지 아니하는 신고의 경우에 신고에 하자가 있다면 보정되기까지는 신고의 효과가 발생하지 않는다.
> ㉢ 주민등록 전입신고를 받은 시장, 군수 또는 구청장의 심사대상은 전입신고자가 30일 이상 생활의 근거로 거주할 목적으로 거주지를 옮기는지 여부만으로 제한된다고 보아야 한다.
> ㉣ 수산제조업 신고는 자기완결적 신고에 해당하므로, 수산제조업 신고에 있어서 담당 공무원이 관계법령에 규정되지 아니한 서류를 요구하여 신고서를 제출하지 못하였다면 그 사정만으로 신고가 있었던 것으로 보아야 한다.

① ㉠
② ㉠, ㉡
③ ㉠, ㉡, ㉢
④ ㉠, ㉡, ㉢, ㉣

해설 정답 ❸

㉠ (○) "구 유통산업발전법 제12조의2 제1항, 제2항, 제3항은 기존의 대규모점포의 등록된 유형 구분을 전제로 '대형마트로 등록된 대규모점포'를 일체로서 규제 대상으로 삼고자 하는 데 취지가 있는 점, 대규모점포의 개설 등록은 이른바 '수리를 요하는 신고'로서 행정처분에 해당하고 등록은 구체적 유형 구분에 따라 이루어지므로, 등록의 효력은 대규모점포가 구체적으로 어떠한 유형에 속하는지에 관하여도 미치는 점, 따라서 대규모점포가 대형마트로 개설 등록되었다

면 점포의 유형을 포함한 등록내용이 대규모점포를 개설하고자 하는 자의 신청 등에 따라 변경등록되지 않는 이상 대규모점포를 개설하고자 하는 자 등에 대한 구속력을 가지는 점 등에 비추어 보면, 구 유통산업발전법 제12조의2 제1항, 제2항, 제3항에 따라 영업시간 제한 등 규제 대상이 되는 대형마트에 해당하는지는, 일단 대형마트로 개설 등록되었다면 특별한 사정이 없는 한, 개설 등록된 형식에 따라 대규모점포를 일체로서 판단하여야 하고, 대규모점포를 구성하는 개별 점포의 실질이 대형마트의 요건에 부합하는지를 다시 살필 것은 아니다."(대법원 2015. 11. 19. 선고 2015두295)

㉡ (○) 자기완결적 신고가 부적법한 경우, 행정청이 수리를 했다고 하더라도 신고의 효과가 발생하지 않는다.

㉢ (○) "주민들의 거주지 이동에 따른 주민등록전입신고에 대하여 행정청이 이를 심사하여 그 수리를 거부할 수는 있다고 하더라도, 그러한 행위는 자칫 헌법상 보장된 국민의 거주·이전의 자유를 침해하는 결과를 가져올 수도 있으므로, 시장·군수 또는 구청장의 주민등록전입신고 수리 여부에 대한 심사는 주민등록법의 입법 목적의 범위 내에서 제한적으로 이루어져야 한다. 한편, 주민등록법의 입법 목적에 관한 제1조 및 주민등록 대상자에 관한 제6조의 규정을 고려해 보면, 전입신고를 받은 시장·군수 또는 구청장의 심사 대상은 전입신고자가 30일 이상 생활의 근거로 거주할 목적으로 거주지를 옮기는지 여부만으로 제한된다고 보아야 한다. 따라서 전입신고자가 거주의 목적 이외에 다른 이해관계에 관한 의도를 가지고 있는지 여부, 무허가 건축물의 관리, 전입신고를 수리함으로써 당해 지방자치단체에 미치는 영향 등과 같은 사유는 주민등록법이 아닌 다른 법률에 의하여 규율되어야 하고, 주민등록전입신고의 수리 여부를 심사하는 단계에서는 고려 대상이 될 수 없다."(대법원 2009. 6. 18. 선고 2008두10997)

㉣ (×) "수산제조업을 하고자 하는 사람이 형식적 요건을 모두 갖춘 수산제조업 신고서를 제출한 경우에는 담당 공무원이 관계 법령에 규정되지 아니한 사유를 들어 그 신고를 수리하지 아니하고 반려하였다고 하더라도 그 신고서가 제출된 때에 신고가 있었다고 볼 것이나, 담당 공무원이 관계 법령에 규정되지 아니한 서류를 요구하여 신고서를 제출하지 못하였다는 사정만으로는 신고가 있었던 것으로 볼 수 없다."(대법원 2002. 3. 12. 선고 2000다73612)

03

행정입법에 대한 설명으로 옳지 않은 것은? (다툼이 있는 경우 판례에 의함)

① 집행명령은 상위법령의 집행에 필요한 세칙을 정하는 범위 내에서만 가능하고, 새로운 국민의 권리·의무를 정할 수 없다.

② 「국토의 계획 및 이용에 관한 법률」 및 같은 법 시행령이 정한 이행강제금의 부과기준은 단지 상한을 정한 것에 불과하다고 볼 수 없으므로 행정청에 이와 다른 이행강제금액을 결정할 재량권이 없다고 보아야 한다.

③ 포괄적 위임금지의 원칙을 규정한 헌법 제75조에서 말하는 위임의 구체성·명확성의 요구 정도는 각종 법률이 규제하고자 하는 대상의 종류와 성질에 따라 달라지는데, 특히 규율 대상이 지극히 다양하거나 수시로 변화하는 성질의 것일 때에는 위임의 구체성·명확성의 요건이 완화된다.

④ 대법원은 재량준칙이 되풀이 시행되어 행정관행이 성립된 경우에는 당해 재량준칙에 자기구속력을 인정한다. 따라서 당해 재량준칙에 반하는 처분은 법규범인 당해 재량준칙을 직접 위반한 것으로서 위법한 처분이 된다고 한다.

해설 정답 ④

① (○) 집행명령은 상위법령의 집행에 필요한 세칙을 정하는 범위 내에서만 가능하고, 새로운 국민의 권리·의무를 정할 수 없다.

② (○) "국토의 계획 및 이용에 관한 법률(이하 '국토계획법'이라 한다) 제124조의2 제1항, 제2항 및 국토의 계획 및 이용에 관한 법률 시행령 제124조의3 제3항이 토지이용에 관한 이행명령의 불이행에 대하여 법령 자체에서 토지이용의무 위반을 유형별로 구분하여 이행강제금을 차별하여 규정하고 있는 등 규정의 체계, 형식 및 내용에 비추어 보면, 국토계획법 및 국토의 계획 및 이용에 관한 법률 시행령이 정한 이행강제금의 부과기준은 단지 상한을 정한 것에 불과한 것이 아니라, 위반행위 유형별로 계산된 특정 금액을 규정한 것이므로 행정청에 이와 다른 이행강제금액을 결정할 재량권이 없다고 보아야 한다."(대법원 2014. 11. 27. 선고 2013두8653)

③ (○) "헌법 제75조에 의하면 대통령령은 법률에서 구체적으로 범위를 정하여 위임받은 사항과 법률을 집행하기 위하여 필요한 사항에 관하여 발할 수 있는 데 교육법 제8조의 2는 대통령령에의 위임의 범위를 구체적으로 정하지 않고 있어 위헌이 아닌가 하는 의문이 제기된다. 중학교 의무교육의 구체적인 실시의 시기·범위는 교육제도에 관한 기본적 사항이 아니므로 이를 직접 법률로 규정하지 아니하고 그 규율을 법규명령에 위임할 수 있다 하더라도 그러한 법률위임의 내용으로서는 구체적으로 범위를 정하여 위임하여야 한다는 것이 헌법상 요구되기 때문이다. 이러한 위임의 구체성·명확성의 요구 정도는 규제대상의 종류와 성격에 따라서 달라진다. 기본권침해영역에서는 급부행정영역에서 보다는 구체성의 요구가 강화되고, 다양한 사실관계를 규율하거나 사실관계가 수시로 변화될 것이 예상될 때에는 위임의 명확성의 요건이 완화되어야 한다."(헌법재판소 1991. 2. 11. 90헌가27)

④ (×) 당해 재량준칙을 직접 위반한 것은 아니다. **관련판례** "공공기관의 운영에 관한 법률 제39조 제2항, 제3항에 따라 입찰참가자격 제한기준을 정하고 있는 구 공기업·준정부기관 계약사무규칙(2013. 11. 18. 기획재정부령 제375호로 개정되기 전의 것) 제15조 제2항, 국가를 당사자로 하는 계약에 관한 법률 시행규칙 제76조 제1항 [별표 2], 제3항 등은 비록 부령의 형식으로 되어 있으나 규정의 성질과 내용이 공기업·준정부기관(이하 '행정청'이라 한다)이 행하는 입찰참가자격 제한처분에 관한 행정청 내부의 재량준칙을 정한 것에 지나지 아니하여 대외적으로 국민이나 법원을 기속하는 효력이 없으므로, 입찰참가자격 제한처분이 적법한지 여부는 이러한 규칙에서 정한 기준에 적합한지 여부만에 따라 판단할 것이 아니라 공공기관의 운영에 관한 법률상 입찰참가자격 제한처분에 관한 규정과 그 취지에 적합한지 여부에 따라 판단하여야 한다. 다만 그 재량준칙이 정한 바에 따라 되풀이 시행되어 행정관행이 이루어지게 되면 평등의 원칙이나 신뢰보호의 원칙에 따라 행정청은 상대방에 대한 관계에서 그 규칙에 따라야 할 자기구속을 받게 되므로, 이러한 경우에는 특별한 사정이 없는 한 그에 반하는 처분은 평등의 원칙이나 신뢰보호의 원칙에 어긋나 재량권을 일탈·남용한 위법한 처분이 된다."(대법원 2014. 11. 27. 선고 2013두18964)

04

기속행위와 재량행위에 대한 설명으로 옳지 않은 것은? (다툼이 있는 경우 판례에 의함)

① 실권리자명의 등기의무를 위반한 명의신탁자에 대한 과징금 부과와 관련하여 임의적 감경규정이 존재하는 경우, 그 감경규정에 따른 감경사유가 존재하여 이를 고려하고도 과징금을 감경하지 않은 것을 위법하다고 단정할 수는 없으나, 위 감경사유를 전혀 고려하지 않았거나 감경사유에 해당하지 않는다고 오인한 나머지 과징금을 감경하지 않았다면 그 과징금 부과처분은 재량권을 일탈·남용한 위법한 처분이라고 할 수밖에 없다.

② 재량행위에는 별도의 법령근거가 없어도 법효과를 제한하는 부관을 붙일 수 있다.

③ 개발제한구역 안에서의 건축허가는 재량행위이므로 「건축법」 등 관계 법규에서 정한 요건을 갖추었다 하더라도 공익상의 이유를 들어 거부할 수 있다.

④ 행정청의 난민 인정은 재량행위이므로 난민 인정에 관한 신청을 받은 행정청으로서는 신청인이 법령이 정한 난민 요건을 갖추었더라도 이와 무관한 다른 사유를 들어 난민 인정을 거부할 수 있다고 보아야 한다.

해설 정답 ❹

① (○) "실권리자명의 등기의무를 위반한 명의신탁자에 대하여 부과하는 과징금의 감경에 관한 '부동산 실권리자명의 등기에 관한 법률 시행령' 제3조의2 단서는 임의적 감경규정임이 명백하므로, 그 감경사유가 존재하더라도 과징금 부과관청이 감경사유까지 고려하고도 과징금을 감경하지 않은 채 과징금 전액을 부과하는 처분을 한 경우에는 이를 위법하다고 단정할 수는 없으나, 위 감경사유가 있음에도 이를 전혀 고려하지 않았거나 감경사유에 해당하지 않는다고 오인한 나머지 과징금을 감경하지 않았다면 그 과징금 부과처분은 재량권을 일탈·남용한 위법한 처분이라고 할 수밖에 없다."(대법원 2010. 7. 15. 선고 2010두7031)

② (○) 재량행위에는 별도의 법령근거가 없어도 부관을 붙일 수 있는 것이 원칙이다.

③ (○) "구 도시계획법(2000. 1. 28. 법률 제6243호로 전문 개정되기 전의 것) 제21조, 구 도시계획법시행령(2000. 7. 1. 대통령령 제16891호로 전문 개정되기 전의 것) 제20조 제1항, 제2항 등의 각 규정을 종합하면, 개발제한구역 내에서는 구역 지정의 목적상 건축물의 건축, 공작물의 설치, 토지의 형질변경 등의 행위는 원칙적으로 금지되고, 다만 구체적인 경우에 위와 같은 구역 지정의 목적에 위배되지 아니할 경우 예외적으로 허가에 의하여 그러한 행위를 할 수 있게 되며, 한편 개발제한구역 내에서의 건축물의 건축 등에 대한 예외적 허가는 그 상대방에게 수익적인 것으로서 재량행위에 속하는 것이라고 할 것이므로 그에 관한 행정청의 판단이 사실오인, 비례·평등의 원칙 위배, 목적위반 등에 해당하지 아니하는 이상 재량권의 일탈·남용에 해당한다고 할 수 없다."(대법원 2004. 7. 22. 선고 2003두7606)

④ (×) "구 출입국관리법(2012. 2. 10. 법률 제11298호로 개정되기 전의 것, 이하 같다) 제76조의2 제3항, 제4항 및 구 출입국관리법 시행령(2013. 6. 21. 대통령령 제24628호로 개정되기 전의 것, 이하 같다) 제88조의2에 따르면, 난민 인정에 관한 신청을 받은 행정청은 난민 신청자에 대하여 면접을 하고 사실을 조사하여 이를 토대로 난민 인정 여부를 심사하며, 심사 결과 난민으로 인정하지 아니하는 경우에는 신청자에게 서면으로 사유를 통지하여야 한다. 출입국관리법이 난민 인정 거부 사유를 서면으로 통지하도록 규정한 것은 행정청으로 하여금 난민 요건에 관한 신중한 조사와 판단을 거쳐 정당한 처분을 하도록 하고, 처분의 상대방에게 처분 근거를 제시하여 이에 대한 불복신청에 편의를 제공하며, 나아가 이에 대한 사법심사의 심리범위를 명확하게 하여 이해관계인의 신뢰를 보호하고 절차적 권리를 보장하기 위한 것이다. 구 출입국관리법 제2조 제3호, 제76조의2 제1항, 제3항, 제4항, 구 출입국관리법 시행령 제88조의2, 난민의 지위에 관한 협약 제1조, 난민의 지위에 관한 의정서 제1조의 문언, 체계와 입법 취지를 종합하면, 난민 인정에 관한 신청을 받은 행정청은 원칙적으로 법령이 정한 난민 요건에 해당하는지를 심사하여 난민 인정 여부를 결정할 수 있을 뿐이고, 이와 무관한 다른 사유만을 들어 난민 인정을 거부할 수는 없다."(대법원 2017. 12. 5. 선고 2016두42913)

05

「행정절차법」상 행정절차에 대한 설명으로 옳지 않은 것은? (다툼이 있는 경우 판례에 의함)

① 묘지공원과 화장장의 후보지를 선정하는 과정에서 추모공원건립추진협의회가 후보지 주민들의 의견을 청취하기 위하여 그 명의로 개최한 공청회는, 공청회의 개최에 관하여 「행정절차법」에서 정한 절차를 준수하여야 한다.

② 공청회가 행정청이 책임질 수 없는 사유로 개최되지 못하거나 개최는 되었으나 정상적으로 진행되지 못하고 무산된 횟수가 3회 이상인 경우에는 온라인공청회를 단독으로 개최할 수 있다.

③ 행정청은 직권으로 또는 당사자의 신청에 따라 여러 개의 사안을 병합하거나 분리하여 청문을 할 수 있다.

④ 자격의 박탈을 내용으로 하는 처분은 그 근거법률에 청문을 하도록 규정되어 있지 않고, 당사자의 신청이 없는 경우에도 청문을 하여야 한다.

해설 정답 ❶

이하 행정절차법

① (×) "묘지공원과 화장장의 후보지를 선정하는 과정에서 서울특별시, 비영리법인, 일반 기업 등이 공동발족한 협의체인 추모공원건립추진협의회가 후보지 주민들의 의견을 청취하기 위하여 그 명의로 개최한 공청회는 행정청이 도시계획시설결정을 하면서 개최한 공청회가 아니므로, 위 공청회의 개최에 관하여 행정절차법에서 정한 절차를 준수하여야 하는 것은 아니라고 한 사례."(대법원 2007. 4. 12. 선고 2005두1893)

② (○) 행정절차법 제38조의2 제2항 제2호(22년 1월 11일 신설)

> **제38조의2(온라인공청회)** ① 행정청은 제38조에 따른 공청회와 병행하여서만 정보통신망을 이용한 공청회(이하 "온라인공청회"라 한다)를 실시할 수 있다.
> ② 제1항에도 불구하고 다음 각 호의 어느 하나에 해당하는 경우에는 온라인공청회를 단독으로 개최할 수 있다. 〈신설 2022. 1. 11.〉
> 1. 국민의 생명·신체·재산의 보호 등 국민의 안전 또는 권익보호 등의 이유로 제38조에 따른 공청회를 개최하기 어려운 경우
> 2. 제38조에 따른 공청회가 행정청이 책임질 수 없는 사유로 개최되지 못하거나 개최는 되었으나 정상적으로 진행되지 못하고 무산된 횟수가 3회 이상인 경우

3. 행정청이 널리 의견을 수렴하기 위하여 온라인공청회를 단독으로 개최할 필요가 있다고 인정하는 경우. 다만, 제22조 제2항 제1호 또는 제3호에 따라 공청회를 실시하는 경우는 제외한다.

③ (○) 제32조

제32조(청문의 병합 · 분리) 행정청은 직권으로 또는 당사자의 신청에 따라 여러 개의 사안을 병합하거나 분리하여 청문을 할 수 있다.

④ (○) 22년 1월 11일 이전에는 신청은 있었어야 했지만, 이제는 신청이 없어도 청문을 하여야 한다(행정절차법 제22조 제1항 제3호 나목).

제38조의2제22조(의견청취) ① 행정청이 처분을 할 때 다음 각 호의 어느 하나에 해당하는 경우에는 청문을 한다.
1. 다른 법령등에서 청문을 하도록 규정하고 있는 경우
2. 행정청이 필요하다고 인정하는 경우
3. 다음 각 목의 처분을 하는 경우
  가. 인허가 등의 취소
  나. 신분 · 자격의 박탈
  다. 법인이나 조합 등의 설립허가의 취소

06

「행정소송법」상 관련청구소송의 이송 및 병합에 대한 설명으로 옳지 않은 것은? (다툼이 있는 경우 판례에 의함)

① 소송의 병합이나 이송에서 관련청구소송의 피고와 취소소송의 피고가 반드시 동일할 필요는 없다.
② 국가배상청구소송을 제기한 이후에 영업허가취소처분에 대한 취소소송을 제기한 경우 그 취소소송을 국가배상청구소송에 병합할 수 있다.
③ 관련청구소송의 병합을 하려면 주된 청구가 사실심의 변론종결 전이어야 한다.
④ 관련청구소송의 병합은 본래의 항고소송이 적법할 것을 요건으로 하는 것이어서, 본래의 항고소송이 부적법하여 각하되면 그에 병합된 관련청구도 소송요건을 흠결한 부적합한 것으로 각하되어야 한다.

해설 정답 ❷

① (○) 소송의 병합이나 이송에서 관련청구소송의 피고와 취소소송의 피고가 동일할 것은 요구되지 않는다.
② (×) 취소소송과 관련청구소송의 이송과 병합은 취소소송에 이송 · 병합하여야 한다.
③ (○) 관련청구소송의 병합을 하려면 주된 청구가 사실심의 변론종결 전이어야 한다.
④ (○) "행정소송법 제38조, 제10조에 의한 관련청구소송의 병합은 본래의 항고소송이 적법할 것을 요건으로 하는 것이어서 본래의 항고소송이 부적법하여 각하되면 그에 병합된 관련청구도 소송요건을 흠결한 부적합한 것으로 각하되어야 한다."(대법원 2001. 11. 27. 선고 2000두697)

07

인 · 허가 의제에 대한 설명으로 옳은 것(○)과 옳지 않은 것(×)이 바르게 조합된 것을 고르면? (다툼이 있는 경우 판례에 의함)

㉠ 주된 인 · 허가에 관한 사항을 규정하고 있는 A법률에서 주된 인 · 허가가 있으면 B법률에 의한 인 · 허가를 받은 것으로 의제한다는 규정을 두었다 하더라도, B법률에 의하여 인 · 허가를 받았음을 전제로 하는 B법률의 모든 규정이 적용되는 것은 아니다.
㉡ 인 · 허가 의제에 관계기관의 장과 협의가 요구되는 경우, 주된 인 · 허가를 하기 전에 의제되는 모든 인 · 허가 사항에 관하여 관계기관의 장과 사전협의를 거쳐야 한다.
㉢ 도시계획시설인 주차장에 대한 건축허가신청을 받은 행정청으로서는 「건축법」상 허가 요건뿐 아니라 국토의 계획 및 이용에 관한 법령이 정한 도시계획시설사업에 관한 실시계획인가요건도 충족하는 경우에 한하여 이를 허가해야 한다.
㉣ 사업계획승인 후 의제된 인 · 허가 사항을 변경할 수 있다면 의제된 인 · 허가 사항과 관련하여 취소 또는 철회 사유가 발생한 경우 해당 의제된 인 · 허가의 효력만을 소멸시키는 취소 또는 철회도 할 수 있다고 보아야 하며, 이와 같이 사업계획승인으로 의제된 인 · 허가 중 일부를 취소 또는 철회하면, 취소 또는 철회된 인 · 허가를 제외한 나머지 인 · 허가만 의제된 상태가 된다.

① ㉠(○), ㉡(○), ㉢(×), ㉣(×)
② ㉠(○), ㉡(×), ㉢(○), ㉣(○)
③ ㉠(○), ㉡(×), ㉢(×), ㉣(○)
④ ㉠(×), ㉡(○), ㉢(○), ㉣(×)

해설 정답 ❷

㉠ (○) "주된 인 · 허가에 관한 사항을 규정하고 있는 어떠한 법률에서 주된 인 · 허가가 있으면 다른 법률에 의한 인 · 허가를 받은 것으로 의제한다는 규정을 둔 경우에는, 주된 인 · 허가가 있으면 다른 법률에 의한 인 · 허가가 있는 것으로 보는 데 그치는 것이고, 거기에서 더 나아가 다른 법률에 의하여 인 · 허가를 받았음을 전제로 한 다른 법률의 모든 규정들까지 적용되는 것은 아니다."(대법원 2015. 4. 23. 선고 2014두2409)
㉡ (×) "구 주한미군 공여구역주변지역 등 지원 특별법(2008. 3. 28. 법률 제9000호로 개정되기 전의 것, 이하 '구 지원특별법'이라 한다) 제29조의 인허가의제 조항은 목적사업의 원활한 수행을 위해 행정절차를 간소화하고자 하는 데 입법 취지가 있는데, 만일 사업시행승인 전에 반드시 사업 관련 모든 인허가의제 사항에 관하여 관계 행정기관의 장과 협의를 거쳐야 한다고 해석하면 일부의 인허가의제 효력만을 먼저 얻고자 하는 사업시행승인 신청인의 의사와 맞지 않을 뿐만 아니라 사업시행승인 신청을 하기까지 상당한 시간이 소요되어 그 취지에 반하는 점, 주한미군 공여구역주변지역 등 지원 특별법이 2009. 12. 29. 법률 제9843호로 개정되면서 제29조 제1항에서 인허가의제 사항 중 일부만에 대하여도 관계 행정기관의 장과 협의를 거치면 인허가의제 효력이 발생할 수 있음을 명확히 하고 있는 점 등 구 지원특별법 제11조 제1항 본문, 제29조 제1항, 제2항의 내용, 형식 및 취지 등에 비추어 보면, 구 지원특별법 제11조에 의한 사업시행승인을 하는 경우 같은 법 제29조 제1항에 규정된 사업 관련 모든 인허가의제 사항에 관하여 관계 행정기관의 장과 일괄하여 사전 협의를 거칠 것을 요건으로 하는 것은 아니고, 사업시

행승인 후 인허가의제 사항에 관하여 관계 행정기관의 장과 협의를 거치면 그때 해당 인허가가 의제된다고 보는 것이 타당하다."(대법원 2012. 2. 9. 선고 2009두16305)

㉢ (○) "건축법에서 인허가의제 제도를 둔 취지는, 인허가의제사항과 관련하여 건축허가의 관할 행정청으로 창구를 단일화하고 절차를 간소화하며 비용과 시간을 절감함으로써 국민의 권익을 보호하려는 것이지, 인허가의제사항 관련 법률에 따른 각각의 인허가 요건에 관한 일체의 심사를 배제하려는 것으로 보기는 어려우므로, 도시계획시설인 주차장에 대한 건축허가신청을 받은 행정청으로서는 건축법상 허가 요건뿐 아니라 국토의 계획 및 이용에 관한 법령이 정한 도시계획시설사업에 관한 실시계획인가 요건도 충족하는 경우에 한하여 이를 허가해야 한다."(대법원 2015. 7. 9. 선고 2015두39590)

㉣ (○) "사업계획승인으로 의제된 인허가는 통상적인 인허가와 동일한 효력을 가지므로, 그 효력을 제거하기 위한 법적 수단으로 의제된 인허가의 취소나 철회가 허용될 필요가 있다. 특히 업무처리지침 제18조에서는 사업계획승인으로 의제된 인허가 사항의 변경 절차를 두고 있는데, 사업계획승인 후 의제된 인허가 사항을 변경할 수 있다면 의제된 인허가 사항과 관련하여 취소 또는 철회 사유가 발생한 경우 해당 의제된 인허가의 효력만을 소멸시키는 취소 또는 철회도 할 수 있다고 보아야 한다. 이와 같이 사업계획승인으로 의제된 인허가 중 일부를 취소 또는 철회하면, 취소 또는 철회된 인허가를 제외한 나머지 인허가만 의제된 상태가 된다."(대법원 2018. 7. 12. 선고 2017두48734)

08

취소소송의 소송요건으로서 소의 이익에 대한 설명으로 옳지 않은 것은? (다툼이 있는 경우 판례에 의함)

① 도시개발사업의 공사 등이 완료되고 원상회복이 사회통념상 불가능하게 되었더라도, 도시개발사업의 시행에 따른 도시계획변경결정처분과 도시개발구역지정처분 및 도시개발사업실시계획인가처분의 취소를 구할 법률상 이익은 소멸한다고 할 수 없다.

② 행정처분에 그 효력기간이 부관으로 정하여져 있는 경우, 그 처분의 효력 또는 집행이 정지된 바 없다면 위 기간의 경과로 그 행정처분의 효력은 상실되므로, 그 기간 경과 후에는 그 처분이 외형상 잔존함으로 인하여 어떠한 법률상 이익이 침해되고 있다고 볼 만한 별다른 사정이 없는 한 그 처분의 취소를 구할 법률상의 이익이 없다.

③ 공장등록이 취소된 후 그 공장시설물이 철거되었고 다시 복구를 통하여 그 공장을 운영할 수 없는 상태라면, 대도시 안의 공장을 지방으로 이전할 경우 조세감면 및 우선입주 등의 혜택이 관계법률에 보장되어 있다고 하더라도 공장등록취소 처분의 취소를 구할 법률상 이익이 없다.

④ 원자로건설허가 처분이 있은 후에 원자로부지 사전승인처분의 취소를 구하는 경우에는 그 취소를 구할 법률상의 이익이 없다.

해설 정답 ❸

① (○) "도시개발사업의 시행에 따른 도시계획변경결정처분과 도시개발구역지정처분 및 도시개발사업실시계획인가처분은 도시개발사업의 시행자에게 단순히 도시개발에 관련된 공사의 시공권한을 부여하는 데 그치지 않고 당해 도시개발사업을 시행할 수 있는 권한을 설정하여 주는 처분으로서 위 각 처분 자체로 그 처분의 목적이 종료되는 것이 아니고 위 각 처분이 유효하게 존재하는 것을 전제로 하여 당해 도시개발사업에 따른 일련의 절차 및 처분이 행해지기 때문에 위 각 처분이 취소된다면 그것이 유효하게 존재하는 것을 전제로 하여 이루어진 토지수용이나 환지 등에 따른 각종의 처분이나 공공시설의 귀속 등에 관한 법적 효력은 영향을 받게 되므로, 도시개발사업의 공사 등이 완료되고 원상회복이 사회통념상 불가능하게 되었더라도 위 각 처분의 취소를 구할 법률상 이익은 소멸한다고 할 수 없다."(대법원 2005. 9. 9. 선고 2003두5402)

② (○) "행정처분에 효력기간이 정하여져 있는 경우, 그 처분의 효력 또는 집행이 정지된 바 없다면 위 기간의 경과로 그 행정처분의 효력은 상실되므로 그 기간 경과 후에는 그 처분이 외형상 잔존함으로 인하여 어떠한 법률상 이익이 침해되고 있다고 볼 만한 별다른 사정이 없는 한 그 처분의 취소를 구할 법률상의 이익이 없고, 행정명령에 불과한 각종 규칙상의 행정처분 기준에 관한 규정에서 위반 횟수에 따라 가중처분하게 되어 있다 하여 법률상의 이익이 있는 것으로 볼 수는 없다."(대법원 1995. 10. 17. 선고 94누14148)

③ (×) "공장등록이 취소된 후 그 공장시설물이 철거되었다 하더라도 대도시 안의 공장을 지방으로 이전할 경우 조세특례제한법상의 세액공제 및 소득세 등의 감면혜택이 있고, 공업배치및공장설립에관한법률상의 간이한 이전절차 및 우선 입주의 혜택이 있는 경우, 그 공장등록취소처분의 취소를 구할 법률상의 이익이 있다고 한 사례."(대법원 2002. 1. 11. 선고 2000두3306)

④ (○) "원자력법 제11조 제3항 소정의 부지사전승인제도는 원자로 및 관계 시설을 건설하고자 하는 자가 그 계획중인 건설부지가 원자력법에 의하여 원자로 및 관계 시설의 부지로 적법한지 여부 및 굴착공사 등 일정한 범위의 공사(이하 '사전공사'라 한다)를 할 수 있는지 여부에 대하여 건설허가 전에 미리 승인을 받는 제도로서, 원자로 및 관계 시설의 건설에는 장기간의 준비·공사가 필요하기 때문에 필요한 모든 준비를 갖추어 건설허가신청을 하였다가 부지의 부적법성을 이유로 불허가될 경우 그 불이익이 매우 크고 또한 원자로 및 관계 시설 건설의 이와 같은 특성상 미리 사전공사를 할 필요가 있을 수도 있어 건설허가 전에 미리 그 부지의 적법성 및 사전공사의 허용 여부에 대한 승인을 받을 수 있게 함으로써 그의 경제적·시간적 부담을 덜어 주고 유효·적절한 건설공사를 행할 수 있도록 배려하려는 데 그 취지가 있다고 할 것이므로, 원자로 및 관계 시설의 부지사전승인처분은 그 자체로서 건설부지를 확정하고 사전공사를 허용하는 법률효과를 지닌 독립한 행정처분이기는 하지만, 건설허가 전에 신청자의 편의를 위하여 미리 그 건설허가의 일부 요건을 심사하여 행하는 사전적 부분 건설허가처분의 성격을 갖고 있는 것이어서 나중에 건설허가처분이 있게 되면 그 건설허가처분에 흡수되어 독립된 존재가치를 상실함으로써 그 건설허가처분만이 쟁송의 대상이 되는 것이므로, 부지사전승인처분의 취소를 구하는 소는 소의 이익을 잃게 되고, 따라서 부지사전승인처분의 위법성은 나중에 내려진 건설허가처분의 취소를 구하는 소송에서 이를 다투면 된다."(대법원 1998. 9. 4. 선고 97누19588)

09

행정상 강제집행에 대한 설명으로 옳지 않은 것은? (다툼이 있는 경우 판례에 의함)

① 설령 관할청이 「농지법」 제62조 제1항의 이행강제금 부과처분을 하면서 행정심판을 청구하거나 행정소송을 할 수 있다고 잘못 안내하거나, 관할 행정심판위원회가 각하재결이 아닌 기각재결을 하면서 관할 법원에 행정소송을 할 수 있다고 잘못 안내하였다고 하더라도, 그러한 잘못된 안내로 행정법원의 항고소송 재판관할이 생긴다고 볼 수는 없다.

② 대집행을 함에 있어 '의무의 불이행을 방치하는 것이 심히 공익을 해하는 것으로 인정되는 경우'의 요건은 원칙적으로 계고를 할 때에 충족되어 있어야 한다.

③ 행정상 강제징수에 있어 독촉의 처분성은 인정되나 최초 독촉 후에 동일한 내용에 대해 반복한 독촉은 처분성이 인정되지 않는다.

④ 「건축법」상 이행강제금의 부과는 의무불이행에 대한 집행벌로 가하는 것이기 때문에 행정절차상 의견청취를 거치지 않아도 된다.

해설 정답 ❹

① (○) "농지법 제62조 제6항, 제7항이 위와 같이 이행강제금 부과처분에 대한 불복절차를 분명하게 규정하고 있으므로, 이와 다른 불복절차를 허용할 수는 없다. 설령 피고가 이행강제금 부과처분을 하면서 재결청에 행정심판을 청구하거나 관할 행정법원에 행정소송을 할 수 있다고 잘못 안내하거나 경기도행정심판위원회가 각하재결이 아닌 기각재결을 하면서 관할 법원에 행정소송을 할 수 있다고 잘못 안내하였다고 하더라도, 그러한 잘못된 안내로 행정법원의 항고소송 재판관할이 생긴다고 볼 수도 없다."(대법원 2019. 4. 11. 선고 2018두42955)

② (○) 대집행을 함에 있어 '의무의 불이행을 방치하는 것이 심히 공익을 해하는 것으로 인정되는 경우'의 요건은 원칙적으로 계고를 할 때에 충족되어 있어야 한다.

③ (○) "구 의료보험법(1994. 1. 7. 법률 제4728호로 전문 개정되기 전의 것) 제45조, 제55조, 제55조의2의 각 규정에 의하면, 보험자 또는 보험자단체가 사기 기타 부정한 방법으로 보험급여비용을 받은 의료기관에게 그 급여비용에 상당하는 금액을 부당이득으로 징수할 수 있고, 그 의료기관이 납부고지에서 지정된 납부기한까지 징수금을 납부하지 아니한 경우 국세체납절차에 의하여 강제징수할 수 있는바, 보험자 또는 보험자단체가 부당이득금 또는 가산금의 납부를 독촉한 후 다시 동일한 내용의 독촉을 하는 경우 최초의 독촉만이 징수처분으로서 항고소송의 대상이 되는 행정처분이 되고 그 후에 한 동일한 내용의 독촉은 체납처분의 전제요건인 징수처분으로서 소멸시효 중단사유가 되는 독촉이 아니라 민법상의 단순한 최고에 불과하여 국민의 권리의무나 법률상의 지위에 직접적으로 영향을 미치는 것이 아니므로 항고소송의 대상이 되는 행정처분이라 할 수 없다."(대법원 1999. 7. 13. 선고 97누119)

④ (×) 건축법상 이행강제금의 부과 자체도 급부하명으로서 행정행위에 해당한다. 따라서 이행강제금 부과시에도 행정절차상 의견청취를 거쳐야 한다.

10

행정법의 일반원칙에 대한 설명으로 옳은 것은? (다툼이 있는 경우 판례에 의함)

① 연구단지 내 녹지구역에 위험물지정시설인 주유소와 LPG 충전소 중, 주유소는 허용하면서 LPG충전소를 금지하는 시행령 규정은, LPG충전소 영업을 하려는 국민을 합리적 이유 없이 자의적으로 차별함으로써 평등의 원칙에 반하는 것이라 볼 수 없다.

② 처분청이 착오로 행정서사업 허가처분을 한 후 20년이 다 되어서야 취소사유를 알고 행정서사업 허가를 취소한 경우, 그 허가취소처분은 실권의 법리에 저촉되는 것으로 보아야 한다.

③ 수익적 행정처분의 하자가 당사자의 사실은폐나 기타 사위(詐僞)의 방법에 의한 신청행위에 기인한 것인 경우, 당사자가 처분에 의한 이익을 위법하게 취득하였음을 알아 취소가능성을 예상했더라도 그 자신이 처분에 관한 신뢰이익을 원용할 수 있다.

④ '공익을 해할 우려가 있는 경우가 아니어야 함'은 신뢰보호원칙의 성립요건이지만, '제3자의 정당한 이익을 해할 우려가 있는 경우가 아니어야 함'은 신뢰보호원칙의 성립요건이 아니다.

해설 정답 ❶

① (○) "주유소와 LPG충전소는 '위험물저장시설'이라는 점에서 공통점이 있으나, LPG는 석유보다 위험성이 훨씬 크다. LPG는 상온 · 상압에서 쉽게 기화되고, 인화점이 낮으며 공기보다 무거워 누출되어도 쉽게 확인되지 않아 화재 및 폭발의 위험성이 매우 크다. 이에 반하여 석유는 액체상태로 저장되고 공급되기 때문에 적은 양이 누출되는 경우에도 쉽게 확인이 가능하고 LPG에 비하여 인화점이 높으며 무엇보다도 점화원이 없이는 자체적으로 폭발의 위험성이 상존하지는 않는다. 위와 같은 점을 종합해 보면, LPG는 석유에 비하여 화재 및 폭발의 위험성이 훨씬 커서 주택 및 근린생활시설이 들어설 지역에 LPG충전소의 설치금지는 불가피하다할 것이고 석유와 LPG의 위와 같은 차이를 고려하여 연구단지내 녹지구역에 LPG충전소의 설치를 금지한 것은 위와 같은 합리적 이유에 근거한 것이므로 이 사건 시행령 규정이 평등원칙에 위배된다고 볼 수 없다." (헌법재판소 2004. 7. 15. 2001헌마646)

② (×) "실권 또는 실효의 법리는 법의 일반원리인 신의성실의 원칙에 바탕을 둔 파생원칙인 것이므로 공법관계 가운데 관리관계는 물론이고 권력관계에도 적용되어야 함을 배제할 수는 없다 하겠으나 그것은 본래 권리행사의 기회가 있음에도 불구하고 권리자가 장기간에 걸쳐 그의 권리를 행사하지 아니하였기 때문에 의무자인 상대방은 이미 그의 권리를 행사하지 아니할 것으로 믿을만한 정당한 사유가 있게 되거나 행사하지 아니할 것으로 추인케 할 경우에 새삼스럽게 그 권리를 행사하는 것이 신의성실의 원칙에 반하는 결과가 될 때 그 권리행사를 허용하지 않는 것을 의미하는 것이므로 이 사건에 관하여 보면 원고가 허가 받은 때로부터 20년이 다되어 피고가 그 허가를 취소한 것이기는 하나 피고가 취소사유를 알고서도 그렇게 장기간 취소권을 행사하지 않은 것이 아니고 1985.9.중순에 비로소 위에서 본 취소사유를 알고 그에 관한 법적 처리방안에 관하여 다각도로 연구검토가 행해졌고 그러한 사정은 원고도 알고 있었음이 기록상 명백하여 이로써 본다면 상대방인 원고에게 취소권을 행사하지 않을 것이란 신뢰를 심어준 것으로 여겨지지 않으니 피고의 처분이 실권의 법리에 저촉된 것이라고 볼 수 있는 것도 아니다."(대법원 1988. 4. 27. 선고 87누915)

③ (×) "행정행위를 한 처분청은 그 행위에 하자가 있는 경우에는 별도의 법적 근거가 없더라도 스스로 이를 취소할 수 있고, 다만 수익적 행정처분을 취소할 때에는 이를 취소하여야 할 공익상의 필요와 취소로 인하여 당사자가 입게 될 기득권과 신뢰보호 및 법률생활 안정의 침해 등 불이익을 비교·교량한 후 공익상의 필요가 당사자가 입을 불이익을 정당화할 만큼 강한 경우에 한하여 취소할 수 있으며, 나아가 수익적 행정처분의 하자가 당사자의 사실은폐나 기타 사위의 방법에 의한 신청행위에 기인한 것이라면 당사자는 처분에 의한 이익이 위법하게 취득되었음을 알아 취소가능성도 예상하고 있었다 할 것이므로, 그 자신이 처분에 관한 신뢰이익을 원용할 수 없음은 물론 행정청이 이를 고려하지 아니하였더라도 재량권의 남용이 되지 아니한다. 한편 당사자의 사실은폐나 기타 사위의 방법에 의한 신청행위가 있었는지 여부는 행정청의 상대방과 그로부터 신청행위를 위임받은 수임인 등 관계자 모두를 기준으로 판단하여야 한다."(대법원 2014. 11. 27. 선고 2013두16111)

④ (×) '공익을 해할 우려가 있는 경우가 아니어야 함'뿐만 아니라 '제3자의 정당한 이익을 해할 우려가 있는 경우가 아니어야 함'도 신뢰보호원칙의 성립요건이다.

11

다른 법률행위를 보충하여 그 법적 효력을 완성시키는 행위에 해당하는 것만을 모두 고르면? (다툼이 있는 경우 판례에 의함)

㉠ 「도시 및 주거환경정비법」상 재건축조합이 수립하는 관리처분계획에 대한 행정청의 인가
㉡ 「도시 및 주거환경정비법」상 정비조합 정관변경에 대한 인가
㉢ 「자동차관리법」상 자동차관리 사업자단체 조합의 설립인가
㉣ 「도시 및 주거환경정비법」상 조합설립인가

① ㉠ ② ㉠, ㉡
③ ㉠, ㉡, ㉢ ④ ㉠, ㉡, ㉢, ㉣

해설 정답 ❸

㉠ (○) "관리처분계획에 대한 행정청의 인가는 관리처분계획의 법률상 효력을 완성시키는 보충행위로서의 성질을 갖는데 이에 관하여 도시정비법은 제49조 제2항과 제3항에서 사업시행자로부터 관리처분계획의 인가 신청이 있는 경우 30일 이내에 인가 여부를 결정하여 사업시행자에게 통보하고, 인가를 하는 경우 그 내용을 당해 지방자치단체의 공보에 고시하도록 규정하고 있을 뿐이다."(대법원 2012. 8. 30. 선고 2010두24951)

㉡ (○) "도시 및 주거환경정비법 제20조 제3항은 '조합이 정관을 변경하고자 하는 경우에는 조합원 과반수의 동의를 얻어 시장·군수의 인가를 받아야 한다.'고 규정하고 있는바, 여기서 관할 시장 등의 인가는 그 대상이 되는 기본행위를 보충하여 법률상 효력을 완성시키는 행위로서, 이러한 인가를 받지 못한 경우 변경된 정관은 효력이 없다고 할 것이다."(대법원 2007. 7. 24. 자 2006마635)

㉢ (○) "자동차관리법상 조합 등의 설립인가처분은 시·도지사 등이 자동차관리사업자들의 단체결성행위를 보충하여 그 효력을 완성시키는 처분에 해당한다."(대법원 2015. 5. 29. 선고 2013두635)

㉣ (×) "행정청이 도시정비법 등 관련 법령에 근거하여 행하는 조합설립인가처분은 단순히 사인들의 조합설립행위에 대한 보충행위로서의 성질을 갖는 것에 그치는 것이 아니라 법령상 요건을 갖출 경우 도시정비법상 주택재건축사업을 시행할 수 있는 권한을 갖는 행정주체(공법인)로서의 지위를 부여하는 일종의 설권적 처분의 성격을 갖는다고 보아야 한다."(대법원 2009. 9. 24. 선고 2008다60568)

12

「국가배상법」 제2조 책임에 대한 설명으로 옳지 않은 것은? (다툼이 있는 경우 판례에 의함)

① 시청 소속 공무원이 시장을 (구)부패방지위원회에 부패혐의자로 신고한 후 동사무소로 전보되었다면, 그 인사전보조치는 사회통념상 용인될 수 없을 정도로 객관적 상당성을 결여한 것으로서 위법하다.
② 국민의 생명·신체·재산 등에 대하여 절박하고 중대한 위험상태가 발생하였거나 발생할 상당한 우려가 있는 경우가 아닌 한, 원칙적으로 공무원이 관련 법령대로만 직무를 수행하였다면 그와 같은 공무원의 부작위를 가지고 '고의 또는 과실로 법령에 위반'하였다고 할 수는 없다.
③ 과실의 기준은 당해 공무원이 아니라 당해 직무를 담당하는 평균적 공무원을 기준으로 한다는 견해는 과실의 객관화(과실 개념을 객관적으로 접근)를 위한 시도라 할 수 있다.
④ 행정청이 대법원의 법령해석과 어긋나는 견해를 고집하여 계속 위법한 행정처분을 해서 처분 상대방에게 불이익을 주었다면 국가배상책임이 인정된다.

해설 정답 ❶

① (×) "시청 소속 공무원이 시장을 부패방지위원회에 부패혐의자로 신고한 후 동사무소로 하향 전보된 사안에서, 그 전보인사 조치는 해당 공무원에 대한 다면평가 결과, 원활한 업무 수행의 필요성 등을 고려하여 이루어진 것으로 볼 여지도 있으므로, 사회통념상 용인될 수 없을 정도로 객관적 상당성을 결여하였다고 단정할 수 없어 불법행위를 구성하지 않는다."(대법원 2009. 5. 28. 선고 2006다16215)

② (○) "공무원의 부작위로 인한 국가배상책임을 인정하기 위하여는 공무원의 작위로 인한 국가배상책임을 인정하는 경우와 마찬가지로 '공무원이 그 직무를 집행함에 당하여 고의 또는 과실로 법령에 위반하여 타인에게 손해를 가한 때'라고 하는 국가배상법 제2조 제1항의 요건이 충족되어야 할 것인바, 여기서 '법령에 위반하여'라고 하는 것이 엄격하게 형식적 의미의 법령에 명시적으로 공무원의 작위의무가 규정되어 있는데도 이를 위반하는 경우만을 의미하는 것은 아니고, 국민의 생명, 신체, 재산 등에 대하여 절박하고 중대한 위험상태가 발생하였거나 발생할 우려가 있어서 국민의 생명, 신체, 재산 등을 보호하는 것을 본래적 사명으로 하는 국가가 초법규적·일차적으로 그 위험 배제에 나서지 아니하면 국민의 생명, 신체, 재산 등을 보호할 수 없는 경우에는 형식적 의미의 법령에 근거가 없더라도 국가나 관련 공무원에 대하여 그러한 위험을 배제할 작위의무를 인정할 수 있을 것이나, 그와 같은 절박하고 중대한 위험상태가 발생하였거나 발생할 우려가 있는 경우가 아닌 한, 원칙적으로 공무원이 관련 법령대로만 직무를 수행하였다면 그와 같은 공무원의 부작위를 가지고 '고의 또는 과실로 법령에 위반'하였다고 할 수는 없을 것이므로, 공무원의 부작위로 인한 국가배상책임을 인정할 것인지 여부가 문제되는 경우에 관련 공무원에 대하여 작위의무를 명하는 법령의 규정이 없다면 공무원의 부작위로 인하여 침해된 국민의 법익 또는 국민에게 발생한 손해가 어느 정도 심각하고 절박한 것인지, 관련 공무원이 그와 같은 결과를 예견하여 그 결과를 회피하기 위한 조치를 취할 수 있는 가능성이 있는지 등을 종합적으로 고려하여 판단하여야 한다."(대법원 2005. 6. 10. 선고 2002다53995)

③ (○) 과실의 기준은 당해 공무원이 아니라 당해 직무를 담당하는 평균적 공무원을 기준으로 한다는 견해는 과실의 객관화(과실 개념을 객관적으로 접근)를 위한 시도라 할 수 있다.

④ (○) "행정청이 관계 법령의 해석이 확립되기 전에 어느 한 견해를 취하여 업무를 처리한 것이 결과적으로 위법하게 되어 그 법령의 부당집행이라는 결과를 빚었다고 하더라도 처분 당시 그와 같은 처리방법 이상의 것을 성실한 평균적 공무원에게 기대하기 어려웠던 경우라면 특별한 사정이 없는 한 이를 두고 공무원의 과실로 인한 것이라고 볼 수는 없다 할 것이지만(대법원 1995. 10. 13. 선고 95다32747 판결, 2004. 6. 11. 선고 2002다31018 판결 등 참조), 대법원의 판단으로 관계 법령의 해석이 확립되고 이어 상급 행정기관 내지 유관 행정부서로부터 시달된 업무지침이나 업무연락 등을 통하여 이를 충분히 인식할 수 있게 된 상태에서, 확립된 법령의 해석에 어긋나는 견해를 고집하여 계속하여 위법한 행정처분을 하거나 이에 준하는 행위로 평가될 수 있는 불이익을 처분상대방에게 주게 된다면, 이는 그 공무원의 고의 또는 과실로 인한 것이 되어 그 손해를 배상할 책임이 있다."(대법원 2007. 5. 10. 선고 2005다31828)

13

행정행위의 효력에 대한 설명으로 옳은 것은? (다툼이 있는 경우 판례에 의함)

① 과·오납세금반환청구소송에서 민사법원은 그 선결문제로서 과세처분의 무효 여부를 판단할 수 있다.
② 구성요건적 효력은 당해 행정행위의 하자가 중대하고 명백한 경우에도 인정된다.
③ 행정행위에 불가변력이 발생한 경우 특별한 사정이 없는 한 행정청은 당해 행정행위를 직권취소할 수는 없지만 철회는 자유로이 할 수 있다.
④ 과세관청이 과세처분에 대한 이의신청절차에서 납세자의 이의신청 사유가 옳다고 인정하여 과세처분을 직권으로 취소한 경우, 특별한 사유 없이 이를 번복하고 종전 처분을 되풀이하여 과세처분을 하였더라도 적법하다.

해설 정답 ❶

① (○) 과·오납세금반환청구소송에서 민사법원은 그 선결문제로서 과세처분의 무효 여부를 판단할 수 있다. 관련판례 "민사소송에 있어서 어느 행정처분의 당연무효 여부가 선결문제로 되는 때에는 이를 판단하여 당연무효임을 전제로 판결할 수 있고 반드시 행정소송 등의 절차에 의하여 그 취소나 무효확인을 받아야 하는 것은 아니며(대법원 1972. 10. 10. 선고 71다2279 판결 등 참조), 한편, 원고 조합의 조합설립결의나 관리처분계획에 대한 결의가 당연무효라는 위 피고들의 주장 속에는 조합설립 인가처분이나 관리처분계획에 당연무효사유가 있다는 주장도 포함되어 있다고 봄이 상당하다고 할 것이므로, 원심으로서는 더 나아가 위 조합설립 인가처분이나 관리처분계획에 당연무효사유가 있는지를 심리하여 위 피고들 주장의 당부를 판단하였어야 할 것임에도, 원심이 그에 대해서는 아무런 판단도 하지 아니한 채, 단지 위 피고들이 항고소송의 방법으로 원고 조합의 조합설립 인가처분이나 관리처분계획에 대하여 취소 또는 무효확인을 받았음을 인정할 증거가 없다는 이유만으로 위 피고들의 주장을 모두 배척한 데에는 필요한 심리를 다하지 아니하고 판단을 유탈하여 판결에 영향을 미친 위법이 있다."(대법원 2010. 4. 8. 선고 2009다90092)

② (×) 무효인 행정행위에는 구성요건적 효력을 비롯한 행정행위의 각종 효력들이 인정되지 않는다.

③ (×) 행정행위에 불가변력이 발생한 경우 행정청은 당해 행정행위를 직권으로 취소할 수만 없는 것이 아니라, 철회도 할 수 없다.

④ (×) "과세처분에 관한 불복절차과정에서 불복사유가 옳다고 인정하고 이에 따라 필요한 처분을 하였을 경우에는 불복제도와 이에 따른 시정방법을 인정하고 있는 법 취지에 비추어 동일 사항에 관하여 특별한 사유 없이 이를 번복하고 다시 종전의 처분을 되풀이할 수는 없다. 따라서 과세관청이 과세처분에 대한 이의신청절차에서 납세자의 이의신청 사유가 옳다고 인정하여 과세처분을 직권으로 취소하였음에도, 특별한 사유 없이 이를 번복하고 종전 처분을 되풀이하여서 한 과세처분은 위법하다."(대법원 2014. 7. 24. 선고 2011두14227)

14

행정벌에 대한 설명으로 옳은 것은? (다툼이 있는 경우 판례에 의함)

① 헌법재판소는 행정형벌과 행정질서벌은 서로 다른 성질의 행정벌이므로 동일 법규위반행위에 대하여 형벌을 부과하면서 행정질서벌인 과태료까지 부과하였다 하더라도 이중처벌금지의 기본정신에 배치되는 것은 아니라고 보고 있다.
② 「도로교통법」에 의한 경찰서장의 통고처분에 대하여 이의가 있는 경우에는 통고처분에 따른 범칙금을 이행하지 아니함으로써 경찰서장의 즉결심판청구에 의하여 법원의 심판을 받을 수 있게 된다.
③ 과태료의 부과는 서면으로 하여야 하며, 당사자가 동의하는 경우에도 전자문서로는 과태료 부과를 할 수 없다.
④ 관세청장 또는 세관장이 관세범에 대하여 통고처분을 하지 않은 채 고발하였다면 그 고발 및 이에 기한 공소의 제기는 부적법한 것이라고 보아야 한다.

해설 정답 ❷

① (×) "헌법 제13조 제1항은 '모든 국민은…… 동일한 범죄에 대하여 거듭 처벌받지 아니한다'고 하여 이른바 '이중처벌금지의 원칙'을 규정하고 있는바, 이 원칙은 한번 판결이 확정되면 동일한 사건에 대해서는 다시 심판할 수 없다는 '일사부재리의 원칙'이 국가형벌권의 기속원리로 헌법상 선언된 것으로서, 동일한 범죄행위에 대하여 국가가 형벌권을 거듭 행사할 수 없도록 함으로써 국민의 기본권 특히 신체의 자유를 보장하기 위한 것이라고 할 수 있다. 이러한 점에서 헌법 제13조 제1항에서 말하는 '처벌'은 원칙으로 범죄에 대한 국가의 형벌권 실행으로서의 과벌을 의미하는 것이고, 국가가 행하는 일체의 제재나 불이익처분을 모두 그 '처벌'에 포함시킬 수는 없다 할 것이다. 다만, 행정질서벌로서의 과태료는 행정상 의무의 위반에 대하여 국가가 일반통치권에 기하여 과하는 제재로서 형벌(특히 행정형벌)과 목적·기능이 중복되는 면이 없지 않으므로, 동일한 행위를 대상으로 하여 형벌을 부과하면서 아울러 행정질서벌로서의 과태료까지 부과한다면 그것은 이중처벌금지의 기본정신에 배치되어 국가 입법권의 남용으로 인정될 여지가 있음을 부정할 수 없다."(헌법재판소 1994. 6. 30. 92헌바38)

② (○) "도로교통법 제118조에서 규정하는 경찰서장의 통고처분은 행정소송의 대상이 되는 행정처분이 아니므로 그 처분의 취소를 구하는 소송은 부적법하고, 도로교통법상의 통고처분을 받은 자가 그 처분에 대하여 이의가 있는 경우에는 통고처분에 따른 범칙금의 납부를 이행하지 아니함으로써 경찰서장의 즉결심판청구에 의하여 법원의

심판을 받을 수 있게 될 뿐이다."(대법원 1995. 6. 29. 선고 95누4674)

③ (×) 질서위반행위규제법 제17조 제1항

> **질서위반행위규제법 제17조(과태료의 부과)** ① 행정청은 제16조의 의견 제출 절차를 마친 후에 서면(당사자가 동의하는 경우에는 전자문서를 포함한다. 이하 이 조에서 같다)으로 과태료를 부과하여야 한다.

④ (×) "관세법 제284조 제1항, 제311조, 제312조, 제318조의 규정에 의하면, 관세청장 또는 세관장은 관세범에 대하여 통고처분을 할 수 있고, 범죄의 정상이 징역형에 처하여질 것으로 인정되는 때에는 즉시 고발하여야 하며, 관세범인이 통고를 이행할 수 있는 자금능력이 없다고 인정되거나 주소 및 거소의 불명 기타의 사유로 인하여 통고를 하기 곤란하다고 인정되는 때에도 즉시 고발하여야 하는바, 이들 규정을 종합하여 보면, 통고처분을 할 것인지의 여부는 관세청장 또는 세관장의 재량에 맡겨져 있고, 따라서 관세청장 또는 세관장이 관세범에 대하여 통고처분을 하지 아니한 채 고발하였다는 것만으로는 그 고발 및 이에 기한 공소의 제기가 부적법하게 되는 것은 아니다."(대법원 2007. 5. 11. 선고 2006도1993)

15

「공익사업을 위한 토지 등의 취득 및 보상에 관한 법률」에 따른 공용수용의 절차에 대한 설명으로 옳지 않은 것은? (다툼이 있는 경우 판례에 의함)

① 일단 토지수용위원회의 수용재결이 있고 나면 그 이후에는 토지소유자와 사업시행자가 다시 협의하여 토지 등의 취득·사용 및 그에 대한 보상에 관하여 임의로 계약을 체결할 수는 없다.
② 사업인정은 사업인정의 고시를 한 날부터 그 효력이 발생한다.
③ 토지소유자 및 이해관계인과 협의가 성립되지 아니한 경우에 사업시행자가 사업인정의 고시가 된 날부터 1년 이내에 수용재결을 신청하지 아니하면, 그 사업인정고시가 된 날부터 1년이 되는 날의 다음 날에 그 사업인정은 효력을 상실한다.
④ 토지수용위원회는 사업인정 후 그 사업이 공익성을 상실하였다고 판단할 경우에 수용재결을 하지 않을 수 있다.

해설 정답 ❶

이하 공익사업을 위한 토지 등의 취득 및 보상에 관한 법률

① (×) "공익사업을 위한 토지 등의 취득 및 보상에 관한 법률(이하 '토지보상법'이라 한다)은 사업시행자로 하여금 우선 협의취득 절차를 거치도록 하고, 협의가 성립되지 않거나 협의를 할 수 없을 때에 수용재결취득 절차를 밟도록 예정하고 있기는 하다. 그렇지만 일단 토지수용위원회가 수용재결을 하였더라도 사업시행자로서는 수용 또는 사용의 개시일까지 토지수용위원회가 재결한 보상금을 지급 또는 공탁하지 아니함으로써 재결의 효력을 상실시킬 수 있는 점, 토지소유자 등은 수용재결에 대하여 이의를 신청하거나 행정소송을 제기하여 보상금의 적정 여부를 다툴 수 있는데, 그 절차에서 사업시행자와 보상금액에 관하여 임의로 합의할 수 있는 점, 공익사업의 효율적인 수행을 통하여 공공복리를 증진시키고, 재산권을 적정하게 보호하려는 토지보상법의 입법 목적(제1조)에 비추어 보더라도 수용재결이 있은 후에 사법상 계약의 실질을 가지는 협의취득 절차를 금지해야 할 별다른 필요성을 찾기 어려운 점 등을 종합해 보면, 토지수용위원회의 수용재결이 있은 후라고 하더라도 토지소유자 등과 사업시행자가 다시 협의하여 토지 등의 취득이나 사용 및 그에 대한 보상에 관하여 임의로 계약을 체결할 수 있다고 보아야 한다."(대법원 2017. 4. 13. 선고 2016두64241)

② (○) 제22조 제3항

> **제22조(사업인정의 고시)** ① 국토교통부장관은 제20조에 따른 사업인정을 하였을 때에는 지체 없이 그 뜻을 사업시행자, 토지소유자 및 관계인, 관계 시·도지사에게 통지하고 사업시행자의 성명이나 명칭, 사업의 종류, 사업지역 및 수용하거나 사용할 토지의 세목을 관보에 고시하여야 한다.
> ③ 사업인정은 제1항에 따라 고시한 날부터 그 효력이 발생한다.

③ (○) 제23조 제1항

> **제23조(사업인정의 실효)** ① 사업시행자가 제22조 제1항에 따른 사업인정의 고시(이하 "사업인정고시"라 한다)가 된 날부터 1년 이내에 제28조 제1항에 따른 재결신청을 하지 아니한 경우에는 사업인정고시가 된 날부터 1년이 되는 날의 다음 날에 사업인정은 그 효력을 상실한다.

④ (○) "공용수용은 헌법상의 재산권 보장의 요청상 불가피한 최소한에 그쳐야 한다는 헌법 제23조의 근본취지에 비추어 볼 때, 사업시행자가 사업인정을 받은 후 그 사업이 공용수용을 할 만한 공익성을 상실하거나 사업인정에 관련된 자들의 이익이 현저히 비례의 원칙에 어긋나게 된 경우 또는 사업시행자가 해당 공익사업을 수행할 의사나 능력을 상실하였음에도 여전히 그 사업인정에 기하여 수용권을 행사하는 것은 수용권의 공익 목적에 반하는 수용권의 남용에 해당하여 허용되지 않는다."(대법원 2011. 1. 27. 선고 2009두1051)

16

「공공기관의 정보공개에 관한 법률」(이하 '정보공개법'이라 함)상 정보공개에 대한 설명으로 옳지 않은 것은? (다툼이 있는 경우 판례에 의함)

① 예산집행의 내용과 사업평가 결과 등 행정감시를 위하여 필요한 정보는 정기적으로 공개하여야 한다.
② 법령 등에 따라 공개를 목적으로 작성된 정보로서 즉시 또는 말로 처리가 가능한 정보는 정보공개법 제11조에 따른 공개 여부 결정 절차를 거치지 아니하고 공개하여야 한다.
③ 교도소에 복역 중인 甲이 지방검찰청 검사장에게 자신에 대한 불기소사건 수사기록 중 타인의 개인정보를 제외한 부분의 공개를 청구하였으나, 위 정보에 접근하는 것을 목적으로 정보공개를 청구한 것이 아니라, 그 청구가 금전적 이득을 취하거나 수감 중 변론기일에 출정하여 강제노역을 회피하는 것 등을 목적으로 하는 것이었다면, 甲의 정보공개청구는 권리를 남용하는 행위로서 허용되지 않는다.
④ '정보공개에 관하여 다른 법률에 특별한 규정이 있는 경우'에 해당한다고 하여 정보공개법의 적용을 배제하기 위해서는, 특별한 규정이 '법률'이어야 하지만, 그 내용이 정보공개의 대상 및 범위, 정보공개의 절차, 비공개대상정보 등에 관하여 정보공개법과 달리 규정하고 있을 필요는 없다.

해설 정답 ❹

이하 공공기관의 정보공개에 관한 법률

① (○) 제7조 제1항 제3호

> **제7조(정보의 사전적 공개 등)** ① 공공기관은 다음 각 호의 어느 하나에 해당하는 정보에 대해서는 공개의 구체적 범위, 주기, 시기 및 방법 등을 미리 정하여 정보통신망 등을 통하여 알리고, 이에 따라 정기적으로 공개하여야 한다. 다만, 제9조 제1항 각 호의 어느 하나에 해당하는 정보에 대해서는 그러하지 아니하다.
> 1. 국민생활에 매우 큰 영향을 미치는 정책에 관한 정보
> 2. 국가의 시책으로 시행하는 공사(工事) 등 대규모 예산이 투입되는 사업에 관한 정보
> 3. 예산집행의 내용과 사업평가 결과 등 행정감시를 위하여 필요한 정보
> 4. 그 밖에 공공기관의 장이 정하는 정보

② (○) 제16조 제1호

> **제16조(즉시 처리가 가능한 정보의 공개)** 다음 각 호의 어느 하나에 해당하는 정보로서 즉시 또는 말로 처리가 가능한 정보에 대해서는 제11조에 따른 절차를 거치지 아니하고 공개하여야 한다.
> 1. 법령 등에 따라 공개를 목적으로 작성된 정보
> 2. 일반국민에게 알리기 위하여 작성된 각종 홍보자료
> 3. 공개하기로 결정된 정보로서 공개에 오랜 시간이 걸리지 아니하는 정보
> 4. 그 밖에 공공기관의 장이 정하는 정보

③ (○) "교도소에 복역 중인 갑이 지방검찰청 검사장에게 자신에 대한 불기소사건 수사기록 중 타인의 개인정보를 제외한 부분의 공개를 청구하였으나 검사장이 구 공공기관의 정보공개에 관한 법률(2013. 8. 6. 법률 제11991호로 개정되기 전의 것) 제9조 제1항 등에 규정된 비공개 대상 정보에 해당한다는 이유로 비공개 결정을 한 사안에서, 갑은 위 정보에 접근하는 것을 목적으로 정보공개를 청구한 것이 아니라, 청구가 거부되면 거부처분의 취소를 구하는 소송에서 승소한 뒤 소송비용 확정절차를 통해 자신이 그 소송에서 실제 지출한 소송비용보다 다액을 소송비용으로 지급받아 금전적 이득을 취하거나, 수감 중 변론기일에 출정하여 강제노역을 회피하는 것 등을 목적으로 정보공개를 청구하였다고 볼 여지가 큰 점 등에 비추어 갑의 정보공개청구는 권리를 남용하는 행위로서 허용되지 않는다고 한 사례."(대법원 2014. 12. 24. 선고 2014두9349)

④ (×) "구 공공기관의 정보공개에 관한 법률(2013. 8. 6. 법률 제11991호로 개정되기 전의 것, 이하 '정보공개법'이라 한다) 제4조 제1항은 '정보의 공개에 관하여는 다른 법률에 특별한 규정이 있는 경우를 제외하고는 이 법이 정하는 바에 의한다.'라고 규정하고 있다. 여기서 '정보공개에 관하여 다른 법률에 특별한 규정이 있는 경우'에 해당한다고 하여 정보공개법의 적용을 배제하기 위해서는, 특별한 규정이 '법률'이어야 하고, 내용이 정보공개의 대상 및 범위, 정보공개의 절차, 비공개대상정보 등에 관하여 정보공개법과 달리 규정하고 있는 것이어야 한다."(대법원 2014. 4. 10. 선고 2012두17384)

17

금전적 실효성 확보수단에 대한 설명으로 옳지 않은 것은? (다툼이 있는 경우 판례에 의함)

① 세법상 가산세는 과세권 행사 및 조세채권 실현을 용이하게 하기 위하여 납세자가 정당한 이유 없이 법에 규정된 신고, 납세 등의 의무를 위반한 경우에 개별세법에 따라 부과하는 행정상 제재로서, 납세자의 고의·과실은 고려되지 아니하고 법령의 부지·착오 등은 그 의무위반을 탓할 수 없는 정당한 사유에 해당하지 아니한다.

② 전형적 과징금의 경우 실정법에서 통상 '위반행위의 내용·정도, 위반행위의 기간·횟수 이외에 위반행위로 인해 취득한 이익의 규모 등'을 고려요소로 규정하기 때문에 법령위반으로 취득한 이익이 없는 경우에는 부과할 수 없다.

③ 「국세기본법」상 가산세는 세법에서 규정하는 의무의 성실한 이행을 확보하기 위하여 세법에 따라 산출한 본세액에 가산하여 징수하는 독립된 조세로서, 본세에 감면사유가 인정된다고 하여 가산세도 감면대상에 포함되는 것이 아니고, 반면에 그 의무를 이행하지 아니한 데 대한 정당한 사유가 있는 경우에는 본세 납세의무가 있더라도 가산세는 부과하지 않는다.

④ 공정거래위원회의 과징금 납부명령이 재량권 일탈·남용으로 위법한지는 다른 특별한 사정이 없는 한 과징금 납부명령이 행하여진 '의결일' 당시의 사실상태를 기준으로 판단하여야 한다.

해설 정답 ❷

① (○) "세법상 가산세는 과세권의 행사 및 조세채권의 실현을 용이하게 하기 위하여 납세자가 정당한 이유 없이 법에 규정된 신고·납세의무 등을 위반한 경우에 법이 정하는 바에 의하여 부과하는 행정상의 제재로서 납세자의 고의·과실은 고려되지 아니하는 것이고, 법령의 부지 또는 오인은 그 정당한 사유에 해당한다고 볼 수 없으며, 또한 납세의무자가 세무공무원의 잘못된 설명을 믿고 그 신고납부의무를 이행하지 아니하였다 하더라도 그것이 관계 법령에 어긋나는 것임이 명백한 때에는 그러한 사유만으로는 정당한 사유가 있는 경우에 해당한다고 할 수 없다."(대법원 2002. 4. 12. 선고 2000두5944)

② (×) 전형적 과징금이라고 해서 법위반행위로 인하여 얻은 이익이 없는 경우에는 아예 부과되지 않는 것은 아니다.

③ (○) "가산세는 세법에서 규정하는 의무의 성실한 이행을 확보하기 위하여 세법에 따라 산출한 본세액에 가산하여 징수하는 독립된 조세로서, 본세에 감면사유가 인정된다고 하여 가산세도 감면대상에 포함되는 것이 아니고, 반면에 그 의무를 이행하지 아니한 데 대한 정당한 사유가 있는 경우에는 본세 납세의무가 있더라도 가산세는 부과하지 않는다."(대법원 2019. 2. 14. 선고 2015두52616)

④ (○) "행정소송에서 행정처분의 위법 여부는 행정처분이 행하여졌을 때의 법령과 사실상태를 기준으로 하여 판단해야 하고, 이는 독점규제 및 공정거래에 관한 법률에 기한 공정거래위원회의 시정명령 및 과징금 납부명령(이하 '과징금 납부명령 등'이라 한다)에서도 마찬가지이다. 따라서 공정거래위원회의 과징금 납부명령 등이 재량권 일탈·남용으로 위법한지는 다른 특별한 사정이 없는 한 과징금 납부명령 등이 행하여진 '의결일' 당시의 사실상태를 기준으로 판단하여야 한다."(대법원 2015. 5. 28. 선고 2015두36256)

18

권력적 사실행위에 대한 설명으로 옳지 않은 것은? (다툼이 있는 경우 판례에 의함)

① 헌법재판소는 "수형자의 서신을 교도소장이 검열하는 행위는 이른바 권력적 사실행위로서 행정심판이나 행정소송의 대상이 되는 행정처분으로 볼 수 있다."라고 하여 명시적으로 권력적 사실행위의 처분성을 긍정하였다.
② 지방자치단체장이 수도요금체납자에 대하여 행한 수도의 공급거부(단수)는 사실행위이지만 권력적 사실행위로서 처분성이 인정된다.
③ 공립학교당국이 미납 공납금을 완납하지 아니할 경우 졸업증의 교부와 증명서를 발급하지 않겠다고 통고한 경우, 이로써 미납 공납금을 완납하지 않은 재학생은 졸업증과 증명서를 교부받을 권리를 제한받게 되므로, 그와 같은 공립학교당국의 통고행위는 권력적 사실행위로서 처분성이 인정된다.
④ 헌법재판소는 권력적 사실행위가 단기간에 종료된 경우라 하더라도, 동일한 기본권침해가 장차 반복될 위험이 있거나 헌법질서의 수호·유지를 위하여 헌법적 해명이 필요한 경우에는 심판청구의 이익을 인정하고 있고, 헌법소원의 청구요건인 보충성의 예외도 인정하여 권력적 사실행위에 대한 헌법소원을 허용하고 있다.

해설 정답 ❸

① (○) "이 사건 서신검열 행위는 권력적 사실행위로서 행정심판이나 행정소송의 대상이 되는 행정처분으로 볼 수 있으나, 검열행위가 이미 완료된 이상 행정심판이나 행정소송을 제기하더라도 소의 이익이 부정될 수 있고, 이런 경우 헌법소원심판을 청구하는 외에 다른 효과적인 구제방법이 있다고 보기도 어려우므로 이는 보충성 원칙의 예외에 해당될 수 있다."(헌법재판소 2008. 4. 24. 2005헌마914)
② (○) "단수처분은 항고소송의 대상이 되는 행정처분에 해당한다."(대법원 1979. 12. 28. 선고 79누218)
③ (×) "학교당국이 미납공납금을 완납하지 아니할 경우에 졸업증의 교부와 증명서를 발급하지 않겠다고 통고한 것은 일종의 비권력적 사실행위로서 헌법재판소법 제68조 제1항에서 헌법소원심판의 청구대상으로서의 '공권력'에는 해당된다고 볼 수 없다."(헌법재판소 2001. 10. 25. 2001헌마113) 졸업증과 증명서를 교부받을 권리는 공납금의 완납을 조건으로 발생하는 것이었다. 이 통고에 의하여 비로소 졸업증과 증명서를 교부받을 권리를 제한받게 되는 것이 아니었다. 따라서 사실행위에 불과하다.
④ (○) "청구인에 대한 검사의 조사가 끝난 상태이고 또 청구인은 이미 2001. 11. 9. 출소하였기 때문에 청구인에 대한 이 사건 기본권침해는 종료하였다. 그러나 이 사건 계구사용행위는 법무부훈령인 계호근무준칙에 의거한 점에서 앞으로도 반복될 것이 확실시될 뿐만 아니라 헌법질서의 수호·유지를 위하여 그 해명이 중요한 의미를 가지고 있으므로 심판청구의 이익을 인정할 수 있다."(헌법재판소 2005. 5. 26. 2001헌마728)

19

공법관계와 사법관계에 대한 설명으로 옳지 않은 것은? (다툼이 있는 경우 판례에 의함)

① 대륙법계는 공법과 사법(私法)의 구별을 강조하면서 행정사건은 사법(司法)법원이 아닌 별도의 법원(재판소)의 관할에 속하도록 하고 있다.
② 국가나 지방자치단체에 근무하는 청원경찰은 「국가공무원법」이나 「지방공무원법」상의 공무원이라 할 수 없으므로 지방자체단체에 근무하는 청원경찰에 대한 징계처분에 대하여 시정을 구하기 위해서는 행정소송이 아니라 민사소송을 제기하여야 한다.
③ 「국가를 당사자로 하는 계약에 관한 법률」에 의하여 국가기관이 특정기업의 입찰참가자격을 제한하는 경우 이것은 공법관계이므로 이에 대해 다투기 위해서는 항고소송을 제기하여야 한다.
④ 「예산회계법」 또는 「지방재정법」에 따라 지방자치단체가 당사자가 되어 체결하는 계약은 사법상의 계약일 뿐, 공권력을 행사하는 것이거나 공권력 작용과 일체성을 가진 것은 아니라고 할 것이므로 이에 관한 분쟁은 행정소송의 대상이 될 수 없다.

해설 정답 ❷

① (○) 대륙법계는 공법과 사법(私法)의 구별을 강조하면서, 행정사건은 사법(司法)법원이 아닌 별도의 법원(재판소)의 관할에 속하도록 하고 있다.
② (×) "국가나 지방자치단체에 근무하는 청원경찰은 국가공무원법이나 지방공무원법상의 공무원은 아니지만, 다른 청원경찰과는 달리 그 임용권자가 행정기관의 장이고, 국가나 지방자치단체로부터 보수를 받으며, 산업재해보상보험법이나 근로기준법이 아닌 공무원연금법에 따른 재해보상과 퇴직급여를 지급받고, 직무상의 불법행위에 대하여도 민법이 아닌 국가배상법이 적용되는 등의 특질이 있으며 그 외 임용자격, 직무, 복무의무 내용 등을 종합하여 볼때, 그 근무관계를 사법상의 고용계약관계로 보기는 어려우므로 그에 대한 징계처분의 시정을 구하는 소는 행정소송의 대상이지 민사소송의 대상이 아니다."(대법원 1993. 7. 13. 선고 92다47564)
③ (○) "「국가를 당사자로 하는 계약에 관한 법률」에 의하여 국가기관이 특정기업의 입찰참가자격을 제한하는 경우 이것은 공법관계이므로 이에 대해 다투기 위해서는 항고소송을 제기하여야 한다."(99두3201, 98두18565, 85누793, 94누958)
④ (○) "예산회계법 또는 지방재정법에 따라 지방자치단체가 당사자가 되어 체결하는 계약은 사법상의 계약일 뿐, 공권력을 행사하는 것이거나 공권력 작용과 일체성을 가진 것은 아니라고 할 것이므로 이에 관한 분쟁은 행정소송의 대상이 될 수 없다."(대법원 1996. 12. 20. 선고 96누14708)

20

「행정심판법」 및 행정심판에 대한 설명으로 옳지 않은 것은? (다툼이 있는 경우 판례에 의함)

① 중앙행정심판위원회의 위원장은 국민권익위원회의 부위원장 중 1명이 되며, 상임위원은 위원장의 제청으로 국무총리를 거쳐 대통령이 임명하고 그 임기는 3년이며 1차에 한하여 연임할 수 있다.

② 다른 법률에서 특별행정심판이나 「행정심판법」에 따른 행정심판 절차에 대한 특례를 정한 경우에도 그 법률에서 규정하지 아니한 사항에 관해서는 「행정심판법」에서 정하는 바에 따른다.

③ 이의신청이 「민원처리에 관한 법률」의 민원 이의신청과 같이, 별도의 행정심판절차가 존재하고 행정심판과는 성질을 달리하는 경우에는 그 이의신청은 행정심판과는 다른 것으로 본다.

④ 「감염병의 예방 및 관리에 관한 법률」상 예방접종 피해보상 거부처분에 대하여 법령의 규정 없이 제기한 이의신청은 행정심판으로 보아야 하므로, 그 거부처분에 대해 甲이 이의신청을 하였고 피고가 원고 甲의 이의신청에 대하여 스스로 다시 심사하였다면, 행정심판을 거친 경우에 대한 제소기간의 특례가 적용된다.

해설 정답 ❹

이하 행정심판법

① (○) 제8조 제2항, 제3항, 제9조 제2항

> **제8조(중앙행정심판위원회의 구성)** ② 중앙행정심판위원회의 위원장은 국민권익위원회의 부위원장 중 1명이 되며, 위원장이 없거나 부득이한 사유로 직무를 수행할 수 없거나 위원장이 필요하다고 인정하는 경우에는 상임위원(상임으로 재직한 기간이 긴 위원 순서로, 재직기간이 같은 경우에는 연장자 순서로 한다)이 위원장의 직무를 대행한다.
> ③ 중앙행정심판위원회의 상임위원은 일반직공무원으로서 「국가공무원법」 제26조의5에 따른 임기제공무원으로 임명하되, 3급 이상 공무원 또는 고위공무원단에 속하는 일반직공무원으로 3년 이상 근무한 사람이나 그 밖에 행정심판에 관한 지식과 경험이 풍부한 사람 중에서 중앙행정심판위원회 위원장의 제청으로 국무총리를 거쳐 대통령이 임명한다.

> **제9조(위원의 임기 및 신분보장 등)** ② 제8조 제3항에 따라 임명된 중앙행정심판위원회 상임위원의 임기는 3년으로 하며, 1차에 한하여 연임할 수 있다.

② (○) 제4조 제2항

> **제4조(특별행정심판 등)** ② 다른 법률에서 특별행정심판이나 이 법에 따른 행정심판 절차에 대한 특례를 정한 경우에도 그 법률에서 규정하지 아니한 사항에 관하여는 이 법에서 정하는 바에 따른다.

③ (○) "행정소송법 제18조 내지 제20조, 행정심판법 제3조 제1항, 제4조 제1항, 민원사무처리에 관한 법률(이하 '민원사무처리법'이라 한다) 제18조, 같은 법 시행령 제29조 등의 규정들과 그 취지를 종합하여 보면, 민원사무처리법에서 정한 민원 이의신청의 대상인 거부처분에 대하여는 민원 이의신청과 상관없이 행정심판 또는 행정소송을 제기할 수 있으며, 또한 민원 이의신청은 민원사무처리에 관하여 인정된 기본사항의 하나로 처분청으로 하여금 다시 거부처분에 대하여 심사하도록 한 절차로서 행정심판법에서 정한 행정심판과는 성질을 달리하고 또한 사안의 전문성과 특수성을 살리기 위하여 특별한 필요에 따라 둔 행정심판에 대한 특별 또는 특례 절차라 할 수도 없어 행정소송법에서 정한 행정심판을 거친 경우의 제소기간의 특례가 적용된다고 할 수도 없으므로, 민원 이의신청에 대한 결과를 통지받은 날부터 취소소송의 제소기간이 기산된다고 할 수 없다. 그리고 이와 같이 민원 이의신청 절차와는 별도로 그 대상이 된 거부처분에 대하여 행정심판 또는 행정소송을 제기할 수 있도록 보장하고 있는 이상, 민원 이의신청 절차에 의하여 국민의 권익 보호가 소홀하게 된다거나 헌법 제27조에서 정한 재판청구권이 침해된다고 볼 수도 없다."(대법원 2012. 11. 15. 선고 2010두8676)

④ (×) "위와 같은 사실관계를 앞서 본 법리에 비추어 살펴보면, 감염병예방법령은 예방접종 피해보상 기각결정에 대한 이의신청에 관하여 아무런 규정을 두고 있지 않으므로 피고가 원고의 이의신청에 대하여 스스로 다시 심사하였다고 하여 행정심판을 거친 경우에 대한 제소기간의 특례가 적용된다고 볼 수 없다."(대법원 2019. 4. 3. 선고 2017두52764)

13회 정답과 해설

ADMINISTRATIVE LAW

문제 p.76

Answer

01	①	06	④	11	②	16	③
02	③	07	①	12	③	17	③
03	④	08	③	13	④	18	①
04	②	09	③	14	①	19	②
05	④	10	④	15	④	20	①

01

공법관계와 사법관계에 대한 설명으로 옳은 것은? (다툼이 있는 경우 판례에 의함)

① 행정관청이 국유재산을 매각하는 것은 사법상의 매매계약일 수 있으나, 「귀속재산처리법」에 의하여 귀속재산을 매각하는 것은 행정처분이지 사법상의 매매가 아니다.

② 국유 행정재산의 무단점유에 대한 변상금부과는 공법관계에 해당하지만, 국유 일반재산의 무단점유에 대한 변상금부과는 사법관계에 해당한다.

③ 「국유재산법」상 변상금 부과·징수권은 민사상 부당이득반환청구권과 법적 성질을 달리하므로, 국가는 무단점유자를 상대로 변상금 부과·징수권을 행사할 수는 있지만 국유재산의 소유자로서 민사상 부당이득반환청구의 소를 제기할 수는 없다.

④ 사무처리의 긴급성으로 인하여 해양경찰의 직접적인 지휘를 받아 보조로 방제작업을 한 경우, 사인은 그 사무를 처리하며 지출한 필요비 내지 유익비의 상환을 국가에 대하여 행정소송으로 청구할 수 있다.

해설 정답 ❶

① (○) "행정관청이 국유재산을 매각하는 것은 사법상의 매매계약일 수도 있으나 귀속재산처리법에 의하여 귀속재산을 매각하는 것은 행정처분이지 사법상의 매매가 아니다."(대법원 1991. 6. 25. 선고 91다10435)

② (×) 국유재산법상의 국유재산 무단사용에 대한 변상금 부과는 처분이고, 따라서 공법관계라는 것이 판례의 입장이다. 이는 당해 국유재산이 행정재산인지 일반재산인지를 불문한다. 관련판례 "국유재산법 제51조 제1항은 국유재산의 무단점유자에 대하여는 대부 또는 사용, 수익허가 등을 받은 경우에 납부하여야 할 대부료 또는 사용료 상당액 외에도 그 징벌적 의미에서 국가측이 일방적으로 그 2할 상당액을 추가하여 변상금을 징수토록 하고 있으며 동조 제2항은 변상금의 체납시 국세징수법에 의하여 강제징수토록 하고 있는 점 등에 비추어 보면 국유재산의 관리청이 그 무단점유자에 대하여 하는 변상금부과처분은 순전히 사경제 주체로서 행하는 사법상의 법률행위라 할 수 없고 이는 관리청이 공권력을 가진 우월적 지위에서 행한 것으로서 행정소송의 대상이 되는 행정처분이라고 보아야 한다."(대법원 1988. 2. 23. 선고 87누1046)

③ (×) "국유재산의 무단점유자에 대한 변상금 부과는 공권력을 가진 우월적 지위에서 행하는 행정처분이고, 그 부과처분에 의한 변상금 징수권은 공법상의 권리인 반면, 민사상 부당이득반환청구권은 국유재산의 소유자로서 가지는 사법상의 채권이다. 또한 변상금은 부당이득 산정의 기초가 되는 대부료나 사용료의 120%에 상당하는 금액으로서 부당이득금과 액수가 다르고, 이와 같이 할증된 금액의 변상금을 부과·징수하는 목적은 국유재산의 사용·수익으로 인한 이익의 환수를 넘어 국유재산의 효율적인 보존·관리라는 공익을 실현하는 데 있다. 그리고 대부 또는 사용·수익허가 없이 국유재산을 점유하거나 사용·수익하였지만 변상금 부과처분은 할 수 없는 때에도 민사상 부당이득반환청구권은 성립하는 경우가 있으므로, 변상금 부과·징수의 요건과 민사상 부당이득반환청구권의 성립 요건이 일치하는 것도 아니다. 이처럼 구 국유재산법(2009. 1. 30. 법률 제9401호로 전부 개정되기 전의 것, 이하 같다) 제51조 제1항, 제4항, 제5항에 의한 변상금 부과·징수권은 민사상 부당이득반환청구권과 법적 성질을 달리하므로, 국가는 무단점유자를 상대로 변상금 부과·징수권의 행사와 별도로 국유재산의 소유자로서 민사상 부당이득반환청구의 소를 제기할 수 있다."(대법원 2014. 7. 16. 선고 2011다76402)

④ (×) 이 경우 대법원은 이에 대한 비용의 상환을 민사소송을 통하여 구할 수 있다고 보았다(2012다15602).

02

행정법의 일반원칙에 대한 설명으로 옳지 않은 것은? (다툼이 있는 경우 판례에 의함)

① 위험한 건물에 대하여 개수명령으로써 목적을 달성할 수 있음에도 불구하고 철거명령을 발령하는 것은 비례원칙의 내용 중 필요성 원칙에 반한다.

② 행정의 자기구속의 원칙은 평등원칙 및 신뢰보호의 원칙과 밀접한 관련을 지니고 있다.

③ 위법한 행정관행에 대해서는 신뢰보호의 원칙이 적용될 수 없다.

④ 65세대의 주택건설사업에 대한 사업계획승인을 하면서 '입주민이 이용하는 진입도로 설치 후 기부채납'과 '기존 통행로 폐쇄에 따른 대체 통행로 설치 후 그 부지 일부 기부채납'을 부담으로 부과하는 것은 부당결부금지원칙에 반하지 않는다.

해설 정답 ❸

① (○) 위험한 건물에 대하여 개수(改修)명령으로 목적을 달성할 수 있음에도 불구하고 철거명령을 발령하는 것은 비례원칙의 내용 중 필요성 원칙에 반한다. 필요성의 원칙은 '최소침해성의 원칙'이라 부르기도 한다.

② (○) 행정의 자기구속의 원칙은 평등원칙 및 신뢰보호의 원칙과 밀접한 관련을 지니고 있다. 관련판례 "재량권 행사의 준칙인 행정규칙이 그 정한 바에 따라 되풀이 시행되어 행정관행이 이루어지게 되면 평등의 원칙이나 신뢰보호의 원칙에 따라 행정기관은 그 상대방에 대한 관계에서 그 규칙에 따라야 할 자기구속을 받게 되므로, 이러한 경우에는 특별한 사정이 없는 한 그를 위반하는 처분은 평등의 원칙이나 신뢰보호의 원칙에 위배되어 재량권을 일탈·남용한 위법한 처분이 된다."(대법원 2009. 12. 24, 2009두7967)

③ (×) 위법한 행정관행에 대해서도 신뢰보호의 원칙이 적용될 수 있다.

④ (○) "65세대의 공동주택을 건설하려는 사업주체(지역주택조합)에게 주택건설촉진법 제33조에 의한 주택건설사업계획의 승인처분을 함에 있어 그 주택단지의 진입도로 부지의 소유권을 확보하여 진입도로 등 간선시설을 설치하고 그 부지 소유권 등을 기부채납하며 그 주택건설사업 시행에 따라 폐쇄되는 인근 주민들의 기존 통행로를 대체하는 통행로를 설치하고 그 부지 일부를 기부채납하도록 조건을 붙인 경우, 주택건설촉진법과 같은법시행령 및 주택건설기준등에 관한규정 등 관련 법령의 관계 규정에 의하면 그와 같은 조건을 붙였다 하여도 다른 특별한 사정이 없는 한 필요한 범위를 넘어 과중한 부담을 지우는 것으로서 형평의 원칙 등에 위배되는 위법한 부관이라 할 수 없다."(대법원 1997. 3. 14. 선고 96누16698)

03

행정입법에 대한 설명으로 옳은 것은? (다툼이 있는 경우 판례에 의함)

① 위임입법에 관한 헌법 제75조가 처벌법규에는 적용되지 않으므로 특히 긴급한 필요가 있거나 미리 법률로 자세히 정할 수 없는 부득이한 사정이 있어 법률에 형벌의 종류·상한·폭을 명확히 규정하더라도 행정형벌에 대한 위임입법은 허용되지 않는다.
② 구 「주택건설촉진법」 제33조의6 제6항의 위임에 의하여 건설 교통부장관의 '고시' 형식으로 되어 있는 '주택건설공사 감리비 지급기준'은 이를 건설교통부령으로 정하도록 한 구 「주택법」이 시행된 이후에도 대외적인 구속력이 있는 법규명령으로서 효력을 가진다.
③ 법률에서 하위 법령에 위임을 한 경우에 하위 법령이 위임의 한계를 준수하고 있는지 여부의 판단은 일반적으로 의회유보의 원칙과 무관하다.
④ 제재적 처분기준이 부령의 형식으로 규정되어 있는 경우, 그 처분기준이 그 자체로 헌법 또는 법률에 합치되지 아니하거나 그 처분기준에 따른 제재적 행정처분이 현저히 부당하다고 인정할 만한 합리적인 이유가 없는 한 섣불리 그 처분이 재량권의 범위를 일탈하였거나 재량권을 남용한 것이라고 판단해서는 안 된다.

해설 정답 ❹

① (×) "위임입법에 관한 헌법 제75조는 처벌법규에도 적용되는 것이지만 처벌법규의 위임은 특히 긴급한 필요가 있거나 미리 법률로써 자세히 정할 수 없는 부득이한 사정이 있는 경우에 한정되어야 하고 이 경우에도 법률에서 범죄 의 구성요건은 처벌대상인 행위가 어떠한 것일 것이라고 이를 예측할 수 있을 정도로 구체적으로 정하고 형벌의 종류 및 그 상한과 폭을 명백히 규정하여야 한다."(헌법재판소 1991. 7. 8. 91헌가4)

② (×) 부령으로 정한 것이 아니기 때문에 위법하여 법규명령으로서의 효력을 갖지 못한다. "건설공사 등의 사업주체가 감리자에게 지급하여야 하는 감리비의 지급기준을 건설교통부장관의 '고시' 형식으로 정한 '주택건설공사 감리비지급기준'은 구 주택건설촉진법 제33조의6 제6항에서 '사업주체는 감리자에게 건설교통부장관이 정하는 바에 따라 공사감리비를 지급하여야 한다'고 규정한 데 근거한 것인데, 그 법률이 주택법으로 전부 개정되면서 근거조항도 구 주택법 제24조 제6항으로 변경되었고, 개정 조항에서는 '사업주체는 감리자에게 건설교통부령이 정하는 절차 등에 의하여 공사감리비를 지급하여야 한다'고 되어 있다. 따라서 구 주택법이 시행된 이후에는 감리비의 지급기준 등은 구 주택법이 규정한 바에 따라 '건설교통부령'의 형식으로 정해야 하므로, 건설교통부장관의 '고시' 형식으로 되어 있는 종전 '감리비지급기준'은 구 주택법 제24조 제6항이 권한 행사의 절차 및 방법을 특정하여 위임한 것에 위배되어 더 이상 대외적인 구속력이 있는 법규명령으로서 효력을 가지지 못한다."

③ (×) "특정 사안과 관련하여 법률에서 하위 법령에 위임을 한 경우에 모법의 위임범위를 확정하거나 하위 법령이 위임의 한계를 준수하고 있는지 여부를 판단할 때에는, 하위 법령이 규정한 내용이 입법자가 형식적 법률로 스스로 규율하여야 하는 본질적 사항으로서 의회유보의 원칙이 지켜져야 할 영역인지, 당해 법률 규정의 입법 목적과 규정 내용, 규정의 체계, 다른 규정과의 관계 등을 종합적으로 고려하여야 하고, 위임 규정 자체에서 의미 내용을 정확하게 알 수 있는 용어를 사용하여 위임의 한계를 분명히 하고 있는데도 문언적 의미의 한계를 벗어났는지나, 하위 법령의 내용이 모법 자체로부터 위임된 내용의 대강을 예측할 수 있는 범위 내에 속한 것인지, 수권 규정에서 사용하고 있는 용어의 의미를 넘어 범위를 확장하거나 축소하여서 위임 내용을 구체화하는 단계를 벗어나 새로운 입법을 한 것으로 평가할 수 있는지 등을 구체적으로 따져 보아야 한다."(대법원 2015. 8. 20. 선고 2012두23808)

④ (○) "제재적 행정처분의 기준이 부령의 형식으로 규정되어 있더라도 그것은 행정청 내부의 사무처리준칙을 정한 것에 지나지 아니하여 대외적으로 국민이나 법원을 기속하는 효력이 없고, 당해 처분의 적법 여부는 위 처분기준만이 아니라 관계 법령의 규정 내용과 취지에 따라 판단되어야 하므로, 위 처분기준에 적합하다 하여 곧바로 당해 처분이 적법한 것이라고 할 수는 없지만, 위 처분기준이 그 자체로 헌법 또는 법률에 합치되지 아니하거나 위 처분기준에 따른 제재적 행정처분이 그 처분사유가 된 위반행위의 내용 및 관계 법령의 규정 내용과 취지에 비추어 현저히 부당하다고 인정할 만한 합리적인 이유가 없는 한 섣불리 그 처분이 재량권의 범위를 일탈하였거나 재량권을 남용한 것이라고 판단해서는 안 된다."(대법원 2007. 9. 20. 선고 2007두6946)

04

과징금에 대한 설명으로 옳은 것은? (다툼이 있는 경우 판례에 의함)

① 구 「독점규제 및 공정거래에 관한 법률」 제24조의2에 의한 부당내부거래행위에 대한 과징금은 부당내부거래억지라는 행정목적을 실현하기 위하여 그 위반행위에 대한 행정상의 제재금으로서의 성격을 가질 뿐, 그에 더하여 부당이득환수적 요소가 부가되어 있다고 볼 수는 없다.
② 공정거래위원회가 과징금 산정 시 위반 횟수 가중의 근거로 삼은 위반행위에 대해 시정조치가 내려진 후, '위반행위 자체가 존재하지 않는다'는 이유로 그 시정조치에 대한 취소판결이 확정되었다 하더라도, 위 시정조치를 위반 횟수 가중을 위한 횟수 산정에서 제외하더라도 그 사유가 과징금 부과처분에 영향을 미치지 아니하여 처분의 정당성이 인정되는 경우에는 그 부과처분은 위법하지 않다.
③ 영업정지에 갈음하는 과징금을 변형된 과징금이라 하며 변형된 과징금의 1차적 목적은 영업정지처분을 받는 자에 대한 최소침해의 수단을 찾는 것이다.
④ 과징금 부과에 대해서는 일반적으로 「독점규제 및 공정거래에 관한 법률」이 적용되므로 그 부과처분에 대해 불복이 있을 때에는 법원에서 이 법을 준용하여 그에 대해 재판하고, 과징금부과처분에 대해 항고소송을 제기하는 것은 원칙적으로 허용되지 않는다.

해설 정답 ❷

① (×) " 구 독점규제및공정거래에관한법률 제24조의2에 의한 부당내부거래에 대한 과징금은 그 취지와 기능, 부과의 주체와 절차 등을 종합할 때 부당내부거래 억지라는 행정목적을 실현하기 위하여 그 위반행위에 대하여 제재를 가하는 행정상의 제재금으로서의 기본적 성격에 부당이득환수적 요소도 부가되어 있는 것이라 할 것이고, 이를 두고 헌법 제13조 제1항에서 금지하는 국가형벌권 행사로서의 '처벌'에 해당한다고는 할 수 없으므로, 공정거래법에서 형사처벌과 아울러 과징금의 병과를 예정하고 있더라도 이중처벌금지원칙에 위반된다고 볼 수 없으며, 이 과징금 부과처분에 대하여 공정력과 집행력을 인정한다고 하여 이를 확정판결 전의 형벌집행과 같은 것으로 보아 무죄추정의 원칙에 위반된다고도 할 수 없다."(헌법재판소 2003. 7. 24. 2001헌가25)

② (○) "공정거래위원회가 과징금 산정 시 위반 횟수 가중의 근거로 삼은 위반행위에 대한 시정조치가 그 후 '위반행위 자체가 존재하지 않는다는 이유로 취소판결이 확정된 경우' 과징금 부과처분의 상대방은 결과적으로 처분 당시 객관적으로 존재하지 않는 위반행위로 과징금이 가중되므로, 그 처분은 비례·평등원칙 및 책임주의 원칙에 위배될 여지가 있다. 다만 공정거래위원회는 독점규제 및 공정거래에 관한 법령상의 과징금 상한의 범위 내에서 과징금 부과 여부 및 과징금 액수를 정할 재량을 가지고 있다. 또한 재량준칙인 '구 과징금 고시' Ⅳ. 2. 나. (1)항은 위반 횟수와 벌점 누산점수에 따른 과징금 가중비율의 상한만을 규정하고 있다. 따라서 법 위반행위 자체가 존재하지 않아 위반행위에 대한 시정조치에 대하여 취소판결이 확정된 경우에 위반 횟수 가중을 위한 횟수 산정에서 제외하더라도, 그 사유가 과징금 부과처분에 영향을 미치지 아니하여 처분의 정당성이 인정되는 경우에는 그 처분을 위법하다고 할 수 없다."(대법원 2019. 7. 25. 선고 2017두55077)

③ (×) 변형된 의미의 과징금은 인·허가사업에 관한 법률상의 의무위반이 있음에도 불구하고, 공익상 필요 때문에 그 인·허가사업을 취소·정지시키지 않고, 그 사업을 계속하는 것을 허용하는 대신 이에 갈음하여 그동안 사업을 계속함으로써 얻는 이익을 박탈하는 제재수단을 말한다. 변형된 과징금제도의 1차적 목적은 영업정지처분을 받는 자에 대한 최소침해의 수단을 찾는 것이 아니라, 일반공중의 편의를 도모하기 위한 것이다.

④ (×) 위법한 과징금의 부과행위는 행정소송을 통하여 취소 등을 구할 수 있다. 과징금 부과처분은 항고소송의 대상이 되는 처분에 해당하기 때문이다. 비교판례 "과태료 부과에 대해서는 일반적으로 질서위반행위규제법이 적용되므로 그 부과처분에 대해 불복이 있을 때에는 법원에서 비송사건절차법을 준용하여 이에 대해 재판하고 과태료부과처분에 대해 항고소송은 원칙적으로 허용되지 않는다."(2011두19369) ☞ 과태료와 과징금을 혼동해서는 안 된다.

05

행정행위에 대한 설명으로 옳은 것(○)과 옳지 않은 것(×)을 바르게 조합한 것은? (다툼이 있는 경우 판례에 의함)

> ㉠ 부분허가는 독자적인 행정행위이므로, 부분허가를 하려면 본허가에 대한 법적근거와 별도로 법적 근거가 반드시 있어야 한다.
> ㉡ 甲이 「폐기물관리법」에 따라 폐기물처리업의 허가를 받기 전에 미리 행정청 乙에게 폐기물처리사업계획에 대한 적합통보를 받았다면, 甲은 폐기물처리업의 허가를 받기 전 부분적으로라도 폐기물처리를 적법하게 할 수 있다.
> ㉢ 제3자효 행정행위에 의해 법률상 이익을 침해받은 제3자는 취소소송의 제기와 동시에 행정행위의 집행정지를 신청할 수 있다.
> ㉣ 행정행위를 '행정청이 법 아래에서 구체적 사실에 대한 법집행으로서 행하는 공법행위'로 정의하면, 행정행위 개념에 공법상 계약과 공법상 합동행위는 포함되지 않는다.

① ㉠(○), ㉡(○), ㉢(○), ㉣(○)
② ㉠(○), ㉡(×), ㉢(×), ㉣(×)
③ ㉠(×), ㉡(○), ㉢(×), ㉣(○)
④ ㉠(×), ㉡(×), ㉢(○), ㉣(×)

해설 정답 ❹

㉠ (×) 부분허가(부분승인)는 독자적인 행정행위이지만, 부분허가를 하려면 본허가에 대한 법적근거와 별도로 법적 근거가 있어야 하는 것은 아니다.

㉡ (×) 甲은 「폐기물관리법」에 따라 폐기물처리업의 허가를 받기 전에 행정청 乙에게 폐기물처리사업계획서를 작성하여 제출하였고, 乙은 그 사업계획서를 검토하여 적합통보를 하였다. 이때 적합통보를 받았다 하더라도 甲은 폐기물처리업의 허가를 받기 전이라면, 부분적으로라도 폐기물처리를 적법하게 할 수 없다. ☞ 부분허가와 사전결정을 혼동해서는 안 된다.

㉢ (○) 제3자효 행정행위에 의해 법률상 이익을 침해받은 제3자는 취소소송의 제기와 동시에 행정행위의 집행정지를 신청할 수 있다. 처분의 직접 상대방이 아니더라도 취소소송의 원고적격을 인정받을 수 있는 자라면 집행정지를 신청할 수 있다.

㉣ (×) 행정행위를 '행정청이 법 아래에서 구체적 사실에 대한 법집행으로서 행하는 공법행위'로 정의하면, 행정행위 개념에 공법상 계약과 공법상 합동행위도 포함된다. 이 개념 정의는 행정행위가 권력적이거나 단독적일 것을 요구하지 않기 때문이다.

06

사인의 공법행위에 대한 설명으로 옳지 않은 것은? (다툼이 있는 경우 판례에 의함)

① 사직서의 제출이 감사기관이나 상급관청 등의 강박에 의한 경우에는 그 정도가 의사결정의 자유를 박탈할 정도에 이른 것이라면 그 의사표시가 무효로 될 것이고, 그렇지 않고 의사결정의 자유를 제한하는 정도에 그친 경우라면 그 성질에 반하지 아니하는 한 의사표시에 관한 「민법」 제110조의 규정을 준용하여 그 효력을 따져보아야 할 것이다.

② 사인의 공법상 행위는 명문으로 금지되거나 성질상 불가능한 경우가 아닌 한, 그에 의거한 행정행위가 행하여질 때까지는 자유로이 철회나 보정이 가능하다.

③ 행정법관계의 안정성과 정형성을 위해 사인의 공법행위에는 원칙적으로 부관을 붙일 수 없다고 본다.

④ 행정처분을 한 처분청은 그 처분에 하자가 있는 경우에는 원칙적으로 별도의 법적 근거가 없더라도 스스로 이를 직권취소할 수 있으므로, 이해관계인에게는 처분청에 대하여 그 취소를 요구할 신청권이 부여된다고 보아야 하고, 따라서 처분청이 취소신청을 거부했다면 그러한 거부행위는 항고소송의 대상인 처분에 해당한다.

해설 정답 ❹

① (○) "사직서의 제출이 감사기관이나 상급관청 등의 강박에 의한 경우에는 그 정도가 의사결정의 자유를 박탈할 정도에 이른 것이라면 그 의사표시가 무효로 될 것이고 그렇지 않고 의사결정의 자유를 제한하는 정도에 그친 경우라면 그 성질에 반하지 아니하는 한 의사표시에 관한 민법 제110조의 규정을 준용하여 그 효력을 따져보아야 할 것이나, 감사담당 직원이 당해 공무원에 대한 비리를 조사하는 과정에서 사직하지 아니하면 징계파면이 될 것이고 또한 그렇게 되면 퇴직금 지급상의 불이익을 당하게 될 것이라는 등의 강경한 태도를 취하였다고 할지라도 그 취지가 단지 비리에 따른 객관적 상황을 고지하면서 사직을 권고·종용한 것에 지나지 않고 위 공무원이 그 비리로 인하여 징계파면이 될 경우 퇴직금 지급상의 불이익을 당하게 될 것 등 여러 사정을 고려하여 사직서를 제출한 경우라면 그 의사결정이 의원면직처분의 효력에 영향을 미칠 하자가 있었다고는 볼 수 없다."(대법원 1997. 12. 12. 선고 97누13962)

② (○) "구 도시재개발법(1995. 12. 29. 법률 제5116호로 전문 개정되기 전의 것)에 의하면, 제14조 제1항, 제17조 제1항, 제2항에서 재개발조합의 설립 및 사업시행인가를 신청하는 자는 재개발구역 안의 토지 면적의 3분의 2 이상의 토지 소유자의 동의와 토지 소유자 총 수 및 건축물 소유자 총 수의 각 3분의 2 이상에 해당하는 자의 동의를 얻어야 한다고 규정하고 있을 뿐 그 동의나 철회를 할 수 있는 기한에 대하여는 아무런 규정을 두고 있지 아니하나, 사인의 공법상 행위는 명문으로 금지되거나 성질상 불가능한 경우가 아닌 한 그에 의거한 행정행위가 행하여질 때까지는 자유로이 철회나 보정이 가능하다고 보아야 할 것인 점, 인가신청 이후 인가처분이 행하여 질 때까지 상당한 기간이 소요될 수 있고 그 사이 권리변동이나 사정변경이 생길 수도 있는데 이에 따른 일체의 철회나 보정을 할 수 없다고 해석하는 것은 권리자의 의사를 가능한 한 존중하여 재개발조합의 설립 및 사업시행인가에 필요한 법정 동의요건으로 높은 동의율을 요구하는 반면 일단 재개발조합설립인가가 행하여지면 재개발구역 안의 모든 토지나 건축물 소유자가 조합원이 되도록 하는 강제가입제를 채택하고 있는 법의 취지에 반하는 점, 재개발조합의 설립 및 사업시행인가를 신청할 때에 필요한 동의자의 수를 산정함에 있어서 재개발구역 안의 토지 또는 건축물의 소유자가 조합설립인가 전에 동의를 철회하는 경우에는 이를 동의자의 수에서 제외하여야 한다고 규정한 도시재개발법시행령(1996. 6. 29. 대통령령 제15096호로 전문 개정된 것) 제22조 제1항과 제29조 제1항은 이와 같은 법리를 확인하기 위하여 도입된 규정으로 볼 수 있는 점 등에 비추어 보면, 구 도시재개발법(1995. 12. 29. 법률 제5116호로 전문 개정되기 전의 것)이 적용되는 경우에 있어서 토지 또는 건축물의 소유자는 재개발조합의 설립 및 사업시행인가 처분시까지 동의를 하거나 이미 한 동의를 철회할 수 있다고 해석함이 상당하다."(대법원 2001. 6. 15. 선고 99두5566)

③ (○) 사인의 공법행위에는 부관을 붙일 수 없음이 원칙이다. 법률관계를 불안정하게 만들 수 있기 때문에 허용되지 않는다고 본다.

④ (×) "산림법령에는 채석허가처분을 한 처분청이 산림을 복구한 자에 대하여 복구설계서승인 및 복구준공통보를 한 경우 그 취소신청과 관련하여 아무런 규정을 두고 있지 않고, 원래 행정처분을 한 처분청은 그 처분에 하자가 있는 경우에는 원칙적으로 별도의 법적 근거가 없더라도 스스로 이를 직권으로 취소할 수 있지만, 그와 같이 직권취소를 할 수 있다는 사정만으로 이해관계인에게 처분청에 대하여 그 취소를 요구할 신청권이 부여된 것으로 볼 수는 없으므로, 처분청이 위와 같이 법규상 또는 조리상의 신청권이 없이 한 이해관계인의 복구준공통보 등의 취소신청을 거부하더라도, 그 거부행위는 항고소송의 대상이 되는 처분에 해당하지 않는다."(대법원 2006. 6. 30. 선고 2004두701)

07

무효등확인소송에 대한 설명으로 옳지 않은 것은? (다툼이 있는 경우 판례에 의함)

① 무효인 과세처분에 의해 조세를 납부한 자가 납부한 금액을 반환받기 위하여 부당이득반환청구소송을 제기할 수 있는 경우, 부당이득반환청구소송을 제기하지 않고 곧바로 과세처분에 대한 무효확인소송을 제기하는 것은 허용되지 않는다.

② 동일한 처분에 대하여 무효확인청구를 주위적 청구로 하면서 취소청구를 예비적으로 병합할 수 있다.

③ 무효등확인소송에도 「행정소송법」상 집행정지가 준용된다.

④ 어느 행정처분에 대하여 그 행정처분의 근거가 된 법률이 위헌이라는 이유로 무효확인청구의 소가 제기된 경우, 다른 특별한 사정이 없는 한 법원으로서는 그 법률이 위헌인지 여부에 대하여는 판단할 필요 없이 그 무효확인청구를 기각하여야 한다.

해설 정답 ❶

① (×) 무효인 과세처분에 의해 조세를 납부한 자가 납부한 금액을 반환받기 위하여 부당이득반환청구소송을 제기할 수 있는 경우에도 부당이득반환청구소송을 제기하지 않고 곧바로 과세처분에 대한 무효확인소송을 제기할 수 있다. 관련판례 "행정소송은 행정청의 위법한 처분 등을 취소·변경하거나 그 효력 유무 또는 존재 여부를 확인함으로써 국민의 권리 또는 이익의 침해를 구제하고 공법상의 권리관계 또는 법 적용에 관한 다툼을 적정하게 해결함을 목적으로 하므로, 대등한 주체 사이의 사법상 생활관계에 관한 분쟁을 심판대상으로 하는 민사소송과는 목적, 취지 및 기능 등을 달리한다. 또한 행정소송법 제4조에서는 무효확인소송을 항고소송의 일종으로 규정하고 있고, 행정소송법 제38조 제1항에서는 처분 등을 취소하는 확정판결의 기속력 및 행정청의 재처분 의무에 관한 행정소송법

제30조를 무효확인소송에도 준용하고 있으므로 무효확인판결 자체만으로도 실효성을 확보할 수 있다. 그리고 무효확인소송의 보충성을 규정하고 있는 외국의 일부 입법례와는 달리 우리나라 행정소송법에는 명문의 규정이 없어 이로 인한 명시적 제한이 존재하지 않는다. 이와 같은 사정을 비롯하여 행정에 대한 사법통제, 권익구제의 확대와 같은 행정소송의 기능 등을 종합하여 보면, 행정처분의 근거 법률에 의하여 보호되는 직접적이고 구체적인 이익이 있는 경우에는 행정소송법 제35조에 규정된 '무효확인을 구할 법률상 이익'이 있다고 보아야 하고, 이와 별도로 무효확인소송의 보충성이 요구되는 것은 아니므로 행정처분의 무효를 전제로 한 이행소송 등과 같은 직접적인 구제수단이 있는지 여부를 따질 필요가 없다고 해석함이 상당하다."(대법원 2008. 3. 20. 선고 2007두6342)

② (○) "행정처분에 대한 무효확인과 취소청구는 서로 양립할 수 없는 청구로서 주위적·예비적 청구로서만 병합이 가능하고 선택적 청구로서의 병합이나 단순 병합은 허용되지 아니한다."(대법원 1999. 8. 20. 선고 97누6889)

③ (○) 행정소송법 제38조 제1항, 제23조 제2항

> **행정소송법 제38조(준용규정)** ①제9조, 제10조, 제13조 내지 제17조, 제19조, 제22조 내지 제26조, 제29조 내지 제31조 및 제33조의 규정은 무효등 확인소송의 경우에 준용한다.

> **동법 제23조(집행정지)** ②취소소송이 제기된 경우에 처분등이나 그 집행 또는 절차의 속행으로 인하여 생길 회복하기 어려운 손해를 예방하기 위하여 긴급한 필요가 있다고 인정할 때에는 본안이 계속되고 있는 법원은 당사자의 신청 또는 직권에 의하여 처분등의 효력이나 그 집행 또는 절차의 속행의 전부 또는 일부의 정지(이하 "집행정지"라 한다)를 결정할 수 있다. 다만, 처분의 효력정지는 처분등의 집행 또는 절차의 속행을 정지함으로써 목적을 달성할 수 있는 경우에는 허용되지 아니한다.

④ (○) "어느 행정처분에 대하여 그 행정처분의 근거가 된 법률이 위헌이라는 이유로 무효확인청구의 소가 제기된 경우에는 다른 특별한 사정이 없는 한 법원으로서는 그 법률이 위헌인지 여부에 대하여는 판단할 필요 없이 그 무효확인청구를 기각하여야 한다."(대법원 1994. 10. 28. 선고 92누9463)

08

「공공기관의 정보공개에 관한 법률」상 정보공개에 대한 설명으로 옳지 않은 것은? (다툼이 있는 경우 판례에 의함)

① 법무부령으로 제정된 「검찰보존사무규칙」상의 기록의 열람·등사의 제한규정은 구 「공공기관의 정보공개에 관한 법률」 제9조 제1항 제1호의 '다른 법률 또는 법률에 의한 명령에 의하여 비공개사항으로 규정된 경우'에 해당하지 않는다.

② '진행 중인 재판에 관련된 정보'에 해당한다는 사유로 정보공개를 거부하기 위해서는 반드시 그 정보가 진행 중인 재판의 소송기록 그 자체에 포함된 내용의 정보일 필요는 없으나, 재판에 관련된 일체의 정보가 그에 해당하는 것은 아니고 진행 중인 재판의 심리 또는 재판 결과에 구체적으로 영향을 미칠 위험이 있는 정보에 한정된다.

③ 교도소에 수용 중이던 재소자가 담당 교도관들을 상대로 가혹행위를 이유로 형사고소 및 민사소송을 제기하면서, 그 증명자료의 확보를 위해 정보공개를 요청한 징벌위원회 회의록 중 재소자의 진술, 위원장 및 위원들과 재소자 사이의 문답 등 징벌절차 진행부분은 비공개대상에 해당한다.

④ 행정청에 정보공개청구를 하였으나 행정청이 이에 대해 거부처분을 한 경우, 부작위위법확인소송을 제기할 수는 없지만 의무이행심판을 청구할 수는 있다.

해설 정답 ❸

① (○) "구 정보공개법 제7조 제1항 제1호 소정의 '법률에 의한 명령'은 법률의 위임규정에 의하여 제정된 대통령령, 총리령, 부령 전부를 의미한다기보다는 정보의 공개에 관하여 법률의 구체적인 위임 아래 제정된 법규명령(위임명령)을 의미한다고 보아야 할 것인바, 검찰보존사무규칙(1996. 5. 1. 법무부령 제425호로 개정된 것)은 비록 법무부령으로 되어 있으나, 그중 불기소사건기록 등의 열람·등사에 대하여 제한하고 있는 부분은 위임 근거가 없어 행정기관 내부의 사무처리준칙으로서 행정규칙에 불과하므로, 위 규칙에 의한 열람·등사의 제한을 구 정보공개법 제7조 제1항 제1호의 '다른 법률 또는 법률에 의한 명령에 의하여 비공개사항으로 규정된 경우'에 해당한다고 볼 수 없다."(대법원 2004. 9. 23. 선고 2003두1370)

② (○) "공공기관의 정보에 관한 법률(이하 '정보공개법'이라 한다)은 공공기관이 보유·관리하는 정보에 대한 국민의 공개청구 및 공공기관의 공개의무에 관한 필요한 사항을 정함으로써 국민의 알 권리를 보장하고 국정에 대한 국민의 참여와 국정운영의 투명성을 확보함을 목적으로 공공기관이 보유·관리하는 모든 정보를 원칙적 공개대상으로 하면서도, 재판의 독립성과 공정성 등 국가의 사법작용이 훼손되는 것을 막기 위하여 제9조 제1항 제4호에서 '진행 중인 재판에 관련된 정보'를 비공개대상정보로 규정하고 있다. 이와 같은 정보공개법의 입법 목적, 정보공개의 원칙, 위 비공개대상정보의 규정 형식과 취지 등을 고려하면, 법원 이외의 공공기관이 위 규정이 정한 '진행 중인 재판에 관련된 정보'에 해당한다는 사유로 정보공개를 거부하기 위하여는 반드시 그 정보가 진행 중인 재판의 소송기록 그 자체에 포함된 내용의 정보일 필요는 없으나, 재판에 관련된 일체의 정보가 그에 해당하는 것은 아니고 진행 중인 재판의 심리 또는 재판결과에 구체적으로 영향을 미칠 위험이 있는 정보에 한정된다고 할 것이다."(대법원 2012. 4. 12. 선고 2010두24913)

③ (×) "재소자가 교도관의 가혹행위를 이유로 형사고소 및 민사소송을 제기하면서 그 증명자료 확보를 위해 '근무보고서'와 '징벌위원회 회의록' 등의 정보공개를 요청하였으나 교도소장이 이를 거부한 사안에서, 근무보고서는 비공개대상정보에 해당한다고 볼 수 없고, 징

벌위원회 회의록 중 비공개 심사·의결 부분은 비공개사유에 해당하지만 징벌절차 진행 부분은 비공개사유에 해당하지 않는다고 보아 분리 공개가 허용된다고 한 사례"(대법원 2009. 12. 10. 선고 2009두12785)

④ (○) 정보공개청구의 거부에 대해서는 의무이행심판을 청구할 수 있다. 거부처분은 부작위가 아니라 작위이므로 부작위위법확인소송을 제기할 수는 없다.

09

취소소송의 심리에 대한 설명으로 옳은 것은? (다툼이 있는 경우 판례에 의함)

① 항고소송에서 행정처분의 위법 여부를 판단하는 기준 시점은 처분시이므로 법원은 처분 당시 존재하였던 자료만으로 위법 여부를 판단하여야 하고, 처분 후 행정청에 제출된 자료를 활용하여 위법 여부를 판단할 수는 없다.

② 일반적으로 혼인파탄의 귀책사유에 관한 사정들이 혼인관계 당사자의 지배영역에 있는 것이어서 피고 행정청이 구체적으로 파악하기 곤란한 반면, 혼인관계의 당사자인 원고는 상대적으로 쉽게 증명할 수 있으므로, 결혼이민[F-6 (다)목] 체류자격 거부처분 취소소송에서 그 처분사유에 관한 증명책임은 원고에게 있다.

③ 사실심에서 변론종결시까지 당사자가 주장하지 않던 직권조사사항에 해당하는 사항을 상고심에서 비로소 주장하는 경우, 그 직권조사사항에 해당하는 사항은 상고심의 심판범위에 해당한다.

④ "법원은 필요하다고 인정할 때에는 직권으로 증거조사를 할 수 있고, 당사자가 주장하지 아니한 사실에 대하여도 판단할 수 있다."라고 규정하고 있는 「행정소송법」 제26조는 당사자소송에 준용되지 않는다.

해설 정답 ❸

① (×) "행정처분의 위법 여부를 판단하는 기준 시점에 대하여 판결시가 아니라 처분시라고 하는 의미는 행정처분이 있을 때의 법령과 사실상태를 기준으로 하여 위법 여부를 판단할 것이며 처분 후 법령의 개폐나 사실상태의 변동에 영향을 받지 않는다는 뜻이지 처분 당시 존재하였던 자료나 행정청에 제출되었던 자료만으로 위법 여부를 판단한다는 의미는 아니므로 처분 당시의 사실상태 등에 대한 입증은 사실심 변론종결 당시까지 할 수 있고, 법원은 행정처분 당시 행정청이 알고 있었던 자료뿐만 아니라 사실심 변론종결 당시까지 제출된 모든 자료를 종합하여 처분 당시 존재하였던 객관적 사실을 확정하고 그 사실에 기초하여 처분의 위법 여부를 판단할 수 있다." (대법원 1995. 11. 10. 선고 95누8461)

② (×) "수소법원이 '혼인파탄의 주된 귀책사유가 국민인 배우자에게 있다'고 판단하게 되는 경우에는, 해당 결혼이민[F-6 (다)목] 체류자격 거부처분은 위법하여 취소되어야 하므로, 이러한 의미에서 결혼이민[F-6 (다)목] 체류자격 거부처분 취소소송에서도 그 처분사유에 관한 증명책임은 피고 행정청에 있다. 일반적으로 혼인파탄의 귀책사유에 관한 사정들이 혼인관계 당사자의 지배영역에 있는 것이어서 피고 행정청이 구체적으로 파악하기 곤란한 반면, 혼인관계의 당사자인 원고는 상대적으로 쉽게 증명할 수 있는 측면이 있음을 고려하더라도 달리 볼 것은 아니다. 피고 행정청은 처분 전에 실태조사를 통해 혼인관계 쌍방 당사자의 진술을 청취하는 방식으로 혼인파탄의 귀책사유에 관한 사정들을 파악할 수 있고, 원고의 경우에도 한국의 제도나 문화에 대한 이해나 한국어 능력이 부족하여 평소 혼인파탄의 귀책사유에 관하여 자신에게 유리한 사정들을 증명할 수 있는 증거를 제대로 수집·확보하지 못한 상황에서 별거나 이혼을 하게 되는 경우가 있기 때문이다."(대법원 2019. 7. 4. 선고 2018두66869)

③ (○) "행정소송에서 쟁송의 대상이 되는 행정처분의 존부는 소송요건으로서 직권조사사항이고, 자백의 대상이 될 수 없는 것이므로, 설사 그 존재를 당사자들이 다투지 아니한다 하더라도 그 존부에 관하여 의심이 있는 경우에는 이를 직권으로 밝혀 보아야 할 것이고, 사실심에서 변론종결시까지 당사자가 주장하지 않던 직권조사사항에 해당하는 사항을 상고심에서 비로소 주장하는 경우 그 직권조사사항에 해당하는 사항은 상고심의 심판범위에 해당한다."(대법원 2004. 12. 24. 선고 2003두15195)

④ (×) 행정소송법 제44조 제1항

> **행정소송법 제44조(준용규정)** ①제14조 내지 제17조, 제22조, 제25조, 제26조, 제30조 제1항, 제32조 및 제33조의 규정은 당사자소송의 경우에 준용한다.

10

「국가배상법」 제2조 책임에 대한 설명으로 옳은 것은? (다툼이 있는 경우 판례에 의함)

① 국가배상은 국가 또는 지방자치단체가 부담하는 배상책임으로서 공행정 작용을 대상으로 하므로, 국가배상청구소송은 국가·공공단체 그 밖의 권리주체를 피고로 하는 당사자소송이라는 것이 판례의 입장이다.

② 구청장이 에스에이치공사의 직원들을 대집행의 책임자로 지정한 경우, 에스에이치공사 직원들과 마찬가지로 에스에이치공사 자체도 공무원에 해당하므로, 대집행과정에서 발생한 손해에 대하여 에스에이치공사에 고의·중과실 없이 경과실만 존재한다면 에스에이치공사가 손해배상책임을 진다고 할 수 없다.

③ 도로개설 등 공사로 인한 무허가건물의 강제철거와 관련하여 이루어지는 지방자치단체의 그 철거건물 소유자에 대한 시영아파트 분양권 부여 등의 업무는, 사경제주체로서의 활동으로 볼 것이지 지방자치단체의 공권력 행사로 보기는 어렵다.

④ 규제권한을 행사하지 않은 것이 직무상 의무를 위반하여 위법한 것으로 되는 경우에는 특별한 사정이 없는 한 과실도 인정되나, 식품의약품안전청장이 구 「식품위생법」상의 규제권한을 행사하지 않아 미니컵 젤리가 수입·유통되어 이를 먹던 아동이 질식사하였다는 사정만으로 그 권한 불행사에 과실이 있다고 할 수는 없다.

해설 정답 ❹

① (×) 국가배상책임을 공법적 책임으로 보는 견해는 국가배상청구소송은 당사자소송으로 제기되어야 한다고 보지만, 판례는 이를 민사소송으로 다루고 있다. 관련판례 "공무원의 직무상 불법행위로 손해를 받은 국민이 국가 또는 공공단체에 배상을 청구하는 경우 국가 또는 공공단체에 대하여 그의 불법행위를 이유로 손해배상을 구함은 국가배상법이 정한바에 따른다 하여도 이 역시 민사상의 손해배상책임을 특별법인 국가배상법이 정한데 불과하며 헌법 제26조 단서

는 국가 또는 공공단체가 불법행위로 인한 손해배상책임을 지는 경우 공무원 자신의 책임은 면제되지 아니한다고 규정하여 공무원의 직무상 불법행위로 손해를 받은 국민이 공무원 자신에게 대하여도 직접 그의 불법행위를 이유로 손해배상을 청구할 수 있음을 규정하여 국가배상법의 공무원 자신의 책임에 관한 규정여하를 기다릴 것 없이 공무원 자신이 불법행위를 이유로 민사상의 손해배상책임을 져야할 법리임에도 불구하고 원 판결이 피고 1시는 공공단체로서 불법행위로 인한 손해배상 책임이 있어도 직무를 행함에 당하여 불법행위를 한 피고 2, 3에게 대하여는 민사상의 손해배상을 청구할 수 있다는 취의의 판단을 하였음은 위 헌법 제26조 단서 규정을 오해한 위법이 있다 할 것으로서 이점에 관한 상고논지는 이유 있고 원판결중 원고들 (위 제외한 원고들을 포함하지 아니한다)의 피고 이동만, 이창호에게 대한 패소부분은 파기를 면치 못할 것이다."(대법원 1972. 10. 10. 선고 69다701)

② (×) "국민임대주택단지 조성사업의 시행자인 에스에이치공사가 갑 소유의 비닐하우스 등 지장물을 이전하게 하는 수용재결을 받아 수용보상금을 공탁한 후 대집행을 신청하여 을 구청장이 공사 직원들을 집행책임자로 지정하여 대집행 계고서와 대집행영장을 발부하고, 공사는 이를 받아 공란으로 되어 있던 이행기한이나 대집행일자를 기재한 다음 대집행을 실행한 사안에서, 위 공사는 집행책임자로 지정된 공사 직원들과는 달리 대집행 실행으로 갑이 입은 손해에 대하여 경과실만이 있다는 이유로 배상책임을 면할 수 없다."(대법원 2014. 4. 24. 선고 2012다36340) ☞ 에스에이치공사는 공무원에 해당하지 않으므로 경과실만 있는 경우에도 손해배상책임을 면할 수 없다는 것이다. 참고로, 이 사건에서 에스에이치공사 직원들은 공무원에 해당한다고 보았다.

③ (×) "도로가설 등 공사로 인한 무허가건물의 강제철거와 관련하여 이루어지는 시나 구 등 지방자치단체의 철거건물 소유자에 대한 시영아파트분양권 부여 및 세입자에 대한 지원대책 등의 업무는 지방자치단체의 공권력 행사 기타 공행정작용과 관련된 활동으로 볼 것이지 단순한 사경제주체로서 하는 활동이라고는 볼 수 없다."(대법원 1991. 7. 26. 선고 91다14819)

④ (○) "구 식품위생법(2005. 1. 27. 법률 제7374호로 개정되기 전의 것) 제7조, 제9조, 제10조, 제16조 등 관련 규정이 식품의약품안전청장 및 관련 공무원에게 합리적인 재량에 따른 직무수행 권한을 부여한 것으로 해석된다고 하더라도, 식품의약품안전청장 등에게 그러한 권한을 부여한 취지와 목적에 비추어 볼 때 구체적인 상황 아래에서 식품의약품안전청장 등이 그 권한을 행사하지 아니한 것이 현저하게 합리성을 잃어 사회적 타당성이 없는 경우에는 직무상 의무를 위반한 것이 되어 위법하게 된다. 그리고 위와 같이 식약청장등이 그 권한을 행사하지 아니한 것이 직무상 의무를 위반하여 위법한 것으로 되는 경우에는 특별한 사정이 없는 한 과실도 인정된다. 어린이가 '미니컵 젤리'를 먹다가 질식하여 사망한 사안에서, 그 사고 발생 전에 미니컵 젤리에 대한 세계 각국의 규제 내용이 주로 곤약 등 미니컵 젤리의 성분과 용기의 규격에 대한 규제에 머물러 있었고, 대한민국 정부도 그 수준에 맞추어 미니컵 젤리의 기준과 규격, 표시 등을 규제하는 조치를 취하여 위 사고 발생 전까지 미니컵 젤리와 관련한 질식사고가 발생하지 않았던 점 등에 비추어, 비록 당시의 과학수준상 미니컵 젤리의 성분에 대하여 허위신고를 하더라도 그 진위를 가려내기 어려웠고, 위 사고 발생 후 시험 등을 통하여 그러한 허위신고의 가능성이 확인되고 곤약 등을 제외한 다른 성분을 함유한 미니컵 젤리로 인한 질식의 위험성이 드러났다고 하더라도, 위 사고 발생 무렵 식품의약품안전청장 및 관계 공무원이 그러한 위험성을 인식하거나 예견하기 어려웠던 점 등 여러 사정을 고려하여 보면, 식품의약품안전청장 및 관계 공무원이 위 사고 발생 시까지 구 식품위생법(2005. 1. 27. 법률 제7374호로 개정되기 전의 것)상의 규제 권한을 행사하여 미니컵 젤리의 수입·유통 등을 금지하거나 그 기준과 규격, 표시 등을 강화하고 그에 필요한 검사 등을 실시하는 조치를 취하지 않은 것이 현저하게 합리성을 잃어 사회적 타당성이 없다거나 객관적 정당성을 상실하여 위법하다고 할 수 있을 정도에까지 이르렀다고 보기 어렵고, 그 권한 불행사에 과실이 있다고 할 수도 없다고 한 원심의 판단이 정당하다고 한 사례."(대법원 2010. 9. 9. 선고 2008다77795)

11

행정상 손실보상에 대한 설명으로 옳지 않은 것은? (다툼이 있는 경우 판례에 의함)

① 헌법 제23조 제1항의 규정은 재산권의 존속을 보호하는 규정인데, 제23조 제3항의 수용제도를 통해 이 존속보장은 가치보장으로 변하게 된다.
② 분리이론과 경계이론은 재산권의 내용·한계설정과 공용침해를 보다 합리적으로 구분하려는 이론인데, 그중 분리이론은 재산권의 존속보장보다는 가치보장을 강화하려는 입장에서 접근하는 견해이다.
③ 헌법 제23조 제3항을 입법자에 대한 구속규정으로 보는 위헌무효설은 헌법 제23조 제3항이 결부조항임을 전제로 보상규정이 없는 공용침해법률은 위헌법률이라고 본다.
④ 지장물인 건물은 그 건물이 적법한 건축허가를 받아 건축된 것인지 여부에 관계없이 「토지수용법」상의 사업인정의 고시 이전에 건축된 건물이기만 하면 손실보상의 대상이 된다.

해설 정답 ❷

① (○) 헌법 제23조 제1항은 재산권의 존속을 보호하는 규정인데, 제23조 제3항의 수용제도를 통해 이 존속보장은 가치보장으로 변하게 된다.

> **헌법 제23조** ① 모든 국민의 재산권은 보장된다. 그 내용과 한계는 법률로 정한다.
> ② 재산권의 행사는 공공복리에 적합하도록 하여야 한다.
> ③ 공공필요에 의한 재산권의 수용·사용 또는 제한 및 그에 대한 보상은 법률로써 하되, 정당한 보상을 지급하여야 한다.

② (×) 분리이론은 재산권의 가치보장보다는 존속보장을 강화하려는 입장에서 접근하는 견해이다.

③ (○) 보상규정이 없는 공용침해법률에 근거한 공용침해가 이루어지 경우, 위헌무효설(입법자에 대한 직접효력설)은 아래와 같이 취급되어야 한다고 본다.

> ① 손실보상청구를 할 수는 없고, 사인은 그에 대해 취소소송으로 다투어야 하며, 다만 손해를 입은 경우에는 손해배상도 청구할 수 있다.
> ② 제23조 제3항은 국민에 대하여 손실보상청구권을 부여하는 규정이 아니라, 입법자에 대하여 공용침해를 할 때는 보상규정을 두도록 명령하는 규정이다.
> ③ 헌법 제23조 제3항이 결부조항임을 전제로, 보상규정을 두지 않은 공용침해의 근거법률은 부진정입법부작위로서 위헌이고, 따라서 이에 근거한 침해도 위헌으로서 위법이라 본다.

④ (○) "토지수용법상의 사업인정 고시 이전에 건축되고 공공사업용지 내의 토지에 정착한 지장물인 건물은 통상 적법한 건축허가를 받았는지 여부에 관계없이 손실보상의 대상이 되나, 주거용 건물이 아닌 위법 건축물의 경우에는 관계 법령의 입법 취지와 그 법령에 위반된 행위에 대한 비난가능성과 위법성의 정도, 합법화될 가능성, 사회통념상 거래 객체가 되는지 여부 등을 종합하여 구체적·개별적으로

판단한 결과 그 위법의 정도가 관계 법령의 규정이나 사회통념상 용인할 수 없을 정도로 크고 객관적으로도 합법화될 가능성이 거의 없어 거래의 객체도 되지 아니하는 경우에는 예외적으로 수용보상 대상이 되지 아니한다."(대법원 2001. 4. 13. 선고 2000두6411)

12

「개인정보 보호법」에 대한 설명으로 옳은 것만을 모두 고르면? (다툼이 있는 경우 판례에 의함)

ㄱ 범죄의 예방 및 수사를 위하여 필요한 경우에는 공개된 장소에 고정형 영상정보처리기기를 설치·운영할 수 있다. 이때 고정형 영상정보처리기기를 설치·운영하는 자는 정보주체가 쉽게 인식할 수 있도록 설치 목적 및 장소 등의 사항이 포함된 안내판을 설치하는 등 필요한 조치를 하여야 한다.
ㄴ 다른 정보와 결합하여 특정 개인을 알아볼 수 있는 정보일지라도 해당 정보만으로는 특정 개인을 식별할 수 없다면 이는 「개인정보 보호법」의 보호대상이 되는 개인정보라 할 수 없다.
ㄷ 개인정보처리자는 다른 개인정보의 처리에 대한 동의와 별도로 동의를 받은 경우라 하더라도 주민등록번호는 법에서 정한 예외적 인정사유에 해당하지 않는 한 처리할 수 없다.
ㄹ 정보주체는 개인정보처리자의 고의 또는 과실로 인하여 개인정보가 유출된 경우에는 300만원 이하의 범위에서 상당한 금액을 손해액으로 하여 배상을 청구할 수 있다. 이 경우 해당 개인정보처리자는 고의 또는 과실이 없음을 입증하지 아니하면 책임을 면할 수 없다.

① ㄱ, ㄴ ② ㄱ, ㄷ
③ ㄱ, ㄷ, ㄹ ④ ㄴ, ㄹ

해설 정답 ③

이하 개인정보 보호법
ㄱ (○) 제25조 제1항, 제4항

제25조(영상정보처리기기의 설치·운영 제한) ① 누구든지 다음 각 호의 경우를 제외하고는 공개된 장소에 고정형 영상정보처리기기를 설치·운영하여서는 아니 된다. 〈개정 2023. 3. 14.〉
1. 법령에서 구체적으로 허용하고 있는 경우
2. 범죄의 예방 및 수사를 위하여 필요한 경우
3. 시설안전 및 화재 예방을 위하여 필요한 경우
4. 교통단속을 위하여 필요한 경우
5. 교통정보의 수집·분석 및 제공을 위하여 필요한 경우

④ 제1항 각 호에 따라 고정형 영상정보처리기기를 설치·운영하는 자(이하 "고정형영상정보처리기기운영자"라 한다)는 정보주체가 쉽게 인식할 수 있도록 다음 각 호의 사항이 포함된 안내판을 설치하는 등 필요한 조치를 하여야 한다. 다만, 「군사기지 및 군사시설 보호법」 제2조 제2호에 따른 군사시설, 「통합방위법」 제2조 제13호에 따른 국가중요시설, 그 밖에 대통령령으로 정하는 시설에 대하여는 그러하지 아니하다.
1. 설치 목적 및 장소
2. 촬영 범위 및 시간
3. 관리책임자 성명 및 연락처
4. 그 밖에 대통령령으로 정하는 사항

ㄴ (×) 제2조 제1호 나목

제2조(정의) 이 법에서 사용하는 용어의 뜻은 다음과 같다.
1. "개인정보"란 살아 있는 개인에 관한 정보로서 다음 각 목의 어느 하나에 해당하는 정보를 말한다.
  가. 성명, 주민등록번호 및 영상 등을 통하여 개인을 알아볼 수 있는 정보
  나. 해당 정보만으로는 특정 개인을 알아볼 수 없더라도 다른 정보와 쉽게 결합하여 알아볼 수 있는 정보. 이 경우 쉽게 결합할 수 있는지 여부는 다른 정보의 입수 가능성 등 개인을 알아보는 데 소요되는 시간, 비용, 기술 등을 합리적으로 고려하여야 한다.
  다. 가목 또는 나목을 제1호의2에 따라 가명처리함으로써 원래의 상태로 복원하기 위한 추가 정보의 사용·결합 없이는 특정 개인을 알아볼 수 없는 정보(이하 "가명정보"라 한다)

ㄷ (○) 개인정보처리자는 정보주체에게 제15조 제2항 각 호 또는 제17조 제2항 각 호의 사항을 알리고 다른 개인정보의 처리에 대한 동의와 별도로 동의를 받은 경우에는 고유식별정보를 처리할 수 있으나(제24조 제1호), 주민등록번호에 대해서는 예외를 인정하여, 다른 개인정보의 처리에 대한 동의와 별도로 동의를 받은 경우라 하더라도 주민등록번호는 법에서 정한 예외적 인정사유(제24조의2 제1항 각 호 사유)에 해당하지 않는 한 처리할 수 없다.

제24조의2(주민등록번호 처리의 제한) ① 제24조 제1항에도 불구하고 개인정보처리자는 다음 각 호의 어느 하나에 해당하는 경우를 제외하고는 주민등록번호를 처리할 수 없다.
1. 법률·대통령령·국회규칙·대법원규칙·헌법재판소규칙·중앙선거관리위원회규칙 및 감사원규칙에서 구체적으로 주민등록번호의 처리를 요구하거나 허용한 경우
2. 정보주체 또는 제3자의 급박한 생명, 신체, 재산의 이익을 위하여 명백히 필요하다고 인정되는 경우
3. 제1호 및 제2호에 준하여 주민등록번호 처리가 불가피한 경우로서 보호위원회가 고시로 정하는 경우

제24조(고유식별정보의 처리 제한) ① 개인정보처리자는 다음 각 호의 경우를 제외하고는 법령에 따라 개인을 고유하게 구별하기 위하여 부여된 식별정보로서 대통령령으로 정하는 정보(이하 "고유식별정보"라 한다)를 처리할 수 없다.
1. 정보주체에게 제15조 제2항 각 호 또는 제17조 제2항 각 호의 사항을 알리고 다른 개인정보의 처리에 대한 동의와 별도로 동의를 받은 경우
2. 법령에서 구체적으로 고유식별정보의 처리를 요구하거나 허용하는 경우

ㄹ (○) 제39조의2 제1항

제39조의2(법정손해배상의 청구) ① 제39조 제1항에도 불구하고 정보주체는 개인정보처리자의 고의 또는 과실로 인하여 개인정보가 분실·도난·유출·위조·변조 또는 훼손된 경우에는 300만원 이하의 범위에서 상당한 금액을 손해액으로 하여 배상을 청구할 수 있다. 이 경우 해당 개인정보처리자는 고의 또는 과실이 없음을 입증하지 아니하면 책임을 면할 수 없다.

13

재량행위와 기속행위에 대한 설명으로 옳지 않은 것은? (다툼이 있는 경우 판례에 의함)

① 「국토의 계획 및 이용에 관한 법률」상 개발행위허가는 허가기준 및 금지요건이 불확정개념으로 규정된 부분이 많아 그 요건에 해당하는지 여부는 행정청의 재량판단의 영역에 속한다.
② 건축허가를 하면서 일정 토지의 기부채납을 허가조건으로 하는 부관은 기속행위 내지 기속적 재량행위에 붙인 부담이거나 또는 법령상 근거가 없는 부관이어서 무효이다.
③ 구 「전염병예방법」 제54조의2 제2항에 따른 예방접종으로 인한 질병, 장애 또는 사망의 인정 여부 결정은 보건복지가족부장관(현 보건복지부장관)의 재량에 속한다.
④ 산림훼손은 국토 및 자연의 유지 등 환경보전에 영향을 미치는 행위이기는 하나, 산림훼손허가를 거부함으로써 그 상대방이 입게 되는 사익상의 손해보다 공익이 더 중하다 할 수 없으므로, 환경보전을 이유로 산림훼손허가 신청을 거부할 수 있다는 명문의 법적 근거규정 없이 산림훼손허가를 거부하는 것은 비례의 원칙에 반하여 위법하다.

해설 정답 ❹

① (○) "국토의 계획 및 이용에 관한 법률(이하 '국토계획법'이라고 한다) 제56조에 따른 개발행위허가와 농지법 제34조에 따른 농지전용허가·협의는 금지요건·허가기준 등이 불확정개념으로 규정된 부분이 많아 그 요건·기준에 부합하는지의 판단에 관하여 행정청에 재량권이 부여되어 있으므로, 그 요건에 해당하는지 여부는 행정청의 재량판단의 영역에 속한다."(대법원 2017. 10. 12. 선고 2017두48956)

② (○) "건축허가를 하면서 일정 토지를 기부채납하도록 하는 내용의 허가조건은 부관을 붙일 수 없는 기속행위 내지 기속적 재량행위인 건축허가에 붙인 부담이거나 또는 법령상 아무런 근거가 없는 부관이어서 무효이다."(대법원 1995. 6. 13. 선고 94다56883)

③ (○) "특정인에게 권리나 이익을 부여하는 이른바 수익적 행정처분은 법령에 특별한 규정이 없는 한 재량행위이고, 구 전염병예방법(2009. 12. 29. 법률 제9847호 감염병의 예방 및 관리에 관한 법률로 전부 개정되기 전의 것, 이하 '구 전염병예방법'이라 한다) 제54조의2 제2항에 의하여 보건복지가족부장관에게 예방접종으로 인한 질병, 장애 또는 사망(이하 '장애 등'이라 한다)의 인정 권한을 부여한 것은, 예방접종과 장애 등 사이에 인과관계가 있는지를 판단하는 것은 고도의 전문적 의학 지식이나 기술이 필요한 점과 전국적으로 일관되고 통일적인 해석이 필요한 점을 감안한 것으로 역시 보건복지가족부장관의 재량에 속하는 것이므로, 인정에 관한 보건복지가족부장관의 결정은 가능한 한 존중되어야 한다."(대법원 2014. 5. 16. 선고 2014두274)

④ (×) "산림훼손은 국토 및 자연의 유지와 수질 등 환경의 보전에 직접적으로 영향을 미치는 행위이므로, 법령이 규정하는 산림훼손 금지 또는 제한 지역에 해당하는 경우는 물론 금지 또는 제한 지역에 해당하지 않더라도 허가관청은 산림훼손허가신청 대상토지의 현상과 위치 및 주위의 상황 등을 고려하여 국토 및 자연의 유지와 환경의 보전 등 중대한 공익상 필요가 있다고 인정될 때에는 허가를 거부할 수 있고, 그 경우 법규에 명문의 근거가 없더라도 거부처분을 할 수 있다."(대법원 2003. 3. 28. 선고 2002두12113)

14

「행정대집행법」상 행정대집행에 대한 설명으로 옳은 것은? (다툼이 있는 경우 판례에 의함)

① 해가 지기 전에 대집행을 착수한 경우에는 의무자의 동의를 얻지 않았더라도 야간에 대집행을 실행할 수 있다.
② 행정청이 건물 철거의무를 행정대집행의 방법으로 실현하는 과정에서, 건물을 점유하고 있는 철거의무자들에 대하여 제기한 건물퇴거를 구하는 소송은 적법하다.
③ 대집행이 단기간에 종료되면 소의 이익이 흠결되어 소송으로는 구제받기가 어려우므로, 대집행이 완료되어 취소소송을 제기할 수 없는 경우 국가배상청구소송을 제기하는 것도 허용되지 않는다.
④ 대집행의 계고는 행정지도에 해당하므로 반드시 문서로 하여야 하는 것은 아니다.

해설 정답 ❶

① (○) 행정대집행법 제4조 제1항

> **행정대집행법 제4조(대집행의 실행 등)** ① 행정청(제2조에 따라 대집행을 실행하는 제3자를 포함한다. 이하 이 조에서 같다)은 해가 뜨기 전이나 해가 진 후에는 대집행을 하여서는 아니 된다. 다만, 다음 각 호의 어느 하나에 해당하는 경우에는 그러하지 아니하다.
> 1. 의무자가 동의한 경우
> 2. 해가 지기 전에 대집행을 착수한 경우
> 3. 해가 뜬 후부터 해가 지기 전까지 대집행을 하는 경우에는 대집행의 목적 달성이 불가능한 경우
> 4. 그 밖에 비상시 또는 위험이 절박한 경우

② (×) "관계 법령상 행정대집행의 절차가 인정되어 행정청이 행정대집행의 방법으로 건물의 철거 등 대체적 작위의무의 이행을 실현할 수 있는 경우에는 따로 민사소송의 방법으로 그 의무의 이행을 구할 수 없다. 한편 건물의 점유자가 철거의무자일 때에는 건물철거의무에 퇴거의무도 포함되어 있는 것이어서 별도로 퇴거를 명하는 집행권원이 필요하지 않다."(대법원 2017. 4. 28. 선고 2016다213916)

③ (×) 대집행이 완료되어 취소소송을 제기할 수 없는 경우에도 국가배상청구는 가능하다. ☞ 대집행절차를 이루는 작용들이 처분성이 있어 취소소송의 대상적격에는 문제가 없다 하더라도, 대집행은 단기간에 종료되기 때문에, 소의 이익이 흠결되어 취소소송으로는 구제받기가 사실상 불가능하다. 따라서 현실적으로는 위법한 대집행에 대해서는 국가배상이 주된 구제수단이 된다.

④ (×) 대집행의 계고는 행정지도가 아니라, 준법률행위적 행정행위 중 통지로서 법적행위이다.

15

판례상 공증행위의 처분성이 인정된 경우만을 모두 고르면?

㉠ 무허가건물을 무허가건물관리대장에서 삭제하는 행위
㉡ 사업시행자인 한국도로공사가 구 「지적법」에 따라 행한 토지면적등록 정정신청을 반려한 행위
㉢ 상표권자인 법인에 대한 청산종결등기가 되었음을 이유로 특허청장이 행한 상표권의 말소등록행위
㉣ 지적 공부 소관청이 토지대장상의 소유자명의변경신청을 거부한 행위
㉤ 건축물대장 소관 행정청이 건축물에 관한 건축물대장을 직권 말소한 행위

① ㉠, ㉢　　② ㉠, ㉢, ㉣
③ ㉡, ㉣, ㉤　　④ ㉡, ㉤

해설　정답 ❹

㉠ (×) "무허가건물관리대장은, 행정관청이 지방자치단체의 조례 등에 근거하여 무허가건물 정비에 관한 행정상 사무처리의 편의와 사실증명의 자료로 삼기 위하여 작성, 비치하는 대장으로서 무허가건물을 무허가건물관리대장에 등재하거나 등재된 내용을 변경 또는 삭제하는 행위로 인하여 당해 무허가 건물에 대한 실체상의 권리관계에 변동을 가져오는 것이 아니고, 무허가건물의 건축시기, 용도, 면적 등이 무허가건물관리대장의 기재에 의해서만 증명되는 것도 아니므로, 관할관청이 무허가건물의 무허가건물관리대장 등재 요건에 관한 오류를 바로잡으면서 당해 무허가건물을 무허가건물관리대장에서 삭제하는 행위는 다른 특별한 사정이 없는 한 항고소송의 대상이 되는 행정처분이 아니다."(대법원 2009. 3. 12. 선고 2008두11525)

㉡ (○) "평택~시흥 간 고속도로 건설공사 사업시행자인 한국도로공사가 고속도로 건설공사에 편입되는 토지들의 지적공부에 등록된 면적과 실제 측량 면적이 일치하지 않는 것을 발견하고 구 지적법(2009. 6. 9. 법률 제9774호 측량·수로조사 및 지적에 관한 법률 부칙 제2조 제2호로 폐지, 이하 '구 지적법'이라 한다) 제24조 제1항, 제28조 제1호에 따라 토지소유자들을 대위하여 토지면적등록 정정신청을 하였으나 화성시장이 이를 반려한 사안에서, 반려처분은 공공사업의 원활한 수행을 위하여 부여된 사업시행자의 관계 법령상 권리 또는 이익에 영향을 미치는 공권력의 행사 또는 그 거부에 해당하는 것으로서 항고소송 대상이 되는 행정처분에 해당한다고 본 원심판단을 정당하다고 한 사례."(대법원 2011. 8. 25. 선고 2011두3371)

㉢ (×) "상표원부에 상표권자인 법인에 대한 청산종결등기가 되었음을 이유로 상표권의 말소등록이 이루어졌다고 해도 이는 상표권이 소멸하였음을 확인하는 사실적·확인적 행위에 지나지 않고, 말소등록으로 비로소 상표권 소멸의 효력이 발생하는 것이 아니어서, 상표권의 말소등록은 국민의 권리의무에 직접적으로 영향을 미치는 행위라고 할 수 없다. 한편 상표법 제39조 제3항의 위임에 따른 특허권 등의 등록령(이하 '등록령'이라 한다) 제27조는 '말소한 등록의 회복을 신청하는 경우에 등록에 대한 이해관계가 있는 제3자가 있을 때에는 신청서에 그 승낙서나 그에 대항할 수 있는 재판의 등본을 첨부하여야 한다.'고 규정하고 있는데, 상표권 설정등록이 말소된 경우에도 등록령 제27조에 따른 회복등록의 신청이 가능하고, 회복신청이 거부된 경우에는 거부처분에 대한 항고소송이 가능하다. 이러한 점들을 종합하면, 상표권자인 법인에 대한 청산종결등기가 되었음을 이유로 한 상표권의 말소등록행위는 항고소송의 대상이 될 수 없다."(대법원 2015. 10. 29. 선고 2014두2362)

㉣ (×) "토지대장에 기재된 일정한 사항을 변경하는 행위는, 그것이 지목의 변경이나 정정 등과 같이 토지소유권 행사의 전제요건으로서 토지소유자의 실체적 권리관계에 영향을 미치는 사항에 관한 것이 아닌 한 행정사무집행의 편의와 사실증명의 자료로 삼기 위한 것일 뿐이어서, 그 소유자 명의가 변경된다고 하여도 이로 인하여 당해 토지에 대한 실체상의 권리관계에 변동을 가져올 수 없고 토지 소유권이 지적공부의 기재만에 의하여 증명되는 것도 아니다(대법원 1984. 4. 24. 선고 82누308 판결, 대법원 2002. 4. 26. 선고 2000두7612 판결 등 참조). 따라서 소관청이 토지대장상의 소유자명의 변경신청을 거부한 행위는 이를 항고소송의 대상이 되는 행정처분이라고 할 수 없다."(대법원 2012. 1. 12. 선고 2010두12354)

㉤ (○) "건축물대장은 건축물에 대한 공법상의 규제, 지방세의 과세대상, 손실보상가액의 산정 등 건축행정의 기초자료로서 공법상의 법률관계에 영향을 미칠 뿐만 아니라, 건축물에 관한 소유권보존등기 또는 소유권이전등기를 신청하려면 이를 등기소에 제출하여야 하는 점 등을 종합해 보면, 건축물대장은 건축물의 소유권을 제대로 행사하기 위한 전제요건으로서 건축물 소유자의 실체적 권리관계에 밀접하게 관련되어 있으므로, 이러한 건축물대장을 직권말소한 행위는 국민의 권리관계에 영향을 미치는 것으로서 항고소송의 대상이 되는 행정처분에 해당한다."(대법원 2010. 5. 27. 선고 2008두22655)

16

행정행위의 효력에 대한 설명으로 옳은 것은? (다툼이 있는 경우 판례에 의함)

① 「건축법」상 위법건축물에 내려진 시정명령을 이행하지 않아 명령위반죄로 기소된 경우 선결문제는 시정명령의 위법 여부가 아니라 시정명령의 효력유무이므로, 시정명령이 당연무효가 아닌 한 형사법원은 처벌의 가부(可否)를 판단할 수 없다.
② 공정력이란 행정행위의 위법이 중대·명백하여 당연무효가 아닌 한 권한 있는 기관에 의해 취소되기까지는 행정의 상대방이나 이해관계자에게 적법하게 통용되는 힘을 말한다.
③ 행정행위의 불가변력은 당해 행정행위에 대해서만 인정되는 것이고, 동종의 행정행위라 하더라도 그 대상을 달리할 때에는 이를 인정할 수 없다.
④ 행정행위의 실질적 존속력은 행정행위의 상대방 및 이해관계인에 대한 구속력이고, 형식적 존속력은 처분청 등 행정기관에 대한 구속력이다.

해설　정답 ❸

① (×) 「건축법」상 위법건축물에 내려진 시정명령을 이행하지 않아 시정명령위반죄로 기소된 경우 형사법원은 이를 판단할 수 있다.
관련판례 "같은 법 제78조 제1항에 정한 처분이나 조치명령을 받은 자가 이에 위반한 경우 이로 인하여 같은 법 제92조에 정한 처벌을 하기 위하여는 그 처분이나 조치명령이 적법한 것이라야 하고, 그 처분이 당연무효가 아니라 하더라도 그것이 위법한 처분으로 인정되는 한 같은 법 제92조 위반죄가 성립될 수 없다."(대법원 1992. 8. 18. 선고 90도1709)

② (×) 공정력이란 행정행위의 위법이 중대·명백하여 당연무효가 아닌 한 권한 있는 기관에 의해 취소되기까지는 행정의 상대방이나 이해관계자에게 유효한(적법한×) 것으로 통용되는 힘을 말한다.

③ (○) "국민의 권리와 이익을 옹호하고 법적안정을 도모하기 위하여 특정한 행위에 대하여는 행정청이라 하여도 이것을 자유로이 취소, 변경 및 철회할 수 없다는 행정행위의 불가변력은 당해 행정행위에 대하여서만 인정되는 것이고, 동종의 행정행위라 하더라도 그 대상을 달리할 때에는 이를 인정할 수 없다."(대법원 1974. 12. 10. 선고 73누129)

④ (×) 불가쟁력(형식적 존속력)은 행정행위의 상대방 및 이해관계인에 대한 구속력이고, 불가변력(실질적 존속력)은 처분청 등 행정기관에 대한 구속력이다.

17

행정상 강제징수에 대한 설명으로 옳지 않은 것은? (다툼이 있는 경우 판례에 의함)

① 「국세징수법」은 행정상 강제징수에 관한 사실상 일반법의 지위를 가지며, 대집행에 요한 비용은 「국세징수법」의 예에 의하여 징수할 수 있다.

② 공매에 의하여 재산을 매수한 자는 그 공매처분이 취소된 경우에 그 취소처분의 위법을 주장하여 행정소송을 제기할 법률상 이익이 있다.

③ 체납자에 대한 공매통지는 공매에서 체납자의 권리 내지 재산상의 이익을 보호하기 위하여 법률로 규정한 절차적 요건이므로, 체납자는 자신에 대한 공매통지의 하자뿐만 아니라 다른 권리자에 대한 공매통지의 하자를 공매처분의 위법사유로 주장할 수 있다.

④ 한국자산관리공사가 인터넷을 통하여 재공매(입찰)하기로 한 결정 자체는 내부적인 의사결정에 불과하여 항고소송의 대상이 되는 처분이라고 볼 수 없다.

해설 정답 ❸

① (○) 행정대집행법 제6조 제1항

> **행정대집행법 제6조(비용징수)** ① 대집행에 요한 비용은 국세징수법의 예에 의하여 징수할 수 있다.

② (○) "과세관청이 체납처분으로서 행하는 공매는 우월한 공권력의 행사로서 행정소송의 대상이 되는 공법상의 행정처분이며 공매에 의하여 재산을 매수한 자는 그 공매처분이 취소된 경우에 그 취소처분의 위법을 주장하여 행정소송을 제기할 법률상 이익이 있다."(대법원 1984. 9. 25. 선고 84누201)

③ (×) "체납자 등에 대한 공매통지는 국가의 강제력에 의하여 진행되는 공매에서 체납자 등의 권리 내지 재산상의 이익을 보호하기 위하여 법률로 규정한 절차적 요건이라고 보아야 하며, 공매처분을 하면서 체납자 등에게 공매통지를 하지 않았거나 공매통지를 하였더라도 그것이 적법하지 아니한 경우에는 절차상의 흠이 있어 그 공매처분은 위법하다. 다만, 공매통지의 목적이나 취지 등에 비추어 보면, 체납자 등은 자신에 대한 공매통지의 하자만을 공매처분의 위법사유로 주장할 수 있을 뿐 다른 권리자에 대한 공매통지의 하자를 들어 공매처분의 위법사유로 주장하는 것은 허용되지 않는다."(대법원 2008. 11. 20. 선고 2007두18154)

④ (○) "한국자산공사가 당해 부동산을 인터넷을 통하여 재공매(입찰)하기로 한 결정 자체는 내부적인 의사결정에 불과하여 항고소송의 대상이 되는 행정처분이라고 볼 수 없고, 또한 한국자산공사가 공매통지는 공매의 요건이 아니라 공매사실 자체를 체납자에게 알려주는데 불과한 것으로서, 통지의 상대방의 법적 지위나 권리·의무에 직접 영향을 주는 것이 아니라고 할 것이므로 이것 역시 행정처분에 해당한다고 할 수 없다."(대법원 2007. 7. 27. 선고 2006두8464)

18

「행정절차법」상 행정절차에 대한 설명으로 옳지 않은 것은? (다툼이 있는 경우 판례에 의함)

① 「행정절차법 시행령」 제2조 제1항에 의하여 「병역법」에 의한 소집에 관한 사항에는 「행정절차법」이 적용되지 않으므로, 「병역법」에 따라 지방병무청장이 산업기능요원 편입취소처분을 함에 있어 사전통지·의견청취 절차를 거치지 않더라도 적법하다.

② 대통령에 의한 한국방송공사 사장의 해임에도 「행정절차법」이 적용된다.

③ 외국인의 난민인정에 대하여는 「행정절차법」 제23조(처분의 이유제시)의 적용은 배제된다.

④ 「행정절차법」의 적용이 제외되는 "공무원 인사관계 법령에 의한 처분에 관한 사항"이란, 공무원 인사관계 법령에 의한 처분에 관한 사항 전부가 아니라, 성질상 행정절차를 거치기 곤란하거나 불필요하다고 인정되는 처분이나 행정절차에 준하는 절차를 거치도록 하고 있는 처분의 경우만을 의미한다.

해설 정답 ❶

① (×) "지방병무청장이 병역법 제41조 제1항 제1호, 제40조 제2호의 규정에 따라 산업기능요원에 대하여 한 산업기능요원 편입취소처분은, 행정처분을 할 경우 '처분의 사전통지'와 '의견제출 기회의 부여'를 규정한 행정절차법 제21조 제1항, 제22조 제3항에서 말하는 '당사자의 권익을 제한하는 처분'에 해당하는 한편, 행정절차법의 적용이 배제되는 사항인 행정절차법 제3조 제2항 제9호, 같은법시행령 제2조 제1호에서 규정하는 '병역법에 의한 소집에 관한 사항'에는 해당하지 아니하므로, 행정절차법상의 '처분의 사전통지'와 '의견제출 기회의 부여'등의 절차를 거쳐야 한다."(대법원 2002. 9. 6. 선고 2002두554)

② (○) "감사원이 한국방송공사에 대한 감사를 실시한 결과 사장 갑에게 부실 경영 등 문책사유가 있다는 이유로 한국방송공사 이사회에 갑에 대한 해임제청을 요구하였고, 이사회가 임시이사회를 개최하여 감사원 해임제청요구에 따른 문책사유와 방송의 공정성 훼손 등의 사유를 들어 갑에 대한 해임제청을 결의하고 대통령에게 갑의 사장직 해임을 제청함에 따라 대통령이 갑을 한국방송공사 사장직에서 해임한 사안에서, 갑에게 한국방송공사의 적자구조 만성화에 대한 경영상 책임이 인정되는 데다 대통령이 감사원의 한국방송공사에 대한 감사에 따른 해임제청 요구 및 한국방송공사 이사회의 해임제청결의에 따라 해임처분을 하게 된 것인 점 등에 비추어 대통령에게 주어진 한국방송공사 사장 해임에 관한 재량권 일탈·남용의 하자가 존재한다고 하더라도 그것이 중대·명백하지 않아 당연무효 사유에 해당하지 않고, 해임처분 과정에서 갑이 처분 내용을 사전에 통지받거나 그에 대한 의견제출 기회 등을 받지 못했고 해임처분 시 법적 근거 및 구체적 해임 사유를 제시받지 못하였으므로 해임처분이 행정절차법에 위배되어 위법하지만, 절차나 처분형식의 하자가 중대하고 명백하다고 볼 수 없어 역시 당연무효가 아닌 취소 사유에 해당한다고 본 원심판단을 정당하다고 한 사례."(대법원 2012. 2. 23. 선고 2011두5001)

③ (○) 행정절차법 시행령 제2조 제2호

행정절차법 시행령 제2조(적용제외) 법 제3조 제2항 제9호에서 "대통령령으로 정하는 사항"이라 함은 다음 각 호의 어느 하나에 해당하는 사항을 말한다.
2. 외국인의 출입국·난민인정·귀화·국적회복에 관한 사항

행정절차법 제3조(적용 범위) ② 이 법은 다음 각 호의 어느 하나에 해당하는 사항에 대하여는 적용하지 아니한다.
9. 「병역법」에 따른 징집·소집, 외국인의 출입국·난민인정·귀화, 공무원 인사 관계 법령에 따른 징계와 그 밖의 처분, 이해 조정을 목적으로 하는 법령에 따른 알선·조정·중재(仲裁)·재정(裁定) 또는 그 밖의 처분 등 해당 행정작용의 성질상 행정절차를 거치기 곤란하거나 거칠 필요가 없다고 인정되는 사항과 행정절차에 준하는 절차를 거친 사항으로서 대통령령으로 정하는 사항

④ (○) "행정과정에 대한 국민의 참여와 행정의 공정성, 투명성 및 신뢰성을 확보하고 국민의 권익을 보호함을 목적으로 하는 행정절차법의 입법목적과 행정절차법 제3조 제2항 제9호의 규정 내용 등에 비추어 보면, 공무원 인사관계 법령에 의한 처분에 관한 사항 전부에 대하여 행정절차법의 적용이 배제되는 것이 아니라 성질상 행정절차를 거치기 곤란하거나 불필요하다고 인정되는 처분이나 행정절차에 준하는 절차를 거치도록 하고 있는 처분의 경우에만 행정절차법의 적용이 배제된다."(대법원 2007. 9. 21. 선고 2006두20631)

19

행정쟁송에 대한 설명으로 옳지 않은 것은? (다툼이 있는 경우 판례에 의함)

① 무효선언을 구하는 의미의 취소소송을 제기하는 경우에도 취소소송으로서의 제소요건을 구비하여야 한다.
② 행정심판과 행정소송이 동시에 제기되어 진행 중 행정심판의 인용재결이 행해지면 동일한 처분 등을 다투는 행정소송에 영향이 없지만, 기각재결이 행해지면 소의 이익이 상실되므로 계속해서 행정소송으로 다툴 수는 없다.
③ 원처분주의에서 재결에 대하여 취소소송이 제기되었으나, 재결 고유의 하자가 인정되지 않는 경우 법원은 기각판결을 한다.
④ 취소심판청구에 대한 기각재결이 있는 경우에도 처분청은 당해 처분을 직권으로 취소 또는 변경할 수 있다.

해설 정답 ❷

① (○) "행정처분의 당연무효를 선언하는 의미에서 취소를 구하는 행정소송을 제기한 경우에도 제소기간의 준수 등 취소소송의 제소요건을 갖추어야 한다."(대법원 1993. 3. 12. 선고 92누11039)

② (×) 행정심판과 행정소송이 동시에 제기되어 진행 중 ㉠ 행정심판의 인용재결이 행해지면 동일한 처분 등을 다투는 행정소송은 더이상 해당 처분의 효력을 다툴 법률상의 이익이 없게 되지만, ㉡ 기각재결이 있는 경우에는 행정소송의 소의 이익이 상실되지 않으므로 계속해서 행정소송으로 다투어 볼 수 있다고 본다. 관련판례 "행정처분에 대하여 그 취소를 구하는 행정심판을 제기하는 한편, 그 처분의 집행으로 생길 중대한 손해를 예방하여야 할 긴급한 필요가 있는 때에 해당한다 하여 행정소송법 제18조 제2항 제2호에 의하여 행정심판의 재결을 거치지 아니하고 그 처분의 취소를 구하는 소를 제기하였는데, 판결선고 이전에 그 행정심판절차에서 '처분청의 당해 처분을 취소한다'는 형성적 재결이 이루어졌다면, 그 취소의 재결로써 당해 처분은 소급하여 그 효력을 잃게 되므로 더 이상 당해 처분의 효력을 다툴 법률상의 이익이 없게 된다."(대법원 1997. 5. 30. 선고 96누18632)

③ (○) "행정소송법 제19조는 취소소송은 행정청의 원처분을 대상으로 하되(원처분주의), 다만 '재결 자체에 고유한 위법이 있음을 이유로 하는 경우'에 한하여 행정심판의 재결도 취소소송의 대상으로 삼을 수 있도록 규정하고 있으므로 재결취소소송의 경우 재결 자체에 고유한 위법이 있는지 여부를 심리할 것이고, 재결 자체에 고유한 위법이 없는 경우에는 원처분의 당부와는 상관없이 당해 재결취소소송은 이를 기각하여야 한다."(대법원 1994. 1. 25. 선고 93누16901)

④ (○) 취소심판청구에 대한 기각재결이 있는 경우에도 처분청은 당해 처분을 직권으로 취소 또는 변경할 수 있다. 기각재결에는 기속력이 발생하지 않기 때문이다.

20

「행정소송법」상 간접강제에 대한 설명으로 옳지 않은 것은? (다툼이 있는 경우 판례에 의함)

① 간접강제결정에 기한 배상금은 확정판결에 따른 재처분의 지연에 대한 제재 또는 손해배상의 성격을 지니고 있으므로, 간접강제결정에서 정한 의무이행기간이 경과하고 나서야 비로소 처분청이 확정판결의 취지에 따른 재처분을 이행한 경우 처분상대방은 배상금을 추심할 수 있다.
② 현행법상 거부처분에 대한 무효확인판결에 대하여서는 간접강제가 인정되지 않는다.
③ 주택건설사업 승인신청 거부처분에 대한 취소의 확정판결이 있은 후 행정청이 재처분을 하였다 하더라도 그 재처분이 종전 거부처분에 대한 취소의 확정판결의 기속력에 반하는 경우, 「행정소송법」상 간접강제신청에 필요한 요건을 갖춘 것으로 보아야 한다.
④ 간접강제결정은 처분청이 '판결의 취지'에 따라 재처분을 하지 않은 경우에 할 수 있는 것인데, 원심판결의 이유는 위법하지만 결론이 정당하다는 이유로 상고기각판결이 선고되어 원심판결이 확정된 경우, 「행정소송법」 제30조 제2항에서 규정하고 있는 '판결의 취지'는 상고심판결의 이유와 원심판결의 결론을 의미한다.

해설 정답 ❶

① (×) "행정소송법 제34조 소정의 간접강제결정에 기한 배상금은 확정판결의 취지에 따른 재처분의 지연에 대한 제재나 손해배상이 아니고 재처분의 이행에 관한 심리적 강제수단에 불과한 것으로 보아야 하므로, 간접강제결정에서 정한 의무이행기한이 경과한 후에라도 확정판결의 취지에 따른 재처분이 행하여지면 배상금을 추심함으로써 심리적 강제를 꾀한다는 당초의 목적이 소멸하여 처분상대방이 더 이상 배상금을 추심하는 것이 허용되지 않는다."(대법원 2010. 12. 23. 선고 2009다37725)

② (○) "행정소송법 제38조 제1항이 무효확인 판결에 관하여 취소판결에 관한 규정을 준용함에 있어서 같은 법 제30조 제2항을 준용한다고 규정하면서도 같은 법 제34조는 이를 준용한다는 규정을 두지 않고 있으므로, 행정처분에 대하여 무효확인 판결이 내려진 경우에는 그 행정처분이 거부처분인 경우에도 행정청에 판결의 취지에 따른 재처분의무가 인정될 뿐 그에 대하여 간접강제까지 허용되는 것은 아

니라고 할 것이다."(대법원 1998. 12. 24. 자 98무37)

③ (○) "거부처분에 대한 취소의 확정판결이 있음에도 행정청이 아무런 재처분을 하지 아니하거나, 재처분을 하였다 하더라도 그것이 종전 거부처분에 대한 취소의 확정판결의 기속력에 반하는 등으로 당연무효라면 이는 아무런 재처분을 하지 아니한 때와 마찬가지라 할 것이므로 이러한 경우에는 행정소송법 제30조 제2항, 제34조 제1항 등에 의한 간접강제신청에 필요한 요건을 갖춘 것으로 보아야 한다."(대법원 2002. 12. 11. 자 2002무22)

④ (○) "행정소송법 제34조 소정의 간접강제결정에 기한 배상금은 거부처분취소판결이 확정된 경우 그 처분을 행한 행정청으로 하여금 확정판결의 취지에 따른 재처분의무의 이행을 확실히 담보하기 위한 것으로서, (중략) 원심판결의 이유는 위법하지만 결론이 정당하다는 이유로 상고기각판결이 선고되어 원심판결이 확정된 경우 행정소송법 제30조 제2항에서 규정하고 있는 '판결의 취지'는 상고심판결의 이유와 원심판결의 결론을 의미한다."(대법원 2004. 1. 15. 선고 2002두2444)

ADMINISTRATIVE LAW

14회 정답과 해설

문제 p.82

Answer

01	④	06	④	11	①	16	③
02	④	07	②	12	③	17	①
03	③	08	②	13	③	18	②
04	①	09	①	14	①	19	①
05	②	10	④	15	①	20	④

01

신뢰보호의 원칙에 대한 설명으로 옳은 것은? (다툼이 있는 경우 판례에 의함)

① 행정청의 선행조치에 대하여 상대방인 사인의 아무런 처리 행위가 없었던 경우라도 정신적 신뢰를 이유로 신뢰보호를 요구할 수 있다.

② 선행조치의 상대방에 대한 신뢰보호의 이익과 제3자의 이익이 충돌하는 경우에는 신뢰보호의 원칙이 우선한다.

③ 법령이나 비권력적 사실행위인 행정지도 등은 신뢰의 대상이 되는 선행조치에 포함되지 않는다.

④ 과세관청이 납세의무자에게 부가가치세 면세사업자용 사업자등록증을 교부하거나 고유번호를 부여하였다고 하더라도 그가 영위하는 사업에 관하여 부가가치세를 과세하지 않겠다는 언동이나 공적 견해를 표명한 것으로 볼 수 없다.

해설 정답 ❹

① (×) 신뢰보호를 요구하기 위해서는 개인이 행정청의 공적견해표명을 신뢰하고, 이에 기초하여 어떠한 행위를 하였어야 한다. 정신적인 신뢰만 있었던 경우에는 그 신뢰를 보호받을 수 없다.

② (×) 선행조치의 상대방에 대한 신뢰보호의 이익과 제3자의 이익이 충돌하는 경우에는, 언제나 어느 한쪽이 우선하는 것이 아니라, 경우에 따라 이익형량을 하여 판단한다.

③ (×) 법령이나 비권력적 사실행위인 행정지도 등도 신뢰의 대상이 되는 선행조치에 포함된다.

④ (○) "부가가치세법상의 사업자등록은 과세관청이 부가가치세의 납세의무자를 파악하고 그 과세자료를 확보하는 데 입법 취지가 있고, 이는 단순한 사업사실의 신고로서 사업자가 소관 세무서장에게 소정의 사업자등록신청서를 제출함으로써 성립하며, 사업자등록증의 교부는 이와 같은 등록사실을 증명하는 증서의 교부행위에 불과한 것으로 과세관청이 납세의무자에게 부가가치세 면세사업자용 사업자등록증을 교부하였다고 하더라도 그가 영위하는 사업에 관하여 부가가치세를 과세하지 아니함을 시사하는 언동이나 공적인 견해를 표명한 것으로 볼 수 없으며, 구 부가가치세법 시행령(2005. 3. 18. 대통령령 제18740호로 개정되기 전의 것) 제8조 제2항에 정한 고유번호의 부여도 과세자료를 효율적으로 처리하기 위한 것에 불과한 것이므로 과세관청이 납세의무자에게 고유번호를 부여한 경우에도 마찬가지이다."(대법원 2008. 6. 12. 선고 2007두23255)

02

신고에 대한 설명으로 옳은 것만을 모두 고르면? (다툼이 있는 경우 판례에 의함)

㉠ 수리를 요하는 신고의 경우에는, 신고가 적법하게 이루어졌다고 하더라도 관할 행정청은 신고의 수리 여부에 대하여 재량을 가지는 것이 원칙이다.

㉡ 적법한 요건을 갖추어 당구장업 영업신고를 한 경우 행정청이 그 신고에 대한 수리를 거부하였음에도 영업을 하면 무신고 영업이 된다.

㉢ 자기완결적 신고를 규정한 법률상의 요건 외에 타법상의 요건도 충족하여야 하는 경우, 타법상의 요건을 충족시키지 못하는 한 적법한 신고를 할 수 없다.

㉣ 상위 법령의 위임 없이 구 「노동조합 및 노동관계조정법 시행규칙」이 노동조합의 설립신고서에 첨부하여 제출할 서류를 규정하고 있었다면, 행정청이 그 서류에 관한 보완이 이루어지지 않았음을 이유로 설립신고의 수리를 거부할 수 없다.

① ㉠, ㉡　　② ㉡, ㉢
③ ㉡, ㉣　　④ ㉢, ㉣

해설 정답 ❹

㉠ (×) 수리를 요하는 신고라 하더라도, 그것이 적법하게 이루어졌다면, 관할 행정청은 그 신고의 수리여부에 대하여 재량을 갖지 못하는 것이 원칙이다.

㉡ (×) "체육시설의설치·이용에관한법률 제10조, 제11조, 제22조, 같은법 시행규칙 제8조 및 제25조의 각 규정에 의하면, 체육시설업은 등록체육시설업과 신고체육시설업으로 나누어지고, 당구장업과 같은 신고체육시설업을 하고자 하는 자는 체육시설업의 종류별로 같은 법시행규칙이 정하는 해당 시설을 갖추어 소정의 양식에 따라 신고서를 제출하는 방식으로 시·도지사에 신고하도록 규정하고 있으므로, 소정의 시설을 갖추지 못한 체육시설업의 신고는 부적법한 것으로 그 수리가 거부될 수밖에 없고 그러한 상태에서 신고체육시설업의 영업행위를 계속하는 것은 무신고 영업행위에 해당할 것이지만, 이에 반하여 적법한 요건을 갖춘 신고의 경우에는 행정청의 수리처분 등 별단의 조처를 기다릴 필요 없이 그 접수시에 신고로서의 효력이 발생하는 것이므로 그 수리가 거부되었다고 하여 무신고 영업이 되는 것은 아니다."(대법원 1998. 4. 24. 선고 97도3121)

㉢ (○) 자기완결적 신고를 규정한 법률상의 요건 외에 타법상의 요건도 충족하여야 하는 경우, 타법상의 요건을 충족시키지 못하는 한 적법한 신고를 할 수 없다.

㉣ (○) "노동조합 및 노동관계조정법 제10조 제1항, 제12조 제2항, 제3항 제2호, 구 노동조합 및 노동관계조정법 시행규칙(2007. 12. 26. 노동부령 제286호로 개정되기 전의 것, 이하 '구 노동조합법 시행규칙'이라고 한다) 제2조의 내용이나 체계, 취지 등을 종합하면, 구 노동조합법 시행규칙이 제2조 제4호(2010. 8. 9. 고용노동부령 제2호로 삭제되었다)에서 설립신고의 대상이 되는 노동조합이 '2 이상의 사업 또는 사업장의 근로자로 구성된 단위노동조합인 경우 사업 또는 사업장별 명칭, 조합원 수, 대표자의 성명'에 관한 서류를 설립신고서에 첨부하여 제출하도록 규정한 것은 상위 법령의 위임 없이 규정한 것이어서, 일반 국민에 대하여 구속력을 가지는 법규명령으로서의 효력은 없다. 따라서 행정관청은 구 노동조합법 시행규칙 제2조 제4호가 정한 사항에 관한 보완이 이루어지지 아니하였다는 사유를 들어 설립신고서를 반려할 수는 없다."(대법원 2015. 6. 25. 선고 2007두4995)

03

「행정절차법」상 행정절차에 대한 설명으로 옳은 것은? (다툼이 있는 경우 판례에 의함)

① 처분의 전제가 되는 사실이 법원의 재판 등에 의하여 객관적으로 증명된 경우에도, 행정청이 당사자에게 의무를 부과하거나 권익을 제한하는 처분을 하는 경우에는 사전통지를 하여야 한다.
② 행정청이 온천지구임을 간과하여 지하수 개발·이용신고를 수리하였다가 의견제출기회를 주지 아니한 채 그 신고수리 처분을 취소하고 원상복구명령의 처분을 한 경우, 행정지도 방식에 의한 사전 고지나 그에 따른 당사자의 자진폐공의 약속 등 사유가 있으면 의견청취절차에 해당하여 위법하지 않다.
③ 무단으로 용도변경된 건물에 대해, 건물주에게 시정명령이 있을 것과 불이행시 이행강제금이 부과될 것이라는 점을 설명한 후 다음날 시정명령을 하는 경우라 하더라도, 사전통지를 하거나 의견제출의 기회를 부여하여야 한다.
④ 사전통지시 의견제출에 필요한 기간은 14일 이상으로 고려하여 정하여야 한다.

해설 정답 ❸

이하 행정절차법
① (×) 제21조 제5항

> **제21조(처분의 사전 통지)** ④ 다음 각 호의 어느 하나에 해당하는 경우에는 제1항에 따른 통지를 하지 아니할 수 있다.
> 1. 공공의 안전 또는 복리를 위하여 긴급히 처분을 할 필요가 있는 경우
> 2. 법령등에서 요구된 자격이 없거나 없어지게 되면 반드시 일정한 처분을 하여야 하는 경우에 그 자격이 없거나 없어지게 된 사실이 법원의 재판 등에 의하여 객관적으로 증명된 경우
> 3. 해당 처분의 성질상 의견청취가 현저히 곤란하거나 명백히 불필요하다고 인정될 만한 상당한 이유가 있는 경우
>
> ⑤ 처분의 전제가 되는 사실이 법원의 재판 등에 의하여 객관적으로 증명된 경우 등 제4항에 따른 사전 통지를 하지 아니할 수 있는 구체적인 사항은 대통령령으로 정한다.

② (×) "행정청이 온천지구임을 간과하여 지하수개발·이용신고를 수리하였다가 행정절차법상의 사전통지를 하거나 의견제출의 기회를 주지 아니한 채 그 신고수리처분을 취소하고 원상복구명령의 처분을 한 경우, 행정지도방식에 의한 사전고지나 그에 따른 당사자의 자진 폐공의 약속 등의 사유만으로는 사전통지 등을 하지 않아도 되는 행정절차법 소정의 예외의 경우에 해당한다고 볼 수 없다는 이유로 그 처분은 위법하다고 한 사례."(대법원 2000. 11. 14. 선고 99두5870)

③ (○) "적법하게 채택된 증거들에 의하면, 아래와 같은 사실들을 알 수 있다. (중략)

(3) 현장조사 과정에서 소외인은 무단증축면적과 무단용도변경 사실을 확인하고 이를 확인서 양식에 기재한 후, 원고에게 위 각 행위는 건축법 제14조 또는 제19조를 위반한 것이어서 시정명령이 나갈 것이고 이를 이행하지 않으면 이행강제금이 부과될 것이라고 설명하고, 위반경위를 질문하여 답변을 들은 다음 원고로부터 확인서명을 받았는데, 위 양식에는 '상기 본인은 관계 법령에 의한 제반허가를 득하지 아니하고 아래와 같이 불법건축(증축, 용도변경)행위를 하였음을 확인합니다.'라고 기재되어 있었다.

(4) 피고는 별도의 사전통지나 의견진술기회 부여 절차를 거치지 아니한 채, 현장조사 다음 날인 2014. 5. 15. 이 사건 처분을 하였다.
이러한 사실관계를 위 법리에 비추어 살펴보면, 다음과 같이 판단된다.

(1) 피고 소속 공무원 소외인이 위 현장조사에 앞서 원고에게 전화로 통지한 것은 행정조사의 통지이지 이 사건 처분에 대한 사전통지로 볼 수 없다. 그리고 위 소외인이 현장조사 당시 위반경위에 관하여 원고에게 의견진술기회를 부여하였다 하더라도, 이 사건 처분이 현장조사 바로 다음 날 이루어진 사정에 비추어 보면, 의견제출에 필요한 상당한 기간을 고려하여 의견제출기한이 부여되었다고 보기도 어렵다.

(2) 그리고 현장조사에서 원고가 위반사실을 시인하였다거나 위반경위를 진술하였다는 사정만으로는 행정절차법 제21조 제4항 제3호가 정한 '의견청취가 현저히 곤란하거나 명백히 불필요하다고 인정될 만한 상당한 이유가 있는 경우'로서 처분의 사전통지를 하지 아니하여도 되는 경우에 해당한다고 볼 수도 없다."(대법원 2016. 10. 27. 선고 2016두41811)

④ (×) 10일 이상으로 고려하여 정하여야 한다(행정절차법 제21조 제3항).

> **제21조(처분의 사전 통지)** ① 행정청은 당사자에게 의무를 부과하거나 권익을 제한하는 처분을 하는 경우에는 미리 다음 각 호의 사항을 당사자등에게 통지하여야 한다.
> 1. 처분의 제목
> 2. 당사자의 성명 또는 명칭과 주소
> 3. 처분하려는 원인이 되는 사실과 처분의 내용 및 법적 근거
> 4. 제3호에 대하여 의견을 제출할 수 있다는 뜻과 의견을 제출하지 아니하는 경우의 처리방법
> 5. 의견제출기관의 명칭과 주소
> 6. 의견제출기한
> 7. 그 밖에 필요한 사항
>
> ③ 제1항 제6호에 따른 기한은 의견제출에 필요한 기간을 10일 이상으로 고려하여 정하여야 한다.

04

행정행위 및 처분에 대한 설명으로 옳지 않은 것은? (다툼이 있는 경우 판례에 의함)

① 행정청이 관리처분계획에 대한 인가처분을 할 때에는 그 관리처분계획의 내용이 구 「도시 및 주거환경정비법」 기준에 부합하는지 여부 등을 심사·확인하여 그 인가 여부를 결정할 수 있고, 기부채납과 같은 다른 조건도 붙일 수 있다.
② 행정행위가 공법상의 행위라는 것은 그 행위의 근거가 공법적이라는 것이지, 행위의 효과까지 공법적이어야 한다는 것을 의미하는 것은 아니다.
③ 상급행정기관의 하급행정기관에 대한 승인·동의·지시 등은 행정기관 상호 간의 내부행위로서 항고소송의 대상이 되는 행정처분이라 볼 수 없다.
④ 「사회기반시설에 대한 민간투자법」상 민간투자사업의 사업시행자 지정은 공법상 계약이 아니라 행정처분에 해당한다.

정답과 해설

해설 정답 ❶

① (×) "관리처분계획 및 그에 대한 인가처분의 의의와 성질, 그 근거가 되는 도시정비법과 그 시행령상의 위와 같은 규정들에 비추어 보면, 행정청이 관리처분계획에 대한 인가 여부를 결정할 때에는 그 관리처분계획에 도시정비법 제48조 및 그 시행령 제50조에 규정된 사항이 포함되어 있는지, 그 계획의 내용이 도시정비법 제48조 제2항의 기준에 부합하는지 여부 등을 심사·확인하여 그 인가 여부를 결정할 수 있을 뿐 기부채납과 같은 다른 조건을 붙일 수는 없다고 할 것이다."(대법원 2012. 8. 30. 선고 2010두24951)

② (○) 행정행위가 공법상의 행위라는 것은 그 행위의 근거가 공법적이라는 것이지, 행위의 효과까지 공법적이어야 한다는 것을 의미하는 것은 아니다.

③ (○) 상급행정기관의 하급행정기관에 대한 승인·동의·지시 등은 행정기관 상호 간의 내부행위로서 항고소송의 대상이 되는 행정처분이라 볼 수 없다.

④ (○) 「사회기반시설에 대한 민간투자법」상 민간투자사업의 사업시행자 지정은 공법상 계약이 아니라 행정처분에 해당한다(2007두13159).

05

행정행위의 효력에 대한 설명으로 옳은 것(○)과 옳지 않은 것(×)을 바르게 조합한 것은? (다툼이 있는 경우 판례에 의함)

> ㉠ 사법(私法)상 적법한 임대차계약 관계에 의해 국유지상에 건물을 소유하는 자에 대하여 건물철거계고처분을 하였다면, 그러한 건물철거계고처분에 대해서는 처분이 있은 후 1년이 도과한 경우라도 불가쟁력이 발생하지 않는다.
> ㉡ 구속력이란 행정행위가 적법요건을 구비하면 법률행위적 행정행위의 경우 법령이 정하는 바에 의해, 준법률행위적 행정행위의 경우 행정청이 표시한 의사의 내용에 따라 일정한 법적 효과가 발생하여 당사자를 구속하는 실체법상 효력이다.
> ㉢ 「공익사업을 위한 토지 등의 취득 및 보상에 관한 법률」상의 수용재결은 행정심판 재결의 일종으로서, 「행정심판법」상 재결의 기속력 규정이 준용된다.
> ㉣ 취소사유 있는 영업정지처분에 대한 취소소송의 제소기간이 도과한 경우라도 처분의 상대방은 국가배상청구소송을 제기하여 재산상 손해의 배상을 구할 수 있다.

① ㉠(○), ㉡(○), ㉢(×), ㉣(○)
② ㉠(○), ㉡(×), ㉢(×), ㉣(○)
③ ㉠(×), ㉡(○), ㉢(○), ㉣(×)
④ ㉠(×), ㉡(×), ㉢(○), ㉣(×)

해설 정답 ❷

㉠ (○) 사법(私法)상 적법한 임대차계약 관계에 의해 국유지상에 건물을 소유하는 자에 대하여 한 건물철거계고처분은 법에 근거 없는 처분으로서 그 하자가 중대하고 명백한 것이어서 당연무효라 할 것이다.(73누215) ☞ 또한 무효인 행정행위에 대해서는 불가쟁력을 비롯한 행정행위의 각종 효력이 인정되지 않는다.

㉡ (×) 구속력이란 행정행위가 적법요건을 구비하면 준법률행위적 행정행위의 경우 법령이 정하는 바에 의해, 법률행위적 행정행위의 경우 행정청이 표시한 의사의 내용에 따라 일정한 법적 효과가 발생하여 당사자를 구속하는 실체법상 효력이다.

㉢ (×) 수용재결은 행정심판 재결의 일종이 아니라 그 자체가 원처분에 해당한다. 따라서 행정심판법상 재결의 기속력 규정이 준용되지 않는다.

㉣ (○) 취소사유 있는 영업정지처분에 대한 취소소송의 제소기간이 도과한 경우라도 처분의 상대방은 국가배상청구소송을 제기하여 재산상 손해의 배상을 구할 수 있다. ☞ 국가배상청구소송은 불가쟁력의 적용대상이 아니다.

06

행정상 손실보상에 대한 설명으로 옳지 않은 것은? (다툼이 있는 경우 판례에 의함)

① 공익사업에 필요한 토지 등의 취득 또는 사용으로 인하여 토지소유자나 관계인이 입은 손실은 사업시행자가 보상하여야 한다.
② 사업시행자는 동일한 소유자에게 속하는 일단의 토지의 일부를 취득하거나 사용하는 경우, 해당 공익사업의 시행으로 인하여 잔여지의 가격이 증가하거나 그 밖의 이익이 발생한 경우에도 그 이익을 취득 또는 사용으로 인한 손실과 상계할 수 없다.
③ 구 「토지수용법」(2002. 2. 4. 법률 제6656호 공익사업을 위한 토지 등의 취득 및 보상에 관한 법률 부칙 제2조로 폐지) 제51조가 규정하고 있는 '영업상의 손실'이란 수용의 대상이 된 토지·건물 등을 이용하여 영업을 하다가 그 토지·건물 등이 수용됨으로 인하여 영업을 할 수 없거나 제한을 받게 됨으로 인하여 생기는 직접적인 손실을 말한다.
④ 농지개량사업 시행지역 내의 토지 등 소유자가 토지사용에 관한 승낙을 한 경우, 그에 대한 정당한 보상을 받지 않았더라도 농지개량사업 시행자는 토지소유자 및 그 승계인에 대하여 보상할 의무가 없다.

해설 정답 ❹

이하 공익사업을 위한 토지 등의 취득 및 보상에 관한 법률

① (○) 제61조

> **제61조(사업시행자 보상)** 공익사업에 필요한 토지등의 취득 또는 사용으로 인하여 토지소유자나 관계인이 입은 손실은 사업시행자가 보상하여야 한다.

② (○) 제66조

> **제66조(사업시행 이익과의 상계금지)** 사업시행자는 동일한 소유자에게 속하는 일단의 토지의 일부를 취득하거나 사용하는 경우 해당 공익사업의 시행으로 인하여 잔여지의 가격이 증가하거나 그 밖의 이익이 발생한 경우에도 그 이익을 그 취득 또는 사용으로 인한 손실과 상계할 수 없다.

③ (○) "구 토지수용법(2002. 2. 4. 법률 제6656호 공익사업을 위한 토지 등의 취득 및 보상에 관한 법률 부칙 제2조로 폐지) 제51조가 규정하고 있는 '영업상의 손실'이란 수용의 대상이 된 토지·건물 등을 이용하여 영업을 하다가 그 토지·건물 등이 수용됨으로 인하여 영업을 할 수 없거나 제한을 받게 됨으로 인하여 생기는 직접적인 손실을 말하는 것이므로 위 규정은 영업을 하기 위하여 투자한 비용이나 그 영업을 통하여 얻을 것으로 기대되는 이익에 대한 손실보상의 근거규정이 될 수 없고, 그 외 구 토지수용법이나 구 '공공용지

의 취득 및 손실보상에 관한 특례법'(2002. 2. 4. 법률 제6656호 공익사업을 위한 토지 등의 취득 및 보상에 관한 법률 부칙 제2조로 폐지), 그 시행령 및 시행규칙 등 관계 법령에도 영업을 하기 위하여 투자한 비용이나 그 영업을 통하여 얻을 것으로 기대되는 이익에 대한 손실보상의 근거규정이나 그 보상의 기준과 방법 등에 관한 규정이 없으므로, 이러한 손실은 그 보상의 대상이 된다고 할 수 없다."(대법원 2006. 1. 27. 선고 2003두13106)

④ (×) "구 농촌근대화촉진법(1994. 12. 22. 법률 제4823호로 개정되기 전의 것)이 '농지개량사업의 시행지역 내의 토지에 관하여 소유권 기타 권리를 가지는 자의 당해 사업에 관한 권리의무는 그 토지에 관한 소유권 기타 권리의 이동과 동시에 그 승계인에게 이전한다'고 규정하고 있다(제173조). 그러나 이 규정은 농지개량사업의 계속성과 연속성을 위하여 사업시행 도중에 시행지역 내 토지의 권리관계에 변경이 생기더라도 토지 사용 승낙 등으로 인한 권리의무가 승계되도록 한 것으로서, 거기에서 말하는 '당해 사업에 관한 권리의무'는 농지개량사업의 시행을 위한 토지에의 출입과 사용, 시설물 설치 등 사업 자체에 관한 공법상의 권리의무만을 가리킨다. 그러므로 농지개량사업 시행지역 내의 토지 등 소유자가 토지사용에 관한 승낙을 하였더라도 그에 대한 정당한 보상을 받은 바가 없다면 농지개량사업 시행자는 토지 소유자 및 승계인에 대하여 보상할 의무가 있고, 그러한 보상 없이 타인의 토지를 점유·사용하는 것은 법률상 원인 없이 이득을 얻은 때에 해당한다."(대법원 2016. 6. 23. 선고 2016다206369)

07

국가배상에 대한 설명으로 옳지 않은 것은? (다툼이 있는 경우 판례에 의함)

① 유흥주점의 화재로 여종업원들이 사망한 경우, 담당 공무원의 유흥주점의 용도변경, 무허가 영업 및 시설기준에 위배된 개축에 대하여 시정명령 등 「식품위생법」상 취하여야 할 조치를 게을리한 직무상 의무위반행위와 여종업원들의 사망 사이에는 상당인과관계가 존재하지 않는다.
② 「국가배상법」 제7조가 정하는 상호보증은 반드시 당사국과의 조약이 체결되어 있을 필요는 없지만, 당해 외국에서 구체적으로 우리나라 국민에게 국가배상청구를 인정한 사례가 있어 실제로 국가배상이 상호 인정될 수 있는 상태가 인정되어야 한다.
③ 사인이 받은 손해에는 생명·신체·재산상의 손해뿐만 아니라, 정신상의 손해도 포함된다.
④ 국가배상소송은 배상심의회에 배상신청을 하지 않고도 제기할 수 있으며, 판례는 배상심의회의 결정의 처분성을 부정한다.

해설 정답 ❷

① (○) "유흥주점에 감금된 채 윤락을 강요받으며 생활하던 여종업원들이 유흥주점에 화재가 났을 때 미처 피신하지 못하고 유독가스에 질식해 사망한 사안에서, 지방자치단체의 담당 공무원이 위 유흥주점의 용도변경, 무허가 영업 및 시설기준에 위배된 개축에 대하여 시정명령 등 식품위생법상 취하여야 할 조치를 게을리 한 직무상 의무위반행위와 위 종업원들의 사망 사이에 상당인과관계가 존재하지 않는다고 한 사례."(대법원 2008. 4. 10. 선고 2005다48994)

② (×) "국가배상법 제7조는 우리나라만이 입을 수 있는 불이익을 방지하고 국제관계에서 형평을 도모하기 위하여 외국인의 국가배상청구권의 발생요건으로 '외국인이 피해자인 경우에는 해당 국가와 상호보증이 있을 것'을 요구하고 있는데, 해당 국가에서 외국인에 대한 국가배상청구권의 발생요건이 우리나라의 그것과 동일하거나 오히려 관대할 것을 요구하는 것은 지나치게 외국인의 국가배상청구권을 제한하는 결과가 되어 국제적인 교류가 빈번한 오늘날의 현실에 맞지 아니할 뿐만 아니라 외국에서 우리나라 국민에 대한 보호를 거부하게 하는 불합리한 결과를 가져올 수 있는 점을 고려할 때, 우리나라와 외국 사이에 국가배상청구권의 발생요건이 현저히 균형을 상실하지 아니하고 외국에서 정한 요건이 우리나라에서 정한 그것보다 전체로서 과중하지 아니하여 중요한 점에서 실질적으로 거의 차이가 없는 정도라면 국가배상법 제7조가 정하는 상호보증의 요건을 구비하였다고 봄이 타당하다. 그리고 상호보증은 외국의 법령, 판례 및 관례 등에 의하여 발생요건을 비교하여 인정되면 충분하고 반드시 당사국과의 조약이 체결되어 있을 필요는 없으며, 당해 외국에서 구체적으로 우리나라 국민에게 국가배상청구를 인정한 사례가 없더라도 실제로 인정될 것이라고 기대할 수 있는 상태이면 충분하다."(대법원 2015. 6. 11. 선고 2013다208388)

③ (○) 사인이 받은 손해에는 생명·신체·재산상의 손해뿐만 아니라, 정신상의 손해도 포함된다.

④ (○) 국가배상법 제9조 참조. 또한 판례에 따르면 국가배상법상 배상심의회에 의한 배상결정은 행정처분이 아니다(80누317).

> **국가배상법 제9조(소송과 배상신청의 관계)** 이 법에 따른 손해배상의 소송은 배상심의회(이하 "심의회"라 한다)에 배상신청을 하지 아니하고도 제기할 수 있다.

08

「질서위반행위규제법」 및 과태료에 대한 설명으로 옳지 않은 것은? (다툼이 있는 경우 판례에 의함)

① 자신의 행위가 위법하지 아니한 것으로 오인하고 행한 질서위반행위는 그 오인에 정당한 이유가 있는 때에 한하여 과태료를 부과하지 아니한다.
② 「질서위반행위규제법」에 의한 과태료부과처분은 처분의 상대방이 이의제기하지 않은 채 납부기간까지 과태료를 납부하지 않으면 「도로교통법」상 통고처분과 마찬가지로 그 효력을 상실한다.
③ 하나의 행위가 2이상의 질서위반행위에 해당하는 경우에는 각 질서위반행위에 대하여 정한 과태료 중 가장 중한 과태료를 부과한다.
④ 과태료의 부과·징수, 재판 및 집행 등의 절차에 관하여 「질서위반행위규제법」의 규정에 저촉되는 다른 법률의 규정이 있는 경우에는 「질서위반행위규제법」이 정하는 바에 따른다.

해설 정답 ❷

이하 질서위반행위규제법

① (○) 제8조

> **제8조(위법성의 착오)** 자신의 행위가 위법하지 아니한 것으로 오인하고 행한 질서위반행위는 그 오인에 정당한 이유가 있는 때에 한하여 과태료를 부과하지 아니한다.

② (×) 질서위반행위규제법에 의한 과태료 부과처분에 대한 불복은, 도로교통법상 통고처분에 대한 불복과 달리, 처분의 상대방이 납부기간까지 과태료를 납부하지 않으면 되는 것이 아니라, 적극적으로 이의제기를 하는 방법으로 한다.

③ (○) 제13조 제1항

제13조(수개의 질서위반행위의 처리) ① 하나의 행위가 2 이상의 질서위반행위에 해당하는 경우에는 각 질서위반행위에 대하여 정한 과태료 중 가장 중한 과태료를 부과한다.

④ (○) 제5조

제5조(다른 법률과의 관계) 과태료의 부과·징수, 재판 및 집행 등의 절차에 관한 다른 법률의 규정 중 이 법의 규정에 저촉되는 것은 이 법으로 정하는 바에 따른다.

09

「공공기관의 정보공개에 관한 법률」(이하 '정보공개법'이라 함)**에 대한 설명으로 옳은 것(○)과 옳지 않은 것(×)을 바르게 조합한 것은?** (다툼이 있는 경우 판례에 의함)

㉠ 정보공개법은 자신과 이해관계가 없는 정보에 대한 공개청구까지 허용하는 일반적 정보공개청구권을 인정하고 있다.
㉡ 국내에 일정한 주소를 두고 있는 외국인은 오로지 상대방을 괴롭힐 목적으로 정보공개를 구하고 있다는 등의 특별한 사정이 없는 한 한국방송공사(KBS)에 대하여 정보공개를 청구할 수 있다.
㉢ 정보공개청구가 있는 경우, 청구권자가 정보공개방법을 특정하였더라도 공공기관이 이에 따라야 하는 것은 아니고, 공공기관 스스로 정보공개방법을 선택할 재량권을 갖는다.
㉣ 공공기관은 정보공개청구를 거부할 경우에도, 대상이 된 정보의 내용을 구체적으로 확인·검토하여 어느 부분이 어떠한 법익 또는 기본권과 충돌되어 정보공개법 제9조 제1항 및 몇 호에서 정하고 있는 비공개사유에 해당하는지를 주장·입증하여야 하며, 그에 이르지 아니한 채 개괄적인 사유만 들어 공개를 거부하는 것은 허용되지 아니한다.

① ㉠(○), ㉡(○), ㉢(×), ㉣(○)
② ㉠(○), ㉡(×), ㉢(○), ㉣(×)
③ ㉠(×), ㉡(○), ㉢(×), ㉣(×)
④ ㉠(×), ㉡(×), ㉢(○), ㉣(○)

해설 정답 ❶

㉠ (○) 정보공개법은 자신과 이해관계가 없는 정보에 대한 공개청구까지 허용하는 일반적 정보공개청구권을 인정하고 있다.

㉡ (○) 2003두1370, 2008두13101, 공공기관의 정보공개에 관한 법률 시행령 제3조 참조.

관련판례1 "손해배상소송에 제출할 증거자료를 획득하기 위한 목적으로 정보공개를 청구한 경우, 오로지 상대방을 괴롭힐 목적으로 정보공개를 구하고 있다는 등의 특별한 사정이 없는 한, 권리남용에 해당하지 아니한다."(대법원 2004. 9. 23. 선고 2003두1370)

관련판례2 "방송법이라는 특별법에 의하여 설립 운영되는 한국방송공사(KBS)는 공공기관의 정보공개에 관한 법률 시행령 제2조 제4호의 '특별법에 의하여 설립된 특수법인'으로서 정보공개의무가 있는 공공기관의 정보공개에 관한 법률 제2조 제3호의 '공공기관'에 해당한다고 판단한 원심판결을 수긍한 사례."(대법원 2010. 12. 23. 선고 2008두13101)

공공기관의 정보공개에 관한 법률 시행령 제3조(외국인의 정보공개 청구) 법 제5조 제2항에 따라 정보공개를 청구할 수 있는 외국인은 다음 각 호의 어느 하나에 해당하는 자로 한다.
1. 국내에 일정한 주소를 두고 거주하거나 학술·연구를 위하여 일시적으로 체류하는 사람
2. 국내에 사무소를 두고 있는 법인 또는 단체

㉢ (×) "공공기관의정보공개에관한법률 제2조 제2항, 제3조, 제5조, 제8조 제1항, 같은법시행령 제14조, 같은법시행규칙 제2조 [별지 제1호 서식] 등의 각 규정을 종합하면, 정보공개를 청구하는 자가 공공기관에 대해 정보의 사본 또는 출력물의 교부의 방법으로 공개방법을 선택하여 정보공개청구를 한 경우에 공개청구를 받은 공공기관으로서는 같은 법 제8조 제2항에서 규정한 정보의 사본 또는 복제물의 교부를 제한할 수 있는 사유에 해당하지 않는 한 정보공개청구자가 선택한 공개방법에 따라 정보를 공개하여야 하므로 그 공개방법을 선택할 재량권이 없다고 해석함이 상당하다."(대법원 2003. 12. 12. 선고 2003두8050)

㉣ (○) "구 공공기관의 정보공개에 관한 법률(2004. 1. 29. 법률 제7127호로 전문 개정되기 전의 것, 이하 '법'이라 한다) 제1조, 제3조, 제6조는 국민의 알권리를 보장하고 국정에 대한 국민의 참여와 국정운영의 투명성을 확보하기 위하여 공공기관이 보유·관리하는 정보를 모든 국민에게 원칙적으로 공개하도록 하고 있으므로, 국민으로부터 보유·관리하는 정보에 대한 공개를 요구받은 공공기관으로서는 법 제7조 제1항 각 호에서 정하고 있는 비공개사유에 해당하지 않는 한 이를 공개하여야 하고, 이를 거부하는 경우라 할지라도 대상이 된 정보의 내용을 구체적으로 확인·검토하여 어느 부분이 어떠한 법익 또는 기본권과 충돌되어 법 제7조 제1항 몇 호에서 정하고 있는 비공개사유에 해당하는지를 주장·입증하여야만 하며, 그에 이르지 아니한 채 개괄적인 사유만을 들어 공개를 거부하는 것은 허용되지 아니한다."(대법원 2007. 2. 8. 선고 2006두4899)

10

재량권의 일탈·남용에 대한 설명으로 옳은 것은? (다툼이 있는 경우 판례에 의함)

① 재량권의 일탈이란 재량권의 내적 한계를 벗어난 것을 말하고, 재량권의 남용이란 재량권의 외적 한계를 벗어난 것을 말한다.
② 학교법인의 임원취임승인취소처분에 대한 취소소송에서, 교비회계자금을 법인회계로 부당전출한 위법성의 정도와 임원들의 이에 대한 가공의 정도가 가볍지 아니하고, 학교법인이 행정청의 대부분의 시정 요구 사항을 이행하지 아니하였던 사정 등을 참작하더라도, 위 취소처분은 재량권의 일탈·남용에 해당한다.
③ 전역지원의 시기를 상실하였을 뿐 아니라 의무장교의 인력운영 수준이 매우 저조하여 장기활용가능 자원인 군의관을 의무복무기간 중 군에서 계속하여 활용할 필요가 있다는 등의 이유로 해당 군의관을 전역대상자에서 제외한 처분은 재량권의 일탈·남용에 해당한다.
④ 경찰공무원에 대한 징계위원회 심의과정에서 감경사유에 해당하는 공적(功績) 사항이 제시되지 아니한 경우에는 징계양정 결과가 적정한지 여부와 무관하게 징계처분은 위법하다.

해설 정답 ❹

① (×) 재량권의 일탈이란 재량권의 외적 한계를 벗어난 것을 말하고, 재량권의 남용이란 재량권의 내적 한계를 벗어난 것을 말한다.

② (×) "학교법인의 임원취임승인취소처분에 대한 취소소송에서, 교비회계자금을 법인회계로 부당전출한 위법성의 정도와 임원들의 이에 대한 가공의 정도가 가볍지 아니하고, 학교법인이 행정청의 시정요구에 대하여 이를 시정하기 위한 노력을 하였다고는 하나 결과적으로 대부분의 시정 요구 사항이 이행되지 아니하였던 사정 등을 참작하여, 위 취소처분이 재량권을 일탈·남용하였다고 볼 수 없다고 한 사례."(대법원 2007. 7. 19. 선고 2006두19297)

③ (×) "원고가 전역지원의 시기를 상실하였을 뿐 아니라 의무장교의 인력운영 수준이 매우 저조하여 장기활용가능 자원인 원고를 의무복무기간 중 군에서 계속하여 활용할 필요가 있다는 등의 이유로 원고를 전역대상자에서 제외하기로 의결하였고, 이에 따라 피고는 같은 해 2. 10. 위와 같은 이유로 원고에 대하여 전역거부처분을 한 사실 등을 인정한 다음, 위 전역거부처분이 재량권의 한계를 일탈한 것으로서 위법하다는 원고의 주장에 대하여, (중략) 이 사건과 같은 장교 등 군인의 전역허가 여부는 전역심사위원회 등 관계 기관에서 원칙적으로 자유재량에 의하여 판단할 사항으로서 군의 특수성에 비추어 명백한 법규 위반이 없는 이상 군 당국의 판단을 존중하여야 할 것인데(대법원 1997. 5. 9. 선고 97누2948 판결, 1980. 9. 9. 선고 80누291 판결 등 참조), 원고에 대한 이 사건 전역거부처분에 있어서 군 당국의 법규 위반이 있다고 보여지지 않고, 또한 원고가 주장하는 바와 같은 헌법상 보장된 원고의 직업선택의 자유, 행복추구권, 평등권 등 기본적 인권보호의 필요성을 고려하더라도 원심이 적법하게 인정한 장기복무 의무장교의 확보 필요성 등에 비추어 볼 때 위 처분이 재량의 범위를 일탈하였거나 남용하였다고 할 수도 없으므로 이와 결론을 같이 한 원심판결은 정당하고, 거기에 재량권의 범위에 관한 법리를 오해한 위법이 있다고 할 수 없다."(대법원 1998. 10. 13. 선고 98두12253)

④ (○) "경찰공무원에 대한 징계위원회의 심의과정에 감경사유에 해당하는 공적 사항이 제시되지 아니한 경우에는 그 징계양정이 결과적으로 적정한지와 상관없이 이는 관계 법령이 정한 징계절차를 지키지 않은 것으로서 위법하다. 다만 징계양정에서 임의적 감경사유가 되는 국무총리 이상의 표창은 징계대상자가 받은 것이어야 함은 관련 법령의 문언상 명백하고, 징계대상자가 위와 같은 표창을 받은 공적을 징계양정의 임의적 감경사유로 삼은 것은 징계의결이 요구된 사람이 국가 또는 사회에 공헌한 행적을 징계양정에 참작하려는 데 그 취지가 있으므로 징계대상자가 아니라 그가 속한 기관이나 단체에 수여된 국무총리 단체표창은 징계대상자에 대한 징계양정의 임의적 감경사유에 해당하지 않는다."(대법원 2012. 10. 11. 선고 2012두13245)

11

공법상 계약 및 당사자소송에 대한 설명으로 옳지 않은 것은? (다툼이 있는 경우 판례에 의함)

① 「사회기반시설에 대한 민간투자법」에 따라 지방자치단체와 유한회사 간 체결한 터널 민간투자사업 실시협약은 사법상 계약에 해당한다.
② 전문직 공무원인 공중보건의사의 채용계약 해지의 의사표시는 일정한 사유가 있을 때에 관할 도지사가 채용계약 관계의 한쪽 당사자로서 대등한 지위에서 행하는 의사표시이므로, 그에 대해서는 항고소송이 아니라 공법상의 당사자소송으로 그 의사표시의 무효확인을 청구하여야 한다.
③ 「행정소송법」 제8조 제2항에 의하면 행정소송에도 「민사소송법」의 규정이 일반적으로 준용되므로, 법원으로서는 공법상 당사자소송에서 재산권의 청구를 인용하는 판결을 하는 경우 가집행선고를 할 수 있다.
④ 당사자소송에는 취소소송의 피고적격에 관한 규정이 준용되지 않는다.

해설 정답 ❶

① (×) 대법원은 이 협약이 공법상 계약에 해당함을 전제로 이를, 행정소송 사건으로 처리하였다(2017두46455).

② (○) "현행 실정법이 전문직공무원인 공중보건의사의 채용계약 해지의 의사표시는 일반공무원에 대한 징계처분과는 달라서 항고소송의 대상이 되는 처분 등의 성격을 가진 것으로 인정되지 아니하고, 일정한 사유가 있을 때에 관할 도지사가 채용계약 관계의 한쪽 당사자로서 대등한 지위에서 행하는 의사표시로 취급하고 있는 것으로 이해되므로, 공중보건의사 채용계약 해지의 의사표시에 대하여는 대등한 당사자간의 소송형식인 공법상의 당사자소송으로 그 의사표시의 무효확인을 청구할 수 있는 것이지, 이를 항고소송의 대상이 되는 행정처분이라는 전제하에서 그 취소를 구하는 항고소송을 제기할 수는 없다."(대법원 1996. 5. 31. 선고 95누10617)

③ (○) "행정소송법 제8조 제2항에 의하면 행정소송에도 민사소송법의 규정이 일반적으로 준용되므로 법원으로서는 공법상 당사자소송에서 재산권의 청구를 인용하는 판결을 하는 경우 가집행선고를 할 수 있다."(대법원 2000. 11. 28. 선고 99두3416)

④ (○) 당사자소송에는 취소소송의 피고적격에 관한 규정이 준용되지 않는다. 행정소송법 제44조 참조.

행정소송법 제44조(준용규정) ① 제14조 내지 제17조, 제22조, 제25조, 제26조, 제30조 제1항, 제32조 및 제33조의 규정은 당사자소송의 경우에 준용한다.

동법 제13조(피고적격) ① 취소소송은 다른 법률에 특별한 규정이 없는 한 그 처분등을 행한 행정청을 피고로 한다. 다만, 처분등이 있은 뒤에 그 처분등에 관계되는 권한이 다른 행정청에 승계된 때에는 이를 승계한 행정청을 피고로 한다.

12

원고적격 및 협의의 소익에 대한 설명으로 옳은 것만을 모두 고르면? (다툼이 있는 경우 판례에 의함)

> ㉠ 건축허가처분의 취소를 구하는 소를 제기하기 전에 건축공사가 완료된 경우에는 소의 이익이 없으나, 소를 제기한 후 사실심 변론종결일 전에 건축공사가 완료된 경우에는 소의 이익이 있다.
> ㉡ 공정거래위원회가 부당한 공동행위를 한 사업자에게 과징금 부과처분(선행처분)을 한 뒤, 다시 자진신고 등을 이유로 과징금 감면처분(후행처분)을 한 경우, 선행처분의 취소를 구하는 소는 효력을 잃은 처분의 취소를 구하는 것으로서 소의 이익이 없어 부적법하다.
> ㉢ 일반적으로 면허나 인·허가 등의 수익적 행정처분의 근거가 되는 법률이 해당 업자들 사이의 과당경쟁으로 인한 경영의 불합리를 방지하는 것도 그 목적으로 하고 있는 경우, 기존의 업자는 경업자에 대하여 이루어진 면허나 인·허가 등 행정처분의 상대방이 아니라 하더라도 당해 행정처분의 취소를 구할 당사자적격이 있다.
> ㉣ 학교법인 임원취임승인의 취소처분 후 그 임원의 임기가 만료되고 구 「사립학교법」 소정의 임원결격사유기간마저 경과한 경우에 취임승인이 취소된 임원은 취임승인취소처분의 취소를 구할 소의 이익이 없다.

① ㉠, ㉡　② ㉠, ㉣
③ ㉡, ㉢　④ ㉢, ㉣

해설　정답 ❸

㉠ (×) "위법한 행정처분의 취소를 구하는 소는 위법한 처분에 의하여 발생한 위법상태를 배제하여 원상으로 회복시키고 그 처분으로 침해되거나 방해받은 권리와 이익을 보호·구제하고자 하는 소송이므로 비록 그 위법한 처분을 취소한다 하더라도 원상회복이 불가능한 경우에는 그 취소를 구할 이익이 없다 할 것인바, 건축허가에 기하여 이미 건축공사를 완료하였다면 그 건축허가처분의 취소를 구할 이익이 없다 할 것이고(대법원 1996. 11. 29. 선고 96누9768 판결 참조), 이와 같이 건축허가처분의 취소를 구할 이익이 없게 되는 것은 건축허가처분의 취소를 구하는 소를 제기하기 전에 건축공사가 완료된 경우(대법원 1994. 1. 14. 선고 93누20481 판결 참조) 뿐 아니라 소를 제기한 후 사실심 변론종결일 전에 건축공사가 완료된 경우(대법원 1987. 5. 12. 선고 87누98 판결 참조)에도 마찬가지이다."(대법원 2007. 4. 26. 선고 2006두18409)

㉡ (○) "공정거래위원회가 부당한 공동행위를 행한 사업자로서 구 독점규제 및 공정거래에 관한 법률(2013. 7. 16. 법률 제11937호로 개정되기 전의 것) 제22조의2에서 정한 자진신고자나 조사협조자에 대하여 과징금 부과처분(이하 '선행처분'이라 한다)을 한 뒤, 독점규제 및 공정거래에 관한 법률 시행령 제35조 제3항에 따라 다시 자진신고자 등에 대한 사건을 분리하여 자진신고 등을 이유로 한 과징금 감면처분(이하 '후행처분'이라 한다)을 하였다면, 후행처분은 자진신고 감면까지 포함하여 처분 상대방이 실제로 납부하여야 할 최종적인 과징금액을 결정하는 종국적 처분이고, 선행처분은 이러한 종국적 처분을 예정하고 있는 일종의 잠정적 처분으로서 후행처분이 있을 경우 선행처분은 후행처분에 흡수되어 소멸한다. 따라서 위와 같은 경우에 선행처분의 취소를 구하는 소는 이미 효력을 잃은 처분의 취소를 구하는 것으로 부적법하다."(대법원 2015. 2. 12. 선고 2013두987)

㉢ (○) "일반적으로 면허나 인·허가 등의 수익적 행정처분의 근거가 되는 법률이 해당 업자들 사이의 과당경쟁으로 인한 경영의 불합리를 방지하는 것도 그 목적으로 하고 있는 경우, 다른 업자에 대한 면허나 인·허가 등의 수익적 행정처분에 대하여 미리 같은 종류의 면허나 인·허가 등의 수익적 행정처분을 받아 영업을 하고 있는 기존의 업자는 경업자에 대하여 이루어진 면허나 인·허가 등 행정처분의 상대방이 아니라 하더라도 당해 행정처분의 취소를 구할 당사자적격이 있다."(대법원 2010. 11. 11. 선고 2010두4179)

㉣ (×) 학교법인의 정식임원(甲)에 대한 취임승인의 취소처분(A) 및 乙에 대한 임시이사 선임처분(B)이 있었던 경우, 甲의 임기가 만료되고 취임승인 취소로 인한 구 「사립학교법」 소정의 임원결격사유 기간마저 경과한 경우라 하더라도, 甲에게는 ① 자신에 대한 취임승인 취소처분(A)의 취소를 구할 소의 이익뿐만 아니라, ② 乙에 대한 임시이사 선임처분(B)의 취소를 구할 소의 이익도 인정된다. **관련판례** "비록 취임승인이 취소된 학교법인의 정식이사들에 대하여 원래 정해져 있던 임기가 만료되고 구 사립학교법(2005. 12. 29. 법률 제7802호로 개정되기 전의 것) 제22조 제2호 소정의 임원결격사유기간마저 경과하였다 하더라도, 그 임원취임승인취소처분이 위법하다고 판명되고 나아가 임시이사들의 지위가 부정되어 직무권한이 상실되면, 그 정식이사들은 후임이사 선임시까지 민법 제691조의 유추적용에 의하여 직무수행에 관한 긴급처리권을 가지게 되고 이에 터잡아 후임 정식이사들을 선임할 수 있게 되는바, 이는 감사의 경우에도 마찬가지이다."(대법원 2007. 7. 19. 선고 2006두19297)

13

「행정조사기본법」상 행정조사에 대한 설명으로 옳은 것은? (다툼이 있는 경우 판례에 의함)

① 조사대상자가 행정조사의 실시를 거부하거나 방해하는 경우 조사원은 「행정조사기본법」상의 명문규정에 의하여 조사대상자의 신체와 재산에 대해 실력을 행사할 수 있다.
② 행정기관의 장은 법령 등에서 규정하고 있는 조사사항을 조사대상자로 하여금 스스로 신고하도록 하는 자율신고제도를 운영하여야 한다.
③ 같은 세목 및 과세기간에 대한 거듭된 세무조사는 조세공평의 원칙에 현저히 반하는 예외적인 경우를 제외하고는 금지될 필요가 있으나, 납세자가 대답하거나 수인할 의무가 없고 납세자의 영업의 자유 등을 침해하거나 세무조사권이 남용될 염려가 없는 조사행위까지 재조사가 금지되는 세무조사에 해당하는 것은 아니다.
④ 행정조사는 사실행위의 형식으로만 가능하다.

해설　정답 ❸

① (×) 행정조사의 상대방이 조사를 거부하는 경우에 공무원이 실력 행사를 하여 강제로 조사할 수 있는지 여부에 대해 명문의 규정이 없어 견해가 대립한다.
② (×) 행정조사기본법 제25조 제1항

> **행정조사기본법 제25조(자율신고제도)** ① 행정기관의 장은 법령등에서 규정하고 있는 조사사항을 조사대상자로 하여금 스스로 신고하도록 하는 제도를 운영할 수 있다.

③ (○) "같은 세목 및 과세기간에 대한 거듭된 세무조사는 납세자의 영업의 자유나 법적 안정성 등을 심각하게 침해할 뿐만 아니라 세무조사권의 남용으로 이어질 우려가 있으므로 조세공평의 원칙에 현저히 반하는 예외적인 경우를 제외하고는 금지될 필요가 있다. 이러한 세무조사의 성질과 효과, 중복세무조사를 금지하는 취지 등에 비추어 볼 때, 세무공무원의 조사행위가 실질적으로 납세자 등으로 하여금 질문에 대답하고 검사를 수인하도록 함으로써 납세자의 영업의 자유 등에 영향을 미치는 경우에는 국세청 훈령인 구 조사사무처리규정(2010. 3. 30. 국세청 훈령 제1838호로 개정되기 전의 것)에서 정한 '현지확인'의 절차에 따른 것이라고 하더라도 그것은 재조사가 금지되는 '세무조사'에 해당한다고 보아야 한다. 그러나 과세자료의 수집 또는 신고내용의 정확성 검증 등을 위한 과세관청의 모든 조사행위가 재조사가 금지되는 세무조사에 해당한다고 볼 경우에는 과세관청으로서는 단순한 사실관계의 확인만으로 충분한 사안에서 언제나 정식의 세무조사에 착수할 수밖에 없고 납세자 등으로서도 불필요하게 정식의 세무조사에 응하여야 하므로, 납세자 등이 대답하거나 수인할 의무가 없고 납세자의 영업의 자유 등을 침해하거나 세무조사권이 남용될 염려가 없는 조사행위까지 재조사가 금지되는 '세무조사'에 해당한다고 볼 것은 아니다."(대법원 2017. 3. 16. 선고 2014두8360)

④ (×) 행정조사는 사실행위의 형식으로만 가능한 것이 아니라, 행정행위의 형식으로도 가능하다. 행정조사기본법이 규정한 행정조사의 방법 중 현장조사나 문서열람, 시료채취는 사실행위에 해당하지만, 보고요구나 자료제출요구, 출석요구, 진술요구는 상대방에게 의무를 부과하는 것으로서 행정행위에 해당한다.

14

행정입법에 대한 설명으로 옳지 않은 것은? (다툼이 있는 경우 판례에 의함)

① 「산업재해보상보험법 시행령」 [별표3] '업무상 질병에 대한 구체적인 인정 기준'이 예시적 규정에 불과하다 하더라도, 그 위임에 따른 고용노동부 고시가 대외적으로 국민과 법원을 구속하는 효력이 있는 규범이라고 보아야 한다.

② 헌법재판소는 법률이 일정한 사항을 행정규칙으로 위임하더라도 그 위임은 전문적·기술적 사항이나 경미한 사항으로서 업무의 성질상 위임이 불가피한 사항에 한정되어야 한다고 한다.

③ 한국수력원자력 주식회사가 조달하는 기자재, 용역 및 정비공사기기수리의 공급자에 대한 관리업무 절차를 규정함을 목적으로 제정 운용하고 있는 '공급자관리지침' 중 등록취소 및 그에 따른 일정 기간의 거래제한조치에 관한 규정들은 상위 법령의 구체적 위임 없이 정한 것이어서 대외적 구속력이 없는 행정규칙이다.

④ 법령의 위임이 없음에도 법령에 규정된 처분요건에 해당하는 사항을 부령에서 변경하여 규정한 경우에는 그 부령의 규정은 행정청 내부의 사무처리 기준 등을 정한 것으로서 행정조직 내에서 적용되는 행정명령의 성격을 지닐 뿐 국민에 대한 대외적 구속력은 없다고 보아야 한다.

해설 정답 ❶

① (×) "㉠ 산업재해보상보험법 제37조 제1항 제2호, 제5항, 같은 법 시행령 제34조 제3항 [별표 3]의 규정 내용과 형식, 입법 취지를 종합하면, 같은 법 시행령 [별표 3] '업무상 질병에 대한 구체적인 인정 기준'은 같은 법 제37조 제1항 제2호에서 규정하고 있는 '업무상 질병'에 해당하는 경우를 예시적으로 규정한 것이라고 보아야 하고, 그 기준에서 정한 것 외에 업무와 관련하여 발생한 질병을 모두 업무상 질병에서 배제하는 규정으로 볼 수는 없다. ㉡ 산업재해보상보험법 시행령 [별표 3] '업무상 질병에 대한 구체적인 인정 기준'은 '뇌혈관 질병 또는 심장 질병', '근골격계 질병'의 업무상 질병 인정 여부 결정에 필요한 사항은 고용노동부장관이 정하여 고시하도록 위임하고 있다(제1호 다.목, 제2호 마.목). 위임근거인 산업재해보상보험법 시행령 [별표 3] '업무상 질병에 대한 구체적인 인정 기준'이 예시적 규정에 불과한 이상, 그 위임에 따른 고용노동부 고시가 대외적으로 국민과 법원을 구속하는 효력이 있는 규범이라고 볼 수는 없고, 상급행정기관이자 감독기관인 고용노동부장관이 그 지도·감독 아래 있는 근로복지공단에 대하여 행정내부적으로 업무처리지침이나 법령의 해석·적용 기준을 정해주는 '행정규칙'이라고 보아야 한다."(대법원 2020. 12. 24. 선고 2020두39297)

② (○) "오늘날 의회의 입법독점주의에서 입법중심주의로 전환하여 일정한 범위 내에서 행정입법을 허용하게 된 동기가 사회적 변화에 대응한 입법수요의 급증과 종래의 형식적 권력분립주의로는 현대사회에 대응할 수 없다는 기능적 권력분립론에 있다는 점 등을 감안하여 헌법 제40조와 헌법 제75조, 제95조의 의미를 살펴보면, 국회입법에 의한 수권이 입법기관이 아닌 행정기관에게 법률 등으로 구체적인 범위를 정하여 위임한 사항에 관하여는 당해 행정기관에게 법정립의 권한을 갖게 되고, 입법자가 규율의 형식도 선택할 수 있다 할 것이므로, 헌법이 인정하고 있는 위임입법의 형식은 예시적인 것으로 보아야 할 것이고, 그것은 법률이 행정규칙에 위임하더라도 그 행정규칙은 위임된 사항만을 규율할 수 있으므로, 국회입법의 원칙과 상치되지도 않는다. 다만 행정규칙은 법규명령과 같은 엄격한 제정 및 개정절차를 요하지 아니하므로, 재산권 등과 같은 기본권을 제한하는 작용을 하는 법률이 입법위임을 할 때에는 대통령령, 총리령, 부령 등 법규명령에 위임함이 바람직하고, 고시와 같은 형식으로 입법위임을 할 때에는 적어도 행정규제기본법 제4조 제2항 단서에서 정한 바와 같이 법령이 전문적·기술적 사항이나 경미한 사항으로서 업무의 성질상 위임이 불가피한 사항에 한정된다 할 것이고, 그러한 사항이라 하더라도 포괄위임금지의 원칙상 법률의 위임은 반드시 구체적·개별적으로 한정된 사항에 대하여 행하여져야 한다."(헌법재판소 2006. 12. 28. 2005헌바59)

③ (○) "공공기관의 운영에 관한 법률(이하 '공공기관운영법'이라 한다)이나 그 하위법령은 공기업이 거래상대방 업체에 대하여 공공기관운영법 제39조 제2항 및 공기업·준정부기관 계약사무규칙 제15조에서 정한 범위를 뛰어넘어 추가적인 제재조치를 취할 수 있도록 위임한 바 없다. 따라서 한국수력원자력 주식회사가 조달하는 기자재, 용역 및 정비공사, 기기수리의 공급자에 대한 관리업무 절차를 규정함을 목적으로 제정·운용하고 있는 '공급자관리지침' 중 등록취소 및 그에 따른 일정 기간의 거래제한조치에 관한 규정들은 공공기관으로서 행정청에 해당하는 한국수력원자력 주식회사가 상위법령의 구체적 위임 없이 정한 것이어서 대외적 구속력이 없는 행정규칙이다."(대법원 2020. 5. 28. 선고 2017두66541)

④ (○) "법령에서 행정처분의 요건 중 일부 사항을 부령으로 정할 것을 위임한 데 따라 시행규칙 등 부령에서 이를 정한 경우에 그 부령의 규정은 국민에 대해서도 구속력이 있는 법규명령에 해당한다고 할 것이지만, 법령의 위임이 없음에도 법령에 규정된 처분 요건에 해당하는 사항을 부령에서 변경하여 규정한 경우에는 그 부령의 규정은 행정청 내부의 사무처리 기준 등을 정한 것으로서 행정조직 내에서 적용되는 행정명령의 성격을 지닐 뿐 국민에 대한 대외적 구속력은 없다고 보아야 한다(대법원 1992. 3. 31. 선고 91누4928 판결 참조). 따라서 어떤 행정처분이 그와 같이 법규성이 없는 시행규칙 등의 규정에 위배된다고 하더라도 그 이유만으로 처분이 위법하게 되는 것은 아니라 할 것이고, 또 그 규칙 등에서 정한 요건에 부합한다고 하여 반드시 그 처분이 적법한 것이라고 할 수도 없다.

이 경우 처분의 적법 여부는 그러한 규칙 등에서 정한 요건에 합치하는지 여부가 아니라 일반 국민에 대하여 구속력을 가지는 법률 등 법규성이 있는 관계 법령의 규정을 기준으로 판단하여야 한다." (대법원 2013. 9. 12. 선고 2011두10584)

15

항고소송의 대상적격에 대한 설명으로 옳지 않은 것은? (다툼이 있는 경우 판례에 의함)

① 후속처분의 내용이 종전처분의 유효를 전제로 내용 중 일부만을 철회하는 것이고 철회된 부분이 내용과 성질상 나머지 부분과 불가분적인 것이 아닌 경우, 특별한 사정이 없는 한 종전처분은 효력을 상실하고 후속처분만이 항고소송의 대상이 된다.

② 영업허가를 취소하는 처분에 대해 불가쟁력이 발생하였다면 이후 사정변경을 이유로 그 허가취소의 변경을 요구하였다가 행정청이 이를 거부한 경우, 그 거부는 원칙적으로 항고소송의 대상이 되는 처분에 해당하지 않는다.

③ 서면에 의하지 않은 재결의 경우 형식상 하자가 있으므로 재결에 대해서 항고소송을 제기할 수 있다.

④ 영업자에 대한 행정제재처분에 대하여 행정심판위원회가 영업자에게 유리한 적극적 변경명령재결을 하고 이에 따라 처분청이 변경처분을 한 경우, 그 변경처분에 의해 유리하게 변경된 행정제재가 위법하다는 이유로 그 취소를 구하려면 변경된 내용의 당초처분을 취소소송의 대상으로 하여야 한다.

해설 정답 ❶

① (×) "기존의 행정처분을 변경하는 내용의 행정처분이 뒤따르는 경우, 후속처분이 종전처분을 완전히 대체하는 것이거나 주요 부분을 실질적으로 변경하는 내용인 경우에는 특별한 사정이 없는 한 종전처분은 효력을 상실하고 후속처분만이 항고소송의 대상이 되지만, 후속처분의 내용이 종전처분의 유효를 전제로 내용 중 일부만을 추가·철회·변경하는 것이고 추가·철회·변경된 부분이 내용과 성질상 나머지 부분과 불가분적인 것이 아닌 경우에는, 후속처분에도 불구하고 종전처분이 여전히 항고소송의 대상이 된다. 따라서 종전처분을 변경하는 내용의 후속처분이 있는 경우 법원으로서는, 후속처분의 내용이 종전처분 전체를 대체하거나 주요 부분을 실질적으로 변경하는 것인지, 후속처분에서 추가·철회·변경된 부분의 내용과 성질상 나머지 부분과 가분적인지 등을 살펴 항고소송의 대상이 되는 행정처분을 확정하여야 한다."(대법원 2015. 11. 19. 선고 2015두295)

② (○) "행정청이 국민의 신청에 대하여 한 거부행위가 항고소송의 대상이 되는 행정처분으로 되려면, 행정청의 행위를 요구할 법규상 또는 조리상의 신청권이 국민에게 있어야 하고, 이러한 신청권의 근거 없이 한 국민의 신청을 행정청이 받아들이지 아니한 경우에는 그 거부로 인하여 신청인의 권리나 법적 이익에 어떤 영향을 주는 것이 아니므로 이를 항고소송의 대상이 되는 행정처분이라 할 수 없다(대법원 1984. 10. 23. 선고 84누227 판결, 2005. 4. 15. 선고 2004두11626 판결 등 참조). 그리고 제소기간이 이미 도과하여 불가쟁력이 생긴 행정처분에 대하여는 개별 법규에서 그 변경을 요구할 신청권을 규정하고 있거나 관계 법령의 해석상 그러한 신청권이 인정될 수 있는 등 특별한 사정이 없는 한 국민에게 그 행정처분의 변경을 구할 신청권이 있다 할 수 없다."(대법원 2007. 4. 26. 선고 2005두11104)

③ (○) 서면에 의하지 않은 재결의 경우 형식상 하자가 있으므로 재결에 대해서 항고소송을 제기할 수 있다.

④ (○) "행정청이 식품위생법령에 따라 영업자에게 행정제재처분을 한 후 그 처분을 영업자에게 유리하게 변경하는 처분을 한 경우, 변경처분에 의하여 당초 처분은 소멸하는 것이 아니고 당초부터 유리하게 변경된 내용의 처분으로 존재하는 것이므로, 변경처분에 의하여 유리하게 변경된 내용의 행정제재가 위법하다 하여 그 취소를 구하는 경우 그 취소소송의 대상은 변경된 내용의 당초 처분이지 변경처분은 아니고, 제소기간의 준수 여부도 변경처분이 아닌 변경된 내용의 당초 처분을 기준으로 판단하여야 한다."(대법원 2007. 4. 27. 선고 2004두9302)

16

법률유보원칙에 대한 설명으로 옳지 않은 것은? (다툼이 있는 경우 판례에 의함)

① 헌법재판소는 국회의 의결을 거쳐 확정되는 예산은 일종의 법규범이지만, 법률과 달리 국가기관만 구속할 뿐 국민은 구속하지 못한다고 본다.

② 텔레비전방송수신료의 금액은 납부의무자의 범위 등과 함께 수신료에 관한 본질적인 중요한 사항이므로 국회가 스스로 결정·관여하여야 한다.

③ 중학교 의무교육의 실시 여부 자체가 의회입법사항에 해당하므로 대통령령에 위임할 수 없는 것은 별론으로 하고, 법률인 「교육법」 제8조 제3항에 의하여 이미 실시가 강제되고 있는 중학교 의무교육에 관하여 그 실시의 시기, 범위만을 대통령령으로 정할 수 있도록 위임하는 것도 의회유보의 원칙에 반한다고 할 것이다.

④ 법률유보원칙에서의 '법률'에는 국회가 제정하는 형식적 의미의 법률뿐만 아니라 법률의 위임에 따라 제정된 법규명령도 포함된다.

해설 정답 ❸

① (○) "예산은 일종의 법규범이고 법률과 마찬가지로 국회의 의결을 거쳐 제정되지만 법률과 달리 국가기관만을 구속할 뿐 일반국민을 구속하지 않는다. 국회가 의결한 예산 또는 국회의 예산안 의결은 헌법재판소법 제68조 제1항 소정의 '공권력의 행사'에 해당하지 않고 따라서 헌법소원의 대상이 되지 아니한다."(헌법재판소 2006. 4. 25. 2006헌마409)

② (○) "오늘날 법률유보원칙은 단순히 행정작용이 법률에 근거를 두기만 하면 충분한 것이 아니라, 국가공동체와 그 구성원에게 기본적이고도 중요한 의미를 갖는 영역, 특히 국민의 기본권실현과 관련된 영역에 있어서는 국민의 대표자인 입법자가 그 본질적 사항에 대해서 스스로 결정하여야 한다는 요구까지 내포하고 있다(의회유보원칙). 그런데 텔레비전방송수신료는 대다수 국민의 재산권 보장의 측면이나 한국방송공사에게 보장된 방송자유의 측면에서 국민의 기본권실현에 관련된 영역에 속하고, 수신료금액의 결정은 납부의무자의 범위 등과 함께 수신료에 관한 본질적인 중요한 사항이므로 국회가 스스로 행하여야 하는 사항에 속하는 것임에도 불구하고 한국방송공사법 제36조 제1항에서 국회의 결정이나 관여를 배제한 채 한국방송공사로 하여금 수신료금액을 결정해서 문화관광부장관의 승인을 얻도록 한 것은 법률유보원칙에 위반된다."(헌법재판소 1999. 5. 27. 선고 98헌바70)

③ (×) "중학교 의무교육의 실시 여부 자체라든가 그 연한은 교육제도의 수립에 있어서 본질적 내용으로서 국회입법에 유보되어 있어서 반드시 형식적 의미의 법률로 규정되어야 할 기본적 사항이라 하겠으나(이에 따라서 교육법 제8조에서 3년의 중등교육을 반드시 실시하여야 하도록 규정하고 있다), 그 실시의 시기·범위 등 구체적인 실시에 필요한 세부사항에 관하여는 반드시 그런 것은 아니다. 왜냐하면 이들 사항을 시행하기 위하여서는 막대한 재정지출이 뒤따르고, 실시의 시기와 방법에 관하여는 국회가 사전에 그 시행에 따른 여러 가지 사정에 대한 자료가 상대적으로 부족하기 때문에 오히려 실정에 밝은 집행기관인 행정부에 의한 기민한 정책결정이 불가피하므로 의회 입법사항이 되기에 부적합하다는 점을 고려하면 이들 사항을 국회 스스로 결정하여야 할 기본적인 사항은 아니고 행정부에 위임하여도 무방한 사항이라고 보아야 할 것이다. 따라서 국회법률에 의한 위임을 받은 경우에는 이에 바탕을 둔 법규명령에 의하여 규정될 수 있는 것이다."(헌법재판소 1991. 2. 11. 선고 90헌가27)

④ (○) 법률유보원칙에서의 '법률'에는 국회가 제정하는 형식적 의미의 법률뿐만 아니라, 법률의 위임에 따라 제정된 법규명령도 포함된다.

17

행정의 실효성 확보수단에 대한 설명으로 옳은 것(○)과 옳지 않은 것(×)을 바르게 조합한 것은? (다툼이 있는 경우 판례에 의함)

> ㉠ 국유재산의 무단점유자에 대한 변상금 부과·징수권과 민사상 부당이득반환청구권은 동일한 금액 범위 내에서 경합하여 병존하게 되고, 민사상 부당이득반환청구권이 만족을 얻어 소멸하면 그 범위 내에서 변상금 부과·징수권도 소멸하는 관계에 있다.
> ㉡ 행정상 강제집행을 위해서는 의무부과의 근거법규 외에 별도의 법적근거를 요한다.
> ㉢ 노동위원회가 「근로기준법」 제33조에 따라 이행강제금을 부과하는 경우 그 30일 전까지 하여야 하는 이행강제금 부과 예고는 이행강제금 부과에 선행하는 '계고'에 해당한다.
> ㉣ 대집행 행위 자체는 행정처분으로서 공법상 행위에 해당하지만, 행정대집행의 대상이 되는 의무가 공법상 의무일 필요는 없다.

① ㉠(○), ㉡(○), ㉢(○), ㉣(×)
② ㉠(○), ㉡(○), ㉢(×), ㉣(○)
③ ㉠(×), ㉡(○), ㉢(×), ㉣(×)
④ ㉠(×), ㉡(×), ㉢(○), ㉣(○)

해설 정답 ❶

㉠ (○) "구 국유재산법(2009. 1. 30. 법률 제9401호로 전부 개정되기 전의 것) 제51조 제1항, 제4항, 제5항(현행 국유재산법 제72조 제1항, 제73조에 해당한다)에 의한 변상금 부과·징수권과 민사상 부당이득반환청구권은 동일한 금액 범위 내에서 경합하여 병존하게 되고, 민사상 부당이득반환청구권이 만족을 얻어 소멸하면 그 범위 내에서 변상금 부과·징수권도 소멸하는 관계에 있다(대법원 2014. 9. 4. 선고 2012두5688)."

㉡ (○) 행정상 강제집행을 위해서는 의무부과의 근거법규 외에 별도의 법적근거를 요한다.

㉢ (○) "이행강제금은 행정법상의 부작위의무 또는 비대체적 작위의무를 이행하지 않은 경우에 '일정한 기한까지 의무를 이행하지 않을 때에는 일정한 금전적 부담을 과할 뜻'을 미리 '계고'함으로써 의무자에게 심리적 압박을 주어 장래를 향하여 의무의 이행을 확보하려는 간접적인 행정상 강제집행 수단이고, 노동위원회가 근로기준법 제33조에 따라 이행강제금을 부과하는 경우 그 30일 전까지 하여야 하는 이행강제금 부과 예고는 이러한 '계고'에 해당한다. 따라서 사용자가 이행하여야 할 행정법상 의무의 내용을 초과하는 것을 '불이행 내용'으로 기재한 이행강제금 부과 예고서에 의하여 이행강제금 부과 예고를 한 다음 이를 이행하지 않았다는 이유로 이행강제금을 부과하였다면, 초과한 정도가 근소하다는 등의 특별한 사정이 없는 한 이행강제금 부과 예고는 이행강제금 제도의 취지에 반하는 것으로서 위법하고, 이에 터 잡은 이행강제금 부과처분 역시 위법하다." (대법원 2015. 6. 24. 선고 2011두2170)

㉣ (×) 행정대집행의 대상이 되는 의무는 공법상 의무이어야 한다.

18

「행정소송법」상 소송참가와 재심에 대한 설명으로 옳지 않은 것은? (다툼이 있는 경우 판례에 의함)

① 법원은 다른 행정청을 소송에 참가시킬 필요가 있다고 인정할 때에는 당사자 또는 당해 행정청의 신청 또는 직권에 의하여 결정으로써 그 행정청을 소송에 참가시킬 수 있다.
② 소송참가할 수 있는 행정청이 자기에게 책임 없는 사유로 소송에 참가하지 못함으로써 판결의 결과에 영향을 미칠 공격방어방법을 제출하지 못한 때에는 이를 이유로 확정된 종국판결에 대하여 재심을 청구할 수 있다.
③ 소송에 참가한 제3자는 피참가인의 소송행위에 어긋나는 행위를 할 수 있다.
④ 취소소송의 제3자 소송참가에 관한 규정은 무효등확인소송, 부작위위법확인소송에 준용될 뿐만 아니라, 당사자소송에도 준용된다.

해설 정답 ❷

이하 행정소송법

① (○) 제17조

> **제17조(행정청의 소송참가)** ① 법원은 다른 행정청을 소송에 참가시킬 필요가 있다고 인정할 때에는 당사자 또는 당해 행정청의 신청 또는 직권에 의하여 결정으로써 그 행정청을 소송에 참가시킬 수 있다.

② (×) 행정소송법은 제3자의 재심청구를 규정하고 있지만(제31조), 행정청의 재심청구에 대해서는 규정하고 있지 않다. 그러므로 '행정청이 자기에게 책임 없는 사유로'를 '제3자는 자기에게 책임 없는 사유로'로 바꾸어야 옳다.

> **제31조(제3자에 의한 재심청구)** ① 처분등을 취소하는 판결에 의하여 권리 또는 이익의 침해를 받은 제3자는 자기에게 책임없는 사유로 소송에 참가하지 못함으로써 판결의 결과에 영향을 미칠 공격 또는 방어방법을 제출하지 못한 때에는 이를 이유로 확정된 종국판결에 대하여 재심의 청구를 할 수 있다.

③ (○) 소송에 참가한 제3자는 피참가인의 소송행위에 어긋나는 행위를 할 수 있다.

④ (○) 취소소송의 제3자 소송참가에 관한 규정은 무효등확인소송, 부작위위법확인소송, 당사자소송에도 준용된다. 제38조, 제44조 참조.

제16조(제3자의 소송참가) ① 법원은 소송의 결과에 따라 권리 또는 이익의 침해를 받을 제3자가 있는 경우에는 당사자 또는 제3자의 신청 또는 직권에 의하여 결정으로써 그 제3자를 소송에 참가시킬 수 있다.

제38조(준용규정) ① 제9조, 제10조, 제13조 내지 제17조, 제19조, 제22조 내지 제26조, 제29조 내지 제31조 및 제33조의 규정은 무효 등 확인소송의 경우에 준용한다.
② 제9조, 제10조, 제13조 내지 제19조, 제20조, 제25조 내지 제27조, 제29조 내지 제31조, 제33조 및 제34조의 규정은 부작위위법확인소송의 경우에 준용한다.

제44조(준용규정) ① 제14조 내지 제17조, 제22조, 제25조, 제26조, 제30조 제1항, 제32조 및 제33조의 규정은 당사자소송의 경우에 준용한다.

19

강학상 허가 · 특허 · 인가 등에 대한 설명으로 옳은 것은? (다툼이 있는 경우 판례에 의함)

① 구 「외자도입법」에 따른 기술도입계약에 대한 인가는 기본행위인 기술도입계약을 보충하여 그 법률상 효력을 완성시키는 보충적 행정행위에 해당한다.
② 귀화허가는 재량행위에 속하므로 귀화신청인이 귀화요건을 갖추지 못한 경우에도, 법무부장관의 재량에 의해 귀화허가를 발급할 수 있다.
③ 허가의 경우, 특별한 규정이 없는 한 허가를 받으면 관계법상의 금지가 해제될 뿐만 아니라 타법상의 제한까지 해제되는 효과가 있다.
④ 유기장 영업허가는 유기장 영업권을 설정하는 설권행위에 해당한다.

해설 정답 ❶

① (○) "외자도입법 제19조에 따른 기술도입계약에 대한 인가는 기본행위인 기술도입계약을 보충하여 그 법률상 효력을 완성시키는 보충적 행정행위에 지나지 아니하므로 기본행위인 기술도입계약이 해지로 인하여 소멸되었다면 위 인가처분은 무효선언이나 그 취소처분이 없어도 당연히 실효된다."(대법원 1983. 12. 27. 선고 82누491)
② (×) 귀화요건을 갖추지 못한 경우에 귀화허가를 할 수는 없다. 귀화허가는 재량행위이기 때문에 귀화요건을 충족했을 경우라 하더라도, 발급되지 않을 수 있다는 것과 모순이 아니다. "귀화신청인이 구 국적법 제5조 각호에서 정한 귀화요건을 갖추지 못한 경우 법무부장관은 귀화 허부에 관한 재량권을 행사할 여지 없이 귀화불허처분을 하여야 한다."(대법원 2018. 12. 13. 선고 2016두31616)
③ (×) 허가의 경우 특별한 규정이 없는 한 관계법상의 금지가 해제될 뿐이고, 타법상의 제한까지 해제되는 것은 아니다.
④ (×) "유기장영업허가는 유기장영업권을 설정하는 설권행위가 아니고 일반적 금지를 해제하는 영업자유의 회복이라 할 것이므로 그 영업상의 이익은 반사적 이익에 불과하고 행정행위의 본질상 금지의 해제나 그 해제를 다시 철회하는 것은 공익성과 합목적성에 따른 당해 행정청의 재량행위라 할 것이다."(대법원 1985. 2. 8. 선고 84누369)

20

행정심판에 대한 설명으로 옳은 것만을 모두 고르면? (다툼이 있는 경우 판례에 의함)

㉠ 「행정심판법」은 당사자심판을 청구할 수 있는 자는 행정소송의 경우와 동일하게 행정처분의 법률관계에 대한 법률상의 이익이 있어야 한다고 규정하고 있다.
㉡ 행정청의 부당한 처분을 변경하는 행정심판은 현행법상 허용되지 않는다.
㉢ 「행정심판법」상 행정심판위원회는 의무이행심판의 청구가 이유가 있다고 인정하면 지체 없이 신청에 따른 처분을 하거나 처분을 할 것을 피청구인에게 명한다.
㉣ 행정심판의 재결이 확정된 경우 처분의 기초가 된 사실관계나 법률적 판단이 확정되고 당사자들이나 법원은 이에 기속되어 모순되는 주장이나 판단을 할 수 없다.

① ㉠, ㉡ ② ㉠, ㉢
③ ㉡, ㉣ ④ ㉢

해설 정답 ❹

㉠ (×) 행정심판법에서 규정한 행정심판의 종류로는 행정소송법상 항고소송에 대응하는 취소심판 · 무효등확인심판 · 의무이행심판은 있으나, 당사자소송에 대응하는 당사자심판은 없다.
㉡ (×) 행정청의 부당한 처분을 변경하는 행정심판은 현행법상 허용된다.
☞ 취소심판이 현행법상 행정심판의 종류로서 존재한다는 의미이다.
㉢ (○) 행정심판법 제43조 제5항

행정심판법 제43조(재결의 구분) ⑤ 위원회는 의무이행심판의 청구가 이유가 있다고 인정하면 지체 없이 신청에 따른 처분을 하거나 처분을 할 것을 피청구인에게 명한다.

㉣ (×) "일반적으로 행정처분이나 행정심판 재결이 불복기간의 경과로 확정될 경우 그 확정력은, 처분으로 법률상 이익을 침해받은 자가 당해 처분이나 재결의 효력을 더 이상 다툴 수 없다는 의미일 뿐, 더 나아가 판결과 같은 기판력이 인정되는 것은 아니어서 그 처분의 기초가 된 사실관계나 법률적 판단이 확정되고 당사자들이나 법원이 이에 기속되어 모순되는 주장이나 판단을 할 수 없게 되는 것은 아니다."(대법원 2008. 7. 24. 선고 2006두20808)

ADMINISTRATIVE LAW

15회 정답과 해설

문제 p.88

Answer

01	①	06	④	11	③	16	③
02	②	07	①	12	①	17	②
03	②	08	②	13	①	18	④
04	②	09	③	14	③	19	①
05	④	10	③	15	④	20	②

01

행정법의 일반원칙에 대한 설명으로 옳지 않은 것은? (다툼이 있는 경우 판례에 의함)

① 행정청이 수입 녹용 중 전지 3대를 측정한 회분함량이 기준치를 0.5% 초과하였다는 이유로 수입 녹용 전부에 대하여 전량 폐기 또는 반송 처리를 지시한 처분은 비례원칙에 위반한 재량권을 일탈·남용한 경우에 해당한다.

② 구 「국유재산법」 제5조 제2항이 잡종재산에 대하여까지 시효취득을 배제하고 있는 것은 국가만을 우대하여 합리적 사유 없이 국가와 사인을 차별하는 것이므로 평등원칙에 위반된다.

③ 조세법률관계에서의 과세관청의 행위에 대하여 신의성실의 원칙이 적용되기 위하여는, 과세관청이 납세자에게 신뢰의 대상이 되는 공적인 견해를 표명하여야 하고, 납세자가 과세관청의 견해표명이 정당하다고 신뢰한 데 대하여 납세자에게 귀책사유가 없어야 하며, 납세자가 그 견해표명을 신뢰하고 이에 따라 무엇인가 행위를 하여야 하고, 과세관청이 위 견해표명에 반하는 처분을 함으로써 납세자의 이익이 침해되는 결과가 초래되어야 한다.

④ 도시계획구역 내 생산녹지로 답(畓)인 토지에 대하여 종교회관 건립을 이용목적으로 하는 토지거래계약의 허가를 받으면서, 담당공무원이 관련 법규상 허용된다고 하여 이를 신뢰하고 건축준비를 하였으나, 그 후 토지형질변경허가신청을 불허가한 것은 신뢰보호의 원칙에 위반된다.

해설 정답 ❶

① (×) "지방식품의약품안전청장이 수입 녹용 중 전지 3대를 절단부위로부터 5cm까지의 부분을 절단하여 측정한 회분함량이 기준치를 0.5% 초과하였다는 이유로 수입 녹용 전부에 대하여 전량 폐기 또는 반송처리를 지시한 경우, 녹용 수입업자가 입게 될 불이익이 의약품의 안전성과 유효성을 확보함으로써 국민보건의 향상을 기하고 고가의 한약재인 녹용에 대하여 부적합한 수입품의 무분별한 유통을 방지하려는 공익상 필요보다 크다고는 할 수 없으므로 위 폐기 등 지시처분이 재량권을 일탈·남용한 경우에 해당하지 않는다고 한 사례."(대법원 2006. 4. 14. 선고 2004두3854)

② (○) "국유잡종재산은 사경제적 거래의 대상으로서 사적 자치의 원칙이 지배되고 있으므로 시효제도의 적용에 있어서도 동일하게 보아야 하고, 국유잡종재산에 대한 시효취득을 부인하는 동규정은 합리적 근거없이 국가만을 우대하는 불평등한 규정으로서 헌법상의 평등의 원칙과 사유재산권 보장의 이념 및 과잉금지의 원칙에 반한다." (헌법재판소 1991. 5. 13. 선고 89헌가97)

③ (○) "일반적으로 조세법률관계에서 과세관청의 행위에 대하여 신의성실의 원칙이 적용되기 위하여는, ① 과세관청이 납세자에게 신뢰의 대상이 되는 공적인 견해를 표명하여야 하고, ② 납세자가 과세관청의 견해표명이 정당하다고 신뢰한 데 대하여 납세자에게 귀책사유가 없어야 하며, ③ 납세자가 그 견해표명을 신뢰하고 이에 따라 무엇인가 행위를 하여야 하고, ④ 과세관청이 위 견해표명에 반하는 처분을 함으로써 납세자의 이익이 침해되는 결과가 초래되어야 한다."(대법원 2008. 6. 12. 선고 2008두1115)

④ (○) "종교법인이 도시계획구역 내 생산녹지로 답인 토지에 대하여 종교회관 건립을 이용목적으로 하는 토지거래계약의 허가를 받으면서 담당공무원이 관련 법규상 허용된다 하여 이를 신뢰하고 건축준비를 하였으나 그 후 당해 지방자치단체장이 다른 사유를 들어 토지형질변경허가신청을 불허가 한 것이 신뢰보호원칙에 반한다고 한 사례."(대법원 1997. 9. 12. 선고 96누18380)

02

행정법률관계에 대한 설명으로 옳은 것만을 모두 고르면? (다툼이 있는 경우 판례에 의함)

ㄱ 주택재개발정비사업 재개발조합과 조합장 또는 조합임원 사이의 선임·해임 등을 둘러싼 법률관계는 사법상의 법률관계로서 그 조합장 또는 조합임원의 지위를 다투는 소송은 민사소송에 의하여야 할 것이다.
ㄴ 행정임무를 자기 책임 하에 수행함이 없이 단순한 기술적 집행만을 행하는 사인을 공무수탁사인이라 한다.
ㄷ 법률관계의 한쪽 당사자가 행정주체인 경우에는 공법관계로 보는 것이 판례의 일관된 입장이다.
ㄹ 관리관계는 공법관계에 속하지만 원칙적으로 사법규정이 적용된다.

① ㄱ, ㄴ　② ㄱ, ㄹ
③ ㄴ, ㄷ　④ ㄷ, ㄹ

해설 정답 ❷

ㄱ (○) "구 도시 및 주거환경정비법(2007. 12. 21. 법률 제8785호로 개정되기 전의 것)상 재개발조합이 공법인이라는 사정만으로 재개발조합과 조합장 또는 조합임원 사이의 선임·해임 등을 둘러싼 법률관계가 공법상의 법률관계에 해당한다거나 그 조합장 또는 조합임원의 지위를 다투는 소송이 당연히 공법상 당사자소송에 해당한다고 볼 수는 없고, 구 도시 및 주거환경정비법의 규정들이 재개발조합과 조합장 및 조합임원과의 관계를 특별히 공법상의 근무관계로 설정하고 있다고 볼 수도 없으므로, 재개발조합과 조합장 또는 조합임원 사이의 선임·해임 등을 둘러싼 법률관계는 사법상의 법률관계로서 그 조합장 또는 조합임원의 지위를 다투는 소송은 민사소송에 의하여야 할 것이다."(대법원 2009. 9. 24. 자 2009마168)

ㄴ (×) 행정임무를 자기 책임 하에 수행함이 없이, 단순한 기술적 집행만을 행하는 사인을 행정보조인이라 한다.

㉢ (×) 법률관계의 한쪽 당사자가 행정주체라고 해서 반드시 공법관계인 것은 아니다. 경우에 따라 공법관계에 해당할 수도 있고, 사법관계에 해당할 수도 있다.

㉣ (○) 관리관계는 공법관계에 속하지만 원칙적으로 사법규정이 적용된다.

03

행정행위에 대한 설명으로 옳은 것은? (다툼이 있는 경우 판례에 의함)

① 운전면허취소처분을 받은 자가 그 처분 이후 쟁송기간 중에 자동차를 운전하였다면, 이후 항고소송에 의하여 운전면허취소처분이 취소되었더라도 취소처분의 공정력으로 인해 그 운전행위는 무면허운전에 해당한다.

② 공무원 임용을 위한 면접전형에 있어서 임용신청자의 능력이나 적격성 등에 관한 판단은 면접위원의 고도의 교양과 학식, 경험에 기초한 자율적 판단에 의존하는 것으로서 오로지 면접위원의 자유재량에 속한다.

③ 구 「주택건설촉진법」에 의한 주택건설사업계획 사전결정이 있는 경우 주택건설계획 승인 처분은 사전결정에 기속되므로 다시 승인 여부를 결정할 수 없다.

④ 「건축법」상 건축허가신청의 경우 심사 결과 그 신청이 법정요건에 합치하는 경우라 할지라도 소음공해, 먼지 발생, 주변인 집단 민원 등의 사유가 있는 경우 이를 불허가사유로 삼을 수 있고, 그러한 불허가처분이 비례원칙 등을 준수하였다면 처분 자체의 위법성은 인정될 수 없다.

해설 정답 ❷

① (×) "피고인이 행정청으로부터 자동차 운전면허취소처분을 받았으나 나중에 그 행정처분 자체가 행정쟁송절차에 의하여 취소되었다면, 위 운전면허취소처분은 그 처분시에 소급하여 효력을 잃게 되고, 피고인은 위 운전면허취소처분에 복종할 의무가 원래부터 없었음이 후에 확정되었다고 봄이 타당할 것이고, 행정행위에 공정력의 효력이 인정된다고 하여 행정소송에 의하여 적법하게 취소된 운전면허취소처분이 단지 장래에 향하여서만 효력을 잃게 된다고 볼 수는 없다."(대법원 1999. 2. 5. 선고 98도4239)

② (○) "공무원 임용을 위한 면접전형에 있어서 임용신청자의 능력이나 적격성 등에 관한 판단은 면접위원의 고도의 교양과 학식, 경험에 기초한 자율적 판단에 의존하는 것으로서 오로지 면접위원의 자유재량에 속하고, 그와 같은 판단이 현저하게 재량권을 일탈 내지 남용한 것이 아니라면 이를 위법하다고 할 수 없다."(대법원 1997. 11. 28. 선고 97누11911)

③ (×) "주택건설촉진법 제33조 제1항의 규정에 의한 주택건설사업계획의 승인은 상대방에게 권리나 이익을 부여하는 효과를 수반하는 이른바 수익적 행정처분으로서 행정처분의 요건에 관하여 일의적으로 규정되어 있지 아니한 이상 행정청의 재량행위에 속하고(대법원 1997. 3. 14. 선고 96누16698 판결, 1997. 2. 11. 선고 96누6295 판결 등 참조), 그 전 단계인 같은 법 제32조의4 제1항의 규정에 의한 주택건설사업계획의 사전결정이 있다하여 달리 볼 것은 아니다. 따라서 피고가 이 사건 주택건설사업에 대한 사전결정을 하였다고 하더라도 사업승인 단계에서 그 사전결정에 기속되지 않고 다시 사익과 공익을 비교형량하여 그 승인 여부를 결정할 수 있다고 판단한 원심의 조치는 정당하고, 거기에 소론과 같은 위법이 있다고 할 수 없다."(대법원 1999. 5. 25. 선고 99두1052)

④ (×) "건축허가권자는 건축허가신청이 건축법 등 관계 법령에서 정하는 어떠한 제한에 배치되지 않는 이상 같은 법령에서 정하는 건축허가를 하여야 하고, 중대한 공익상의 필요가 없음에도 불구하고 요건을 갖춘 자에 대한 허가를 관계 법령에서 정하는 제한사유 이외의 사유를 들어 거부할 수는 없다(대법원 1992. 12. 11. 선고 92누3038 판결, 대법원 2009. 9. 24. 선고 2009두8946 판결 등 참조). 원심판결 이유에 의하면, 원심은 그 채택 증거들을 종합하여 판시와 같은 사실을 인정한 다음, 피고가 이 사건 건축불허가처분의 사유로 삼은 것은 관계 법규에서 정하는 건축허가의 제한사유에 해당하지 아니하고, 인근 주민 내지 기존 주유소 사업자들의 반대 그 자체가 건축허가 여부를 판단함에 있어 적법한 기준이 될 수 없으며, 이 사건 주유소 건축으로 인한 기존 주유소 사업자들의 영업상 손실을 공익상의 손실로 보기 어려운 점 등에 비추어 보면, 기존 주유소 사업자의 생계 위협 및 위험시설물인 주유소 설치에 따른 집단민원 발생이 이 사건 주유소의 건축허가를 제한할 만한 중대한 공익상의 필요에 해당한다고 보기 어려우므로, 이 사건 건축불허가처분은 위법하다고 판단하였다. 위 법리와 기록에 비추어 보면 원심의 위와 같은 판단은 정당하고, 거기에 건축불허가처분과 관련된 중대한 공익상의 필요에 관한 법리오해의 잘못이 없다."(대법원 2012. 11. 22. 선고 2010두22962)

04

행정입법에 대한 설명으로 옳은 것만을 모두 고르면? (다툼이 있는 경우 판례에 의함)

㉠ 훈령, 지시, 예규, 일일명령 등 행정기관이 그 하급기관이나 소속 공무원에 대하여 일정한 사항을 지시하는 문서는 지시문서이다.

㉡ 상급행정청의 감독권의 대상에는 하급행정청의 행정입법권 행사도 포함되므로, 상급행정청이 하급행정청의 법규명령을 직접 폐지할 수도 있다.

㉢ 법률에서 위임받은 사항을 전혀 규정하지 아니하고 그대로 재위임하는 것은 허용되지 않으며, 위임받은 사항에 관하여 대강(大綱)을 정하고 그중의 특정사항을 범위를 정하여 하위법령에 다시 위임하는 경우에만 재위임이 허용된다.

㉣ 국무총리 또는 행정각부의 장이 소관사무에 관하여 법률이나 대통령령의 위임 또는 직권으로 총리령 또는 부령을 발할 수 있는 것은 별론으로 하고, 행정 각부가 아닌 국무총리 소속의 독립기관도 독립하여 법규명령을 발할 수 있다.

㉤ 법률조항의 위임에 따라 대통령령으로 규정한 내용이 헌법에 위반되는 경우라고 해서, 모법인 해당 수권 법률조항까지 그로 인하여 위헌으로 되는 것은 아니다.

① ㉠, ㉡, ㉢　　② ㉠, ㉢, ㉤
③ ㉡, ㉣　　④ ㉢, ㉣, ㉤

해설 정답 ❷

㉠ (○) 행정 효율과 협업 촉진에 관한 규정 제4조 제2호

행정 효율과 협업 촉진에 관한 규정 제4조(공문서의 종류) 공문서(이하 "문서"라 한다)의 종류는 다음 각 호의 구분에 따른다.
2. 지시문서: 훈령·지시·예규·일일명령 등 행정기관이 그 하급기관이나 소속 공무원에 대하여 일정한 사항을 지시하는 문서

㉡ (×) 상급행정청의 감독권의 대상에는 하급행정청의 행정입법권 행사도 포함되지만, 상급행정청이 하급행정청의 법규명령을 직접 폐지할 수는 없다.

㉢ (○) "법률에서 위임받은 사항을 전혀 규정하지 않고 모두 재위임하는 것은 '위임받은 권한을 그대로 다시 위임할 수 없다'는 복위임금지의 법리에 반할 뿐 아니라 수권법의 내용변경을 초래하는 것이 되고, 대통령령 이외의 법규명령의 제정·개정절차가 대통령령에 비하여 보다 용이한 점을 고려할 때 하위의 법규명령에 대한 재위임의 경우에도 대통령령에의 위임에 가하여지는 헌법상의 제한이 마땅히 적용되어야 할 것이다. 따라서 법률에서 위임받은 사항을 전혀 규정하지 아니하고 그대로 하위의 법규명령에 재위임하는 것은 허용되지 않으며 위임받은 사항에 관하여 대강(大綱)을 정하고 그 중의 특정사항을 범위를 정하여 하위의 법규명령에 다시 위임하는 경우에만 재위임이 허용된다."(헌법재판소 2002. 10. 31. 선고 2001헌라1)

㉣ (×) 행정 각부가 아닌 국무총리 소속의 독립기관은 독립하여 법규명령을 발할 수 없다.

㉤ (○) "법률조항 자체에서 직접 규정하지 않고 구체적 내용을 대통령령에 위임한 경우, 비록 그 위임에 따라 대통령령으로 규정한 내용이 헌법에 위반되더라도 그 대통령령이 위헌으로 되는 것은 별론으로 하고 그로 인하여 바로 수권법률까지 위헌으로 되는 것이 아니다."(헌법재판소 2004. 8. 26. 2002헌바13)

05

신고와 수리에 대한 설명으로 옳지 않은 것은? (다툼이 있는 경우 판례에 의함)

① 대물적 허가를 받아 영업을 하는 甲이 자신의 영업을 乙에게 양도하고자 乙과 영업의 양도·양수계약을 체결하고 관련 법에 따라 관할 A행정청에 지위 승계 신고를 한 경우, 적법한 지위승계신고를 하였다 하더라도 A행정청이 수리를 거부하면 乙에게 영업양수의 효과가 발생하지 아니한다.

② 건축물의 소유권을 둘러싸고 소송이 계속 중인 경우, 판결로 그 소유권 귀속이 확정될 때까지 행정청이 건축주명의변경신고의 수리를 거부할 수 있다.

③ 「행정절차법」은 '법령등에서 행정청에 일정한 사항을 통지함으로써 의무가 끝나는 신고'에 대하여 '그 밖에 법령등에 규정된 형식상의 요건에 적합할 것'을 그 신고의무 이행요건의 하나로 정하고 있다.

④ 법령 등에서 행정청에 일정한 사항을 통지함으로써 의무가 끝나는 신고를 규정하고 있는 경우에, 신고의 내용이 현저히 공익을 해친다고 판단된다는 이유로 행정청이 신고인에게 보완을 요구하고 그럼에도 불구하고 그 상당한 기간 내에도 보완을 하지 않았을 경우에는 이를 되돌려 보낼 수 있다.

해설 정답 ❹

① (○) 대물적 허가를 받아 영업을 하는 甲이 자신의 영업을 乙에게 양도하고자 乙과 영업의 양도·양수계약을 체결하고 관련 법에 따라 관할 A행정청에 지위 승계 신고를 한 경우, 적법한 지위승계신고를 하였다 하더라도 A행정청이 수리를 거부하면 乙에게 영업양수의 효과가 발생하지 아니한다. 영업 양도·양수계약을 체결하고 지위 승계 신고를 한 경우, 이러한 지위 승계 신고는 수리를 요하는 신고이기 때문이다.

② (○) "피고가 위 신고의 수리를 거부한 사유는 이 사건 건축물의 소유권을 둘러싸고 소송이 계속중이어서 그 판결로 정당한 권리자가 확정될 때까지는 그 신고를 수리할 수 없다는 것인바, 기록에 의하면 이 사건 건축물에 관하여는 준공검사가 마쳐지지 아니한 상태에서 그에 대한 권리자임을 내세운 소외 5가 법원으로부터 가등기가처분을 받아 위 회사를 대위하여 위 회사 명의로 소유권보존등기를 마친 다음 그 보존등기에 터잡아 소유권이전청구권보전의 가등기와 그에 기한 본등기를 경료하였으나, 당초의 건축허가 명의자였던 망 소외 3이 위 보존등기가 무효라 하여 그 말소를 소구하는 한편 위 건축물을 경락받은 소외 6 등은 위 소외 5를 상대로 위 가등기와 본등기의 말소소송을 제기하는 등 위 건축물의 소유권을 둘러싸고 수많은 쟁송이 있었고 이러한 사정을 피고도 알고 있었으므로, 피고로서는 법원의 판결에 의하여 그 소유권의 귀속이 확정될 때까지 건축주명의변경신고의 수리를 보류한다는 뜻에서 그 수리를 거부함이 상당하다 할 것이고, 이러한 피고의 조치가 신고의 수리에 있어서 가지는 심사권의 범위를 벗어나는 것으로 보이지는 아니한다. 같은 취지의 원심의 판단은 옳고 거기에 소론이 지적하는바와 같은 위법은 없다."(대법원 1993. 10. 12. 선고 93누883)

③ (○) 행정절차법 제40조

> **행정절차법 제40조(신고)** ① 법령등에서 행정청에 일정한 사항을 통지함으로써 의무가 끝나는 신고를 규정하고 있는 경우 신고를 관장하는 행정청은 신고에 필요한 구비서류, 접수기관, 그 밖에 법령등에 따른 신고에 필요한 사항을 게시(인터넷 등을 통한 게시를 포함한다)하거나 이에 대한 편람을 갖추어 두고 누구나 열람할 수 있도록 하여야 한다.
> ② 제1항에 따른 신고가 다음 각 호의 요건을 갖춘 경우에는 신고서가 접수기관에 도달된 때에 신고 의무가 이행된 것으로 본다.
> 1. 신고서의 기재사항에 흠이 없을 것
> 2. 필요한 구비서류가 첨부되어 있을 것
> 3. 그 밖에 법령등에 규정된 형식상의 요건에 적합할 것

④ (×) 법령 등에서 행정청에 일정한 사항을 통지함으로써 의무가 끝나는 신고를 규정하고 있는 경우에 ① 신고서의 기재사항에 흠이 있거나 ② 필요한 구비서류가 첨부되어 있지 않거나 ③ 그 밖에 법령 등에 규정된 형식상의 요건에 부합하지 않은 경우에는 행정청이 신고인에게 보완을 요구하고 그럼에도 불구하고 그 상당한 기간 내에도 보완을 하지 않았을 경우에는 이를 되돌려 보내야 한다(행정절차법 제40조 제3항, 제4항). ④ 그러나 신고의 내용이 현저히 공익을 해친다고 판단된다는 이유로는 보완을 요구할 수도 없고 되돌려 보낼 수도 없다.

> **행정절차법 제40조(신고)** ① 법령등에서 행정청에 일정한 사항을 통지함으로써 의무가 끝나는 신고를 규정하고 있는 경우 신고를 관장하는 행정청은 신고에 필요한 구비서류, 접수기관, 그 밖에 법령등에 따른 신고에 필요한 사항을 게시(인터넷 등을 통한 게시를 포함한다)하거나 이에 대한 편람을 갖추어 두고 누구나 열람할 수 있도록 하여야 한다.
> ② 제1항에 따른 신고가 다음 각 호의 요건을 갖춘 경우에는 신고서가 접수기관에 도달된 때에 신고 의무가 이행된 것으로 본다.
> 1. 신고서의 기재사항에 흠이 없을 것
> 2. 필요한 구비서류가 첨부되어 있을 것
> 3. 그 밖에 법령등에 규정된 형식상의 요건에 적합할 것
> ③ 행정청은 제2항 각 호의 요건을 갖추지 못한 신고서가 제출된 경우에는 지체 없이 상당한 기간을 정하여 신고인에게 보완을 요구하여야 한다.
> ④ 행정청은 신고인이 제3항에 따른 기간 내에 보완을 하지 아니하였을 때에는 그 이유를 구체적으로 밝혀 해당 신고서를 되돌려 보내야 한다.

06

「공익사업을 위한 토지 등의 취득 및 보상에 관한 법률」상 손실보상에 대한 설명으로 옳지 않은 것은? (다툼이 있는 경우 판례에 의함)

① 잔여지수용의 청구는 잔여지매수에 관한 협의가 성립되지 않은 경우에 한하되, 해당 사업의 공사완료일까지 하여야 하며, 토지소유자가 그 기간 내에 잔여지 수용청구권을 행사하지 않았다면 그 권리는 소멸한다.
② 잔여지 수용청구의 의사표시는 토지소유자가 관할 토지수용위원회에 하여야 하는 것으로서, 원칙적으로 사업시행자에게 한 잔여지 매수청구의 의사표시를 관할 토지수용위원회에 한 잔여지 수용청구의 의사표시로 볼 수는 없다.
③ 수용재결에 대한 이의의 신청은 사업의 진행 및 토지의 수용 또는 사용을 정지시키지 않는다.
④ 수용재결의 대상이 된 토지의 소유자가 손실보상금의 증액을 쟁송상 구하는 경우, 전심절차로서 이의신청에 대한 재결을 거치지 않고 곧바로 사업시행자를 피고로 하여 보상금증액청구소송을 제기하는 것은 재결전치주의에 반하여 허용되지 않는다.

해설 정답 ❹

이하 공익사업을 위한 토지 등의 취득 및 보상에 관한 법률

① (○) 2008두822, 제74조 제1항 2문 참조.

관련판례 "공익사업법 제74조 제1항에 의하면, 잔여지 수용청구는 사업시행자와 사이에 매수에 관한 협의가 성립되지 아니한 경우 일단의 토지의 일부에 대한 관할 토지수용위원회의 수용재결이 있기 전까지 관할 토지수용위원회에 하여야 하고[토지수용법(2002. 2. 4. 법률 제6656호로 폐지되기 전의 것) 제48조 제1항도 이와 같이 규정하고 있었다], 잔여지 수용청구권의 행사기간은 제척기간으로서, 토지소유자가 그 행사기간 내에 잔여지 수용청구권을 행사하지 아니하면 그 권리가 소멸한다."(대법원 2010. 8. 19. 선고 2008두822)

> **제74조(잔여지 등의 매수 및 수용 청구)** ① 동일한 소유자에게 속하는 일단의 토지의 일부가 협의에 의하여 매수되거나 수용됨으로 인하여 잔여지를 종래의 목적에 사용하는 것이 현저히 곤란할 때에는 해당 토지소유자는 사업시행자에게 잔여지를 매수하여 줄 것을 청구할 수 있으며, 사업인정 이후에는 관할 토지수용위원회에 수용을 청구할 수 있다. 이 경우 수용의 청구는 매수에 관한 협의가 성립되지 아니한 경우에만 할 수 있으며, 그 사업의 공사완료일까지 하여야 한다.

② (○) "구 '공익사업을 위한 토지 등의 취득 및 보상에 관한 법률'(2007. 10. 17. 법률 제8665호로 개정되기 전의 것) 제74조 제1항에 의하면, 잔여지 수용청구는 사업시행자와 사이에 매수에 관한 협의가 성립되지 아니한 경우 일단의 토지의 일부에 대한 관할 토지수용위원회의 수용재결이 있기 전까지 관할 토지수용위원회에 하여야 하고, 잔여지 수용청구권의 행사기간은 제척기간으로서, 토지소유자가 그 행사기간 내에 잔여지 수용청구권을 행사하지 아니하면 그 권리가 소멸한다. 또한 위 조항의 문언 내용 등에 비추어 볼 때, 잔여지 수용청구의 의사표시는 관할 토지수용위원회에 하여야 하는 것으로서, 관할 토지수용위원회가 사업시행자에게 잔여지 수용청구의 의사표시를 수령할 권한을 부여하였다고 인정할 만한 사정이 없는 한, 사업시행자에게 한 잔여지 매수청구의 의사표시를 관할 토지수용위원회에 한 잔여지 수용청구의 의사표시로 볼 수는 없다."(대법원 2010. 8. 19. 선고 2008두822)

③ (○) 제88조

> **제88조(처분효력의 부정지)** 제83조에 따른 이의의 신청이나 제85조에 따른 행정소송의 제기는 사업의 진행 및 토지의 수용 또는 사용을 정지시키지 아니한다.

④ (×) 수용재결의 대상이 된 토지의 소유자가 손실보상금의 증액을 쟁송상 구하는 경우에는, 전심절차로서 이의신청에 대한 재결을 거치지 않고 곧바로 사업시행자를 피고로 하여 보상금증액청구소송을 제기할 수 있다(제85조). ☞ 수용재결에 대한 불복으로서의 행정소송을 제기하는 경우는 재결전치주의의 적용대상이 아니다. 이 경우에는 수용재결이 이루어질 때 이미 토지수용위원회를 거치기 때문에 별도로 행정심판절차인 이의신청절차를 거칠 필요가 없다. 공익사업을 위한 토지 등의 취득 및 보상에 관한 법률 제85조도 이것을 전제로 수용재결에 대한 불복절차로서의 행정소송을 임의적 행정심판 전치로 규정하고 있다.

> **제85조(행정소송의 제기)** ① 사업시행자, 토지소유자 또는 관계인은 제34조에 따른 재결에 불복할 때에는 재결서를 받은 날부터 90일 이내에, 이의신청을 거쳤을 때에는 이의신청에 대한 재결서를 받은 날부터 60일 이내에 각각 행정소송을 제기할 수 있다. 이 경우 사업시행자는 행정소송을 제기하기 전에 제84조에 따라 늘어난 보상금을 공탁하여야 하며, 보상금을 받을 자는 공탁된 보상금을 소송이 종결될 때까지 수령할 수 없다.
> ② 제1항에 따라 제기하려는 행정소송이 보상금의 증감에 관한 소송인 경우 그 소송을 제기하는 자가 토지소유자 또는 관계인일 때에는 사업시행자를, 사업시행자일 때에는 토지소유자 또는 관계인을 각각 피고로 한다.

07

항고소송의 대상적격 및 소의 이익에 대한 설명으로 옳지 않은 것은? (다툼이 있는 경우 판례에 의함)

① 헌법재판소에 의하면, 도시계획사업의 시행으로 토지를 수용당하여 토지에 대한 소유권을 상실한 사람에게도 도시계획결정과 토지수용이 당연무효가 아닌 한 그 토지에 대한 도시계획결정 자체의 취소를 청구할 법률상의 이익이 인정된다.
② 처분청이 당초의 운전면허 취소처분을 철회하고 새로이 운전면허 정지처분을 하였다면, 운전면허 취소처분은 철회로 인하여 그 효력이 상실되어 더 이상 존재하지 않는 것이므로, 운전면허 취소처분이 유효하게 존재함을 전제로 위 취소처분을 소송의 대상으로 보고 위 취소처분의 위법 여부에 대한 본안판단을 한 판결에는 취소소송의 대상 또는 소의 이익에 관한 법리를 오해한 위법이 있다.
③ 「도시 및 주거환경정비법」상 주택재건축정비사업조합을 상대로 관리처분계획안에 대한 조합 총회결의의 효력 등을 다투는 소송은 관리처분계획의 인가·고시가 있은 이후라면 특별한 사정이 없는 한 허용되지 않는다.
④ 고등학교 졸업학력 검정고시에 합격하였다 하더라도, 고등학교졸업이 대학입학자격이나 학력인정으로서의 의미밖에 없다고 할 수는 없으므로, 고등학교에서 퇴학처분을 받은 자는 퇴학처분의 취소를 구할 협의의 소익이 있다.

해설 정답 ❶

① (×) "토지수용에 의하여 이미 이 사건 토지에 대한 소유권을 상실한 청구인은 도시계획결정과 토지의 수용이 법률에 위반되어 당연무효라고 볼만한 특별한 사정이 보이지 않는 이상 이 사건 토지에 대한 도시계획결정의 취소를 청구할 법률상의 이익을 흠결하여 당해소송은 적법한 것이 될 수 없고 나아가 우리 재판소의 위헌 결정에 의하여, 사업이 시행되지 아니한 토지의 소유자에게 취소청구권이나 해제청구권을 부여하는 새로운 입법이 이루어진다고 하더라도, 이 사건과 같이 이미 도시계획시설사업이 시행되어 토지수용까지 이루어진 경우에는 앞에서 본 바와 같이 이러한 규정들이 적용될 수 없는 것이므로 심판대상조항들은 재판의 전제가 되지 않는다고 할 것이다."(헌법재판소 2002. 5. 30. 선고 2000헌바58)

② (○) "원심판결 이유에 의하면 원심은, 피고는 원고가 판시와 같은 3개의 법규 위반행위로 인하여 그 벌점이 도로교통법시행규칙 제53조 제1항 [별표 16]의 운전면허 행정처분기준이 정하는 연간 누산점수를 초과하여 운전면허 취소처분사유에 해당되는 데도 앞의 2개의 위반행위에 대한 벌점이 전산처리되지 않아 마지막 위반행위에 대한 벌점만을 기준으로 원고에 대하여 100일간의 운전면허 정지처분을 한 사실, 피고는 1995. 3. 20. 원고의 연간 누산점수가 운전면허 취소사유에 해당함을 뒤늦게 발견하고 원고에 대하여 운전면허 취소처분을 하였다가 그 후 원고가 위 취소처분에 대한 심판청구서를 처분청인 피고에게 제출하자 1995. 6. 21. 위 취소처분은 신뢰보호의 원칙과 형평의 원칙에 반하는 너무 무거운 처분으로 보아 이를 철회하고 새로이 265일간의 운전면허 정지처분을 한 사실을 확정한 다음, 판시와 같은 이유로 1995. 3. 20.자 운전면허 취소처분은 위법하다고 하여 이를 취소하였다. 그러나 원심이 확정한 바와 같이 처분청이 당초의 운전면허 취소처분을 철회하고 새로이 운전면허 정지처분을 하였다면, 당초의 처분인 1995. 3. 20.자 운전면허 취소처분은 철회로 인하여 그 효력이 상실되어 더 이상 존재하지 않는 것이고 1995. 6. 21.자 운전면허 정지처분만이 남아 있는 것이라 할 것이며, 한편 존재하지 않는 행정처분을 대상으로 한 취소소송은 소의 이익이 없어 부적법하다고 할 것이다. 그럼에도 불구하고, 원심은 1995. 3. 20.자 운전면허 취소처분이 유효하게 존재함을 전제로 위 취소처분을 소송의 대상으로 보고 위 취소처분의 위법여부에 대한 본안판단을 하고 말았으니, 원심판결에는 취소소송의 대상 또는 소의 이익에 관한 법리를 오해한 위법이 있다고 할 것이어서 이 점에서 그대로 유지될 수 없게 되었다."(대법원 1997. 9. 26. 선고 96누1931)

③ (○) "도시 및 주거환경정비법상 주택재건축정비사업조합이 같은 법 제48조에 따라 수립한 관리처분계획에 대하여 관할 행정청의 인가·고시까지 있게 되면 관리처분계획은 행정처분으로서 효력이 발생하게 되므로, 총회결의의 하자를 이유로 하여 행정처분의 효력을 다투는 항고소송의 방법으로 관리처분계획의 취소 또는 무효확인을 구하여야 하고, 그와 별도로 행정처분에 이르는 절차적 요건 중 하나에 불과한 총회결의 부분만을 따로 떼어내어 효력 유무를 다투는 확인의 소를 제기하는 것은 특별한 사정이 없는 한 허용되지 않는다."(대법원 2009. 9. 17. 선고 2007다2428)

④ (○) "고등학교졸업이 대학입학자격이나 학력인정으로서의 의미밖에 없다고 할 수 없으므로 고등학교졸업학력검정고시에 합격하였다 하여 고등학교 학생으로서의 신분과 명예가 회복될 수 없는 것이니 퇴학처분을 받은 자로서는 퇴학처분의 위법을 주장하여 그 취소를 구할 소송상의 이익이 있다."(대법원 1992. 7. 14. 선고 91누4737)

08

행정상 강제집행에 대한 설명으로 옳은 것(○)과 옳지 않은 것(×)을 바르게 조합한 것은? (다툼이 있는 경우 판례에 의함)

> ㉠ 법령상 부작위의무 위반에 대해 작위의무를 부과할 수 있는 법령의 근거가 없음에도, 행정청이 작위의무를 명한 후 그 의무불이행을 이유로 대집행계고처분을 한 경우 그 계고처분은 무효이다.
> ㉡ 관계법령에 위반하여 장례식장 영업을 하고 있는 자의 장례식장 사용중지의무는 「행정대집행법」에 의한 대집행의 대상이 된다.
> ㉢ 이행강제금은 심리적 압박을 통하여 간접적으로 의무이행을 확보하는 수단인 행정벌과는 달리 의무이행의 강제를 직접적인 목적으로 하므로, 강학상 직접강제에 해당한다.
> ㉣ 행정법상 의무를 이행하지 않는다는 사유로 이행강제금을 부과한 뒤 다시 같은 사유로 반복하여 이행강제금을 부과할 수 있다.

① ㉠(○), ㉡(○), ㉢(○), ㉣(×)
② ㉠(○), ㉡(×), ㉢(×), ㉣(○)
③ ㉠(×), ㉡(○), ㉢(×), ㉣(×)
④ ㉠(×), ㉡(×), ㉢(○), ㉣(○)

해설 정답 ❷

㉠ (○) "행정기관의 권한에는 사무의 성질 및 내용에 따르는 제약이 있고, 지역적·대인적으로 한계가 있으므로 이러한 권한의 범위를 넘어서는 권한유월의 행위는 무권한 행위로서 원칙적으로 무효이고, 선행행위가 부존재하거나 무효인 경우에는 그 하자는 당연히 후행행위에 승계되어 후행행위도 무효로 된다. 그런데 주택건설촉진법 제38조 제2항은 공동주택 및 부대시설·복리시설의 소유자·입주자·사용자 등은 부대시설 등에 대하여 도지사의 허가를 받지 않고 사업계획에 따른 용도 이외의 용도에 사용하는 행위 등을 금지하고 (정부조직법 제5조 제1항, 행정권한의위임및위탁에관한규정 제4조에 따른 인천광역시사무위임규칙에 의하여 위 허가권이 구청장에게 재위임되었다), 그 위반행위에 대하여 위 주택건설촉진법 제52조의2 제1호에서 1천만 원 이하의 벌금에 처하도록 하는 벌칙규정만을 두고 있을 뿐, 건축법 제69조 등과 같은 부작위의무 위반행위에 대하여 대체적 작위의무로 전환하는 규정을 두고 있지 아니하므로 위 금지규정으로부터 그 위반결과의 시정을 명하는 원상복구명령을 할 수 있는 권한이 도출되는 것은 아니다. 결국 행정청의 원고에 대한 원상복구명령은 권한 없는 자의 처분으로 무효라고 할 것이고, 위 원상복구명령이 당연무효인 이상 후행처분인 계고처분의 효력에 당연히 영향을 미쳐 그 계고처분 역시 무효로 된다."(대법원 1996. 6. 28. 선고 96누4374)

㉡ (×) "원심은, 원고가 이 사건 건물의 지하 1층의 의료시설(병원)과 제2종 근린생활시설(음식점) 중 일부(이하 '이 사건 용도위반 부분'이라 한다)에서 장례식장 영업을 하고 있는 사실, 피고가 판시와 같은 절차를 거쳐 2004. 6. 14. '이 사건 용도위반 부분을 장례식장으로 사용하는 것은 국토의 계획 및 이용에 관한 법률 제76조, 같은 법 시행령 제71조, 부안군계획조례 제31조의 규정을 위반한 것으로 이를 계속하여 장례식장으로 사용하는 것을 방치함은 심히 공익을 해할 것으로 인정된다며 행정대집행법 제2조, 제3조 제1항의 규정에 근거하여 제15일 이내에 장례식장의 사용을 중지할 것을 명하며 만일 중지하지 아니하면 대집행하겠다.'는 취지의 대집행계고처분(이하 '이 사건 처분'이라 한다)을 한 사실을 포함한 판시 사실을 인정하

고, 이 사건 처분에 따른 장례식장 사용중지 의무는 부작위 의무로서 대집행의 대상이 될 수 없으므로 이 사건 처분이 위법하다는 원고의 주장에 대하여, 이 사건 용도위반 부분에 대하여 장례식장으로의 사용을 중지하지 않는 경우에 피고로서는 직접 또는 제3자로 하여금 장례식장으로 사용하는 부분의 출입문을 봉쇄하는 등의 방법으로 장례식장으로의 사용을 중지시킬 수 있다고 할 것이라는 이유를 들어 원고의 위 주장을 배척하고 이 사건 처분이 적법하다고 판단하였다. 행정대집행법 제2조는 '행정청의 명령에 의한 행위로서 타인이 대신하여 행할 수 있는 행위를 의무자가 이행하지 아니하는 경우'에 대집행할 수 있도록 규정하고 있는데, 이 사건 용도위반 부분을 장례식장으로 사용하는 것이 관계 법령에 위반한 것이라는 이유로 장례식장의 사용을 중지할 것과 이를 불이행할 경우 행정대집행법에 의하여 대집행하겠다는 내용의 이 사건 처분은, 이 사건 처분에 따른 '장례식장 사용중지 의무'가 원고 이외의 '타인이 대신'할 수도 없고, 타인이 대신하여 '행할 수 있는 행위'라고도 할 수 없는 비대체적 부작위 의무에 대한 것이므로, 그 자체로 위법함이 명백하다고 할 것인데도, 원심은 그 판시와 같은 이유를 들어 이 사건 처분이 적법하다고 판단하고 말았으니, 거기에는 대집행계고처분의 요건에 관한 법리를 오해한 위법이 있다고 할 것이다."(대법원 2005. 9. 28. 선고 2005두7464)

ⓒ (×) 이행강제금은 심리적 압박을 통하여 간접적으로 의무이행을 확보하는 수단이므로 간접적 강제수단에 해당하나, 제재를 가하는 것이 1차적 목적인 행정벌과는 달리 장래를 향하여 의무이행을 확보하는 것이 주목적이므로 직접적 실효성 확보수단에 해당한다.

관련판례 "이행강제금은 일정한 기한까지 의무를 이행하지 않을 때에는 일정한 금전적 부담을 과할 뜻을 미리 계고함으로써 의무자에게 심리적 압박을 주어 장래에 그 의무를 이행하게 하려는 행정상 간접적인 강제집행 수단의 하나이다. 이러한 이행강제금은 위반행위에 대한 제재로서의 형벌이 아니라 장래의 의무이행의 확보를 위한 강제수단일 뿐이고, 이행강제금 부과 처분은 행정행위의 성질을 갖는다."(헌법재판소 2011. 10. 25. 2009헌바140)

ⓔ (○) "행정법상 의무를 이행하지 않는다는 사유로 이행강제금을 부과한 뒤 다시 같은 사유로 반복하여 이행강제금을 부과할 수 있다(헌법재판소 2011. 10. 25. 2009헌바140)." 건축법 제80조 참조.

건축법 제80조(이행강제금) ⑤ 허가권자는 최초의 시정명령이 있었던 날을 기준으로 하여 1년에 2회 이내의 범위에서 해당 지방자치단체의 조례로 정하는 횟수만큼 그 시정명령이 이행될 때까지 반복하여 제1항 및 제2항에 따른 이행강제금을 부과·징수할 수 있다.

09

다음 사례에 대한 설명으로 옳지 않은 것을 고르시오. (다툼이 있는 경우 판례에 의함)

> 건축주 甲은 토지소유자 乙과 매매계약을 체결하고 乙로부터 토지사용승낙서를 받아 乙의 토지 위에 건축물을 건축하는 건축허가를 관할 행정청인 A시장으로부터 받았다. 매매계약서에 의하면 甲이 잔금을 기일 내에 지급하지 못하면 즉시 매매계약이 해제될 수 있고 이 경우 토지사용승낙서는 효력을 잃으며 甲은 건축허가를 포기·철회하기로 甲과 乙이 약정하였다. 乙은 甲이 잔금을 기일 내에 지급하지 않자 甲과의 매매계약을 해제하였다.

① 착공에 앞서 甲의 귀책사유로 해당 토지를 사용할 권리를 상실한 경우, 乙은 A시장에 대하여 건축허가의 철회를 신청할 수 있다.
② 건축허가는 대물적 성질을 갖는 것이어서 행정청으로서는 그 허가를 할 때에 건축주 또는 토지소유자가 누구인지 등 인적 요소에 관하여는 형식적 심사만 한다.
③ A시장은 건축허가 당시 별다른 하자가 없었고 철회의 법적 근거가 없으므로 건축허가를 철회할 수 없다.
④ 철회권의 행사는 기득권의 침해를 정당화할 만한 중대한 공익상의 필요 또는 제3자의 이익을 보호할 필요가 있고, 공익상의 필요 등이 상대방이 입을 불이익을 정당화할 만큼 강한 경우에 한해 허용될 수 있다.

해설 정답 ❸

① (○) "건축주가 토지 소유자로부터 토지사용승낙서를 받아 그 토지 위에 건축물을 건축하는 대물적(對物的) 성질의 건축허가를 받았다가 착공에 앞서 건축주의 귀책사유로 해당 토지를 사용할 권리를 상실한 경우, 건축허가의 존재로 말미암아 토지에 대한 소유권 행사에 지장을 받을 수 있는 토지 소유자로서는 건축허가의 철회를 신청할 수 있다고 보아야 한다. 따라서 토지 소유자의 위와 같은 신청을 거부한 행위는 항고소송의 대상이 된다."(대법원 2017. 3. 15. 선고 2014두41190)

② (○) "건축허가는 대물적 성질을 갖는 것이어서 행정청으로서는 허가를 할 때에 건축주 또는 토지 소유자가 누구인지 등 인적 요소에 관하여는 형식적 심사만 한다."(대법원 2017. 3. 15. 선고 2014두41190)

③ (×) 철회는 별도의 법적근거가 필요하지 않을뿐더러, 원시적 사유가 아니라 후발적 사유를 이유로 하는 것이기 때문에, 이 경우에도 철회가 가능하다. "행정행위를 한 처분청은 비록 처분 당시에 별다른 하자가 없었고, 처분 후에 이를 철회할 별도의 법적 근거가 없더라도 원래의 처분을 존속시킬 필요가 없게 된 사정변경이 생겼거나 중대한 공익상 필요가 발생한 경우에는 그 효력을 상실케 하는 별개의 행정행위로 이를 철회할 수 있다."(대법원 2017. 3. 15. 선고 2014두41190)

④ (○) "수익적 행정행위를 취소 또는 철회하거나 중지시키는 경우에는 이미 부여된 국민의 기득권을 침해하는 것이 되므로, 비록 취소 등의 사유가 있다고 하더라도 그 취소권 등의 행사는 기득권의 침해를 정당화할 만한 중대한 공익상의 필요 또는 제3자의 이익을 보호할 필요가 있고, 이를 상대방이 받는 불이익과 비교·교량하여 볼 때 공익상의 필요 등이 상대방이 입을 불이익을 정당화할만큼 강한 경우에 한하여 허용될 수 있다."(대법원 2021. 1. 14. 선고 2020두46004)

10

국가배상책임에 대한 설명으로 옳지 않은 것은? (다툼이 있는 경우 판례에 의함)

① 「자동차손해배상 보장법」은 배상책임의 성립요건에 관하여 「국가배상법」에 우선하여 적용된다.
② 국회의원의 입법행위는 그 입법내용이 헌법의 문언에 명백히 위배됨에도 불구하고 국회가 굳이 당해 입법을 한 것과 같은 특수한 경우가 아닌 한, 「국가배상법」 제2조 제1항 소정의 위법행위에 해당된다고 볼 수 없다.
③ 「국가배상법」은 생명·신체의 침해에 대한 위자료의 지급만을 규정하고 있으므로, 재산권의 침해에 대해서는 위자료를 청구할 수 없다.
④ 공무원에게 고의나 중과실이 있어 그에 대한 구상권의 행사가 가능한 경우라 하더라도, 그 구상권의 행사에는 신의칙상의 제한이 있다.

해설 정답 ❸

① (○) 「자동차손해배상 보장법」은 배상책임의 성립요건에 관하여 국가배상법에 우선하여 적용된다. 국가배상법은 국가나 지방자치단체가 「자동차손해배상 보장법」상의 운행자로 인정(운행자성이 인정)된 경우에, 국가배상법에 따라 그 손해배상책임을 지게 하고 있다.
② (○) "우리 헌법이 채택하고 있는 의회민주주의하에서 국회는 다원적 의견이나 각가지 이익을 반영시킨 토론과정을 거쳐 다수결의 원리에 따라 통일적인 국가의사를 형성하는 역할을 담당하는 국가기관으로서 그 과정에 참여한 국회의원은 입법에 관하여 원칙적으로 국민 전체에 대한 관계에서 정치적 책임을 질 뿐 국민 개개인의 권리에 대응하여 법적 의무를 지는 것은 아니므로, 국회의원의 입법행위는 그 입법 내용이 헌법의 문언에 명백히 위반됨에도 불구하고 국회가 굳이 당해 입법을 한 것과 같은 특수한 경우가 아닌 한 국가배상법 제2조 제1항 소정의 위법행위에 해당된다고 볼 수 없다."(대법원 1997. 6. 13. 선고 96다56115)
③ (×) "국가배상법 제3조 제5항에 생명, 신체에 대한 침해로 인한 위자료의 지급을 규정하였을 뿐이고 재산권 침해에 대한 위자료의 지급에 관하여 명시한 규정을 두지 아니하였으나 같은 법조 제4항의 규정이 재산권 침해로 인한 위자료의 지급의무를 배제하는 것이라고 볼 수는 없다."(대법원 1990. 12. 21. 선고 90다6033)
④ (○) "국가 또는 지방자치단체의 산하 공무원이 그 직무를 집행함에 당하여 중대한 과실로 인하여 법령에 위반하여 타인에게 손해를 가함으로써 국가 또는 지방자치단체가 손해배상책임을 부담하고, 그 결과로 손해를 입게 된 경우에는 국가 등은 당해공무원의 직무내용, 당해 불법행위의 상황, 손해발생에 대한 당해 공무원의 기여정도, 당해 공무원의 평소 근무태도, 불법행위의 예방이나 손실분산에 관한 국가 또는 지방자치단체의 배려의 정도 등 제반사정을 참작하여 손해의 공평한 분담이라는 견지에서 신의칙상 상당하다고 인정되는 한도 내에서만 당해 공무원에 대하여 구상권을 행사할 수 있다고 봄이 상당하다 할 것이다."(대법원 1991. 5. 10. 선고 91다6764)

11

행정의 실효성 확보수단에 대한 설명으로 옳지 않은 것은? (다툼이 있는 경우 판례에 의함)

① 행정법규 위반에 대하여 가하는 각종 제재조치들은 행정법규 위반이라는 객관적 사실에 착안하여 가해지는 것이기 때문에, 별도의 규정이 없다면, 반드시 현실적인 행위자가 아니라도 법령상 책임자로 규정된 자에게 부과되고, 특별한 사정이 없는 한 위반자에게 고의나 과실이 없더라도 부과할 수 있다.
② 피고인이 「행형법」에 의한 징벌을 받아 그 집행을 종료한 뒤에 형사처벌을 한다고 하여 일사부재리의 원칙에 반하는 것은 아니다.
③ 양벌규정에 의한 법인의 처벌은 어디까지나 행정적 제재처분일 뿐 형벌과는 성격을 달리한다.
④ 양벌규정에 의한 영업주의 처벌에 있어서 종업원의 범죄성립이나 처벌은 업주 처벌의 전제조건이 되지 않는다.

해설 정답 ❸

① (○) "행정법규 위반에 대하여 가하는 제재조치는 행정목적의 달성을 위하여 행정법규 위반이라는 객관적 사실에 착안하여 가하는 제재이므로 위반자의 고의·과실이 있어야만 하는 것은 아니나, 그렇다고 하여 위반자의 의무 해태를 탓할 수 없는 정당한 사유가 있는 경우까지 부과할 수 있는 것은 아니다."(대법원 2014. 12. 24. 선고 2010두6700)
② (○) "피고인이 행형법에 의한 징벌을 받아 그 집행을 종료하였다고 하더라도 행형법상의 징벌은 수형자의 교도소 내의 준수사항위반에 대하여 과하는 행정상의 질서벌의 일종으로서 형법 법령에 위반한 행위에 대한 형사책임과는 그 목적, 성격을 달리하는 것이므로 징벌을 받은 뒤에 형사처벌을 한다고 하여 일사부재리의 원칙에 반하는 것은 아니다."(대법원 2000. 10. 27. 선고 2000도3874)
③ (×) 양벌규정에 의하여 법인에게 부과되는 처벌도 형벌의 일종이다. "양벌규정에 의한 법인의 처벌은 어디까지나 형벌의 일종으로서 행정적 제재처분이나 민사상 불법행위책임과는 성격을 달리한다."(대법원 2019. 11. 14. 선고 2017도4111)
④ (○) "양벌규정에 의한 영업주의 처벌은 금지위반행위자인 종업원의 처벌에 종속하는 것이 아니라 독립하여 그 자신의 종업원에 대한 선임·감독상의 과실로 인하여 처벌되는 것이므로 종업원의 범죄성립이나 처벌이 영업주 처벌의 전제조건이 될 필요는 없다."(대법원 2006. 2. 24. 선고 2005도7673)

12

「공공기관의 정보공개에 관한 법률」에 따른 정보공개에 대한 설명으로 옳지 않은 것은? (다툼이 있는 경우 판례에 의함)

① 다른 법률 또는 법률에서 위임한 대통령령 및 총리령에 따라 비밀이나 비공개사항으로 규정된 정보는 비공개의 대상이 된다.

② 「교육공무원승진규정」 제26조에서 근무성적평정의 결과를 공개하지 아니한다고 규정하고 있다고 하더라도, 이를 근거로 정보공개청구를 거부하는 것은 위법하다.

③ 학교폭력대책자치위원회가 피해학생의 보호를 위한 조치, 가해학생에 대한 조치, 학교폭력과 관련된 분쟁의 조정 등에 관하여 심의한 결과를 기재한 회의록은 「공공기관의 정보공개에 관한 법률」 소정의 비공개대상 정보에 해당한다.

④ 공개될 경우 부동산 투기 등으로 특정인에게 이익 또는 불이익을 줄 우려가 있다고 인정되는 정보는 공개하지 아니할 수 있다.

해설 정답 ❶

이하 공공기관의 정보공개에 관한 법률

① (×) 「공공기관의 정보공개에 관한 법률」 제9조 제1항 제1호의 '법률에서 위임한 명령'에는, 법률의 위임규정에 의하여 제정된 대통령령은 포함되지만 총리령은 포함되지 않는다.

> **제9조(비공개 대상 정보)** ① 공공기관이 보유·관리하는 정보는 공개 대상이 된다. 다만, 다음 각 호의 어느 하나에 해당하는 정보는 공개하지 아니할 수 있다.
> 1. 다른 법률 또는 법률에서 위임한 명령(국회규칙·대법원규칙·헌법재판소규칙·중앙선거관리위원회규칙·대통령령 및 조례로 한정한다)에 따라 비밀이나 비공개 사항으로 규정된 정보

② (○) "교육공무원법 제13조, 제14조의 위임에 따라 제정된 교육공무원승진규정은 정보공개에 관한 사항에 관하여 구체적인 법률의 위임에 따라 제정된 명령이라고 할 수 없고, 따라서 교육공무원승진규정 제26조에서 근무성적평정의 결과를 공개하지 아니한다고 규정하고 있다고 하더라도 위 교육공무원승진규정은 공공기관의 정보공개에 관한 법률 제9조 제1항 제1호에서 말하는 법률이 위임한 명령에 해당하지 아니하므로 위 규정을 근거로 정보공개청구를 거부하는 것은 잘못이다."(대법원 2006. 10. 26. 선고 2006두11910)

③ (○) "학교폭력예방 및 대책에 관한 법률 제21조 제1항, 제2항, 제3항 및 같은 법 시행령 제17조 규정들의 내용, 학교폭력예방 및 대책에 관한 법률의 목적, 입법 취지, 특히 학교폭력예방 및 대책에 관한 법률 제21조 제3항이 학교폭력대책자치위원회의 회의를 공개하지 못하도록 규정하고 있는 점 등에 비추어, 학교폭력대책자치위원회의 회의록은 공공기관의 정보공개에 관한 법률 제9조 제1항 제1호의 '다른 법률 또는 법률이 위임한 명령에 의하여 비밀 또는 비공개 사항으로 규정된 정보'에 해당한다고 한 사례."(대법원 2010. 6. 10. 선고 2010두2913)

④ (○) 제9조 제1항 제8호

> **제9조(비공개 대상 정보)** ① 공공기관이 보유·관리하는 정보는 공개 대상이 된다. 다만, 다음 각 호의 어느 하나에 해당하는 정보는 공개하지 아니할 수 있다.
> 8. 공개될 경우 부동산 투기, 매점매석 등으로 특정인에게 이익 또는 불이익을 줄 우려가 있다고 인정되는 정보

13

형성적 행정행위에 대한 설명으로 옳지 않은 것은? (다툼이 있는 경우 판례에 의함)

① 주택재개발정비사업조합의 설립인가신청에 대하여 행정청의 인가처분이 있은 이후에 조합설립결의에 하자가 있음을 이유로 조합설립의 효력을 부정하기 위해서는 인가처분의 효력을 다툴 것이 아니라, 조합설립결의를 대상으로 소를 제기하여야 한다.

② 기본행위가 성립하지 않거나 무효인 경우에는 인가가 있어도 당해 인가는 무효가 된다.

③ 구 도시정비법령이 정한 동의요건을 갖추고 창립총회를 거쳐 주택재개발조합이 성립한 이상, 이미 소멸한 추진위원회 구성승인처분의 하자를 들어 조합설립인가처분이 위법하다고 볼 수 없지만, 추진위원회 구성승인처분의 위법으로 그 추진위원회의 조합설립인가 신청행위가 무효라고 평가될 수 있는 특별한 사정이 있는 경우라면, 그 신청행위에 기초한 조합설립인가처분이 위법하다고 볼 수 있다.

④ 토지 등 소유자들이 도시환경정비사업을 위한 조합을 따로 설립하지 아니하고 직접 그 사업을 시행하고자 하는 경우, 사업시행계획인가처분은 일종의 설권적 처분의 성격을 가지므로 토지 등 소유자들이 작성한 사업시행계획은 독립된 행정처분이 아니다.

해설 정답 ❶

① (×) "행정청이 도시 및 주거환경정비법 등 관련 법령에 근거하여 행하는 조합설립인가처분은 단순히 사인들의 조합설립행위에 대한 보충행위로서의 성질을 갖는 것에 그치는 것이 아니라 법령상 요건을 갖출 경우 도시 및 주거환경정비법상 주택재건축사업을 시행할 수 있는 권한을 갖는 행정주체(공법인)로서의 지위를 부여하는 일종의 설권적 처분의 성격을 갖는다고 보아야 한다. 그리고 그와 같이 보는 이상 조합설립결의는 조합설립인가처분이라는 행정처분을 하는데 필요한 요건 중 하나에 불과한 것이어서, 조합설립결의에 하자가 있다면 그 하자를 이유로 직접 항고소송의 방법으로 조합설립인가처분의 취소 또는 무효확인을 구하여야 하고, 이와는 별도로 조합설립결의 부분만을 따로 떼어내어 그 효력 유무를 다투는 확인의 소를 제기하는 것은 원고의 권리 또는 법률상의 지위에 현존하는 불안·위험을 제거하는 데 가장 유효·적절한 수단이라 할 수 없어 특별한 사정이 없는 한 확인의 이익은 인정되지 아니한다."(대법원 2009. 9. 24. 선고 2008다60568) ☞ 도시 및 주거환경정비법상 조합설립인가는 강학상 특허에 해당한다.

② (○) 기본행위가 성립하지 않거나 무효인 경우에는 인가가 있어도 당해 인가는 무효가 된다.

③ (○) "구 '도시 및 주거환경정비법'(2010. 4. 15. 법률 제10268호로 개정되기 전의 것, 이하 '구 도시정비법'이라고 한다) 제13조 제1항, 제2항, 제14조 제1항, 제15조 제4항, 제5항, 제16조 제1항, 제18조 제1항, 제2항, 제20조, 제21조 등의 체계, 내용 및 취지에 비추어 보면, 조합설립추진위원회(이하 '추진위원회'라고 한다)의 구성을 승인하는 처분은 조합의 설립을 위한 주체에 해당하는 비법인 사단인 추진위원회를 구성하는 행위를 보충하여 그 효력을 부여하는 처분인 데 반하여, 조합설립인가처분은 법령상 요건을 갖출 경우 도시정비법상 주택재개발사업을 시행할 수 있는 권한을 가지는 행정주체(공법인)로서의 지위를 부여하는 일종의 설권적 처분이므로, 양자는 그 목적과 성격을 달리한다. 추진위원회의 권한은 조합 설립을 추

진하기 위한 업무를 수행하는 데 그치므로 일단 조합설립인가처분을 받아 추진위원회의 업무와 관련된 권리와 의무가 조합에 포괄적으로 승계되면, 추진위원회는 그 목적을 달성하여 소멸한다. 조합설립인가처분은 추진위원회 구성의 동의요건보다 더 엄격한 동의요건을 갖추어야 할 뿐만 아니라 창립총회의 결의를 통하여 정관을 확정하고 임원을 선출하는 등의 단체결성행위를 거쳐 성립하는 조합에 관하여 하는 것이므로, 추진위원회 구성의 동의요건 흠결 등 추진위원회구성승인처분상의 위법만을 들어 조합설립인가처분의 위법을 인정하는 것은 조합설립의 요건이나 절차, 그 인가처분의 성격, 추진위원회 구성의 요건이나 절차, 그 구성승인처분의 성격 등에 비추어 타당하다고 할 수 없다. 따라서 조합설립인가처분은 추진위원회구성승인처분이 적법·유효할 것을 전제로 한다고 볼 것은 아니므로, 구 도시정비법령이 정한 동의요건을 갖추고 창립총회를 거쳐 주택재개발조합이 성립한 이상, 이미 소멸한 추진위원회 구성승인처분의 하자를 들어 조합설립인가처분이 위법하다고 볼 수 없다. 다만 추진위원회구성승인처분의 위법으로 그 추진위원회의 조합설립인가 신청행위가 무효라고 평가될 수 있는 특별한 사정이 있는 경우라면, 그 신청행위에 기초한 조합설립인가처분이 위법하다고 볼 수 있다."(대법원 2013. 12. 26. 선고 2011두8291)

④ (○) "토지 등 소유자들이 직접 시행하는 도시환경정비사업에서 토지 등 소유자에 대한 사업시행인가처분은 단순히 사업시행계획에 대한 보충행위로서의 성질을 가지는 것이 아니라 구 도시정비법상 정비사업을 시행할 수 있는 권한을 가지는 행정주체로서의 지위를 부여하는 일종의 설권적 처분의 성격을 가진다. 도시환경정비사업을 직접 시행하려는 토지 등 소유자들은 시장·군수로부터 사업시행인가를 받기 전에는 행정주체로서의 지위를 가지지 못한다. 따라서 그가 작성한 사업시행계획은 인가처분의 요건 중 하나에 불과하고 항고소송의 대상이 되는 독립된 행정처분에 해당하지 아니한다고 할 것이다."(대법원 2013. 6. 13. 선고 2011두19994)

14

취소소송의 제소기간에 대한 설명으로 옳지 않은 것은? (다툼이 있는 경우 판례에 의함)

① 처분이 있음을 안 날부터 90일이 경과하였으나, 아직 처분이 있은 날부터 1년이 경과되지 않은 시점에서 제기된 취소소송은 취소소송의 요건을 충족하지 않은 경우에 해당한다.
② 처분 당시에는 취소소송의 제기가 법제상 허용되지 않아 소송을 제기할 수 없다가 위헌결정으로 인하여 비로소 취소소송을 제기할 수 있게 된 경우, 객관적으로는 위헌결정이 있은 날, 주관적으로는 위헌결정이 있음을 안 날을 취소소송 제소기간의 기산점으로 삼아야 한다.
③ 특정인에 대한 행정처분을 송달할 수 없어 관보 등에 공고한 경우에는, 상대방이 당해 처분이 있었다는 사실을 현실적으로 알았는지 여부와 관계없이, 공고가 효력을 발생하는 날로부터 90일 이내에 취소소송을 제기하여야 한다.
④ 제소기간의 적용에 있어 '처분이 있음을 안 날'이란 당해 처분이 있었다는 사실을 현실적으로 안 날을 의미하는 것이지, 구체적으로 그 처분의 위법 여부를 판단한 날을 의미하는 것은 아니다.

해설 정답 ③

① (○) 객관적 제소기간과 주관적 제소기간 중 어느 한 요건이라도 충족시키지 못하면 취소소송의 요건을 충족하지 않은 경우에 해당한다.
② (○) "행정소송법 제20조가 제소기간을 규정하면서 '처분 등이 있은 날' 또는 '처분 등이 있음을 안 날'을 각 제소기간의 기산점으로 삼은 것은 그때 비로소 적법한 취소소송을 제기할 객관적 또는 주관적 여지가 발생하기 때문이므로, 처분 당시에는 취소소송의 제기가 법제상 허용되지 않아 소송을 제기할 수 없다가 위헌결정으로 인하여 비로소 취소소송을 제기할 수 있게 된 경우, 객관적으로는 '위헌결정이 있은 날', 주관적으로는 '위헌결정이 있음을 안 날' 비로소 취소소송을 제기할 수 있게 되어 이때를 제소기간의 기산점으로 삼아야 한다."(대법원 2008. 2. 1. 선고 2007두20997)
③ (×) "특정인에 대한 행정처분을 주소불명 등의 이유로 송달할 수 없어 관보 등에 공고한 경우, 상대방이 그 처분이 있음을 안 날이란 당해 처분이 있었다는 사실을 현실적으로 안 날을 의미하고, 따라서 취소소송을 제기하는 경우 제소기간의 기산점은 처분의 효력발생일이 아니라, 당해 처분이 있었다는 사실을 현실적으로 안 날이 된다."(대법원 2006. 4. 28. 2005두14851)
④ (○) "행정소송법 제20조 제2항 소정의 제소기간 기산점인 '처분이 있음을 안 날'이란 통지, 공고 기타의 방법에 의하여 당해 처분이 있었다는 사실을 현실적으로 안 날을 의미하고 구체적으로 그 행정처분의 위법 여부를 판단한 날을 가리키는 것은 아니다."(대법원 1991. 6. 28. 선고 90누6521)

15

「개인정보 보호법」에 대한 설명으로 옳지 않은 것은? (다툼이 있는 경우 판례에 의함)

① 개인정보 처리위탁에 있어 수탁자는 정보제공자의 관리·감독 아래 위탁받은 범위 내에서만 개인정보를 처리하게 되므로, 위탁자로부터 위탁사무 처리에 따른 대가를 지급받는다 하더라도 개인정보 처리에 관하여 독자적인 이익을 가진다고 할 수 없어, 그러한 수탁자는 「개인정보 보호법」 제17조에 의해 개인정보처리자가 정보주체의 개인정보를 제공할 수 있는 '제3자'에 해당하지 않는다.
② 개인정보 단체소송은 개인정보처리자가 「개인정보 보호법」상의 집단분쟁조정을 거부하거나 집단분쟁조정의 결과를 수락하지 아니한 경우에 법원의 허가를 받아 제기할 수 있다.
③ 헌법재판소는 개인정보자기결정권을 사생활의 비밀과 자유, 일반적 인격권 등을 이념적 기초로 하는 독자적 기본권으로서 헌법에 명시되지 않은 기본권으로 보고 있다.
④ 시장·군수 또는 구청장이 개인의 지문정보를 수집하고, 경찰청장이 이를 보관·전산화하여 범죄수사목적에 이용하는 것은 개인정보자기결정권을 제한하는 것이 아니다.

해설 정답 ④

이하 개인정보 보호법

① (○) "개인정보 처리위탁에 있어 수탁자는 위탁자로부터 위탁사무 처리에 따른 대가를 지급받는 것 외에는 개인정보 처리에 관하여 독자적인 이익을 가지지 않고, 정보제공자의 관리·감독 아래 위탁받은 범위 내에서만 개인정보를 처리하게 되므로, 개인정보 보호법 제17조와 정보통신망법 제24조의2에 정한 '제3자'에 해당하지 않는다."(대법원 2017. 4. 7. 선고 2016도13263).

② (○) 제55조 제1항

제55조(소송허가요건 등) ① 법원은 다음 각 호의 요건을 모두 갖춘 경우에 한하여 결정으로 단체소송을 허가한다.
1. 개인정보처리자가 분쟁조정위원회의 조정을 거부하거나 조정결과를 수락하지 아니하였을 것
2. 제54조에 따른 소송허가신청서의 기재사항에 흠결이 없을 것

③ (○) "개인정보자기결정권의 헌법상 근거로는 헌법 제17조의 사생활의 비밀과 자유, 헌법 제10조 제1문의 인간의 존엄과 가치 및 행복추구권에 근거를 둔 일반적 인격권 또는 위 조문들과 동시에 우리 헌법의 자유민주적 기본질서 규정 또는 국민주권원리와 민주주의원리 등을 고려할 수 있으나, 개인정보자기결정권으로 보호하려는 내용을 위 각 기본권들 및 헌법원리들 중 일부에 완전히 포섭시키는 것은 불가능하다고 할 것이므로, 그 헌법적 근거를 굳이 어느 한두 개에 국한시키는 것은 바람직하지 않은 것으로 보이고, 오히려 개인정보자기결정권은 이들을 이념적 기초로 하는 독자적 기본권으로서 헌법에 명시되지 아니한 기본권이라고 보아야 할 것이다."(헌법재판소 2005. 5. 26. 선고 99헌마513)

④ (×) "개인정보자기결정권은 자신에 관한 정보가 언제 누구에게 어느 범위까지 알려지고 또 이용되도록 할 것인지를 그 정보주체가 스스로 결정할 수 있는 권리, 즉 정보주체가 개인정보의 공개와 이용에 관하여 스스로 결정할 권리를 말하는바, 개인의 고유성, 동일성을 나타내는 지문은 그 정보주체를 타인으로부터 식별가능하게 하는 개인정보이므로, 시장·군수 또는 구청장이 개인의 지문정보를 수집하고, 경찰청장이 이를 보관·전산화하여 범죄수사목적에 이용하는 것은 모두 개인정보자기결정권을 제한하는 것이다."(헌법재판소 2005. 5. 26. 선고 2004헌마190)

16

행정행위의 하자에 대한 설명으로 옳은 것은? (다툼이 있는 경우 판례에 의함)

① A시 시장은 학교용지 확보 등에 관한 특례법 관계 조항에 따라 공동주택을 분양받은 甲, 乙에게 학교용지 부담금을 부과하였는데, 이후 해당 조항에 대하여 甲이 소송으로 다투어 법원의 위헌법률심판제청에 따라 헌법재판소가 위헌결정을 한 경우, 乙이 부담금을 납부한 후 부담금부과처분에 대해 행정소송을 제기하여 현재 그 소가 계속 중인 경우에도 乙이 위헌법률심판제청신청을 하지 않았다면 乙에게는 위헌결정의 소급효가 미치지 않는다.
② 법령상 지방자치단체장이 제정하는 행정입법인 '규칙'으로써 위임해야 함에도 불구하고 '조례'인 서울특별시행정권한위임 조례로써 위임함에 따라 조례에 의해 건설영업정지처분 권한이 구청장에게 위임되었고, 그에 근거하여 구청장이 건설영업정지처분을 하였다면, 그 건설영업정지처분은 당연무효이다.
③ 민원사무를 처리하는 행정기관이, 민원 1회방문 처리제를 시행하는 절차의 일환으로 민원사항의 심의·조정 등을 위한 민원조정위원회를 개최하면서, 민원인에게 회의일정 등을 사전에 통지하지 아니하였다 하더라도, 이러한 사정만으로 곧바로 민원사항에 대한 행정기관의 장의 거부처분에 취소사유에 이를 정도의 흠이 존재한다고 보기는 어렵다.
④ 학교법인의 이사장이 학교법인의 기본재산 교환허가신청을 함에 있어서 이사회의 승인의결을 받음이 없이 이사회회의록 사본을 위조하여 교환허가신청서에 첨부하였고, 학교법인의 감독청인 부산시교육위원회가 이를 토대로 학교법인 기본재산 교환허가처분을 한 경우, 이 사건 허가처분의 하자는 취소사유에 해당한다.

해설 정답 ❸

① (×) 乙에게도 이 위헌결정의 소급효가 미친다. 위헌결정의 소급효는 동종사건 혹은 병행사건에도 미치기 때문이다. "헌법재판소의 위헌결정의 효력은 위헌제청을 한 '당해사건', 위헌결정이 있기 전에 이와 동종의 위헌 여부에 관하여 헌법재판소에 위헌여부심판제청을 하였거나 법원에 위헌여부심판제청신청을 한 '동종사건'과 따로 위헌제청신청은 아니하였지만 당해법률 또는 법률 조항이 재판의 전제가 되어 법원에 계속 중인 '병행사건'뿐만 아니라, 위헌결정 이후 같은 이유로 제소된 '일반사건'에도 미친다."(헌법재판소 2017. 3. 9. 2015다233982)

② (×) "조례 제정권의 범위를 벗어나 국가사무를 대상으로 한 무효인 서울특별시행정권한위임조례의 규정에 근거하여 구청장이 건설업영업정지처분을 한 경우, 그 처분은 결과적으로 적법한 위임 없이 권한 없는 자에 의하여 행하여진 것과 마찬가지가 되어 그 하자가 중대하나, 지방자치단체의 사무에 관한 조례와 규칙은 조례가 보다 상위규범이라고 할 수 있고, 또한 헌법 제107조 제2항의 "규칙"에는 지방자치단체의 조례와 규칙이 모두 포함되는 등 이른바 규칙의 개념이 경우에 따라 상이하게 해석되는 점 등에 비추어 보면 위 처분의 위임 과정의 하자가 객관적으로 명백한 것이라고 할 수 없으므로 이로 인한 하자는 결국 당연무효사유는 아니라고 봄이 상당하다."(대법원 1995. 7. 11. 선고 94누4615)

③ (○) "민원사무를 처리하는 행정기관이 민원 1회방문 처리제를 시행하는 절차의 일환으로 민원사항의 심의·조정 등을 위한 민원조정위원회를 개최하면서 민원인에게 회의일정 등을 사전에 통지하지 아니하였다 하더라도, 이러한 사정만으로 곧바로 민원사항에 대한 행정기관의 장의 거부처분에 취소사유에 이를 정도의 흠이 존재한다고 보기는 어렵다. 다만 행정기관의 장의 거부처분이 재량행위인 경우에, 위와 같은 사전통지의 흠결로 민원인에게 의견진술의 기회를 주지 아니한 결과 민원조정위원회의 심의과정에서 고려대상에 마땅히 포함시켜야 할 사항을 누락하는 등 재량권의 불행사 또는 해태로 볼 수 있는 구체적 사정이 있다면, 거부처분은 재량권을 일탈·남용한 것으로서 위법하다."(대법원 2015. 8. 27. 선고 2013두1560)

④ (×) "이 사건 학교법인의 감독청인 피고(부산시교육위원회)의 학교법인 기본재산교환허가처분은 학교법인의 이사장이 교환허가신청을 함에 있어서 이사회의 승인의결을 받음이 없이 이사회회의록사본을 위조하여 첨부한 교환허가신청서에 의한 것인바, 사립학교법 제1조, 제16조, 제28조, 제73조 동법시행령 제11조의 각 규정취지를 종합고찰하면 피고의 이 사건 허가처분은 중대하고 명백한 하자가 있어 당연 무효라 할 것이고 위 학교법인이사회가 위 교환을 추인·재추인하는 의결을 한 사실만으로써 무효인 허가처분의 하자가 치유된다고 볼 수 없다."(대법원 1984. 2. 28. 선고 81누275)

17

행정행위의 직권취소와 철회에 대한 설명으로 옳지 않은 것은? (다툼이 있는 경우 판례에 의함)

① 권한 없는 행정기관이 한 당연무효인 행정처분을 취소할 수 있는 권한은 당해 행정처분을 한 처분청에게 속하고, 당해 행정처분을 할 수 있는 적법한 권한을 가지는 행정청에게 그 취소권이 귀속되는 것이 아니다.
② 지방병무청장이 재신체검사 등을 거쳐 현역병입영대상편입처분을 보충역편입처분이나 제2국민역편입처분으로 변경하거나, 보충역편입처분을 제2국민역편입처분으로 변경한 경우, 그 후 새로운 병역처분의 성립에 하자가 있었음을 이유로 하여 이를 취소하였다면, 그와 같은 취소처분으로 인하여 종전의 병역처분의 효력이 되살아난다.
③ 광업권 허가에 대한 취소처분을 한 후 적법한 광업권 설정의 선출원이 있었던 경우에는, 취소처분을 취소하여 광업권을 복구시키는 조처는 위법하다.
④ 행정청이 의료법인의 이사에 대한 이사취임승인취소처분을 직권으로 취소하면 이사의 지위가 소급하여 회복된다.

해설 정답 ❷

① (○) "권한없는 행정기관이 한 당연무효인 행정처분을 취소할 수 있는 권한은 당해 행정처분을 한 처분청에게 속하고, 당해 행정처분을 할 수 있는 적법한 권한을 가지는 행정청에게 그 취소권이 귀속되는 것이 아니다."(대법원 1984. 10. 10. 선고 84누463)

② (×) "구 병역법(1999. 2. 5. 법률 제5757호로 개정되기 전의 것) 제5조, 제8조, 제12조, 제14조, 제62조, 제63조, 제65조의 규정을 종합하면, 지방병무청장이 재신체검사 등을 거쳐 현역병입영대상편입처분을 보충역편입처분이나 제2국민역편입처분으로 변경하거나 보충역편입처분을 제2국민역편입처분으로 변경하는 경우 비록 새로운 병역처분의 성립에 하자가 있다고 하더라도 그것이 당연무효가 아닌 한 일단 유효하게 성립하고 제소기간의 경과 등 형식적 존속력이 생김과 동시에 종전의 병역처분의 효력은 취소 또는 철회되어 확정적으로 상실된다고 보아야 할 것이므로 그 후 새로운 병역처분의 성립에 하자가 있었음을 이유로 하여 이를 취소한다고 하더라도 종전의 병역처분의 효력이 되살아난다고 할 수 없다."(대법원 2002. 5. 28. 선고 2001두9653)

③ (○) "피고가 본건 광업권자가 1년 내에 사업에 착수하지 못한 이유가 광구소재지 출입허가를 얻지 못한 때문이라는 점, 또는 위 정리요강에 의한 사전서면 통고를 하지 아니하였다는 점을 참작하여 피고가 광업권취소처분을 하지 아니하였던가, 또는 일단취소처분을 한 후에 새로운 이해관계인이 생기기 전에 취소처분을 취소하여 그 광업권의 회복을 시켰다면 모르되 피고가 본건취소처분을 한 후에 원고가 1966. 1. 19에 본건 광구에 대하여 선출원을 적법히 함으로써 이해관계인이 생긴 이 사건에 있어서, 피고가 1966. 8. 24자로 1965. 12. 30자의 취소처분을 취소하여, 소외인 명의의 광업권을 복구시키는 조처는, 원고의 선출원 권리를 침해하는 위법한 처분이라고 하지 않을 수 없을 것이므로, 원판결은 정당하고, 논지 이유없다."(대법원 1967. 10. 23. 선고 67누126)

④ (○) "행정처분이 취소되면 그 소급효에 의하여 처음부터 그 처분이 없었던 것과 같은 효과를 발생하게 되는바, 행정청이 의료법인의 이사에 대한 이사취임승인취소처분(제1처분)을 직권으로 취소(제2처분)한 경우에는 그로 인하여 이사가 소급하여 이사로서의 지위를 회복하게 되고, 그 결과 위 제1처분과 제2처분 사이에 법원에 의하여 선임결정된 임시이사들의 지위는 법원의 해임결정이 없더라도 당연히 소멸된다."(대법원 1997. 1. 21. 선고 96누3401)

18

행정절차에 대한 설명으로 옳은 것은? (다툼이 있는 경우 판례에 의함)

① 행정청은 대통령령·총리령·부령을 입법예고하는 경우 그 입법예고안을 10일 이내에 국회 소관 상임위원회에 제출하여야 한다.
② 행정청은 국민생활에 매우 큰 영향을 주는 사항, 많은 국민의 이해가 상충되는 사항, 많은 국민에게 불편이나 부담을 주는 사항, 그 밖에 널리 국민의 의견을 수렴할 필요가 있는 사항에 대한 정책, 제도 및 계획을 수립·시행하거나 변경하려는 경우에 한하여 이를 예고할 의무가 있다.
③ 행정청은 국민에게 영향을 미치는 주요 정책 등에 대하여 국민의 다양하고 창의적인 의견을 널리 수렴하기 위하여 정보통신망을 이용한 전자적 정책토론을 실시하여야 한다.
④ 입법예고기간은 예고할 때 정하되, 특별한 사정이 없으면 40일(자치법규는 20일) 이상으로 한다.

해설 정답 ❹

① (×) 국회법 제98조의2 제1항

국회법 제98조의2(대통령령 등의 제출 등) ① 중앙행정기관의 장은 법률에서 위임한 사항이나 법률을 집행하기 위하여 필요한 사항을 규정한 대통령령·총리령·부령·훈령·예규·고시 등이 제정·개정 또는 폐지되었을 때에는 10일 이내에 이를 국회 소관 상임위원회에 제출하여야 한다. 다만, 대통령령의 경우에는 입법예고를 할 때(입법예고를 생략하는 경우에는 법제처장에게 심사를 요청할 때를 말한다)에도 그 입법예고안을 10일 이내에 제출하여야 한다.

② (×) 행정청은 국민생활에 매우 큰 영향을 주는 사항, 많은 국민의 이해가 상충되는 사항, 많은 국민에게 불편이나 부담을 주는 사항, 그 밖에 널리 국민의 의견을 수렴할 필요가 있는 사항에 대한 정책, 제도 및 계획을 수립·시행하거나 변경하려는 경우에 한하여 이를 예고할 의무가 있는 것이 아니라, 정책, 제도 및 계획을 수립·시행하거나 변경하려는 경우에는 원칙적으로 이를 예고하여야 한다. 행정절차법 제46조 제1항 참조.

행정절차법 제46조(행정예고) ① 행정청은 정책, 제도 및 계획(이하 "정책등"이라 한다)을 수립·시행하거나 변경하려는 경우에는 이를 예고하여야 한다. 다만, 다음 각 호의 어느 하나에 해당하는 경우에는 예고를 하지 아니할 수 있다.
1. 신속하게 국민의 권리를 보호하여야 하거나 예측이 어려운 특별한 사정이 발생하는 등 긴급한 사유로 예고가 현저히 곤란한 경우
2. 법령등의 단순한 집행을 위한 경우
3. 정책등의 내용이 국민의 권리·의무 또는 일상생활과 관련이 없는 경우
4. 정책등의 예고가 공공의 안전 또는 복리를 현저히 해칠 우려가 상당한 경우

③ (×) 행정절차법 제53조 제1항

행정절차법 제53조(전자적 정책토론) ① 행정청은 국민에게 영향을 미치는 주요 정책 등에 대하여 국민의 다양하고 창의적인 의견을 널리 수렴하기 위하여 정보통신망을 이용한 정책토론(이하 이 조에서 "전자적 정책토론"이라 한다)을 실시할 수 있다.

④ (○) 행정절차법 제43조

행정절차법 제43조(예고기간) 입법예고기간은 예고할 때 정하되, 특별한 사정이 없으면 40일(자치법규는 20일) 이상으로 한다.

19

다음 중 옳지 않은 것은? (다툼이 있는 경우 판례에 의함)

① 확정된 청구기각판결의 형성력은 소송당사자인 원고와 피고행정청 사이에 발생할 뿐 아니라 제3자에게도 미친다.
② 법관 甲이 이미 수령한 명예퇴직수당액이 구 「법관 및 법원공무원 명예퇴직수당 등 지급규칙」에서 정한 정당한 명예퇴직수당액에 미치지 못한다고 주장하여 차액의 지급을 신청하였으나 법원행정처장이 이를 거부한 경우, 미지급명예퇴직수당액지급을 구하는 당사자소송으로 다투어야 한다.
③ 국세환급금결정 신청에 대한 환급거부결정은 항고소송의 대상이 되는 처분에 해당하지 않는다.
④ 개발부담금부과처분에 대한 취소소송에서 당사자가 제출한 자료에 의하여 정당한 부과금액을 산출할 수 없는 경우에는, 법원은 정당한 부과금액을 초과하는 부분만을 취소할 수는 없고 부과처분 전부를 취소할 수밖에 없다.

해설 정답 ❶

① (×) 형성력은 인용판결에만 인정되고 기각판결에는 인정되지 않는다.
② (○) "명예퇴직수당은 명예퇴직수당 지급신청자 중에서 일정한 심사를 거쳐 피고가 명예퇴직수당 지급대상자로 결정한 경우에 비로소 지급될 수 있지만, 명예퇴직수당 지급대상자로 결정된 법관에 대하여 지급할 수당액은 명예퇴직수당규칙 제4조 [별표 1]에 산정 기준이 정해져 있으므로, 위 법관은 위 규정에서 정한 정당한 산정 기준에 따라 산정된 명예퇴직수당액을 수령할 구체적인 권리를 가진다. 따라서 위 법관이 이미 수령한 수당액이 위 규정에서 정한 정당한 명예퇴직수당액에 미치지 못한다고 주장하며 차액의 지급을 신청함에 대하여 법원행정처장이 거부하는 의사를 표시했더라도, 그 의사표시는 명예퇴직수당액을 형성·확정하는 행정처분이 아니라 공법상의 법률관계의 한쪽 당사자로서 지급의무의 존부 및 범위에 관하여 자신의 의견을 밝힌 것에 불과하므로 행정처분으로 볼 수 없다. 결국 명예퇴직한 법관이 미지급 명예퇴직수당액에 대하여 가지는 권리는 명예퇴직수당 지급대상자 결정 절차를 거쳐 명예퇴직수당규칙에 의하여 확정된 공법상 법률관계에 관한 권리로서, 그 지급을 구하는 소송은 행정소송법의 당사자소송에 해당하며, 그 법률관계의 당사자인 국가를 상대로 제기하여야 한다."(대법원 2016. 5. 24. 선고 2013두14863)
③ (○) "국세기본법 제51조 및 제52조 국세환급금 및 국세가산금결정에 관한 규정은 이미 납세의무자의 환급청구권이 확정된 국세환급금 및 가산금에 대하여 내부적 사무처리절차로서 과세관청의 환급절차를 규정한 것에 지나지 않고 그 규정에 의한 국세환급금(가산금 포함) 결정에 의하여 비로소 환급청구권이 확정되는 것은 아니므로, 국세환급금결정이나 이 결정을 구하는 신청에 대한 환급거부결정 등은 납세의무자가 갖는 환급청구권의 존부나 범위에 구체적이고 직접적인 영향을 미치는 처분이 아니어서 항고소송의 대상이 되는 처분이라고 볼 수 없다."(대법원 1989. 6. 15. 선고 88누6436)
④ (○) "개발부담금부과처분 취소소송에 있어 당사자가 제출한 자료에 의하여 적법하게 부과될 정당한 부과금액이 산출할 수 없을 경우에는 부과처분 전부를 취소할 수밖에 없으나, 그렇지 않은 경우에는 그 정당한 금액을 초과하는 부분만 취소하여야 한다."(대법원 2004. 7. 22. 선고 2002두868)

20

행정지도에 대한 설명으로 옳은 것은? (다툼이 있는 경우 판례에 의함)

① 행정지도는 법적 효과의 발생을 목적으로 하는 의사표시이다.
② 「국가배상법」이 정한 배상청구의 요건인 '공무원의 직무행위'에는 권력적 작용만이 아니라 행정지도와 같은 비권력적 작용도 포함된다.
③ 강제성을 띠지 아니한 행정지도로 인하여 국민에게 손해가 발생한 경우에는, 그러한 손해가 있다는 사정만으로 행정청은 손해배상책임이 있다.
④ 구 재무부(현 기획재정부)의 주거래은행에 대한 행정지도(매각권유의 지시)가 위헌이라면, 주거래은행의 권유로 매각조건에 관한 오랜 협상을 통해 주식 매매계약이 성립되었다고 하더라도 구 재무부(현 기획재정부)의 행정지도는 강박이 되고 당해 주식 매매계약은 무효이다.

해설 정답 ❷

① (×) 행정지도는 법적 효과의 발생을 목적으로 하는 의사표시가 아니다. 원칙적으로 행정지도는 법적행위가 아니라 사실행위라는 말이다.
② (○) 국가배상법이 정한 배상청구의 요건인 '공무원의 직무'에는 권력적 작용만이 아니라 행정지도와 같은 비권력적 작용도 포함되며 단지 행정주체가 사경제주체로서 하는 활동만 제외된다.(대법원 1998. 7. 10. 선고 96다38971)

③ (×) "행정지도가 강제성을 띠지 않은 비권력적 작용으로서 행정지도의 한계를 일탈하지 아니하였다면, 그로 인하여 상대방에게 어떤 손해가 발생하였다 하더라도 행정기관은 그에 대한 손해배상책임이 없다." (대법원 2008. 9. 25. 선고 2006다18228)

④ (×) "부실기업의 정리에 관한 재무부의 행정지도(매각권유의 지시)가 비록 위헌적이라 하더라도, 그 지시가 매매 당사자인 부실기업의 대표이사에 대하여 행하여진 것이 아니라 채권자인 주거래은행에 대하여 행하여졌고 그 후 주거래은행이 그 지시를 받아들여 부실기업의 대표이사와의 사이에 상당히 오랜 시간 동안 여러 차례에 걸쳐 그 매각 조건에 관한 협상을 하고 그 과정에서 그 대표이사는 고문변호사의 조언까지 받아 그 매각 조건에 관한 타협이 이루어져 주식 매매계약이 성사된 경우, 재무부측의 행정지도가 그 대표이사에 대한 강박이 될 수 없고 재무부당국자가 그 대표이사에 대한 강박의 주체가 될 수도 없다고 한 사례."(대법원 1996. 4. 26. 선고 94다34432)

빠른 정답 찾기

1회

1. ④	2. ③	3. ④	4. ②	5. ④
6. ③	7. ①	8. ②	9. ④	10. ②
11. ③	12. ③	13. ②	14. ①	15. ③
16. ④	17. ④	18. ①	19. ③	20. ③

2회

1. ③	2. ②	3. ②	4. ④	5. ④
6. ①	7. ④	8. ③	9. ②	10. ④
11. ③	12. ④	13. ④	14. ①	15. ④
16. ④	17. ④	18. ③	19. ①	20. ②

3회

1. ②	2. ③	3. ①	4. ①	5. ④
6. ③	7. ②	8. ④	9. ②	10. ③
11. ④	12. ③	13. ③	14. ②	15. ①
16. ④	17. ④	18. ①	19. ④	20. ①

4회

1. ④	2. ①	3. ③	4. ②	5. ③
6. ②	7. ①	8. ③	9. ③	10. ④
11. ②	12. ③	13. ①	14. ④	15. ②
16. ④	17. ②	18. ①	19. ③	20. ①

5회

1. ④	2. ④	3. ③	4. ②	5. ③
6. ②	7. ④	8. ①	9. ④	10. ①
11. ③	12. ④	13. ④	14. ②	15. ③
16. ②	17. ④	18. ①	19. ①	20. ③

6회

1. ①	2. ④	3. ②	4. ④	5. ①
6. ②	7. ①	8. ④	9. ②	10. ③
11. ③	12. ④	13. ①	14. ④	15. ③
16. ①	17. ②	18. ③	19. ③	20. ③

7회

1. ②	2. ②	3. ③	4. ①	5. ②
6. ③	7. ④	8. ④	9. ③	10. ①
11. ②	12. ①	13. ③	14. ②	15. ①
16. ④	17. ④	18. ②	19. ①	20. ③

8회

1. ②	2. ④	3. ①	4. ③	5. ④
6. ③	7. ①	8. ④	9. ④	10. ②
11. ④	12. ③	13. ③	14. ③	15. ②
16. ③	17. ①	18. ④	19. ①	20. ②

9회

1. ④	2. ②	3. ③	4. ④	5. ④
6. ②	7. ③	8. ②	9. ④	10. ①
11. ②	12. ①	13. ③	14. ①	15. ①
16. ④	17. ②	18. ①	19. ①	20. ③

10회

1. ①	2. ④	3. ④	4. ②	5. ③
6. ③	7. ③	8. ④	9. ①	10. ③
11. ①	12. ④	13. ③	14. ④	15. ②
16. ②	17. ③	18. ②	19. ①	20. ②

11회

1. ①	2. ③	3. ②	4. ④	5. ④
6. ②	7. ③	8. ④	9. ③	10. ④
11. ①	12. ③	13. ②	14. ④	15. ②
16. ②	17. ①	18. ①	19. ①	20. ③

12회

1. ③	2. ③	3. ④	4. ④	5. ①
6. ②	7. ②	8. ③	9. ④	10. ①
11. ③	12. ①	13. ①	14. ②	15. ①
16. ④	17. ②	18. ③	19. ②	20. ④

13회

1. ①	2. ③	3. ④	4. ②	5. ④
6. ④	7. ①	8. ③	9. ③	10. ④
11. ②	12. ③	13. ④	14. ①	15. ④
16. ③	17. ③	18. ①	19. ②	20. ①

14회

1. ④	2. ④	3. ③	4. ①	5. ②
6. ④	7. ②	8. ②	9. ①	10. ④
11. ①	12. ③	13. ③	14. ①	15. ①
16. ③	17. ①	18. ②	19. ①	20. ④

15회

1. ①	2. ②	3. ②	4. ②	5. ④
6. ④	7. ①	8. ②	9. ③	10. ③
11. ③	12. ①	13. ①	14. ③	15. ④
16. ③	17. ②	18. ④	19. ①	20. ②

유대웅 교수

주요 약력
- 서울대학교 법과대학 법학부 졸업
- Oklahoma State University Research scholar
- 현, 남부고시학원 7 · 9급 전임강사

주요 저서
- 2024 유대웅 행정법총론 핵심정리(박문각)
- 2024 유대웅 행정법각론 핵심정리(박문각)
- 유대웅 행정법총론 기출문제집(박문각)
- 유대웅 행정법총론 끝장내기 핸드북(박문각)
- 유대웅 행정법총론 끝장내기(박문각)
- 2024 유대웅 행정법총론 불 동형 모의고사(박문각)
- 2024 한 권으로 끝! 군무원 행정법(박문각)

유대웅 행정법총론

불 동형 모의고사

초판 인쇄 | 2024. 1. 15. **초판 발행** | 2024. 1. 19. **편저** | 유대웅

발행인 | 박 용 **발행처** | (주)박문각출판 **등록** | 2015년 4월 29일 제2015-000104호

주소 | 06654 서울시 서초구 효령로 283 서경 B/D 4층 **팩스** | (02)584-2927

전화 | 교재 문의 (02)6466-7202

저자와의 협의하에 인지생략

정가 22,000원

ISBN 979-11-6987-755-8

2024년도 9급 국가공무원 공개경쟁채용시험 필기시험 답안지

컴퓨터용 흑색사인펜만 사용

성 명	
자필성명	본인 성명 기재
응시직렬	
응시지역	채용관리 과 장 인
시험장소	

응 시 번 호							
	①	①	①	①	①	①	①
	②	②	②	②	②	②	②
	③	③	③	③	③	③	③
	④	④	④	④	④	④	④
	⑤	⑤	⑤	⑤	⑤	⑤	⑤
	⑥	⑥	⑥	⑥	⑥	⑥	⑥
⑥	⑦	⑦	⑦	⑦	⑦	⑦	⑦
⑦	⑧	⑧	⑧	⑧	⑧	⑧	⑧
	⑨	⑨	⑨	⑨	⑨	⑨	⑨
	⓪	⓪	⓪	⓪	⓪	⓪	⓪

주 민 등 록 번 호													
						-	*	*	*	*	*	*	*
	①	①	①	①	①								
	②		②	②	②								
	③		③	③	③								
	④		④		④								
	⑤		⑤		⑤								
⑤	⑥		⑥		⑥								
⑥	⑦		⑦		⑦								
⑦	⑧		⑧		⑧								
⑧	⑨		⑨		⑨								
⑨	⓪	⓪	⓪	⓪	⓪								

책 형

※ 시험감독관 서명
(성명을 정자로 기재할 것)

적색 볼펜만 사용

【필적감정용 기재】
*아래 예시문을 옮겨 적으시오
좌측 응시자와 동일함

기 재 란

문번	제1회	제2회	제3회	제4회	제5회
1	① ② ③ ④	① ② ③ ④	① ② ③ ④	① ② ③ ④	① ② ③ ④
2	① ② ③ ④	① ② ③ ④	① ② ③ ④	① ② ③ ④	① ② ③ ④
3	① ② ③ ④	① ② ③ ④	① ② ③ ④	① ② ③ ④	① ② ③ ④
4	① ② ③ ④	① ② ③ ④	① ② ③ ④	① ② ③ ④	① ② ③ ④
5	① ② ③ ④	① ② ③ ④	① ② ③ ④	① ② ③ ④	① ② ③ ④
6	① ② ③ ④	① ② ③ ④	① ② ③ ④	① ② ③ ④	① ② ③ ④
7	① ② ③ ④	① ② ③ ④	① ② ③ ④	① ② ③ ④	① ② ③ ④
8	① ② ③ ④	① ② ③ ④	① ② ③ ④	① ② ③ ④	① ② ③ ④
9	① ② ③ ④	① ② ③ ④	① ② ③ ④	① ② ③ ④	① ② ③ ④
10	① ② ③ ④	① ② ③ ④	① ② ③ ④	① ② ③ ④	① ② ③ ④
11	① ② ③ ④	① ② ③ ④	① ② ③ ④	① ② ③ ④	① ② ③ ④
12	① ② ③ ④	① ② ③ ④	① ② ③ ④	① ② ③ ④	① ② ③ ④
13	① ② ③ ④	① ② ③ ④	① ② ③ ④	① ② ③ ④	① ② ③ ④
14	① ② ③ ④	① ② ③ ④	① ② ③ ④	① ② ③ ④	① ② ③ ④
15	① ② ③ ④	① ② ③ ④	① ② ③ ④	① ② ③ ④	① ② ③ ④
16	① ② ③ ④	① ② ③ ④	① ② ③ ④	① ② ③ ④	① ② ③ ④
17	① ② ③ ④	① ② ③ ④	① ② ③ ④	① ② ③ ④	① ② ③ ④
18	① ② ③ ④	① ② ③ ④	① ② ③ ④	① ② ③ ④	① ② ③ ④
19	① ② ③ ④	① ② ③ ④	① ② ③ ④	① ② ③ ④	① ② ③ ④
20	① ② ③ ④	① ② ③ ④	① ② ③ ④	① ② ③ ④	① ② ③ ④

문번	제6회	제7회	제8회	제9회	제10회
1	① ② ③ ④	① ② ③ ④	① ② ③ ④	① ② ③ ④	① ② ③ ④
2	① ② ③ ④	① ② ③ ④	① ② ③ ④	① ② ③ ④	① ② ③ ④
3	① ② ③ ④	① ② ③ ④	① ② ③ ④	① ② ③ ④	① ② ③ ④
4	① ② ③ ④	① ② ③ ④	① ② ③ ④	① ② ③ ④	① ② ③ ④
5	① ② ③ ④	① ② ③ ④	① ② ③ ④	① ② ③ ④	① ② ③ ④
6	① ② ③ ④	① ② ③ ④	① ② ③ ④	① ② ③ ④	① ② ③ ④
7	① ② ③ ④	① ② ③ ④	① ② ③ ④	① ② ③ ④	① ② ③ ④
8	① ② ③ ④	① ② ③ ④	① ② ③ ④	① ② ③ ④	① ② ③ ④
9	① ② ③ ④	① ② ③ ④	① ② ③ ④	① ② ③ ④	① ② ③ ④
10	① ② ③ ④	① ② ③ ④	① ② ③ ④	① ② ③ ④	① ② ③ ④
11	① ② ③ ④	① ② ③ ④	① ② ③ ④	① ② ③ ④	① ② ③ ④
12	① ② ③ ④	① ② ③ ④	① ② ③ ④	① ② ③ ④	① ② ③ ④
13	① ② ③ ④	① ② ③ ④	① ② ③ ④	① ② ③ ④	① ② ③ ④
14	① ② ③ ④	① ② ③ ④	① ② ③ ④	① ② ③ ④	① ② ③ ④
15	① ② ③ ④	① ② ③ ④	① ② ③ ④	① ② ③ ④	① ② ③ ④
16	① ② ③ ④	① ② ③ ④	① ② ③ ④	① ② ③ ④	① ② ③ ④
17	① ② ③ ④	① ② ③ ④	① ② ③ ④	① ② ③ ④	① ② ③ ④
18	① ② ③ ④	① ② ③ ④	① ② ③ ④	① ② ③ ④	① ② ③ ④
19	① ② ③ ④	① ② ③ ④	① ② ③ ④	① ② ③ ④	① ② ③ ④
20	① ② ③ ④	① ② ③ ④	① ② ③ ④	① ② ③ ④	① ② ③ ④

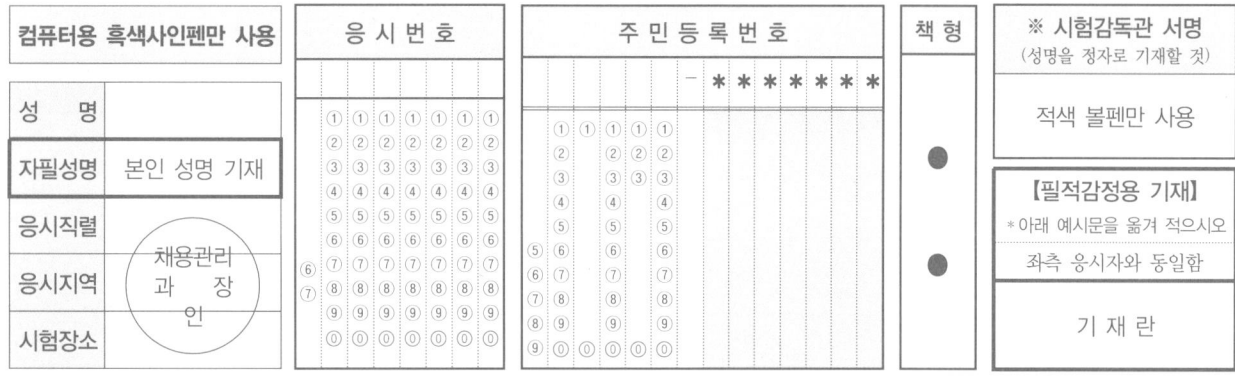

2024년도 9급 국가공무원 공개경쟁채용시험 필기시험 답안지

컴퓨터용 흑색사인펜만 사용

성 명	
자필성명	본인 성명 기재
응시직렬	
응시지역	채용관리 과 장 인
시험장소	

응 시 번 호

	①	①	①	①	①	①	①
	②	②	②	②	②	②	②
	③	③	③	③	③	③	③
	④	④	④	④	④	④	④
	⑤	⑤	⑤	⑤	⑤	⑤	⑤
	⑥	⑥	⑥	⑥	⑥	⑥	⑥
⑥	⑦	⑦	⑦	⑦	⑦	⑦	⑦
⑦	⑧	⑧	⑧	⑧	⑧	⑧	⑧
	⑨	⑨	⑨	⑨	⑨	⑨	⑨
	⓪	⓪	⓪	⓪	⓪	⓪	⓪

주 민 등 록 번 호

						-	*	*	*	*	*	*	*
	①	①	①	①	①								
	②		②	②	②								
	③		③	③	③								
	④		④		④								
	⑤		⑤		⑤								
⑤	⑥		⑥		⑥								
⑥	⑦		⑦		⑦								
⑦	⑧		⑧		⑧								
⑧	⑨		⑨		⑨								
⑨	⓪	⓪	⓪	⓪	⓪								

책 형

●

●

※ 시험감독관 서명
(성명을 정자로 기재할 것)

적색 볼펜만 사용

【필적감정용 기재】
*아래 예시문을 옮겨 적으시오

좌측 응시자와 동일함

기 재 란

문번	제11회	문번	제12회	문번	제13회	문번	제14회	문번	제15회
1	① ② ③ ④	1	① ② ③ ④	1	① ② ③ ④	1	① ② ③ ④	1	① ② ③ ④
2	① ② ③ ④	2	① ② ③ ④	2	① ② ③ ④	2	① ② ③ ④	2	① ② ③ ④
3	① ② ③ ④	3	① ② ③ ④	3	① ② ③ ④	3	① ② ③ ④	3	① ② ③ ④
4	① ② ③ ④	4	① ② ③ ④	4	① ② ③ ④	4	① ② ③ ④	4	① ② ③ ④
5	① ② ③ ④	5	① ② ③ ④	5	① ② ③ ④	5	① ② ③ ④	5	① ② ③ ④
6	① ② ③ ④	6	① ② ③ ④	6	① ② ③ ④	6	① ② ③ ④	6	① ② ③ ④
7	① ② ③ ④	7	① ② ③ ④	7	① ② ③ ④	7	① ② ③ ④	7	① ② ③ ④
8	① ② ③ ④	8	① ② ③ ④	8	① ② ③ ④	8	① ② ③ ④	8	① ② ③ ④
9	① ② ③ ④	9	① ② ③ ④	9	① ② ③ ④	9	① ② ③ ④	9	① ② ③ ④
10	① ② ③ ④	10	① ② ③ ④	10	① ② ③ ④	10	① ② ③ ④	10	① ② ③ ④
11	① ② ③ ④	11	① ② ③ ④	11	① ② ③ ④	11	① ② ③ ④	11	① ② ③ ④
12	① ② ③ ④	12	① ② ③ ④	12	① ② ③ ④	12	① ② ③ ④	12	① ② ③ ④
13	① ② ③ ④	13	① ② ③ ④	13	① ② ③ ④	13	① ② ③ ④	13	① ② ③ ④
14	① ② ③ ④	14	① ② ③ ④	14	① ② ③ ④	14	① ② ③ ④	14	① ② ③ ④
15	① ② ③ ④	15	① ② ③ ④	15	① ② ③ ④	15	① ② ③ ④	15	① ② ③ ④
16	① ② ③ ④	16	① ② ③ ④	16	① ② ③ ④	16	① ② ③ ④	16	① ② ③ ④
17	① ② ③ ④	17	① ② ③ ④	17	① ② ③ ④	17	① ② ③ ④	17	① ② ③ ④
18	① ② ③ ④	18	① ② ③ ④	18	① ② ③ ④	18	① ② ③ ④	18	① ② ③ ④
19	① ② ③ ④	19	① ② ③ ④	19	① ② ③ ④	19	① ② ③ ④	19	① ② ③ ④
20	① ② ③ ④	20	① ② ③ ④	20	① ② ③ ④	20	① ② ③ ④	20	① ② ③ ④

문번	제16회	문번	제17회	문번	제18회	문번	제19회	문번	제20회
1	① ② ③ ④	1	① ② ③ ④	1	① ② ③ ④	1	① ② ③ ④	1	① ② ③ ④
2	① ② ③ ④	2	① ② ③ ④	2	① ② ③ ④	2	① ② ③ ④	2	① ② ③ ④
3	① ② ③ ④	3	① ② ③ ④	3	① ② ③ ④	3	① ② ③ ④	3	① ② ③ ④
4	① ② ③ ④	4	① ② ③ ④	4	① ② ③ ④	4	① ② ③ ④	4	① ② ③ ④
5	① ② ③ ④	5	① ② ③ ④	5	① ② ③ ④	5	① ② ③ ④	5	① ② ③ ④
6	① ② ③ ④	6	① ② ③ ④	6	① ② ③ ④	6	① ② ③ ④	6	① ② ③ ④
7	① ② ③ ④	7	① ② ③ ④	7	① ② ③ ④	7	① ② ③ ④	7	① ② ③ ④
8	① ② ③ ④	8	① ② ③ ④	8	① ② ③ ④	8	① ② ③ ④	8	① ② ③ ④
9	① ② ③ ④	9	① ② ③ ④	9	① ② ③ ④	9	① ② ③ ④	9	① ② ③ ④
10	① ② ③ ④	10	① ② ③ ④	10	① ② ③ ④	10	① ② ③ ④	10	① ② ③ ④
11	① ② ③ ④	11	① ② ③ ④	11	① ② ③ ④	11	① ② ③ ④	11	① ② ③ ④
12	① ② ③ ④	12	① ② ③ ④	12	① ② ③ ④	12	① ② ③ ④	12	① ② ③ ④
13	① ② ③ ④	13	① ② ③ ④	13	① ② ③ ④	13	① ② ③ ④	13	① ② ③ ④
14	① ② ③ ④	14	① ② ③ ④	14	① ② ③ ④	14	① ② ③ ④	14	① ② ③ ④
15	① ② ③ ④	15	① ② ③ ④	15	① ② ③ ④	15	① ② ③ ④	15	① ② ③ ④
16	① ② ③ ④	16	① ② ③ ④	16	① ② ③ ④	16	① ② ③ ④	16	① ② ③ ④
17	① ② ③ ④	17	① ② ③ ④	17	① ② ③ ④	17	① ② ③ ④	17	① ② ③ ④
18	① ② ③ ④	18	① ② ③ ④	18	① ② ③ ④	18	① ② ③ ④	18	① ② ③ ④
19	① ② ③ ④	19	① ② ③ ④	19	① ② ③ ④	19	① ② ③ ④	19	① ② ③ ④
20	① ② ③ ④	20	① ② ③ ④	20	① ② ③ ④	20	① ② ③ ④	20	① ② ③ ④

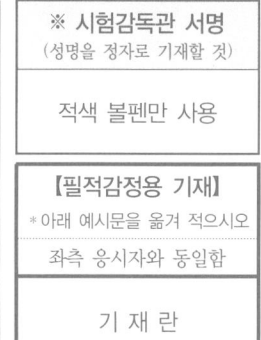

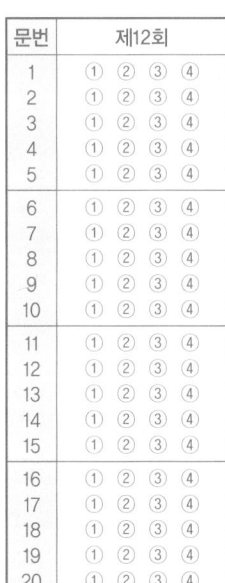